W0344731

Shimon Peres

SHALOM

Erinnerungen

Shimon Peres

SHALOM

Erinnerungen

Herausgegeben von David Landau

Aus dem Englischen übertragen
von Enrico Heinemann, Andrea Kann
und Renate Weitbrecht

Deutsche Verlags-Anstalt Stuttgart

Die Originalausgabe erschien unter dem Titel
»Battling for Peace. Memoirs«,
Edited by David Landau,
1995 bei Weidenfeld & Nicolson,
The Orion Publishing Group Ltd., London
© 1995 Shimon Peres

Die Deutsche Bibliothek – CIP-Einheitsaufnahme

Peres, Shimon:
Shalom : Erinnerungen / Shimon Peres
Aus dem Engl. übertr. von Enrico Heinemann ... –
Stuttgart Deutsche Verlags-Anstalt, 1995
Einheitssacht.: Battling for Peace <dt.>
ISBN 3-421-06685-X

© 1995 der deutschen Ausgabe
Deutsche Verlags-Anstalt GmbH, Stuttgart
Alle Rechte vorbehalten
Lektorat: Margot Adrion
Satz: Dr. Ulrich Mihr GmbH, Tübingen
Druck und Bindearbeit:
Graphischer Großbetrieb Pößneck GmbH, Pößneck
Printed in Germany

INHALT

EINLEITUNG

Seit der Gründung Israels schenkt die Welt diesem kleinen Staat unverhältnismäßig viel Aufmerksamkeit. In den Statistiken der Vereinten Nationen steht er auf der Liste der internationalen Nachrichtenlieferanten an dritter Stelle, gleich hinter den Vereinigten Staaten und der Gemeinschaft Unabhängiger Staaten. Seine Bedeutung liegt nicht in seiner Größe, sondern in seiner Einzigartigkeit. Vielen Widrigkeiten zum Trotz wurde dieser Staat gegründet, und er hat bis heute überlebt. Israel ist gleichermaßen quirlige Wirklichkeit und kühner, phantastischer Traum.

Die Wirklichkeit war für Israel schon immer hart. Sein Territorium ist ein kleiner und karger Landstrich. »Groß-Israel«, also das ganze westliche Palästina, umfaßt 24000 Quadratkilometer, das Israel in den Grenzen vor 1967 gar nur 16000 Quadratkilometer. Das Land leidet von jeher unter chronischem Wassermangel; der Jordan ist zwar berühmt, doch nicht wegen seines Wasserreichtums (er ist eigentlich nur ein mäanderndes Flüßchen), und der See Genezareth ist leider auch ein recht flüchtiges Gewässer. Sein Wasserspiegel sinkt bereits beim ersten Anzeichen einer nahenden Dürre katastrophal ab.

Die Hälfte des Landes – der Negev im Süden – ist Wüste. Der etwas fruchtbarere Norden war ein Malariagebiet, bis die ersten Zionisten ihn urbar machten. Heute, ein Jahrhundert später, leidet die Region unter den drastischen ökologischen Folgen der exzessiven künstlichen Be- und Entwässerung und landwirtschaftlichen Nutzung. Das Klima ist sowohl im Süden wie auch im Norden extrem belastend.

Doch nicht nur der karge Boden und das unwirtliche Klima machten den jüdischen Träumern, die sich dort niederließen, das Leben schwer; auch die Bewohner der Region taten alles, um die Neuankömmlinge wieder zu vertreiben. Die arabischen Staaten und die arabische Bevölkerung Palästinas wollten die Gründung eines jüdischen Staates verhindern. Sie bekämpften ihn von Anfang an und begannen einen massiven militärischen Schlag am Tag nach der Unabhängigkeit. Sie weigerten sich jahrzehntelang, seine Existenz anzuerkennen.

Das war die Situation, in der die Palästinenser und die Juden meiner Generation aufwuchsen und erwachsen wurden. Wie vielen anderen in den Pionierbewegungen war auch mir materielle Not nicht fremd. Nachts hielt ich Wache, und tagsüber arbeitete ich. Während ich mich mit dem steinigen Boden abmühte, rissen die Sorgen nicht ab. Wir lebten in einem Zustand ständiger Anspannung, uns inspirierte das Bewußtsein, eine Nation zu sein. Das Bewußtsein verließ uns nie, daß hier jüdische Geschichte gemacht wurde und daß wir sie aktiv mitgestalteten.

Die Wirklichkeit, das war für uns – oder jedenfalls für mich – nicht das schon objektiv Vorhandene und bereits Geschehene, sondern das Künftige, was Menschen noch formen und gestalten können. Man hatte mir beigebracht, das Land zu bebauen und zu lieben, doch mehr als alles andere liebte ich die gemeinsame Arbeit mit anderen Menschen. Mir wurde das Glück zuteil, an der Seite von Männern mit kühnen Visionen zu arbeiten, und ich nutzte diese Chance. Letztendlich glaubte ich, die Geschichte der jüdischen Nation und ihrer Heimstätte werde nicht bloß oder hauptsächlich die Geschichte eines Landes, eines Staates oder eines Glaubens sein, sondern die Geschichte ganz außergewöhnlicher Menschen. Viele schwammen gegen den Strom, um ihr Ziel zu erreichen, und setzten ihr Leben ein im Ringen um eine neue Gestalt der jüdischen Existenz. Und einigen wenigen gelangen ungeheure Erfolge.

Im Bannkreis dieser wenigen lebte ich, und sie beflügelten mich in meiner Arbeit. Sie wiesen mir auch den Weg in die Politik – dieses Feld, das so viele Widersprüche in sich birgt. Wenn Politik der Versuch praktischer Umsetzung hoher Ideale ist, dann ist Israel die politische Gesellschaft *par excellence.* Während der Jahrzehnte, in denen unser Staat allmählich Gestalt annahm, hatte das politische Kollektiv immer Vorrang vor dem Individuum. Diese Haltung verlieh der jungen Nation ihre Stärke – und war gleichzeitig die Ursache ihrer inneren Schwäche: Hochmotivierte Gruppen, deren geistiges Herkommen und deren Ideale unterschiedlicher nicht sein konnten, gerieten aneinander und drängten an die Macht.

Israels kollektives Geschichtsbewußtsein setzt sich aus zahllosen, im Verlauf von Jahrtausenden angehäuften Erinnerungen zusammen: die Erinnerung an den Auszug der geknechteten Israeliten aus Ägypten, an die Offenbarung des göttlichen Gesetzes in der Wüste, an den kriegerischen Heldenmut unter König David, an die Weisheit Salomons, an unbeugsame und unerschrockene Propheten und an laue Priester, an Richter, Rabbiner und Rebellen, an ehrliche Hirten und doppelzüngige Verräter. Die Erinnerung an zwei von fremden Eroberern zerstörte Tempel hat sich der geschichtsbewußten jüdischen Nation bis heute ebenso tief eingegraben wie das schmerzhafte Gedenken an den Holocaust, der unser Volk für immer auszulöschen drohte. Junge Israelis nehmen diese Erinnerungen aus Dokumentationen auf und durchleben die Vergangenheit noch einmal. Jedes Jahr rufen sie sich durch Fastenzeiten und Zeremonien ihre leidvolle Geschichte bewußt ins Gedächtnis zurück.

Doch jede Immigrantengruppe brachte zugleich auch ihre ganz eigenen Erfahrungen aus der Diaspora mit. Aus hundert Ländern strömten Menschen ins Land, die hundert verschiedene Sprachen sprachen, und jede Gruppe hatte ihre eigenen Traditionen und Glaubensvorstellungen, ihren charakteristischen Habitus, ihre eigene Küche, ja ihren eigenen Geruch. Sie hatten sich die Kultur ihrer früheren Heimat assimiliert und ins Gelobte Land mitgenommen. Aufgrund dieser kulturellen Unterschiede war die neue Nation ein ziemlich heterogenes Gebilde. Manche Trennungslinien zwischen den Bevölkerungsgruppen traten offen hervor, andere waren nicht ohne weiteres erkennbar, sorgten aber dennoch für latente Spannungen unter der Oberfläche der israelischen Gesellschaft. Das stärkste Bindeglied zwischen den Menschen war das Land selbst, nach dem sich alle gesehnt hatten. Doch ihre unterschiedlichen Ideale und Traditionen erschwerten ein harmonisches Zusammenleben.

Es handelte sich dabei keineswegs ausschließlich um jüdische Ideale und Traditionen. Ein Teil der israelitischen Pioniere war während der russischen Revolution aufgewachsen und zu politischem Bewußtsein gekommen. Die prägenden Erfahrungen aus dieser Zeit wollten sie nun politisch umsetzen. Andere kamen aus Frankreich und hatten die französische Kultur zu ihrer eigenen gemacht. Wieder andere waren stark vom britischen Demokratieverständnis beeinflußt und vertraten die in England und in den Vereinigten Staaten bewährte Form des Regierens.

Die Einwanderer aus Deutschland brachten die Musik, die Philosophie und die Literatur der deutschen Kultur mit, in der ihre Eltern und sie selbst hatten heimisch werden wollen. Doch dann hatte dieses Land sie ausgespien und am Ende all jene vernichtet, für die es keine Chance zur Flucht mehr gab. Sie hatten an deutschen Universitäten studiert. Dort waren sie zwar diskriminiert worden, hatten aber gleichwohl das politische Denken und die kulturellen Werte assimiliert, die als Ergebnis einer jahrhundertelangen Geschichte in Kriegen, Revolutionen und sozialen Kämpfen entstanden waren. Sie hatten in den heftigen Auseinandersetzungen, die unter den Juden selbst ausgetragen wurden, eine führende Rolle gespielt. Woran sollten die Juden sich in Zukunft orientieren, um der allgegenwärtigen Bedrohung des Antisemitismus zu entkommen? Welche realistischen Möglichkeiten bestanden, das Judentum als Nation oder zumindest Juden als Menschen zu retten? Die Welt haßte die Juden. Mußte also die Welt verändert werden, um die Juden vor Verfolgung und Diskriminierung zu bewahren? Oder sollten die Juden besser ihre eigene Welt oder sich selbst verändern, damit die Welt ihnen gegenüber eine andere Haltung einnähme?

Einige bedeutende Vertreter des Judentums wie Marx und Trotzki, Freud und Einstein, Disraeli und Blum, Heine und Herzl hatten sich diesen existentiellen Herausforderungen gestellt. Alle erkannten sie, daß die Juden stets Opfer eines großen historischen Unrechts gewesen waren. Die meisten wollten gleich die ganze Welt verändern, um die Diskriminierung der Juden zu beenden. Viele betrachteten den jüdischen Glauben abschätzig als nicht mehr zeitgemäß. Andererseits blieb ihnen nicht verborgen, daß die moderne Welt den religiösen Fanatismus noch nicht überwunden hatte, unter dem die Juden zu leiden hatten. Außerdem erlebten sie die Klassenkämpfe ihrer Zeit, einerseits eine ausbeutende Oberschicht, andererseits die unterdrückten Massen; von beiden Seiten wurden die Juden angegriffen. Ein weiteres Übel war der fanatische Nationalismus, der ein Klima der Intoleranz schuf. Die Juden als eine Nation ohne Staat, als Gemeinschaft, die nur ihre Religion zu einer Nation machte, wurden die ersten Opfer.

Für die meisten dieser Denker und politischen Führer hatte der Gottesglauben keinen Platz mehr, er gehörte abgeschafft, da er die Ungerechtigkeit auf der Welt doch nicht beseitigen half. Und viele junge Juden sahen die Antwort in jenen Bewegungen, die eine neue Weltordnung, ein kommunistisches oder sozialistisches Utopia, eine kosmopolitische Gemeinschaft aller Menschen aufbauen wollten.

Aber es gab auch noch die Zionisten, die von einem völlig anderen Ansatz ausgingen. Sie vertraten die Auffassung, daß wir Juden zuerst unser eigenes Schicksal ändern und eine Nation wie viele andere werden müßten: eine Nation mit einem eigenen Staat, einer eigenen Sprache, Regierung, Armee und Wirtschaft, die zu ihren Wurzeln, zu den Quellen ihrer Stärke zurückkehrte.

Am Ende sprach die Geschichte das Urteil und setzte diesem historischen Konflikt ein Ende. Hitler machte sämtliche Assimilationshoffnungen mit einem Schlag zunichte. Und Stalin zerstörte die Illusion von einer kosmopolitischen Gemeinschaft, indem er in seinem Sowjetreich an den Juden einen geistigen und kulturellen Holocaust verübte. Daß heute Hunderttausende von Juden Rußland und die ehemaligen Satellitenstaaten der Sowjetunion verlassen, ist zum einen die Folge dieses geschichtlichen Verdikts, zum anderen vom Ziel ihrer Wanderung bestimmt. Der Staat Israel ist der handfeste Beweis für die Richtigkeit der These, daß die jüdische Wirklichkeit geändert werden müsse. Die Juden kehren zurück in ihr Land und versuchen, sich auf sich selbst zu besinnen.

Doch im Innern stritt man sich zunächst um die richtige Auslegung der zionistischen These. Kaum waren die jüdischen Einwanderer den zermürbenden Kämpfen entflohen, die sich die Rechten und die Linken außerhalb Israels lieferten, da bildeten sich unter den Juden in *Erez Israel* – dem Land Israel – und in der Diaspora ebenfalls rechte und linke Flügel heraus. Die Rechte tat sich vor allem durch theatralische Appelle und Forderungen hervor. Ihre prominentesten Vertreter, Wladimir Jabotinsky und später Menachem Begin, galten als glänzende Redner, doch oft beließen sie es bei großen Worten, wo praktische Schritte notwendig gewesen wären. Ihre Vorbilder für ein Staatswesen waren das Polen Pilsudskis, das Italien Garibaldis und später auch Mussolinis. Lange Zeit marschierten die Mitglieder der Jugendbewegung des rechten Zionistenflügels in paramilitärischen Uniformen durch die Straßen.

Der politische und ideologische Schwerpunkt der zionistischen Rechten lag immer auf der territorialen Frage. Ihr Hauptziel bestand darin, die Herrschaft über ganz Palästina auszuüben oder doch zumindest diesen Anspruch zu erheben. Dagegen waren die Linken eher Pragmatiker, die langsam und geduldig ihre Vision einer neuen jüdischen Welt aufzubauen versuchten. In ihrem Wahlspruch »Noch eine Ziege, noch ein Dunam«[1] kamen die Hartnäckigkeit und Nüchternheit der zionistischen Pioniere zum Ausdruck. Ihnen ging es um dauerhafte Erfolge, nicht um vordergründigen Ruhm. Die Linke zimmerte in mühsamer Kleinarbeit den Unterbau des späteren jüdischen Staates: den Gewerkschaftsbund Histadrut, das staatliche Gesundheitswesen, das Schulsystem, die erste jüdische Armee, die Kibbuzim und die Moschawim.[2] Dank der zionistischen Linken blühte das Land wieder auf. Am Ende dieser Aufbauarbeit standen Menschen, die als Bürger ihrer neuen Heimat von den Früchten ihrer körperlichen und geistigen Arbeit lebten.

Doch auch innerhalb der Linken fanden ideologische Flügelkämpfe statt. Manche ihrer Führer hatten zwar der kommunistischen Revolution in ihrer Jugend den Rücken gekehrt, den Bruch aber nicht endgültig vollzogen. Sie hielten die Sowjetunion weiterhin für das Gesellschaftsmodell der Zukunft und glaubten nach wie vor an die Lehren von Marx und Engels, an den leninistischen Determinismus, an die Diktatur des Proletariats und sogar an einen ideologischen Kollektivismus, auf dem sie hartnäckig bestanden, um Solidarität und Disziplin in ihren Kibbuzim aufrechtzuerhalten.

Ihr großer politischer Rivale war die mitgliederstarke zionistisch-sozialistische Partei Mapai[3], aus der später die heutige Arbeiterpartei hervorging. Sie wurde damals von David Ben Gurion und Berl Katznelson geführt, die beide entschieden antimarxistisch, antikommunistisch und antistalinistisch waren. Sie wollten einen Sozialismus ganz neuer, eigener Prägung schaffen, der nicht aus dem Ausland importiert oder an fremde Vorbilder angelehnt war. Als ursprüngliche Verkünder der sozialistischen Moral galten ihnen die Propheten des alten Israel: Amos, der gegen all jene wetterte, die »Ihr auf Betten aus Elfenbein [liegt] und faulenzet«, »die ihr die Schwachen verfolgt« und »mit Geld die Hilflosen kaufen« [wollt] (Amos 6,4; 8,4 u. 6), sowie Jesaja, dessen Vision von einer friedlichen und gerechten Gesellschaft bis heute in der Weltliteratur unübertroffen geblieben ist. Ben Gurion hielt das biblische Gebot »Du sollst deinen Nächsten lieben wie dich selbst« (Levitikus 19,18) für die Essenz des Judaismus.

Die politische Bewegung, die Ben Gurion jahrzehntelang leitete, war von dem Wunsch beseelt, die Vision der Propheten in einer modernen

Gesellschaft zu verwirklichen. Dazu sollte die hebräische Sprache wiederbelebt und eine israelische Heimstätte geschaffen werden, deren nationales Ethos in der Botschaft der Propheten wurzelte.

Für mich ist Ben Gurion stets ein genialer Staatsmann und politischer Führer in sich ständig verändernden politischen Verhältnissen geblieben. Er gehörte zu den seltenen historischen Gestalten, bei denen Persönlichkeit und Politik eine Einheit bilden. Seine Bemühungen hatten ein hohes Ziel: dem jüdischen Volk den Platz in der Geschichte wiederzugeben, den es vor 2000 Jahren verloren hatte, als es von seinen territorialen Wurzeln abgeschnitten wurde und aufhörte, politisch zu existieren. Ben Gurion hielt das jüdische Leben in der Diaspora für ungesund, seiner Ansicht nach mußten der Geist und die Talente eines Volkes darin Schaden nehmen. Letztlich könne eine solche Existenz nur fatal enden.

Ben Gurion wollte die Juden in die politische Unabhängigkeit führen – nicht nur, damit sie eine Nation wie so viele andere werden könnten, sondern auch, damit sie ihre historische Mission als »ewige Nation« erfüllen und zu einem Beispiel für die Menschheit werden könnten. Als Losungsworte galten ihm die biblischen Wendungen »das Licht der Welt« und »das Erwählte Volk«.

Wer der Lenker eines solchen Volkes, wenn nicht Politiker überhaupt sein wollte, mußte nach Ben Gurion ein Denken entwickeln, das sowohl strategische und wirtschaftliche als auch politische und moralische Belange berücksichtigte. Bei ihm hatten moralische Erwägungen stets Vorrang, doch seine Hauptpriorität hatte das physische Überleben des Volkes. »Selbst Albert Einsteins Kopf, der diesen großartigen Verstand birgt, ist vor der Kugel eines Attentäters nicht sicher«, sagte er.

Die Rückkehr der Juden in die politische Geschichte konnte nach Ben Gurion nur gelingen, wenn die physische Wiederherstellung – die Rückkehr ins Gelobte Land – mit einer geistigen Erneuerung – einer Rückbesinnung auf die Bibel – einherging. Dieses doppelte Ziel verfolgte er mit großer Entschlossenheit und unermüdlichem Enthusiasmus. Seine aus Willenskraft, Mut, Zielstrebigkeit und Weisheit geschmiedete Persönlichkeit war mit seinen politischen und nationalen Zielen untrennbar verschmolzen. Er stellte sich allen Herausforderungen des Lebens, auch den widerwärtigsten, und gab selbst in schwierigen Situationen niemals auf. Er war stets bereit, auch solche Fragen noch einmal neu zu überdenken, die bereits geklärt schienen, und empfand eine instinktive Abneigung gegen banale oder phantasielose Lösungen. Für alles Neue offen, war er zugleich ein unermüdlicher Arbeiter. Er war stets über alle Einzelheiten eines Komplexes im Bilde, bewies Entschlußstärke, bediente sich seines sicheren Gedächtnisses, sammelte neue Informationen und erfüllte seine Pflichten mit großer Selbstdisziplin. Dank seiner großen intellektuellen Fähigkeiten drang er stets bis zum Kern eines Problems vor, analysierte es und kam zu Schlußfolgerungen, die er zwingend und überzeugend darzulegen wußte.

Die israelischen Politiker wollten also nicht nur ein neues Land, sondern auch ein neues Nationalbewußtsein aufbauen. Normalerweise beschränken Politiker sich darauf, die bestehenden Realitäten zu reformieren, doch in Israel hatte man sich vorgenommen, ein seit 2000 Jahren in alle Himmelsrichtungen versprengtes Volk zu einer neuen nationalen Einheit zu verschmelzen. Während meiner ganzen politischen Laufbahn bin ich nie von dem Gefühl losgekommen, daß die politischen Führer Israels mehr sein müssen als nur Vertreter einer bestimmten Wählergruppe. Wir repräsentieren auch Wähler, die gar nicht existieren. Einige sind bereits tot, doch ihr Vermächtnis lebt in uns weiter; andere sind noch gar nicht geboren. Unsere Aufgabe ist es, den kommenden Generationen für ihre Zukunft eine sichere Ausgangsbasis zu schaffen.

1

EIN JUNGE AUS DEM SHTETL

Zumindest für meine Mutter grenzte meine Geburt an ein Wunder. Ich wog mehr als fünf Kilogramm, und sie hätte die Entbindung um ein Haar nicht überlebt.

Die Welt, in die ich in den frühen Morgenstunden des 21. August 1923 hineingeboren wurde, begann sich bereits zu ändern. Die althergebrachte Frömmigkeit, die im Hause meiner Großeltern herrschte, und die moderne Kultur und der Zionismus meiner Eltern prägten mich als Kind ebenso wie der blaue Himmel und die Zitrushaine von Erez Israel. Schon als kleiner Junge träumte ich von diesem fernen Land. Mir war, als könnte ich den Duft der Orangenblüten riechen und die muskulösen Arme der erntenden Kibbuzniks vor mir sehen. Diese Welt war mir so gegenwärtig wie die Silhouette der Wälder rund um das Shtetl Wischnewa im Herzen Weißrußlands.

Das Shtetl bestand aus Holzhäusern, die an drei annähernd parallel verlaufenden Straßen standen. Das Leben seiner 1500 jüdischen Bewohner spielte sich rund um vier wichtige öffentliche Einrichtungen ab: die zwei Synagogen, das Badehaus und den Dorfmarkt. Jeden Mittwoch herrschte hier reges Leben, denn dann kamen die Bauern aus den umliegenden Dörfern und verkauften ihre landwirtschaftlichen Erzeugnisse, während die ansässigen Juden in Heimarbeit angefertigte Waren feilboten. Meine Großmutter strickte dicke Strümpfe für den Winter, die sie zu Stiefeln verarbeitete. Sie hatte dazu eigens eine ausladende, runde Maschine, die in einem Anbau neben ihrem Haus stand. Um die Weihnachtszeit hatte sie besonders viel zu tun, denn alle *Gojim*, alle Nichtjuden der Umgebung, wollten ihre warmen Schuhe während der Mitternachtsmesse tragen.

Abgesehen von dem, was wir an diesen Markttagen mitbekamen,

wußten wir Kinder wenig oder gar nichts von der nichtjüdischen Welt. Es kam uns so vor, als lebten wir auf einer jüdischen Insel, die von einem Meer dichter und bedrohlicher Wälder umgeben war. Wir wußten, daß dahinter große Städte voller aufregender, neumodischer Attraktionen lagen, doch unser Horizont reichte nur bis zu den Wipfeln der sich im Wind wiegenden Birken und zur Uferböschung des Olschanski. Dieser Fluß, der unser Dorf an einer Seite begrenzte, war im Sommer sehr stark befahren, doch während der langen Wintermonate erstarrte er zu einer herrlich glitzernden Eisfläche.

Mein Leben spielte sich zwischen der Schule und dem knapp fünf Kilometer entfernten Bahnhof von Bogdunow ab. Bahnhof und Dorf waren durch einen holprigen Weg verbunden, der mitten durch den Wald führte. Die Dorfbewohner legten die Strecke im Sommer zu Pferde oder mit dem Pferdewagen und im Winter mit Schlitten zurück. Ich wußte, daß wir eines Tages von dort aus in unser *wirkliches* Leben aufbrechen würden. Dort sollte unsere *Alija*, unser »Aufstieg« nach Erez Israel beginnen. Immer wenn Leute aus unserem Dorf auf *Alija* gingen, versammelten sich alle ihre Freunde und Verwandten aufgeregt auf dem Bahnhof von Bogdunow und nahmen lachend und weinend von ihnen Abschied. Mein Vater, ein wohlhabender Kaufmann, besaß Lagerhäuser in der Nähe des Bahnhofs, daher war ich manchmal dabei, wenn sich Nachbarn auf die große Reise machten. Ich trauerte mit den Daheimgebliebenen und wünschte mir gleichzeitig, wir würden ebenfalls aufbrechen. Ich weiß noch, daß ich vor Aufregung immer ganz atemlos war, wenn ich den Zug zwischen den Bäumen auftauchen sah. Dieser Rauch ausstoßende, eiserne Koloß war das einzige nicht von Pferden gezogene Fortbewegungsmittel, das ich in meiner Kindheit zu Gesicht bekam.

Die Schüler der »Tarbutschule«[1], auf die man mich schickte, wurden in modernem Hebräisch und in ihrer Muttersprache Jiddisch unterrichtet. Darüber hinaus war Polnisch an allen Schulen gesetzlich vorgeschriebenes Pflichtfach, doch die Polen und ihre Sprache waren in unserem Bezirk bei Juden wie Christen ausgesprochen unbeliebt. Wischnewa und seine Umgebung gehörten geographisch zu Weißrußland. Das Gebiet befand sich bis 1921 unter russischer Herrschaft (und sollte 1939 erneut an Rußland fallen); nach dem Ersten Weltkrieg wurde es von Polen erobert. Die neuen Machthaber galten in der Bevölkerung als Antisemiten und als Besatzer, die wahrscheinlich nicht lange bleiben würden.

Mein Hebräischlehrer, der führende Kopf der örtlichen Zelle der zionistisch-sozialistischen Jugendbewegung Haschomer Hazair, hieß Jehoshua Rabinowitz und stammte aus einer der angesehensten Familien des Dorfes. Er gehörte wie ich zu den Glücklichen, denen es gelang, ihren zionistischen Traum zu verwirklichen, ehe die Nazis Wischnewa für immer zerstörten. Er wurde Bürgermeister von Tel Aviv und 1974 Finanzminister in der Regierung, der ich als Verteidigungsminister angehörte. Wie früher im Klassenzimmer unserer Schule in Wischnewa spürte ich im Kabinett seine strengen Augen auf mir ruhen, als sei er stets bereit einzuschreiten, wenn ich zu übermütig werden sollte.

Das Haus meiner Eltern in Wischnewa war vergleichsweise geräumig und komfortabel, hatte jedoch wie alle anderen Häuser des Dorfes weder elektrisches Licht noch fließendes Wasser. Es stand hinter dem Haus meiner Großeltern, in dem meine Mutter und ihre zwei Brüder und fünf Schwestern geboren wurden. Mein Großvater, Reb Zvi Meltzer, war die höchste und unangefochtene Autorität in der Familie. Sein Wort war Gesetz, und keines seiner Kinder oder Enkelkinder hätte je gewagt, sich ihm zu widersetzen. Er war ein stämmiger, mittelgroßer Mann mit einem eckig geschnittenen, weißen Bart, der ihm ein würdevolles Aussehen verlieh, das seiner Stellung innerhalb der Gemeinschaft entsprach. Seine Augenbrauen waren im Gegensatz zu seinem Bart immer noch schwarz und betonten seine tiefliegenden Augen, die voller Lebensweisheit waren.

Die Eltern meiner Mutter und meine Urgroßeltern väterlicherseits stammten aus dem ungefähr 20 Kilometer von Wischnewa entfernten Woloschin. Woloschin war kein unbedeutendes kleines Shtetl wie Wischnewa, sondern wegen seiner berühmten, Anfang des 19. Jahrhunderts gegründeten Jeschiwa (Talmudschule) ein Begriff in der ganzen jüdischen Welt. Zvi Meltzer, mein Großvater, hatte an der Woloschiner Jeschiwa studiert und damals das Zimmer mit Chaim Nachman Bialik geteilt, der später der Nationaldichter des israelischen Staates wurde. Bialik beschrieb die Jeschiwa als »den Ort, an dem die Seele der Nation geformt wurde«. Der Vater meines Vaters, Reb Salman Persky, studierte nicht nur an der großen Jeschiwa, sondern war sogar ein direkter Nachkomme ihres Gründers Rabbi Chaim Woloschiner (1749–1821), dem bedeutendsten Schüler des *Gaon* (Weisen) Rabbi Elija von Wilna (1722–1797). Solange die Jeschiwa bestand, gehörten die Perskys stets zu den großen Gelehrten Woloschins.

Salman Persky wurde 96 Jahre alt, doch ich war noch ein Säugling, als er starb, und habe daher keine Erinnerung an ihn. Dafür übte mein *Zeide* (Großvater) Zvi Meltzer meine ganze Kindheit hindurch einen nachhaltigen und prägenden Einfluß auf mich aus. Ich liebte ihn sehr, und rückblickend scheint es mir, als habe er mir damals mehr Aufmerksamkeit geschenkt als seinen anderen Enkelkindern. Er war es, der mich in die Bibel und in die Geschichte unseres Volkes einweihte – durch Kindergeschichten zwar, aber mit dem didaktischen Geschick eines Lehrers und der Sorgfalt eines Gelehrten.

Als ich älter wurde, machte er mich mit dem Talmud vertraut. Er lehrte mich jeden Tag ein paar Zeilen der esoterischen Schrift lesen und erklärte mir die Einzelheiten kasuistischer Streitfragen. So wuchs ich in der festen Überzeugung auf, daß die kostbarste aller Gaben intellektueller Scharfsinn sei. Wenn jemand ein *Iluy* (ein Genie) genannt wurde, dann war das so, als würde er zum Weltmeister aller olympischen Disziplinen erklärt. Schon von Kindesbeinen an glaubte ich, daß das Teuerste an einem Menschen der Verstand sei. Ich erinnere mich noch, wie ich mir die Köpfe der Leute immer ganz genau ansah und aus Äußerlichkeiten Rückschlüsse auf die darin schlummernden intellektuellen Fähigkeiten zu ziehen versuchte. Ich wußte, daß eine hohe Stirn ein Gottesgeschenk war, die Gabe der Klugheit. Wenn Erwachsene von einer Veranstaltung heimkamen – sei es, daß sie eine Predigt in der Synagoge gehört hatten oder bei einer politischen Versammlung gewesen waren –, dann berichteten sie jedesmal zuerst, wie der Kopf des Redners ausgesehen habe, vor allem aber, wie hoch seine Stirn gewesen sei.

Das Talmudstudium mit meinem Großvater ließ in mir schon recht früh die Erkenntnis reifen, daß nichts auf der Welt nur eine Seite hat. Wenn du nur eine Seite einer Sache siehst, schärfte er mir ein, dann hast du sie nicht richtig studiert. Ein Junge, der die Dinge nicht gründlich studiert, bleibt blind gegenüber der Vielfalt des Lebens.

Ich wuchs in der tiefen Überzeugung heran, daß der Mensch dazu geschaffen sei, seinem Schöpfer zu dienen, indem er seine Gebote befolgt. Wehe dem, der den Sabbat nicht heiligte, der der Versuchung erlag, nicht koscheres Fleisch zu essen, oder betet, ohne auf die genaue Bedeutung der Worte zu achten. So wurde ich vom Eifer des Gerechten ergriffen, als ich eines Samstags dazukam, wie meine Eltern gerade einen Radioapparat einschalteten, den mein Vater von einer seiner häufigen

Geschäftsreisen mitgebracht hatte. Ich riß das sündige Gerät an mich und schmetterte es zu Boden. Meine Eltern hatten es wahrscheinlich nur angeschaltet, weil es sie reizte, denn bis dahin hatte noch niemand in Wischnewa je ein Radio gesehen. Wie viele ihrer Zeitgenossen befolgten meine Eltern nicht mehr peinlich genau alle religiösen Vorschriften, doch solange sie sich in Wischnewa aufhielten, hätten sie aus Respekt vor meinem Großvater nie absichtlich gegen die überlieferten Religionsgesetze verstoßen. Meine Mutter achtete zum Beispiel beim Kochen stets auf koschere Zubereitung.

Ich selbst begleitete meinen *Zeide* jeden *Schabbat* (Sabbat) eifrig in die Synagoge. Der Höhepunkt des Jahres war für mich *Jom Kippur*, der Versöhnungstag. An diesem Tag wurde Großvater, der mit einer kräftigen und wohltönenden Stimme gesegnet war, immer zum Kantor bestimmt, eine Ehre, die traditionell nur einem angesehenen älteren Gemeindemitglied zuteil wurde. An Jom Kippur gingen alle Juden in die Synagoge. Eine himmlische Stille lag über dem Dorf, wenn die Juden von Wischnewa, ganz in Weiß gekleidet, zu ihrer alljährlichen Begegnung mit dem Schicksal eilten. »Erhöre uns Ewiger, erhöre uns, [...] Tue es um derentwillen, die für die Heiligung Deines Namens den Tod durch Feuer oder Wasser erleiden.« Mit ihren Gebetsmänteln angetan, standen die Männer gebeugt da, während mein Großvater die heiligen Worte psalmodierte. Ich glaubte, jeder würde selbst direkt mit Gott sprechen und ihn um ein weiteres Lebensjahr bitten. Ich hielt es für ausgemacht, daß jeder, dessen Sündenregister länger war als die Liste seiner guten Taten, der Verdammnis preisgegeben wäre. Immer wenn mein Großvater am Abend vor der Fastenzeit zum Pult des Vorlesers schritt und die durchdringende, ergreifende Melodie von *Kol Nidre* anstimmte, erbebte ich vor Ehrfurcht. Selbst heute noch klingt mir seine Stimme in den Ohren, und jedes Jahr an Jom Kippur fühle ich immer noch die gleiche tiefe Ehrfurcht.

Bei aller Frömmigkeit war mein Großvater durchaus kein engstirniger Mann. Er hatte eine Begabung, die sich bei Menschen seines Herkommens und Lebensstils nur selten fand und die mich besonders begeisterte: Er konnte Geige spielen. Außerdem war er sehr belesen. Am meisten schätzte er die russischen Klassiker. Auch darin übte er einen nachhaltigen Einfluß auf mich aus. Ich weiß noch, wie ich mir damals überlegte, daß die Werke Dostojewskis, Gogols und Tolstois der Weisheit meines Großvaters, die ich sehr bewunderte, noch zusätzlichen Glanz verliehen. Daher, so folgerte ich, würde ich unwissend und beschränkt bleiben, solange ich mich nicht ebenfalls in sie vertiefte. So kämpfte ich mich schon mit neun Jahren durch Dostojewskis »Schuld und Sühne«. Was ich am Tage las, durchlebte ich nachts in unruhigen, bangen Träumen noch einmal. Ich las auch Gedichte von Jehuda Leib Gordon (1875 bis 1892), Bialik und Saul Tschernichowski (1875–1943), obwohl ich vieles darin noch nicht so recht verstand. Und meine Mutter las mir häufig aus den Romanen und Kurzgeschichten des großen jiddischen Schriftstellers Scholem Aleichem vor.

Die Meltzers waren eine der größten Familien des Dorfes. Großvater Zvi und Großmutter Rivka hatten acht Kinder, von denen eines allerdings schon in jungen Jahren starb. Meine Mutter Sarah war die älteste von fünf Töchtern. Vier der Mädchen gingen später auf die *Alija.* Meine jüngste Tante, Itka, war ein begeistertes Mitglied der örtlichen Zelle der Haschomer Hazair, ließ sich später in Rehovot südlich von Tel Aviv nieder, wo sie heute noch lebt. Sie ist sehr lebhaft und in unserer ganzen Familie ausgesprochen beliebt.

Meine Mutter galt als besonders wohlgeratene Tochter, die gleichermaßen mit Intelligenz und gesundem Menschenverstand ausgestattet war. Sie hatte nicht nur Großvaters schöne Stimme geerbt, sondern auch seine Liebe zu Büchern. Und da sie ihre Schulzeit schon vor dem Einmarsch der Polen abgeschlossen hatte, war auch sie stark von der russischen Literatur geprägt. Immer schien sie in russischen oder jiddischen Büchern zu lesen. Und wenn sie nicht gerade las, dann sang sie.

Zu meinem Onkel Josef fühlte ich mich besonders hingezogen, obwohl er der Kopf der örtlichen Betar war, der Jugendbewegung des rechten Flügels der Zionisten, während ich mich wie die meisten Jugendlichen dem sozialistischen Haschomer Hazair angeschlossen hatte. Josef war zum Studieren an die Jeschiwa geschickt worden, hatte die Ordination erhalten und galt als ein *Iluy.* Ich war von seiner freundlichen, nachdenklichen Art sehr angetan und sog die Sagen und Geschichten, die er an uns Kinder weitergab, begierig in mich auf. Er war noch nicht einmal 30 Jahre alt, als er an Krebs erkrankte. Uns allen war klar, daß er nicht mehr lange leben würde. Meist lag er blaß und schwach in einer Hängematte, die zwischen zwei Kirschbäumen in seinem Garten aufgespannt war. Immer wieder starrte ich meinen hilflos daliegenden, geliebten Onkel an und fragte mich, warum jemand, der ebenso regelmäßig zu Gott betete wie ich selbst, trotzdem leiden mußte. Gott konnte grausam und ungerecht sein oder doch unbegreiflich. Mich empörte das leuchtende Rot der Kirschen, während ich mit ansehen mußte, wie die Wangen meines Onkels Tag für Tag blasser wurden.

Anders als mein Großvater und mein Onkel, die mich intellektuell »verzogen«, erfüllten mir meine eher praktisch denkenden Eltern großzügig alle materiellen Wünsche. Im Winter bekam ich Skier, und nach der Schule verwöhnte man mich mit Eiskrem. Für ihre Großzügigkeit sollte ich mich dadurch erkenntlich zeigen, daß ich das charakteristische Gehabe meiner Lehrer oder anderer Säulen unserer Gemeinschaft nachahmte. Besonders gefragt waren meine Parodien, wenn mein Vater, ein starker und tatkräftiger Mann, Gäste mit nach Hause brachte. Die versammelte Gesellschaft war stets sehr beeindruckt und prophezeite meinen Eltern »eine große Zukunft« für ihren vergötterten Erstgeborenen.

Einmal schenkten mir meine Eltern eine Mandoline, mit der ich mich dem Schulorchester anschließen sollte, doch das erwies sich als Reinfall. Offensichtlich hatte meine Mutter die musikalische Begabung ihrer Familie nicht an mich weitervererbt. Ich schaffte es nie, die Töne so wiederzugeben, wie sie in den Noten standen. Irgendwann versuchte ich dann, meine eigenen Noten niederzuschreiben. Wenigstens die würde ich dann schon spielen können, meinte ich. Insgeheim schrieb ich kleine Notenhefte mit Reimen und Liedern voll, die nur für meine Ohren bestimmt waren.

Während meiner ganzen Kindheit ging es uns wirtschaftlich gesehen relativ gut, und ich wuchs zu Hause in Liebe und Geborgenheit auf. Dennoch war ich ständig unruhig und machte mir Sorgen. Vieles verstand ich noch nicht, und von dem, was ich verstand, erfüllte mich manches mit Bitterkeit. Aufgrund von Beobachtungen, die ich in meiner kleinen Welt bereits gemacht hatte, und durch meine emsige und wahllose Lektüre wußte ich, daß es menschliches Leid gab. Es bekümmerte mich, daß Bosheit und Ungerechtigkeit offensichtlich solchen Erfolg hatten. So war ich Mapu[2], dem Autor von *Samariens Schuld* und *Zionsliebe,* wirklich dankbar, daß zumindest er die Welt in gute und schlechte Menschen einteilte, denn das war meiner Meinung nach die einzig richtige Haltung.

Eines Tages im Jahre 1933 schlug die Macht des Bösen ganz in unserer Nähe zu. Zwei Dorfbewohner wurden in den Wäldern ermordet aufgefunden. Wie sich später herausstellte, waren sie antisemitischen Schlägern zum Opfer gefallen. Das ganze Dorf geriet in Angst und Schrecken. Für mich, den sensiblen Zehnjährigen, war das eine erschütternde Erfahrung. Zum erstenmal in meinem Leben sah ich einen Pressefotografen. Er kam, um die Leichen zu fotografieren. Die in Warschau erscheinende jiddische Tageszeitung *Moment* brachte dann einen Bericht mit dem grausigen Foto. Noch Wochen danach lag das Leben in Wischnewa wie unter einem Schleier von Trauer und Angst.

Schon damals drehten sich meine Gedanken unaufhörlich um Erez Israel, die Welt meiner Träume. Ich hatte das Gefühl, bereits dort hinzugehören. Meine Ungeduld wurde noch verstärkt durch die Postkarten und Briefe, Briefmarken und Bilder, Liedtexte und Souvenirs, die meine drei Tanten, die mit ihren Familien bereits in Palästina lebten, uns ununterbrochen schickten. Alles, was auf den Postkarten zu sehen war – die Gebäude und Straßen, die Bauernhöfe und die Menschen –, wirkte so strahlend und sonnig. Schon jeder Brief erfüllte uns mit Freude, doch wenn eine Kiste mit Orangen eintraf, war das Anlaß für ein Fest für die ganze Familie. Jede Frucht war in dünnes, rosa Papier eingewickelt, das die magische Aufschrift »Jaffa« trug. Wir hatten keine Eile mit dem Schälen und Essen der Orangen, sondern genossen die aromatischen Früchte langsam und genüßlich und rochen sehnsuchtsvoll auch an den Kisten, die für uns den Duft des Gelobten Landes ausströmten.

Obwohl ich in unserem Shtetl geborgen und fern der Welt der Gojim lebte, ahnte ich doch, daß Juden im damaligen Polen diskriminiert und schlecht behandelt wurden. Juden wurden hart und ungerecht besteuert, und auch mein Vater Jizchak (oder auf jiddisch Getzl) Persky hatte unter der drückenden Steuerlast zu leiden. Wie schon sein Vater war auch er Holzhändler, pachtete größere Waldstücke und ließ das geschlagene Holz zu Brettern und Balken weiterverarbeiten, die dann in die Stadt transportiert wurden. Später dehnte er seinen Handel auf Getreide, Zukker, Bier und andere Waren aus, die er von seinen Lagerhäusern am Bahnhof von Bogdunow en gros an die Armee und an Geschäfte im ganzen Bezirk verkaufte.

Irgendwie spürte ich die ganze Zeit über, daß dieser Wohlstand nicht von Dauer sein würde, und tatsächlich war es auch so. Vater wurde durch unverschämte Steuerforderungen buchstäblich aus dem Geschäft gedrängt. Doch hatte er sowieso die feste Absicht, eines Tages nach Palästina auszuwandern; nun beschloß er, uns vorauszugehen, in Tel Aviv eine Holzhandlung zu gründen, eine Wohnung zu suchen und uns – meine Mutter, meinen Bruder Gershom und mich – später nachkommen zu lassen. Als »Kapitalist« (das war nach dem Einwanderungsreglement unter dem britischen Mandat jeder, der mindestens 1000 Pfund Sterling nach Palästina mitbrachte) benötigte er weder für sich noch für seine Familienangehörigen Visa. Als dann Hitler in Deutschland an die Macht kam, wurden bald mehr Visa beantragt, als ausgestellt wurden.

Mein Vater brach also 1932 nach Palästina auf. Während der folgenden zwei Jahre schrieb er uns in seiner klaren, selbstbewußten Handschrift viele Briefe, aus denen sein angeborener, mitreißender Optimismus sprach. Manchmal fügte er Schnappschüsse von Fotoaufnahmen bei, die ihn und seinen Geschäftspartner Katak in schicken, leichten Sommeranzügen zeigten. Groß und braungebrannt stand mein Vater neben dem anderen, etwas kleineren Mann, der ebenfalls sehr entspannt und zuversichtlich wirkte.

Schließlich machten auch wir uns auf die Reise nach Palästina. Wir fuhren mit dem Zug nach Istanbul und dann mit einem polnischen Dampfer nach Jaffa. Bei unserer Ankunft wurde unser Schiff von vielen kleinen Ruderbooten und Barken umlagert. Schauerleute mit rotem Fes und in weiten Pluderhosen boten von Palmblättern bis zu grüner, eisgekühlter Limonade alle nur erdenklichen Waren feil. Doch mein Vater war bereits mit einem eigenen Boot zur Stelle. Er lotste uns geschickt durch das Zoll- und Einwanderungsbüro und brachte uns dann in unser neues Heim, das damals im Zentrum von Tel Aviv, in der Rehov Ha'Avoda Nummer 8, lag.

Die Rehov Ha'Avoda oder Straße der Arbeit war eine Abzweigung der König-Georg-Straße, einer der Hauptverkehrsadern der neuen jüdischen Stadt. Beide Straßennamen zusammen waren ein Sinnbild unserer neuen Situation: Die Hauptstraße war nach dem britischen Kolonialherrn benannt, während der Name der Seitenstraße der zionistischen Vision vom zukünftigen jüdischen Staat Ausdruck gab.

2

NEUE WELT

Der Wechsel von Wischnewa nach Tel Aviv war mehr als nur ein Umzug von einem Ort zum anderen. Es war der Aufbruch in eine ganz neue Welt. Ein paar Tage nach unserer Ankunft luden uns meine Tante Breinke und Onkel Mendel für ein paar Wochen in ihr Haus in Rehovot ein. Onkel Mendel, ein ausgeglichener, warmherziger Mann, war von Beruf Schreiner. Er interessierte sich lebhaft für Politik und las mit Begeisterung hebräische, jiddische und russische Literatur. Seine Frau, die Schwester meiner Mutter, war eine typisch jüdische Mutter: immer herzlich und sehr um das Wohl ihrer Gäste besorgt. Ihr Haus, ein hübscher, kleiner Bungalow, stand auf einem von Zitrushainen umgebenen Hügel. Wenn die Bäume blühten, hatte man den Eindruck, als wohne man in einer Parfümerie.

Rehovot selbst war eher ein großes Dorf als eine Stadt. Daher ließ man uns Kinder unbeaufsichtigt auf den größtenteils noch ungepflasterten Straßen toben und in den grünen, fruchtbaren Obstplantagen spielen, die für uns der Inbegriff des neuen Israel waren.

Bei Tante Breinke kosteten wir zum erstenmal frische Salatgerichte und Dickmilch, in ganz Palästina übliche Speisen, die aber für uns ganz neu waren, und natürlich die köstlichen Früchte, von denen wir in Polen oft gelesen und geträumt hatten.

Wir hatten das Gefühl, nicht nur an einen neuen Ort gekommen, sondern auch ganz neue Menschen geworden zu sein. Nun, da ich nicht mehr unter Großvater Zvis strengem Regiment lebte, entfielen die regelmäßigen Synagogenbesuche am Samstagmorgen. Und den Dialog mit der fernen Gottheit ersetzte der hautnahe Kontakt mit dem Meer und dem warmen Sand. Ich mußte auch nicht mehr in langen Hosen, langärmeligen Jacken und Hemden mit Krawatten herumlaufen, sondern trug nun lose, kurzärmelige Hemden und khakifarbene Shorts, in denen mir alles luftig, sonnig und frei vorkam.

Die Gojim waren nicht länger Thema ängstlicher Gespräche hinter vorgehaltener Hand. Ihren Platz hatten nun die Araber eingenommen, die zwar unsere Feinde, aber nicht unsere Herren waren.

Überall herrschte der freudige und ansteckende Zukunftsoptimismus. Bald würden wir unseren eigenen Hafen, unsere eigenen Fabriken haben. Unsere bäuerlichen Siedlungen wuchsen ständig. Irgendwann würden wir sogar ein eigenes Heer besitzen. Alles schien sich vorwärts zu bewegen, neuen Ufern und Höhen entgegen. Unsere Anstrengungen schienen sich zu lohnen.

Alles und jeder kam mir so überzeugend und kühn vor. Die Leute waren von der Sonne braungebrannt, und braungebrannte Menschen waren für mich glückliche Menschen. Und sie hatten ihr Glück in meinen Augen auch wirklich verdient, denn sie machten die Wüste urbar und erschufen durch harte Arbeit das Land neu, das das Schicksal den Juden bestimmt hatte.

Nachdem wir uns ein paar Wochen lang in Rehovot »akklimatisiert« hatten, kehrten wir zurück nach Tel Aviv oder »Klein-Paris«, wie die Stadt von ihren Bewohnern mit lokalpatriotischem Stolz genannt wurde. Ich weiß noch, daß ich mir damals dachte, Tel Aviv sei, zumindest in mancher Hinsicht, sicher noch großartiger als das echte Paris. Denn schließlich war das echte Paris schon alt, also eher mit einer runzligen alten Frau vergleichbar, während das erst vor 25 Jahren gegründete Tel Aviv (der hebräische Name bedeutet »Frühlingshügel«) die schöne, frühlingshafte Fee der jüdischen nationalen Wiedergeburt war. Neu und glänzend hoben sich die Gebäude der Stadt vom Meer ab, und der Himmel über ihnen schien sich nie zu bewölken. (Im Gegensatz zu heute verdunkelten in meiner Kindheit noch nicht von Menschen produzierte Rauchwolken den Horizont).

Wir wurden mit der Stadt zusammen groß. Tel Aviv hatte jeden Tag etwas Neues zu bieten: ein neuerrichtetes Gebäude, ein gerade erschienenes Buch, ein neues Stück im Nationaltheater, der Habima, oder im Ohel oder im Matateh. Wir Kinder wußten stets, was gerade gespielt wurde, und kannten alle Stars. Unsere damaligen Helden waren Hanna Rovina, Aharon Maskin, Jehoshua Bertonov und Meir Margalit.

Doch unser Horizont reichte nicht nur bis an die Grenzen von Tel

Aviv. Wir waren alle ungeheuer stolz auf die Kibbuzim, denn wir wußten, daß sie der Inbegriff eines Lebens in Gerechtigkeit waren. Dort herrschten wirkliche Freiheit und Gleichheit. Auch die Moschavim brachten einen neuen Typ von hebräischen Freibauern hervor. Die Moschavniks waren geschickte und erfolgreiche Farmer, die ihr Land selbst bebauten und Dorfgemeinschaften bildeten, in denen einer den andern unterstützte. Diese Gleichberechtigung herrschte jedoch nicht nur in den Kibbuzim und Moschavim, sondern auch in vielen Bereichen der Wirtschaft. Im Gewerkschaftsbund Histadrut gab es damals zum Beispiel keine unterschiedlichen Lohngruppen. Jeder, vom Generalsekretär bis zur Küchenfee, wurde nach demselben Tarif bezahlt. Wieviel die Lohntüte enthielt, hing von der Größe der Familie des Betreffenden ab.

Einem jungen, zionistischen Einwanderer erschien alles im jüdischen Palästina gerecht, vielversprechend und fortschrittlich. In modernen Fabriken wurden köstliche Fruchtsäfte hergestellt, in anderen künstliche Gebisse, die sogar ins Ausland exportiert wurden. Mir war bekannt, daß die Hebräische Universität in Jerusalem brillante Wissenschaftler aus der ganzen Welt anzog. Und in Tel Aviv gründete Bronislaw Huberman ein Symphonieorchester, das sich bald soviel künstlerischen Ruhm erwarb, daß der große Toscanini höchstselbst in Tel Aviv am Dirigentenpult stand.

Natürlich waren wir uns auch der Gefahren dieser neuen Welt bewußt. Unter den Arabern, die aus dem benachbarten Jaffa oder aus dem bei Rehovot gelegenen Zarnuga kamen, waren Leute, die unsere neue Heimstätte, die wir uns aufbauten, zerstören wollten. Manche hatten den Kopf in die *Keffiyeh,* das karierte Palästinensertuch, gehüllt, was ihre stechenden Augen noch bedrohlicher erscheinen ließ. Andere trugen einen roten Fes und weite Pluderhosen, in denen sich leicht eine *Shabriya,* der gefürchtete Krummdolch der Araber, verbergen ließ. Alle wußten, daß jeder Versuch, sich mit ihnen zu verständigen, völlig zwecklos war. Wir Juden hatten keine andere Wahl. Wir mußten auf der Hut sein und uns notfalls verteidigen, bis die Araber akzeptierten, das Land mit uns zu teilen.

Eine weitere Gefahrenquelle, deren wir uns, wenn auch weniger bestimmt, bewußt blieben, war das britische Mandat, an das wir auf Schritt und Tritt erinnert wurden. Auf unseren Münzen stand »Palästina (EI)«. Wir waren also weder Palästina noch Erez Israel, sondern irgendein Zwischending, das sich ein ferner Bürokrat in einem fremden Land ausgedacht hatte. Auf der Banknote prangte das Portrait Seiner Majestät König Georgs V., nach dem die Hauptverkehrsstraße in der Nähe unserer Wohnung benannt worden war.

Manchmal konnten wir uns die britischen Offiziere ganz aus der Nähe ansehen. Die Haltung und das Auftreten dieser gewichtigen Herren mit den steifen, gestärkten Uniformen, den Offiziersstöckchen unter dem Arm und den polierten Lederriemen, die sie um die Taille und quer über die Brust trugen, führten selbst uns Kindern deutlich vor Augen, wer in diesem Land wirklich das Sagen hatte.

Wir palästinensischen Juden verdächtigten die Briten eines perfiden Doppelspiels. Sie gaben zwar vor, sich für unsere »nationale Heimstätte in Palästina«[1] einzusetzen, doch in Wirklichkeit paktierten sie mit den Arabern. Das wunderte uns kaum, denn wir wußten, daß die Araber – insbesondere die Beduinen – für ihre Gastfreundschaft und ihre gewinnende Art berühmt waren. Seit Jahrzehnten, ja im Grunde sogar schon seit Jahrhunderten, hofierten sie mit Erfolg die Regierung des britischen Königreichs, und gegen solche Ränke hatten wir keine Chance.

Meine Eltern kauften mir ein Fahrrad, auf dem ich von da an eifrig durch die Straßen der Stadt patrouillierte. Auf jeder Tour zählte ich jedes einzelne Haus in den Straßen, um die Gewähr zu haben, daß keines verschwunden war, und um auf dem laufenden zu bleiben, was wo gebaut wurde. Ich inspizierte die hohen Platanen an der Ecke der König-Georg-Straße und vergewisserte mich, ob sie auch ausreichend gegossen wurden. Am Strand schließlich setzte ich meine blasse Haut ausgiebig der Sonne aus, weil ich unbedingt ebenso braungebrannt sein wollte wie die einheimischen Jugendlichen.

Mein Vater schickte mich aufs Balfour-Gymnasium, wo wir Basketball spielten. Nach dem Unterricht liefen wir zum örtlichen Maccabi-Sportklub hinüber und sahen den älteren Schülern beim Tennisspielen zu. Wir nahmen den Sport sehr ernst, denn er war für uns Teil unseres nationalen Kampfes um eine neue jüdische Gesellschaft und letztendlich um die Unabhängigkeit des jüdischen Volkes. Es war daher sehr wichtig, in keiner Sportart und gegen keinen Gegner zu verlieren.

Abends schauten wir dann bei den örtlichen Treffpunkten der verschiedenen Jugendbewegungen vorbei. Einige dieser Organisationen unterschieden sich nur wenig von denen unserer alten Heimat. So trugen die Pfadfinder (die auf hebräisch *Tsofim* hießen) ganz ähnliche Uniformen, die zum Ausdruck bringen sollten, daß die Bewegung auf Ordnung und Disziplin Wert legte. Sie vertraten auch das gleiche Ethos: Ihre Mitglieder hatten allzeit bereit zu sein, Menschen in Not zu helfen. Allerdings wurden sie nicht dazu angehalten, die Gründe dieser Not näher zu untersuchen oder sich am Aufbau einer neuen, gerechteren Gesellschaft zu beteiligen.

Wenn ich auch das Ethos der Pfadfinder in mancher Hinsicht für naiv hielt, so spähte ich doch oft mit der ganzen Schüchternheit eines linkischen und introvertierten Teenagers durch die Fenster ihres Klubhauses, in dem die Jungen und Mädchen mit sichtlichem Vergnügen komplizierte Polkas tanzten. Fasziniert und gleichzeitig bemüht, mir meine Neugier nicht anmerken zu lassen, beobachtete ich, wie die Jungen eine Hand entschlossen an die Taille der Mädchen legten, deren freie Hand ergriffen und mit der Tänzerin herumwirbelten, ohne dabei, wie ich zu meinem Erstaunen feststellte, über die eigenen Füße zu stolpern oder auf die ihrer Partnerin zu treten.

Einige der Jugendbewegungen waren in Palästina gegründet worden und typisch für dieses Land, zum Beispiel die sozialistische Gruppe Hanoar Haoved (Arbeiterjugend), mit der ich sympathisierte. Der rechte Flügel des politischen Spektrums wurde von der Betar vertreten, der Jugendbewegung der revisionistischen Zionisten, die ich bereits aus Wischnewa kannte. Bei ihr trugen die Kinder braune Hemden und steile Schirmmützen, die uns von vornherein verhaßt waren. Für uns war die Betar damals ein dunkles Geheimnis. Ihre Mitglieder schienen unter dem Bann eines uns rätselhaften fremden Wertesystems zu stehen.

Die Hanoar Haoved verkörperte für mich die Ideale und Hoffnungen des jungen Palästina und erschien mir daher am glaubwürdigsten. Sie repräsentierte das wertvollste und zugleich schwächste Element unserer Gesellschaft: die arbeitende Jugend. Ihre Klubhäuser waren baufällige Hütten; ihre Uniform war originell und brachte gleichzeitig demonstrativ zum Ausdruck, daß in der Gruppe brüderliche Gleichheit herrschte. Sie bestand aus khakifarbenen Shorts und einem blauen Hemd, das am Hals mit einer roten Kordel zugebunden wurde. Die Mitglieder der Hanoar Haoved stammten aus ganz unterschiedlichen Bevölkerungsgruppen. Exotische jemenitische Einwanderer waren ebenso vertreten wie kräftige Landkinder aus den Moschavim. Ihr gemeinsames Ziel war, mit vereinten Kräften eine neue Heimat und eine neue Arbeitergesellschaft aufzubauen. Die Hanoar Haoved hatte bereits im ganzen Land eine beträchtliche Zahl neuer Kibbuzim errichtet und einige prominente Schriftsteller und Dichter sowie bedeutende Offiziere der inoffiziellen Selbstschutzorganisation Hagana (die vor der Gründung des Staates Israel eine Untergrundarmee war) hervorgebracht.

Wir unternahmen all die Dinge wie Kinder in anderen Jugendvereinen: Wir kampierten unter freiem Himmel, sangen am Lagerfeuer und heckten Streiche aus (ich erinnere mich noch lebhaft daran, wieviel Spaß es machte, die Gesichter schlafender Freunde mit dicker, schwarzer Schuhcreme zu beschmieren). Doch wir bereiteten uns auch von Anfang an bewußt darauf vor, eines Tages in die Reihen der Hagana aufgenommen zu werden und anschließend »unseren Platz im Leben einzunehmen«, also uns einem bereits existierenden Kibbuz anzuschließen oder einen neuen mitzubegründen. Deshalb lernten wir, uns nachts anhand der Sterne zu orientieren, und übten uns im Nahkampf. Wir führten auch endlose ideologische Diskussionen über den Klassenkampf, die Gewerkschaftsbewegung und die grundlegenden Strukturen des Kibbuzlebens. Der Kibbuz, die Lösung aller Übel der urbanen Industriegesellschaft, war stets das oberste und letzte Ziel.

Meine ersten drei Jahre in Erez Israel verlebte ich in Tel Aviv. Ich war ein unabhängiges Kind, das sich sehr intensiv, aber oft auch ganz für sich, mit seiner Umwelt auseinandersetzte. Rückblickend würde ich sagen, daß ich damals in drei konzentrischen Sphären lebte. Die erste war meine eigene geistige Sphäre, eine Welt der Bücher, der Gedichte und der Phantasie, die ich mir bereits in meiner frühesten Kindheit aufgebaut hatte. Da ich inzwischen eine große Leidenschaft für die hebräische Sprache entwickelt hatte, las ich mich mit Begeisterung quer durch die hebräische Literatur.

Die zweite Sphäre war die Schule, oder zumindest jene Aspekte des Schülerdaseins, die mich interessierten. Ich wurde zum Herausgeber der neuen Schülerzeitung ernannt, in der ich mit anderen Schülern, die sich ebenfalls zum Schreiben berufen fühlten, seitenlange, schriftliche Debatten führte. Ich tat mich besonders auf den Gebieten Geschichte und Literatur hervor; dafür waren mir die Fächer Mathematik und Chemie ziemlich gleichgültig, was sich in den Noten niederschlug.

In diesen drei Jahren wechselte ich dreimal die Schule. Ein Jahr lang besuchte ich das Balfour-Gymnasium. Dann verschlechterten sich die wirtschaftlichen Verhältnisse meiner Eltern, so daß sie gezwungen waren, mich und meinen Bruder in die weniger teure, aber nicht unbedingt schlechtere staatliche Balfour-Oberschule zu schicken. Nach meinem Abschluß erhielt ich ein Stipendium für das Geula-Wirtschaftsgymnasium, eine exklusive Schule für die Söhne und Töchter reicher Leute. Die meisten meiner neuen Mitschüler waren ausgesprochen konservativ, um nicht zu sagen reaktionär, und in der Betar oder bei den Pfadfindern aktiv. Ich war der einzige, der Mitglied der Hanoar Haoved war. So war ich bei allen ideologischen Diskussionen in der Schule ganz auf mich allein gestellt und verteidigte leidenschaftlich Positionen, auf die die meisten Mitschüler mit eisiger Ablehnung reagierten.

Zum Lehrkörper gehörten auch ein paar angesehene Schriftsteller: Ascher Barasch und Natan Greenblatt, dessen Geschichten ich bereits in Wischnewa gelesen hatte, sowie Noah Stern, der aus den Vereinigten Staaten nach Palästina gekommen war und sich bemühte, uns Englisch beizubringen. Barasch sah streng aus mit seinem dicken Schnurrbart, konnte aber warmherzig und humorvoll sein. Ich weiß noch, wie ich ihn einmal dazu überredete, eine Ausgabe der Schülerzeitung zu kaufen. Am nächsten Tag fragte ich ihn gespannt: »Haben Sie unser Blatt gelesen?« »Wie?« antwortete er, »du erwartest von mir, daß ich es bezahle und obendrein auch noch lese?«

Stern schrieb hebräische Gedichte, die wir nicht verstehen konnten. Er war ein hochgewachsener, hagerer Junggeselle, ein merkwürdiger und einsamer Mensch. Eines Tages erfuhren wir, daß er Selbstmord begangen hatte. Erst Jahre später entdeckte ich die Tiefe und Kraft seiner Verse, und ich bedauere es bis heute, daß wir uns damals über seine Gedichte lustig gemacht und damit seinen Kummer wahrscheinlich noch vergrößert haben.

Die dritte Sphäre, die zunehmend wichtiger wurde, war die Jugendbewegung. In der Schule lernten wir, und in der Bewegung träumten wir. Ich träumte von meiner Zukunft als Kibbuzbauer, der tagsüber mit sehnigem Arm die fruchtbare Jesreel-Ebene pflügte, beim Abendessen im Speisesaal fröhliche Lieder schmetterte und des Nachts auf dem Rükken seines schnellfüßigen Pferdes furchtlos Patrouille ritt. Als Kibbuznik würde ich im wahrsten Sinne des Wortes Neuland erschließen, die trokkene Erde zum Blühen bringen und die Angriffe arabischer Plünderer abwehren, die die Früchte unserer Pionierarbeit zu zerstören trachteten. Das war nicht nur mein ganz persönlicher Traum, sondern der der meisten Jugendlichen in unserer Bewegung. Und er war keineswegs unrealistisch, denn er spiegelte nicht nur unsere Ideologie und unsere Erfahrungen der vergangenen Jahre, sondern auch die tatsächlichen Bedürfnisse des *Jischuw*[2] im Palästina jener Zeit. Wir waren also nicht nur Verfechter einer bestimmten Ideologie, sondern auch das Erzeugnis der damaligen gesellschaftlichen Praxis.

Doch die Theorie war immer sehr wichtig. Ich erinnere mich noch genau, mit welchem Ernst sich unsere Jugendbewegung am 1. Mai, dem Tag der Arbeit, an den Demonstrationen der Erwachsenen beteiligte. Mit vierzehn Jahren hörte ich am 1. Mai den Schriftsteller Scholem Asch und den Sozialistenführer Berl Katznelson auf dem Ausstellungsgelände nördlich von Tel Aviv zu Tausenden von Arbeitern sprechen. Ehrfürchtig schweigend lauschte die Menge der in lautem Jiddisch gehaltenen Rede des silberhaarigen Autors. Das Schicksal des jüdischen Volkes liege in den Händen der arbeitenden Klasse, betonte er. Man dürfe nicht zulassen, daß eine andere gesellschaftliche Gruppe den Arbeitern diese Macht und Verantwortung entreiße. Damals galt Asch als einer der bedeutendsten Theoretiker der nationalen Wiedergeburt der Juden. Noch heute sehe ich sein wächsernes Gesicht mit dem buschigen weißen Schnurrbart genau vor mir.

Katznelson war viel kleiner als Asch. Sein hübscher Kopf war von dicken schwarzen Locken bedeckt, und seine Augen schienen Feuer zu sprühen. In klarem und gepflegtem Hebräisch forderte er die zionistisch-sozialistische Bewegung zur Geschlossenheit auf. Er verurteilte die Kämpfe und Spaltungen innerhalb der Bewegung und erklärte, wir Sozialisten könnten alles erreichen, wenn wir nur zusammenhielten. Diese beiden politischen Führer machten damals einen geradezu überwältigenden Eindruck auf mich. Ich war fest davon überzeugt, mit ihnen den Schlüssel zur Lösung all unserer nationalen Probleme gefunden zu haben. Ich hatte das Glück, zur richtigen Zeit am richtigen Ort gewesen zu sein und dabei Einsichten und Ideen von großer Tragweite empfangen zu haben.

Mein *Madrich* (Gruppenleiter) in der Bewegung war Elchanan Jishai, der sich nach seiner Ausbildung im Jugenddorf Ben-Shemen einer Gruppe angeschlossen hatte, die das Kibbuz Alumot im Unteren Galiläa gegründet hatte. Dieser Mann mit den stahlblauen Augen, dem ausdrucksvollen Gesicht und den spielenden Muskeln war unser aller Vorbild. Er war ein fesselnder Erzähler und unerschütterlicher Optimist, der sich unermüdlich für die ihm anvertrauten Jugendlichen einsetzte und sich um die Probleme jedes Gruppenmitglieds kümmerte.

Eine weitere wichtige Leitfigur war für uns damals David Cohen, der hochgewachsene, charismatische Gründer der Hanoar Haoved. Auch er konnte sein jugendliches Publikum völlig in Bann schlagen, wenn er mit warmer, raunender Stimme lehrreiche und anrührende chassidische Geschichten erzählte. Alles, was er erzählte, hatte freilich eine proletarische Moral. Mit großem didaktischen Geschick verschmolz er darin die Vorstellungen des Rabbi Nachman von Breslau und die Lehren von Karl Marx zu einem harmonischen Ganzen. Für einen im neuen Israel aufwachsenden Jugendlichen waren Cohens Geschichten und die Moral, die sie vermittelten, eine wichtige Brücke zwischen der neuen Heimat und der Welt der Diaspora, die langsam, aber sicher aus seinem Bewußtsein entschwand.

David Cohens Sohn Mulla war ein Mitglied meiner Jugendgruppe. Wir wurden bald gute Freunde, und ich verbrachte viele Stunden im bescheidenen, aber gastlichen Haus seiner Eltern im Norden von Tel Aviv, nicht weit vom Meer. In den Zimmern reihten sich Bücher vom Fußboden bis zur Decke. Dort lernte ich viel über die Geschichte und Philosophie der zionistischen Arbeiterbewegung.

Am Ende der neunten Klasse schlug Elchanan Jishai mir vor, meine Schule in Tel Aviv zu verlassen und auf das an das Jugenddorf Ben-Shemen angeschlossene Internat zu wechseln, wo Elchanans Bruder Akiva sich um die Jugendarbeit kümmerte und regelmäßig Schulabgänger mit idealistischem Tatendrang – zu denen auch ich gehören sollte – an den Kibbuz Alumot weiterempfahl. Zu jener Zeit nahm das Jugenddorf viele aus dem Nazideutschland geflohene junge Einwanderer auf. Man hatte ein Konzept entwickelt, nach dem zwei einheimische Jungen aus der Bewegung gemeinsam mit den Neuankömmlingen wohnen und lernen sollten, um ihnen das Eingewöhnen in Israel zu erleichtern. Und Elchanan war der Meinung, Mulla und ich seien für diese Aufgabe sehr geeignet. Ich sagte sofort zu, teilte meinen Eltern den Entschluß mit und bereitete mich auf meine Abreise aus der »großen Stadt« vor.

Ben-Shemen war nur ein paar Kilometer von Tel Aviv entfernt. Da der Weg dorthin aber ausschließlich durch das von Arabern bewohnte Städtchen Lydda führte, wurden die Fenster des Busses mit Netzen bespannt, um die Fahrgäste vor fliegenden Steinen zu schützen. Ich kaufte mir eine Fahrkarte und stieg ein. Damit begann für mich ein neuer Lebensabschnitt und eine sehr glückliche Zeit.

3

IM JUGENDDORF

Der Umzug von Tel Aviv nach Ben-Shemen war auch eine Rückkehr zum Landleben. Allerdings war Ben-Shemen nicht nur von grünen Feldern, sondern auch von schießwütigen Feinden umgeben. Das satte Grün hatten Lehrer und Schüler in mühsamer Arbeit der Wüste abgetrotzt, doch die Feindseligkeit, die uns aus den benachbarten arabischen Dörfern entgegenschlug, und der Haß der bewaffneten Plündererbanden, die nachts häufig die Schulgebäude beschossen, wuchsen offenbar ganz von allein. Bei meiner Ankunft war ich erst fünfzehn, doch ich war schon recht selbständig für mein Alter und hatte mich von meiner Familie bereits abgenabelt.

Gründer und Leiter von Ben-Shemen war Dr. Siegfried Lehmann, eine weitere charismatische Persönlichkeit, die auf uns Jugendliche einen starken Einfluß ausübte. Er war ganz anders als die dem Pionierideal huldigenden Elchanan und Akiva Jishai. Lehmann war ein *Jecke* (eine halb abschätzige, halb liebevolle Bezeichnung für einen pedantischen, aus Deutschland geflohenen Intellektuellen) und hatte damals ein ganzes Waisenhaus aus Litauen mitgebracht, das den ursprünglichen Kern von Ben-Shemen bildete. Er hatte sein Studium an deutschen Universitäten absolviert und sah sich als professionellen Pädagogen, der ein Erziehungsexperiment durchführte. Dieser Aufgabe widmete er sich mit unermüdlichem Eifer.

Obwohl er sich nie so recht an unser improvisiertes Hebräisch gewöhnte, gab er sich große Mühe, unser Verständnis für Musik, Kunst und Literatur zu vertiefen, was ihm auch gelang. Jeden Freitagnachmittag mußten sich alle Schüler auf dem Rasen versammeln, um das Dorfjugendorchester, das hauptsächlich aus Flöten und Mandolinen bestand, unter der Leitung unseres Musiklehrers Hanan »Eine kleine Nachtmusik« spielen zu hören. Lehmann liebte chinesische und japanische Malerei und erklärte uns bei jedem Besuch in seinem Haus die Feinheiten dieser Kunstform. Er war ein kultivierter und belesener Humanist und legte Wert darauf, daß seine Schüler die Meisterwerke der europäischen Literatur und selbstverständlich auch die modernen hebräischen Klassiker kannten.

Lehmann war eine überzeugte politische »Taube«, trotz der arabischen Feindseligkeit, die uns umgab und das Leben im Dorf belastete. Seiner Meinung nach sollten und mußten die Zionisten den Arabern weitreichende Zugeständnisse machen, um zu einer Verständigung mit ihnen zu gelangen. Er war ein aktives Mitglied des Brit Shalom (Friedensbund), einer Gruppe, die auf einen jüdisch-arabischen Ausgleich hinarbeitete und von so prominenten Gelehrten wie Martin Buber und Judah Magnes geleitet und von Albert Einstein unterstützt wurde.

Eines Tages besuchte Einstein Ben-Shemen und schenkte dem Jugenddorf ein metallenes Modell des Sonnensystems. Es wurde unser kostbarster Besitz und jahrelang voller Stolz ausgestellt. Buber kam recht häufig zu Besuch. Daran änderte auch eine Schimpftirade nichts, die er sich dort einmal anhören mußte. Der Jüngling, der so dreist über den Philosophen herfiel, war niemand anderer als ich – wofür ich mich heute noch schäme. In einem Artikel für die Schülerzeitung hatte ich behauptet, die Lehrer würden uns nicht »die wahre Bibel« lehren, sondern setzten uns statt dessen ihre Lesart vor, die dann ihren bevorzugten Theorien und Ansichten entsprach. Lehmann war außer sich und forderte Buber auf, dem jungen Heißsporn einmal den Kopf zurechtzurücken. Ich war damals gerade sechzehn Jahre alt und muß zu meiner Schande gestehen, daß ich dem großen Weisen mit der ganzen Chuzpe des Flegelalters heftige Vorhaltungen machte.

Von diesem Zornausbruch des Schulleiters abgesehen, bekamen wir in Ben-Shemen auf eine herrlich selbstverständliche Weise soziale Normen und Umgangsformen vermittelt. Drei Jungen teilten sich jeweils eine Holzhütte. Meine Unterkunft wurde aus irgendwelchen Gründen scherzhaft »die arabische Hundehütte« genannt. Man ließ uns viel Freiraum als Individuum und als Gruppe – eine Erfahrung, von der wir unser ganzes Leben lang profitierten.

Unsere Begeisterung für das bukolische Leben kannte keine Grenzen. Schon vor Morgengrauen standen wir auf, um die Kühe zu melken. Vor der Weizenernte dengelten wir stundenlang Sensen. Sorgfältig gossen wir jede einzelne Pflanze im Gurkenbeet. Samstags machten wir Wanderungen in der näheren Umgebung oder bis in die Ausläufer der Jerusalemer Berge. Dieselben Araber, die uns nachts hinterhältig beschossen, begegneten uns bei diesen Ausflügen mit der traditionellen semitischen Gastfreundschaft. Vielleicht hatten wir es Dr. Lehmann zu verdanken, der in der ganzen Region als Mann des Friedens bekannt war, daß zumindest am Tage die Waffen schwiegen.

Doch nachts konnten wir uns diese Sorglosigkeit nicht leisten. Die älteren Schüler mußten mithelfen, das Dorf zu bewachen. Kurz nach meiner Ankunft in Ben-Shemen schwor ich der Hagana bei Kerzenlicht meinen Treueid. Vor mir auf dem Tisch lagen eine Bibel und ein Revolver. Bald darauf begann ich mit der Ausbildung an der Waffe, und schon kurze Zeit später teilte man mir einen Wachposten zu.

Diese Ernennung war zwar keine besondere Auszeichnung, doch für mich war sie schicksalhaft. Mein Wachposten befand sich gleich hinter dem Haus von Lehrer Gelman, der uns das Schreinern beibrachte. Und aus diesem Haus trat eines Tages ein barfüßiges junges Mädchen mit langen braunen Zöpfen und schönen, griechisch anmutenden Gesichtszügen. Ich war völlig von ihr hingerissen. Sie hieß Sonia und sollte schließlich meine Frau werden. Um bei ihr Eindruck zu machen, las ich ihr manchmal im Mondschein ausgewählte Passagen aus dem »Kapital« von Karl Marx vor.

Ich las viel und wahllos, Prosa wie Lyrik, und besaß sogar die Kühnheit, einen literarischen Zirkel zu gründen, in dem ich Bücher vorstellte, die mich besonders beeindruckt hatten, und mich über Schriftsteller und Dichter von Salman Schneur bis Heinrich Heine ausließ. Ein paar Jungen und Mädchen aus dem Dorf, die gemeinsam einen Kibbuz aufbauen wollten, ernannten mich zum Sekretär ihrer Gruppe. Das war gewissermaßen der formale Beginn meiner politischen Karriere.

Als Kinder versetzte uns das große, ferne Amerika oft in ehrfürchtiges Staunen, doch als idealistische junge Pioniere fühlten wir uns vor allem von der Sowjetunion angezogen. Rußland war nicht nur das Geburtsland der meisten Juden in Palästina, sondern auch die Wiege des Kommunismus, jener Ideologie, die die Welt von allem Übel zu heilen versprach. Rußland hat das Ethos des jüdischen Palästina in kultureller und politischer Hinsicht entscheidend beeinflußt. Viele der zu Herzen gehenden hebräischen Lieder, die wir am Lagerfeuer sangen, waren in Wirklichkeit russische Melodien. Fast alle bekannten Schauspieler an der Habima und die meisten führenden Politiker unserer Regierung sprachen hebräisch mit einem starken russischen Akzent. Unsere Lieblingsbücher waren in der Mehrzahl ins Hebräische übersetzte russische Klassiker wie Tolstoi, Dostojewski, Gogol, Puschkin und Tschechow. Selbst der Hang der Russen zu pathetischen Reden und endlosen Debatten wurde in unseren neugegründeten Institutionen so lange eifrig nachgeahmt, bis er Teil unseres eigenen Nationalcharakters wurde.

Auch der Kommunismus beeinflußte unser öffentliches Leben und unsere privaten Überzeugungen nachhaltig. Daß die kommunistische Partei trotzdem nie sehr viele Mitglieder hatte, lag in erster Linie daran, daß sie eine jüdisch-arabische Partei war. Die Idee, daß Juden und Araber in einer Partei zusammenarbeiten konnten, fand in beiden Lagern nur wenige Befürworter, vor allem nicht in den Kriegsjahren, als der Haß regierte und die Beziehungen zwischen Juden und Arabern einen absoluten Tiefpunkt erreichten. In die Programme der beiden großen zionistischen Parteien Mapam und Achdut Haavoda floß jedoch viel kommunistisches Gedankengut ein.

Die Mapam, die einige sehr erfolgreiche Kibbuzim aufbaute, war in ihrer Glanzzeit eine streng doktrinäre marxistische Partei. Sie predigte den »ideologischen Kollektivismus«, glaubte an die »Diktatur des Proletariats« und interpretierte das Weltgeschehen in Begriffen der Marxschen Dialektik.

Ihre Führer waren damals Meir Jaari und Jaakov Hazan. Jaari, dessen Vater ein chassidischer *Rebbe* (Rabbi und Oberhaupt einer religiösen Bewegung) war, hatte allerdings nichts von einem Diktator, sondern wirkte nach Aussehen und Benehmen eher wie ein religiöser Lehrer, wie ein von ehrfürchtigen Schülern umgebener, schmächtiger Asket. Er war ein brillanter Intellektueller, der sich in Selbstdisziplin und Enthaltsamkeit übte. Die Mitglieder seiner Bewegung übernahmen seine asketischen Werte, tranken und rauchten nicht und versuchten, die Ideale der Pioniere in die Tat umzusetzen.

Hazan wiederum besaß alle Vorzüge der Natur, die Jaari fehlten. Er hatte schöngeschnittene Gesichtszüge und eine donnernde Stimme und war insgesamt eine recht imponierende Erscheinung. Intellektuell war er Jaari allerdings in keiner Hinsicht ebenbürtig. Hazan und Jaari arbeiteten jahrzehntelang zusammen. Die meiste Zeit über verstanden sie sich gut und präsentierten sich in der Öffentlichkeit als harmonisches Duo, doch ab und zu kam es zwischen ihnen zu Konflikten und Eifersüchteleien.

Der Marxismus der Mapam war ein importierter und an die besonderen Verhältnisse in Palästina angepaßter Marxismus, der ganz gegen die Absicht seiner Verfechter eindeutig chassidische Züge trug. Wenn diese marxistischen *Rebben* ihre völlige Entfremdung vom religiösen Erbe deutlich machen wollten, bedienten sie sich der Formen ebendieser Tradition. Im Buch der Sprichwörter (1, 8) heißt es: »Höre, mein Sohn, auf die Mahnung des Vaters, und die Lehre deiner Mutter verwirf nicht!« Jaaris Parole dagegen lautete: »Höre nicht auf die Mahnung des Vaters und verwirf die Lehre deiner Mutter!«

Die Konkurrenzpartei der Mapam, die gleichfalls marxistische Achdut Haavoda, hatte mit Jizchak Tabenkin ebenfalls einen Führer, dessen Auftreten stark an einen *Rebben* erinnerte und der von seiner Bewegung wie ein Guru verehrt wurde. Auch die Mitglieder der Achdut Haavoda waren zionistische Pioniere im besten Sinne und bauten mit viel Idealismus im ganzen Land Kibbuzim auf. Beide Parteien strebten eine Synthese aus Zionismus und Kommunismus an, doch im Gegensatz zur Mapam propagierte die Achdut Haavoda nicht »die Brüderschaft der Nationen«, also die Verbrüderung von Juden und Arabern, sondern forderte eine starke jüdische Streitmacht, die nach dem Abzug der Briten die Araber besiegen konnte. Tabenkin war ein leidenschaftlicher Befürworter »Groß-Israels« und widersetzte sich erbittert allen vor und nach dem Krieg unterbreiteten Teilungsplänen. Die für die Kibbuzim zuständige Sektion der Achdut Haavoda, die Hakibbuz Hameuhad, gründete den Palmach, die Stoßtruppen der Hagana, die in Wirklichkeit vom Oberkommando der Hagana relativ unabhängig operierten und enge Beziehungen zur Führung der Hakibbuz Hameuhad unterhielten.

Tabenkin war ein »Falke« und ein überzeugter Marxist, der in der Sowjetunion die politische Kraft der Zukunft sah. Er vertrat eine seltsame Mischung aus radikalem, jüdischem Nationalismus und wolkigem, marxistischem Idealismus.

In einigen Kibbuzim der Mapam und der Achdut Haavoda zierten Bilder von Stalin die Wände der Speisesäle. Seine Anhänger nannten ihn damals »Sonne der Nationen« und fielen aus allen Wolken, als 1939 die Nachricht vom Ribbentrop-Molotow-Pakt eintraf. Doch auch alle anderen linken Parteien, einschließlich der stark antimarxistisch ausgerichteten Mapai, fühlten sich durch den Nichtangriffspakt verraten. Erst als Deutschland ihn brach und in die Sowjetunion einmarschierte, wagten wir Linken wieder das Haupt zu heben.

Die Politik war aus unserem Alltag in Ben-Shemen nicht wegzudenken. Eines Morgens im Jahr 1939 stellten wir beim Aufwachen fest, daß das ganze Dorf von britischen Soldaten umstellt war und daß sogar in den Bäumen um den zentralen Dorfplatz britische Kriminalbeamte in Zivil auf Beobachtungsposten saßen. Bald ging das Gerücht um, daß sie nach illegalen Hagana-Waffen suchten. Wir Schüler wurden sofort angewiesen, uns in einem Gebäude zu versammeln, das von allen »der Laden« genannt wurde, und dort so zu tun, als würden wir über unseren Aufgaben brüten. In Wirklichkeit sollten wir jedoch ein geheimes Waffenlager unter dem Fußboden des Gebäudes tarnen. Die Taktik funktionierte. Die Soldaten verzichteten darauf, unsere »Schulstunde« zu unterbrechen, um den Raum zu durchsuchen, und so wurden die dort versteckten Waffen nicht gefunden.

Doch das Waffendepot im »Laden« war das einzige, das unentdeckt blieb. Die Briten förderten beträchtliche Vorräte an Flinten, Maschinenpistolen und Handgranaten zutage und nahmen sie mit – zusammen mit Dr. Lehmann und zwei oder drei weiteren Mitgliedern der Leitung des Jugenddorfs.

Wir waren schockiert und stolz zugleich. Einerseits waren wir bestürzt über diese »Besetzung« und Durchsuchung, doch andererseits auch freudig überrascht, daß in unserem kleinen Dorf so viele Waffen versteckt gewesen waren. Also war unser Dr. Lehmann doch keine ganz so naive Friedenstaube, wie wir immer gedacht hatten, sondern ein Mann, der seine Verantwortung für die Sicherheit des Dorfes allem Anschein nach doch außerordentlich ernst nahm.

Auch der große Arabische Aufstand (1936–1939) blieb nicht ohne Auswirkungen auf unseren Alltag. Tagsüber arbeiteten und lernten wir, und nachts hielten wir Wache. Stundenlang hockten wir Schüler, unsere in Großbritannien hergestellten Gewehre im Anschlag, in unbeleuchteten Betonbunkern entlang der Dorfgrenze und feuerten zurück, wenn aus der Dunkelheit auf uns geschossen wurde. Fasziniert beobachtete ich die Leuchtspurgeschosse, die wie verirrte Leuchtkäfer durch den Nachthimmel zogen.

Doch dann hatten wir ein erstes Opfer arabischer Angriffe zu beklagen, und tiefe Trauer senkte sich über Ben-Shemen. Der betroffene Junge hieß Chaim und bewachte den an das Dorf angrenzenden »Herzl-Wald«, in dem wir am Tage oft Pilze sammelten und in der Nacht mit scharfer Munition übten. Eine arabische Bande überfiel Chaim aus dem Hinterhalt und schoß ihn nieder.

Meine ideologische Feuertaufe erhielt ich auf einem politischen Seminar, das die sozialistische Jugendbewegung Mahanot Olim in Ben-Shemen veranstaltete. Ich war das einzige geladene Mitglied der Hanoar Haoved und wurde von den anderen Teilnehmern, die alle zum hoffnungsvollen Nachwuchs der Parteijugend der Mapai gehörten, als Außenseiter betrachtet, den man von oben herab behandelte.

In diesem Seminar ging es hauptsächlich darum, welcher Form von Sozialismus die Bewegung in Palästina den Vorzug geben sollte. Zu jener Zeit sympathisierten die meisten zionistisch-sozialistischen Jugendlichen entweder mit der extremen Linken oder mit der extremen Rechten. Die einen rühmten den Marxismus oder sogar den Leninismus, während die anderen für »Groß-Israel« eintraten und jeden territorialen Kompromiß mit den Arabern ablehnten. Viele meiner Zeitgenossen und Freunde hielten damals die Sowjetunion für die Welt der Zukunft. Der Kommunismus war für sie der beste Garant einer gerechten Gesellschaft, in der es keine Klassenschranken und keine nationalen Konflikte mehr gab. Doch so ein tiefgreifender Wandel ließ sich nur durch eine Revolution herbeiführen, und Revolutionen waren noch nie ein Sonntagsspaziergang. Mit diesem Argument rechtfertigten meine ideologischen Rivalen die mit der sozialistischen Revolution einhergehende Gewalt.

Die älteren Schüler in Ben-Shemen wurden, je nach der Jugendbewegung, der sie beigetreten waren, in vier Gruppen eingeteilt. Gruppe A gehörte zum Haschomer Hazair, Gruppe B zur Dror Habonim (die ihrerseits der Hakibbuz Hameuhad angeschlossen war) und Gruppe C zur Gordonia (der Jugendbewegung einer weiteren Kibbuzorganisation namens Hever Hakvutzot). Ich war in der offenen und heterogenen Gruppe D, die unter anderem Mitglieder der Hanoar Haoved und der Mahanot Olim umfaßte.

Die Gruppenzugehörigkeit eines Jugendlichen gab nicht nur Aufschluß über seine politische Einstellung und Ideologie, sondern auch über den Typ von Kibbuz, in dem er nach dem Schulabschluß leben und arbeiten würde. Der Haschomer Hazair befürwortete einen streng nach den Prinzipien des »ideologischen Kollektivismus« geführten Kibbuz. Für Andersdenkende war in seinen Reihen kein Platz. Die Hakibbuz-Hameuhad-Schule trat für einen offeneren Kibbuz ein, dessen Bewohner sich als Teil einer größeren Gemeinschaft verstanden und daher auch außerhalb der Kibbuzgrenzen politisch aktiv waren. Die Hever Hakvutzot war für kleine Kibbuzim mit familiärer Atmosphäre, in denen das Wohl und die individuellen Bedürfnisse der Bewohner im Vordergrund standen. Sie lehnten jede Art von politischer Indoktrination in ihren Kibbuzim energisch ab.

Was die ideologischen Unterschiede zwischen den verschiedenen Parteien und Jugendbewegungen betraf, so war der Haschomer Hazair von seinem Grundkonzept her marxistisch-leninistisch und predigte den Klassenkampf und die Diktatur des Proletariats. Seine Vertreter in Palästina propagierten, abgesehen von ihren sonderbaren marxistisch-leninistischen Vorstellungen, einen territorialen Kompromiß mit den Arabern, der den meisten Juden zu weit ging. Sie vertraten die Auffassung, daß sich Juden und Araber in einem binationalen Staat die Herrschaft über Palästina teilen sollten. Obwohl die Unterschiede zwischen Meir Jaari, dem Generalsekretär des Haschomer Hazair und Oberhaupt der Mutterpartei Mapam, und Josef Stalin, dem Generalsekretär der KPdSU, in Wahrheit so groß waren wie die zwischen Mahatma Gandhi und Dschingis Khan, ließ sich der warmherzige, großzügige Jaari damals von der rhetorischen Kraft des Stalinismus blenden, was er in späteren Jahren zutiefst bedauerte. Als Mensch wurde Jaari allgemein respektiert oder sogar bewundert, doch nicht als Ideologe. Seine politischen Überzeugungen stießen auf vehemente Ablehnung, zumindest in den Kreisen, in denen er sich später bewegte. Der Führer der Hakibbuz Hameuhad, Jizchak Tabenkin, war ein harter, unbelehrbarer Mann, aber auch ein glänzender Redner. Er konnte stundenlang reden, spickte aber seine Ausführungen mit geistreichen Pointen, so daß die Aufmerksamkeit seiner Anhänger nie erlahmte. Auch er glaubte an den Marxismus und sympathisierte mit der Sowjetunion, konzentrierte aber seine Energien vor allem auf die Organisation Kibbuzim der Hakibbuz Hameuhad (die größten in Israel) und die aus der Kibbuzbewegung hervorgegangene Partei Achdut Haavoda.

Der damalige Führer der Gordonia, Pinchas Lavon, war ein auffallend gutaussehender Mann, ein begabter Redner, brillanter Polemiker und erklärter Gegner des Marxismus, Leninismus und jeder anderen dogmatischen Weltanschauung. Daher mißfielen ihm auch die roten Fahnen und importierten Rituale am 1. Mai. Die Bewegung war nach A. D. Gordon benannt, einem frühen zionistischen Siedler mit langem, wallendem Bart, der wie ein Prophet aussah, wie ein Philosoph schrieb und wie ein Pionier schuftete. Er arbeitete bis zu seinem Tod unermüdlich auf den Feldern von Degania (dem ersten Kibbuz) und entwickelte nebenbei seine »Theorie der Arbeit«, in der er der körperlichen Arbeit einen hohen Wert zuerkannte. Seiner Auffassung nach sollte sich jeder Mensch von den Früchten seiner Arbeit ernähren und im Einklang mit der Natur und anderen Menschen in einer gerechten Gesellschaft leben. Unter diesen Bedingungen könne er die besten Seiten seiner Persönlichkeit zur vollen Entfaltung bringen. Gordon wurde zu einer legendären Figur und zu einem inspirierenden Vorbild für die jüngere Generation. Man betrachtete seine Ideen als eine neue, originelle und genuin israelische Weltanschauung.

Abgesehen von den spezifischen Ideologien der einzelnen Kibbuzbewegungen, gab es jedoch auch noch die umfassendere zionistisch-sozialistische Ideologie der Mapai. Ihre Führer David Ben Gurion und Berl Katznelson, die erklärte Antimarxisten und Antileninisten waren, gingen aus den ideologischen Kämpfen um das Wesen eines zionistischen Sozialismus schließlich als Sieger hervor. Sie widersetzten sich allen Versuchen, importierte Wertesysteme einzuführen oder fremde Ideen auf Palästina zu übertragen. Statt dessen machten sie das Buch der Bücher, die Bibel, zur Richtschnur ihres politischen Denkens und Handelns.

Katznelson lernte ich sehr viel früher kennen als Ben Gurion. Seit ich seine Vortragsreihe besucht hatte, die er im Rahmen des politischen Seminars der Mahanot Olim in Ben-Shemen hielt, fühlte ich mich von ihm angezogen. Schon als Kind hatte man mir viel von ihm und Ben Gurion erzählt: Er galt als der bedeutendste Lehrer der sozialistischen Bewegung in Palästina, als »der intellektuelle Dynamo der Mapai«.

Offiziell war Katznelson der Herausgeber der parteieigenen Tageszeitung *Davar* und der Gründer und Cheflektor des Verlagshauses Am Oved, doch in Wirklichkeit war er viel mehr als das. Er war der Freund und Vertraute aller führenden jüdischen Schriftsteller und Denker jener Zeit und der politische Mentor der Parteijugend. Junge Offiziere der

Hagana fragten ihn ebenso um Rat wie ranghohe Funktionäre der Histadrut und der »Jewish Agency«. Er galt als der wichtigste Mann nach Ben Gurion, und in mancher Hinsicht betrachtete man ihn sogar als Ben Gurion ebenbürtig. Doch für sich selbst strebte Katznelson nie eine führende Position an. Er fühlte sich in der Rolle des Parteipädagogen wohler.

Berl Katznelson wirkte wie Ben Gurion in Wirklichkeit noch kleiner als auf Fotos. Sein schönes, scharfgeschnittenes Gesicht wurde von damals bereits leicht angegrauten, schwarzen Locken umrahmt. Sein kluger, durchdringender Blick aus schwarzen Augen schien jede Bewegung zu registrieren und jedes Wort in sich aufzusaugen, das man in seiner Gegenwart äußerte. Als ich ihm zum erstenmal begegnete, war er fünfundvierzig und bereits eine Legende. Seine Artikel und Vorträge wurden stets mit Spannung erwartet und leidenschaftlich diskutiert. Wie Maxim Gorki (mit dem er, wie er mir einmal erzählte, eine Broschüre über den Zionismus verfaßt hatte) hatte Katznelson keine besondere Ausbildung genossen, sondern all sein Wissen in der Schule des Lebens erworben.

Er hörte nie auf, sich weiterzubilden, beherrschte mehrere Sprachen, vor allem Russisch, Jiddisch, Englisch und natürlich seine Lieblingssprache Hebräisch, und verfügte über umfassende philosophische und literarische Kenntnisse. Sein Wissensdrang kannte keine Grenzen, alles Neue, das ihm begegnete – ein Mensch, ein Buch oder ein Gedicht –, interessierte ihn brennend.

Unmittelbar vor dem Seminar in Ben-Shemen hatte Katznelson zwei Artikel veröffentlicht, die großes Aufsehen erregten. Im ersten, der die Überschrift *Auch beim Lachen kann ein Herz leiden* (Buch der Sprichwörter 14, 13) trug, setzte er sich mit den marxistischen Dogmen von Meir Jaaris Haschomer Hazair auseinander und ließ kein gutes Haar an ihnen. Im zweiten mit der Überschrift *Lob der Verwirrung, Tadel der Selbsttäuschung* übte er scharfe Kritik an seinem eigenen Lager und verfocht die Ansicht, es sei weit besser zuzugeben, daß man nicht für alle Probleme der Zeit eine Lösung parat habe, als sich selbst und anderen vorzumachen, daß man alle Antworten kenne. Ehrliche Zweifel waren ihm lieber als verlogene oder trügerische Dogmen. Beide Artikel hatten großen Einfluß auf die Herausbildung meines politischen Denkens.

Die beiden Hauptdozenten des Seminars in Ben-Shemen waren Katznelson und Joske Rabinowitz vom Hakibbuz Hameuhad (ein Mitglied des Kibbuzim Naan). Der blasse und aristokratisch aussehende Rabinowitz war ein überzeugter Marxist und ein brillanter Redner. Er sprach mit dem unerschütterlichen Selbstbewußtsein eines Mannes, der fest davon überzeugt ist, der Sprecher und Anwalt der hoffnungsvollsten und mächtigsten Macht der Welt zu sein. Seiner Meinung nach trug die große sozialistische Revolution die Sowjetunion unaufhaltsam einer strahlenden Zukunft entgegen, da sie sich auf eine reine und unbestreitbar wissenschaftliche Lehre stützte. Die meisten Schüler pflichteten ihm bei.

Anders Katznelson: Er hielt in den zwei Seminarwochen jeden Tag einen dreistündigen Vortrag, sprach also insgesamt rund 40 Stunden lang. Er hatte stets einen prall gefüllten Zettelkasten dabei, aus dem er zündende Zitate, kaum bekannte historische Fakten und amüsante Anekdoten zog. Er dozierte nicht, vielmehr erzählte er im Plauderton und forderte die Zuhörer auf, Zwischenfragen zu stellen, was dann allerdings kaum jemand tat. Sein ungezwungener und gleichzeitig sehr treffsicherer Stil faszinierte uns. Gebannt hingen wir an seinen Lippen und achteten auf jedes Argument, mit dem er immer aufs neue das marxistische Gedankengebäude angriff, bis er es schließlich zum Einsturz gebracht hatte.

Er verglich Stalin mit Pharao und das sozialistische Paradies Sowjetunion mit dem biblischen Sklavenhaus. Viele Großprojekte, die im Augenblick in der Sowjetunion durchgeführt würden, ähnelten den ägyptischen Pyramiden, da man mit ihnen in erster Linie die Welt beeindrucken wolle. Ob sie überhaupt irgend jemandem jemals nützen würden, diese Frage wage offenbar niemand zu stellen.

Er zeigte auf, daß die Kommunisten all ihre angeblichen Ziele verraten hatten. Sie hatten nationale Autonomie, Religionsfreiheit, Gedankenfreiheit, die Abschaffung der Geldstrafen, eine transparente Diplomatie und eine klassenlose Gesellschaft versprochen, doch nichts davon sei in der Sowjetunion verwirklicht worden. Stalin sei ein Despot. Lügen, Morde und eine rücksichtslose Ausbeutung der Bevölkerung seien die Instrumente, mit denen sich das Sowjetregime an der Macht hielt, und der Personenkult um Stalin sei nur ein großangelegtes Täuschungsmanöver, um die Menschen von der Wahrheit abzulenken. Sie hätten Gott vertrieben und ihn durch einen neuen Gott aus Fleisch und Blut, durch einen grausamen, mordenden Tyrannen, ersetzt, doch es sei unmöglich,

»Freiheit durch Unfreiheit« und »Gewaltlosigkeit durch Gewalt« zu erreichen.

Alles, was er sagte, überzeugte mich restlos. Damals schwor ich mir, mit meiner ganzen Kraft gegen den Marxismus, den Kommunismus und die stalinistische Diktatur zu kämpfen. Dieses Seminar war der Beginn meiner persönlichen Beziehung zu Katznelson, die mein weiteres Leben prägen sollte.

Jeden Sonntagabend war ich nun bei Katznelson in der Mazeh-Straße in Tel Aviv eingeladen. Seine Wohnung glich eigentlich eher einer Bibliothek als einem Zuhause. Die Wände aller Räume, selbst die des Schlafzimmers, waren vom Fußboden bis zur Decke mit Bücherregalen zugestellt. Da Katznelson unter heftigen Migräneanfällen litt, die ihn sehr erschöpften, mußte er sich häufig auf die Couch legen, selbst während unserer Gespräche. Je nach der Schwere seiner Kopfschmerzen blieb ich ein oder zwei Stunden, in denen wir uns meistens über das für ihn wichtigste Thema unterhielten: die hebräische Literatur. Der Verlag Am Oved bereitete gerade die Veröffentlichung einiger neuer Werke vor, die Katznelson für Meilensteine in der Entwicklung der modernen hebräischen Literatur hielt. Eines davon war »Auf schmalem Pfad« von Aharon Avraham Kabbak, eine Darstellung des Lebens Jesu, in der Jesus als ein moderner, junger Mann dargestellt wurde, der sich mit denselben spirituellen Problemen herumschlug wie wir.

Ein weiteres Buch, das zu jener Zeit viel Aufmerksamkeit erregte, war »Eherne Türen« von Chaim Hasas. Hasas galt als eines der größten Talente unter den modernen hebräischen Autoren, und alles, was er schrieb, wurde mit Begeisterung gelesen. Wie Katznelson war er ein Original und ein Bilderstürmer, der sich nie fürchtete, seine Gedanken offen auszusprechen. Sein Stil war bissig und provokativ, doch stellenweise auch überraschend lyrisch. Er hatte ein Jahr lang in einem von jemenitischen Einwanderern bewohnten Viertel gelebt, und sein neues Buch »Eherne Türen« führte die Leser in diese unbekannte Welt ein, deren Bewohner eine lange, weite Reise hinter sich hatten. Hasas beschrieb ihre leidenschaftlichen Gefühle, ihre Schwächen, den besonderen Charme ihres hebräischen Dialekts und die Gegensätze zwischen ihrer konservativen Einstellung und der überraschenden Flexibilität, mit der sie sich dem modernen Leben anpaßten.

Ein weiteres zeitgenössisches Werk, das Katznelson allen sehr ans

Herz legte, war ein Lyrikband der Dichterin Jochevet Bat-Miriam. Ihre ebenso originellen wie geschmackvollen und farbenfrohen Portraits biblischer Frauengestalten waren in der hebräischen Literatur einmalig. Bat-Miriam war eine zierliche Frau, die sich stets ganz in Schwarz kleidete und alle Leute in der dritten Person ansprach, eine archaische Form der respektvollen Anrede. Wer sie sprechen hörte, meinte, eine Frau aus biblischen Zeiten vor sich zu haben. Katznelson schätzte sie sehr, nicht nur als talentierte Dichterin, sondern auch als kultivierte, feinfühlige Frau.

Noch während meiner Zeit in Ben-Shemen wurde ich als Vertreter in die Landesversammlung der Hanoar Haoved gewählt. Ich fand sogar den Mut, eine Rede zu halten, und wurde zu meiner Überraschung ins Sekretariat aufgenommen. Meine Kandidatur verlief möglicherweise auch deshalb erfolgreich, weil ich bereits in diesem zarten Alter eine beeindruckend tiefe Baßstimme hatte.

4

KIBBUZPOLITIK

Meine Zeit in Ben-Shemen neigte sich allmählich dem Ende zu und mit ihr meine Jugend, so empfand ich es jedenfalls. Ich betrachtete mich nun als einen erwachsenen jungen Mann mit Erfahrung und Verantwortungsbewußtsein, und ich wollte der Gesellschaft nützlich sein, statt mich wie bisher nur von ihr aushalten zu lassen. Ich konnte Maultiere satteln, Kühe melken und mit Sichel und Gewehr umgehen, wußte mich mündlich und schriftlich auszudrücken und besaß bereits Erfahrung im Organisieren und Leiten von Jugendgruppen. Was mir jetzt noch fehlte, war der richtige Rahmen, um diese Fähigkeiten fruchtbringend einzusetzen.

Nach meinem Schulabschluß in Ben-Shemen wurde unsere *Garin* (darunter verstand man die Kerngruppe für einen neuen Kibbuz) zur Ausbildung in den Kibbuz Geva in der Jesreel-Ebene geschickt. Geva hatte wie Ben-Shemen seine Kuhställe, Hühnergehege, Kornfelder, Obstplantagen, Traktoren und Heuwagen, war jedoch kein Kinderparadies mehr, sondern eine strenge, puritanische Erwachsenenwelt, in der man nur selten lächelte und Fehler nicht mehr mit einem nachsichtigen Kopfnicken oder einer wegwerfenden Handbewegung überging. Jeder stand hier unter der ständigen Aufsicht des Kollektivs und mußte sehr strengen Anforderungen gerecht werden. Wehe, wenn man erst nach Sonnenaufgang zur Feldarbeit erschien oder schon vor Sonnenuntergang zurückkehrte. Dann hieß es, man vergeude den Tag und lasse die Felder im Stich. Unsere Arbeit, so hatte es A. D. Gordon gelehrt, war die Essenz unseres Lebens. Jeder, der lustlos die Sense schwang oder beim Melken aus Nachlässigkeit Milch verschüttete, konnte sich der Kritik des ganzen Kibbuz sicher sein, denn in dieser kleinen, engen Gemeinschaft war man tagtäglich von morgens bis abends dem strengen Urteil der anderen ausgesetzt.

Die Kibbuzversammlungen waren das Forum für alle wichtigen Entscheidungen und der Schauplatz öffentlicher Debatten. Die Kibbuzleiter waren harte, strenge Männer, Idealisten, die hohe Ansprüche stellten, aber auch warmherzig und entgegenkommend sein konnten. Nach Feierabend durfte man sie zu Hause besuchen oder mit ihnen im Gras hocken und plaudern. Manche hatten schon ein aufregendes Leben voll interessanter Erfahrungen hinter sich.

Geva selbst war ein blühender Kibbuz. Seine Obstbäume bogen sich unter der Last der Früchte, und seine Felder waren stets musterhaft gepflügt. Die Kühe erhielten das beste Futter und erbrachten die größte Milchleistung im ganzen Land. Über den Kühen vergaß man nicht die Menschen. Bildung und Kultur standen im Kibbuz hoch im Kurs. Die Schule und die sportlichen Einrichtungen waren erstklassig, die Kibbuzjugend war nicht nur gut durchtrainiert, sondern auch sehr belesen. Abends hörten wir sie oft singen, meist russische Balladen aus dem musikalischen Repertoire, das ihre überwiegend aus Rußland stammenden Eltern aus der alten Heimat mitgebracht hatten. Der Chor des Kibbuz Geva, Gevatron, gilt auch heute noch als eines der besten Vokalensembles Israels.

Bei all der Disziplin, die das Leben in Geva uns abverlangte, bewahrte sich unsere Gruppe doch Harmonie und Zusammenhalt. Allerdings wurden wir von den übrigen Kibbuzbewohnern als Außenseiter betrachtet, da wir nicht in Geva aufgewachsen und zur Schule gegangen waren und in ihren Augen nicht über die besonderen Fähigkeiten der waschechten Geva-Jugend verfügten. Selbst wenn wir abends zusammen mit den Jugendlichen aus Geva am Lagerfeuer sangen und diskutierten, spürten wir doch immer, daß uns eine unsichtbare Barriere von ihnen trennte. Darüber schloß sich unsere Gruppe nur noch enger zusammen, denn jeder von uns wollte unbedingt beweisen, daß wir genauso gut arbeiteten wie sie.

Ich war in Geva zur Feldarbeit eingeteilt, doch die Hanoar Haoved erwartete von mir, daß ich auch für die Bewegung arbeitete, in Geva eine eigene Gruppe organisierte und ähnliche Jugendgruppen in anderen Kibbuzim im Jordantal und in der Jesreel-Ebene unterstützte. Hierzu stattete man mich mit einem bulligen Triumph-Motorrad aus, mit dem ich mich mannhaft über die Landstraßen der Gegend kämpfte. Oft landete ich auch im Straßengraben, da ich zum Freiwild für die Lastwagenfahrer wurde, die sich einen Spaß daraus machten, mich beim Überholen zur Seite zu drängen. An diese Straßengräben kann ich mich nach all den Jahren immer noch genauso lebhaft erinnern wie an das prikkelnde Gefühl der Freiheit, das ich empfand, wenn ich auf meiner schwarzen, blubbernden Maschine über die Straßen fuhr.

Sobald mein normaler Arbeitstag im Kibbuz vorüber war, begann meine Arbeit für die Bewegung. Niemand in Geva hätte je im Traum daran gedacht, mir wegen dieser Verpflichtungen einen Teil der Feldarbeit zu erlassen. So konnte ich erst am Abend von einer Gruppe der Hanoar Haoved zur nächsten fahren, Treffen und Seminare organisieren und mit allen streiten, die meine Vorstellungen vom zukünftigen Kurs der Bewegung nicht teilten. Bald hatte ich viele Freunde, aber auch etliche Rivalen. Manchmal arrangierte ich öffentliche Diskussionen mit Kibbuzjugendlichen aus anderen Jugendbewegungen. Diese Abende boten Gelegenheit, unsere rednerischen Fähigkeiten zu üben und auch einmal einen polemischen Schlagabtausch zu riskieren. Ohne unbescheiden zu sein, gehörte ich bei solchen Debatten nur selten zu den Verlierern.

Ich hatte mich mit solchem Enthusiasmus in die neue Welt Palästinas gestürzt, daß die alte Welt, die Welt meiner Großeltern, buchstäblich aus meinem Bewußtsein entschwand. Der große Arabische Aufstand von 1936 bis 1939 und der Ausbruch des Zweiten Weltkrieges schienen mich von der alten Welt abzuschneiden. Ich dachte kaum noch an Wischnewa.

Mit dem Krieg riß auch der Briefverkehr zwischen uns in Palästina und den in Europa zurückgebliebenen Angehörigen ab. Meine Eltern erinnerten sich noch gut daran, daß die Familie im Ersten Weltkrieg auch schon getrennt worden war. Von einigen Verwandten hatte man jahrelang nichts gehört. Erst nach dem Krieg waren dann alle wieder vereint worden. Daher waren meine Eltern – und vermutlich auch andere Menschen ihrer Generation – nicht völlig mutlos und verzweifelt, als sich der Vorhang aus Feuer und Dunkelheit über die alte Welt herabsenkte. Sie hofften ihre Angehörigen wiederzusehen, wenn der Krieg erst einmal vorüber wäre.

Für mich, einen nachdenklichen Teenager, der die Welt um sich herum zu verstehen glaubte, war dieser Krieg ein furchtbares Unglück, über dem man selbst den Verstand verlieren konnte. Die Urheber dieses Wahnsinns waren die Nazis mit ihrer rassistischen Ideologie. Wie konnte sich eine ganze Nation von solch abscheulichen und abstrusen Lehren in die Irre führen lassen? Ich kannte die Ideen Nietzsches und Wagners Sympathien für den Antisemitismus, doch ich wußte auch, daß Deutschland ein Volk der Dichter und Denker, der Künstler und Gelehrten war. Ließ sich ein solches Erbe einfach ausradieren? Ich sah mich vom Nationalsozialismus nicht nur als Jude gedemütigt, sondern auch als Mensch.

Was mich in den ersten Kriegsjahren aus der Fassung brachte, waren die militärischen Erfolge Deutschlands. Mit wachsendem Entsetzen verfolgte ich, wie sich die deutschen Panzerkolonnen durch Europa wälzten. Wie war es möglich, daß Polen wie ein Kartenhaus zusammenstürzte, daß Frankreich trotz seiner Größe, seiner kulturellen Tradition und seiner berühmten Armee wie eine leere Muschel splitterte und zerbarst? Der deutsche Vormarsch schien unaufhaltsam. Die Nazis machten nicht nur auf den Schlachtfeldern alles nieder, was sich ihnen in den Weg stellte, mit ihren militärischen Erfolgen schienen sie auch die Schwäche und Anfälligkeit der demokratisch verfaßten Staaten aufzudecken. Offensichtlich war die ganze Welt dazu verurteilt, sich unter das Joch des Nationalsozialismus beugen zu müssen. Mit seinen Verbündeten, dem italienischen Faschismus und dem japanischen Militarismus, bildete er eine scheinbar allmächtige Koalition. Es schien nur eine Frage der Zeit, bis die Deutschen ihre großangelegten Eroberungszüge auf den Nahen Osten ausdehnen würden. Schon hatten sie Griechenland eingenommen und landeten in Nordafrika. In den Arabischen Staaten, die sich, wie ich wußte, gewöhnlich recht schnell auf die Seite des Siegers schlugen, brachen sich mächtige Sympathien für die Deutschen Bahn.

Dennoch stieg ein Gefühl der Hoffnung in mir auf, das meine Ängste, wenn auch nur vorübergehend, zerstreute, als uns Jizchak Tabenkin, der Führer der Hakibbuz Hameuhad, versicherte, Hitler werde am Ende vernichtet werden. Der Tyrann müsse stürzen, da er Europa insgesamt keine hoffnungsvolle Botschaft anzubieten habe. Nur den deutschen Nationalsozialisten mache er große Versprechungen. Und von diesen könnten sich wiederum nur diejenigen, die der Führungsspitze nahestanden, berechtigte Hoffnungen auf einen Anteil an der Kriegsbeute machen. Doch selbst sie würden irgendwann erkennen, daß es Hitler am Ende nur um sich selbst ging. All das Blutvergießen diene nur dem einen Zweck, die abartigen Launen eines einzelnen Mannes zu befriedigen.

Natürlich waren unsere Gefühle dem britischen Mandat gegenüber sehr gemischt. Einerseits betrachteten wir die Briten als eine fremde Macht, die unser Land besetzt hielt und verwaltete und dabei eine eindeutig pro-arabische Haltung an den Tag legte. Wir warfen ihnen vor, die arabischen Angriffe auf jüdische Siedlungen bewußt zu ignorieren. Die bewaffneten, arabischen Banden, die damals fast täglich Anschläge verübten, standen im Dienst des Muftis von Jerusalem, Hadsch Amin el-Husseini, der offen für die Nazis Partei ergriff. Andererseits waren wir voller Bewunderung für die Tapferkeit der britischen Bevölkerung. Von ihrer umlagerten und ständig feindlichen Angriffen ausgesetzten Insel leistete sie Hitler entschlossen Widerstand. Winston Churchill war für uns der große Held jener Jahre. Das bombardierte, aber wehrhafte London wurde für uns zum Sinnbild des Widerstands gegen Nazideutschland, und wir wollten ihm nacheifern.

Für die zum Widerstand entschlossenen Juden in Palästina gab es zwei Möglichkeiten. Die einen hielten es für das beste, in die britische Armee einzutreten und die Nazis dort zu bekämpfen, wo sich die Briten ihnen entgegenstellten. Dazu entschloß sich auch mein Vater. Er geriet aber bald in Griechenland in Gefangenschaft, und unser Kontakt zu ihm riß ab. Die anderen fanden es sinnvoller, in Palästina zu bleiben, in der Untergrundbewegung zu trainieren, die arabischen Banden zu bekämpfen und jederzeit bereit zu sein, bei einem Einmarsch der Deutschen das Land zu verteidigen. Die politische Führung befürwortete beide Alternativen. Ben Gurion brachte dies in dem berühmten Satz zum Ausdruck: »Wir werden gemeinsam mit England gegen Hitler kämpfen, als gäbe es kein Weißbuch[1], und wir werden das Weißbuch bekämpfen, als gäbe es keinen Krieg.«

Alle drei Schwestern meiner Mutter waren inzwischen nach Palästina übergesiedelt und hatten sich dort ein Zuhause geschaffen. Nur meine Großeltern und mein Onkel Michael wohnten nach wie vor in Wischnewa, das seit dem Ribbentrop-Molotow-Pakt wieder zu Weißrußland gehörte. Da Michael seit Josefs Tod der einzige noch lebende Sohn meiner Großeltern war, war er zu ihrer Stütze in der Heimat geblieben.

Wischnewa erlebte das gleiche Schicksal wie zahllose andere jüdische Gemeinden. Die Deutschen trieben mit Unterstützung einheimischer Kollaborateure die Juden in die hölzerne Synagoge. Allen voran ging mein Großvater Zvi Meltzer. Die Juden legten ihre Gebetsmäntel an, während die Deutschen die Tore verriegelten und das Gebäude in Brand steckten. So starben sie eines gewaltsamen Todes wie vor ihnen schon viele andere jüdische Märtyrer. Das erfuhren wir erst nach dem Krieg von den wenigen Juden Wischnewas, denen es gelungen war, in die Wälder zu fliehen und bei den Partisanen Unterschlupf zu finden. Ich stellte mir meinen Großvater vor, wie er sein letztes Gebet an Gott richtete, mit seiner schönen Stimme, die mir auch heute noch lebhaft in Erinnerung ist.

Im Jahre 1992 stattete ich als Außenminister Weißrußland einen offiziellen Besuch ab. Ich fragte die Regierung in Minsk, ob sie für mich einen Besuch in meinem Geburtsort Wischnewa und in Woloschin, dem Geburtsort meines Vaters, arrangieren könnte. Sie erklärte sich sofort bereit, mir diese Bitte zu erfüllen, und Außenminister Pjotr Krawschenko, ein Geschichtsprofessor, begleitete mich auf meiner Reise in die Vergangenheit.

Er war in jüdischer Geschichte und Kultur außerordentlich beschlagen und erzählte mir, seiner Meinung nach spreche vieles für die Theorie, wonach große Teile Rußlands eine kurze Zeit lang von den Chasaren beherrscht worden seien, dem mittelasiatischen halbnomadischen Volk, das vermutlich im 8. Jahrhundert den jüdischen Glauben annahm.[2] Weißrußland sei stolz auf seine großen jüdischen Söhne wie den Maler Marc Chagall oder die jüdischen Schriftsteller Scholem Aleichem und Chaim Nachman Bialik. Einheimische Gelehrte seien zur Zeit dabei, Bialiks Werke ins Weißrussische zu übersetzen. Diese Sprache werde wieder intensiv gepflegt, seit das Land ein autonomes Mitglied der Gemeinschaft Unabhängiger Staaten sei. Man habe auch Gedichte von Chagall ins Weißrussische übersetzt und daraus ein reizendes, mit den Zeichnungen des Malers illustriertes Büchlein gemacht.

Krawschenko schlug vor, Az-Gor, den größten lebenden Bildhauer Weißrußlands, in seinem Atelier zu besuchen. Höflich stimmte ich zu. In traditionellem Künstlerkittel und Mütze begrüßte Az-Gor uns an der Tür. »Vom Kopf her bin ich Kommunist, doch in meinem Herzen bin ich Jude«, sagte er und führte mich in sein geräumiges Atelier mit Statuen von einstigen und noch lebenden Sowjetführern. Lenin und Stalin reichten bis zur Decke, neben ihnen stand ein monumentaler Berija; selbst Gorbatschow war überlebensgroß vertreten. Irgendwo zwischen diesen Steinriesen entdeckte ich zwei Büsten weniger heroischen Stils.

Die eine, so erklärte der Künstler, stelle Kant dar, die andere Rabbi Jehuda Halevi. Darauf rezitierte er in passablem Hebräisch die berühmten Verse des großen jüdischen Dichters des Mittelalters: »Mein Herz im Osten, und ich selber am westlichsten Rand.« Alles erschien mir so sonderbar und anachronistisch – ein passender Auftakt zu meinem folgenden Besuch in Wischnewa.

Die ganze Fahrt im Auto über (Wischnewa ist etwa 100 Kilometer von Minsk entfernt) verglich ich die an mir vorüberziehende Landschaft mit meinen Erinnerungen. In Wirklichkeit schien alles viel größer. Die Bäume kamen mir stärker belaubt vor, der Fluß breiter und der Himmel grauer. Bei unserer Ankunft war das ganze Dorf auf den Beinen, um uns willkommen zu heißen. Einige junge Mädchen hatten ihre Nationaltracht angelegt. Man überreichte uns zur Begrüßung Brot und Salz, und die Mädchen sangen zu meinen Ehren Volkslieder. Die Melodien waren eingängig und fröhlich, doch für mich klangen sie fremd, wie aus einer völlig anderen Welt.

Heute gibt es in Wischnewa keine Juden mehr. Neben dem Rathaus hat man an der Stelle, wo die Überreste der Synagogenopfer in einem Massengrab beerdigt liegen, einen Steinhaufen errichtet. Die Steine schienen stumm und gleichgültig, doch in meinem Herzen hörte ich ihren Schrei.

Die alten Holzhäuser waren fast alle verschwunden. Neue Häuser aus Ziegelsteinen und Beton hatten ihren Platz eingenommen. Auch die Straßen sahen anders aus. Langsam schritt ich die Straße hinunter, in der meiner Erinnerung nach unser Haus gestanden haben mußte. Plötzlich sah ich es. Es war neu aufgebaut worden und inzwischen mit Efeu überwuchert. Ich erkannte es nur an dem Ziehbrunnen, der immer noch davor stand. Die Flammen des Krieges hatten alles verschlungen, nur den Brunnen nicht. Wir ließen den Eimer hinunter und zogen ihn, mit klarem Wasser gefüllt, wieder hoch. Ich setzte ihn an die Lippen: Der Geschmack des Wassers war tatsächlich derselbe. Ich war überwältigt. Neben meinem Geburtshaus rezitierte ich das Kaddisch (das Gebet für die Toten). Tief in meinem Innern weinte ich.

Von Wischnewa aus fuhren wir direkt nach Woloschin weiter. Auch dort kamen die Einheimischen aus ihren Häusern, um uns zu begrüßen. Wir besuchten das Gebäude, in dem sich einst die berühmte Jeschiwa von Woloschin befand und in dem heute eine Bäckerei untergebracht ist. Auf der rückwärtigen Wand fanden wir ein Relief mit den Zehn Geboten und der Inschrift »Jeschiwa Woloschin, gegründet 1803« (siehe Seite 17). Von der Jeschiwa aus gingen wir zum Friedhof, der einen verwahrlosten Eindruck machte. Auf acht Grabsteinen entdeckte ich meinen Namen: Persky. Ich ließ den Woloschinern die Dollarnoten, die ich bei mir hatte, und man versprach mir, sie für die Renovierung des Friedhofs zu verwenden.

Als der Zweite Weltkrieg ausbrach, meldete mein Vater sich zu den Pionieren, während mein Bruder einen Kurs der Palmach-Truppen im Kibbuz Jagur bei Haifa absolvierte.[3] Meine Mutter blieb allein in Tel Aviv zurück, aber auch sie leistete ihren Beitrag zur Kriegswirtschaft, indem sie in der Munitionsfabrik arbeitete, die die Briten auf dem Ausstellungsgelände der Stadt errichtet hatten.

Um die gleiche Zeit war unsere Ausbildung im Kibbuz Geva zu Ende. Die für uns zuständige Kibbuzbewegung Ihud Hakibbuzim schickte unsere Gruppe als Verstärkung in den weiter im Norden gelegenen Kibbuz Alumot. Das überraschte uns nicht, denn die meisten Mitglieder Alumots waren wie wir in Ben-Shemen zur Schule gegangen und Anhänger Ben Gurions.

Alumot lag auf dem Poriya, einem einsamen Berg, der eine wahrhaft atemberaubende Aussicht auf den See Genezareth bot. Oben standen noch zwei oder drei Gebäude aus grauem Basalt – Überbleibsel eines früheren Besiedlungsversuchs. Sie hatten längst keine Dächer mehr, denn die heulenden Winterstürme fegten buchstäblich alles hinweg. Da es kein elektrisches Licht gab, verbrachten wir unsere Abende im gespenstischen Licht von Paraffinlampen. Da es auch kein fließendes Wasser gab, mußte es in Fässern auf Lastwagen vom See heraufransportiert werden.

Wir hatten dort oben nicht besonders viel zu tun, so daß sich die meisten von uns als Landarbeiter in den blühenden Kibbuzim des Jordantals verdingen mußten. Ich arbeitete längere Zeit in den Rosengärten des Kibbuz Ashdot Jaacov zusammen mit der Mutter von Dan Shomron, dem zukünftigen Stabschef der Armee. Jeden Morgen um vier Uhr stand ich auf, zog den wärmsten Mantel an, den ich auftreiben konnte, und marschierte zehn Kilometer ins Tal hinunter.

Die Entschädigung für die Mühen des langen Wegs war die herrliche

Aussicht. Jeden Morgen und jeden Abend waren wir aufs neue überwältigt von dem herrlichen Panorama, das sich uns von der Bergspitze aus bot. Im Nordosten lag tiefblau, geheimnisvoll und verlockend der See Genezareth, auf dessen ruhiger, glitzernder Oberfläche Sonnenstrahlen mit den Schatten vorüberziehender Wolken spielten. Im Norden ragte der schneebedeckte Gipfel des Hermon in den Himmel, und nach Westen hin erstreckten sich die Äcker des Dorfes Javniel, dessen Bewohner allesamt wettergehärtete, etwas mürrische Individualisten waren. Weiter im Süden wand sich der Jordan wie eine silberne Schlange durch Felder und Bananenplantagen, in deren saftigem Grün die Dächer der Kibbuzim rote Tupfen bildeten. Ein sehr majestätisches Bild bot auch der Nachbarkibbuz Kinneret. Die Reihen hoher Palmen vor seinem Eingang standen wie eine Ehrengarde Spalier. Am Fuß des Berges lag das Dorf Kinneret, das nicht zum Kibbuz gehörte und von dem uns nur der karge, mit dicken Brocken grauen Basaltgesteins übersäte Berghang trennte.

Ganz allmählich gelang es uns und den anderen Bauern der Gegend, die öden, unwirtlichen Hänge in Ackerflächen zu verwandeln. Wir räumten die Felsbrocken weg, legten Terrassen an und bauten darauf Gemüse und Weizen an. In lebhafter Erinnerung blieb mir ein älterer Farmer aus Kinneret namens Jizreeli, der sich bäuchlings auf den steinigen Boden legte, um die Samen und Setzlinge in die harte Erde zu drücken. Mit den Jahren lernte ich ihn sehr gut kennen – mit seinem Sohn Emmanuel, einem Mitglied unseres Kibbuz, war ich befreundet – und entdeckte, daß er nicht nur ein guter Farmer, sondern auch ein begabter Musiker war. Er vertonte biblische Verse. Seine besten Kompositionen wurden später auf Schallplatte aufgenommen und in Musikerkreisen hoch gelobt. Unvergeßlich blieb mir seine Melodie zu den Worten Jesajas 63, 1: »Wer ist jener, der aus Edom kommt, aus Bozra in rot gefärbten Gewändern?« Wenn sie erklang, glaubte man die erschöpft aus der Schlacht heimkehrenden Krieger vor sich zu sehen.

Nach langer Vorarbeit bestellten wir schließlich unsere eigenen Felder. Wenn wir hinter dem tuckernden Traktor herliefen, gewannen die Verse aus Richter 5, 18 für uns eine ganz neue, lebendige Bedeutung: »Sebulon ist ein Volk, das sein Leben aufs Spiel setzt, auch Naftali auf den Höhen des Feldes.« Und besonders auf unsere Felder, die einst im Gebiet des Stammes von Naftali lagen, trafen diese Worte durchaus zu.

Dann fiel mir in unserem kleinen landwirtschaftlichen Kollektiv die bukolische Aufgabe zu, Kühe und Schafe zu hüten. Jeden Tag lange vor Morgengrauen stand ich auf, schulterte meinen mächtigen Schießprügel, eine Mauser mit Holzknauf, und öffnete den Schafstall, damit die Tiere zu den offenen Weiden in den Wadis am Fuße des Berges hinunterlaufen konnten. Die Pfade dorthin waren gefährlich steil, und die Wadis selbst galten ebenfalls als unsicher, da Banden arabischer Viehdiebe gelegentlich jüdische Schäfer aus dem Hinterhalt überfielen und sich mit ihren Herden aus dem Staub machten. Solche Abenteuer blieben mir allerdings erspart. In jenen langen, schwarzen Nächten schien es auf der Erde nur noch die Schafe, ihren verträumt dreinschauenden Schäfer und darüber am Himmel die Sterne zu geben.

Mit den Schafen kam ich gut zurecht, da sie von Natur aus friedfertig und gleichmütig waren und vor allem mit ihren kurzen Beinen nicht allzu schnell laufen konnten. Im Gegensatz dazu waren unsere Kühe – langbeinige Damaszenerrinder – für ihr ungestümes Temperament bekannt. Herdentrieb kannten sie überhaupt nicht: statt brav hintereinander herzulaufen, gingen sie zur Verzweiflung des Kuhhirten immer wieder ihre eigenen Wege. Ganz unberechenbar waren sie kurz vor Morgengrauen, wenn ganze Schwärme lästiger Stechmücken über sie herfielen. Wie auf ein vereinbartes Zeichen stellten die geplagten Rindviecher dann ihre Schwänze hoch und stoben in alle Richtungen davon. Oft brauchte ich Tage, um verirrte Tiere aufzuspüren und wieder zur Herde zurückzutreiben.

Die Herde zusammenzuhalten war keineswegs leicht. Immer wieder brachen Kühe aus und galoppierten schnurstracks auf die Felder von Javniel zu, wo es saftiges Getreide oder zumindest Getreidestoppeln gab. Sobald die Dorfbewohner die ersten Kühe auf ihre Felder zusteuern sahen, schlugen sie Alarm. Dann griffen alle Farmer zu ihren Knüppeln und stürmten los, um die Biester zurückzutreiben – und ihre Besitzer zu verprügeln, sofern sie uns zu fassen bekamen.

Solche Widrigkeiten vermochten meinen Enthusiasmus aber nicht zu dämpfen. Ich liebte meine Arbeit, die Freiheit, stundenlang durch die Gegend zu streifen und nur mir und meinen Träumen überlassen zu sein.

Unser Kibbuz war ständig in finanziellen Schwierigkeiten. Der Boden war mit Salzen durchsetzt und warf daher nur magere Ernten von schlechter Qualität ab. Schon bald überstiegen unsere Unkosten die Einnahmen. Entsprechend bescheiden, eintönig und billig waren unsere Mahlzeiten. Das Hauptgericht bestand gewöhnlich aus kleingehackten, meist gebratenen Auberginen, einem Gemüse, das stets im Überfluß vorhanden und daher preisgünstig war. Zum Frühstück gab es herzhafte Salate aus Gurken und Tomaten und dazu große Kanten guten Schwarzbrots, dem Kraftquell für einen harten Arbeitstag.

Ähnlich spartanisch war auch unsere Garderobe. Sie bestand einheitlich aus zwei khakifarbenen Hosen – eine zum Arbeiten und eine für den Sabbat –, zwei Hemden und einem Paar Arbeitsstiefel. Außerdem war der ganze Kibbuz stolzer Besitzer *eines* Sonntagsanzugs, der aus einer grauen Flanellhose, einem weißen Hemd und einer Uniformjacke aus Beständen der britischen Armee bestand und nur bei besonderen Anlässen aus dem Schrank geholt wurde. Ein solcher war später meine Hochzeit, für die die Kibbuzniks die Uniformjacke schwarz einfärbten, damit sie etwas festlicher wirkte.

Mochte es um unsere wirtschaftlichen Verhältnisse auch denkbar schlecht stehen, so war unser Zusammenleben ausgesprochen glücklich und harmonisch. Jeden Freitagabend kamen wir zusammen, um bis in die frühen Morgenstunden zu singen und zu tanzen, und an den Abenden der Werktage fanden Kurse in Literaturgeschichte und Psychologie statt. Die Samstagabende waren unseren wöchentlichen Versammlungen vorbehalten, auf denen wir uns gegenseitig mit Vorträgen über die Fortschritte unserer landwirtschaftlichen und kulturellen Projekte auf dem laufenden hielten und gemeinsam Entscheidungen trafen.

Eines Tages tauchte völlig überraschend Levi Eshkol bei uns in Alumot auf. Er galt als Ben Gurions rechte Hand, wohnte nicht weit von uns entfernt im Kibbuz Degania Bet und war eigens gekommen, um das Kibbuzkollektiv zu überreden, mich ganztags für die Hanoar Haoved arbeiten zu lassen. In einer Rede vor der Kibbuzversammlung warnte Eshkol, daß die extreme Linke immer mehr Jugendliche an sich zöge und die Mapai daher Gefahr liefe, die junge Generation zu verlieren. Wenn das so weitergehe, werde ihr bald der Nachwuchs fehlen, den sie zum Aufbau neuer Kibbuzim und zur Verstärkung bereits bestehender Kollektive so dringend benötige.

Das Kollektiv stellte das Problem zur Diskussion und gab schließlich der Bitte von *Haver* (Genosse) Eshkol statt. Ich erhielt die Erlaubnis, fünf Tage pro Woche in der Zentrale der Hanoar Haoved in Tel Aviv zu arbeiten.

Ich zog zu meiner Schwester, die im Norden der Stadt allein ein kleines Apartment bewohnte. Bei meinem Gehalt von fünf Pfund pro Woche konnte ich mir jeden Tag zum Mittagessen eine Portion *Falafel* (fritierte Bällchen aus Kichererbsen) und eine dicke Scheibe Wassermelone leisten.

Das Sekretariat der Hanoar Haoved bestand aus elf Mitgliedern der Siah Bet (Fraktion B), die sich später abspalten und zur Achdut Haavoda zusammenschließen sollte, und einem einzigen Mitglied der Mapai, nämlich mir.[4] In Wirklichkeit befand sich die Jugendorganisation sehr zum Verdruß der Mapai-Parteispitze längst in den Händen von Jizchak Tabenkin und Jisrael Galili, den Führern der Siah Bet. So wurde ich natürlich einigermaßen reserviert und mißtrauisch empfangen, als ich auf der Bildfläche erschien. Ich merkte schnell, daß ich auf den Sekretariatssitzungen keine Möglichkeit hatte, einen eigenen konstruktiven Beitrag zu leisten, da alle von mir unterbreiteten Vorschläge sofort mit elf gegen eine Stimme abgeschmettert wurden. So hielt ich es für das Sinnvollste, lieber »Basisarbeit« zu leisten, also mit den regulären Parteimitgliedern im ganzen Land zusammenzuarbeiten.

Ich reiste durchs Land, baute neue Gruppen auf, verstärkte bereits bestehende, warb neue *Madrichim* (Gruppenleiter) und ermunterte die Jugendlichen zur Teilnahme an Wanderungen, Sommerlagern und Seminaren, die ich mit einem äußerst bescheidenen Budget selbst organisierte.

Einer dieser Ausflüge geriet zu einem spektakulären Abenteuer, bei dem eine Gruppe – je zur Hälfte Mitglieder der Palmach und der Hanoar Haoved – zu einer dreiwöchigen, von Ben Gurion und dem Palmach-Kommandeur Jizchak Sadeh finanzierten Expedition durch die Wüste Negev aufbrach, auf dem sie Informationen sammeln und Landkarten erstellen sollte. Der angesehene Zoologe Dr. Mendelson, der beste Kundschafter der Palmach Chaim Ron und der bekannte Archäologe Shmarya Gutman aus dem Kibbuz Naan schlossen sich uns an.

Wir hatten zwölf Kamele dabei, die wir mit unserer Ausrüstung beladen hatten und abwechselnd ritten. Im doppelten Boden unserer Wasserkanister befanden sich auch einige Revolver und Handgranaten. Wir zogen südwärts auf den ehemaligen türkischen Grenzposten Umm Rashrash (das heutige Eilat) zu, als wir plötzlich bemerkten, daß uns eine Kamelpatrouille verfolgte. Es waren Beduinen, die von einem britischen Offizier (Lord Asquith, dem Sohn des ehemaligen Premierministers) angeführt wurden. Da der Negev damals militärisches Sperrgebiet war, das nur mit einer amtlichen Genehmigung der Mandatsregierung (die wir nicht besaßen) durchquert werden durfte, kamen wir ihnen zu Recht verdächtig vor. Kurz darauf wurden wir verhaftet, in einen Armeelastwagen verfrachtet und in das damals ausschließlich von Arabern bewohnte Beerscheba gefahren, wo wir bald darauf im örtlichen Gefängnis landeten.

Während dieser Expedition erhielt ich meinen hebräischen Namen. Auf einem nicht allzu hohen Baum hatte ich ein großes Vogelnest entdeckt. Als ich hinaufkletterte, um es mir aus der Nähe zu betrachten, scheuchte ich einen mächtigen Adler auf, der erschreckt davonflog. »Das ist ein Peres«, erklärte Dr. Mendelson. Peres war eine der Bibel (Levitikus 11,13) entlehnte, neuhebräische Bezeichnung für Adler. Mein bisheriger Name Persky, der für viele »nach Diaspora klang«, ähnelte dem Namen dieses Vogels, und so waren sich alle einig, daß von nun an Peres mein neuer hebräischer Familienname sein sollte.

In Beerscheba wurden wir einem Haftrichter vorgeführt und zu zwei Wochen Gefängnis verurteilt. Als Führer dieser gesetzeswidrigen Expedition wurde ich zusätzlich mit einer hohen Geldstrafe belegt. Unser Ausflug in die Wüste machte damals als waghalsige Posse Schlagzeilen, sollte sich später jedoch als recht nützlich erweisen. Während des Unabhängigkeitskrieges bat mich Ben Gurion um die Karten, die wir damals unterwegs erstellt hatten, und beauftragte Sadeh und mich, eine Marschroute für die Truppen zu entwerfen, die nach Süden geschickt wurden, um Umm Rashrash einzunehmen.

Eine weitere Wanderung, die zumindest mir unvergeßlich blieb, weil ich unterwegs beinahe ums Leben gekommen wäre, führte uns über den berühmten Schlangenpfad hinauf zum Festungsberg Masada. Beim Aufstieg verpaßte ich einen Tritt und rutschte den Abhang hinunter. Verzweifelt versuchte ich meine Absätze in die weiche, sandige Erde zu bohren, während meine Freunde starr vor Schreck zu mir hinuntersahen. Schließlich ließen sie sich als Menschenkette, in der sich jeder an den Beinen des Vordermannes festhielt, so weit vom Gipfel des Berges hinab, bis ich die Füße des letzten »Kettengliedes« zu fassen bekam. Dann kletterten wir alle ganz vorsichtig zurück.

Die Führung der Jugendbewegung sah es als eine wichtige Aufgabe der Gruppenleiter an, bei den jungen Mitgliedern die Liebe für ihr Land zu wecken und sie mit dessen Schönheiten und Besonderheiten vertraut zu machen. Doch ich vernachlässigte auch die ideologische Seite meiner Arbeit nicht. In den von mir organisierten Seminaren und in meinen Gesprächen mit den verschiedenen Untergruppen der Hanoar Haoved vertrat ich hartnäckig meine eigenen politischen Ansichten. Ich machte keinen Hehl daraus, daß ich es für wesentlich sinnvoller hielt, sich jetzt für einen jüdischen Staat einzusetzen, anstatt an der Idee von »Groß-Israel« festzuhalten, obwohl ich genau wußte, daß die Führung mehrheitlich anderer Meinung war. Wegen meiner Hartnäckigkeit kam es schließlich auf der Landesversammlung der Hanoar Haoved zu einer ernsten, entscheidenden Kraftprobe. Die Versammlung, an der neben den Delegierten auch alle führenden Vertreter der zionistisch-sozialistischen Bewegung teilnahmen, fand im großen Saal des Mugrabi-Lichtspieltheaters von Tel Aviv statt. Gleich zu Anfang wurden den Versammelten zwei Positionen zur Auswahl gestellt: »Benjamins Vorschlag« und »Shimons Vorschlag« – der erste stammte vom Benjamin Chochlovkin, der damals Sekretär der Hanoar Haoved war und darüber hinaus zur Führungsspitze der Achdut Haavoda gehörte, und der zweite von mir.

Zur allgemeinen Überraschung erhielt »Shimons Vorschlag« eine solide Mehrheit. Der Tumult, der daraufhin ausbrach, läßt sich schwer beschreiben. Keine Seite hatte mit einer solchen Konfrontation gerechnet, und die Mapai-Führer trauten ihren Augen nicht. Die Abstimmung hatte gezeigt, daß die Mehrheit der Bewegung hinter mir stand. Nun mußte ich sorgfältig überlegen, wie ich meine Trümpfe am besten ausspielte. Ich hätte mich ohne weiteres zum neuen, rechtmäßigen Anführer der Bewegung aufschwingen können, doch ich spürte instinktiv, daß das ein verfrühter Schritt gewesen wäre. Außerdem hätte er die Bewegung spalten können. So entschied ich mich schließlich für die Kompromißlösung, die David Cohen, die Vaterfigur der Hanoar Haoved, und mein persönlicher Mentor Berl Katznelson mir vorschlugen, und forderte, von nun an das Sekretariat der Bewegung mit gleich vielen Vertretern beider Auffassungen zu besetzen. Im Interesse der Einheit verzichtete ich darauf, meinen Sieg auszunutzen. Ich habe diesen frühen politischen Entschluß später nie bereut. Dennoch sollte dieser Sieg mich meine ganze politische Laufbahn hindurch verfolgen. Die Achdut Haavoda vergaß und verzieh ihn mir nie. Ihre Mitglieder schrieben mir Kräfte zu, die ich nie besessen habe, und beargwöhnten alles, was ich tat oder sagte. Dafür feierte mich die Mapai wie einen Helden. Sie berief mich in die wichtigsten Gremien der Partei und schlug mich für fast jedes freiwerdende Amt vor.

Aus dieser Erfahrung zog ich die für meine spätere Karriere wichtige Erkenntnis, daß man sich von Titeln oder hohen Ämtern in der Partei oder anderen Institutionen nicht blenden lassen sollte. Was am Ende in der Politik wirklich zählte, war der gute Draht zur Basis. Es ist wichtig, die einfachen Parteimitglieder und ihre Sorgen und Gedanken zu kennen, und nie an der Möglichkeit zu zweifeln, durch ständigen Kontakt und Überzeugungsarbeit die gesamte Situation zu verändern. Es gibt keinen Ersatz für den Glauben - und die Arbeit.

Nach der Abstimmung kam es zwischen mir und einigen meiner Genossen in der Bewegung zu Meinungsverschiedenheiten, die ich natürlich gerne vermieden hätte. Doch rückblickend glaube ich, daß ich eigentlich gar keine andere Wahl hatte. Ich hatte mich zwischen meiner persönlichen Überzeugung und der für mich eindeutig falschen Parteilinie zu entscheiden. Ben Gurion und Katznelson hatten uns vor den Klauen des Kommunismus gerettet, und ich betrachtete mich als ihren Schüler und ihren Botschafter in der Jugendbewegung. Mich überzeugte ihre kompromißlose Ablehnung jeglicher Form von Diktatur und politischer Bevormundung, und darunter fielen auch blinder Gehorsam und »Linientreue«. Mit ihnen glaubte ich, daß der Mensch frei sein müsse, nicht nur physisch, sondern auch geistig. Und ich wollte die Werte, die sie mir vermittelt hatten, an die vielen tausend Jugendlichen weitergeben, mit denen ich durch meine Arbeit für die Bewegung verbunden war.

Nach diesem Ausflug in die Verbandsarbeit kehrte ich nach Alumot zu meinen Schafen und Kühen zurück. Inzwischen hatten die Kibbuzniks begonnen, auf einem Hügel südlich des Poriya ihre zukünftigen Wohnhäuser zu bauen. So lernte ich auch Mörteltröge schleppen. Bald darauf wurde ich zum Kibbuzsekretär gewählt. Das hieß, daß ich jede Woche einen Tag in Tel Aviv verbrachte und dort alle möglichen Banken und Büros aufsuchte, um stets aufs neue um Kredite und Rohmaterialien zu bitten, die wir zur Weiterführung unserer Bauvorhaben und landwirtschaftlichen Projekte dringend benötigten.

Sonia war ein Jahr jünger als ich und daher nicht zusammen mit mir und meiner Klasse nach Alumot gekommen. Sie wollte ursprünglich eine Krankenpflegeschule besuchen, als sie aber keinen Platz erhielt, meldete sie sich zur britischen Armee und wurde vorwiegend in Ägypten eingesetzt. Wir blieben in Verbindung und trafen uns, wenn sie Urlaub hatte. Als der Krieg sich seinem Ende näherte, beschloß sie, zu mir nach Alumot zu ziehen. Wir setzten unsere Hochzeit auf den 1. Mai 1945 fest, den Tag, an dem der Krieg in Europa zu Ende sein sollte (tatsächlich dauerte er dann doch eine Woche länger) und auf den nach dem jüdischen Kalender Lag Ba-Omer fiel, ein Tag, der nach alter Überlieferung günstig zum Heiraten sein soll. Außerdem war der 1. Mai natürlich auch der Tag der Arbeit.

Wir hofften, daß mein Vater bis zu unserer Hochzeit wieder bei uns sein würde. Das hätte unser Glück vollkommen gemacht. Wir hatten erfahren, daß er bereits Anfang des Krieges in deutsche Gefangenschaft geraten war. Seinen Briefen aus verschiedenen Gefangenenlagern war zu entnehmen, daß er geflohen, aber schließlich wieder gefaßt worden war. Doch wir wußten nicht genau, wo er sich aufhielt, und sein Schicksal war völlig ungewiß; daher warteten wir ungeduldig auf ein Lebenszeichen von ihm.

Wir feierten unsere Hochzeit in Ben-Shemen, wo Sonia aufgewachsen war und auch ich glückliche und für meine Entwicklung entscheidende Jahre verlebt hatte. Die Jugenddorfleitung sorgte für eine im Freien gedeckte Tafel mit Speisen und ließ neben dem Schwimmbad eine malerische, weiße *Chuppa* aufbauen. Ich trug die festlich schwarz gefärbte Uniformjacke und dazu die Sonntagshose aus grauem Flanell. Beide waren wir schrecklich nervös und trunken vor Glück.

Sonia war einundzwanzig und ich fast zweiundzwanzig. Sie liebte das bukolische Leben im Kibbuz, und ich liebte sie. In Alumot bekamen wir nun ein eigenes Zelt zugewiesen, das wir allerdings zeitweise mit Shulamit Aloni teilen mußten, die später ein prominentes Mitglied der Knesset und Ministerin wurde.

Unsere Flitterwochen waren zauberhaft schön. Wir verbrachten sie in Bitaniya am Ufer des Jordan. Unsere Kibbuzgenossen hatten im Schatten zweier hoher Eukalyptusbäume eine Art Laube zusammengezimmert, die eine Woche lang unser Liebesnest war. Jeden Morgen wachten wir vom Gezwitscher der Vögel in den Baumkronen auf und genossen die herrliche Aussicht auf die umliegende Landschaft. Wir stiegen zum Jordan hinunter und badeten in seinem kristallklaren Wasser, dann schwangen wir uns auf meine treue, alte Triumph und fuhren zu irgendeinem schönen Plätzchen im Oberen Galiläa oder das Jordantal hinunter.

Wenige Wochen später erreichte uns die langersehnte Nachricht von meinem Vater. Er habe den Krieg heil überstanden, halte sich noch in England auf, werde aber in Kürze nach Palästina zurückkehren. Sein Telegramm aus Ägypten, in dem er uns den Zeitpunkt seiner Ankunft mitteilte, traf nur wenige Stunden vor seinem Zug ein. Sonia und ich stiegen auf das Motorrad und rasten nach Lydda. Wir kamen gerade noch rechtzeitig an, um meinen Vater in seiner steifen englischen Uniform mit dem dazugehörigen Safarihelm aus dem Zug steigen zu sehen. Er strahlte Kraft und Optimismus aus wie eh und je. Die fünf langen Jahre der Gefangenschaft, der Gefahr und des Abenteuers schienen beinahe spurlos an ihm vorübergegangen zu sein. Wir fuhren gemeinsam nach Tel Aviv zurück und brachten unterwegs vor Aufregung und Freude kaum ein Wort heraus. Schließlich hatten wir Vater fast sechs Jahre lang nicht gesehen. Ich hatte das seltsame Gefühl, daß unserer Familie ein neuer Vater »geboren« worden war.

Mein Vater war ein sehr bescheidener Mann. Er hatte eine Tapferkeitsmedaille verliehen bekommen, zweimal war er geflohen und beide Male wieder gefaßt worden. Doch die ganze Geschichte erfuhren wir erst nach und nach, manche Einzelheiten erst Jahre später. Er hatte nicht das Bedürfnis, von seinen Abenteuern zu erzählen oder gar mit ihnen zu prahlen, auch nicht im engsten Familienkreis. Erst als meine Kinder, denen er nie etwas abschlagen konnte, ihn mit Fragen bestürmten und unbedingt seine Geschichte hören wollten, gab er schließlich nach. So erfuhren wir erst aus ihrem Mund manches, was er damals erlebt hatte.

Zunächst geriet mein Vater in Griechenland in Gefangenschaft. Es gelang ihm, zu fliehen und sich ein Jahr lang in abgelegenen Klöstern zu verstecken. Dann brachten ihn griechische Untergrundkämpfer in ein kleines Dorf am Fuße des Olymps, wo sich weitere achtzehn aus England und den britischen Kolonien stammende Flüchtlinge verborgen hielten. Unter diesen befand sich auch Charles (Charlie) Coward, der später für seine außerordentliche Tapferkeit das Viktoriakreuz erhielt. Sein Buch *The Password is Courage* (»Das Losungswort ist Mut«) wurde ein Bestseller und erfolgreich verfilmt. Unter Cowards Führung gelang es der Gruppe, ein Boot zu organisieren, mit dem sie sich in die Türkei absetzen wollte. Ein Soldat aus Neuseeland starb unterwegs an Unterkühlung. Coward entschied, daß mein Vater, der als Jude besonders gefährdet war, die Identität des Toten annehmen sollte, für den Fall, daß sie erneut gefaßt würden.

Tatsächlich wurden die Flüchtlinge von einem deutschen Flugboot aufgebracht und zur griechischen Küste zurückgeschleppt. Coward nahm jedem an Bord den Schwur ab, die wahre Identität meines Vaters nicht zu verraten. Für die Gefangenen begann eine Odyssee durch viele Lager innerhalb des besetzten Europa, und in jedem schmiedete Coward neue Fluchtpläne. Einmal konnte er zusammen mit drei anderen entwischen. Die vier Männer teilten sich in zwei Gruppen auf. Coward zog mit einem schottischen Soldaten weiter und mein Vater mit einem Australier. Doch auch diesmal wurden alle wieder gefaßt.

Ein weiterer Fluchtversuch hätte fast tragisch geendet. Coward und seine Freunde, darunter mein Vater, hatten es geschafft, die Gitterstäbe eines Gefangenenwaggons durchzusägen und zu entkommen; doch wurden sie rasch wieder aufgegriffen. Diesmal wurden mein Vater und ein Neuseeländer beschuldigt, den Ausbruch gemeinsam geplant zu haben. Der deutsche Offizier, der den Gefangenentransport leitete, verurteilte beide zum Tode. Man befahl ihnen, sich auszuziehen und neben den Zug zu stellen, wo sie von einem Exekutionskommando standrechtlich erschossen werden sollten. Glücklicherweise fiel Coward auch diesmal etwas ein. Als ranghöchster britischer Soldat unter den Anwesenden – er war Hauptfeldwebel – erklärte er dem deutschen Offizier, daß die Verurteilten das Recht hätten, vor der Hinrichtung noch einen Geistlichen zu sehen. So lauteten die Bestimmungen des Völkerrechts, und wenn der deutsche Offizier dagegen verstieße, würden sich die anderen Kriegsgefangenen später gewiß an sein Verhalten erinnern. Dann würde man ihn nach dem Krieg als Kriegsverbrecher vor Gericht stellen. Cowards Warnung hatte den gewünschten Erfolg. Unter den Gefangenen befand sich ein Pastor, der sofort herbeigerufen wurde. Coward konnte dem Geistlichen unbemerkt mitteilen, daß einer der beiden Männer Jude war und daß das auf keinen Fall entdeckt werden durfte.

Der Pastor spielte seine Rolle glänzend. Er drängte den deutschen Offizier, die Hinrichtung aufzuschieben, bis der Zug am Ziel angekommen sei, wo dann eine gründlichere Untersuchung durchgeführt werden

Die Familie Peres, 1945. Shimon Peres mit seinen Eltern (vorne). Dahinter (von links) Shimons Frau Sonia, sein Bruder Gershom und dessen Frau Carmella.

könne, wie es das Völkerrecht vorschreibe. Falls der Offizier weiterhin auf einer sofortigen Erschießung bestehe, bliebe ihm keine andere Wahl, als sich zwischen das Exekutionskommando und die verurteilten Männer zu stellen. »Sie werden mich zuerst erschießen müssen«, warnte er den Deutschen.

Das zog. Alle wurden in den Gefangenenwaggon zurückgestoßen. Schließlich hielt der Zug vor einem weiteren Gefangenenlager, wo mein Vater und der Neuseeländer in einem formellen Gerichtsverfahren für schuldig befunden und zu langer Einzelhaft verurteilt wurden. Der Pastor, ein Australier, hatte meinem Vater das Leben gerettet.

Das neue Gefangenenlager befand sich ganz in der Nähe von Auschwitz. Der unermüdliche Coward begann sogleich, Päckchen mit Lebensmitteln und Kleidung in das Konzentrationslager zu schmuggeln. Bald war er unter den jüdischen KZ-Häftlingen und den britischen Kriegsgefangenen als der »Engel von Auschwitz« bekannt. In mehreren Fällen blieben jüdische Häftlinge nur dank seiner Hilfe am Leben, wie mein Vater und andere Gefangene bezeugen konnten.

Der letzte Fluchtversuch, den Coward mit meinem Vater unternahm, war der tollkühnste von allen, doch er glückte. Sie entwendeten kurzerhand einen Einspänner und galoppierten damit auf General Pattons Linien zu. Es grenzte an ein Wunder, daß sie von den Amerikanern nicht erschossen wurden. Doch mein Vater war nun einmal ein unverbesserlicher Optimist. »Wir sind Engländer«, schrie er den GIs zu, auf die sie zupreschten, und tatsächlich kamen sie mit heiler Haut an.

Acht Jahre später, als ich bereits das Verteidigungsministerium leitete, rief mich die Gesellschaft britischer Einwanderer an und teilte mir mit, daß sie den »Engel von Auschwitz« nach Israel eingeladen habe zum Zeichen der Dankbarkeit für alles, was er während des Krieges getan hatte, um Juden das Leben zu retten. Coward habe einen Mann namens Persky erwähnt, den er aus der Kriegsgefangenschaft kenne. Sie wüßten, daß ich früher Persky geheißen hätte; ob ich vielleicht mit dem besagten Mann verwandt sei.

Ich rief gleich meinen Vater an. Er war außer sich vor Freude und gab noch am selben Abend Coward zu Ehren ein Abendessen im Kreis unserer Familien. Wir waren alle fasziniert von diesem außergewöhnlichen Mann, der lebhaft und bescheiden zugleich war und über eine gehörige Portion echt englischen Humors verfügte.

5

NEUE PFLICHTEN

Im Jahr 1946 hatte unsere Familie einen weiteren Grund zum Feiern: Im Schottischen Krankenhaus in Tiberias kam unsere Tochter Zviya zur Welt. Unser Kibbuz zog damals gerade an seinen endgültigen Standort um. Es war ein herrliches Gefühl, zum erstenmal ein festes Dach über dem Kopf und sogar elektrisches Licht und fließendes Wasser zu haben.

Kurze Zeit darauf erfuhr ich vom Beschluß der Mapai, ihre Delegation für den Zionistenkongreß im schweizerischen Basel um zwei jüngere Mitglieder zu erweitern. Die Wahl war auf Moshe Dayan und mich gefallen. Dayan war damals einunddreißig und ich dreiundzwanzig. Wir kannten uns schon vorher, da ich mit seinem jüngeren Bruder Zorik befreundet war, der später im Unabhängigkeitskrieg fiel. Die Delegation traf sich zu einer Vorbesprechung des Kongresses in Tel Aviv.

Mein Gedankenaustausch mit Moshe Dayan dauerte mehrere Stunden. Ganz in unser Gespräch vertieft, drehten wir unsere Runden um den Dizengoff-Platz und stellten dabei fest, daß wir uns völlig einig waren. Wir wollten Ben Gurion in jeder Hinsicht unterstützen und den »aktivistischen« Ansatz vertreten, also dafür plädieren, die Briten notfalls auch mit Waffengewalt zu bekämpfen, um die jüdische Unabhängigkeit durchzusetzen. Außerdem wollten wir uns gegen jede Beschränkung der »illegalen« Einwanderung nach Palästina zur Wehr setzen. Dayan äußerte sogar den Vorschlag, alle Internierungslager auf Zypern (in denen die Briten Personen festhielten, die bei dem Versuch, »illegal« die Ufer von Palästina zu erreichen, ertappt worden waren) in Brand zu stecken. Dieses Treffen legte den Grundstein zu einer tiefen, lebenslangen Freundschaft.

Der Dampfer, auf dem die Delegation schließlich ihre Reise antrat, war zwar ziemlich klein, doch für einen in äußerst bescheidenen Verhältnissen lebenden Kibbuznik wie mich der Gipfel des Luxus. Fast die gesamte Führung der zionistischen Bewegung war an Bord. Die Kabinenplätze waren nach dem Losverfahren zugeteilt worden. So teilte ich die Kabine mit Levi Eshkol und Pinchas Lavon, beide hochkarätige Mitglieder der Führungsspitze.

Unter den Passagieren befanden sich so bedeutende Persönlichkeiten wie der spätere Staatspräsident Salman Schasar, der spätere Vorsitzende der Knesset Jisrael Jeschajahu und der Dichter Abraham Schlonsky. Die meiste Zeit über diskutierten oder sangen wir. Zum erstenmal hatte ich Gelegenheit, die Führer unseres Landes ganz aus der Nähe zu erleben – eine nicht immer erbauliche Erfahrung.

Unmittelbar vor unserer Abreise hatten die »jungen Männer« der Mapai die Gründung einer eigenen Zeitung namens *Ashmoret* (Nachtwache) beschlossen und mich zum Redaktionsmitglied ernannt. In dieser Funktion sollte ich meinen neuen Zeitungskollegen von Basel aus telegrafisch Berichte und Artikel über den Kongreß schicken. Auch die etablierte Abendzeitung der Partei, *Yediot Hadashot,* hatte mich um eine tägliche Kolumne gebeten. Ich war also nicht nur in politischer, sondern auch in journalistischer Mission unterwegs.

Der Kongreß selbst begann mit einer ebenso bewegenden wie beeindruckenden Zeremonie im selben Saal, in dem Theodor Herzl 1897 den ersten Zionistischen Kongreß abgehalten hatte. Auf dem Podium hatte sich die gesamte jüdische Führungsspitze eingefunden: Chaim Weizmann[1], Abba Hillel Silver, Nahum Goldmann sowie unsere eigenen Führer David Ben Gurion, Berl Katznelson, Eliezer Kaplan, Golda Meïr, Levi Eshkol, Salman Schasar, Josef Sprinzak, Abraham Hartzfeld, Moshe Sneh, Jizchak Tabenkin, Meir Jaari, Pinchas Lavon und Jisrael Galili.

Ich begriff zum erstenmal, wie uneinig sich die jüdische Führung in vielen Punkten war. Zunächst übten einige Delegierte scharfe Kritik an Weizmanns Führungsrolle. Sie warfen ihm vor, daß es ihm nicht gelungen sei, Großbritannien an der Durchführung seiner Weißbuchpolitik zu hindern, die die Einwanderung und den Landerwerb durch Juden in unerträglichem Maße einschränke. Diese Problematik warf eine viel umfassendere Frage auf: Sollte man eine Großoffensive gegen die Briten starten (das war der sogenannte »aktivistische« Ansatz) oder lieber ein Mindestmaß an Verständigungsbereitschaft zeigen und den Dialog mit

London nicht völlig abreißen lassen (das war die Position der Gemäßigten)? Ein weiterer Aspekt dieses Dilemmas war das Problem der »illegalen« Einwanderung nach Palästina. Sollten wir sie weiterhin stillschweigend fördern oder lieber aktiv und energisch für das Recht der Juden auf legale Einwanderung kämpfen? Das mit Abstand wichtigste Diskussionsthema war jedoch das von Ben Gurion leidenschaftlich befürwortete »Biltmore-Programm«, in dem die sofortige Unabhängigkeit gefordert wurde – selbst um den Preis einer Teilung Palästinas.

In einer dramatischen Rede verteidigte sich Weizmann gegen seine Kritiker. Groß und blaß stand er auf der Tribüne und beklagte in seinem ausdrucksvollen Jiddisch den Holocaust, der das jüdische Volk verstümmelt habe. Seine Stimme zitterte; viele Menschen im Saal konnten sich der Tränen nicht erwehren. Dann griff er die britische Regierung heftig an, war jedoch weiterhin gegen einen Abbruch der Beziehungen zu Großbritannien. Ab und zu streute er jiddische Geschichten in seine Rede und brachte damit den ganzen Kongreß zum Lachen.

Eine dieser Geschichten handelte von einem kleinen Shtetl, dessen jüdische Einwohner erfahren hatten, daß der dortige Magnat ein hartes Dekret gegen sie erlassen wolle. Sie stellten eine Abordnung zusammen, die zu seinem Schloß gehen und ihn bitten sollte, von diesem Vorhaben Abstand zu nehmen. Doch als die Abgesandten das Schloßtor erreichten, raste eine bellende Hundemeute auf sie zu und schlug sie in die Flucht. Sie entschieden sich zum taktischen Rückzug und suchten ihren Rabbi auf. Jeder von ihnen solle ein Psalmenbuch mitnehmen, lautete der Rat des Rabbi, und wenn die Hunde sie wieder anknurrten, sollten sie alle einen ganz bestimmten Psalm rezitieren. Zuversichtlich zogen sie los, waren aber bald wieder zurück. »Was ist passiert?« fragten ihre jüdischen Mitbewohner gespannt. »Wir haben den Psalm vorgelesen, doch das hat die Hunde nicht beeindruckt.« So ungefähr, resümierte Weizmann, seien bisher seine Verhandlungen mit der britischen Regierung verlaufen.

In der Mapai-Delegation herrschte völlige Uneinigkeit. Die Stimmung war äußerst gespannt. Viele befürworteten den gemäßigten Ansatz Weizmanns und lehnten Ben Gurions Haltung als zu extrem ab. Dayan und ich ergriffen Partei für Ben Gurion, doch wir waren in der Minderheit.

Am Tag nach der offiziellen Eröffnung des Kongresses saß ich in einer Sitzung neben Arye Bahir. Er stammte aus dem im Jordantal gelegenen

Kibbuz Aikim, dem einzigen großen Kibbuz, der Ben Gurion unterstützte. Plötzlich platzte Ben Gurions Frau Paula in die Sitzung und lief schnurstracks auf Bahir zu (der ein persönlicher Freund des Ehepaars Ben Gurion war). »Arye, komm schnell«, stieß sie auf Jiddisch hervor, »er ist verrückt geworden.«

Es bestand kein Zweifel, wen sie meinte. Bahir bat mich, ihn ins Hotel »Zu den drei Königen« zu begleiten, wo Ben Gurion genau dasselbe Zimmer bewohnte, in dem Herzl während des ersten Zionistenkongresses logierte. Wir gingen hinauf und klopften an die Zimmertür. Niemand antwortete. Wir klopften noch mehrere Male, doch es blieb weiterhin still. Vorsichtig drückten wir die Türklinke; da die Tür nicht abgeschlossen war, schlichen wir uns hinein. Ben Gurion stand mit dem Rücken zu uns vor einem offenen Koffer. Er war dabei, seine Sachen zu packen. »Shalom, Ben Gurion«, sagte Bahir, erhielt jedoch keine Antwort. »Shalom«, wiederholte er, diesmal etwas lauter und bestimmter.

Ben Gurion drehte sich um und blickte uns an. »Macht ihr mit?«

»Wobei denn?« fragten wir.

»Ich gründe eine neue zionistische Bewegung. Ich habe kein Vertrauen mehr in diesen Kongreß. Das sind doch nur Schmalspurpolitiker und weinerliche Defätisten. Die haben nicht den Mut, die dringend nötigen Entscheidungen zu treffen. Nur die jüdische Jugend auf der ganzen Welt wird den Mut aufbringen, sich der historischen Herausforderung zu stellen, vor der der Zionismus gegenwärtig steht. Ein Drittel unseres Volkes ist ausgelöscht worden – darunter einige unserer besten jungen Leute. Den Überlebenden bleibt keine andere Hoffnung, als in ihrer historischen Heimstatt einen neuen Anfang zu wagen. Palästina ist das einzige Land, das seine Tore weit aufmachen kann und muß, um sie willkommen zu heißen.«

Ben Gurion war in Kampfstimmung. Bahir schaute mich an, und ich bedeutete ihm, Ben Gurion zu sagen, wir würden auf seiner Seite stehen. Als er das hörte, ließ sein Zorn etwas nach. Wir fanden den Mut, ihm vorzuschlagen, doch wenigstens noch einen Versuch zu unternehmen, die Mapai-Fraktion auf seine Seite zu bringen, bevor er dem Kongreß endgültig den Rücken kehrte. »Wenn dort eine Mehrheit zustande kommt, bleiben wir alle, und wenn nicht, dann werden wir nicht die einzigen sein, die den Kongreß verlassen. Es werden noch sehr viel mehr

Leute mitkommen.« Ben Gurion erklärte sich zu einem letzten Versuch bereit.

Inzwischen erzählte man sich auf den Gängen des Kongreßgebäudes, daß eine tiefe Krise ausgebrochen sei. Etliche gemäßigte Mapai-Mitglieder wie Sprinzak, Kaplan und Moshe Sharett sympathisierten zwar eher mit Weizmanns Position, wollten aber dennoch nicht das Risiko eingehen, Ben Gurion zu verlieren. Wie sich in der Vergangenheit schon oft gezeigt hatte - und auch später immer wieder zeigen sollte -, hatten selbst Ben Gurions Kritiker tiefen Respekt vor seiner Vision und seinem eisernen Willen. Schließlich wußten sie, daß er absolut einzigartig und unersetzlich war.

Noch am selben Abend begann um sieben Uhr die entscheidende Tagung der Mapai-Fraktion. Golda Meïr, die als Anhängerin Ben Gurions galt, obwohl sie gegen die Teilung des Landes war, wurde zur Vorsitzenden gewählt. Niemand konnte so souverän wie sie turbulente Sitzungen leiten, in denen die Emotionen hochschlugen.

Ben Gurion eröffnete die Sitzung mit einem vehementen Angriff auf »den Herrn Ingenieur Kaplan«, den er beschuldigte, in einer Welt von gestern zu leben und nicht zu begreifen, daß nur ein souveräner, jüdischer Staat, und sei er auch noch so klein, den Holocaust-Überlebenden Zuflucht bieten könne.

Der sonst eher ruhige und gemäßigte Kaplan gab sich alle Mühe, genauso hart zu kontern. »Der Herr Rechtsanwalt Ben Gurion« lebe in einer Traumwelt und habe statt pragmatischer, politischer Vorschläge nur Phantastereien anzubieten. Die Mapai-Delegierten stritten sich bis in die frühen Morgenstunden. Es dämmerte schon, als sie zur Abstimmung aufgerufen wurden. Ben Gurion gewann mit einer knappen, aber ausreichenden Mehrheit. Ein Seufzer der Erleichterung ging durch unsere Reihen. Nun waren wir überzeugt, daß in diesem Augenblick der jüdische Staat geboren war. Jetzt konnte nichts mehr Ben Gurion von der Verwirklichung seines großen Ziels abhalten.

Die Politik des Kongresses führte zu seltsamen Bündnissen. Ein überraschendes Gespann bildeten der amerikanische Zionistenführer und politische Falke Abba Hillel Silver und der Chef des Hagana-Oberkommandos Moshe Sneh. Silver hielt eine glänzende Rede, auf die eine nicht weniger glänzende Erwiderung Katznelsons folgte, ohne daß deswegen die Allianz zwischen Silver und Sneh erschüttert worden wäre. Ich hatte während des Kongresses mehrfach Gelegenheit, Sneh reden zu hören. Dabei kam ich zu der Erkenntnis, daß er sich auf einem gefährlichen Kurs befand, der stark von dem der übrigen zionistischen Bewegung abwich. Er schien zu glauben, daß die Zukunft der Sowjetunion gehörte, und war entschlossen, sich in dieser »schönen neuen Welt« einen Platz zu sichern. In einem Artikel unserer neugegründeten Zeitung *Ashmoret* vertrat ich offen die Ansicht, Sneh habe den Weg zum Kommunismus eingeschlagen. Mein Beitrag, der gleich darauf von mehreren anderen Zeitungen übernommen wurde, löste auf dem Kongreß einen Sturm der Entrüstung aus. Golda Meïr fing mich ab und fragte mich erbost, wie ich es wagen konnte, solche Dinge zu schreiben, wo doch allgemein bekannt sei, daß Sneh unser Verbündeter (sprich: ein Verbündeter der Mapai) sei. Doch ich war von der Richtigkeit meines Urteils felsenfest überzeugt, und bedauerlicherweise sollte die Zeit mir recht geben.

Das war das erste, wenn auch längst nicht das letzte Mal, daß Golda Meïr mich wütend anfuhr. Ihre harten Worte hinterließen einen bitteren Geschmack. Ben Gurion sagte nichts. Er wußte, daß seine »jungen Männer« – auch wenn sie auf diesem Kongreß nur durch Moshe Dayan und mich vertreten waren – voll und ganz hinter ihm standen. Vielleicht wußte er im Grunde ebenfalls, daß Sneh unter dem Einfluß einer fremden Ideologie stand.

Wir kehrten über Paris nach Hause zurück. Ich sah diese herrliche Stadt zum erstenmal und war begeistert von ihrer Schönheit, ihrem Flair und ihren Kunstschätzen. Selbst das traurige und erschöpfte Paris der Nachkriegszeit hatte noch ungeheuer viel Charme und Anmut. Auf der Rückreise wurde ich von unserem Parteisekretär Meir Argov begleitet, der später lange Zeit den Vorsitz im Außen- und Sicherheitsausschuß der Knesset haben sollte. Wir wurden schnell Freunde.

Der Gegensatz zwischen den strahlenden Lichtern von Paris und dem kalten, zugigen Winter in Alumot hätte kaum größer sein können. Dennoch war ich froh, wieder zu Hause bei Sonia und Zviya zu sein und nahm mit neuer Energie meine Arbeit in den Kuhställen und auf den Feldern wieder auf.

Sonia arbeitete tagsüber im Kleiderladen und nachts manchmal im Säuglingshort. Die Betreuung der ersten Babys von Alumot wurde von den Kibbuzniks als die wichtigste Aufgabe von allen betrachtet. Wenn meine Frau Nachtdienst hatte, setzte ich mich zu ihr und ging ihr zur

Hand. Auch am kulturellen Leben in Alumot nahm ich aktiv teil. Wir feierten *Seder* mit unserer eigenen *Haggada,* in der wir Teile der traditionellen Texte durch ausgewählte Passagen aus der modernen hebräischen Literatur ergänzten. Sogar eine eigene, kleine Zeitung gaben wir heraus, die den Namen *Auf dem Berg* trug. Ich schrieb fast alle Artikel selbst. Um das Informationsangebot etwas abwechslungsreicher zu gestalten, führte ich eine regelmäßige Kolumne mit dem Titel »Aus dem Notizbuch einer Pionierin« ein, in der ich mir Mühe gab, den richtigen Ton zu treffen. Bald darauf druckte die gewerkschaftseigene, landesweit verbreitete Tageszeitung *Davar* meine Kolumne mit dem Kommentar ab: »Endlich haben wir Gelegenheit, authentische Gedanken und Gefühle aus einer weiblichen Perspektive zu lesen.«

Ben Gurion betrieb unterdessen seine Kampagne, um alle Welt von den Vorzügen des Biltmore-Programms zu überzeugen. Im September 1947 erschien der Bericht des Palästina-Ausschusses der Vereinten Nationen (UNSCOP), in dem eine Teilung des Landes empfohlen wurde. Danach sollte der jüdische Staat nur einen kleinen Teil von Erez Israel umfassen, das übrige Gebiet bekämen die Araber. Trotz dieser enttäuschenden Aufteilung war Ben Gurion dafür, die Vorschläge zu akzeptieren. Zusammen mit General Dwight D. Eisenhower, dem Generalstabschef der Alliierten, besuchte er erneut die Internierungslager in Europa und kehrte tief erschüttert zurück. Er gelangte zu dem Schluß, daß Zeit nun weit wichtiger sei als Raum und daß ein jüdischer Staat für die Flüchtlinge die einzige Rettung bot. Eisenhowers Persönlichkeit und seine Haltung gegenüber der jüdischen Tragödie hatten Ben Gurion während dieser Europareise tief beeindruckt; er respektierte Eisenhower zeitlebens.

Ben Gurion wußte, daß eine UN-Resolution allein noch keinen jüdischen Staat schuf und daß die Araber den neugeborenen Staat mit Waffengewalt bekämpfen würden. So begann er mit dem Aufbau einer eigenen Armee, damit wir nach dem Abzug der Briten den Arabern nicht wehrlos gegenüberstünden. Als die Resolution zur Teilung des Landes am 29. November 1947 auf der Vollversammlung der Vereinten Nationen die nötige Mehrheit erhielt, tanzten die Juden Palästinas auf den Straßen. Ich stand damals neben Ben Gurion. Nie werde ich seine Worte vergessen: »Heute tanzen sie; morgen werden sie Blut vergießen müssen.«

Er scharte eine Gruppe enger Mitarbeiter und Vertrauter um sich, darunter Levi Eshkol, Shaul Avigur und Pinchas Sapir, und erarbeitete mit ihnen ein Konzept für die Landesverteidigung. Auch berief er alle jüdischen Offiziere ein, die in der gegen Ende des Krieges von der britischen Armee aufgestellten Jüdischen Brigade gedient hatten. In der Armee des neuen jüdischen Staates sollte sich der Pioniergeist der Hagana mit der traditionellen Professionalität der britischen Armee verbinden. Ben Gurion beauftragte Shlomo Sharmir, David Shaltiel, Asaf Simhoni (allesamt spätere Generäle der israelischen Streitkräfte [IDF]) sowie Arye Bahir und mich, aus den Offizieren Kommandeure für die zukünftige Armee auszuwählen. Für den zu erwartenden bewaffneten Konflikt wollten wir gut vorbereitet sein.

Im Mai 1947 stand Levi Eshkol erneut vor den Toren Alumots, diesmal mit einem Schreiben von Ben Gurion, das meine sofortige Bestellung ins Hagana-Oberkommando anordnete. Die Kibbuzversammlung gab Ben Gurions Forderung ohne Einwände statt. So verließ ich Alumot erneut, diesmal allerdings, ohne genau zu wissen, welche Aufgaben und Pflichten auf mich warteten und wieviel Zeit sie in Anspruch nehmen würden.

6

MÄNNER DER ERSTEN STUNDE

Das Jahr 1947 war ein hartes und gleichzeitig sehr bedeutendes Jahr. Die Anzeichen für einen baldigen Zusammenbruch des britischen Mandats mehrten sich. Wir ahnten, daß dies schon die Geburtswehen des neuen jüdischen Staates waren. Alle wußten um das Leid der in Zypern inhaftierten Flüchtlinge und der in Internierungslagern in Europa festgehaltenen Einwanderungswilligen. Unterdessen vertiefte sich die Kluft zwischen der Linken und der Rechten im Jischuw zusehends.

Die Rechten wurden die »Sezessionisten« genannt, da ihre Untergrundbewegungen, der Ezel und der Lechi[1], sich weigerten, die gewählte politische Führung anzuerkennen. Beide Bewegungen beschafften sich Kriegsgerät auf eigene Faust und machten von ihren Waffen Gebrauch, ohne sich um die politischen Entscheidungen der Landesregierung zu kümmern. Sie lehnten eine Teilung Palästinas entschieden ab und ließen durchblicken, daß sie ihre Operationen auch außerhalb des Territoriums des künftigen jüdischen Staates fortsetzen würden.

Innerhalb der Linken war inzwischen ein heftiger Streit über Ben Gurions Entschluß entbrannt, die Palmach-Einheiten als unabhängige militärische Organisation aufzulösen und in die Hagana einzubinden. Der Konflikt machte nicht nur aus der Mapai und der Achdut Haavoda gegnerische Parteien, sondern führte auch zu Differenzen innerhalb der Mapai, da Ben Gurions Plan nicht allen Mitgliedern behagte.[2] Vordringlich war nun, das künftige israelische Staatswesen aufzubauen und ihm eine schlagkräftige Armee zur Seite zu stellen. Über dieser Aufgabe kam es unter den führenden Politikern zu Spannungen und Mißverständnissen.

Die alle überragende Persönlichkeit war Ben Gurion, der damals furchtlos, entschlossen und konsequent handelte. Er versuchte, den Ab-

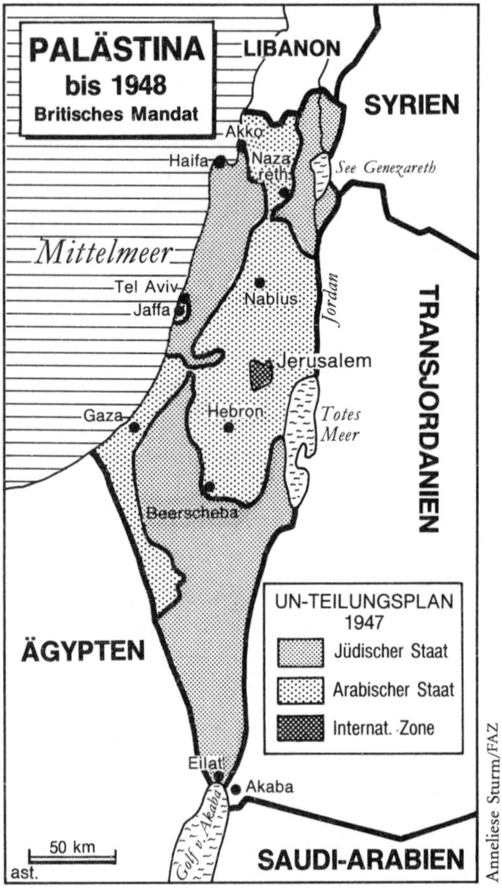

Das britische Völkerbundsmandat endete mit der Proklamation der Unabhängigkeit des Staates Israel am 14. Mai 1948.

zug der Briten noch zu beschleunigen, achtete aber zugleich darauf, daß das Grundkonzept eines souveränen jüdischen Staates stand. Gleich nach der Unabhängigkeitserklärung wollte er allen jüdischen Einwanderungswilligen die Tore Israels öffnen und die Autorität des Staates dadurch etablieren, daß er die Untergrundorganisationen Ezel und Lechi sowie die Palmach-Einheiten auflöste. Während dieser Monate, in denen der jüdische Staat allmählich Gestalt annahm, lebte Ben Gurion in der ständigen Furcht, wir könnten überraschend in einen Krieg mit den Arabern verwickelt werden, ohne daß unsere Truppen darauf ausreichend vorbereitet gewesen wären. Eigentlich hätten wir dann noch vor der offiziellen Staatsgründung eine Armee aufstellen müssen, das hätte seiner Meinung nach aber den demokratischen Charakter des zukünftigen Staates gefährden können. Er behielt daher stets beide Aufgaben im Auge und achtete sehr darauf, daß unsere Bemühungen um die Landesverteidigung den ordnungsgemäßen Aufbau des jüdischen Staates und seiner demokratischen Institutionen nicht verzögerten.

Bei meiner Ankunft im Hauptquartier der Hagana, dem sogenannten »Roten Haus« an der Meeresseite von Tel Aviv, verwies man mich an Josef Jisraeli, den stellvertretenden Generalstabschef. Er schlug mir vor, die Abteilung Truppenaushebung zu übernehmen, und betonte, daß die Mobilisierung aller menschlichen Reserven, neben der Beschaffung von Waffen und Munition, im Augenblick die vordringliche Aufgabe sei.

Ich merkte allerdings bald, daß es außer mir noch jemanden gab, dem das Hagana-Oberkommando die Verantwortung für die Rekrutierung übertragen hatte: den späteren General Mosche Zadok. Ich bemühte mich um eine konstruktive, kollegiale Zusammenarbeit. Zadok legte sehr großen Wert auf Formen und Regeln und handelte in allem, was er tat, nach seinen festen Prinzipien. Wir waren beide vernünftig genug, ein kooperatives Verhältnis zueinander zu finden, und einigten uns, daß er von nun an für die bereits existierenden Truppen verantwortlich sein sollte und ich für die Mobilisierung neuer Kräfte.

Unsere Absprache war nicht von langer Dauer. Schon bald luden mir verschiedene Hagana-Kommandeure alle möglichen Zusatzaufgaben auf. Schließlich schlug Levi Eshkol nach Abstimmung mit Ben Gurion vor, mich in die Abteilung Rüstungsproduktion und Waffenbeschaffung zu versetzen. Eshkol brauchte Unterstützung, denn er mußte drei Ämtern gleichzeitig gerecht werden: Er war Ben Gurions Stellvertreter in der

Hagana, Leiter der Siedlungsbewegung innerhalb der Jewish Agency und Sekretär des Tel Aviver Arbeitsrates.

Eshkol hatte auch noch den militärischen Geheimdienst unter sich. Er ließ mir weitgehend freie Hand für alle Verteidigungsaufgaben, bei deren Verwaltung ich ihn entlasten sollte. Er verlor nie seinen berühmten sarkastischen Humor. Eines Tages trafen wir uns auf den Stufen des Roten Hauses, und er fragte mich auf jiddisch: »War der junge Mann schon mal in Amerika?« »Nein«, antwortete ich wahrheitsgemäß. »Spricht er vielleicht a bissel Englisch?« Wieder mußte ich verneinen. »Nu, dann ist er genau mein Mann. Hiermit ernenne ich ihn zusätzlich zum Chef der Amerika-Abteilung der Hagana.«

Ich hatte keine Ahnung, welchen Ärger ich mir damit einhandelte. Die Situation war folgende: Am Vortag war ein Telegramm von Teddy Kollek[3], dem Chef der Hagana-Militärmission in den Vereinigten Staaten, eingegangen. Darin kündigte Kollek seinen Kollegen in Tel Aviv an, er werde am folgenden Sonntag nach Israel kommen. Zugleich drohte er, er werde den Bettel hinwerfen und nicht mehr nach New York zurückkehren, falls bis zu seiner Ankunft die Amerika-Abteilung nicht mit einer qualifizierten Person besetzt worden sei. Mit qualifiziert meinte er jemanden, der Amerika gut kannte und fließend Englisch sprach, also in der Lage war, die Abteilung zu leiten und mit ihm zusammenzuarbeiten.

Kollek traf planmäßig ein und wäre beinahe auf der Stelle zurückgetreten, als er hörte, wer sein künftiger Mitarbeiter sein sollte. Er kannte mich nur zu gut, schließlich waren wir am See Genezareth quasi Nachbarn gewesen. Sein Kibbuz, Ein Geva, lag am östlichen Seeufer und unser Alumot im Westen. Doch er wußte auch, daß ich die beiden unerläßlichen Voraussetzungen für diesen Posten nicht erfüllte. Ein gewaltiger Sturm braute sich zusammen, und Ben Gurion mußte persönlich eingreifen und die Wogen glätten.

Erneut betrat ich eine völlig neue Welt, die Welt der geheimen Missionen und Agenten. Die meisten Mitarbeiter waren gewiefte Profis, doch es waren auch ein paar Außenseiter und Träumer darunter, deren hochdramatische Berichte eher ihre ganz persönlichen Phantasien widerspiegelten als die harte Wirklichkeit. Ich stürzte mich wieder mit Enthusiasmus in die Arbeit. Dabei kam mir ein Charakterzug zugute, der mir auch während meiner späteren Laufbahn mehrfach über schwierige Situationen hinweghalf: meine Fähigkeit, Tag und Nacht unermüdlich zu arbeiten und in engem Kontakt zu den Menschen meines Umfelds zu bleiben. Tatsächlich schenkte man mir für mein stetes Bemühen bald viel Vertrauen.

Die Situation innerhalb des Oberkommandos bereitete der nationalen Führung große Sorgen. Der Stabschef, Jaacov Dori, war ein kranker Mann und arbeitete kaum noch. Dennoch wurde er nicht abgelöst. Die leitenden Offiziere waren zwar hochmotiviert, doch manchem fehlte die erforderliche militärische Professionalität. In den langen Jahren im Untergrund hatten sich bei ihnen Verhaltensweisen verfestigt, die zwar dem Stil des Oberkommandierenden der Hagana Jisrael Galili entsprachen, jedoch nicht unbedingt Ben Gurions Vorstellungen von der Arbeitsweise eines qualifizierten Stabs.

Im Grunde hatte Ben Gurion drei Stellvertreter in der Hagana: Galili, Eshkol und Avigur, von denen jeder eine Persönlichkeit mit Ecken und Kanten war.

Galili war der erste gebürtige Israeli, der eine so hohe und wichtige Position erreichte. Er hatte seine politische Laufbahn in der Hanoar Haoved begonnen und war ein Gründungsmitglied des Kibbuz Naan. Zu Anfang war er ein Anhänger von Katznelson gewesen, doch mit der Zeit änderte er seine politischen Ansichten und schloß sich schließlich Jizchak Tabenkin an. Er war wie Ben Gurion eher klein, sprach und schrieb ein tadelloses und sehr gepflegtes Hebräisch und war ein fesselnder Redner. Viele sahen in ihm den zukünftigen Führer der Achdut Haavoda, und die Achdut Haavoda verstand es meisterhaft, um die Männer, die sie für eine Führungsrolle ausersehen hatte, einen wahren Personenkult zu veranstalten.

Galili war nicht nur klug, er besaß auch die Gabe der Menschenführung. Er wirkte ausgesprochen anziehend, selbst auf viele, die mit seinen politischen Ansichten nicht einverstanden waren. Am Ende standen alle führenden Mitglieder der Achdut Haavoda, die jungen wie die alten, geschlossen hinter ihm.

An der Spitze der Palmach-Einheiten, die enge Verbindungen zur Achdut Haavoda unterhielten, standen Jizchak Sadeh und Jigal Allon. Sadeh war bereits zu seinen Lebzeiten eine Legende. Der ehemalige Steinmetz war eine charismatische Persönlichkeit und galt als genialer

Militärstratege. Allon war ein gutaussehender junger Offizier aus dem am See Genezareth gelegenen Kibbuz Ginossar. Man sagte ihm eine große Zukunft voraus, und tatsächlich wurde er bereits mit 28 Jahren zum Kommandeur der Palmach ernannt. Sadeh und Allon waren Galili treu ergeben und hielten sich an seine Linie.

Ben Gurion bewunderte Galili, ja er hatte sogar Sympathie für ihn, und doch traute er ihm nicht über den Weg. Angeblich hatte ein Mitglied des Kibbuz Naan ihn einmal gewarnt, daß man sich vor Galili in acht nehmen müsse. Freilich hatte Ben Gurions Mißtrauen noch einen tieferen Grund: Er spürte, daß Galilis absolute Loyalität seiner Partei gegenüber irgendwann zwischen ihnen zum Zerwürfnis führen könnte. Vor allem Ben Gurions feste Absicht, eine einheitliche Armee aufzubauen und der Eigenständigkeit der Palmach ein Ende zu setzen, mußte einen Streit mit Galili auslösen. Zudem merkte Ben Gurion, daß Galili generell lieber Palmach-Offiziere anwarb als Hagana-Offiziere, die während des Krieges in der britischen Armee gedient hatten und nun wieder zur Verfügung standen.

Galili lag Schreibtischarbeit nicht. Die meisten Informationen, die er zu verarbeiten hatte – meist hochbrisant und streng vertraulich –, waren in seinem Kopf gespeichert. Das erstaunlich gute Verhältnis zwischen ihm und seinen ranghöchsten Offizieren beruhte auf gegenseitigem Vertrauen und absoluter Loyalität. Bereits vor der Staatsgründung war abzusehen, daß Ben Gurions Entscheidung, die Palmach aufzulösen, das Oberkommando irgendwann zwangsläufig in zwei Lager spalten würde. Galilis Rücktritt war nur noch eine Frage der Zeit. Als er schließlich seinen Abschied nahm, gingen einige hohe Offiziere seines Stabes mit ihm. Der Vorfall war damals als »Revolte der Generäle« in aller Munde. Galili hinterließ eine große Lücke, nicht nur, weil er für so viele Abteilungen zuständig gewesen war, die nun einen neuen Leiter brauchten, sondern auch wegen seiner Persönlichkeit und seiner Führungsqualitäten.[4] Eshkol, der zu seinem Nachfolger ernannt wurde, erzählte mir später, er habe seinen Vorgänger um ein paar »Handreichungen«, wenigstens in Form der wichtigsten Unterlagen, gebeten, aber nichts erhalten.

Mein Verhältnis zu Galili war kompliziert. Wir hatten einmal zu einem Seminar der Hanoar Haoved in Haifa einen Monat zusammen verbracht, aber schon damals festgestellt, daß wir zwei verschiedenen Lagern angehörten. Er war ein Veteran der Hanoar Haoved, der die große Anhängerschaft der Achdut Haavoda innerhalb unserer Bewegung betreute, und ich war ein Jugendlicher, der am Anfang seiner politischen Karriere stand, aber nie zu seiner Gefolgschaft gezählt hatte. Erst Jahre später, als wir beide Minister in Golda Meïrs Regierung der nationalen Einheit waren, kamen wir uns wieder näher. Galili war Goldas Vertrauter, der Politiker, der ihr am nächsten stand. Seine Positionen, insbesondere in der Siedlungspolitik, waren klar und unmißverständlich. Tatsächlich war er es, der in den Jahren nach dem Sechstagekrieg von 1967 den Besiedlungsplan für das ganze Land erstellte, teilweise zusammen mit dem damaligen Verteidigungsminister Moshe Dayan.

Levi Eshkol, der als junger Mann aus der Ukraine nach Erez Israel gekommen war, gehörte zu den Gründern des Kibbuz Degania. Er war ein hochgewachsener, stämmiger Mann mit einem schönen Charakterkopf. Aus seinem Gesicht sprach eine eigentümliche Mischung aus Härte und Menschlichkeit. Er war ein ausgezeichneter Organisator und Verwalter, immer einfallsreich und stets mit einer witzigen Bemerkung auf den Lippen, um Spannungen abzubauen. Unter den Führern des Landes war er gewiß die ausgeglichenste Persönlichkeit und genoß die volle Unterstützung seiner Kollegen. Von der politischen Ausrichtung her war er im Vergleich zu den meisten anderen Kibbuzniks aus Degania ein »Aktivist«. Allerdings war sein Aktivismus frei von marxistischen Vorstellungen, die in Ein Haron, dem anderen großen Kibbuz, vorherrschten (und später zu einer Spaltung unter den Kibbuzniks führten).

Manche unterschätzten den jovialen Eshkol, besonders, wenn sie ihm zum erstenmal begegneten, aber Ben Gurion erkannte seine Fähigkeiten. Er verließ sich voll und ganz auf ihn und schätzte dessen gutes Urteilsvermögen und unermüdliche Arbeitskraft. Daher bestand er darauf, daß der eigentlich schon voll ausgelastete Eshkol auch noch im Oberkommando der Hagana arbeitete. Eshkol seinerseits schien für alles Zeit zu finden. Er scheute sich nie, Verantwortung zu übernehmen, obwohl er nie ehrgeizig wirkte. Wie Galili, so versuchte auch er, weitgehend auf den Papierkram zu verzichten. Er schrieb besonders ausladend und groß, so daß er beim Abfassen von Dokumenten rasch auf die Seitenzahl kam, die von einem Mann seines Ranges erwartet wurde.

Als Eshkol nach Galilis Abschied dessen Stellung übernahm, war er auch für alle Mobilisierungsanstrengungen im Jischuw verantwortlich.

Seine erste Amtshandlung bestand darin, Pinchas Sapir zu seiner rechten Hand und zum Oberst zu ernennen. Nie hatte es in der Armee einen so dynamischen und gänzlich uneitlen Oberst gegeben. Sapir, der später Finanzminister in der Regierung Golda Meïr wurde, legte auf Titel und Pomp keinen Wert. Er wollte lediglich seine Arbeit machen. Schon bald war er, wie Galili und Eshkol, eine feste Institution.

Der dritte Stellvertreter Ben Gurions in der Hagana war Shaul Avigur, der damals noch Meirov hieß. Den Namen Avigur (der auf hebräisch »Vater von Gur« bedeutet) nahm er erst an, nachdem sein einziger Sohn Gur im Unabhängigkeitskrieg von 1948 gefallen war. Er war ein strenger, fordernder Mann, verschlossen und undurchschaubar, und gehörte schon sehr lange der Führungsspitze der Hagana an. Seine »militärische Karriere« ließ sich bis ins Jahr 1920 zurückverfolgen, als er an der Seite Joseph Trumpeldors Tel Hai verteidigte.[5] Avigur war für viele das Gewissen der Hagana. Sein genügsamer, fast schon asketischer Lebensstil, seine Wortkargheit und seine öffentlichen Sparsamkeitsappelle brachten ihm einen legendären Ruf ein. Eine Tasse Tee war das Äußerste, was er seinen Gästen als Erfrischung anbot, in der Regel zusammen mit einer Handvoll Datteln, die er aus seinem Haus im Kibbuz Kinneret mitgebracht hatte. Er besaß keinerlei Sinn für Humor. Während unserer langen Bekanntschaft erzählte er nur einen einzigen Witz, den er immer dann anbrachte, wenn er das Gefühl hatte, eine angespannte Situation etwas auflockern zu müssen. Der Witz lautete: Ein Besucher des Kibbuz Kinneret sieht auf dem großen Innenhof einen Mähdrescher stehen. »Was ist das?« fragt der unbedarfte Besucher. »Ein Mähdrescher«, lautet die Antwort. »Was macht der?« »Er verschafft den Jungs in der Werkstatt Arbeit. Er ist überhaupt nur gebaut worden, um repariert zu werden.«

Avigur litt an einer seltenen Krankheit, die periodisch wiederkam und seine Gewebe aufschwemmte. Dieses rätselhafte Leiden verstärkte noch seine angeborene Neigung zur Eigenbrötlerei. (Von ihm wird berichtet, er habe beim Aufsetzen von Telegrammen sogar jene Passagen zensiert, die er aus Zeitungsausschnitten zitierte.) Er arbeitete meist allein und hinter verschlossenen Türen. Dennoch besaß er große persönliche Autorität. Wenn er in der Öffentlichkeit eine Rede hielt, was nur ganz selten vorkam, dann strömte alle Welt herbei, um ihn zu hören. Er scheute sich nie, Untergebene wie Vorgesetzte zu kritisieren, wenn er es für angebracht hielt. Vor der Staatsgründung war er für zwei Bereiche verantwortlich, die strengster Geheimhaltung unterlagen: Waffenbeschaffung und illegale Einwanderung. Dazu verbrachte er viel Zeit in Europa mit der Pflege weitgespannter Beziehungen.

Avigur stand bei Ben Gurion in hohem Ansehen, auch wenn sich zwischen den beiden Männern nie eine enge persönliche Beziehung entwickelte. Über Ben Gurions Haltung der Hagana gegenüber war er nicht immer glücklich, und dieser empfand Avigur bisweilen als zu vorsichtig, zu sehr vergangenen Realitäten verhaftet, wo sich doch die Welt längst verändert hatte.

Avigur war immer freundlich zu mir und hörte mir zu, obwohl ich nur das rangniedrigste Mitglied des Stabes war und obendrein als treuer Anhänger Ben Gurions galt. Ich war der Jugendleiter seines Sohnes Gur bei der Hanoar Haoved gewesen. Nachdem Gur gefallen war, bat mich Avigur, alles aufzuschreiben, was ich über seinen Sohn, der strahlender Mittelpunkt seines Lebens gewesen war, noch im Gedächtnis hatte. Während ich meine Erinnerungen niederschrieb, stiegen mir Tränen in die Augen.

Wenig später bat Avigur darum, von seinen Pflichten entbunden zu werden, und schlug mich als seinen Nachfolger in der Abteilung Waffenbeschaffung des Verteidigungsministeriums vor. Ich werde nie vergessen, mit welcher Sorgfalt er mir die Abteilung übergab. Alles war in wohlgeordneten Akten minuziös festgehalten, größtenteils in verschlüsselter Form. Er bot mir seine persönlichen Beurteilungen aller führenden Mitarbeiter der Abteilung an. Und ganz zum Schluß – ich wußte nicht, ob ich lachen oder nur staunen sollte – überreichte er mir seine Geldbörse. In jedem ihrer Fächer befanden sich mehrere Münzen aus verschiedenen europäischen Ländern, die Avigur im Lauf seiner langjährigen Tätigkeit besucht hatte. Geduldig erklärte er mir, wie ich jeden Franc, jede Lira, jeden Penny, den ich ausgab, verbuchen sollte und wie ich vermeiden konnte, daß die Münzen durcheinandergerieten. Das war ein Vermächtnis, das nur wenige Menschen hinterlassen können – und das nur wenigen anvertraut wird.

Die markanteste Persönlichkeit von allen war jedoch Ben Gurion. Ich glaube nicht, daß der Staat Israel ohne ihn entstanden wäre. Das war meine damalige Einschätzung, und wenn ich heute zurückdenke, wie er das Land durch die Stürme des Unabhängigkeitskrieges geführt hat, gelange ich zu derselben Überzeugung.

Ben Gurion mußte damals an drei Fronten gleichzeitig kämpfen. Die erste war selbstverständlich die militärische. Bereits am Tag nach der Proklamation der Unabhängigkeit[6] des Staates Israel wurde das Land am 15. Mai 1948 von sieben arabischen Staaten angegriffen. Die Gegner verfügten über Armeen und genügend Waffen, während Israels Armee erst im Entstehen war und nur geringe, heimlich in der Aufbauphase gehortete Waffenvorräte besaß.

Der Unabhängigkeitskrieg dauerte anderthalb Jahre. Zeiten erbitterter Kämpfe wechselten mit Zeiten des Waffenstillstands ab, die wir nutzten, um Staat und Armee weiter auszubauen. Es war wahrlich der Krieg einer Minderheit gegen eine Übermacht.

Ben Gurion mußte in diesem Krieg alle Stabsarbeiten bis in Einzelheiten überwachen. Sein Stabschef Dori war noch immer krank und nicht einsatzfähig. Darüber hinaus mußte sich Ben Gurion gegen interne Widerstände durchsetzen, die aus dem ehemaligen Hagana-Oberkommando – vor allem aus dessen wichtigstem Kampfverband, den Palmach-Einheiten – und aus den Reihen der jungen Stabsoffiziere kamen.

Die zweite Front war das internationale diplomatische Parkett. Obwohl 33 UN-Mitgliedsstaaten für die Gründung Israels gestimmt hatten, machten fast alle sogleich Anstalten, ein Waffenembargo über den neuen Staat zu verhängen. Der amerikanische Präsident Harry Truman war einer der ersten politischen Führer der Welt, die Israel anerkannten, gefolgt von Andrej Gromyko als Stellvertreter Stalins. Dennoch waren die Vereinigten Staaten nicht einmal bereit, Israel Gewehre zur Selbstverteidigung zu verkaufen, von schweren Waffen ganz zu schweigen. Diese Entscheidung ist mir bis heute unverständlich geblieben. Im Jahr 1964, als ich stellvertretender Verteidigungsminister war, wurde ich einmal von Averell Harriman zum Mittagessen ins Weiße Haus eingeladen. Zur Begrüßung schenkte er mir ein Gläschen Wodka ein und kommentierte nonchalant: »Trinken wir ihn wegen seines guten Geschmacks, und ignorieren wir seine Herkunft.« Dann bat er mich, unsere Beschwerden gegen die amerikanische Regierung vorzubringen. Ich begann mit dem Unabhängigkeitskrieg. Warum hatte sich Truman damals nur weigern können, uns Waffen zu verkaufen? Harriman räumte ohne Zögern ein, daß das »ein Fehler« gewesen sei. Doch was für die Vereinigten Staaten

David Ben Gurion verliest am Vorabend der Proklamation der Unabhängigkeit des Staates Israel die historische Deklaration, Tel Aviv, 14. Mai 1948.

lediglich ein politischer Fehler war, hätte für Israel leicht fatale Folgen haben können.

Auch die anderen weltweit führenden Waffenproduzenten – Rußland, Großbritannien und Frankreich – weigerten sich, uns zu beliefern. So wurde die Waffenbeschaffung für das gerade gegründete Israel zur Existenzfrage. Auf israelischer Seite bemühten sich eine Vielzahl von Agenten und kompetenten Männern, auf jede nur erdenkliche Weise heimlich Waffen zu beschaffen. Typ, Machart und Preis spielten kaum eine Rolle, wenn sie nur schnell geliefert werden konnten. Die internationale Staatengemeinschaft zollte dem kleinen Israel Beifall, tat jedoch nichts, um dem eingekreisten und fast wehrlosen Staat gegen seine übermächtigen Angreifer beizustehen.

Ben Gurions dritte Front war das innenpolitische Schlachtfeld. Die Jewish Agency und die Histadrut, zwei lange vor der Staatsgründung existierende Institutionen, bildeten in vieler Hinsicht den Kern des politischen Systems und der Verwaltung des neuen Staates. Allerdings waren sie nicht aus demokratischen Wahlen hervorgegangen, sondern beruhten auf Übereinkünften zwischen den verschiedenen politischen Parteien. Hinter der einst so harmonisch wirkenden Fassade des gutorganisierten Jischuw bestanden große politische Spannungen. Zudem gab es neben diesen etablierten Institutionen auch noch den Ezel und den Lechi, Untergrundbewegungen, die sich über die Entscheidungen der politischen Führung hinwegsetzten.

Eine so komplizierte Situation ließ sich nur mit zäher, kompromißloser Entschlossenheit bewältigen. Manchmal ist es leichter, einen äußeren Feind zu bekämpfen, als sich in innenpolitischen Konflikten durchzusetzen. Ben Gurion bestand weiterhin hartnäckig darauf, die Untergrundbewegungen aufzulösen und ihre Truppen der Autorität des Staates und der Zivilregierung zu unterstellen. Die Vertreter von Ezel und Lechi gelobten zwar, ihre Einheiten aufzulösen, tatsächlich aber blieben sie hinter ihrem Versprechen zurück.

Im Juni 1948, nur wenige Wochen nach der Staatsgründung, erreichte die Konfrontation mit dem Ezel einen dramatischen Höhepunkt. Vor der Küste von Tel Aviv erschien ein Frachter, die *Altalena,* mit Waffen an Bord für die von Menachem Begin geleitete Untergrundarmee. Ben Gurion bestand darauf, daß alle Waffen der Regierung auszuhändigen seien. Er befürchtete, daß der Ezel versuchen könnte, einen Staat im

Staat oder eine separate Armee aufzubauen oder gar in den nicht zu Israel gehörenden Gebieten Palästinas einen eigenen Staat mit eigener Armee zu gründen. Er hatte kein Verständnis dafür, daß die Ezel-Führung im Fall der *Altalena* nun doch nicht bereit war, die Anordnungen der Regierung zu befolgen. Er spürte instinktiv, daß jedes Zögern und jede Schwäche in der Machtprobe mit dem Ezel von der Weltöffentlichkeit, vor allem aber von den arabischen Staaten als Zeichen dafür gesehen würden, daß es in Israel noch keine stabile, von allen anerkannte Regierung gebe. Daher gab er der Armee Anweisung, das Schiff und seine Ladung zu beschlagnahmen.

Die eigentlichen Verhandlungen mit dem Ezel wurden von Galili geführt, der Ben Gurion und Eshkol mehrmals täglich Bericht erstattete. Die Spannung im Armeehauptquartier, das sich nun in Ramat Gan nördlich von Tel Aviv befand, wuchs stündlich. Es fiel schwer, den Befehl zum Beschießen des Schiffs zu geben. Schließlich waren Juden an Bord, und die Waffen im Bauch des Schiffes wurden dringend gebraucht. Mancher fürchtete, daß mitten im Abwehrkampf gegen äußere Feinde ein Bürgerkrieg ausbrechen könnte. Auch der Innenminister und Führer der Allgemeinen Zionistischen Partei Jizchak Gruenbaum hielt das für möglich und drängte daher Ben Gurion, nachzugeben und sich um einen Kompromiß zu bemühen. Doch so schwer die Einsicht auch fallen mag, ein Kompromiß ist manchmal die schlechteste aller möglichen Lösungen und kann den gegenteiligen Effekt haben, den man eigentlich beabsichtigt. Ich bin überzeugt, die Gefahr eines Bürgerkriegs wäre drastisch gestiegen, wenn Ben Gurion nicht unerschütterlich an der Unteilbarkeit der staatlichen Autorität festgehalten hätte. Die Untergrundbewegungen waren es schließlich seit langem gewohnt, ihre eigene Politik zu verfolgen und außerhalb der politischen Struktur des Landes zu operieren.

Ich verbrachte jene schicksalhaften Stunden an der Seite von Ben Gurion und Eshkol. In der Nacht bevor das Schiff mit Granaten beschossen wurde, schlief ich neben ihnen und hatte mein Gewehr immer griffbereit für den Fall, daß protestierende Gruppen das Hauptquartier zu stürmen versuchten.

Schließlich ging der Ezel-Befehlshaber Menachem Begin an Bord der *Altalena* und erklärte sich zum Aushändigen der Ladung bereit. Ich beobachtete Ben Gurion, als er sich nach dieser Machtprobe Begins hysterische Rede anhörte, die vom Schiff aus über Rundfunk ausgestrahlt wurde. Begin behauptete, Heckenschützen der israelischen Streitkräfte hätten den Befehl gehabt, ihn zu ermorden: »Doch eine große Idee läßt sich nicht zerstören, indem man ihren Verkünder tötet ...« Ben Gurion reagierte mit Verachtung.

Der Zwischenfall ging Begin sein ganzes Leben lang nach. Noch 25 Jahre später – er war zu dem Zeitpunkt Minister in Eshkols Regierung der nationalen Einheit – sprach er mich überraschend nach dem Sechstagekrieg darauf an. Ich legte ihm ausführlich Ben Gurions damalige Beweggründe dar, verärgert beteuerte er, er habe »nie die leiseste Absicht gehabt, eine Armee in der Armee aufzustellen oder die Autorität des Staates nicht anzuerkennen«. Ich erklärte ihm, die Hauptsorge sei damals nicht gewesen, daß er vielleicht versuchen würde, den Staat innerhalb seiner offiziellen Grenzen herauszufordern, sondern außerhalb der Staatsgrenzen oder vielleicht in Jerusalem, das nach dem Teilungsplan nicht zu Israel gehörte, eine separate jüdische Macht zu etablieren. Auch das verneinte er.

Unser Gespräch hatte durchaus privaten Charakter, dennoch gab Begin Informationen an einen ihm nahestehenden Journalisten weiter. Prompt war dann in der Zeitung zu lesen, ich hätte gesagt, Ben Gurion habe damals »einen Fehler gemacht«. Dergleichen hatte ich nicht geäußert. Doch selbst in diesem Gespräch, das viele Jahre nach dem Zwischenfall mit der *Altalena* stattfand, erklärte mir Begin nicht, warum er damals der Anordnung des Armee-Oberkommandos nicht nachgekommen war.

Im Jahre 1948 wurde die Regierung auch noch von einer zweiten Oppositionsgruppe, dem Lechi, herausgefordert. Einer ihrer Kommandeure, Natan Friedman-Jellin, wurde schließlich vor Gericht gestellt, weil die Gruppe sich weigerte, die Autorität des Staates anzuerkennen. Da ich einen Briefwechsel zwischen der Hagana und dem Lechi kannte, wurde ich als Zeuge vorgeladen.

Oppositionelle aus den Untergrundbewegungen waren jedoch nicht unser einziges Problem. Auch im Oberkommando der regulären Armee lieferten sich zwei gegnerische Gruppen einen ständigen Kampf um Macht und Einfluß. Die ehemaligen Hagana-Kommandeure waren loyale, der Sache treu ergebene Mitstreiter, doch die früheren Offiziere der britischen Armee verstanden weit besser, wie die Armee eines demokratischen Staates funktionierte. Ben Gurion befürwortete den Aufbau einer gut organisierten, nationalen Armee. Die Streitkräfte sollten nicht dem Einfluß der politischen Parteien unterworfen, sondern nur an die Weisungen des Oberkommandos gebunden sein, das seinerseits der Regierung unterstellt war. Gleichzeitig wünschte er sich eine Armee, die sich – bei all seiner Bewunderung für die britische Demokratie – in zwei wichtigen Punkten von der britischen Armee unterscheiden sollte. Erstens plante er eine Armee der Pioniere, die nicht nur für die Landesverteidigung zuständig ist, sondern darüber hinaus auch soziale und nationale Aufgaben übernimmt. Die Soldaten helfen mit, Einwanderer zu integrieren und das Land zu besiedeln. Sie geben den Neuankömmlingen Unterricht in Hebräisch und machen sie mit dem Leben und der Arbeit in abgelegenen Gebieten vertraut. Zu diesem Zweck schuf Ben Gurion den Nachal (das hebräische Kürzel für »kämpfende Pionierjugend«), der innerhalb der Armee eine eigene Brigade bildete. Er betrachtete diese Einheiten als die geistigen Erben der Palmach, die ebenfalls in Kibbuzim und neuen Siedlungen stationiert gewesen waren.

Zweitens wollte er Pomp und Zeremoniell, wie es die Tradition der Armee Ihrer Majestät kannte, in unserer neuen Armee gar nicht erst aufkommen lassen. Er war gegen Auszeichnungen für Soldaten und Offiziere. Soldatische Heldentaten wurden seiner Meinung nach aus innerem Antrieb vollbracht und bedurften daher keiner äußeren Zeichen der Anerkennung.

Die Spannungen zwischen den Hagana-Veteranen und den ehemaligen Offizieren der britischen Armee belasteten alle Beteiligten. Ben Gurion war entschlossen, der zweiten Gruppe mehr Handlungsspielraum zu geben und nicht alles den ehemaligen Hagana-Kommandeuren zu überlassen. Der Konflikt erreichte einen Höhepunkt, als Ben Gurion die Auflösung der Palmach-Einheiten anordnete. Diese Maßnahme löste nicht nur in den Reihen der Palmach oder der einstigen Hagana stürmische Proteste aus, sondern auch in der Öffentlichkeit und selbst in Ben Gurions eigener Partei, der Mapai. Erneut rieten wohlmeinende Leute ihm zu einem Kompromiß, doch er blieb unbeugsam und verteidigte sein Konzept: eine Armee, eine Hierarchie, eine Kommandostruktur.

Dieselben Grundsätze vertrat er auch gegenüber Politikern der jüdischen Orthodoxie. Diese forderten von ihm, separate orthodoxe Einheiten aufzustellen, da die orthodoxen Soldaten nur koschere Mahlzeiten zu sich nehmen dürften und am Sabbat nur Dienst tun könnten, wenn die militärische Lage es dringend erforderlich mache. Daraufhin verfügte Ben Gurion, daß die gesamte Armee gemäß den religiösen Vorschriften koscheres Essen erhalten und den Sabbat einhalten sollte. Für ihn durfte es keine Sondereinheiten geben.

Ben Gurion kämpfte also den ganzen Unabhängigkeitskrieg hindurch an mehreren Fronten. Er kämpfte nicht nur gegen äußere Feinde, sondern auch gegen die etablierte Ordnung, weil er ein neues, besseres Fundament für den künftigen Staat legen wollte. Wer daher den Krieg lediglich aus der israelisch-arabischen Perspektive betrachtet, erhält kein vollständiges Bild.

Wie in jedem anderen politischen System gab es damals auch im Jischuw eine offizielle Hierarchie und eine eher inoffizielle Rangfolge der Kompetenzen. Ben Gurion war den ganzen Krieg über die oberste Autorität, doch innerhalb seines Stabes war die Rangfolge recht flexibel und von den jeweiligen Verhältnissen abhängig. Eshkol und Galili waren im Grunde Ben Gurions Stellvertreter, ohne offiziell dazu ernannt worden zu sein. Nach Galilis Ausscheiden blieb Eshkol Ben Gurions rechte Hand, und ich fungierte im Jünglingsalter von 25 Jahren wiederum als Eshkols engster Mitarbeiter. Ich hatte mein Büro im Hauptquartier und nach einer Weile auch meine eigenen Kompetenzbereiche. Viele ranghöhere Offiziere wandten sich an mich, wenn sie Rat oder Informationen benötigten oder eine Genehmigung der Regierung für ihre Vorhaben brauchten.

Offiziell war der chronisch kranke Dori immer noch Stabschef, doch in der Praxis waren seine Aufgaben längst seinem einstigen Adjutanten und Chef der Operationen Jigael Jadin übertragen worden. Der damals 34 Jahre alte Jadin war der Sohn eines berühmten Archäologieprofessors an der Hebräischen Universität von Jerusalem und galt selbst als ein vielversprechender Archäologe. Ben Gurion hatte eine sehr hohe Meinung von Jadin, auch wegen dessen profunder Bibelkenntnisse. Ben Gurion hatte sich schon damals vorgenommen, das Volk zur Bibel und die Bibel zum Volk zurückzubringen. Ein großer Teil der damals entwikkelten militärischen Nomenklatur, zum Beispiel alle Dienstgrade, war dem biblischen Hebräisch entlehnt. Wenn Jadin seine Rolle selbst kennzeichnen sollte, sah er sich nicht als ehemaligen Offizier der britischen Armee oder als einstigen Palmach-Kommandeur, sondern als eine biblische Figur, als David, der gegen Goliath kämpft, oder Saul, der eine Streitmacht sammelt.

Es kam vor, daß Jadin mit Ben Gurion mitten im Gefecht über einen schwerverständlichen Bibelvers diskutierte und beide dabei regelrecht in Rage gerieten. Jadin besaß eine starke Präsenz. Wenn er auf den Lagebesprechungen temperamentvoll und selbstbewußt seinen Standpunkt vortrug, blickte er die Teilnehmer der Reihe nach mit funkelnden Augen prüfend an. Er pflegte sich auf solche Sitzungen sorgfältig vorzubereiten. So war er stets über alle Einzelheiten im Bilde und konnte seine Position zusammenhängend darlegen und überzeugend begründen.

Doch was Ben Gurion an Jadin am meisten bewunderte, war sein absolut unparteiisches Engagement für den Staat. Parteipolitische Erwägungen waren ihm völlig fremd. Einmal beeindruckte er den gesamten Generalstab, Ben Gurion eingeschlossen, indem er die Verhaftung eines hohen Beamten des Finanzministeriums anordnete, der es versäumt hatte, zu einer Reserveübung zu erscheinen. »Es gibt in dieser Armee keine Sonderrechte«, statuierte Jadin. »Vor dem Gesetz sind alle gleich.« Ben Gurion hatte der jüdischen Sitte, »Leuten einen Gefallen zu tun«, die schnell in Begünstigung und Diskriminierung umschlagen konnte, schon lange den Kampf angesagt, deshalb gefiel ihm Jadins kompromißlose Haltung in dieser Angelegenheit ganz besonders.

Ich schätzte an Jadin vor allem, daß er Ben Gurion niemals hinter dessen Rücken kritisierte, sondern dem Premierminister stets offen sagte, was ihm nicht gefiel. Und es verging kaum eine Sitzung, in der Jadin an Ben Gurion, seiner Regierung oder seinen Ministern nicht irgend etwas auszusetzen hatte. Die Regierung war für ihn ein unproduktiver, ständig in nutzlose Parteikämpfe verstrickter Verein, die Armee dagegen eine leistungsfähige, stromlinienförmige Maschine. Als einmal jemand zu bemerken wagte, die Armee sei in erster Linie eine Maschine zum Bäumefällen und habe kaum eine Vorstellung davon, wieviel Arbeit es koste, damit Bäume gedeihen könnten, entgegnete er wütend: »Wenn Bäume richtig gepflanzt werden, dann wachsen sie von allein gut und brauchen auch nicht gefällt zu werden.«

Obwohl Ben Gurion und Jadin sich gut verstanden, gab es auch Spannungen zwischen ihnen. Jadin hielt die ägyptische Front für den wichtigsten Kriegsschauplatz, daher hatte für ihn die Befreiung des Negev oberste Priorität. Doch Ben Gurion, der Jerusalem die strategische und historische Schlüsselrolle zuschrieb, forderte von der Armee, ihre Kräfte auf die Befreiung des belagerten Jerusalem zu konzentrieren. Ihren Höhepunkt erreichte diese Auseinandersetzung während der »Operation Nahshon«, die den Belagerungsring um Jerusalem aufbrechen sollte, und während der blutigen Kämpfe um Latrun im Mai 1948.

Interessanterweise kam es auf jordanischer Seite zwischen König Abdullah und dem Kommandeur der Arabischen Legion Glubb Pascha zu einem ganz ähnlichen Streit. König Abdullah wollte die jordanischen Truppen auf Jerusalem konzentrieren, während General Glubb mit den anderen arabischen Armeen vom Jordan bei Beit Shean aus einen gemeinsamen Vorstoß nach Norden unternehmen wollte, um Israel auf der Höhe von Haifa das Rückgrat zu brechen.

7

MARINEMINISTER

Wie der Kampf um Jerusalem ausgehen würde, hing weitgehend davon ab, inwieweit es uns gelänge, einerseits die Grundversorgung der belagerten Stadt sicherzustellen und andererseits die kämpfenden Einheiten bei ihrem Versuch, den Belagerungsring zu durchbrechen, mit Waffen und Munition zu versorgen. Die Verantwortung für beide Operationen trug Eshkol, ich stand ihm dabei zur Seite. Ich erinnere mich, daß ich mit ihm nach Latrun hinauffuhr. Dort halfen wir mit, Mehlsäcke von Lastwagen, die die Fracht aus Tel Aviv gebracht hatten, auf kleinere, robustere Fahrzeuge umzuladen. Nur mit ihnen konnte die berühmte »Burmastraße«, die Pioniere durch die Hügel nach Jerusalem angelegt hatten, überhaupt befahren werden. General Shimon Avidan zog währenddessen im nahegelegenen Kibbuz Hulda seine Truppen zusammen, um die »Operation Nahshon« zu starten. Dabei hatte er nicht einmal genügend Gewehre für all seine Männer, von schwerer Artillerie ganz zu schweigen.

Wir setzten unsere ganze Hoffnung auf Waffenlieferungen aus der Tschechoslowakei, die jeden Tag per Schiff eintreffen sollten. Die Sowjetunion und ihre Satellitenstaaten hatten sich zwar dem internationalen Waffenboykott Israels angeschlossen, doch die Tschechoslowakei bildete dabei eine Ausnahme. Die Tschechen waren bereit, uns alle möglichen Waffen, von tschechischen Gewehren bis zu Messerschmitt-Kampfflugzeugen, zu gesalzenen Preisen zu liefern.

Bis zum heutigen Tag ist nicht geklärt, was die kommunistische Tschechoslowakei dazu bewogen hatte, uns zu erlauben, unsere Luftlandetruppen auf tschechischem Boden auszubilden und das Land als Umschlagplatz für Flugzeuge zu nutzen, die wir aus den USA herausschmuggelten. Fest steht nur, daß die tschechische Regierung damals dem Grundsatz folgte, im geheimen dem neuen jüdischen Staat wohlgesonnen zu sein, während ihre offizielle Haltung von kühler Zurückhaltung geprägt war. Wahrscheinlich waren mehrere Faktoren dabei im Spiel. Shmuel Mikunis, der Führer der Kommunistischen Partei Israels, nahm für sich in Anspruch, den Kreml davon überzeugt zu haben, die Tür zur Tschechoslowakei für uns offenzuhalten. Zweifellos spielte auch eine Rolle, daß wir bar und in US-Dollar bezahlten. Bei der Grundsatzentscheidung für Israel mochten auch persönliche Affinitäten mitgespielt haben, denn der tschechoslowakische Kommunistenführer Rudolf Slansky war jüdischer Abstammung (später wurde er des Hochverrats und der Anstiftung zu einer angeblichen »zionistischen Verschwörung« angeklagt und hingerichtet).

Eines ist gewiß, die Sache Israels wurde in der Tschechoslowakei von ganz hervorragenden Leuten vertreten. Der führende Mann war Ehud Avriel, einer der brillantesten Köpfe unter den fähigen jungen Männern um Ben Gurion. Avriel, ein Kibbuznik aus dem Unteren Galiläa, besaß einen analytischen Verstand, schöpferische Phantasie, großen persönlichen Charme und weltmännische Gewandtheit. Mit 32 Jahren wurde er zum Botschafter in Prag ernannt, und es gelang ihm, viele Tschechen, darunter auch Kommunisten, für unsere Sache zu gewinnen. Er operierte in Prag, als ob er sich in Tel Aviv befände; ihm schienen sich alle Türen zu öffnen. Er verfaßte und unterzeichnete als Diplomat Schriftstücke und bewies dabei Selbstbewußtsein und Wagemut.

Allerdings waren die Waffen, die wir aus der Tschechoslowakei erhielten, nicht alle von gleicher Zuverlässigkeit. Die Messerschmitt-Flugzeuge etwa, die noch aus der Produktion während der Okkupation durch die Nazis stammten, waren teuer und gefährlich. Eigentlich sollten ihre Bordkanonen auf die Umdrehungsgeschwindigkeit des Propellers abgestimmt sein, bisweilen kam es aber vor, daß die Technik versagte und die Bordkanonen die Propellerblätter abschossen – mit tragischen Folgen. Dagegen bewährten sich die schweren tschechischen Maschinengewehre beim Einsatz bestens.

Am dankbarsten waren wir für die tschechischen Gewehre, die auf Jahre hinaus zur Standardausrüstung unserer Armee gehörten. Als die Tschechen nach langen, nervenaufreibenden Verzögerungen endlich die erste Lieferung genehmigten, mußten wir mit Entsetzen feststellen, daß wir zu diesem Zeitpunkt über kein Schiff verfügten, das den Transport hätte übernehmen können. Efraim Ilin, ein Geschäftsmann aus Tel Aviv, kam uns zu Hilfe. Er hatte bereits mit der Waffenbeschaffung in Italien zu tun gehabt, und nun machte er ein altes Trampschiff ausfindig, in dem man seinen Angaben nach die Gewehre unter einer Ladung Gemüse verbergen konnte. Die »Nora«, unser Schiff, lief schließlich aus und steuerte mit der atemberaubenden Geschwindigkeit von vier Knoten auf die israelische Küste zu. Zu allem Überfluß verloren wir auch noch den Funkkontakt zu ihr, als sie sich auf hoher See befand.

Eshkol witzelte, die »Nora« sei das erste Schiff, das entdeckt habe, daß es nicht nur an Land, sondern auch auf See Berge und Täler gebe, nun bemühe es sich nach Kräften, bergauf zu fahren. Am Ende erreichte die »Nora« aber doch noch Tel Aviv. Wir eilten alle an das Dock und nahmen die langerwarteten Gewehre in Empfang. Noch in Ölpapier verpackt, wurden sie auf Lastwagen zum Kibbuz Hulda in der Nähe von Latrun transportiert.

Die Tschechoslowakei lieferte uns zwar den Großteil der Waffen, aber das war nicht unsere einzige Quelle. Eine Gruppe junger amerikanischer Juden, die in der Luftwaffe gedient hatte, wollte an unserer Seite mitkämpfen und meldete sich als Freiwillige bei unserer Luftwaffe. Ihr Anführer war Al Schwimmer, ein Mann, der an Mut, Kompetenz und Patriotismus für Israel seinesgleichen sucht. Er war damals Chefpilot und Ingenieur bei den Trans World Airlines und stand am Beginn einer glänzenden Karriere in der amerikanischen Luftfahrt. Doch sein Volk war ihm wichtiger als seine Brieftasche.

Als Al sich freiwillig zum Dienst in der israelischen Armee meldete, ernannte man ihn sofort zum Chefingenieur der Israel Air Force (IAF). Allerdings mußte er sehr rasch erkennen, daß es eine Luftwaffe ohne Flugzeuge war. Wollte er nicht am Boden verkümmern, mußte er die Flugzeuge mitbringen. Tatsächlich schaffte er es, gemeinsam mit seinen Freunden, drei B-17-Bomber, sogenannte »Fliegende Festungen«, in seinen Besitz zu bringen. Die Flugzeuge hatten ehemals der US Air-Force gehört und befanden sich gerade auf den Kanarischen Inseln. Eines schönen Tages hoben alle drei plötzlich ab, landeten einige Stunden später in der Tschechoslowakei und starteten, nachdem sie mit Waffen beladen waren, in Richtung Israel. Während des Flugs bombardierten sie eine ägyptische Truppenkolonne.

Schwimmer war ein furchtloser Mann, ein geborener Anführer, der seine Männer anspornte. Er war ein wandelndes Lexikon für alle Fragen der Luftfahrt und beherrschte die Technik jeder Maschine, die er flog. Er kannte Flughäfen und Flugrouten und besaß an den unwahrscheinlichsten Orten der Welt Freunde. Sein Beitrag zum Aufbau des Staates Israel war enorm, sowohl während des Unabhängigkeitskrieges als auch später, als er die IAI, die israelische Flugzeugindustrie, schuf und sie zu einem großen und erfolgreichen Konzern ausbaute.

Ein Mann mit solch unerschütterlichen Überzeugungen wie Schwimmer mußte zwangsläufig mit seinen Vorgesetzten in der Luftwaffe aneinandergeraten. Der erste Befehlshaber der IAF war Jisrael Amir, der zuvor den Geheimdienst der Hagana geleitet hatte. Amir war ein seriöser und gerade denkender Mann, aber vom Fliegen hatte er keine Ahnung. Später wurde er durch Aharon Remez ersetzt, einen ehemaligen Kampfpiloten in der Royal Air Force, der über Erfahrung im Luftkampf verfügte. Schwimmer hatte unbeschränktes Vertrauen zu Ben Gurion, der mich bat, bei Meinungsverschiedenheiten in der IAF die Wogen zu glätten. Ich sollte versuchen, das Verhältnis zwischen Schwimmer und seinen Freiwilligen auf der einen Seite und den Stabsoffizieren der IAF auf der anderen zu verbessern. Damals entwickelte sich eine enge Freundschaft zwischen Schwimmer und mir, die bis zum heutigen Tag andauert. Sie erleichterte unsere Zusammenarbeit bei verschiedenen Projekten und führte schließlich zur Gründung der IAI.

Nachdem Al Schwimmer mit den »Fliegenden Festungen« eingetroffen war, wurde als nächstes beschlossen, eine Luftbrücke zwischen der Tschechoslowakei und Israel aufzubauen. Hierzu sollten hauptsächlich Frachtflugzeuge (Dakotas und Constellations) zum Einsatz kommen. Der Plan sah vor, daß die Flugzeuge auf Staubpisten im Negev landen sollten, was dem Unternehmen den Decknamen »Operation Dust«, also »Staub«, einbrachte. Munya Mardor, eine Schlüsselfigur bei der Waffenbeschaffung, leitete die Aktion. Später leitete er die Behörde für Forschung und Entwicklung von Rüstungsgütern mit dem hebräischen Kürzel »Rafael«. Auch mit ihm verband mich bis zu seinem Tod eine enge und produktive Freundschaft.

Während des Krieges stützte ich mich bei der Lösung der drängenden Aufgaben auf direkte persönliche Beziehungen und achtete wenig auf bürokratische Prozeduren und hierarchische Abhängigkeiten. Meine Befugnisse waren in der Tat weitreichender, als es meiner Stellung in der Armee entsprach, doch als der Chef des Generalstabs vorschlug, mich zum Oberst zu ernennen, lehnte ich ab. Ich hatte den Eindruck, daß der hohe militärische Rang mich nur behindern würde.

Ein weiteres wichtiges Land für unsere Waffenkäufe war neben der Tschechoslowakei Italien. Jehuda Arazi, der Leiter der dortigen Aktionen, gehörte zu den interessantesten und fähigsten Männern im Dienst des jüdischen Staates. Er besaß einen messerscharfen Verstand, unerschöpfliche Energie und ein Gespür für dramatische Effekte. Zur Zeit des Mandats war er im Auftrag der Hagana als Polizeioffizier in britischen Diensten tätig und für die Durchführung vieler heikler Missionen verantwortlich gewesen. Er war der Mann, der später die Welt in Atem hielt, als er sich als Kapitän der *Exodus* der Macht der Royal Navy entgegenstellte. Seine Passagiere waren jüdische Flüchtlinge, die in einen Hungerstreik getreten waren, während das Schiff bei Neapel vor Anker lag. Er vertrat die Flüchtlinge und stritt sich mit Harold Laski, dem Vorsitzenden der britischen Labour Party, der nach Italien gereist war, um den Zustand des Schiffs und der Passagiere zu prüfen, in einer dramatischen Debatte. Arazi sprach mehrere Sprachen fließend und fand in jeder die richtigen Worte, um seinem Anliegen Gehör zu verschaffen.

Er hatte zudem die Begabung, außergewöhnliche Männer für unsere Sache zu gewinnen. Einer von ihnen war der italienische Marineoffizier Capriotti, der nicht nur ein tapferer und erfahrener Seemann war, sondern auch eine Werft besaß, die sich auf Schnellboote und kleine Unterseeboote spezialisiert hatte. Solche Fahrzeuge waren unserer kleinen Marine besonders nützlich; im Krieg konnte ein ägyptisches Kriegsschiff, die *Farouk*, durch ein Schnellboot mit Dynamit versenkt werden.

Arazi stellte auch den Kontakt zu dem polnischen Grafen Stefan Czernitsky her, der uns für zehn Prozent Kommission mit Waffen belieferte. Stefan war der Bruder eines polnischen Kommandeurs, dessen Truppen bei Hitlers Blitzkrieg 1939 völlig aufgerieben wurden. Seit jenem Tag trug Stefan stets eine schwarze Krawatte als Zeichen der Trauer. Er lebte unweit von Paris im Schloß Malmaison, das Napoleon für Josephine hatte bauen lassen. Zusammen mit seiner Frau, einer polnischen Schauspielerin, gab er verschwenderische Diners mit feinstem Kristall und goldenem Besteck. Zum Schloß gehörte ein großer Swimmingpool, den einige unserer Abgesandten während des langen und heißen Pariser Sommers nutzten.

Czernitsky war stets makellos und nach der neuesten Mode gekleidet. Seine Muttersprache war Polnisch, aber er sprach auch ein passables Französisch. Er hatte gute Beziehungen zu Ministern, Diplomaten, Geschäftsleuten und Schiffseignern in jedem europäischen Land und bewunderte Jehuda Arazi. Doch später, als er Pinchas Sapir kennenlernte, verstand er sich auch gut mit ihm, und sie unterhielten sich in einem melodiösen Polnisch.

Leider hatte ich die traurige Aufgabe, die Verbindung mit Czernitsky abzubrechen. Als ich 1952 Leiter des Verteidigungsministeriums wurde, kauften wir mit seiner Hilfe Waffen im Wert von 100 und mehr Millionen Dollar. Er verdiente dabei gut 10 Millionen Dollar als Kommission, für die damalige Zeit ein sehr beachtlicher Betrag, den ich nicht für gerechtfertigt hielt. Ich fragte ihn, warum er eine solch hohe Summe verlangte, darauf erwiderte er, mit dem Geld müsse er gewisse französische Minister in Schlüsselpositionen geneigter stimmen. Da er sich weigerte, die Personen zu benennen, machte ich ihm deutlich, daß unsere Geschäftsbeziehung enden müsse, wenn er keine Namen preisgeben wolle. Schließlich führte er – zu seinem Pech – Paul Reynauds Namen an, der vor dem Krieg der führende Vertreter der Gegner des Appeasement gewesen war und nun das Amt des Vize-Premierministers innehatte. Ich bat Czernitsky, für mich ein Treffen mit Reynaud zu arrangieren, und versicherte ihm, kein Wort über die Waffenkäufe verlauten zu lassen. Er wollte das sofort in die Wege leiten.

Monate vergingen, ohne daß ich etwas von ihm gehört hätte. Schließlich meldete ich mich während eines Paris-Besuchs direkt bei Reynaud, der mich noch am selben Tag in seinem Büro empfing, und bat um eine Unterredung. Er war damals 74 Jahre alt, hatte vor kurzer Zeit geheiratet und hatte einen kleinen Sohn. Paul Reynaud fuhr Motorrad, um zu beweisen – wie er es ausdrückte –, daß es Menschen gibt, die sich nicht an das Diktat der Zeit halten und ihr Alter selbst bestimmen. Ich weiß noch, daß diese Passage in Reynauds Autobiographie Ben Gurion besonders stark beeindruckte.

Unser Zusammentreffen fand in herzlicher Atmosphäre statt, und Reynaud verhehlte nicht seine Sympathie für Israel. Offensichtlich hatte er keine Ahnung, daß wir gern von Frankreich Waffen kaufen würden.

Er bot auch sofort seine Unterstützung an, ohne damit Bedingungen oder Geldforderungen zu verknüpfen, er verlangte einfach nur eine Liste der Dinge, die wir benötigten. Einige Tage später erhielten wir zum erstenmal überhaupt eine amtliche Genehmigung der französischen Regierung für den Kauf von in Frankreich hergestellten Geschützen.

Währenddessen ahnte Czernitsky nichts von dieser Entwicklung und versprach mir weiterhin, das Gespräch mit Reynaud fände bald statt. Ich hatte keine andere Wahl, als auf seine Dienste zu verzichten, obwohl es mir wirklich leid tat, daß seine Kooperation mit uns so enden mußte, da er unter schwierigsten Bedingungen Arazi geholfen hatte, Geschütze, Maschinengewehre, Luftabwehrkanonen und andere dringend benötigte Waffen zu bekommen.

Was Arazi betraf, so brauchte er wohl weniger Schlaf als gewöhnliche Sterbliche. Er konnte einen Kreis von Freunden die ganze Nacht hindurch mit spannenden Anekdoten unterhalten, ohne am Morgen Anzeichen von Müdigkeit zu zeigen. Aber er war auch ein Mann mit ehernen Grundsätzen und verblüffte seine Gesprächspartner, wenn er plötzlich mit leidenschaftlichem Feuer für die Sache der Gerechtigkeit sprach. Eine dieser Gelegenheiten fand sich während der Toubiansky-Affäre, als ein Kommandeur der Hagana 1948 der Spionage für die Briten angeklagt wurde. Nach einem kurzen Prozeß vor dem Kriegsgericht wurde er zum Tode verurteilt. Arazi war damals für eine Stippvisite nach Israel gekommen. Ich werde nie vergessen, wie er mitten in der Nacht, direkt vom Flughafen kommend, in mein Büro stürmte und verkündete: »Toubiansky ist unschuldig, niemals hat er Hochverrat begangen.«

Ich fragte Arazi, woher er diese Gewißheit habe. Er habe in der Angelegenheit eigene Nachforschungen angestellt und sei sich im übrigen völlig sicher, daß »kein Jude sein Volk in dieser schweren Zeit verraten würde«. Er bat mich dringend, sofort zu Shaul Avigur und Ben Gurion zu gehen und für Toubianskys Unschuld zu sprechen.

Aber es war leider schon zu spät: Das Urteil war bereits vollstreckt. Doch Ben Gurion faßte einen Entschluß, wie es nur ein Staatsmann seines Formats vermochte: Ein Untersuchungsausschuß sollte gebildet werden und den Fall noch einmal aufrollen. Die zweite Untersuchung brachte ans Licht, daß es für die Anschuldigungen gegen Toubiansky keine stichhaltigen Beweise gab. Das Urteil beruhte auf einem Justizirrtum. Jehuda Arazi hatte recht gehabt.

Während des Unabhängigkeitskrieges umfaßte die ursprüngliche Organisation der Streitkräfte zusätzlich zu den Kommandeuren von Luftwaffe und Marine noch spezielle Ministerämter für diese beiden Waffengattungen. Vorbild für diese Struktur waren die Amerikaner. Der Minister der Luftwaffe Hai Isacharov war ein sympathischer Mann, der sich auf die Beschaffung von Kriegsgerät konzentrierte. Er war sehr beliebt bei der Luftwaffe und tat sein möglichstes, um uns mit den besten Flugzeugen auszustatten, die er bekommen konnte.

Bei der Marine war die Situation weniger glücklich. Ihr Befehlshaber war Paul Shulman, der in der US-Navy gedient hatte. Seine Mutter Rivka war in der Zionistischen Frauenorganisation aktiv. Bei seiner Einwanderung nach Israel schlug ihm Ben Gurion vor, den Oberbefehl über die Marine zu übernehmen, obgleich er nur Englisch sprach. Shulman hatte genaue Vorstellungen davon, wie sein Job aussehen sollte und wie er ihn auszufüllen gedachte.

Der Marineminister Gershom Zak war Levi Eshkols erster Assistent bei der Arbeiterpartei in Tel Aviv gewesen und hatte eine Bewegung von Nicht-Parteimitgliedern ins Leben gerufen, die Ben Gurions Mapai unterstützten. Zak war ein hervorragender Organisator, neigte aber dazu, sich in den Vordergrund zu drängen. Nach seiner Ernennung zum Marineminister nahm er gleich mehrere Büroräume im Marinehauptquartier bei Haifa in Beschlag und richtete sich zusätzlich ein kleineres Büro im Verteidigungsministerium in Tel Aviv ein. Er arbeitete hart, um aus der Marine eine glaubwürdige Kampftruppe zu machen, gleichzeitig ließ er sich aus Geltungssucht einen eigenen Stander entwerfen, der künftig seinen Dienstwagen zieren sollte. Seine Beziehung zu dem nüchternen Befehlshaber der Marine wurde zusehends schlechter und war bald das Gesprächsthema Nummer eins in Marinekreisen.

Eines Tages brach in den Lagerhallen der Marine am Berg Karmel Feuer aus. Der leitende Quartiermeister Fishman wurde der Nachlässigkeit im Amt beschuldigt, und da er von Zak in diese Stellung berufen worden war, traf diese Kritik auch Zak. Zu gleicher Zeit wurde Zak wegen seiner Verwicklung in den nicht genehmigten Ankauf eines kanadischen Flugzeugträgers kritisiert. Das Schiff war nach dem Zweiten Weltkrieg für eine zivile Nutzung umgebaut worden, doch seine israelischen Käufer hofften, es wieder seinem ursprünglichen militärischen Zweck zuführen zu können. Keiner schien daran gedacht zu haben, daß

Israel überhaupt keine Flugzeuge besaß, die auf einem Flugzeugträger hätten starten und landen können. Zu unserem Glück sank das Schiff auf hoher See, und die Versicherungssumme, die wir dafür erhielten, deckte die Ausgaben für die Fehlinvestition.

Diese Vorfälle führten schließlich zum Bruch zwischen Zak und Shulman. Ben Gurion wies den Generalstabschef Dori und Shaul Avigur an, den Stand der Dinge festzustellen und eine Lösung des Problems zu suchen. Sie empfahlen, daß mein Freund Munya Mardor und ich vorübergehend Shulman und Zak ersetzen sollten.

Da stand ich nun, ein 26 Jahre alter Kibbuznik aus Alumot im Rang eines Gefreiten, mit der Organisation heikler Rüstungsprogramme betraut, dem nun auch noch das Amt des Marineministers angetragen wurde. Meine Erfahrung zur See beschränkte sich auf bescheidene Fähigkeiten im Brustschwimmen und einen in Kindertagen unternommenen Versuch, mit einem selbstgebauten Floß von Tel Aviv aus in See zu stechen. Außerdem war ich bereits durch meine Pflichten in anderen Bereichen stark in Anspruch genommen: Einkauf und Produktion von Rüstungsgütern, militärischer Nachrichtendienst, Forschung und Entwicklung.

Gershom Zak übergab mir pflichtschuldigst seine beiden Amtssitze und den Dienstwagen mit dem Stander. Mein Verhältnis zu Mardor war so freundschaftlich, daß wir beide problemlos zusammenarbeiteten und es schnell schafften, die Marine wieder seefest zu machen. Wir kauften Torpedoboote, Korvetten und Unterseeboote aus Kanada und brachten es sogar fertig, die Offiziere mit silbernen Epauletten auszustatten, was damals gar nicht so einfach war. Bald darauf wurde Griechenland von einem Erdbeben erschüttert, und Schiffsverbände aus dem gesamten Mittelmeergebiet steuerten Athen an, um ihre Hilfe anzubieten. Auch wir entsandten unsere bescheidenen Korvetten. Als der griechische König den anwesenden ausländischen Offizieren einen Empfang gab, konnten unsere Offiziere stolz ihre Ausgehuniformen mit den funkelnden Epauletten tragen. Ein ranghoher britischer Offizier fragte: »Aus welchem Land kommen die Herren?«, wobei er ihre prächtigen Uniformen musterte.

»Aus Israel.«

»Wo zum Teufel ist das?« fragte der schneidige Engländer.

»Israel hieß früher Palästina«, entgegnete einer unserer Offiziere.

»Ach ja, Palästina«, erinnerte sich der Mann von der Royal Navy. »Machen die Juden dort immer noch Ärger?«

Nach dem Krieg begann mir die Kluft zwischen meinem Ausbildungsniveau und der weitreichenden Verantwortung, die ich übernommen hatte, Sorgen zu machen. Ich befürchtete, diese Lücke würde immer breiter werden, wenn ich nichts dagegen unternähme. Daher wollte ich handeln, bevor es zu spät sein würde. Ich bat Ben Gurion, mich für einen Arbeits- und Studienaufenthalt ins Ausland zu schicken, und er erklärte sich damit einverstanden.

Daraufhin ging ich 1949 mit meiner Frau Sonia und unserer kleinen Tochter Zviya für zwei Jahre nach New York. Ich wurde zunächst zum stellvertretenden Leiter der dortigen israelischen Militärmission ernannt, später zu ihrem Chef. Unsere Aufgabe waren die Rekrutierung von Personen und der Ankauf von Rüstungsgütern mit dem allgemeinen Ziel, eine moderne und unabhängige Kampftruppe aufzubauen.

Parallel dazu verfolgte ich den privaten Zweck meines Aufenthaltes und besuchte eifrig die Abendkurse der New School for Social Research, einer bemerkenswerten Institution in der Nähe von Greenwich Village. Zum Lehrkörper zählten so brillante Köpfe wie Felix Frankfurter, Reinhold Niebuhr und Max Lerner, der, wie sich herausstellte, ein entfernter Verwandter von mir war. Ich besuchte zwar nur wenige ihrer Vorlesungen, doch jede einzelne blieb mir in Erinnerung. So werde ich wohl nie die Gedenkrede vergessen, die Frankfurter auf seinen Freund Harold Laski hielt, den großen britischen Politikwissenschaftler und Theoretiker des Sozialismus. Sie erinnerte mich an die Ansprache von Berl Katznelson anläßlich der Ermordung des 33jährigen Chaim Arolosoroff[1] – auch hier betrauerte ein großer Mann einen Freund, der sterben mußte, ehe sich dessen vielversprechende Anlagen voll entfalten konnten. Bei Reinhold Niebuhr hörte ich fesselnde Vorlesungen zu den Ursprüngen der jüdischen und griechischen Kultur. Was mir, zumindest anfangs, jeden Abend Kummer bereitete, waren meine unzureichenden Englischkenntnisse.

Wir hatten eine große Wohnung mit sieben Zimmern am Riverside Drive, Ecke 95. Straße, von deren Fenstern aus wir beobachten konnten, wie sich die Farben des Hudson je nach Wetterlage und Jahreszeit änderten. Da die Wohnung so geräumig war, gründeten wir zusammen

Shimon Peres und seine Frau Sonia nach der Verleihung des Ordens der Ehrenlegion, 1957.

Die Familie von Shimon Peres im Jahr 1955.
Von links: Sohn Hemi, Vater Jizchak, Mutter Sarah, Sohn Joni, Ehefrau Sonia, Nichte Ruthi, Tochter Zviya, Shimon, Bruder Gershom und Schwägerin Carmella.

mit ein paar Junggesellen, die in New York arbeiteten oder sich vorübergehend dort aufhielten, eine Kibbuz-Wohngemeinschaft. Unter ihnen befanden sich Gad Hilb, der Kapitän eines Schiffes der »Zim«, Micha Peri, während des Krieges Kommandeur der Palmach, sowie Jaacov Shapira, genannt Shapik, mein Stellvertreter bei der Mission. Wenn wir Sonntag morgens ausschlafen konnten, machte Sonia immer Frühstück für uns alle. Dann vergruben wir uns in die Spalten der *New York Times*, anschließend besuchten wir Radio City oder eine Show am Broadway. Dabei bestimmte ein streng eingehaltenes Rotationsverfahren, wer daheimbleiben und auf Zviya aufpassen mußte.

Nach zwei Jahren in New York absolvierte ich einen viermonatigen Managementkurs für Führungskräfte an der Harvard University in Boston. Außer mir nahm noch ein weiterer Israeli an diesem Kurs teil, Aharon Remez, Kommandeur unserer Luftwaffe. Die Kursteilnehmer waren leitende Angestellte, Gewerkschaftsfunktionäre oder Offiziere aus den verschiedenen Truppenteilen der US-Streitkräfte. Wir arbeiteten intensiv, konzentriert und ohne Pause, wobei man von den Kurskollegen ebensoviel lernen konnte wie aus den Vorlesungen. Der Lehrstoff reichte vom richtigen Verhalten bei einer Cocktailparty (wobei ich zum erstenmal Whisky probierte) bis hin zu ausführlichen Studien zu Politik und Verwaltung.

Im Rückblick verstehe ich meinen gesamten Aufenthalt in Amerika als ständiges intensives Lernen in den verschiedensten Formen. Diese Zeit war prägend für mich, sowohl was mein weiteres Leben als auch was meine intellektuelle und politische Weiterentwicklung betraf. Meinen Wissensdurst konnte ich an den beiden Schulen in New York und Boston stillen, darüber hinaus bot das vielfältige kulturelle Leben beider Städte immer neue Anregung. Ein wacher Beobachter kann noch im kleinsten Winkel dieses großen Landes Neues erfahren und lernen. Ich war sofort gefangen von der Originalität, Findigkeit und grenzenlosen Begeisterungsfähigkeit der Amerikaner, vor allem der jüngeren Generation.

Der Fahrstuhlführer des Fisk-Building Ecke Broadway, 57. Straße, in dem sich unser Büro befand, war für mich ein Beispiel dafür, wie stolz diese Menschen auf ihre Arbeit waren. Ich bewunderte seine gestärkte Uniform mit den blanken Knöpfen und war beeindruckt, wie wichtig es ihm war, alle Insassen persönlich zu kennen und mit Namen zu begrüßen. Er öffnete die Türen und rief die Stockwerke aus, als sei er ein Rabbi, der in der Synagoge den Thoraschrein öffnet und die Gebetsverse singt.

Während ich also Amerika noch einmal entdeckte, mußte ich oft an Kolumbus denken. Ich kam zu dem Schluß, daß die Neue Welt nicht durch seine Entdeckertat zu dem geworden war, was sie uns allen ist, sondern die Essenz der Neuen Welt lag in der Masseneinwanderung aus der Alten Welt, die eine Rebellion gegen religiöse Intoleranz und Feudalismus widerspiegelte. Amerika ist in erster Linie eine Verfassung und nicht nur ein Kontinent, es ist geschaffen und nicht einfach entdeckt worden. Männer wie Thomas Jefferson, Benjamin Franklin und Abraham Lincoln, die Väter der amerikanischen Verfassung, gestalteten die neue Wirklichkeit namens Amerika, die es zuvor in der Geschichte noch nicht gegeben hatte.

Zwei Jahrhunderte nach ihrer Gründung waren die Vereinigten Staaten von Amerika zum mächtigsten Staat der Erde geworden. Doch dieser Aufstieg verdankte sich ganz neuen politischen Grundsätzen. Die Verfassung war so angelegt, daß ein austariertes Gleichgewicht zwischen den Rechten des einzelnen und seinen Pflichten gegenüber der Gemeinschaft, zwischen religiöser Toleranz und ethnischer Identität herrschte. Wer sich um eine vorurteilsfreie Einschätzung der verhältnismäßig kurzen Geschichte Amerikas bemüht, muß zu einem bemerkenswerten Schluß kommen: Was in der Realität erreicht wurde, bleibt nur wenig hinter den Plänen zurück, die von den Architekten der Republik vor zweihundert Jahren entworfen wurden.

Die Vereinigten Staaten haben in vielen Kriegen mitgekämpft. Junge Amerikaner haben ihr Blut auf europäischem Boden vergossen, auf asiatischen Inseln und in Ländern der eigenen Hemisphäre. Fast immer ist Amerika siegreich aus den Kämpfen hervorgegangen, fast immer hat es Territorien erobert – doch nie versuchte es, diese Territorien oder die dort vorhandenen Rohstoffe in seinem Besitz zu halten oder andere Nationen zu beherrschen. Amerika besiegte zwei schreckliche Feinde: Es schlug Japan und gab den Japanern die Demokratie. Es besiegte Deutschland und befreite es von der Naziherrschaft, obwohl wir als Juden stets eine gewisse Bitterkeit darüber im Herzen bewahren, daß Amerika nicht mehr für die Rettung der Opfer des Holocaust getan hat. Immer wieder sind junge Amerikaner in den Kampf gezogen, nicht weil ihre Heimat

Amerika verteidigt werden mußte, sondern weil Freiheit und Demokratie in Gefahr waren.

Die Vereinigten Staaten sind zur reichsten Nation der Welt geworden, ohne deswegen dem Geiz zu verfallen. Die US-Regierung, der Kongreß und die Bürger Amerikas haben Beweise für Selbstlosigkeit und Großzügigkeit geliefert. Die Hilfe für andere, ganz gleich ob philanthropischer, materieller oder geistiger Art, ist ein Kennzeichen des amerikanischen Ethos. Nie zuvor gab es in der Weltgeschichte eine solch wohlmeinende Großmacht.

Die Vereinigten Staaten haben genügend eigene Probleme, und dennoch verschließen sie vor den Schwierigkeiten anderer nicht die Augen. Tatsächlich hat es in der amerikanischen Öffentlichkeit immer isolationistisch denkende Gruppierungen gegeben, doch sind sie vom Idealismus der Mehrheit, die sich für das Schicksal einzelner und der freien Gesellschaften in aller Welt verantwortlich fühlt, stets überstimmt worden. Keine Weltmacht – weder die Griechen und Römer noch die Briten und Franzosen – besaß solche Tugenden. Amerika hätte sich mit Leichtigkeit ebenfalls ein Weltreich erobern können, wenn es das gewollt hätte. Aber das ist nie sein Ziel gewesen.

Amerikaner werden häufig als praktisch denkende Menschen beschrieben. Mich überzeugt diese Charakterisierung nicht. Bei allen materialistischen Zügen der amerikanischen Gesellschaft ruht Amerika nicht auf dem Dollar, sondern auf der Bibel, und zwar auf dem Alten und Neuen Testament.

Das enge Verhältnis zwischen den Vereinigten Staaten und Israel beruht nicht auf einem gemeinsamen Feind, sondern auf einem gemeinsamen Wertesystem. Es ist viel von einer »strategischen Waffenbrüderschaft« zwischen Amerika und uns geredet worden, doch selbst auf dem Höhepunkt des Kalten Krieges klang diese Forderung für mich wenig überzeugend. Ich war nie der Meinung, daß uns die Vereinigten Staaten im weltweiten Ringen mit der Sowjetunion an ihrer Seite gebraucht, noch daß sie bei unserem Konflikt mit den arabischen Staaten einen Platz auf unserer Seite gesucht hätten. Gewiß, die Vereinigten Staaten standen uns gegen die Bedrohung durch die Araber bei. Diese Bedrohung führte zu militärischen Konflikten, in denen die IDF wiederholt die Überlegenheit amerikanischer Waffensysteme gegenüber sowjetischem Material demonstrierte. Aber mir schien immer, daß man aus den beiden unterschiedlichen Waffensystemen auch eine ideologische Botschaft herauslesen konnte: Die amerikanischen Ingenieure bemühten sich um die Sicherheit und die Bequemlichkeit der Piloten oder der Panzerbesatzungen, während ihre sowjetischen Kollegen vor allem an kommunistische Erfolgspropaganda dachten: wie viele Flugzeuge und Panzer durch sowjetisches Gerät abgeschossen werden konnten.

8

STAATSAFFÄREN

Anfang der fünfziger Jahre zeigte Ben Gurion erste Anzeichen von Amtsmüdigkeit. Es war schwer zu sagen, ob ihm das Alter oder ein eher philosophisches Problem zusetzte.

Philosophisch betrachtet, fürchtete er, in Routine zu versinken und durch das tägliche Geschäft des Regierens abzustumpfen. Er hatte das Gefühl, sich zu wiederholen, sich tagaus tagein mit den gleichen Fragen und Aufgaben abzumühen. Ben Gurion war im Grunde ein Revolutionär, daher fiel es ihm schwer, sich mit einem Status quo zu arrangieren.

Etwa um diese Zeit hatte er begonnen, sich für Biologie zu interessieren. Gemeinsam mit seiner Tochter Renana, die in einem biologischen Forschungsinstitut tätig war, erarbeitete er sich fundierte Kenntnisse auf diesem Gebiet. Als er erfuhr, daß sich die Zellen des menschlichen Körpers ständig regenerieren, von zwei Zelltypen abgesehen, nämlich den Zellen, aus denen die Zähne bestehen, und den Hirnzellen, wirkte das auf ihn wie ein Schock. Wenn er sich an einen Namen oder einen Ort nicht mehr erinnern konnte, befiel ihn tiefe Mutlosigkeit, denn, so schloß er, wieder seien einige seiner Hirnzellen abgestorben, für die es keinen Ersatz gab. Der Alterungsprozeß habe ihn wie eine Krankheit ergriffen und untergrabe seine geistigen Fähigkeiten.

Ben Gurion belasteten also die Auswirkungen von Routine und Alter, deshalb dachte er an Rücktritt oder zumindest an eine Verringerung seines täglichen Arbeitspensums (er war 1953 immerhin 67 Jahre alt). Damit stellte sich sogleich die Frage, wer seine Aufgaben übernehmen würde. Ben Gurion hielt seine Arbeit als Verteidigungsminister für mindestens ebenso wichtig wie sein Amt als Premierminister. Seiner Ansicht nach besaß das jüdische Volk genügend politische Führer mit Visionen, hingegen mangele es an realistisch denkenden Staatsmännern, womit er

Männer meinte, die über den Tag hinausdachten und doch zupacken konnten. Ein Visionär, der seine Vorstellungen nicht in die Tat umsetzen kann, bleibt am Ende ein reiner Theoretiker, während ein Technokrat ohne Vision Gefahr läuft, einem prinzipienlosen Opportunismus zu verfallen.

An dieser Stelle muß ich gestehen, daß ich an Ben Gurions Vorschlag für seinen Nachfolger im Amt des nächsten Verteidigungsministers Anteil hatte und damit an einer der größten Fehlentscheidungen in der Geschichte des Staates Israel. Ein Fehler, der noch Jahrzehnte später Folgen für die Politik und das gesellschaftliche Leben unseres Landes nach sich zog. Ich war es, der als erster Ben Gurion zuredete, Pinchas Lavon zu seinem Nachfolger als Verteidigungsminister auszuwählen. Wir waren gemeinsam 1952 aus den USA zurückgekehrt, und ich hatte sofort wieder die Arbeit im Verteidigungsministerium aufgenommen, nun als stellvertretender Leiter. Ich fragte wegen Pinchas Lavon auch Moshe Dayan um Rat. Dayan war damals Leiter der operativen Abteilung beim Generalstab und rückte wenig später zum Generalstabschef auf. Weiterhin sprach ich mit Chaim Laskov, einem ebenfalls hochrangigen Stabsoffizier. Laskov und ich besuchten Lavon und befragten ihn zur Lage der Armee. Laskov zeigte sich von Lavon sehr beeindruckt, was wiederum mich darin bestärkte, in Pinchas Lavon den richtigen Mann für dieses Amt gefunden zu haben.

Lavon war damals Landwirtschaftsminister. Während meiner Zeit im Sekretariat der Kibbuzbewegung Hever Hakvutzot war er der Sekretär gewesen. Ich bewunderte seine analytischen Fähigkeiten, seine Rednergabe und seine Ausdauer, für seine Ansichten zu kämpfen. Mir schien, daß Lavons Führung den fähigen jungen Männern an der Spitze der Armee guttun würde. Die Schlagkraft und der Erfolg der Armee hingen von der Moral der Offiziere und Mannschaften ab. Lavon konnte die rechte ideologische Unterstützung bieten, um die Moral in der schwierigen Zeit nach dem Unabhängigkeitskrieg, als weder Krieg noch Frieden herrschten, hochzuhalten. Er hatte außerdem ein starkes Interesse an wirtschaftlichen und strategischen Fragen. Er war immer bestens informiert und sprach mit Autorität. Ich hatte eine ausgezeichnete Beziehung zu ihm und meinte, wir drei – Dayan, Lavon und ich – könnten auf der Kommandobrücke des Verteidigungsressorts gut zusammenarbeiten.

Ben Gurion begann mit Hilfe des erfahrenen Armeeoffiziers Shalom (Fritz) Eshet eine ausführliche Überprüfung der Armee und des Verteidigungsministeriums, um dann eine weitreichende Planung für die nächsten Jahre zu erarbeiten – später wurden die Ergebnisse von Ben Gurion als »18-Punkte-Plan« veröffentlicht. Nach der Vorlage des Plans trat er offiziell von seinen Ämtern zurück. Dann ließ er sich mit seiner Frau Paula in dem abgelegenen Wüstenkibbuz Sde Boker im Negev nieder. Der bisherige Außenminister Moshe Sharett, der als Vorsitzender der politischen Abteilung der *Jewish Agency* der prominenteste Sprecher und Diplomat des *Jischuw* vor der Gründung des Staates Israel gewesen war, übernahm das Amt des Premierministers; Lavon wurde Verteidigungsminister.

Meine Beziehung zu Sharett war von Anfang an nicht besonders gut, und sie sollte sich noch verschlechtern. Für ihn war ich einer von Ben Gurions Leuten, was stimmte, doch argwöhnte er auch, ich würde versuchen, mich in die Außenpolitik einzumischen, um meinen persönlichen Ehrgeiz zu stillen, was mir ganz fernlag. Für ihn war ich ein Protegé Ben Gurions, folglich war mir nicht zu trauen. Er verstand nicht, daß ich mit meinen Bemühungen um einen geheimen Draht nach Frankreich das Waffenembargo aufzubrechen versuchte, an dem unser Land zu ersticken drohte.

Ich gehörte nicht zu dem kleinen Kreis von Spitzenbeamten des Außenministeriums, die Sharett so bewunderte. Die feinen Herren hatten entweder Englisch als Muttersprache, oder sie stammten aus anderen kultivierten Ländern Mitteleuropas, jedenfalls kannten sie alle diplomatischen Finessen. Einige hatten schon vor der Staatsgründung für Israel gearbeitet, andere waren später eingestellt worden. Sharett zählte diese Männer zum Kern des Auswärtigen Dienstes, während ich als fünftes Rad am Wagen lief.

Was Lavon betraf, so wurde mir bald klar, daß wir uns in ihm getäuscht hatten. Allgemein hatte er bisher als »Taube« gegolten, bald nach seinem Amtsantritt entpuppte er sich aber als »Falke«. Damit versuchte er wohl mit dem Mann zu konkurrieren, der damals jeden anderen überstrahlte: Moshe Dayan. Lavon wollte in der Armee den Eindruck erwecken, daß er es war und nicht Dayan, der den Ton angab und die große Linie in Fragen der Verteidigung bestimmte. Diese Einstellung verleitete ihn zu Beschlüssen mit verheerenden Folgen. Ein flagrantes

Beispiel hierfür war die Vergeltungsaktion der IDF gegen die Jordanier im Oktober 1953 als Antwort auf die Ermordung einer israelischen Familie durch ein Kommando, das die Grenze verletzt hatte. Bei der Aktion wurden 69 Zivilisten im Dorf Kibiye getötet, was Israel eine geharnischte und einhellige Verurteilung durch die Vereinten Nationen einbrachte. Ein andermal bestand Lavon darauf, daß eine Spezialeinheit, die vorher dem Verteidigungsminister und dem Außenminister gemeinsam unterstellt gewesen war, nun allein unter seine Befehlsgewalt kam. Letztlich stand auch Lavons Leichtfertigkeit hinter dem verhängnisvollen Ausgang einer Affäre in Ägypten, von der noch die Rede sein wird.

Mit der Zeit entwickelte Lavon einen krankhaften Argwohn. Er bezichtigte Dayan und mich, Verschwörungen gegen ihn anzuzetteln. Kein politisches, aber gleichwohl schlagendes Beispiel für die Atmosphäre des Mißtrauens, die Lavon verbreitete, betraf eine führende amerikanische Uhrenfirma. Sie hatte in Tel Aviv eine Fabrik eröffnet, die schließlich in Konkurs ging. Bei einem Treffen mit Joe Buxenbaum, dem israelischen Repräsentanten der Firma, ergab sich die Aussicht, die Fabrik für die israelische Rüstungsindustrie, die ganz dem Verteidigungsministerium unterstellt war, zu erwerben. Selbstverständlich unterrichtete ich Lavon über diese mögliche Transaktion. Er wollte noch Bedenkzeit, doch Zvi Dar, der Direktor des Rüstungskonzerns, unterschrieb auf eigene Initiative den Vertrag mit Buxenbaum, ohne mich davon zu informieren und während Lavon noch überlegte. Ich nahm keinen Anstoß daran, denn der Handel war günstig für uns. Doch als Lavon zufällig Buxenbaum traf und von ihm erfuhr, der Vertrag mit Dar sei schon unterzeichnet, schloß Lavon sofort daraus, man habe ihn arglistig hintergangen. Er sah sich als Opfer einer Verschwörung, die von mir angezettelt worden sei. Tatsächlich hatte es nur einen bürokratischen Kurzschluß gegeben, was in jeder Verwaltung immer wieder einmal vorkommt; keiner war dafür verantwortlich zu machen, und keiner hatte falsch gespielt.

Lavon verdächtigte außerdem meine Kollegen und mich, hinter seinem Rücken mit Frankreich Waffengeschäfte abzuschließen. Im Jahr 1954 drohte Dayan sogar einmal mit seinem Rücktritt, weil Lavon versuchte, einen Abschluß über den Kauf französischer Panzer rückgängig zu machen. »Es ist Wahnsinn, uns an den französischen Wagen zu hängen«, schimpfte Lavon. Ich entgegnete, daß sich sonst keine anderen Wagen anboten, an die wir uns hätten hängen können. Er hatte Dayan im Verdacht, militärische Angelegenheiten vor ihm zu verheimlichen und ohne seine Einwilligung zu handeln. Lavon hätte am liebsten die gesamte Verteidigung, sowohl die wirtschaftliche als auch die militärische Seite, selbst in die Hand genommen, da er weder Dayan noch mir Vertrauen schenkte. Der »Falke« zeigte aber auch gegenüber Engländern und Amerikanern allergische Reaktionen. Auch hier waren Verdächtigungen und Mißtrauen die Hauptzüge seiner Politik.

Ich wunderte mich nicht wenig, daß ein so intelligenter Mann wie Lavon solch eine Haltung entwickeln konnte. Sein ausgemachter Verfolgungswahn trat in einer Episode aus dem Jahr 1953 zutage, als der Chef des militärischen Nachrichtendienstes des US-Heeres Israel einen Besuch abstattete und Benjamin Gibli, der Chef unseres militärischen Nachrichtendienstes, ihm zu Ehren eine Cocktailparty gab. Der Gast hob in seiner Rede hervor, wie beeindruckt er von allem sei, was er in Israel gesehen habe. Bisher habe er nicht gewußt, daß Juden so gute Bauern und Soldaten sein konnten. Für Lavon war diese Aussage ein Beweis für den Antisemitismus, der seiner Meinung nach beim amerikanischen Militär herrschte. »Darum werden wir uns nie auf sie verlassen können«, warnte er allen Ernstes seine Berater.

Ich führe diesen kleinen Zwischenfall nur an, um die Haltung zu verdeutlichen, die Lavon den Westmächten gegenüber einnahm. Diese Haltung prägte auch seine Politik: Da er glaubte, daß die Amerikaner gegen uns arbeiteten, sollten wir uns ihnen ebenfalls entgegenstellen.

In diesem Zusammenhang wurde auch die Frage diskutiert, ob Israel Möglichkeiten habe, die Beziehungen zwischen Amerika und Ägypten zu stören. Der Gedanke war, in Ägypten für Unruhe zu sorgen, um damit Spannungen zwischen Ägypten und westlichen Staaten hervorzurufen. Auf diese Weise, so hoffte man, könne man die Briten vielleicht dazu bringen, auf den Abzug ihrer Truppen aus der Suezkanalzone, den sie während der Verhandlungen mit Nasser zugesichert hatten, zu verzichten oder ihn wenigstens zu verschieben. Ich war bei einigen Gesprächen anwesend, die unter anderem im Rahmen der wöchentlichen Sitzungen des Ministers und seines Stabes stattfanden. Die üblichen Teilnehmer dabei waren der Minister (Lavon), der Chef des Generalstabes (Dayan), sein Stellvertreter (General Josef Avidar), der Leiter des Ministeriums (ich selbst) und mein Stellvertreter (wenn ich gerade einen hatte). Waren einzelne Stabsoffiziere, zum Beispiel Gibli, von einem bestimmten Thema direkt betroffen, so wurden sie dazugebeten. Zwar wurde in meiner Gegenwart nie die Durchführung einer solchen Aktion beschlossen, aber es gab Diskussionen darüber, welche Schritte Israel gegen amerikanische Interessen oder Einrichtungen in Ägypten unternehmen könnte, um Spannungen zwischen den beiden Ländern zu schaffen. Ich hielt mit meiner Meinung nicht hinter dem Berg und sagte, daß mir die ganze Richtung nicht passe. Aber es überraschte mich nicht, später von einigen Teilnehmern zu hören, daß nach Lavons Einlassungen bei den Anwesenden der Glaube entstanden sei, eine in diesem Sinne durchgeführte Sabotageaktion läge genau auf der Linie der neuen Weltanschauung des Ministers. Ich betone, daß ich Lavon nie einen dementsprechenden Befehl habe geben hören, doch die allgemeine Linie der von ihm verfolgten Politik war für alle Teilnehmer deutlich erkennbar.

Die ägyptische Affäre oder der »unglückliche Zwischenfall«, wie der Vorfall wegen der Zensur geheimnisvoll und euphemistisch in der Presse genannt wurde, spielte sich im Juli 1954 ab. Zwei Gruppen junger zionistischer Juden, die in Ägypten lebten, hatten in Kairo und Alexandria in amerikanischen Bibliotheken und in anderen öffentlichen Einrichtungen Sprengsätze deponiert. Die dilettantisch gebauten Vorrichtungen explodierten entweder überhaupt nicht oder verursachten nur geringen Sachschaden. In Alexandria nahm man einen der Bombenleger fest, als der Sprengsatz, den er bei sich trug, in seiner Tasche zu brennen anfing. Schnell hatte man auch die übrigen Mitglieder der beiden Gruppen aufgespürt und verhaftet.

Eine öffentliche Verhandlung endete im Januar 1955 mit der Verhängung der Todesstrafe für zwei der Aktivisten – Shmuel Azar und Dr. Moussa Marzuk–, sechs weitere Mitglieder erhielten langjährige Haftstrafen. Ein israelischer Geheimagent, der in Ägypten eingesetzt war, Oberst Max Bennet, wurde im Gefolge dieses Zwischenfalls ebenfalls verhaftet; er nahm sich im Gefängnis das Leben.

In Israel wurde von offizieller Seite bestritten, daß man von den Attentaten gewußt habe oder in sie verwickelt gewesen sei. Gleichzeitig wurde eine Untersuchungskommission eingesetzt, um die Urheber der Aktionen herauszufinden. Lavon beteuerte, nichts damit zu tun zu haben, Dayan befand sich damals im Ausland, und Gibli bestand darauf, den Befehl von Lavon bekommen zu haben. Die Kommission war die erste von mehreren; sie bestand aus dem ehemaligen Generalstabschef der IDF, Jaacov Dori, und dem Vorsitzenden des Obersten Gerichtshofes, Jizchak Olshan. Nach Abschluß der Untersuchung erklärte die Kommission am 13. Januar 1955: »Wir sind nicht restlos davon überzeugt, daß der Chef des militärischen Nachrichtendienstes den Befehl *nicht* vom Verteidigungsminister erhalten hat. Gleichzeitig können wir nicht mit Sicherheit sagen, daß der Verteidigungsminister tatsächlich den Befehl gab, der ihm zugeschrieben wird.« Damit blieben die Hintergründe der Affäre weiterhin im dunkeln.

Jahre später stellte sich heraus, daß Avri (Zeidman) Elad, der israelische Geheimagent, der die Gruppen in Ägypten geleitet hatte und unbehelligt aus der Affäre hervorgangen war, in Wirklichkeit ein Doppelagent war. Ich erinnere mich noch, wie empört ich war, als ich erfuhr, daß er in unseren Diensten stand und mit einer Mission nach Ägypten geschickt worden war. Ich kannte Elad schon seit Jahren, er hatte ebenfalls Ben-Shemen besucht, eine Klasse unter meiner, und hatte von dort wie ich in den Kibbuz Alumot gewechselt. Schon damals war er ein Gauner und wurde einmal sogar auf frischer Tat ertappt: Damals gehörte es zu meinen Aufgaben als Schatzmeister des Kibbuz, einmal wöchentlich nach Tel Aviv zu fahren, um die verschiedenen Büros und Lieferfirmen zu besuchen. Als ich wieder einmal meine Runde machen und in den Bus nach Tel Aviv steigen wollte, bemerkte ich, daß ich kein Geld für die Fahrkarte hatte. Meine Brieftasche war leer. Später wurde ihr Inhalt gefunden: Die Scheine, die man bei Elad fand, waren noch so gefaltet, wie ich sie in meiner Brieftasche aufbewahrt hatte. Es gab eine ganze Reihe anderer Zwischenfälle, die mich an seiner Ehrlichkeit zweifeln ließ. Um so größer war mein Entsetzen, als ich feststellen mußte, daß er einen Posten in unserem Geheimdienst bekommen hatte.

Als die Festnahmen in Ägypten und die Folgen des Desasters erste Wellen im Verteidigungsministerium schlugen, war ich in zweierlei Hinsicht persönlich betroffen. Erstens sickerten im Gefolge der Affäre Einzelheiten durch und gerieten verzerrt und aufgebauscht an die Öffentlichkeit. Anlaß war ein Gedicht des Schriftstellers Nathan Altermann in seiner vielgelesenen und überaus einflußreichen wöchentlichen Zeitungskolumne. Premierminister Sharett hielt sofort mich für den Schuldigen. Ich verlangte eine Untersuchungskommission, und tatsächlich rief mich Sharett Monate später zu sich und entschuldigte sich bei mir. Die undichte Stelle hatte sich nicht im Verteidigungsministerium, sondern in der Armee befunden.

Zweitens beschuldigte mich Lavon, ich hätte mich ihm gegenüber illoyal verhalten; er behauptete, ich hätte ihm »verheimlicht«, was ich vor der aus Olshan und Dori bestehenden Untersuchungskommission ausgesagt hatte. Dabei hatte mich Richter Olshan ernstlich verwarnt, daß alles, was vor der Kommission ausgesagt werde, ja selbst die Tatsache, daß ich aussagen werde, geheim bleiben müsse. Auf die gezielten und detaillierten Fragen der Kommission sagte ich alles, was ich wußte, und beschrieb auch die Sitzungen des Ministerstabes, an denen ich teilgenommen hatte. Lavon stellte dies nun so dar, als hätte ich mich freiwillig zur Aussage vor der Kommission gemeldet und würde mich nun weigern, ihm über meine Aussagen Auskunft zu geben. Er unterstellte mir, ich hätte gegen ihn ausgesagt. Übrigens hat Jizchak Olshan später in seinen Memoiren mein Verhalten restlos gerechtfertigt.[1]

Lavons Anschuldigungen verstärkten den politischen Druck noch, der von der Führung der Mapai auf mich ausgeübt wurde. Salman Aran etwa, ein ausgezeichneter Minister, rief mich zu sich und schlug mir frei heraus vor, ich solle »eine Fahrkarte kaufen und sechs Monate in der Welt herumkutschieren« und dann zurückkommen und meine Arbeit wieder aufnehmen. »Ziama«, antwortete ich ihm, »warum sollte ich wegfahren und mich von den anderen zum Sündenbock machen lassen?« Mir kam es vor, als sollte ich geopfert werden. Ich ging von Aran schnurstracks zu Moshe Dayan, und wir waren uns einig, daß wir in dieser Angelegenheit zusammenhalten wollten. Nur unter der »Bedingung«, daß Dayan entlassen wurde, wollte Lavon Verteidigungsminister bleiben. Während des Januar und Februar 1955 schwankte Sharett noch zwischen dem eigenen Wunsch, Lavon loszuwerden (dem er die Verantwortung, wenn nicht sogar direkt die Schuld für das Desaster in Kairo zuschrieb), und der Haltung der widerstrebenden alten Garde, vor den Wahlen dieses Jahres in der Öffentlichkeit einen politischen Sturm zu entfachen.

Zwischen Dayan und mir lagen alle Karten offen auf dem Tisch. Hier gab es kein Taktieren, kein Vertuschen und keine »Schiebereien«. Ab und zu fuhren wir nach Sde Boker und besuchten Ben Gurion, er war jedoch in all diese Vorgänge nicht verwickelt, weder vor dem Desaster in Ägypten noch während dessen Nachspiel. Das Gerede, Ben Gurion habe in irgendeiner Weise auch nach seinem Rücktritt noch die Fäden in Regierung oder Armee gezogen, entbehrt jeder Grundlage.

Für mich gehörten diese Monate zu den schwersten meines Lebens. Ich war jung, und mir wurde gefährlicher Ehrgeiz unterstellt. Ich hatte den Eindruck, das Establishment der Mapai habe mich als Pappkameraden aufgestellt. Alle Gegner Ben Gurions, die es nicht wagten, ihn selbst öffentlich anzugreifen, schossen sich auf mich ein. Sie verbreiteten Gerüchte und Lügen über mich und behaupteten, wir planten eine »Palastrevolution« innerhalb der Partei.

Die Wahrheit sah anders aus. Wir waren eine Gruppe junger Leute, die im öffentlichen Leben aktiv war und dieselbe Sicht über Politik und Regierung teilte. Zu unserer Gruppe gehörten Dayan, Teddy Kollek (manchmal), Ehud Avriel, Abba Eban, ich selbst und andere. Gewöhnlich trafen wir uns und redeten über die laufenden politischen Ereignisse und was zu tun sei. Die Medien, besonders das geschmacklose Magazin *Haolam Hazeh*, brachten völlig aus der Luft gegriffene Berichte über unsere angeblichen Pläne, die Führungsriege der Partei zu stürzen. Die alte Garde schenkte ihnen Glauben. Man muß wissen, daß diese damals den Verdacht hatte, Ben Gurion habe sich mit Leuten wie Dayan und mir »Jungtürken« herangezogen, die die Führung übernehmen sollten. Sie selbst würden dann zu Randfiguren degradiert werden.

Auch das war aus der Luft gegriffen. Natürlich wählte Ben Gurion fähige junge Männer aus und gab ihnen verantwortungsvolle Positionen, dabei hatte er jedoch nie die Absicht, die alte Parteigarde zu übergehen. Ben Gurion sah sich selbst als Teil ebendieser Politiker und hatte nie geplant, daß wir Jungen die Alten aus ihren Ämtern drängen sollten.

Levi Eshkol und in gewissem Maße auch Golda Meïr hatten Lavon immer mißtrauisch gegenübergestanden. Nun, nach dem »Zwischenfall in Ägypten«, scharten sie eine immer größer werdende Gruppe aus der Parteileitung um sich, die seinen Rücktritt verlangte. Im Februar 1955 legte Lavon dann sein Amt nieder. Später wurde er als »Ausgleich« zum Generalsekretär der Histadrut ernannt.

Die Parteiältesten schickten eine Abordnung nach Sde Boker, die Ben Gurion überreden sollte, ins Verteidigungsministerium zurückzukehren. Er folgte dem Ruf der Partei und diente bis zur Wahl im Juli 1955 als Verteidigungsminister unter Sharett. Danach nahm er das ihm zustehende Amt als Parteichef und Premierminister wieder auf.

Fünf Jahre später brach die Lavon-Affäre, oder einfach »die Affäre«, wie die Angelegenheit genannt wurde, über Politiker und die Öffentlichkeit des Landes herein. Lavon kam durch einen Offizier der Armee in den Besitz von Beweisen, die ihn seiner Meinung nach von jedem Verdacht freisprachen, den Befehl gegeben zu haben. Er verlangte von Ben Gurion, daß er die formal nötigen Schritte unternehme, um ihn zu rehabilitieren. Ben Gurion setzte erneut eine Untersuchungskommission ein, die aus Chaim Cohn, Richter am Obersten Gerichtshof, und zwei Armeeoffizieren bestand. Währenddessen sagte Lavon vor dem Außen- und Sicherheitsausschuß der Knesset aus. Seine Ausführungen, mit denen er Gibli für den »Zwischenfall« verantwortlich machte und ihn und andere beschuldigte, die Sache vertuscht zu haben, geriet in die Hände der Presse und machte auf nie dagewesene Weise Furore. Die genauen Fakten über den »Zwischenfall« fielen zwar immer noch der Zensur zum Opfer, doch erfuhr die Öffentlichkeit auf diesem Wege von dem Riß, der quer durch die regierende Partei ging. Lavon wurde von der Mehrzahl der alten Garde gestützt und stellte sich als Opfer Ben Gurions und seiner »Jungtürken« dar, zu denen auch ich gehörte. Ben Gurion bestand seinerseits darauf, daß Lavon nur durch eine gerichtliche Untersuchung entlastet – oder belastet – werden konnte.

Die Affäre erreichte Ende 1960 ihren Höhepunkt, als Ben Gurion vom Kabinett überstimmt und eine aus sieben Ministern bestehende Untersuchungskommission gebildet wurde. Dieses Gremium entschied zugunsten von Lavon. »Er hat den Befehl nicht gegeben«, schrieben die sieben Minister, »und der ›Zwischenfall‹ fand ohne sein Wissen statt.« Wütend bestand Ben Gurion darauf, daß »Minister keine Richter sein können«, dann legte er sein Amt nieder.

Um Ben Gurion wieder zu besänftigen, enthob das Zentralkomitee der Partei Lavon seines Amtes als Generalsekretär der Histadrut. Schließlich ließ sich Ben Gurion dazu bewegen, Premierminister zu bleiben, so daß wir nach den Wahlen im Jahr 1961 eine neue Koalition unter Führung der Mapai bildeten, die bis zu seiner endgültigen Abdankung im Juni 1963 an der Macht blieb. Allerdings hatte die Affäre den Beziehungen der Mitglieder in der Mapai-Spitze geschadet. Ben Gurion entwickelte eine tiefe Abneigung gegenüber seinem langjährigen Kollegen und designierten Nachfolger Eshkol, nachdem der sich 1964 geweigert hatte, die Affäre erneut aufzurollen, als neue Beweise aufgetaucht waren.

Wieder hatte Ben Gurion eine juristische Untersuchung verlangt, doch Eshkol, der nun die Mehrheit der Partei hinter sich wußte, hatte es abgelehnt und die Partei gedrängt, Lavon zu rehabilitieren; dies geschah mit einem Beschluß des Zentralkomitees vom Mai 1964. Die Affäre nagte am Kern der Mapai, und Ben Gurion und seine Anhänger bildeten ihre eigene Aktionsgruppe innerhalb der Partei. Eine Spaltung mit allen Konsequenzen kam unausweichlich auf uns zu.

David Ben Gurion war ein politischer Führer, der dem Gesetz hohen Wert beimaß. Er hatte vor dem Ersten Weltkrieg in Konstantinopel Jura studiert, und in den folgenden Jahren arbeitete er daran, die Prinzipien der angelsächsischen Demokratie und ihrer Rechtsprechung – besonders das Prinzip der Gewaltenteilung – zur Grundlage des politischen Systems des Staates Israel zu machen. Abraham Lincoln beeinflußte ihn stark, und er zitierte häufig aus dessen Rede von Gettysburg. Seine Aufgabe sah Ben Gurion auch in der Verteidigung der Ehre der Armee. Seiner Meinung nach wäre es schwierig, von jungen Soldaten und Offizieren zu erwarten, daß sie ihr Leben aufs Spiel setzten und hohen moralischen Ansprüchen genügten, wenn die Bürger nicht hinter der Armee standen und sie respektierten. Für ihn waren die besten Offiziere nicht diejenigen, die nach Ruhm und Ehre strebten, sondern Männer, denen es wichtig war, daß sie das Vertrauen der Zivilregierung und die Bewunderung der Öffentlichkeit besaßen.

Alle seine Prinzipien waren bei der Lavon-Affäre zu bedenken. Ben Gurion gefiel es nicht, daß Lavon versuchte, die ganze Schuld auf einen ranghohen Offizier der Armee abzuwälzen. Lavon aber bestand darauf, vollständig rehabilitiert zu werden, und verlangte, daß Gibli als Alleinschuldiger zu gelten habe, allerdings ohne die nötige vorherige juristische Untersuchung. Dies wiederum widersprach für Ben Gurion einem der fundamentalen Grundsätze einer jeden konstitutionellen Demokratie.

Ben Gurions Position war noch durch einen weiteren Gesichtspunkt bestimmt, der für viele damals schwer verständlich war. Er fürchtete nämlich die unter dem jüdischen Volk verbreitete Neigung, sich unter Hintanstellung der Ehre mit etwas abzufinden, auch Lügen zu vergeben und zu vergessen. Er hielt dies für einen Zug des jüdischen Nationalcharakters und führte es auf die Barmherzigkeit des jüdischen Volkes zurück, das stets zum Verzeihen bereit war. Für Ben Gurion barg diese Haltung jedoch die Gefahr, es mit der Wahrheit nicht so ernst zu nehmen. Was in den Zeiten der Diaspora seinen guten Sinn hatte, durfte im neuerstandenen jüdischen Staat keinen Platz mehr haben. Hier sollte die Wahrheit der höchste Wert sein, und folglich mußte die Regierung dem Volk die Wahrheit sagen. Nicht ohne Grund trug Ben Gurions wichtigster Artikel zur Lavon-Affäre den Titel »Die Wahrheit steht über allem«.

Ben Gurion wollte von Anfang an, daß ein unparteiisches juristisches Forum die Affäre untersuchte, doch brauchte er einige Zeit, um seinen Vorschlag auszuarbeiten. Damals gab es noch keine gesetzliche Regelung von Untersuchungsausschüssen; diese Lücke wurde erst 1968 im Gefolge der Lavon-Affäre geschlossen. Die Rechtsexperten zitierten noch britische Gesetze und Präzedenzfälle aus der Mandatszeit. Wegen dieser Unklarheiten hatten einige von Ben Gurions engsten Parteifreunden – besonders Eshkol und Golda Meïr – den Eindruck, er zögere. Zwischen 1955, als er nach Lavons Rücktritt wieder das Amt des Verteidigungsministers übernahm, und 1959/60, als die Affäre an die Öffentlichkeit geriet, unternahm er nichts, den Fall wieder aufzurollen, er beließ es bei dem unbefriedigenden Ergebnis der Olshan-Dori-Untersuchungskommission.

Auch ich war betroffen, als die Affäre Kreise zog und sich die Spaltung innerhalb der Partei vertiefte. Dennoch darf ich sagen, daß ich mir damals eine distanzierte Sicht der Dinge bewahrt habe. Wenn ich morgens die Zeitungen durchging, war ich empört, wie sehr sich die Darstellungen der Journalisten, die größtenteils auf der Seite Lavons standen, von den tatsächlichen Haltungen und Handlungen Ben Gurions, wie ich sie kannte, unterschieden. Andererseits wurde ich auch immer wieder von Ben Gurions Entscheidungen und öffentlichen Stellungnahmen unangenehm überrascht. Damals dachten die Leute, wir, seine »jungen Männer« (Jizchak Navon, Chaim Ben-Davin, Chaim Jisraeli und Teddy Kollek), würden jeden Morgen Kriegsrat halten, Ben Gurion von der Lage auf dem Kriegsschauplatz Meldung erstatten und unsere taktischen Ratschläge anbieten. Doch das entsprach in keiner Weise den Tatsachen. Je länger die Affäre sich hinzog, desto einsamer wurde Ben Gurion und fällte er seine Entscheidungen. Er begann diese Einsamkeit zu schätzen und sie auf eine merkwürdige Weise sogar zu genießen. Es wurde immer schwerer für uns, ihm ein realistisches Bild von der politischen Landschaft rund um die Affäre zu vermitteln.

Im Rückblick scheint mir, ich hätte wenigstens seine Isolation verhindern können – wenn er mich an sich herangelassen hätte. So erkannte er zu spät, daß seine engeren Parteifreunde von ihm abrückten.

Wir, seine jungen Helfer, waren in taktischen Fragen zwar oft anderer Meinung als er, wir verloren aber nie unseren Respekt und unsere Bewunderung für ihn. Wir erkannten die tieferen Beweggründe für sein Verhalten während der Affäre, die andere nicht oder nicht mehr wahrnahmen. Die Presse und viele seiner Parteigenossen glaubten, es gehe ihm darum, eine politische Rechnung mit Lavon zu begleichen oder Platz für seine »jungen Männer« zu schaffen.

Wir wußten es besser. Uns war klar, daß es Ben Gurion um Prinzipien ging und nicht um politische Machtspiele. Diese Position bezog er auch, als die Mapai den endgültigen Bruch vollzog und ein »Ehrengericht« einberief, das Ben Gurion und einige seiner Anhänger, darunter auch mich, aus der Partei ausschloß. Der »Ankläger«, Justizminister Jaacov Shimshon Shapira, ließ die ganze Rhetorik einer Gerichtskoryphäe über den »Angeklagten« niedergehen. Einmal verstieg er sich sogar dazu, unsere Gruppe als »neofaschistisch« zu bezeichnen.

Wenn ich heute zurückschaue, glaube ich, daß Ben Gurion im Prinzipiellen recht hatte, doch hätte er taktisch anders vorgehen müssen. Ich glaube auch, daß diese Auseinandersetzung für ihn selbst zwar ungeheuer schmerzlich, für den Staat jedoch sehr heilsam war. Seit der Lavon-Affäre und als direkte Folge davon haben Menschen in Machtstellungen peinlich darauf geachtet, Exekutive und Judikative deutlich zu trennen. Es hat in der Tat nie wieder einen Versuch gegeben, aus dem Kabinett ad hoc ein Organ der Justiz zu machen. Sicherlich hat Ben Gurions Haltung während der Affäre dazu beigetragen, daß die israelische Öffentlichkeit die Wahrheit höher schätzen lernte. Damit ist nicht gesagt, daß sich die Öffentlichkeit von da an immer fair verhalten hätte. Aber für mich steht fest, daß der große Ben Gurion seine größte Schlacht nicht gegen einen politischen Rivalen oder ein feindliches Land schlug, sondern gegen eine bedenkliche Neigung unserer Nation in ihrer Aufbauphase.

Ich will damit nicht behaupten, Ben Gurion hätte während der Affäre nichts empfunden. Es ist wohl unmöglich, eine langanhaltende und erbitterte Auseinandersetzung durchzufechten und den beteiligten Personen gegenüber keine Ressentiments zu hegen; doch bin ich fest davon überzeugt, daß es Ben Gurion zuallererst um seine Prinzipien und Werte ging.

Meine eigene Rolle in der Affäre war eher traurig. Auch heute glaube ich aber immer noch, korrekt gehandelt zu haben. Selbst in Augenblikken größter Anspannung war meine Loyalität zu Ben Gurion und seinen Anhängern unverbrüchlich. Dadurch isolierte ich mich freilich sehr stark innerhalb der Partei. Meine Lage war schlimm, denn ich wurde nun zum Blitzableiter für Ben Gurion. Man überschüttete mich mit haltlosen Vorwürfen und schrieb mir ruchlose Neigungen zu, die ich nie besessen habe. Manche entblödeten sich nicht zu behaupten, ich besäße einen magischen Einfluß auf Ben Gurion, was völlig aus der Luft gegriffen war.

Ich dachte damals – und bin heute noch der Meinung – daß die Abspaltung von der Arbeiterpartei, die Ben Gurion und seine Anhänger schließlich vollzogen, ein schwerer Fehler war. Wir hätten damals innerhalb der Partei weiter für Ben Gurions Grundsätze kämpfen sollen. Er rechtfertigte den Schritt damit, daß die Sezession nur von kurzer Dauer sei. Der Name, den er unserer neuen Gruppe gab, Rafi, sollte das zeigen: Rafi ist das Kürzel für *Reschimat Poale Jisrael* oder Israelische Arbeiterliste. Liste und nicht Partei, das bedeutete, wir sahen uns als eine vorübergehende parlamentarische Gruppierung und nicht als ausgewachsene Partei.

Ben Gurion wurde durch überaus optimistische Wahlprognosen getäuscht. Josef Almogi, der Bezirksvorsitzende der Partei in Haifa, bewies besonders viel Phantasie in dieser Hinsicht. Er versprach Ben Gurion, ganz Haifa werde für die Rafi stimmen, obwohl die Stadt eine traditionelle Hochburg der Mapai war. Das Ergebnis blieb dann auch weit hinter den Erwartungen zurück.

Die eigentliche Parteispaltung am 29. Juni 1965 war ein Drama für sich. Unsere Gruppe, damals noch der Partei zugehörig, traf sich in Büroräumen des El-Al-Hochhauses in der Innenstadt von Tel Aviv, die uns ein wohlhabender Anhänger zur Verfügung gestellt hatte. Die Mehrheit war strikt gegen eine Abspaltung, nur Almogi und ein paar andere waren dafür. Da erschien plötzlich Paula Ben Gurion und teilte uns mit, Ben Gurion wünsche uns zu sehen. Wir gingen also alle hinüber zu Ben

Gurions Haus am Keren-Kayemet-Boulevard, wo ich als Vorsitzender über den Stand der Dinge berichtete.

Ich hatte kaum begonnen, als mich Ben Gurion unterbrach. »Ich übernehme jetzt den Vorsitz«, verkündete er. »Ich habe mich für eine Abspaltung von der Partei entschieden. Wer schließt sich mir bei der Aufstellung einer neuen Liste an?« Noch am selben Abend gab er eine offizielle Stellungnahme heraus, in der er den Namen der neuen Gruppierung bekanntgab und ihre Grundsätze umriß.

Tief gekränkt ging ich nach Hause. Ich hatte den Eindruck, daß Ben Gurion einen Fehler beging und daß ich ungerecht behandelt worden war. Am nächsten Morgen klingelte in aller Frühe das Telefon. Ben Gurion war am Apparat. Er wollte sofort bei mir vorbeikommen, um sich bei mir für sein gestriges Verhalten zu entschuldigen. Ich schlug vor, selbst zu ihm zu kommen. Er umarmte mich und entschuldigte sich überschwenglich bei mir. Ohne Dayan und mich könne er die neue Liste keinesfalls zustande bringen. Dayan war damals gerade in Äthiopien unterwegs. Mir war meine Loyalität gegenüber Ben Gurion wichtiger als alles andere – wichtiger sogar als meine Überzeugung, daß er den falschen Entschluß gefaßt hatte. Mir kam dabei ein Gespräch mit ihm in den Sinn, das einen unauslöschlichen Eindruck auf mich gemacht hatte. »Du bist einer der wenigen«, hatte er damals zu mir gesagt, »von denen ich weiß, daß sie nicht zu mir kommen, um für sich selbst irgend etwas zu erbitten oder um jemanden bei mir schlechtzumachen: Dir geht es nur um die Sache.«

Ich wußte, daß die Spaltung unweigerlich den Verlust meiner so sehr geschätzten Stellung als stellvertretender Verteidigungsminister bedeutete. Bereits kurze Zeit später mußte ich dann auch zurücktreten. Wir hofften auf 15 der 120 Sitze in der Knesset. Einige von uns dachten, ein Wahlerfolg in dieser Größenordnung würde aus uns einen unverzichtbaren Koalitionspartner machen. Andere hofften, daß wir damit in die Lage kämen, eine juristische Untersuchung der Lavon-Affäre durchzusetzen. Meine eigenen Pläne lagen mehr in Richtung von Wissenschaft und Technik. Ich glaubte, daß Israels Zukunft in Hochtechnologien lag: Elektronik, Kernenergie.

Den Reihen der Rafi schloß sich ein beachtliches Aufgebot fähiger junger Leute an. Viele wurden später prominente Politiker. Unsere erste Spende, über die damals nicht geringe Summe von 150 Lirot, kam von einem jungen Offizier der Fallschirmtruppe, Rafael (Raful) Eitan.[2] Zu unseren Aktiven zählten Teddy Kollek, Vivian (Chaim) Herzog (der später als Abgeordneter der Arbeiterpartei in der Knesset saß und schließlich israelischer Staatspräsident wurde); Jizchak Navon (ein weiterer Staatspräsident); Arye Gurel (der spätere Bürgermeister von Haifa); Jigal Hurwitz (der Finanzminister der Likud-Regierung werden sollte); der Autor S. Jizhar; Gad Jaacobi (später ein Minister der Arbeiterpartei); Ram Caspi, ein bekannter Anwalt; Rifka Guber, eine Schriftstellerin, die ihre beiden Söhne als Soldaten verloren hatte; und Jael Dayan, die Tochter Moshe Dayans, die später selbst eine politische Karriere begann. Nathan Altermann, der Dichter, war mir eine enorme moralische Unterstützung, und ich fragte ihn vor jedem unserer weiteren Schritte um Rat.

Trotzdem gewannen wir bei den Wahlen nur zehn Sitze, und Eshkol konnte auch ohne uns eine stabile Regierung bilden. Wir trösteten uns ein wenig damit, daß Teddy Kollek 1965 die Wahlen zum Bürgermeister von Jerusalem gewonnen hatte. Es war nicht einfach gewesen, ihn dazu zu überreden, sich zur Wahl zu stellen. Kollek, Navon und ich hatten uns im Garten des Hotels Sheraton in Tel Aviv getroffen. Ich bot all meine diplomatische Kunst auf und erklärte so behutsam wie möglich, daß ich Kollek für den richtigen Mann hielt, um an den Jerusalemer Wahlen teilzunehmen. Er überschüttete Navon und mich als Antwort mit so heftigen Flüchen, daß sich alle Leute nach uns umschauten.

Ich selbst endete in der ungewohnten Rolle eines Hinterbänklers der Opposition. Ich war nun der Generalsekretär einer kleinen Partei, die tief in Schulden steckte, weit weg vom Zentrum der Macht, in dem ich mich während der letzten 15 Jahre bewegt hatte. In der Eröffnungsdebatte der neugewählten Knesset ließ ich eine feurige Tirade gegen die Regierung vom Stapel, was Eshkol ohne jede Bitterkeit kommentierte: »Shimon, du bist ja schlimmer als Begin.« Doch viele der anfänglich enthusiastischen Parteimitglieder zogen sich bald wieder zurück, so daß nur ein paar wenige Hartgesottene wie ich übrigblieben, um den täglichen Kleinkram zu erledigen. Zu Hause verpfändete ich sogar unseren Kühlschrank, um dazu beizutragen, die Schulden der Rafi abzudecken. Hingegen lehnte ich eine Parteispende in Höhe von 50 000 Lirot ab, die uns mein Freund Al Schwimmer, der Generaldirektor der Israel Aircraft Industries, anbot. Ich hatte mich erkundigt und herausgefunden, daß Schwimmer dafür sein Haus mit einer Hypothek belastet hatte. Hätte ich die Spende angenommen, hätte ich nicht dafür garantieren können, daß die Schwimmers ihr Dach über dem Kopf behielten.

Zwölf Jahre später erinnerten mich unvorhergesehene Umstände plötzlich wieder an diese kargen Zeiten. Menachem Begin, der neugewählte Premierminister, erlitt kurz nach seinem triumphalen Wahlsieg im Mai 1977 einen schweren Herzanfall. Als Führer der Opposition, die eine Abfuhr erhalten hatte, besuchte ich Begin im Krankenhaus. Er freute sich über diese Geste, und wir unterhielten uns recht nett. »Menachem«, sagte ich, »niemand versteht besser als ich die wahre Ursache für dein krankes Herz. Was ein Parteichef an Kummer und Peinlichkeiten auszustehen hat, wenn die Parteikasse leer ist, versteht nur, wer es selbst erlebt hat.« Begins Partei Cherut, die den größeren, aber finanziell weniger gut ausgestatteten Teil der Koalition aus Cherut und Liberalen stellte, aus der der Likud-Block bestand, hatte damals unter einem Berg von Schulden zu leiden. Begin versuchte sein möglichstes, um im In- und Ausland Mittel aufzutreiben, und damit den Bankrott der Partei abzuwenden – ganz so wie ich selbst vor zwölf Jahren. Begin lächelte schwach: »Da hast du vollkommen recht.«

Nach den Wahlen von 1965 verbrachte Ben Gurion die meiste Zeit in Sde Boker, von wo aus er flammende Proklamationen schickte, wann immer es ihm in den Sinn kam. Von Zeit zu Zeit ließ er sich auch in der Knesset blicken, an der Arbeit der Parlamentsfraktion nahm er jedoch wenig Anteil. Almogi, der die Abspaltung so eifrig unterstützt hatte, begann sehr bald hinter meinem Rücken Verhandlungen mit Eshkol über unsere Heimkehr in den Schoß der Mapai. Moshe Dayan hatte ganz zu Anfang verkündet, er werde während des Wahlkampfes genau sechs Reden halten – und er hielt sich strikt daran. Nach den Wahlen lud er mich zum Essen ein. »Shimon«, sagte er, »die Entscheidung liegt bei dir. Wenn du wieder in die Partei zurückkehrst, komme ich mit. Wenn du draußen bleibst, bleibe ich es auch. Aber du solltest auch wissen, daß du nicht in allem mit meiner Unterstützung rechnen kannst.« Für Dayan hatten wir unsere Loyalitätspflicht gegenüber Ben Gurion dadurch erfüllt, daß wir mit ihm die Partei verlassen hatten. Er war jedoch nie vollständig davon überzeugt, wer in der Lavon-Affäre tatsächlich den Einsatzbefehl gegeben hatte. Grundsätzlich stand er Lavon etwas kritisch gegenüber. Dayan schätzte Ben Gurion sehr und teilte dessen Standpunkt, es sei falsch und auch unklug gewesen, einem

Shimon Peres mit zwei politischen Weggefährten von der Rafi, 1969: Moshe Dayan (links) und Teddy Kollek.

Ministerpräsident Levi Eshkol (rechts) überreicht dem israelischen Staatspräsidenten Salman Schasar am 14. Dezember 1964 sein Rücktrittsgesuch.

einzelnen Offizier die ganze Schuld zu geben, obgleich er den Verdacht hegte, der betreffende Offizier, nämlich Gibli, sei nicht ganz unschuldig an der Affäre. Nach Berichten, die Dayan als Generalstabschef erhalten hatte, sowie nach allen weiteren Informationen hatte er den Eindruck, daß Lavon und Gibli dieselbe politische Einstellung teilten, ganz gleich, wer dann am Ende den ominösen Befehl gegeben hatte.

Dayan war ein kluger Mann. Als hochrangiger Offizier und später als Chef des Generalstabes kam es vor, daß er eine militärische Aktion vorschlug, die nicht die Billigung des Verteidigungsministers fand. Anders als andere Offiziere sah er darin jedoch keinen Grund zu Zorn oder Ärger. Vielmehr erkannte er an, daß es zu den Aufgaben eines Verteidigungsministers gehörte, auch kritisch zu sein. Insofern gefiel ihm die Situation unter Lavon nicht, als er plötzlich mit dem Minister in einen merkwürdigen Wettstreit geriet, wer von ihnen die meisten militärischen Aktionen billigen konnte.

Während unserer Oppositionszeit wurde es zur Gewohnheit, daß Dayan und ich jede Woche einmal gemeinsam zu Abend aßen. Wir sprachen dabei gewöhnlich über Politik, deren Sachzwänge er durchaus verstand, die er aber auch aus tiefster Seele verabscheute. »Ich würde nie Premierminister sein wollen«, gestand er. »Ich könnte dieses parteiinterne Gezänk und Gezeter nicht ertragen.« Freilich war ihm bewußt, daß ohne das politische Geschäft im abschätzigen Sinne sich niemand Hoffnungen machen konnte, auf die Bereiche Einfluß zu nehmen, die ihm am meisten am Herzen lagen, nämlich Verteidigungs- und Außenpolitik.

Diese Wahrheit wurde dramatisch deutlich, als wir uns 1967 nach zwei Jahren erzwungener Untätigkeit auf den Oppositionsbänken plötzlich im Strudel einer nationalen Krise wiederfanden. Der Generalstab der IDF begann unter seinem damaligen Chef Jizchak Rabin die Aufmerksamkeit der Armee und der Nation auf etwas zu lenken, das nach Meinung der Militärs die Existenz des Staates Israel bedrohte: Syrien versuchte, die Zuflüsse umzuleiten, die den Jordan speisten, um das Wasser selbst zu nutzen. Diese Bäche stellten einen wichtigen Bestandteil der israelischen Wasserversorgung dar, und ihre Umleitung durch Syrien wurde als bedeutende und bedrohliche Gefahr gesehen. Rabin schlug deshalb vor, 100 Maschinen der Luftwaffe über Damaskus fliegen zu lassen, um den Syrern deutlich zu machen, wie ernst wir die Sache nahmen. Die Operation wurde von Premier- und Verteidigungsminister Eshkol gebilligt. »Du wirst sehen«, sagte Dayan während unseres Abendessens, »das gibt noch Krieg.«

Die Ereignisse bewiesen schnell, daß er mit seiner Prophezeiung richtig gelegen hatte. Der ägyptische Präsident Nasser kam Syrien zu Hilfe und blockierte die Meerenge von Tiran am südlichen Ende des Golfs von Akaba. Der Krieg näherte sich mit Riesenschritten. Die Ägypter massierten ihre Truppen im Sinai, während die Syrer ihre Stellungen auf den Golanhöhen verstärkten. In Israel erwogen die Regierung und die Armee mögliche Schritte. Eshkol zögerte und bezog keine eindeutige Haltung. Die Bevölkerung reagierte mit Bestürzung und Sorge. Der Name Moshe Dayan war in aller Munde; die Israelis hielten ihn für den Mann, der allein die Situation noch retten konnte.

Wir in der Rafi befürworteten die Bildung einer Regierung der Nationalen Einheit als Antwort auf die Krisensituation. Im Einvernehmen mit Ben Gurion sprach ich mit Moshe Chaim Shapira, dem Leiter der Nationalreligiösen Partei (NRP), und mit Menachem Begin, dem Anführer des Likud-Blocks. Angesichts der Krise war Ben Gurion bereit, sich mit Begins leerer Rhetorik abzufinden. Begin fragte mich, ob ich glaubte, daß Ben Gurion noch einmal Premierminister sein könne und wolle. »Er ist sicherlich in der Lage, das Amt zu übernehmen«, antwortete ich, »aber ich weiß nicht, ob er das auch möchte.«

Ben Gurion zeigte sich zwar Begin gegenüber nachgiebig, aber gegen Eshkol nicht. Er wollte nichts davon wissen, der Regierung Eshkols beizutreten. »Er hat bestimmte Charakterzüge, die ihn zum Premierminister befähigen«, sagte Ben Gurion über Eshkol, »hingegen fehlen ihm Eigenschaften, die der Führer einer Nation unbedingt haben muß.« Ben Gurion gefiel die Idee, die Rafi könnte zusammen mit dem Likud-Block (der damals Gachal genannt wurde), der NRP und Teilen der Mapai eine alternative Regierung mit dem direkten Ziel bilden, Eshkol von der Macht zu entfernen. Begin dagegen fragte Eshkol, ob er dazu bereit sei, gemeinsam mit Ben Gurion zu regieren. Nach der Unterredung kam er entmutigt zurück: »Die beiden Pferde«, hatte Eshkol über sich selbst und Ben Gurion gesagt, »können den Karren nicht in dieselbe Richtung ziehen.«

Wertvolle Zeit war verstrichen und nichts hatte sich bewegt. Ich beschloß daher, selbst eine Initiative zu starten. In einer Stellungnahme vor der Presse erklärte ich, die Bewältigung der nationalen Krise erfordere die Geschlossenheit der Arbeiterpartei. Ironischerweise wurde das sofort von der Achdut Haavoda begrüßt. Die Mapai wiederum, in der Person ihrer Generalsekretärin Golda Meïr, reagierte freundlich auf das Angebot der Achdut Haavoda. Dagegen war Golda Meïrs Haß auf die Rafi so tief, daß sie ihn sogar in der Krise nicht vergessen konnte. Viele Leute in der Mapai befürworteten, daß Dayan Eshkols Verteidigungsminister werden sollte; doch Golda Meïr stellte sich dem entgegen und drängte Eshkol, das Verteidigungsministerium nicht an Dayan abzutreten. Die Achdut Haavoda hoffte, daß dieses zentrale Ressort an Jigal Allon, den Vorsitzenden ihrer Partei, gehen würde. Doch war er zu dieser Zeit nicht im Land – was vielleicht sein Pech war – , sondern auf einem offiziellen Besuch in der Sowjetunion unterwegs.

Trotz Goldas Widerstand bewegte mein Aufruf zur Geschlossenheit doch tief die Mapai. Viele ihrer Mitglieder hatten die schmerzliche Trennung von Ben Gurion nie verwunden und wollten mich und Dayan wieder in den Reihen der Partei sehen. Gleichzeitig wurde nun über eine Regierung der Nationalen Einheit verhandelt und die Einigung der gespaltenen Arbeiterpartei betrieben. Während die Politiker miteinander redeten, war ihnen bewußt, daß die Stunde näher rückte, in der sich Israel für oder gegen den Krieg zu entscheiden hatte. Die IDF mobilisierte die Reservisten, Männer im wehrfähigen Alter verschwanden aus dem Straßenbild. Gerüchte und Spekulationen wurden laut. Angesichts des drohenden Krieges schien die Regierung Eshkol an Vertrauen in der Öffentlichkeit zu verlieren, während immer mehr Stimmen laut wurden, die Dayan an der Spitze der Verteidigung des Landes sehen wollten.

Die drei Oppositionsparteien, die Gachal, die NRP und die Rafi, stimmten ihre Positionen für die Verhandlungen mit Eshkols Regierung ab; das bedeutete einen engen und intensiven Kontakt zwischen Begin, Shapira und mir. Dabei bestand für mich das größte Problem in dem Zwist zwischen Ben Gurion und Eshkol. Ben Gurion beharrte darauf, an keiner Koalition teilnehmen zu wollen, in der Eshkol Premierminister blieb.

Nicht einer der verschiedenen möglichen Koalitionspartner bezog in Hinblick auf die militärische Situation einen eindeutigen Standpunkt. Sie erklärten zwar alle, daß sie eine Entscheidung wünschten, doch sagte keiner, wie diese Entscheidung aussehen sollte. Nur Ben Gurion vertrat einen festen Standpunkt: Gleichviel wie die weiteren Schritte aussähen, Israel müsse sich zunächst der Unterstützung einer Großmacht versichern, vorzugsweise der Vereinigten Staaten oder auch Frankreichs. Er befürchtete nämlich, uns könnten im Laufe des Krieges die Finanzmittel und der militärische Nachschub fehlen, und ohne einen hilfreichen Freund, der unsere Rüstkammern auffüllte, würden wir rasch ausbluten.

Dayan ging zu Eshkol und bat ihn um die Erlaubnis, die südliche Front abzufahren. Dort lag der größte Teil der Armee in Alarmbereitschaft. Eshkol gab seine Erlaubnis nur zu gern. Wohin Dayan auch kam, er wurde von den Soldaten begeistert gefeiert. Er kam zu Eshkol zurück und schlug vor, ihn als Kommandanten des südlichen Frontabschnitts einzusetzen. Zusammen mit den anderen Mitgliedern des Außen- und Sicherheitsausschusses der Knesset hörten Dayan und ich im Lauf der nächsten Tage einen Lagebericht nach dem anderen. Besonders Rabin malte die Lage in den düstersten Farben, was zur allgemeinen Verunsicherung und Verwirrung noch beitrug. Auch innerhalb der Rafi gab es einen inoffiziellen Verteidigungsausschuß, der aus ehemaligen Militärs bestand. Wir trafen uns fast jeden Abend und waren auch untereinander sorgsam darauf bedacht, nur in Andeutungen zu sprechen, aus Angst, Staatsgeheimnisse zu verraten.

Begin verlor bei den Koalitionsverhandlungen der drei Parteien allmählich den Mut. Nach einem Treffen mit Eshkol zog er den Schluß, daß es kaum eine Möglichkeit gab, eine Regierung zu bilden, die nicht unter Eshkols Vorsitz stand. Worauf wir höchstens hoffen konnten, sei, Dayan auf den Posten des Verteidigungsministers zu bringen. Dayan rief mich von der Südfront an: »Shimon, bemühe dich nicht weiter. Aus unseren Plänen wird nichts. Die machen mich nie zum Verteidigungsminister.« Minuten später klingelte das Telefon erneut, und Avraham Ofer, eine Schlüsselfigur innerhalb der Mapai, meldete sich. Er spreche für Eshkol und sei befugt, mir einen Platz im Kabinett als Minister ohne Geschäftsbereich anzubieten. Dasselbe Angebot gelte auch für Begin.

Sein Angebot wies ich verärgert sofort zurück. Wir wollten nicht nur einfach jemanden in der Regierung haben. Ofer versuchte, mich zu besänftigen: Dayan würde das Oberkommando Süd erhalten. Andere tonangebende Mitglieder der Mapai meldeten sich mit demselben dringenden Anliegen bei mir, ich solle Ben Gurion irgendwie dazu bringen, mit der Rafi an der Regierung Eshkol teilzuhaben. Langsam kam ich zu dem Schluß, daß darin die einzige Möglichkeit bestand, der Forderung der Stunde gerecht zu werden. Würde Dayan Verteidigungsminister werden, so würde dies die Moral der Nation stärken und den Verlauf des bevorstehenden Krieges entscheidend beeinflussen.

Die wirkliche Schwierigkeit bestand aber nicht darin, die anderen davon zu überzeugen, sondern das Einverständnis Ben Gurions zu erhalten. Ich bat Avraham Schweitzer, den Kolumnisten der *Haaretz*, mich auf meiner schwierigen Mission zu begleiten. Wir besuchten Ben Gurion in seinem Haus in Tel Aviv, wo er uns mit seiner üblichen Herzlichkeit empfing. Ich kam sofort zur Sache und erklärte: »Ben Gurion, ich habe getan, was ich konnte. Doch es gibt außer der Rafi keine anderen Parteien, die die Absetzung Eshkols als Premierminister unterstützen. Wir können bestenfalls erreichen, daß Dayan zum Verteidigungsminister berufen wird. Der Krieg ist unausweichlich, und mit Dayans Unterstützung haben wir die besten Chancen, ihn zu gewinnen.«

Ben Gurions Gesichtsausdruck verfinsterte sich, und ich spürte, wie in ihm Wut emporstieg. Dann brach ein Donnerwetter mit der Wucht einer Naturgewalt über mich herein: »Ich habe dich für einen Freund gehalten und für einen Staatsmann, aber du bist weder das eine noch das andere. Wie kannst du nur auf die einzige Veränderung verzichten, die unbedingt durchgesetzt werden muß, die Absetzung von Eshkol?«

Mir wich alle Farbe aus dem Gesicht. Das war einer der schlimmsten Augenblicke meines Lebens. Ich hatte alles in meiner Macht Stehende getan, um die Wünsche Ben Gurions zu erfüllen. Ich hatte unermüdlich gearbeitet, mir neue Feinde zugezogen und alte Freunde verloren, eine seltsame Koalition aus Parteien geformt, die wenig miteinander gemein hatten, allen Schmeicheleien und Anfechtungen widerstanden, die mir dabei angetragen wurden, und dies war nun der Dank: Der Mann, den ich so sehr bewunderte, sagte mir ins Gesicht, ich sei nicht mehr sein Freund. Doch selbst in diesem schwierigen Augenblick vertrat ich meinen Standpunkt. Ich holte tief Luft und schaute ihn an. »Ben Gurion«, sagte ich ruhig, »ich möchte Sie etwas fragen. Sie haben oft gesagt, wenn die Interessen der Arbeiterbewegung in der einen Waagschale und die der Landesverteidigung in der anderen lägen, dann müßte immer die Landesverteidigung schwerer als alles andere wiegen. Meine Frage lautet nun, ob diese Regel für jeden außer Ben Gurion gilt, oder ob auch Sie eingeschlossen sind?«

Ben Gurion war wie vom Donner gerührt. Schließlich murmelte er: »Vielleicht hast du recht.«

Die Nachricht, daß Ben Gurion Dayans Berufung zum Verteidigungsminister zustimmte, verbreitete sich wie ein Lauffeuer im ganzen Land. Die Wirkung war mitreißend; noch am selben Abend traf sich die gesamte Führung der Rafi in Ben Gurions Haus. Er umarmte mich und sagte: »Ich kenne viele Menschen, die hart arbeiten und Opfer bringen, um ein Ziel zu erreichen. Aber ich kenne niemanden, der sich so aufopfert wie Shimon, ohne dabei irgendein persönliches Interesse zu verfolgen. Genau in dieser Weise hat er auch die Verhandlungen geführt, und er hat in ihnen das Äußerste erreicht, was überhaupt möglich war.«

Für mich gab es nun noch eine letzte Hürde zu nehmen, die mir sehr unangenehm war. Bei einer offiziellen Versammlung der Rafi-Parteileitung hatte Ben Gurion folgende Bedingung an seine Zustimmung für unsere Mitarbeit in einer Regierung der Nationalen Einheit geknüpft: Ich sollte zu Eshkol gehen und ihm mitteilen, wir seien zwar bereit, unter seinem Vorsitz zu arbeiten, hielten aber dennoch an unserer Ansicht fest, daß er für das Amt des Premierministers ungeeignet sei. Außerdem würden wir weiterhin versuchen, ihn zu stürzen. Ich hatte keine andere Wahl, als diese Kröte zu schlucken. Wohl war mir nicht dabei, aber ich wußte, daß für Ben Gurion die Aussicht auf eine Beteiligung an einer Regierung unter Eshkol gallenbitter war. Ich wollte es ihm nicht noch dadurch erschweren, daß ich mich weigerte, seinem Wunsch zu entsprechen. Also begab ich mich am Freitag, dem 3. Juni 1967, zusammen mit Jizchak Navon in Eshkols Büro. Ich hatte etwas weiche Knie, denn ich tat ungern, was man mir aufgetragen hatte.

»Herr Premierminister«, setzte ich an, »wir sind gekommen, um Sie offiziell vom Beschluß der Rafi in Kenntnis zu setzen, in Ihrer Regierung mitzuarbeiten. Moshe Dayan soll zum Verteidigungsminister berufen werden.« Eshkol freute sich über unseren Entschluß. »Ich muß aber hinzufügen«, fuhr ich fort, »daß die Rafi Sie weiterhin als ungeeignet für das Amt des Premierministers hält. Von dieser Einschätzung werden wir auch in Zukunft nicht abgehen.«

Ich erwartete, daß der Premierminister verletzt reagieren würde, doch Eshkol fühlte sich nicht getroffen. Er antwortete mit seinem üblichen Humor: »Das erstaunt mich nicht! Ich weiß ganz genau, warum Sie diese Einschränkung an Ihre Botschaft anhängen mußten ...« Ich bat ihn darum, ihn ein paar Minuten unter vier Augen sprechen zu dürfen. »Der Streit zwischen Ben Gurion und Ihnen belastet nicht nur Sie beide, sondern uns alle«, sagte ich. »Es wird Zeit, den Streit zu begraben.« Eshkol war sich völlig darüber im klaren, daß Ben Gurion unser größter Staatsmann war und daß seine Weltgeltung von keinem anderen israelischen Politiker erreicht wurde. Mein Vorschlag war also, daß er, Eshkol, Ben Gurion darum bitten solle, sich in besonderer Mission in die Vereinigten Staaten und nach Frankreich zu begeben, um den Regierungen und der Öffentlichkeit dieser Länder unsere derzeitige Situation zu erläutern und sie um Hilfe und Unterstützung zu bitten, sobald der Krieg vorüber sei. Ben Gurion wußte nichts von diesem Vorschlag. Ich war mir auch nicht sicher, ob er ihn überhaupt annehmen würde, aber ich wußte, daß es sich um einen wichtigen Zeitpunkt in der Geschichte unseres Landes handelte, zu dem die Zwistigkeiten der Vergangenheit überwunden werden sollten.

Eshkol antwortete auf meinen Vorschlag mit der arabischen Redewendung *stenna shwaya*, »Warten wir ein Weilchen.« Auf seine Frage, was geschähe, wenn Ben Gurion sich weigerte, schlug ich vor, daß ich selbst bei Ben Gurion herausfinden wolle, ob er bereit sei, eine solche Mission zu übernehmen. Wäre die Antwort ja, solle Eshkol ihm die Reise vorschlagen. Eshkol mochte die Idee zwar, das sah ich, aber er gab mir immer noch keine klare Antwort. »Ich muß mich darüber beraten«, sagte er. »Ich teile Ihnen meine Entscheidung bis heute nachmittag mit.« Als es dunkel wurde, rief er an. »Ich habe darüber nachgedacht«, sagte er, »und ich verstehe Ihre Beweggründe völlig.« Zu seinem großen Bedauern könne er aber nicht akzeptieren. Ich sagte ihm, daß mir das leid tue. Da wurde es mir zur Gewißheit, daß sich diese beiden Männer bis ins Grab streiten würden.

Und so kam es dann auch. Als Eshkol 1968 starb, versuchten wir Ben Gurion dazu zu bewegen, zur Beerdigung zu gehen. »Ich gehe nicht auf seine Beerdigung«, verkündete der alte Mann, »denn er hätte auch nicht zu meiner kommen brauchen, und damit Schluß!« Seine Enttäuschung Eshkol gegenüber war unüberwindlich. Für Ben Gurion besaß Eshkol zwar die intellektuellen Qualitäten eines guten Premierministers, doch hatte er die Charakterprüfung nicht bestanden. Eshkols Haltung während der Lavon-Affäre beruhte auf Kompromissen und opportunistischen Überlegungen, aber nicht auf Prinzipien.

Später am selben Abend besuchte ich Dayan im Verteidigungsministerium. Er sagte mir, daß die Würfel gefallen seien; es werde Krieg geben. Als am Morgen des 5. Juni 1967, einem Montag, der Krieg begann, wollte ich gerade mit anderen Mitgliedern des Außen- und Verteidigungsausschusses vom Flughafen Sde Dov bei Tel Aviv an die Südfront fliegen. Wegen der begonnenen Operationen wurde unser Flug abgesagt. Ich lud die Mitglieder des Ausschusses zu mir nach Hause ganz in der Nähe ein. Dort wollten wir die weitere Entwicklung abwarten. Zwei Stunden später erfuhren wir, daß die ägyptische Luftwaffe praktisch vernichtet worden war. In immer neuen Angriffswellen hatten unsere Flugzeuge alle ägyptischen Militärflugplätze bombardiert und dabei die meisten zum Fronteinsatz bestimmten Maschinen am Boden zerstört. Der Krieg hatte gerade erst begonnen, doch unser Sieg war jetzt schon sicher. Radio Kairo meldete noch den ganzen Tag über die Erfolge der ägyptischen Armee und wußte von ihrem Vorstoß in Richtung Tel Aviv zu berichten.

Der Krieg wurde von unserer Regierung wie von der Armee souverän geführt. Eshkol versuchte vergeblich, König Hussein von Jordanien davon abzubringen, in den Krieg einzutreten. Dayan, der alle größeren militärischen Operationen persönlich überwachte, beschrieb den Sechstagekrieg später als drei voneinander getrennt ablaufende Feldzüge: ein Zweitagekrieg gegen Ägypten, zwei weitere Tage, in denen wir die Jordanier aus dem Westjordanland und aus Jerusalem vertrieben, und zwei verlustreiche Tage auf den Golanhöhen im Kampf gegen Syrien. Der Rest der Welt, der sich von Nassers Prahlereien hatte täuschen lassen und Israel als schwache, in ihrer Existenz bedrohte Nation sah, schaute staunend und ungläubig zu. Der gesamte Sinai, das Westjordanland und die Golanhöhen fielen in unsere Hand. Vor allem aber hatten wir Jerusalem befreit und die geteilte Stadt wiedervereint. Ich besuchte gemeinsam mit Ben Gurion zum erstenmal wieder die Altstadt und war dabei, als er befahl, das Straßenschild mit der arabischen und englischen Aufschrift »Wailing Wall Road« (»Klagemauerstraße«) abzunehmen. Für Israel und für mich persönlich war es das Ende einer Ära und der Anfang einer neuen und anderen Zeit im Leben der Nation.

Wäre der Krieg nicht dazwischengekommen, wäre ich wohl für längere Zeit ohne Beschäftigung gewesen. Aber ich glaube nicht, daß meine politische Laufbahn dann für immer beendet gewesen wäre. Zum einen gibt es allgemein kein »für immer« in der Politik – und ganz bestimmt nicht in der israelischen. Zum anderen versicherten mir die führenden Vertreter der Mapai während dieser schweren Zeit immer wieder, daß sie mich für den jungen Mann meiner Generation betrachteten, der das Zeug zum Premierminister habe. Mordechai Namir etwa, der dynamische Führer des Gusch, einer Fraktion innerhalb der Mapai mit Schwerpunkt in Tel Aviv, rief mich mitten in der Krise zu sich, um mir zu sagen, daß er von allen Jüngeren mir am ehesten eine nationale Führungsrolle zutraue. Selbst Eshkol sah mich als künftige Führungsgestalt, wie er seinem Tagebuch anvertraute, das seine Witwe Miriam in ihrem Archiv verwahrte. Und auch Ben Gurion erklärte mir 1963, daß er idealerweise mich als seinen Nachfolger im Amt des Verteidigungsministers gesehen hätte. Da er damit aber auf massiven Widerstand gestoßen wäre, habe er keine andere Wahl gehabt, als Eshkol zum Premier- und Verteidigungsminister zu nehmen.

Ben Gurion hatte mir über die Jahre hinweg immer wieder erzählt, daß er erwartete, im Alter von 86 Jahren zu sterben. So alt sei sein Vater geworden. Am Ende behielt er recht, wenn auch nicht völlig: Sein Vater war nämlich sogar 87 Jahre alt geworden, und genauso alt wurde auch Ben Gurion. In seinem letzten Lebensjahrzehnt schrieb er an einer Geschichte Israels, um »der jüngeren Generation die Wahrheit unserer Existenz« zu vermitteln. An diesem Projekt arbeitete er mit großer Energie; selbst im hohen Alter konnte er noch zehn bis zwölf Stunden am Tag lesen und schreiben. Doch die Inspiration kam ihm nicht mehr so leicht wie in jüngeren Jahren, als ihn die Musen mit ihren Gaben verwöhnten.

Er nahm die Beschwerden des Alters wie ein Philosoph und bewahrte seine Würde. Er beklagte sich nie, wurde nicht zänkisch und hörte nie auf, nach vorn zu schauen. Der Tod schreckte ihn nicht. Er gab oft seiner Hoffnung Ausdruck, Sde Boker, der Kibbuz in der Wüste Negev, der seine Heimat geworden war, werde einmal zu einem großen geistlichen und wissenschaftlichen Zentrum werden, einer Mischung aus Oxford und Jabneh.[3] Er suchte den Platz für sein Grab und das seiner Frau Paula aus, ganz in der Nähe des Kibbuz, der einen Blick auf ein tiefes Wadi und einen Wasserfall bietet, ein Ort von wildromantischer Schönheit.

Im Januar 1968 starb Paula. Wie eine jüdische Mutter um ihren einzigen Sohn, so hatte sie sich um ihren Mann gekümmert. Sie achtete darauf, daß er die richtige Kost bekam und zu den richtigen Zeiten ausruhte; sie wachte darüber, daß er seine Medikamente einnahm (sie war ausgebildete Krankenschwester), und sie hielt ihm anstrengende Besucher vom Leib. Paula hatte immer behauptet, Ben Gurion brauche ihre Hilfe, um Menschen richtig einzuschätzen, er sei – wie die meisten Männer – naiv, was andere Menschen anging.

Als sie starb, rief mich Chaim Jisraeli (siehe Seite 180) an, und wir fuhren zusammen zum Krankenhaus in Beerscheba. Dort fanden wir Ben Gurion gedankenverloren und zusammengesunken auf einem Stuhl sitzen. Er wirkte einsamer denn je. Die Ärzte hatten ihm gesagt, daß seine Frau nicht mehr lange zu leben habe, ihr Tod kam für ihn nicht überraschend. Er sah uns an und sagte leise: »Laßt uns nach Sde Boker fahren.« Wir stiegen in den Wagen und fuhren schweigend zu seinem Holzhaus in der Wüste. Er meinte, wir könnten wohl etwas zu trinken brauchen, und suchte in seinem Arbeitszimmer herum, bis er einen Wermut fand. Jetzt begann er uns sein Herz auszuschütten: »Zweimal in ihrem Leben ist sie mir ohne zu fragen gefolgt: zuerst nach Erez Israel, obwohl sie weder das Land noch die Sprache kannte und ein Baby zu versorgen hatte; und dann noch einmal hierher in die Wüste, in die Einsamkeit und die Isolation. Jedesmal mußte sie ihre Freunde und ihr bisheriges Leben aufgeben, um mit mir zu gehen. Nie werde ich sie vergessen, ›... die Liebe deiner Brautzeit, wie du mir in der Wüste gefolgt bist ...‹« (Jeremia 2, 2).

»Was Paula angeht, habe ich nur einen Fehler gemacht«, fuhr Ben Gurion fort. »Ich war mir sicher, daß ich vor ihr sterben würde, und jetzt ist sie vor mir gegangen. Aber dem Tod entrinnt keiner, und es gibt auch keinen Grund, ihn zu fürchten.«

Fünf Jahre später klingelte im Dezember 1973 an einem Sonntagmorgen bei mir zu Hause das Telefon. Chaim Jisraeli sagte nur: »Ben Gurion.« Ich eilte in das Krankenhaus Tel Haschomer außerhalb von Tel Aviv. Ben Gurions Familie wartete vor seinem Zimmer. Ich erbat ihre Erlaubnis und ging hinein. Ben Gurion lag da, auf dem Rücken, seine gewölbte Stirn wirkte im Tod noch höher und bleicher als zu Lebzeiten. Ich dachte daran, daß er jetzt zum erstenmal Ruhe habe. Die Trauer einer ganzen Nation erfüllte den Raum. Der wahre Vater, der Gründer Israels, lag hier und war tot.

Ben Gurions Rolle in der jüdischen Geschichte fiel in eine Zeit, in der unser Volk schwersten Prüfungen ausgesetzt war. Die Nation empfand diese Zeit als tragisch und unglücklich. Ben Gurion hingegen erkannte in ihr seinen Auftrag und erstürmte die Bühne der Geschichte. Dazu verfügte er über einen unbezähmbaren Willen und unerschöpfliche Energie, die er aus seinem Glauben gewann. Er wies der Nation ihren Weg und gab ihr Kraft und Zuversicht. Er vertrieb ihren Hang zur Verzweiflung und erweckte wieder die uralte Tradition des jüdischen Heldentums. Er verlangte von der Nation harte Arbeit, unerschütterlichen Mut und Gerechtigkeit. Er kämpfte an vorderster Front in Israels Kampf ums Überleben und um nationale Sicherheit; gleichzeitig kämpfte er gegen verderbliche Tendenzen im Innern, die das Land gefährdeten. Er sprach die Wahrheit aus und bot Visionen für die Zukunft. Unermüdlich kämpfte er in Wort und Tat für seine Prinzipien und blieb auch in der Hitze des Gefechts ohne Falsch.

Ben Gurions Größe lag in seiner Fähigkeit, dem Geist des jüdischen Volkes zur geschichtlichen Existenz zu verhelfen, ein Geist der Entschlossenheit, ein ruheloser, rebellischer Geist, ein Geist, der Altes wiederzubeleben und Neues zu schaffen vermag. Er fand nicht nur Beispiele für diesen Geist, er verkörperte ihn auch selbst. Er verstärkte ihn, schützte ihn, lenkte ihn und gab ihm eine Richtung. Als die Verkörperung dieses Geistes erreichte er jene seltenen Höhen, wo die Geschichte einer Nation auf ihre Zukunft trifft und sich neue Horizonte auftun. Aus einer in alle Welt zerstreuten und sterbenden Nation, die weder ein eigenes Land noch eine eigene Sprache besaß, hatten sich die Juden wieder gesammelt und zu neuer Souveränität in ihrem Land gefunden. Nach einem Zwischenspiel von 2000 Jahren nahmen sie wieder an der Geschichte teil. Und all das fand unter der Führung Ben Gurions statt. Mich schaudert bei dem Gedanken, was ohne ihn aus unserem Volk geworden wäre.

Für mich persönlich bedeutete der Tod Ben Gurions den Verlust des Mannes, der mein Leben geformt hat. Achtzehn Jahre lang hatte ich an seiner Seite gearbeitet, Freud und Leid geteilt, Jahre großer Erfolge und tiefer Bitterkeit mit ihm durchlebt. Meine Bewunderung für ihn wurde im Laufe der Zeit nur noch größer. Dank ihm erkannte ich – und lernte an seinem Beispiel –, daß ein Mensch die Möglichkeit hat, Dinge *anders* zu erreichen, wenn er es will; daß er *anders* sein kann, wenn er sich nur fest darum bemüht; letztlich liegt es allein in seiner Hand.

9

GOLDA

Hätte Ben Gurion während der Lavon-Affäre anders gehandelt, wäre er wahrscheinlich noch länger Premierminister geblieben. Aber Ben Gurion konnte nicht anders handeln; er blieb sich selber treu und verlor sein Amt.

Im Gefolge der Affäre konnte man paradoxe Haltungen beobachten: Politiker, die Lavon ablehnten und ihn teilweise sogar verurteilten, unterstützten ihn dennoch, weil sie damit Ben Gurion treffen konnten. Golda Meïr, Sharett und Sapir gehörten ebenso wie Salman Aran zu Lavons härtesten Kritikern, und doch stellten sie sich auf seine Seite; sie taten das aus Gründen, die mit der Affäre selbst nichts zu tun hatten.

Heute kenne ich solche Intrigen zu genau, als daß ich dahinter einen ausgeklügelten Plan vermuten würde. Die altgediente Führungsriege der Mapai handelte rein instinktiv, sie folgte lang unterdrückten und nun übermächtig gewordenen Gefühlen. Sie redete sich ein, Ben Gurion habe »seine jungen Berater in Festtagsgewänder gehüllt«. Das war eine Anspielung auf die biblische Geschichte von Jakob, der seinen Sohn Josef allen anderen vorzog. Damit aber habe Ben Gurion sie selbst als politische Führer und Staatsmänner nicht genügend gewürdigt.

Es ist nicht so leicht, Politiker im Bannkreis eines großen Staatsgründers zu sein. Im Schatten eines starken Baumes wächst wenig Gras. Im Verlauf der Affäre taten sich Abgründe an Frustration, Eifersucht und Mißtrauen auf – starke menschliche Gefühle, die der Politik oft ihren Stempel aufdrücken. Golda Meïr und ihre Anhänger sahen sich als Verteidiger der wahren Werte der Partei. Für sie ging es nicht um Fragen der Verteidigung, sondern um die Förderung des Sozialismus und der Histadrut. Sie beschuldigten Ben Gurion, der die Histadrut in den frühen zwanziger Jahren ins Leben gerufen hatte, sein Werk nun im Stich zu lassen. Er war für die Gründung einer «nationalen Jugendbewegung«, was von Golda Meïr und ihren Anhängern als Angriff gegen die bestehenden parteinahen Jugendbewegungen verstanden wurde. Ihrer Meinung nach beging Ben Gurion Verrat an der eigenen Sache.

Mein Verhältnis zu Golda war immer ambivalent und zumeist gespannt. Im Laufe der Jahre fand ich heraus, daß ihr gegenüber keine Halbheiten möglich waren: Entweder man war hundertprozentig für sie, oder sie war hundertprozentig gegen einen. Sie wollte hofiert werden, nur das akzeptierte sie. Teddy Kollek hat einmal über sie gesagt: »Es geht ihr weniger darum, Außenpolitik zu machen, als darum, eine Liste der meistgehaßten Mitmenschen zu führen.« Auf ihrer Liste standen der Generalsekretär der Vereinten Nationen Dag Hammarskjöld, der amerikanische Außenminister Christian Herter, der ghanaische Ministerpräsident Kwame Nkrumah, der französische Staatsmann Michel Debré, unser Abba Eban – und ich. Ich gehörte für sie zu denjenigen, die sie nicht genügend schätzten; einen Grund dafür sah sie wohl in meiner unerschütterlichen Treue zu Ben Gurion.

Unsere wechselhafte Beziehung begann in den frühen Jahren der Mapai, als ich in Zeitungsartikeln Moshe Sneh, den Leiter der Hagana, kritisierte (siehe Seite 72). Unsere Beziehung verschlechterte sich, als ich 1952 Ministerialdirektor im Verteidigungsministerium wurde. Die Spannungen nahmen noch zu, als Golda 1955 Außenministerin wurde. Damals beschuldigte sie mich, insgeheim eine eigene Außenpolitik zu betreiben.

Am Vorabend der Sinaifeldzuges, als England und Frankreich Ägypten zu Wasser und von der Luft aus angriffen und Israel auf der Halbinsel Sinai einen Schlag gegen die ägyptische Armee führte, erreichte die Beziehung zwischen Golda Meïr und mir ihren Tiefpunkt (siehe Seite 153). Sie leitete damals eine Mission, die aus Moshe Carmel, Minister von der Achdut Haavoda und Ex-General, Moshe Dayan und mir bestand. Ich hatte Ben Gurion davon berichtet, daß die Franzosen Interesse an einer gemeinsamen militärischen Aktion bekundeten. Ziel der Mission sollte es sein, dieser Absicht die Gestalt eines gemeinsamen Handlungsplans zu geben. Wir flogen in einem Bomber der französischen Luftwaffe über Casablanca nach Paris. Nach der Landung in der Nähe von Paris erfuhr ich zu meinem Schrecken von Josef Nahmias, dem israelischen Militärattaché in Paris, daß Premierminister Guy Mollet, der bei unseren Gesprächen auf französischer Seite den Vorsitz führen sollte, nicht teilnehmen könne. Die Franzosen hatten an diesem Tag ein Flugzeug abgefangen, das algerische Rebellenführer an Bord hatte, und Mollet mußte die Aktion vor der Nationalversammlung verteidigen.

Mir war sofort klar, welche katastrophalen Folgen das für mich haben konnte. Golda Meïr sähe sich in ihrem Verdacht bestätigt, mein Bericht sei übertrieben optimistisch gewesen. Ich eilte direkt vom Flughafen in Mollets Amtssitz und erklärte ihm mein Problem. Er war damit einverstanden, Golda wenigstens unter vier Augen zu treffen.

Trotzdem hatten mir diese Umstände bereits geschadet. Bei den Sitzungen der Delegationen hatte Außenminister Christian Pineau, ein Intellektueller mit Hang zu nachdenklichem Pessimismus, eine durch und durch negative Einschätzung möglicher Reaktionen auf eine gemeinsame Militäraktion von Franzosen (Briten) und Israelis zum damaligen Zeitpunkt abgegeben, nämlich kurz vor den amerikanischen Präsidentschaftswahlen und mitten in der politischen Krise in Ungarn. Bei ihrer Rückkehr nach Israel berichtete Golda denn auch Ben Gurion, meine Behauptung, die Franzosen seien an einer gemeinsamen Aktion interessiert, entbehre jeder Grundlage oder sei zumindest stark übertrieben.

Spätere Ereignisse bewiesen zwar das Gegenteil, dennoch fuhr das Außenministerium fort, mich und meine Arbeit schlechtzumachen. Jaacov Tsur, unser Botschafter in Frankreich, war über die sehr engen Beziehungen zwischen den Verteidigungsministerien Israels und Frankreichs manchmal recht unglücklich. Während des Sinaifeldzugs arbeiteten israelische Beamte direkt im französischen Verteidigungsministerium, außerdem waren unsere Verbindungsoffiziere in dem im voraus angelegten alliierten Hauptquartier, das heißt der Briten und Franzosen, auf Zypern präsent.

Bisweilen nahm die Feindseligkeit zwischen Golda und mir komische Züge an. Ein Londoner Blatt, der *Jewish Observer and Middle East Review*, veröffentlichte einmal einen Bericht, in dem von einer angeblichen Krankheit Golda Meïrs die Rede war. Am nächsten Morgen um sechs Uhr früh weckte mich ein Anruf von Giora Josephtal, dem damaligen Generalsekretär der Partei, aus dem Schlaf. Josephtal warnte mich, Golda sei außer sich und einem Tobsuchtsanfall nahe. Sie glaube, ich hätte Jon Kimche, dem Herausgeber der Zeitung, diese Geschichte zugespielt. Zwar hatte ich Kimche mit Informationen immer zur Verfügung gestanden, da ich seine Zeitung für seriös hielt, aber es war abwegig, mich zu verdächtigen, solche Gerüchte über Goldas angeblich schwache Gesundheit zu verbreiten. Jeder, der mich kannte, wußte, daß ich mich nie zu so etwas hergeben würde. Doch für Golda gehörte all das zu meinem Intrigenspiel gegen sie, war Teil meines Planes, ihre Autorität zu untergraben. Vor dem Hintergrund dieser Feindschaft mir und den Mitgliedern der Rafi gegenüber war es nur stimmig, daß sie sich vor dem Sechstagekrieg gegen Dayans Rückkehr ins Amt des Verteidigungsministers stemmte – ihrer Meinung nach würde Israel den Krieg auch ohne ihn gewinnen – und daß sie sich der Aufnahme der Rafi-Mitglieder in die Reihen der Partei ebenfalls widersetzte.

Beide Male waren ihre Anstrengungen vergeblich. 1967 war Golda Generalsekretärin der Partei geworden. Sie mußte sich nun damit abfinden, daß ich ihr Stellvertreter war und in das ihr gegenüberliegende Büro in der Parteizentrale an der Strandpromenade Tel Avivs einzog. Erst während der vielen, langen und sehr offenen Gespräche, die ich dort mit ihr hatte, begann ich ihre Persönlichkeit und ihre Probleme zu verstehen. Eines Tages eröffnete ich ihr, daß Ben Gurion sie sehr bewunderte. Sie entgegnete, meine Behauptung entbehre jeder Grundlage. Warum sie das meine. Darauf antwortete sie mit einer Reihe von Geschichten aus vergangenen Zeiten, die sie wohl schon lange mit sich herumgetragen hatte. Eine dieser Episoden stammte noch aus der Zeit der Übergangsregierung von 1948.

Sie berichtete, Ben Gurion habe damals seinen Ministern erklärt, das Wichtigste sei, mehr Waffen zu beschaffen. Um Waffen zu kaufen, brauchte Israel Geld, und um das aufzutreiben, müsse er nach Amerika gehen. »Ben Gurion«, habe sie daraufhin gesagt, »nach Amerika gehen und Geld sammeln kann ich auch. Aber den Krieg hier führen so wie Sie, das können nur Sie. Ich schlage vor, daß Sie hierbleiben und ich an Ihrer Stelle nach Amerika fahre.« Die Minister stimmten ab, und Golda »gewann«. Und sie war sich sicher, daß Ben Gurion deswegen böse auf sie war.

Sie flog also mit einer Piper-Maschine aus dem belagerten Jerusalem nach Tel Aviv, bezog ein Zimmer im damals einzigen größeren Hotel Tel Avivs, dem Katie Dan, und bereitete sich darauf vor, am nächsten Morgen nach Amerika weiterzureisen. Am Abend klopfte es an ihrer Tür: »Frau Meyerson, Herr Ben Gurion wartet in der Hotelhalle auf Sie.«

»Ich freute mich so«, erzählte sie weiter. »Ich hatte ihn im Kabinett ›besiegt‹, und nun war er noch eigens gekommen, um sich von mir zu verabschieden. Er sagte damals: ›Guten Abend, Golda. Sind Sie schon auf dem Weg nach Amerika?‹ als ob er das nicht gewußt hätte. ›Wann fliegen Sie? Morgen?‹ Und dabei zog er ein zusammengefaltetes Blatt Papier aus der Westentasche. ›Ach bitte, Golda, ich habe da eine Liste mit Büchern, die ich hier nicht bekommen konnte. Wenn Sie mir die in New York besorgen könnten; ich wäre Ihnen sehr dankbar.‹«

Golda war tief verletzt. Sie hatte gedacht, er habe ihr für die Mission alles Gute wünschen wollen, und nun gab er ihr nur eine Liste mit Büchern, die sie für ihn kaufen sollte.

Ich wollte das Mißverständnis aufklären. »Aber natürlich ist er extra vorbeigekommen, um sich von Ihnen zu verabschieden«, sagte ich. »Und ich bin mir auch sicher, daß er sich genau überlegt hatte, was er Ihnen sagen wollte. Die Idee mit den Büchern, das war nur eine Ausrede. Wenn es ihm wirklich nur um die Bücher gegangen wäre, hätte er Sie auch anrufen können. Dazu hätte er nicht selbst mit der Liste vorbeikommen müssen.« Doch sie mochte den Vorfall immer noch nicht in diesem Licht sehen.

Bei ihrer Rückkehr aus den Vereinigten Staaten nannte Ben Gurion sie öffentlich »die Frau, die den Staat gerettet hat«. Er bot ihr jedoch keine Position an, und sie war eine ganze Zeitlang ohne Aufgabe und enttäuscht. Ich weiß das, weil ich mich einmal von einem Büroschreibtisch trennte, der vorher vom Stabschef benutzt worden war. Und dort fand sich in einer Schublade ein kurzes Schreiben von Golda an Ben Gurion, in dem es hieß: »Ich bin schon seit ein paar Wochen wieder zu Hause und habe nichts zu tun.« Unterschrieben war es mit »Die Frau, die den Staat gerettet hat«.

Ein weiterer Zwischenfall, der einige Jahre später stattfand und an den Golda sich während unserer Aussprache 1969 ebenfalls erinnerte, zeigt, wie mißtrauisch und unsicher sie eigentlich war. Golda, die damals Arbeitsministerin war, sollte an einer Konferenz der Internationalen Arbeitsorganisation in Genf teilnehmen. Das Kabinett, das jeden Sonntag zusammentrat, gab seine formelle Zustimmung, doch als Golda sich am nächsten Tag beim Premierminister verabschieden wollte, schien Ben Gurion vergessen zu haben, wohin sie reiste und weshalb. Er fragte sie, welchen Flug sie nehmen wolle. »Morgen um zehn«, war die Antwort.

»Ach ja? Dann fliegen Sie also mit Shimon.« Für Golda war das ein Grund, beleidigt zu sein. Ben Gurion interessierte sich offensichtlich nicht für ihre Mission, obwohl sie Ministerin in seinem Kabinett war. Dagegen erinnerte er sich an Details der Reisepläne seines jungen Ministerialdirektors.

Wieder versuchte ich ihr zu erklären, daß Ben Gurion hier keine Personen bevorzugte: Fragen der Verteidigung beschäftigten ihn einfach mehr – er war damals Premier- und Verteidigungsminister –, während das Arbeitsministerium nicht im Zentrum seiner Aufmerksamkeit lag.

Doch es war hoffnungslos. Hinter fast allem, was geschah, vermutete sie geheime Drahtzieher und verborgene Motive. Ihrer Ansicht nach arbeiteten wir unablässig daran, ihre Position zu untergraben. Moshe Dayan, der es immer schaffte, das Herz einer Frau zu gewinnen, lobte ihre diplomatischen Erfolge in Afrika. Er wußte, wieviel sie für Golda bedeuteten. Als er von 1969 bis 1974 unter ihr Verteidigungsminister war, entstand zwischen ihnen eine enge und vertrauensvolle Kooperation.

Meine Beziehung zu Golda änderte sich erst während des Jom-Kippur-Krieges dramatisch. Ich war als Minister neu im Amt und an den Entscheidungen vor und während des Krieges nicht direkt beteiligt, aber ich stand ihr zur Seite. Ich hegte ehrliche Bewunderung für ihre felsenfeste Entschlossenheit in diesen Tagen der Not und verteidigte sie, wenn sie angegriffen wurde. Während einer Kriegsdebatte in der Knesset war kein einziger Minister bereit, für die Regierung zu sprechen – da meldete ich mich freiwillig.

Nach der Niederlage der Arbeiterpartei 1977 wurde unsere Beziehung sogar noch enger. Als Parteivorsitzender fragte ich Golda in allen wichtigen Angelegenheiten um Rat und hielt sie über die politischen Entwicklungen auf dem laufenden. Im Dezember 1978, als die Friedensverhandlungen zwischen Israel und Ägypten in eine Sackgasse geraten waren, schlug ich eine Formulierung vor, mit der beide Seiten weiterarbeiten konnten. Das war damals nach dem Besuch von Präsident Sadat in Jerusalem und nach der Konferenz von Camp David. Sadat signalisierte seine Zustimmung, doch wollte ich mich noch mit Golda beraten.

Sie lag im Hadassah-Krankenhaus in Jerusalem. Ich rief an und fragte, ob ich vorbeikommen könne. Dort angekommen, mußte ich zehn oder fünfzehn Minuten vor ihrer Zimmertür warten, was bei Golda nicht

Ministerpräsidentin Golda Meïr und Verteidigungsminister Moshe Dayan im Juli 1969.

Ägyptens Präsident Anwar as Sadat während seines historischen Besuchs in der Knesset im November 1977 mit Golda Meïr und Shimon Peres.

üblich war. Dann konnte ich zu ihr, wir besprachen ganz geschäftsmäßig die Angelegenheit, und ich ging wieder. Draußen fragte ich ihren Leibwächter, warum sie mich hatte warten lassen. Sie habe noch Make-up auflegen wollen, bevor sie mich empfing, antwortete er. Das war unser letztes Zusammentreffen. Sie starb am darauffolgenden Tag, dem 8. Dezember 1978.

Obwohl sich unsere Beziehung gegen Ende ihres Lebens tiefgreifend zum Besseren wandelte, hing ihre Abneigung mir gegenüber wie ein dunkler Schatten über meiner politischen Laufbahn. In den frühen Jahren bat sie Ben Gurion immer wieder, mich zu bremsen, mich davon abzuhalten, eine bestimmte Aufgabe zu übernehmen oder ein bestimmtes Projekt voranzutreiben. Und je häufiger er ihr Ansinnen ablehnte, desto tiefer wurde ihre Abneigung gegen mich.

Als Ben Gurion 1963 zurücktrat, bat er Eshkol ausdrücklich darum, mich als stellvertretenden Verteidigungsminister im Amt zu lassen. »Ihr kommt beide aus dem Jordantal«, sagte er bei der Amtsübergabe im Ministerium. »Bestimmt werdet ihr gut zusammenarbeiten.« Golda hoffte wohl, Eshkol würde sich bei der nächsten Gelegenheit von mir trennen. Aber in Wahrheit mochte Eshkol Golda nicht besonders, auch wenn zwischen ihnen die Fassade des freundschaftlichen Umgangs stets gewahrt blieb.

10

»FRENCH CONNECTION«

Frankreich war Israels erster mächtiger Freund und Verbündeter. Die Franzosen halfen dem jüdischen Staat in den schwierigen Anfangsjahren nach dem Unabhängigkeitskrieg bis zum Sechstagekrieg fast zwanzig Jahre später. So konnte Israel an Stärke und Reife gewinnen.

Am Anfang kauften private Mittelsmänner für uns in Paris kleine Mengen an Waffen, doch 1953 wurde – zumindest mir – deutlich, daß unser Interesse in einer stabilen Beziehung auf Regierungsebene liegen mußte. Von da an arbeitete ich hart am Aufbau einer solchen Verbindung. Zwar war ich noch relativ jung und besaß keine einschlägige Erfahrung, aber ich begann dennoch, ein Netz persönlicher Kontakte mit führenden Vertretern der französischen Politik von Charles de Gaulle bis Pierre Mendès-France zu knüpfen. Im Jahr 1954, bei meinem ersten Projekt, arbeitete ich mit dem damaligen Vize-Premierminister Paul Reynaud zusammen. Am Ende meiner Bemühungen stand die Lieferung moderner weitreichender Geschütze an die israelische Armee, deren Artillerie sich bis dahin mit einem Sammelsurium alter Feldgeschütze hatte begnügen müssen. Bald darauf führte ich Verhandlungen mit französischen Regierungsbeamten und Industriellen über den Ankauf von Panzern, Düsenjets (den Mystères) und Militärtransportmaschinen (den Nord Atlas).

Die Strategie, die hinter unserer Politik stand, war von nackter Notwendigkeit diktiert. Frankreich war weltweit der einzige bedeutende Waffenproduzent, der uns nicht feindlich gegenüberstand oder uns boykottierte. Die Sowjetunion gehörte zur ersten Kategorie, ihre Unterstützung der arabischen Staaten wurde während der fünfziger Jahre immer deutlicher. Großbritannien hielt sich strikt an das Waffenembargo, das es bei der Gründung unseres Staates verkündet hatte. Die USA unterstützten uns zwar politisch, hielten aber ebenfalls an dem Embargo fest, das sie während des Unabhängigkeitskrieges über uns verhängt hatten. Damals hatten sie uns nicht einmal einfache Gewehre liefern wollen.

Anfang der fünfziger Jahre lernte ich Frankreich immer besser kennen. Mir fiel auf, wie stark es sich in der kurzen Zeit seit dem Zweiten Weltkrieg verändert hatte. Das Land war nicht länger in Katholiken und Protestanten, Arme und Reiche, Pariser und Leute aus der Provinz geteilt. Ein neuer Graben hatte sich aufgetan, der quer durch alle Schichten der französischen Gesellschaft verlief: Nun stand dem Frankreich der Résistance das Frankreich der Kollaboration gegenüber. Das kämpfende Frankreich, das sich der Besetzung durch die Deutschen nie gefügt hatte, setzte sich aus Katholiken und Protestanten, Armen und Reichen, Intellektuellen und Arbeitern, weltgewandten Stadtmenschen und schlichten Landbewohnern zusammen. Im Nachkriegsfrankreich bildeten die Männer und Frauen, die in den vordersten Reihen des Widerstandes gestanden hatten, nun eine neue nationale Führungsschicht. Dieses Frankreich, das Prinzipien besaß und sie auch gegen äußeren Druck verteidigte, mußte dem neuentstandenen und von allen Seiten bedrohten Israel beinahe instinktiv zur Seite stehen. Unser Hilferuf an die neue französische Führung verhallte dort nicht ungehört.

Es dauerte gar nicht lange, da war ich mit allen wichtigen Persönlichkeiten der französischen Politik bekannt. Zudem bekam ich den Eindruck, daß sie mich bei offiziellen Anlässen oder im privaten Rahmen gern als ihren Gast empfingen. Alle versprachen, ihr Land werde Israel helfen. Ich war schon so gut vertraut, daß ich mir Ende 1955 während des Wahlkampfs, der die Sozialisten unter der Führung von Guy Mollet an die Macht bringen sollte, gegenüber Mollet die Bemerkung erlaubte, daß Sozialisten uns normalerweise unterstützten, solange sie in der Opposition waren, uns aber vergaßen, sobald sie an die Macht gelangten. »Sie werden sehen«, entgegnete Mollet mir bestimmt, »es wird in unserem Fall anders sein.«

Moshe Dayan, nach 1954 Chef des Generalstabes, war mir damals eine große Stütze. Seine Analyse unserer Möglichkeiten, Rüstungsgüter auf dem Weltmarkt zu beschaffen, stimmte mit meiner vollkommen überein. Daher nahm er an den sich anbahnenden besonderen Beziehungen zu Paris regen Anteil. Ich schuf die Voraussetzungen dafür, daß sich zwischen ihm und General Pierre Koenig, dem Verteidigungsminister der kurzlebigen Regierung Mendès-France, eine gute Zusammenarbeit entwickelte. Dayan erhielt das Kreuz der Ehrenlegion, eine Geste gegenüber dem Mann und seinem Land, die eine enge militärische Kooperation für die Zukunft versprach. Ich investierte viel Zeit und Energie in unsere Beziehung zu Frankreich, zeitweilig pendelte ich regelmäßig zwischen Tel Aviv und Paris hin und her.

Wie nicht anders zu erwarten, gaben diese im geheimen angeknüpften Kontakte Anlaß zu Gerüchten und hämischen Angriffen. Es hieß, wir unterstützten die Franzosen bei ihrem Kampf gegen die algerische Befreiungsbewegung *Front de Libération Nationale* (FLN). Wir würden eine »unheilige Allianz mit den Kräften des Imperialismus« eingehen. Umgeben von Anfeindungen, wußte ich doch, daß ich bei meiner Arbeit auf Dayans Unterstützung immer rechnen konnte.

Selbstverständlich hatte ich Ben Gurions Erlaubnis, unsere Beziehung zu Frankreich auszubauen. Allerdings war seine Haltung den Franzosen gegenüber nie völlig frei von Vorbehalten. »Warum haben sie sich den Nazis ergeben?« fragte er oftmals David Shaltiel, der Militärattaché in Europa war und in den dreißiger Jahren in der französischen Fremdenlegion gedient hatte. Ehe Ben Gurion de Gaulle 1960 persönlich kennenlernte, hatte er auch ihm gegenüber Vorbehalte und zitierte manchmal das berühmte Bonmot Churchills aus der Kriegszeit, von allen Kreuzen, die er zu tragen habe, sei das Lothringer das schwerste. Als de Gaulles Memoiren erschienen, überredete ich den israelischen Verlag Am Hasefer dazu, sie in hebräischer Übersetzung herauszugeben. Der Verlag war unter der Bedingung dazu bereit, daß Ben Gurion das Vorwort hierzu verfaßte. Ich bat Ben Gurion darum und versuchte ihn davon zu überzeugen, daß de Gaulles Buch ein noch größeres literarisches Meisterwerk sei als Churchills Kriegsmemoiren. Doch Ben Gurion war anderer Meinung und weigerte sich rundheraus, das Vorwort zu übernehmen. Schließlich schrieb ich das Vorwort zur ersten Auflage. Später jedoch, als sich Ben Gurion und de Gaulle begegnet waren und sofort gegenseitige Hochachtung empfanden, änderte Ben Gurion seine Haltung und bot an, für weitere Auflagen ein Vorwort zu verfassen.

Im September 1955 schlossen die Tschechoslowakei und Ägypten einen Vertrag über umfangreiche Waffenlieferungen ab. Damit wurde die Frage, wie sich Israel einen ständigen Zufluß moderner Waffen für seine Armee sichern könne, nur noch dringlicher. Da Prag nun fest zum Ostblock gehörte, sprach vieles dafür, daß der Liefervertrag auf Anweisung oder doch zumindest mit Zustimmung der Sowjetunion zustande gekommen war. Für Israel war das eine bedenkliche Entwicklung. Mit Erfüllung des Vertrages würde die militärische Schlagkraft Ägyptens enorm zunehmen, besonders seine Panzerwaffe und die Luftstreitkräfte würden gestärkt. Einen Monat nach Abschluß des Vertrages verkündete Nasser, die Straße von Tiran am südlichen Ende des Golfs von Akaba sei für israelische Schiffe gesperrt. (Das gleiche wiederholte er später am Vorabend des Sechstagekrieges.) Ben Gurion hatte zuvor einmal gesagt, die Blockade der Schiffahrtsstraße sei für ihn ein *casus belli.* Da ich ihn kannte, wußte ich, daß er es ernst meinte. Tatsächlich unterbreitete Ben Gurion im Dezember, nach langen Beratungen mit Dayan, dem Kabinett einen Plan, nach dem die IDF die Straße von Tiran befreien und wieder öffnen sollte. Doch die Mehrheit der Minister stimmte dagegen. Ich hatte den Eindruck, daß die Angelegenheit damit nicht erledigt war, und verdoppelte meine Bemühungen in Frankreich.

Bei alledem achtete ich darauf, Dayan über jede neue Entwicklung immer auf dem laufenden zu halten. So klug und abgeklärt, bisweilen auch zynisch er war, hatte er auch seinen Stolz. »Mir ist Prestige gleichgültig«, sagte er gern, »besonders das Prestige anderer Leute.« Ich versuchte, ihn persönlich an der Entwicklung unserer Beziehung zu Frankreich zu beteiligen. Zu Beginn des Jahres 1956 gelang es uns nach langwierigen Verhandlungen, ein umfassendes sicherheitspolitisches Abkommen mit der neuen, sozialistischen Regierung unter Guy Mollet abzuschließen. Ich fand, dieser Erfolg sei der geeignete Moment, um eine offizielle, wenn auch geheime Zusammenkunft von Generalstabsvertretern beider Länder zu arrangieren. Bei einem solchen Treffen sollten noch ausstehende technische Einzelheiten des Vertrages geregelt und die vertraulichen Beziehungen der beiden Verteidigungsapparate mit angemessenem Zeremoniell gewürdigt werden. Der französische Verteidigungsminister Maurice Bourgès-Maunoury war sofort einverstanden, und wir setzten gemeinsam Ort und Zeitpunkt dafür fest: am 22. Juni 1956 im Schloß von Vermars, außerhalb von Paris, das sich im Besitz der Familie Levin befand. Dayan und ich flogen heimlich in einer Maschine unserer Luftwaffe in Begleitung einer kleinen Zahl von Offizieren der IDF und von Josef Nahmias, dem Leiter der israelischen Militärmission in Paris.

Die erste Sitzung der auf zwei intensive Arbeitstage angelegten Konferenz begann um elf Uhr morgens. Dayan hatte den größten Teil des vorigen Tages und Abends mit der Vorbereitung seiner Eröffnungsrede verbracht. Er legte Wert auf jedes einzelne Wort. Die passenden Worte zu finden, aber auch die richtige Art und Weise, die eigene Sache vorzubringen, daran lag ihm viel. Das Richtige zu sagen, förderte seiner Meinung nach ganz erheblich tiefere und engere Beziehungen zwischen Individuen, aber auch zwischen Staaten. In diesem Sinn sprach er ausführlich über die Gefahr, die Nasser für den gesamten Nahen Osten, wenn nicht für die Welt darstellte. Nassers Ziel sei es, den Einfluß des Westens aus der Region zu verdrängen und aus Ägypten einen Satellitenstaat der Sowjets zu machen. Als er seine Rede beendet hatte, warf er mir einen kurzen Blick zu, so als wollte er fragen: »Wie war ich?« Ich signalisierte ihm, er sei brillant gewesen, was der Wahrheit entsprach. Seine einleitenden Sätze über Frankreich, über die Werte, für die es stand, und über Frankreichs Rolle in der Welt hatten ganz offensichtlich einen tiefen Eindruck hinterlassen. Dann hatte er seine Rede fortgesetzt und »als Soldat zu Soldaten« gesprochen. Sein Publikum, das aus hochrangigen französischen Offizieren und den Verantwortlichen des französischen geheimen Nachrichtendienstes bestand, hörte ihm voller Respekt zu und reagierte herzlich auf seine Rede.

Die folgenden Sitzungen waren der ausführlichen Besprechung der Einzelheiten der beabsichtigten Rüstungslieferungen gewidmet. Am Ende des zweiten Tages waren sie ausgearbeitet. Die Rechnung für die Ausrüstungsgegenstände – 72 Mystère-Flugzeuge, 200 AMX-Panzer und große Mengen an Munition – betrug über 100 Millionen Dollar, damals eine gewaltige Summe. Ohne zu zögern zückte ich meinen Füller und unterschrieb. Nahmias mahnte düster, man werde mich aufhängen, weil ich zuvor nicht die Genehmigung des Finanzministeriums eingeholt hatte. »Wir werden nicht zulassen, daß man ihn hängt«, flüsterte Dayan zurück. Wir hatten alle das Gefühl, einen Vertrag von historischer Bedeutung abzuschließen. Die Vereinbarung enthielt auch einen genauen Lieferplan; das erste französische Transportschiff sollte seine Panzer-Fracht am 18. Juli in Haifa anlanden. Damit war ein wichtiger Beitrag für die Fähigkeit der IDF geleistet, die arabische Seite abzuschrecken oder nötigenfalls auch zu schlagen. Weder unser Botschafter in Paris noch unsere Außenministerin Golda Meïr wußten von der Konferenz in Vermars. Die Franzosen hatten darauf bestanden, die Außenministerien auf beiden Seiten nicht einzuschalten. Die Ergebnisse der Konferenz bewiesen, daß sich unsere Anstrengungen gelohnt hatten, in den zurückliegenden Jahren eine besondere Beziehung zu Frankreich aufzubauen. Doch es sollten noch mehr Überraschungen folgen.

Einen Monat nach der geheimen Konferenz in Vermars verkündete Nasser die Verstaatlichung des Suezkanals. Die seit Monaten angespannte Situation explodierte plötzlich. Die britischen Truppen, die seit Jahrzehnten die Kanalzone nach einem Vertrag mit Ägypten besetzt gehalten hatten, zogen sich widerstrebend zurück. Der Betrieb der Suezkanalgesellschaft, die sich in französischem und britischem Besitz befand, sowie die Einhaltung ihrer internationalen Verpflichtungen wurden nun nur noch durch die ägyptische Oberhoheit gewährleistet. Damals hatte Nasser auch wegen beträchtlicher Kredite für den Bau des Assuanstaudammes mit den Regierungen der Vereinigten Staaten und Großbritanniens verhandelt. Der geplante Damm sollte Elektrizität erzeugen, die jährlichen Nilüberschwemmungen regulierbar machen und durch ausgedehnte Bewässerung die landwirtschaftlich nutzbare Fläche in Ägypten erheblich vergrößern. Nasser hatte aber gleichzeitig Verhandlungen mit den Sowjets geführt, was den amerikanischen Außenminister John Foster Dulles in Rage brachte und zum Scheitern der Verhandlungen führte. Dulles ließ verlauten, daß es keinen amerikanischen Kredit geben werde. Nasser reagierte darauf mit der Verstaatlichung des Suezkanals.

Damit verstieß Ägypten eklatant gegen seine vertraglichen Verpflichtungen. Der Westen betrachtete das mit großer Besorgnis und setzte sogleich unter der Führung der Vereinigten Staaten zu einer neuen Runde diplomatischer Bemühungen an. Für Großbritannien und Frankreich stellte die Verstaatlichung einen direkten Schlag gegen ihre ökonomischen (die Suezkanalgesellschaft) und strategischen Interessen dar. Eine wichtige Route für Handelsschiffe und Öltanker war nun unter fremder und potentiell feindlicher Kontrolle. Die beiden europäischen Mächte hatten vor wenig mehr als einem Jahrzehnt einen schweren Kampf gegen einen totalitären Diktator austragen müssen. Sie hatten Grund, in Nasser, der Anspruch auf die Vorherrschaft im Nahen Osten erhob, ebenfalls einen aufstrebenden Diktator zu sehen, den man jetzt stoppen mußte. Daher entwarfen sie Pläne, das Kanalgebiet mit militärischer Gewalt zurückzugewinnen und en passant Nassers Regime zu stürzen.

Israel geriet fast sofort in den Sog der sich anbahnenden dramatischen Ereignisse, ich ebenfalls. Am 26. Juli hielt Nasser seine Rede über die Verstaatlichung. Am 27. Juli bat mich Bourgès-Maunoury zu einer dringenden Unterredung in sein Büro. Gemeinsam mit Nahmias ging ich zu ihm und war überrascht, den Minister in Gesellschaft einiger kommandierender Generäle anzutreffen. Bourgès-Maunoury verschwendete keine Zeit. Wie lange, fragte er mich, würde die IDF brauchen, um sich quer durch den Sinai zu kämpfen und den Kanal zu erreichen?

Auf diese Frage war ich zwar nicht vorbereitet, doch das Thema war mir durchaus geläufig. Wir hatten schon darüber nachgedacht und während der vergangenen Monate häufig darüber gesprochen. Ich antwortete also, daß wir es meiner Einschätzung nach in zwei Wochen schaffen könnten. Die Militärs taten verblüfft. Wie das bitte möglich sein solle, fragten sie. Ich wiederholte, daß es sich hierbei nur um meine Schätzung handele, blieb aber bei meiner Aussage. Bourgès-Maunoury stellte mir daraufhin eine weitere Frage, die wohl der Grund für die eilig einberufene Beratung war. Ob Israel denn dazu bereit wäre, an einer verbundenen militärischen Operation teilzunehmen, bei der Israels Aufgabe darin bestünde, den Sinai zu durchqueren. Ich antwortete, ohne zu zögern, daß wir »unter bestimmten Bedingungen wohl dazu bereit wären«. Daraufhin beschrieb mir Bourgès-Maunoury die bisher entwickelten Pläne für die »Operation Musketeer«, eine gemeinsame französisch-britische Aktion mit dem Ziel, Truppen in der Kanalzone abzusetzen und die dortigen Rechte der beiden Länder mit Gewalt wiederherzustellen.

Der französische Minister sprach von Streitigkeiten zwischen Paris und London. Die Franzosen wollten die Aktion so früh wie möglich starten, »bevor unsere Regierung stürzt und der Herbst ins Land zieht«. Die Briten dagegen, deren taktische Überlegungen sich auf ihren Militärstützpunkt auf Zypern konzentrierten, bestanden auf einer langen, generalstabsmäßigen Planung, so als würde es sich um eine zweite Invasion wie 1944 in der Normandie handeln. »Können wir zusammenarbeiten?« fragte Bourgès-Maunoury erneut, und ich beteuerte unsere Bereitschaft. Allerdings machte ich klar, daß hierzu Beratungen auf höchster Ebene nötig seien. Wir einigten uns darauf, so bald wie möglich ein Ministertreffen in Paris anzusetzen.

Beim Hinausgehen flüsterte mir Nahmias ins Ohr: »Diesmal gehörst du wirklich gehängt! Wie konntest du nur so bestimmt antworten, in einer so bedeutenden Angelegenheit, ohne dazu autorisiert zu sein?« Ich erwiderte, falls ich gehängt würde, dann mit gutem Grund, »aber ich riskiere lieber meinen Kopf, als solch eine einzigartige Gelegenheit verstreichen zu lassen«. Sollte die Entscheidung in Jerusalem am Ende gegen eine Beteiligung Israels ausfallen, könnten die maßgeblichen Stellen immer noch erklären, ich hätte ohne Berechtigung gesprochen.

Ich telegraphierte den Inhalt unserer Besprechung mit Bourgès-Maunoury an Ben Gurion. Dann informierte ich Dayan und arrangierte ein Treffen mit ihm gleich nach meiner Ankunft. Dayan telegraphierte zurück, gleich nach meiner Rückkehr werde Ben Gurion von Sde Boker herüberfliegen, um der wöchentlichen Kabinettsitzung beizuwohnen. Er schlug vor, wir könnten alle drei nach Jerusalem hinauffahren und unterwegs die Neuigkeiten aus Frankreich besprechen. Dayan holte mich vom Flughafen Lydda (dem heutigen Ben-Gurion-Flughafen) außerhalb von Tel Aviv ab. Während wir zu einem Militärflugplatz ganz in der Nähe fuhren, wo Ben Gurions Piper gelandet war, erzählte ich ihm von meinen Gesprächen in Paris. Dayans Begeisterung über das in Paris Erreichte war ebenso groß wie die meine.

Wir nahmen alle drei im Fond von Ben Gurions Wagen Platz, und Dayan berichtete in geschäftsmäßigem Ton von einer Anfrage der Armee für eine Vergeltungsaktion gegen ein jordanisches Militärlager. Dies sei als Antwort auf die Infiltration terroristischer Elemente gedacht, die von Jordanien aus über die Grenze gekommen waren. Ben Gurion hörte schweigend zu. Bei Bab el-Wad, auf halbem Weg nach Jerusalem, gab er seine Zustimmung. Dayan konnte nun die Anfrage der IDF dem Kabinett vorlegen. Dann drehte er sich mit einem verschwörerischen Lächeln zu mir und fragte: »Na, Shimon, was gibt es Neues aus Frankreich?« Ich gab einen ausführlichen Bericht über das Treffen mit Bourgès-Maunoury und den französischen Generälen. »Vielleicht sollten wir die Aktion in Jordanien etwas verschieben«, kommentierte Ben Gurion daraufhin lakonisch, »und uns auf die französische Angelegenheit konzentrieren.« Wir diskutierten die Zusammensetzung einer israelischen Delegation zu der vorgeschlagenen Konferenz auf Ministerebene in Paris. Dayan und ich empfahlen Eshkol für die Leitung der Abordnung, da er ein bißchen Französisch konnte und, was genauso wichtig war, keine Vorurteile uns gegenüber hatte, da wir ebenfalls Minister der Mapai waren. Doch Ben Gurion zog Golda Meïr vor, die er vor kurzem anstelle von Moshe Sharett zur Außenministerin ernannt hatte. Ihr zur Seite wollte er Moshe Carmel stellen, den Minister von der Achdut Haavoda, der fließend französisch sprach, außerdem Dayan und mich. Die Gruppe der Minister der Arbeiterpartei und später das gesamte Kabinett stimmten ordnungsgemäß zu, und am 3. August holte uns ein französischer Lancaster-Bomber ab, den uns die Franzosen heimlich geschickt hatten.

Unsere Mission hätte beinahe noch vor ihrem Beginn in einer Katastrophe geendet. Carmel suchte in dem dunklen und dröhnenden Flugzeug nach der Toilette und stürzte dabei in den Bombenschacht. Hilflos strampelnd hing er dort zwischen Leben und Tod, bis es uns gelang, ihn wieder ins Innere des Flugzeugs zu ziehen. Er kam zerschunden und zerkratzt in Paris an, bestand aber schneidig darauf, uns weiter zu begleiten.

Ich habe an anderer Stelle von der zweiten Beinahe-Katastrophe erzählt, die unserer Mission bereits zu Beginn drohte, nämlich als der französische Premierminister Guy Mollet uns die Nachricht zukommen ließ, er könne an den Gesprächen mit uns leider nicht teilnehmen (siehe Seite 138). Für Golda, die den ganzen Flug hindurch kurz angebunden und mürrisch gewesen war, bedeutete das die sofortige Bestätigung ihres Verdachts, ich hätte sie und die gesamte Regierung hinters Licht geführt. Eine ungewöhnliche Demarche beim französischen Premierminister brachte diesen dazu, zumindest Golda zu empfangen. Damit war der Tag für uns gerettet. Dennoch blieb Golda während der folgenden Gespräche mißtrauisch und verschlossen. Dayan dagegen füllte seinen Part tatkräftig aus. Er begann sofort ein Gespräch mit allen Einzelheiten über Rüstungsgüter und Nachschublieferungen sowie über die nötige Beschleunigung der Liefertermine. Er war gut vorbereitet und trat selbstbewußt und kompetent auf. Dabei achtete er darauf, keine Details über unsere Einsatzpläne preiszugeben. Der Sinaifeldzug war allein Aufgabe der israelischen Streitkräfte, darauf bestand Dayan, und deshalb mußten unsere Pläne geheim bleiben.

Die Berichte, die wir bei unserer Rückkehr ablieferten, unterschieden sich auffällig. Golda berichtete dem Kabinett in düsterem Ton, daß die Franzosen nicht eindeutig dazu entschlossen seien, militärische Schritte zu unternehmen. Zusätzlich habe sie den Eindruck gewonnen, daß deren Vorbereitungen auf militärischem Gebiet noch nicht entscheidend fortgeschritten seien. Inoffiziell erfuhr ich, daß Golda allein bei Ben Gurion gewesen war und ihm ohne viel Drumherum erklärt hatte, ich hätte das Kabinett in die Irre geführt und die Gespräche mit den Franzosen seien nichts als heiße Luft gewesen. Ben Gurion erwähnte mir gegenüber nichts von Goldas Anschuldigungen. Ich für meinen Teil berichtete ihm, was bei Mollet geschehen war, und sprach auch von der mir bekannten pessimistischen und übervorsichtigen Haltung des französischen Außenministers Christian Pineau. Meiner Einschätzung nach sei der wichtigste Punkt, daß dieses Treffen auf Ministerebene überhaupt stattgefunden hatte und daß die Franzosen im Prinzip mit all unseren praktischen Forderungen einverstanden waren. Wenn sie nicht tatsächlich zum Kampf entschlossen wären, warum hätten sie sich dann die Mühe machen sollen, ein solches Treffen zu arrangieren? Dayan stand fest zu mir. Er traf sich allein mit Ben Gurion und berichtete im Grunde dasselbe wie ich, Moshe Carmel ebenso.

Die Vorbereitungen für den Feldzug kamen nun in die Phase der operativen Planung, was eine noch engere Zusammenarbeit mit den Franzosen verlangte. Anfangs akzeptierte Dayan diese Situation nur mit Bedenken. Er hatte im Dezember eine völlig unabhängige israelische Militäraktion befürwortet (was das Kabinett damals abgelehnt hatte). Wie Ben Gurion wachte auch er eifersüchtig über die eigenständige Rolle, die Israel innerhalb des Gesamtplanes spielen wollte. Ben Gurion zitierte Churchill, der im Blick auf eine Kriegsallianz riet, es sei das beste für jede Nationalarmee, einen eigenen, gut definierten Frontabschnitt oder eine eigene Aufgabe zu haben, die so eng wie möglich mit den jeweiligen nationalen Interessen verbunden sein sollten. Unser nationales Interesse bestand darin, unsere Handelswege nach Afrika und Asien wieder freizubekommen, den terroristischen Anschlägen der *Fedajin* aus dem Gazastreifen ein Ende zu setzen und die ägyptische Militärmaschinerie, die zum großen Teil auf der Halbinsel Sinai Stellung bezogen hatte, soweit wie möglich zu zerstören. Dayan und ich arbeiteten in vertrauensvollem Einvernehmen zusammen. Unsere Beziehungen mit den Franzosen entwickelten sich ebenfalls zu einem seltenen Beispiel gegenseitigen Vertrauens zwischen Regierungen. Ich telefonierte während dieser Zeit verschiedentlich mit Premierminister Mollet persönlich. (Wir benutzten dazu eine normale Telefonleitung, weil wir annahmen, daß sich niemand die Mühe machen würde, ein unverschlüsseltes Gespräch abzuhören.) Mit Bourgès-Maunoury hatten wir täglich durch Nahmias in Paris Kontakt.

Dayan war entgegen seinem Ruf in der Öffentlichkeit ein sehr sorgfältiger und akribisch genauer Planer. Er verbrachte viele Stunden mit Kartenstudium, ging jede Einzelheit der Einsatzpläne und der Logistik durch und fand noch Zeit für seine archäologischen Ausgrabungen. Dort grub er in der Vergangenheit und suchte gleichzeitig nach Lösungen für die Probleme der Gegenwart.

Ben Gurion gab uns auf der praktischen Ebene breiten Spielraum und verwarf unsere Ideen und Vorschläge nie. Doch letztlich entschied er allein, und als die Frist zum Handeln näher rückte, wußten wir immer noch nicht, wie sein Entschluß aussehen würde. Gemeinsam mit unseren französischen Freunden und britischen Mitstreitern bereiteten wir einen Feldzug vor, ohne zu wissen, ob Ben Gurion unsere Pläne auch wirklich in die Tat umsetzen wollte. Die Andeutungen, die er ab und zu machte, waren widersprüchlicher Natur; seine Umgebung war daher auf Vermutungen angewiesen. So erzählte mir Bourgès-Maunoury am 21. September in Paris, die Briten würden sich Zeit lassen und die Operation am liebsten um ein paar Monate verschieben wollen. Die Franzosen dagegen wollten die Aktion unbedingt wie geplant im Oktober starten. »Richte ihm aus«, telegraphierte Ben Gurion als Antwort auf meine Meldung, »daß der Zeitplan der Franzosen zu dem unsrigen paßt.« Dennoch fragte Ben Gurion mich in den Wochen vor dem entscheidenden französisch-israelischen Gipfeltreffen immer wieder: »Weißt du, ob sich Mollet im klaren darüber ist, daß wir uns noch nicht gebunden haben?« Wir wußten, daß sich Ben Gurion große Sorgen machte, die Ägypter könnten unsere Städte bombardieren. Er hielt unsere Luftwaffe nicht für mächtig genug oder ausreichend ausgerüstet, um die Bodentruppen im Gefecht zu unterstützen und gleichzeitig den Luftraum über Israel zu sichern. Um ihm diese Furcht zu nehmen, handelten wir mit den Franzosen aus, für die Dauer des Sinaifeldzuges zwei ihrer Abfangjäger-Staffeln in Israel zu stationieren (obwohl sie eigentlich nicht benötigt wurden).

Darüber hinaus wußten wir, daß Ben Gurion noch eine zweite Bedingung erfüllt sehen wollte, die er zwar nicht ausdrücklich stellte, ohne die er aber nicht zu handeln bereit war. Er bestand darauf, daß die Briten sich aktiv an der Militäraktion beteiligten. Aus gutinformierten Kreisen wußte er, daß den Beteuerungen der Briten nicht zu trauen war (ich glaube, ich war der einzige, dem Ben Gurion das anvertraute). Er befürchtete, die Briten würden uns im letzten Moment im Stich lassen oder sich sogar gegen uns wenden und sich dabei auf ihre vertraglichen Verpflichtungen gegenüber Jordanien und dem Irak berufen. Seine Befürchtungen wurden durch das Verhalten der Briten nach einer Vergeltungsaktion der IDF in Jordanien noch verstärkt. In der Nacht des 11. Oktober lieferte sich eine Luftlandeeinheit mit der Arabischen Legion im Dorf Kalkilya im Westjordanland ein kurzes, aber heftiges Gefecht. Den Fallschirmspringern wurde von den jordanischen Streitkräften der Rückweg abgeschnitten, so daß sie sich gezwungen sahen, die Hilfe der israelischen Armee anzufordern. Erst mit Unterstützung von Panzern, Artillerie und Luftangriffen gelang es ihnen, sich den Weg freizukämpfen. Im Morgengrauen – der Kampf dauerte noch an – rief der britische Geschäftsträger Ben Gurion zu Hause an und übermittelte ihm eine dringende Botschaft aus London. Israel wurde daran erinnert, daß Großbritannien einen Verteidigungspakt mit Jordanien abgeschlossen hatte; falls der israelische »Angriff« fortgesetzt werde, sähe sich Großbritannien gezwungen, militärisch einzugreifen.

Da ich Ben Gurions Vorbehalte kannte, versuchte ich mehrmals, meinen französischen Verhandlungspartnern klarzumachen, daß wir für den Fall, daß die Engländer ausstiegen, sofort ebenfalls nicht mehr mit von der Partie wären. Außerdem sollten sich die Briten in Form einer offiziellen und unmißverständlichen Zusage zur Teilnahme an einer militärischen Aktion verpflichten. Mit einem indirekten Einverständnis würde sich Ben Gurion nicht zufriedengeben. Daraufhin verdoppelten die Franzosen ihre diplomatischen Anstrengungen bei den Briten, denn sie wußten, daß jede Unklarheit, die Whitehall bewußt offenließ, die gesamte Aktion in Frage stellen konnte.

Unter strikter Geheimhaltung brach Ben Gurion zu dem schicksalsträchtigen Gipfeltreffen mit den Franzosen auf; Dayan und ich sowie unsere engsten Mitarbeiter begleiteten ihn. Ben Gurion trug einen weichen Filzhut, um seinen weißen Haarschopf zu verstecken, der ihn sonst sofort verraten hätte. Dayan trug statt seiner Augenklappe eine dunkle Sonnenbrille. Wir saßen schweigend hinter den zugezogenen Vorhängen eines unauffälligen Wagens, der uns zu einem Militärflugplatz brachte. Wieder wandte sich Ben Gurion zweifelnd an mich: »Shimon, wissen die Franzosen, daß wir uns noch nicht entschieden haben? Sind sie sich darüber im klaren, daß wir diesen Besuch als einen reinen Akt der Freundschaft betrachten? Falls nicht, kehren wir sofort um ...« Ich konnte nur nochmals versichern, daß ich seine Haltung gegenüber den französischen Vertretern deutlich gemacht hatte.

Wir flogen in einer französischen Maschine, die de Gaulle ursprünglich von Präsident Roosevelt im Namen der Vereinigten Staaten geschenkt bekommen hatte. Wegen einer dichten Wolkendecke über Paris mußten wir umkehren und wieder in Richtung Süden fliegen. Wir landeten zum Auftanken auf einem Militärflugplatz in der Nähe von Marseille und flogen dann wieder weiter, während die Piloten nach einem Durchbruch in der Wolkendecke suchten. Insgesamt dauerte der Flug 17 Stunden, doch schien das Ben Gurion nichts auszumachen; kaum gelandet, fuhr er sofort weiter zu einer Villa in Sèvres, wo die Gespräche stattfinden sollten. Wir anderen wurden in einem ruhigen Hotel in Paris untergebracht.

Die erste Sitzung begann am späten Nachmittag des 22. Oktober und sollte den Franzosen – Premierminister Mollet, Außenminister Pineau und Verteidigungsminister Bourgès-Maunoury – Gelegenheit geben, Ben Gurion kennenzulernen, und umgekehrt. Nach freundlichen Begrüßungsworten malte Ben Gurion das Zukunftsbild – er selbst nannte es ein »Phantasiebild« – eines neuen und friedlichen Nahen Ostens. Er vertiefte sich sogar in verschiedene philologische und philosophische Fragen, die von den anstehenden Themen noch weiter entfernt lagen. Damit wollte er seinen Gesprächspartnern bedeuten, daß in dieser Phase die konkreten Einzelheiten eines gemeinsamen Engagements von seinen Delegationsmitgliedern ausgehandelt würden.

Dann äußerte Ben Gurion gegenüber den Franzosen seine tiefe Unzufriedenheit über den britischen Vorschlag, die Israelis sollten durch einen allein vorgetragenen Angriff auf Ägypten den Vorwand für die folgende französisch-britische Intervention liefern. Am selben Abend verstärkte sich seine Unzufriedenheit noch, als der britische Außenminister Selwyn Lloyd sich an den Gesprächen beteiligte und den britischen Vorschlag wiederholte. »Meine Antwort darauf ist ein kategorisches Nein«, erwiderte Ben Gurion dem smarten britischen Staatsmann. Von der freundlichen Atmosphäre, die unser bisheriges bilaterales Treffen mit den Franzosen gekennzeichnet hatte, war nun nicht mehr viel

David Ben Gurion und Shimon Peres bei der Konferenz von Sèvres, 1956.

zu spüren. »Israel hat kein Interesse daran, als Aggressor gebrandmarkt zu werden«, fuhr Ben Gurion fort, »und ein Ultimatum für seinen Rückzug aus der Kanalzone gestellt zu bekommen.« Israel sei nicht dazu bereit, den Krieg gegen Ägypten allein anzufangen. Sollte es aber angegriffen werden, werde es sich verteidigen. Zudem habe es die begründete Zuversicht, aus der Auseinandersetzung als Sieger hervorzugehen.

Die Atmosphäre war sehr gespannt, doch nun zeigte Ben Gurion seine vollendeten diplomatischen Fähigkeiten und brachte die Konferenz geschickt wieder aus dieser Sackgasse heraus. Er schlug vor, daß die israelischen Streitkräfte an dem vereinbarten Tag X in der Nähe der Kanalzone eine Vergeltungsaktion gegen Ägypten durchführen könnten. In derselben Nacht (und nicht zwei Tage später, wie es die Briten vorschlugen) würden dann Großbritannien und Frankreich Ägypten ein Ultimatum stellen, daß es seine Truppen aus dem Kanalgebiet zurückziehen solle, da der Kanal gefährdet sei. Gleichzeitig ginge auch ein Ultimatum an die Adresse Israels, sich der Kanalzone nicht zu nähern. Ägypten würde diese Forderung zurückweisen – und die beiden westlichen Alliierten könnten daraufhin ihren gemeinsamen nächsten Schritt koordinieren.

Für Lloyd waren sowohl der Umfang der vorgeschlagenen Aktion der Israelis als auch die Zeitspanne zwischen der israelischen Aktion und der der Alliierten nicht ausreichend. Doch Ben Gurions Eingreifen bedeutete auch, daß die Gespräche nicht zum Scheitern verurteilt waren. Lloyd flog nach London zurück, wohin ihm Pineau am nächsten Mittag folgen sollte, um die Position der Briten aus dem Munde des Premierministers Sir Anthony Eden persönlich zu erfahren. In der Zwischenzeit versuchten die französischen Vertreter, Ben Gurion zu weiteren Zugeständnissen zu bewegen. Wenn er diese Gelegenheit, Nasser anzugreifen, ungenutzt verstreichen lasse, könne er den Plan für immer begraben. Die Franzosen konnten nicht wissen, was wir wußten, daß nämlich für Ben Gurion die Verhandlungen noch zur Sondierung dienten: Er war noch nicht zum Krieg entschlossen. Er verbrachte in Sèvres viele Stunden allein und rang mit seinen Gedanken und dem Gewicht seiner Verantwortung.

Beim Mittagessen am nächsten Tag bahnte sich erneut eine Krise an, und wieder zeigte sich Ben Gurions staatsmännisches Format. Der französische Vizegeneralstabschef General Challe schlug vor, Israel solle einen ägyptischen Bombenangriff auf Beerscheba »vortäuschen«, um einen Vorwand zu haben, Ägypten den Krieg zu erklären und dadurch die gewünschte französisch-britische Intervention gegen Ägypten auszulösen. Schon während der General seinen Vorschlag unterbreitete, verfinsterte sich Ben Gurions Gesicht. Dann antwortete er ihm, nicht ohne zuvor die Anweisung gegeben zu haben, seine Erwiderung »Satz für Satz« ins Französische zu übersetzen. »Meine Antwort auf den Vorschlag von General Challe mag Ihnen unvernünftig oder sogar naiv vorkommen«, begann er, »aber es gibt ein paar Dinge, die ich nicht tun kann und zu denen ich auch meiner Regierung und meinem Land nicht raten kann. Eines davon ist, die Weltöffentlichkeit zu belügen ... die Weltöffentlichkeit zu belügen, nur um die Angelegenheit für die Engländer einfacher zu machen!«

»... Das jüdische Volk hat gegenüber der Welt Grund zur Klage, ganz besonders darüber, was vor einem Jahrzehnt geschehen ist, als man fast das gesamte Judentum Europas ausrottete und die Welt dazu schwieg. Doch es gibt etwas, das uns durch die Jahrhunderte hindurch beschützte: unser Glaube an die Gerechtigkeit unserer Sache. Auch jetzt sind wir von der Gerechtigkeit unserer Sache überzeugt und ebenso von unserem Recht, das durchzuführen, was wir uns vorgenommen haben. Doch wenn man von mir verlangt, etwas zu tun, was ich nicht rechtfertigen kann, einen Betrug zu begehen, dann werde ich das nicht tun.«

Ein längeres Schweigen folgte. Betreten versuchte Challe, seinen unziemlichen Vorschlag zu rechtfertigen. Pineau und Bourgès-Maunoury schritten schnell ein und boten beschwichtigend Ben Gurion eine formelle Garantie Frankreichs an, daß Großbritannien eine Einigung, sollte sie zwischen den drei Ländern zustande kommen, auf jeden Fall mittragen werde. Die beiden Delegationen zogen sich daraufhin zu vertraulichen Beratungen unter sich zurück. Nun legte Dayan Ben Gurion seinen Einsatzplan in seiner endgültigen Form vor: Eine Fallschirmspringereinheit der IDF sollte gleich zu Beginn des Feldzuges den strategisch wichtigen Mitla-Paß besetzen, der tief im Sinai und in erreichbarer Nähe vom Suezkanal lag.

Das war wieder einmal Dayan in Bestform. Neben seinen militärischen Vorteilen bot dieser Plan den Briten und Franzosen den »Vorwand«, den sie brauchten, aber in einer Form, mit der Ben Gurion leben konnte. Betrachtete man aber Israels eigene militärische Ziele in diesem

Feldzug, dann entpuppte sich der Vorschlag als ein strategischer Geniestreich. Wir würden den Krieg quasi mit dem Ende beginnen und damit das ägyptische Oberkommando verwirren und überlisten. Unsere Fallschirmspringer kämpften sich in Richtung Heimat durch, bis sie auf die Bodentruppen stießen, die sich eilig auf sie zubewegten. Dayans Plan sah zwei weitere Panzerkolonnen vor, die zur gleichen Zeit weit in feindliches Gebiet vordringen würden: Die eine sollte Sharm el-Sheik einnehmen, von wo aus ägyptische Artillerie die Straße von Tiran beherrschte, die andere sollte den Gazastreifen stürmen, von wo aus palästinensische *Fedajin* in der Vergangenheit ihre mörderischen Übergriffe nach Israel begonnen hatten. Doch es war nicht nötig, diese Teile unserer operativen Planung den Franzosen oder gar den Briten mitzuteilen. Ben Gurion gab Dayan Anweisungen, den Franzosen nur in groben Zügen unsere Strategie darzulegen, damit Pineau sie als vagen Vorschlag der israelischen Seite nach London mitnehmen konnte.

In der Zwischenzeit waren zwei Ereignisse zusammengekommen, die ein positives Ergebnis der Geheimkonferenz wahrscheinlicher machten. In Jordanien hatten die Parlamentswahlen zu einem eindeutigen Sieg der pro-ägyptischen Kräfte geführt. Der neue Ministerpräsident Suleiman Nablusi gab sofort seine Absicht bekannt, den Vertrag mit Großbritannien zu kündigen und statt dessen in eine Waffenbrüderschaft mit Ägypten und Syrien zu treten. In Frankreich erreichte die allgemeine Stimmung gegen Nasser einen neuen Höhepunkt, nachdem die französische Marine ein ägyptisches Schiff vor der algerischen Küste aufgebracht hatte, das Waffen für die FLN an Bord führte. Die Presse und die Öffentlichkeit verlangten eine energische und eindeutige Reaktion der Regierung. Doch wie auch der Entschluß der französischen Regierung ausfallen würde, die Briten hatten noch ein Wörtchen mitzureden – und Ben Gurion ebenfalls.

Am nächsten Morgen rief Ben Gurion Dayan und mich in Paris an und bat uns, sofort nach Sèvres zu kommen. Wir fanden ihn dort im Garten, er saß mit Nehemiah Argov unter einem Baum und sah grau und abgespannt aus. Offensichtlich hatte er eine schlaflose Nacht hinter sich. Hatte er sich nun entschieden? Noch wußten wir es nicht. »Nanu«, sagte er, zu uns aufblickend, »ihr seid schon hier?« Er bat Dayan, den Plan noch einmal durchzugehen und ihm die vorgesehenen Vorstöße auf der Landkarte zu zeigen. Wir hatten jedoch keine Karte bei uns. Also riß ich eine Zigarettenschachtel auseinander, Dayan zeichnete darauf die Umrisse des Sinai und markierte mit kühnen Pfeilen die Stoßrichtung und die Angriffsziele. Daraufhin zog Ben Gurion ein Blatt Papier mit einer langen Liste detaillierter Fragen hervor. Er las sie uns laut vor, und wir atmeten erleichtert auf. Zwar hatte er immer noch nicht ausdrücklich gesagt, wie er sich entschieden hatte, doch ersahen wir aus seinen Fragen, daß er grundsätzlich einverstanden war. Sie bezogen sich nämlich nicht darauf, ob die Aktion überhaupt durchgeführt werden sollte, sondern wie, wann und wo sie stattfinden würde. Wir konnten nicht alle Fragen Ben Gurions beantworten, einige waren politischer, andere militärischer Natur, und manche zielten auf Einzelheiten des Feldzuges. Doch indem er sie überhaupt stellte, zeigte er uns, daß er einen Entschluß gefaßt hatte.

Ben Gurion stellte klar, daß er keine territorialen Ansprüche mit diesem Feldzug verknüpfte, außer vielleicht den auf einen kleinen Streifen Landes entlang der Küste des Sinai nach Sharm el-Sheik. Bei der Kabinettsitzung am folgenden Tag setzte er sich in diesem Punkt ebenfalls durch. Die IDF würde über den Gazastreifen und die gesamte Halbinsel Sinai hinwegfegen, doch sie würde nicht dort bleiben. Unser Kriegsziel waren nicht die Einnahme von Gebieten, sondern die Durchsetzung unseres Rechtes auf freie Passage durch eine internationale Wasserstraße und die Beendigung terroristischer Einfälle in unser Hoheitsgebiet.

Pineau kam aus London nach Sèvres zurück und brachte das prinzipielle Einverständnis Edens mit Dayans Vorschlag. Am Abend fand eine abschließende dreiseitige Unterredung statt; zwei britische Vertreter, Sir Patrick Dean und Donald Logan, handelten mit uns und den Franzosen den genauen Wortlaut des sieben Punkte umfassenden »Protokolls von Sèvres« aus.

Vor der abschließenden Unterzeichnung bat ich Ben Gurion, die trilateralen Gespräche für eine kurze Zeit zu unterbrechen, damit ich mich mit Mollet und Bourgès-Maunoury allein treffen konnte. Mit den beiden Franzosen schloß ich ein Abkommen über den Bau eines Atomreaktors in Dimona im Süden Israels sowie über die Lieferung des für seinen Betrieb notwendigen Natururans. Ich machte dazu eine Reihe von detaillierten Vorschlägen, die zunächst diskutiert und daraufhin von den Herren angenommen wurden.

Erst dann wurde das Protokoll von Sèvres unterzeichnet. Ben Gurion faltete sein Exemplar sorgfältig zusammen und schob es tief in seine Westentasche. Dayan telegraphierte an seinen Stellvertreter, General Meir Amit: »Aussicht auf frühe Durchführung des Feldzuges. Sofortige Mobilisierung aller Panzerverbände. Reisen heute nacht ab.«

Fünf Tage später begann der Sinaifeldzug mit dem Einsatz israelischer Fallschirmspringer über dem Mitla-Paß. Der Feldzug endete mit einem gewaltigen militärischen Erfolg für Israel. Innerhalb einer Woche waren unsere Panzerspitzen über die Halbinsel Sinai gestoben und hatten die ägyptischen Truppen vernichtend geschlagen. Nicht so für Großbritannien und Frankreich. Ihre Truppen erreichten ihr Einsatzgebiet, die Suezkanalzone, zu spät und unkoordiniert. Dort trafen sie auf ägyptischen Widerstand, wurden aber ohnehin sehr bald durch das Eingreifen der beiden Supermächte gebremst.[1] Auch Israel bekam diesen Druck zu spüren, der von sowjetischer Seite massiv vorgetragen wurde. Ein Schreiben des sowjetischen Ministerpräsidenten Nikolai Bulganin, das Ben Gurion am 6. November erreichte, enthielt kaum verhüllte Drohungen gegen die Existenz Israels, falls wir nicht augenblicklich das Feuer einstellten und uns zurückzögen. Ben Gurion schickte Golda Meïr und mich am 8. November nach Paris; wir sollten erkunden, ob die Franzosen uns irgendwie helfen konnten. Wir trafen uns mit Pineau und Bourgès-Maunoury. Pineau sah schwärzer denn je und meinte, die Franzosen würden uns zwar gerne alles zur Verfügung stellen, was sie besaßen, doch wäre nichts darunter, womit man sowjetische Raketen abschießen könnte. Als wir unser Gepäck aus dem Hotel abholten, rief jedoch Bourgès-Maunoury an und versicherte mir, nach Informationen des französischen Nachrichtendienstes würden die Russen trotz ihres Säbelrasselns keine militärischen Aktionen gegen Israel unternehmen. In jedem Fall aber stünde Frankreich an der Seite des jüdischen Staates.

Noch am gleichen Abend erhielt Ben Gurion einen im Ton höflichen, aber in der Sache harten Brief von Präsident Eisenhower. Wenige Stunden später verkündete der Ministerpräsident die Bereitschaft Israels, sich zurückzuziehen. Fortgesetzter internationaler Druck zwang Israel schließlich, sich aus dem gesamten Sinai, einschließlich Sharm el-Sheik, zurückzuziehen sowie im folgenden März auch aus dem Gaza-Streifen.

Dennoch bleibt wahr, daß die IDF alle ihre Ziele innerhalb von nur hundert Stunden erreicht hatte. Zum Staunen der Welt war den israelischen Truppen ein rascher Vorstoß durch die Wüste gelungen, und das vor allem dank ihres brillanten militärischen Befehlshabers Moshe Dayan. Er hatte seinen Männern von Anfang an befohlen, möglichst keine ägyptischen Soldaten zu töten. Ziel sollte vielmehr sein, ihre aus der Sowjetunion stammenden Waffen zu zerstören oder in unsere Hand zu bekommen. Das gelang uns bei einem großen Teil ihrer Ausrüstung. Tausende von ägyptischen Soldaten wurden gefangengenommen. Sharm el-Sheik wurde erobert und die Straße von Tiran wieder geöffnet. Die freie Durchfahrt durch diese Schiffahrtsstraße blieb uns für die nächsten zehn Jahre erhalten. In dieser Dekade gewann Israel an Stabilität und baute seine wirtschaftlichen und politischen Beziehungen zu den jungen Staaten Afrikas und Asiens aus. Die IDF nahm auch den Gaza-Streifen ein und säuberte die dortigen Stützpunkte palästinensischen Terrors. Auch an dieser Grenze sollte es zwischen 1956 und 1967 ruhig bleiben.

11

ATOMKRAFT

Mit dem Abkommen, das am Rande des Geheimtreffens von Sèvres zwischen Mollet, Bourgès-Maunoury und mir getroffen wurde, sah ein kleiner Kreis von Israelis seine jahrelangen Bemühungen von Erfolg gekrönt. Nun begann die entscheidende und nervenaufreibende Phase der Ausführung. Die Frage »Atomkraft ja oder nein?« hatte Israel seit der Staatsgründung fasziniert, zugleich aber auch in Unruhe versetzt. Eine solch weitreichende und noch unbekannte Problematik mußte einen politischen Führer von der intellektuellen Neugier eines Ben Gurion begeistern. Tatsächlich war er von der Materie eingenommen und brannte darauf, mehr darüber zu wissen.

Ben Gurion glaubte, die Wissenschaft könne uns für das entschädigen, was die Natur uns an Ressourcen und Rohstoffen vorenthalten hatte. Die Natur hat uns wahrhaftig stiefmütterlich behandelt. Anders als Jordanien und der Libanon ist Israel das einzige Land der Region, das über keine Ölvorkommen verfügt. Es besitzt kaum Wasser und, abgesehen von Kali und Phosphaten, keine nennenswerten Bodenschätze. Die Hälfte des Landes, der Negev, besteht aus Wüste. Auch für die Verteidigung mit konventionellen Waffen ist die geographische Wirklichkeit Israels ungünstig. Das Land bildet einen schmalen Streifen und bietet auf beinahe der gesamten Länge keine strategischen Vorteile. Seine äußersten Enden, die Landenge von Galiläa und die tief im Süden gelegene Gegend um Eilat, sind relativ isoliert und nicht leicht zu verteidigen. Das israelische Kernland wird vom bergigen Westjordanland überragt und bedroht.

Die Atomkraft wurde daher von Ben Gurion als eine Option gesehen, die sich ein Land ohne natürliche Ressourcen und umgeben von Feinden unbedingt offenhalten müsse. Er meinte, wir könnten durch den vernünftigen Einsatz von Atomkraft elektrischen Strom ohne Kohle oder Öl erzeugen und Meerwasserentsalzungsanlagen zur Vergrößerung unserer Wasservorräte betreiben.

In den Jahren nach der Staatsgründung herrschte in wissenschaftlichen Kreisen die Zuversicht, man könne aus landeseigenen Phosphorvorkommen Uran gewinnen. Diese Aussicht begeisterte Ben Gurion. Er hatte das Thema mit einem amerikanischen Wissenschaftler bei dessen Besuch in Israel diskutiert und dabei die Überzeugung gewonnen, daß die nachgewiesene Heilkraft der Thermalquellen in Tiberias, die er aus gesundheitlichen Gründen regelmäßig aufsuchte, Beweis genug für deren radioaktives Potential sei. Aber mit den Jahren mußten wir erkennen, daß die Herstellung von eigenem Uran zu teuer käme. Statt dessen wollten wir das erforderliche Uran lieber aus dem Ausland beziehen.

Ben Gurion blieb zeitlebens der Wissenschaft eng verbunden. Dagegen war die Haltung der Wissenschaftler ihm gegenüber ambivalent. Einerseits bewunderten sie ihn, andererseits fürchteten sie aber auch, daß sie in den Dienst der Regierung gestellt würden. Vor allem scheuten sie vor einer Verquickung von wissenschaftlichen und militärischen Zwecken zurück, denn das hätte ihrem Ansehen in der internationalen Wissenschaft geschadet. Die meisten führenden Physiker des Landes unterstützten die Idee, junge israelische Wissenschaftler in Israel und im Ausland Kernphysik studieren zu lassen, hielten es aber nicht für angebracht, daß ein kleines Land wie Israel den Ehrgeiz entwickeln sollte, solche theoretischen Erkenntnisse in praktische Anwendungen umzusetzen. Die Ansicht überwog, daß Atomenergie etwas für Großmächte, aber nicht für kleine Staaten sei. Ein international angesehener Wissenschaftler wie Professor Joel (Giulio) Racah wandte sich gegen jeden Versuch Israels, ins Atomzeitalter einzutreten, und auch ein junger und brillanter Kopf wie Amos de Shalit, der Leiter der kernphysikalischen Forschung am Weizmann-Institut in Rehovot, hielt es für nicht zu verantworten, daß Israel diesen gefährlichen Weg einschlage. Ben Gurion ließ sich jedoch nicht beirren. Er warb weiter um die besten wissenschaftlichen Köpfe und ermutigte sie, auch über Projekte nachzudenken, die den Rahmen des Herkömmlichen sprengten.

Unter den Wissenschaftlern, die er für seine Pläne gewinnen konnte oder die er gar nicht erst überzeugen mußte, waren die Professoren Jisrael Dostrovsky und Ernst David Bergmann vom Weizmann-Institut. Dostrovsky erfand ein Verfahren zur Herstellung von schwerem Wasser, das später von der französischen Atomenergiebehörde übernommen wurde.

Bergmann war von allen führenden Wissenschaftlern, die an dem geheimen Atomprogramm der Regierung arbeiteten, zweifellos derjenige, der am meisten faszinierte und der mit der größten Begeisterung mitwirkte. Unter den bemerkenswerten Menschen, die ich glücklicherweise kennenlernte, haben mich nur wenige so beeindruckt wie Bergmann. Als Professor Chaim Weizmann 1934 das Weizmann-Institut gründete (damals noch unter dem Namen Sieff-Institut), bat er Albert Einstein, ihm einen renommierten Wissenschaftler als Leiter zu empfehlen. Einstein schlug ohne zu zögern Bergmann vor, einen damals noch jungen und relativ unbekannten Chemiker.

Bergmann rückte politisch immer mehr von Weizmann ab, der eine erklärte »Taube« war, und paßte sich der Haltung Ben Gurions an, der eine starke militärische Verteidigungsmacht befürwortete. Mit der Zeit avancierte er zu Ben Gurions erstem wissenschaftlichen Berater.

Nach meiner Ernennung zum Verteidigungsminister wechselte auch Bergmann ins selbe Ministerium. Zwischen uns entstand eine enge Partnerschaft, die bis zu seinem Tod dauerte. Die ganze Zeit über habe ich nie aufgehört, den Mann zu bewundern, ungeachtet mancher Eigenarten seines Charakters, die eine Zusammenarbeit mit ihm erschwerten. Eine dieser Eigenheiten war sein glühender Eifer für die Wissenschaft. Professor Bergmann war davon überzeugt, es gebe kein Problem, das die Wissenschaft nicht lösen könnte. Darüber hinaus hielt er es als führender Wissenschaftler im Verteidigungsministerium für seine Aufgabe, eine Lösung für alles zu finden. Wir mußten ihn, um seiner Glaubwürdigkeit willen, oft in seinem Übereifer bremsen. Nicht daß Bergmann andere hätte hinters Licht führen wollen, aber er war einfach so voller Optimismus und von der Sache begeistert, daß er gelegentlich »Lösungen« verteidigte, die zwar in der Theorie bestachen, aber noch nicht getestet, geschweige denn in der Praxis erprobt waren.

Zu seinen Schwächen gehörte auch, daß er immer wieder die Geheimhaltungspflicht verletzte. Er war so höflich und freundlich zu jedermann, daß er sich manchmal ganz vergaß oder sich von seiner Überschwenglichkeit mitreißen ließ. So war es kein Wunder, daß im engen Kreis der Wissenschaftler und Beamten, die an der Entwicklung streng geheimer staatlicher Programme beteiligt waren, herbe Kritik über ihn geäußert wurde.

Ich war von der Sache der Atomkraft eingenommen wie Ben Gurion und begeistert wie Bergmann. Aber nun, da das Programm Gestalt annahm, hatte ich zu entscheiden, was getan und was nicht getan werden konnte. Auf den ersten Blick schien dies fast absurd. Wie konnte man mir die Verantwortung übertragen, Ideen und Pläne auf ihre Durchführbarkeit zu prüfen, wenn die meisten meiner damaligen Kollegen meinten, mein Einsatz für eine israelische Kernkraftoption sei Ausdruck unverantwortlichen Abenteurertums? Die ganzen Jahre über, in denen das Atomprogramm höchste Priorität in meinem Leben besaß, verbrachte ich viel Zeit damit, die Beziehungen zwischen den Mitarbeitern und den Ministerien möglichst störungsfrei zu halten. Das verlangte ein gerütteltes Maß an Diplomatie und Fingerspitzengefühl, um für dieses Projekt die besten Köpfe bei der Stange zu halten.

Von Anfang an sorgte ich dafür, daß meine Rolle gar nicht erst ins Licht der Öffentlichkeit geriet. Über unser Atomprogramm war allgemein kaum etwas bekannt, noch weniger aber sollte über meine persönliche Mitwirkung daran publik werden. Mir war klar, sobald meine Rolle entdeckt wäre, hätte die Presse das gesamte Programm und mich obendrein ruinieren können. Schließlich war ich politisch umstritten, ich stand im Ruf eines unbekümmerten Phantasten, während das Forschungsvorhaben selbst aberwitzig anmutete.

Aus diesem Grund tauchte mein Name in keinem der auf dem Gebiet der Atomenergie gebildeten Ausschüsse auf. Das hinderte mich jedoch weder an der wirksamen Überwachung des gesamten Programms im Namen von Ben Gurion, noch beeinträchtigte es in irgendeiner Weise meine Autorität. Ich besaß Ben Gurions Vertrauen, und Professor Bergmann arbeitete vorbehaltlos mit mir zusammen. Mit der Zeit gelang es mir, auch das Vertrauen der anderen Wissenschaftler, Ingenieure und dienstälteren Mitarbeiter des Projektes zu gewinnen.

Weiterhin bestand ich von Anfang an darauf, daß nichts entwickelt werden sollte, was es bereits gab. Gewiß, Originalität war nötig, aber kein Selbstzweck. Mit dieser Ansicht kollidierte ich jedoch mit Bergmann. Er war überzeugt, daß Israel in der Lage sei, einen eigenen Atomreaktor zu bauen, während ich dagegenhielt, wir seien besser beraten, einen Reaktor im Ausland zu kaufen.

Drittens hatte ich von Anfang an die Überzeugung, daß von allen Nuklearstaaten nur Frankreich bereit sein könnte, uns zu unterstützen.

Daher vertrat ich die Auffassung, daß sich unsere diplomatischen Bemühungen auf Frankreich, auf seine Regierung, Wissenschaft und Industrie, konzentrieren sollten.

Ich kam auch bald zu der Erkenntnis, daß von den etablierten israelischen Kernphysikern kaum Unterstützung zu erwarten war. Die meisten Spitzenwissenschaftler glaubten einfach nicht, daß Israel die Fähigkeit besitzen könnte, ein eigenes Atomprogramm zu verwirklichen, und machten keinen Hehl aus ihrer Auffassung. Deshalb wollte ich an die jüngere Generation herantreten, an Absolventen des Technions in Haifa, die über ein solides Ausgangswissen auf ihrem Gebiet verfügten, aber noch nicht von den Zweifeln und Vorbehalten ihrer älteren Kollegen befallen waren. Die meisten israelischen Wissenschaftler, die am Bau und Betrieb unseres Atomreaktors arbeiteten, kamen aus den Reihen dieser Hochschulabsolventen.

Ich war mir im klaren darüber, wieviel von den Eigenschaften und Fähigkeiten des Projektmanagers abhängen würde. Deshalb sollte es ein Mann sein mit »akribischem Charakter«, der auch in Details, ob entscheidenden oder scheinbar nebensächlichen, keine Zugeständnisse machte, da auf dem Gebiet der Kernspaltung die kleinste Nachlässigkeit bei den Sicherheitsanforderungen zu einer nationalen Katastrophe führen könnte. Gleichzeitig mußte es sich bei dem Kandidaten um einen aufgeschlossenen Mann handeln, das heißt, er mußte lernfähig sein, aber er brauchte nicht unbedingt über Erfahrungen im Reaktorbau zu verfügen.

Meine Wahl fiel auf Manes Pratt, den ich während des Unabhängigkeitskrieges, in dem er als Leiter der Militärkartographie wirkte, kennen- und schätzengelernt hatte.

Pratt hatte drei Universitätsgrade aufzuweisen und besaß einen ausgeprägten Sinn für alles Schöne. In genauem Gegensatz dazu stand seine kompromißlose Haltung zur Arbeit, bei der er keine Ungenauigkeit duldete. Eine seiner Stärken lag in der Fähigkeit, sich mit den vertracktesten Sachverhalten vertraut zu machen, seine Schlüsse zu ziehen und dann Vorschläge mit bestechender Klarheit vorzulegen. Als ich mich für ihn entschied, wußte ich, daß er es mir nicht leichtmachen würde, und so war es in der Tat. Er war nie bereit, ein Produkt unserer eigenen Rüstungsindustrie zu akzeptieren, solange es nicht strengsten internationalen Maßstäben genügte.

Zuvor hatte ich seine Ernennung zum Militärattaché in Birma angeordnet, wo wir Unterstützung beim Aufbau einer nationalen Verteidigungsstreitmacht leisteten. Infolgedessen war es Birma, von wo ich ihn zu seiner Überraschung abberufen ließ, damit er die Leitung über das Atomprogramm übernehme. Er bat um etwas Zeit, um sich mit der Materie vertraut zu machen, und innerhalb von wenigen Monaten wurde er zu Israels führendem Fachmann für Atomtechnik. Den Begriff Technik habe ich mit Bedacht gewählt: Es gibt einen Unterschied zwischen einem Wissenschaftler und einem Ingenieur, wie sich ja auch ein Liebhaber und ein Ehemann wesentlich unterscheiden. Während also Pratt ein echter Experte wurde, wuchs auch mir Autorität zu auf den Gebieten Ingenieurtechnik, Physik und sogar Architektur. Immer wenn es Probleme oder strittige Fragen gab – und es verging kaum ein Tag ohne solche Fragen –, war es an mir, Entscheidungen zu fällen und diese zu verantworten.

Während dieser Zeit hatten wir mit dem Mangel an Enthusiasmus zu kämpfen, der uns von seiten der meisten Regierungsmitglieder bis zu Ben Gurion entgegengebracht wurde. Golda Meïr opponierte instinktiv gegen alles, was mit mir zu tun hatte, und Pinchas Sapir neigte dazu, sie zu unterstützen. Finanzminister Levi Eshkol schreckte natürlich vor den hohen Kosten des Reaktorbaus zurück. Abba Eban, der im Jahr 1959 nach zehnjähriger Botschaftertätigkeit in den USA nach Israel zurückkehrte und Kabinettsminister wurde, bezeichnete den Reaktor als »riesigen, auf dem Trockenen gestrandeten Alligator«. Sogar David Hacohen, ein führender Kopf der Mapai und einer meiner wenigen treuen Gefolgsleute, befürchtete, daß sich das Atomprogramm als so teuer erweisen würde, daß wir am Ende kein Geld mehr für Reis, geschweige denn für Brot übrigbehielten.

So mußte ich schließlich auch noch »nebenher« Geld für den Reaktor auftreiben. Wir starteten eine vertrauliche Spendenaktion, die eine Summe von mehr als 40 Millionen Dollar erbrachte, was die Hälfte der Kosten für den Reaktor und eine damals recht beträchtliche Summe bedeutete. Der größte Teil des Geldes kam durch Appelle zusammen, die Ben Gurion und ich an Freunde Israels auf der ganzen Welt gerichtet hatten.

Die Frage, wo der Reaktor errichtet werden sollte, rief rasch alle seine Gegner auf den Plan: jene, die aus politischen Gründen dagegen waren, solche, die die wirtschaftlichen Folgen fürchteten, und die Wissenschaftler, die ihn aus technischen Gründen ablehnten. Zur Wahl standen entweder ein Ort an der Küste, wo zum Kühlen benötigtes Wasser reichlich zur Verfügung stand, oder ein Ort in der Wüste Negev. Am Ende gaben Sicherheitsüberlegungen den Ausschlag. Der größte Teil der israelischen Küste ist ziemlich dicht besiedelt, wohingegen in der Wüste Negev ein großes, menschenleeres Gebiet vorhanden war. Das Horrorszenario, das mit dem Austreten von Radioaktivität verbunden ist, würde in der Wüste weniger katastrophal ausfallen.

Als nächstes stellte sich die Frage, wo Hunderte von französischen Wissenschaftlern und Technikern, die bei dem Projekt mitarbeiten sollten, untergebracht werden konnten. Die Lösung bestand im Bau einer abgeschirmten Vorstadt in Beerscheba, der einzigen größeren Stadt im Negev. Unsere eigenen jungen Wissenschaftler und ihre Familien verließen nur ungern das Landesinnere, um sich in dieser abgelegenen und sandigen Ödnis niederzulassen. Ich erinnere mich an ein Treffen mit einer Gruppe von Ehefrauen, denen ich versprach, daß Beerscheba ein modernes Krankenhaus (das heutige Klinikzentrum Soroka, das mit Unterstützung des Verteidigungsministeriums gebaut wurde) und sogar einen Schönheitssalon bekommen würde, der nichts zu wünschen übrigließ.

Von dem Schönheitssalon einmal abgesehen, mußten für unser Vorhaben vor allem Straßen gebaut und kilometerlange Strom- und Wasserleitungen verlegt werden. Manes Pratt und ich kamen überein, daß die Reaktoranlage von Dimona ein Industriepark werden sollte, der den höchsten technischen und ästhetischen Ansprüchen genügte. Wir beauftragten die besten Architekten des Landes für die Planung und Ausführung. Tatsächlich bilden die Bürogebäude, Wohnhäuser und wissenschaftlichen Einrichtungen immer noch den im ganzen Land attraktivsten Industriekomplex mit seinen sich im Wind wiegenden Palmen, die damals eigens gepflanzt wurden, um die Eintönigkeit des Wüstenhorizonts zu beleben.

Die erste Bauphase bestand aus einem gewaltigen Erdaushub. Aus der Vogelperspektive sah dies wohl wie eine große klaffende Wunde im Wüstenboden aus. Von einem Spionageflugzeug oder -satelliten aus hätte sich derselbe Anblick geboten, und das genügte, um meine Gegner am Kabinettstisch in helle Aufregung zu versetzen.

Ich war damals gerade im Senegal als israelischer Vertreter zur Amtseinführung von Präsident Léopold Sédar Senghor, als ich durch ein Telegramm dringend aufgefordert wurde, sofort heimzukehren. Das kam mir – gelinde gesagt – ungelegen. Ich pflegte ein freundschaftliches Verhältnis zum senegalesischen Verteidigungsminister und war sein persönlicher Gast bei den Feierlichkeiten. Zusammen mit dem Aga Khan war ich in einer marokkanischen Regierungsmaschine eingeflogen und wollte die Gelegenheit zu einem wichtigen Gespräch mit ihm nutzen. Er war die ranghöchste Persönlichkeit, und er genoß internationales Ansehen als Oberhaupt einer Religionsgemeinschaft, während wir übrigen Gäste lediglich Regierungen vertraten. Jeder wollte ihm vorgestellt werden, und von mir, der ich auf vertrautem Fuß mit ihm stand, wurde erwartet, daß ich das arrangieren würde. Lady Bird Johnson, die Frau des damaligen designierten Vizepräsidenten, überredete mich zu einem *Diner à trois.* Statt dessen wurde ich plötzlich gezwungen abzureisen.

Wie auch immer, das Telegramm duldete keinen Aufschub. Ich entschuldigte mich, so gut es ging, und kehrte am Vorabend des Passahfests nach Israel zurück. Gemeinsam mit einer mißmutigen Golda Meïr und Isser Harel, dem Leiter des Mossad, sollte ich direkt vom Flughafen nach Sde Boker fliegen, wo Ben Gurion uns erwartete. Vorher mußte ich noch Reportern Fragen zu meiner Senegalreise beantworten. Dabei mußte ich achtgeben, daß meine eigene Nervosität nicht bemerkt wurde, und es durfte auch keiner wissen, daß eine noch nervösere Golda im Hubschrauber in der Nähe auf den Abflug nach Süden wartete. Als ich endlich an Bord stieg, erwiderten Golda und Harel nur knapp meinen Gruß. Instinktiv ahnte ich, daß es wenig Sinn hätte zu fragen, was geschehen sei und warum man mich zurückgerufen habe. Wir erreichten Sde Boker und marschierten hintereinander in das Holzhaus von Ben Gurion. »Also dann«, wandte er sich an Harel, »erläutern Sie die Lage.«

Harel sprach von zuverlässigen Informationen, denen zufolge der sowjetische Außenminister Andrej Gromyko unerwartet nach Washington geflogen sei, um Außenminister John Foster Dulles zu treffen. Außerdem wußte er, daß vor kurzem ein sowjetischer Satellit Dimona überflogen und fotografiert habe. Zwei und zwei zusammenzuzählen sei relativ einfach, fuhr Harel fort. Die Sowjets hätten offensichtlich herausgefunden, womit wir gerade beschäftigt waren, und beschlossen, bei den Vereinigten Staaten heftigen Protest gegen unsere gefährlichen Aktivitäten einzulegen. Gromyko werde nun Dulles auffordern, energischen amerikanischen Druck auf Israel auszuüben, um den Reaktorbau zu stoppen. Israel sähe sich also in der sehr ernsten Lage, daß ihm voraussichtlich beide Supermächte gemeinsam gegenübertreten und einen Baustopp fordern würden. Er schlug daher vor, daß Ben Gurion, zumindest aber Golda Meïr, unverzüglich nach Washington flöge und den Amerikanern versicherte, daß wir nicht die Absicht hätten, das zu tun, was sie uns offenbar unterstellten.

Ben Gurion fragte Golda Meïr, ob sie dem etwas hinzuzufügen habe. Sie antwortete, daß die Fakten wohl für sich sprächen und ihre Bedeutung kaum übertrieben werden könne. Sie stimmte mit Harel darin überein, daß Israel in größter Eile handeln müsse, um zu verhindern, daß Gromyko die Amerikaner womöglich dazu bringe, Maßnahmen gegen uns zu ergreifen.

Eine Atmosphäre von Fatalität und Hoffnungslosigkeit verbreitete sich, als Ben Gurion mich bat, Stellung zu nehmen. Ich erwiderte, daß mir alles bisher Gesagte offen gestanden etwas seltsam vorkam. Was sei denn dabei, wenn ein sowjetischer Satellit den Negev überflogen habe? Was könne er schon fotografiert haben? Nichts außer Löchern im Boden, und was würden die beweisen? Jedes Gebäude brauche Fundamente, und wer wollte behaupten, daß es sich nicht um die Baugruben für die Fundamente ganz normaler Gebäude handele? Was Gromyko betreffe, so könne er tausend billige Gründe für eine unangekündigte Reise nach Amerika haben.

Im schlimmsten Fall, so fuhr ich fort, wenn Harel also recht behalten sollte und die Staatsmänner beider Supermächte zu dem Schluß kämen, daß unsere Baustelle atomaren Zwecken diene, dann könnten wir immer noch die Erklärungen und Beteuerungen abgeben, die Harel und Golda Meïr bereits jetzt für angebracht hielten. Warum gleich die Flinte ins Korn werfen? Außerdem sei es völlig falsch, wenn Ben Gurion nach Washington flöge, ohne vorher Paris zu konsultieren. Diese Angelegenheit sei schließlich von nicht geringem Belang für die Franzosen. Eines könne ich ihnen versichern: Wenn wir nach einem Weg suchten, unsere Beziehungen zu Frankreich zu verderben, so wäre das der richtige. Es gebe wirklich keinen Grund, nach Paris zu fliegen. Die Franzosen täten nichts lieber, als sich bei der leisesten Vermutung, auch Israel habe kalte Füße bekommen, aus dem ganzen Projekt zurückzuziehen.

Meine Ausführungen brachten Ben Gurion in ein Dilemma. Entweder mußte er eine Entscheidung treffen, die aussah, als ob er gegen Golda Meïr und die anderen meine Partei ergriffe, oder er mußte den anderen zustimmen, obwohl er im Grunde seines Herzens meiner Meinung war. Er versuchte, ein Schlußstatement abzugeben, das vage genug war, die gegensätzlichen Positionen zu versöhnen. Ja, sagte er, die Angelegenheit sei in der Tat ernst und könne leicht noch ernster werden. Aber ich hätte offensichtlich recht mit der Einschätzung, daß uns noch Zeit bleibe zum Reagieren und daß unsere Reaktion in jedem Fall mit den Franzosen abgesprochen werden müsse.

Golda Meïr konnte ihre Enttäuschung nicht verbergen. Der Mossad-Chef schien sichtlich erregt. Ich schluckte schwer und blieb ruhig. Offen gesagt verstand ich nicht, weshalb Ben Gurion meine Mission in Westafrika unterbrochen und mich zurückbeordert hatte. Wir rückten ab zum Hubschrauber. Bald würde die Sonne aufgehen und das Passahfest beginnen. Es war *Seder*-Abend, das Familienfest schlechthin des jüdischen Kalenders. Wir sollten eigentlich Golda in Jerusalem absetzen, wo sie mit Familie und Freunden Seder feiern wollte, aber die Stadt lag unter einer dichten Wolkendecke. Sie sagte nichts, aber mir schien es, als würde sie mir auch daran die Schuld geben. Schließlich landeten wir auf dem Flughafen von Lydda, wo mein Wagen stand. Ihr Wagen und Fahrer warteten in Jerusalem. Ich bot ihr an, sie in die Hauptstadt mitzunehmen, was sie ein wenig zu versöhnen schien. Nachdem ich sie heimgebracht hatte, fuhr ich zu meiner eigenen Familienfeier. Sonia sah mich an und schien alles zu verstehen, ohne daß ich auch nur ein Wort hätte sagen müssen.

Das war nicht das einzige Mal, daß unser Atomprojekt beinahe vorzeitig beendet worden wäre. Nach dem Sturz der Regierung Guy Mollet im Juni 1957 wurde Maurice Bourgès-Maunoury französischer Premierminister. Ich war mit beiden eng befreundet. Bourgès-Maunoury hatte einen prächtigen grimmigen Humor, hinter dem sich aber tiefe Weisheit verbarg. Ich erinnere mich, daß ich ihn einmal darum bat, mir die Ideologie der Radikalen Partei, deren Vorsitzender er war, zu erklären. »Um den Veränderungen, die gerade eingetreten sind, politischen Ausdruck zu geben«, war seine sarkastische Antwort. Mollet andererseits war der geborene Schulmeister. Er erging sich gern in langen und komplizierten Erklärungen und verabscheute die prägnanten Sentenzen von Bourgès-

Maunoury. Ich riet Mollet, sich von Bourgès-Maunourys scheinbar oberflächlichen Späßen nicht täuschen zu lassen und seine wahre Begabung zu erkennen. Nach Ausbruch der Krise versuchte ich Mollet zu überreden, Bourgès-Maunoury als seinen Nachfolger vorzuschlagen, was er dann auch tat. Als ich Bourgès-Maunoury davon erzählte, traute dieser seinen Ohren nicht.

Die Regierung Bourgès-Maunoury hatte von Anfang an nur eine knappe Mehrheit. Anzeichen für ein Auseinanderbrechen gab es früh genug. Was wir aber erst vor der letzten Kabinettsitzung bemerkten, war die Tatsache, daß der Außenminister das Atomabkommen zwischen unseren beiden Ländern noch nicht im Namen der Regierung Frankreichs unterzeichnet hatte. Mir war klar, wenn die Regierung Bourgès-Maunoury das Dokument nicht unterzeichnete, würde es nie geschehen. Mit dem Sturz der Regierung wurde noch am gleichen Tag gerechnet.

Der Augenblick für einen unkonventionellen diplomatischen Schritt schien gekommen. Zusammen mit Josef Nahmias eilte ich ins Hôtel Matignon, wo das Kabinett tagte. Ich bat einen Berater von Bourgès-Maunoury, der auch ein guter Freund von uns war, seinem Chef eine Nachricht zuzustecken: Wir müßten ihn vor dem Ende der Sitzung kurz sprechen. Bourgès-Maunoury unternahm einen ebenso ungewöhnlichen Schritt: Er ließ die Kabinettsitzung für ein paar Minuten unterbrechen und kam heraus, um mit mir zu reden. Ich erklärte ihm kurz den Sachverhalt, und er versprach, die Angelegenheit noch vor seiner Amtsniederlegung in Ordnung zu bringen. Und tatsächlich, noch vor Ende der Sitzung setzte der scheidende Premierminister den Beschluß durch, daß der Außenminister das Abkommen mit Israel ohne Verzug zu unterzeichnen habe.

Im Jahr 1959 stand unser Atomprogramm zum dritten Mal auf der Kippe und konnte nur durch ein dramatisches Treffen in Paris gerettet werden. Damals war General de Gaulle an der Macht, und er hatte Maurice Couve de Murville, einen Karrierediplomaten, der vorher als Botschafter in Ägypten tätig gewesen war, zum Außenminister ernannt. Anders als Pierre Gilbert, der als französischer Botschafter in Israel während der fünfziger Jahre einen tiefen Respekt vor dem Zionismus entwickelt hatte, schien sein Kollege Couve de Murville, damals Botschafter in Kairo, sich teilweise die feindselige Haltung Ägyptens gegenüber dem jüdischen Staat zu eigen gemacht zu haben. Die persönliche Beziehung der beiden Diplomaten war ohne Frage kühl, und als Couve de Murville Außenminister geworden war, beeilte er sich, Gilbert aus Tel Aviv abzurufen.

Couve de Murville teilte der israelischen Außenministerin Golda Meïr unverblümt mit, Frankreich habe beschlossen, das Atomabkommen mit Israel zu kündigen. Er forderte von Israel die Stillegung der Anlage von Dimona und bot die Rückerstattung der Ausgaben an, die Israel für französische Waren im Zusammenhang mit dem Projekt entstanden waren. Das Telegramm, das daraufhin Golda Meïr an uns schickte, ließ keinen Zweifel zu: Die französische Entscheidung war endgültig.

Ben Gurion fragte mich, was wir meiner Meinung nach noch unternehmen könnten. Auch ich war ratlos, fand aber, daß wir nicht kampflos aufgeben sollten, und bat ihn, mich nach Paris zu entsenden, um mit Couve de Murville zu sprechen. Ben Gurion gab zu bedenken, das könne er nicht ohne Golda Meïrs Einverständnis, und sie stimmte prompt zu, was ich ihr immer hoch anrechnen werde. Ihre einzige Bedingung war, daß der israelische Botschafter in Frankreich mich zu dem Treffen begleiten sollte.

Auf dem Flug nach Paris fühlte ich mich tief bedrückt. Ohne die Franzosen wäre das Schicksal von Dimona besiegelt gewesen, denn es gab keine realistische Alternative zu ihnen. Ich kannte Couve de Murville. Er war ein ernster Mann mit einem präzise kalkulierenden Verstand, dazu gläubiger Protestant, der lange Passagen aus der Bibel auswendig kannte. Beim Nachdenken über das Gespräch, das mich erwartete, kam mir der Gedanke, daß bei einem Gesprächspartner wie Couve de Murville die Diplomatie einer Schachpartie glich. Man plante seine Züge und versuchte, die Gedanken des Gegners zu lesen. Wenn einen aber der andere mit einem geschickten Zug überraschte, blieb einem nichts anderes übrig, als die Konsequenzen zu ziehen und sich mit Haltung geschlagen zu geben.

Während ich mit dem israelischen Botschafter im Vorzimmer wartete, hatte ich noch immer keine Ahnung, wie sich die Schachpartie entwikkeln würde. Es schlug zwölf Uhr. Gleich mußten sich die Flügeltüren öffnen, und man würde uns hineinführen. Couve de Murville besaß die Präzision eines Schweizer Uhrwerks. Er lächelte mir höflich zu, als wolle er sagen: »Wir wissen beide, weshalb Sie hier sind, und Sie wissen, daß es aussichtslos ist. Aber da eine langjährige Freundschaft zwischen unseren beiden Ländern besteht, an der uns beiden gelegen ist, habe ich eingewilligt, Sie zu empfangen.«

Er begann damit, sämtliche Argumente zu wiederholen, die er schon gegenüber Golda Meïr vorgebracht hatte, um mir dann seine Schlußfolgerungen mitzuteilen. Ich entgegnete, daß seine Worte zweierlei bedeuteten, zum einen hebe er damit Beschlüsse auf, die von der vorangegangenen französischen Regierung getroffen worden waren, und zum anderen bringe er Israel um die Möglichkeit eines eigenen Reaktors und damit um die Früchte einer fünfjährigen Herkulesarbeit. Keine Geldsumme könne uns für die vergebliche Arbeit entschädigen.

Ferner, so fügte ich ruhig hinzu, liefe dieser Schritt auf eine einseitige Verletzung der bilateralen Verpflichtung hinaus, Details unseres beiderseitigen Abkommens nicht an die arabische Welt und vor allem nicht an Beamte weiterzugeben, die die Einhaltung des arabischen Boykotts überwachten. Diese seien gewiß erpicht darauf, ausländische (d.h. französische) Firmen, die mit Israel kooperierten, zu bestrafen. An dieser Stelle unterbrach mich Couve de Murville, er habe nicht die Absicht, gegen die Verpflichtung zur Geheimhaltung des Abkommens zu verstoßen. Frankreich würde nichts verlautbaren lassen, bekräftigte er, weder über den groben Umriß des Abkommens noch über besondere Details. Hierauf erwiderte ich, daß, sollte er einseitig das Abkommen in seinem Kern aufheben, wir uns nicht imstande sähen, jene Punkte einzuhalten, die er gewahrt wissen wolle, nämlich die Geheimhaltungsbestimmung. Er fragte, wie mein Vorschlag laute. Darauf antwortete ich, wenn er darauf bestehe, könne er das Abkommen mit dem heutigen Tage beenden. Er habe jedoch nicht das Recht, Beschlüsse, die in der Vergangenheit gefaßt worden waren, nachträglich außer Kraft zu setzen.

Couve de Murville überlegte einen Moment und entschied dann: »Eins zu null für Sie.« Damit war die Schachpartie beendet.

12

MOSHE DAYAN

Moshe Dayan war lange Zeit der am meisten bewunderte Israeli in der Welt, und auch in Israel wurde er sehr verehrt. Jedes Kind kannte den Mann mit dem markanten, fotogenen Gesicht und der schwarzen Augenklappe, die eine Kriegsverletzung verdeckte. Seine Heldentaten, wahre und erfundene, sein Witz und Verstand hatten aus ihm schon zu Lebzeiten eine in der ganzen Welt bekannte Legende gemacht.

Einmal stieß ich auf seinen Namen an einem Ort, wo ich es am wenigsten vermutet hätte. Ich war damals zu Besuch in einem afrikanischen Land und mit dem Auto unterwegs. An einer Tankstelle trugen die Zapfsäulen den Werbeslogan »Pack den Tiger in den Tank«, der damals überall zu lesen war. Doch hier, an einer abgelegenen Tankstelle irgendwo in Afrika, hatte der Besitzer das Wort »Tiger« durch »Dayan« ersetzt und auf das ursprüngliche Tigerbild ein Foto von Moshe geklebt.

In San Francisco sah ich in einem Schaufenster riesige Fotografien von Mao Tse-tung, Che Guevara und Moshe Dayan. Wie haben Moshe und ich gelacht, als ich ihm nach meiner Rückkehr davon erzählte und wir versuchten, uns vorzustellen, welche Gemeinsamkeit der Große Steuermann, der Guerillero und der israelische General wohl hätten haben sollen.

Ich lernte Dayan in den frühen vierziger Jahren persönlich kennen, hatte aber schon vorher von ihm gehört. Bei einem Regionaltreffen der Hagana im Kibbuz Geva, bei dem meine Freunde und ich an der *Hachschara* teilnahmen, das heißt auf unsere Tätigkeit als Pioniere vorbereitet wurden, las uns ein Hagana-Führer einen Bericht von Salman Mart vor, einem Freund Dayans. In militärisch knappem Ton schilderte Mart, wie Dayan bei einem Gefecht im Libanon ein Auge einbüßte, doch was da mitgeteilt wurde, hätte auch in einem Heldenepos stehen können.

Dayan, der einer australischen Einheit als Kundschafter bei alliierten Operationen gegen Soldaten des französischen Vichy-Regimes diente, wurde von einem Scharfschützen aufs Korn genommen und getroffen. Die Kugel durchschlug seinen Feldstecher. Obwohl sein Gesicht blutüberströmt war, ließ er kein Anzeichen von Schmerz erkennen. Als ihm klar wurde, wie es um ihn bestellt war, bemerkte er nur knapp, künftig werde er eben nur eine eingeschränkte Sicht auf diese schöne Welt haben.

Dayan und ich begegneten uns zum erstenmal im Haus seiner Familie im Moschav von Nahalal. Ich war eng befreundet mit seinem Bruder Zorik, der später im Unabhängigkeitskrieg bei einem Gefecht mit drusischen Streitkräften in Ramat Yohanan fiel. Anders als der große, breitschultrige Zorik war Moshe eher klein und untersetzt, aber sein durchtrainierter Körper und seine Energie ließen schon damals eine starke Persönlichkeit ahnen. Moshe bemühte sich nicht im geringsten, mich zu beeindrucken, vielmehr versuchte er mit kurzen, geschäftsmäßigen Fragen soviel wie möglich über mich zu erfahren. Das war typisch für ihn, er bevorzugte nüchterne Fakten, bündig mitgeteilt, ohne rhetorischen Zierat. Während unserer langjährigen Freundschaft habe ich nie erlebt, daß er geprahlt, Rührseliges erzählt oder etwas Dummes gesagt hätte. Er liebte die schlichte Wahrheit: winterlich kahl und ohne schmückendes Beiwerk.

Wenn seine Kollegen ihn zum Einschwenken auf eine bestimmte politische Linie drängen wollten, die ihn nicht überzeugte, sagte er nur: »Wenn ich euren Rat annähme, wäre ich ja wie ihr, und dann brauchte ich euren Rat nicht mehr.« Tatsächlich wurde er aber nie wie wir.

Durch meine politische Arbeit lernte ich Dayans Eltern, Shmuel und Dvora, kennen. Es gab in Dayans Leben keine Frau, die er so bewunderte wie seine Mutter. Sie war klein und trug ihr schwarzes Haar in zwei um den Kopf gewickelten Zöpfen (es blieb auch im Alter schwarz, eine genetische Eigenschaft, die sie Moshe vererbt hatte). In ihren schönen Gesichtszügen lagen Melancholie und zugleich eiserne Entschlossenheit. Sie sprach leise, beinahe flüsternd und schrieb in glänzendem Stil Artikel, die regelmäßig in der Frauenbeilage der Tageszeitung *Davar* erschienen. Von ihr mußte Moshe sein Talent zum Schreiben und seine Liebe zu Dichtung und Prosa geerbt haben.

Sein Vater, Knesset-Abgeordneter der Mapai in den Anfangsjahren Israels, war von ganz anderer Art. Er war ein schwieriger und unnachgiebiger Mann, fleißig und gewissenhaft, aber engstirnig. Innerhalb der Partei vertrat er die Moschavbewegung, und diese Rolle verlieh ihm Macht und Bedeutung.

Unsere Bekanntschaft entwickelte sich zu einer engeren Beziehung, als Dayan und ich 1946 die jüngere Generation der Partei beim Zionistenkongreß in Basel vertraten (siehe Seite 67).

Im Unabhängigkeitskrieg kämpfte Dayan als junger ehrgeiziger General, während ich meinen Dienst im Oberkommando der Armee unter Ben Gurion und Eshkol versah. Dayans Name wurde oft in Gesprächen erwähnt, löste aber erstaunlicherweise gemischte Reaktionen aus (oft bei ein und derselben Person). Eshkol nannte Dayan einmal »Abu Jilda«, nach einem arabischen Bandenchef. Der vorsichtige, politisch gemäßigte Außenminister Moshe Sharett äußerte erhebliche Vorbehalte, die andere prompt teilten. Und Jigael Jadin, der stellvertretende Stabschef, bevorzugte eindeutig Jigal Allon gegenüber Dayan. Allon, der sich im Unabhängigkeitskrieg als General hervorgetan hatte, war Befehlshaber der Palmach-Eliteeinheiten, bis diese von Ben Gurion aufgelöst wurden. Die Rivalität zwischen Allon und Dayan reichte bis in die Vorkriegszeit und blieb bis zu ihrem Tod dreißig Jahre später bestehen.

Dayan befehligte eine motorisierte Brigade und sah sehr verwegen aus, wenn er im Jeep an der Spitze der Kolonne kleine arabische Ortschaften stürmte. Die Kämpfe beanspruchten seine ganze Aufmerksamkeit, schon deshalb hatte er keine Zeit für den Klatsch auf den Gängen des Oberkommandos.

Gab es seinetwegen Streit, wie es damals und später oft geschah, konnte er immer auf Unterstützung durch mich und zwei enge Mitarbeiter Ben Gurions zählen: seinen Adjutanten Nehemiah Argov und seinen Staatssekretär Chaim Jisraeli. Argov nahm sich 1957 das Leben. Ich fühlte mich ihm so verbunden, daß Sonia und ich beschlossen, unseren kurz darauf geborenen zweiten Sohn im Gedenken an ihn Nehemiah zu nennen.[1] Chaim Jisraeli, ein lebenskluger und loyaler Mann, wie ich nur wenige kennengelernt habe, blieb bis in die neunziger Jahre ein diskreter und zuverlässiger Mitarbeiter jedes Verteidigungsministers.

Argov, Jisraeli und ich bewunderten Dayan. Er verkörperte für uns die charakteristischen Merkmale unserer neu erstehenden Nation mit ihrer ganzen Größe, aber auch ihren Eigenarten. Ich ahnte, daß seine Führungsqualitäten, militärische wie politische, noch weitgehend ungenutzt waren. Gelegentlich vertraute er mir an, wie er die aktuelle Situation strategisch oder diplomatisch bewertete. Seine Gedanken und Pläne hatten stets einen Schuß Pessimismus, waren aber so formuliert, daß sie die Möglichkeit einer originellen, realisierbaren Lösung enthielten. In jedem Fall teilte ich Dayans Einschätzung stets Ben Gurion und Eshkol mit. Als wir in der kritischen Phase des Unabhängigkeitskrieges darüber diskutierten, ob wir alle verfügbaren Kräfte vor Jerusalem zusammenziehen und den Belagerungsring durchbrechen oder uns der ägyptischen Invasion im Negev entgegenwerfen sollten, stimmte Dayan, genau wie Ben Gurion, vorbehaltlos für die Jerusalem-Option. Jadin vertrat die andere Auffassung und war von Dayan jetzt erst recht alles andere als begeistert.

Jadin war ein Prinzipienreiter in puncto militärische Ordnung und Disziplin, worunter er in erster Linie ein tadelloses soldatisches Erscheinungsbild bei Offizieren und Soldaten verstand. Er war vom Dienst in der britischen Armee geprägt worden, während Dayan dort nur ein kurzes Gastspiel gegeben hatte. Für Jadin verkörperte Dayan, der kaum wie ein aus dem Ei gepellter Soldat aussah, den Typ des Partisanen, den er so gern aus der Armee des jungen israelischen Staates verbannt hätte.

In der Zeit, da Dayan bereits General und Befehlshaber des Oberkommandos Süd war, fand eine Generalstabssitzung statt, die ich nie vergessen werde. Jadin bereitete sich stets penibel vor. Wenn er zu Beginn die versammelten Offiziere musterte, ließ er seinen Blick rasch über die am Tisch Anwesenden schweifen und vergewisserte sich, ob alles seine Ordnung habe. Diesmal erstarrte er beim Anblick Dayans, dann fragte er mit eisiger Stimme: »Wie können Befehlshaber von ihren Untergebenen erwarten, daß die Regeln des Oberkommandos befolgt werden, wenn sie selbst es nicht für nötig befinden, sich daran zu halten?«

Beklemmendes Schweigen legte sich über die Versammelten. Dayan hatte offensichtlich keine Ahnung, worauf der Stabschef hinauswollte, aber Jadins kalter Blick ließ nicht von ihm ab. Langsam begann Dayan sein Aussehen zu überprüfen. Schließlich fiel sein Blick auf seine Hemdtasche. Der Knopf stand offen. Er knöpfte sie linkisch zu und schwitzte dabei vor Verlegenheit. Das war das einzige Mal, daß ich ihn betreten gesehen habe.

Jadin mißbilligte auch ziemlich unverhohlen, daß ich mit meinen achtundzwanzig Jahren bereits stellvertretender Leiter des Verteidigungsministeriums war, was mich zum Besuch der wöchentlichen Sitzungen des »Forums des Verteidigungsministers« berechtigte. Hierzu kamen der Minister, sein engster Berater, der Stabschef, dessen Stellvertreter und der Leiter des militärischen Nachrichtendienstes zusammen. Obwohl Jadin mit seinen vierunddreißig Jahren nicht viel älter war als ich, hielt er mich für zu unerfahren für solch ein hochkarätiges Gremium. Doch in Wirklichkeit war ich es, der das Verteidigungsministerium leitete. Der Leiter des Verteidigungsministeriums Zeev Schind war gleichzeitig für das Verkehrsministerium zuständig, dem er sich mit größerer Energie widmete, denn so konnte er Ben Gurion, zu dem er ein gespanntes Verhältnis hatte, aus dem Weg gehen. Binnen eines Jahres, im Oktober 1952, wurde ich offiziell zum Leiter ernannt.

Ich hatte großen Respekt vor Jadin. Er besaß nicht nur einen Ruf als Archäologe, sondern konnte auch als Redner begeistern und trat überzeugend für Ben Gurions Prinzip der *Mamlachtiut* ein, worunter der Vorrang des Staates vor allen partikularen Interessen zu verstehen ist. Er führte die Armee und zeigte sich auch im Generalstab selbstbewußt. Seine persönliche Beziehung zu Ben Gurion war beispielhaft. Wenn Jadin den großen alten Mann der israelischen Politik kritisierte, tat er es stets offen, und nie hätte er sich abfällig hinter dessen Rücken geäußert. Bedauerlicherweise folgten nur wenige führende Vertreter des politischen und militärischen Lebens seinem Beispiel. Ben Gurion schätzte Jadin außerordentlich und betrachtete ihn bereits als möglichen Nachfolger.

Später, als Jadin seinen Abschied von der Armee nahm und unsere beruflichen Wege sich trennten, verbesserte sich unsere Beziehung. 1952 verließ er die Armee und ging wieder in die Wissenschaft. Obwohl er immer wieder umworben wurde, widerstand er dem Ansinnen, ins politische Leben zurückzukehren. Erst im Jahr 1977 wagte er den Schritt zurück in die Politik und gründete die Demokratische Bewegung für Veränderung. Noch im gleichen Jahr kandidierte die Partei bei den Parlamentswahlen und trat dann in die Regierung von Menachem Begin ein. Jadin wurde stellvertretender Premierminister (siehe Seiten 216 und 341).

In den ersten Jahren stritten wir jedoch heftig darüber, wie die Rollen von Kabinett und zivilen Beamten einerseits und dem Militär andererseits verteilt sein sollten. Jadin vertrat die Ansicht, daß die Armee direkt dem Verteidigungsminister unterstehe und niemandem sonst. Es gab aber auch Streit um trivialere Dinge. Er beschwerte sich, daß die Soldaten nicht genug zu essen bekämen und keine angemessenen Unterkünfte und Uniformen hätten. Außerdem beklagte er, daß nicht genügend Geld für Ausbildungsprogramme zur Verfügung stünde. Meiner Ansicht nach sollte jeder verfügbare Schekel für Waffenimporte und militärische Forschung und Entwicklung verwandt werden. Wie durch ein Wunder hatten wir den Unabhängigkeitskrieg gewonnen, und jetzt waren unsere bescheidenen Waffenlager leergeräumt. Das im Krieg über uns verhängte Waffenembargo wurde auch nach dem Waffenstillstand fortgesetzt, während die Araber ohne Mühe ihre Bestände wieder auffüllen konnten. Wie ich schon erwähnte, fällt es mir auch heute noch schwer zu begreifen, warum die Vereinigten Staaten Israel zwar als Staat anerkannten, uns aber noch nicht einmal Gewehre verkauften, um unsere gerade errungene Unabhängigkeit gegen die Bedrohung durch die Araber zu verteidigen.

Um Mittel für den Kauf von Rüstungsgütern zu beschaffen, schlug ich sogar die Verkleinerung des stehenden Heeres vor. Aus dem gleichen Grund forderte ich, die Armee von allen Dienstleistungen zu befreien, die keine echten Verteidigungsaufgaben waren. Die Wäschereien und Bäckereien des Heeres, das Militärkrankenhaus in Tel Hashomer mit seinen über tausend Mitarbeitern, all diese Einrichtungen wollte ich in zivile Hände übergeben. Die Armee sollte nur noch nach Bedarf Verträge für bestimmte Lieferungen und Dienstleistungen abschließen.

Im Konflikt mit Jadin konnte ich mich auf die Generäle Moshe Dayan und Mordechai (Motke) Makleff verlassen. Dayan war von Jadins Qualitäten als Verwalter nie besonders überzeugt. Er wußte, daß Jadin das Stabspersonal immer weiter aufstocken und die Verwaltung unnötig bürokratisieren würde. Für Dayan hingegen waren der kämpfende Soldat und die Fronttruppe das ein und alles. Daher mußte er den Eindruck bekommen, daß Jadin die knappen Heeresmittel für die Etappe und die Verwaltung verschwendete.

Eine wirkliche Überraschung war allerdings General Makleff. Er war Stellvertreter von Jadin, und alle hielten ihn für dessen ergebenen Gefolgsmann. Doch eines Tages kam er aus eigenem Antrieb zu mir und teilte mir mit, wie sehr er in der Auseinandersetzung zwischen Jadin und mir meinen Standpunkt teile. Wir trafen uns vor den Sitzungen des

Ministerforums, um die Tagesordnung zu besprechen, und bei diesen Treffen bestand Makleff noch viel hartnäckiger als ich darauf, die Prioritäten bei der Armee neu zu bestimmen. Er unternahm hierzu zahlreiche Vorstöße bei Jadin, aber der Stabschef blieb standhaft und erklärte, er werde nur auf Befehl Ben Gurions nachgeben. Ich unterbreitete daraufhin Ben Gurion mein Anliegen und betonte, daß Makleff mir vollständig beipflichte.

Am Ende gab Ben Gurion ausdrücklich Anordnung, das Berufsheer um fünftausend Mann zu verkleinern und verschiedene Einrichtungen der Armee zivilen Betreibern zu überlassen. Jadin, ein Mann von großer Würde, trat unverzüglich zurück, und Makleff wurde sein Nachfolger. Ich sah einer Zeit enger und harmonischer Beziehungen zwischen Ministerium und Armee entgegen, wurde jedoch schnell eines Besseren belehrt. Kaum war Makleff Generalstabschef, da verteidigte er noch verbissener sein Revier als Jadin. Auf die Wäschereien und Bäckereien konnte er noch verzichten, aber das Berufsheer wollte er wieder vergrößern. Seine Auffassung vom Verhältnis zwischen Armee und Ministerium war nachgerade abwegig: Er wollte das Verteidigungsministerium formell dem Generalstab unterstellen. Ich werde wohl nie erfahren, was ihn zu dieser raschen und radikalen Meinungsänderung veranlaßt hatte. Vielleicht wollte Makleff im nachhinein doch noch beweisen, daß er trotz allem Jadin immer die Treue gehalten hatte.

Den Vogel schoß er allerdings ab, als er Ben Gurion eine Namensliste mit dreißig hochrangigen Offizieren übergab, die er entlassen wollte. Auch mein Name stand auf der Liste. Jetzt merkte jeder, daß mit diesem ausgezeichneten Soldaten und Verwalter, der bisher so gut mit seinen Mitarbeitern zurechtgekommen war, etwas nicht mehr stimmen konnte. Obwohl Makleff noch kein Jahr im Amt war, entschied Ben Gurion, daß er gehen müsse. Im Oberkommando und im politischen Establishment brodelte die Gerüchteküche, wer wohl Nachfolger würde, und ein Schachern und Spekulieren begann hinter den Kulissen. Hauptanwärter waren die Generäle Dayan, Chaim Laskov und Shlomo Sharmir.

Ben Gurion war sehr angetan von Laskov, den er als besten Soldaten Israels bezeichnete. Das veranlaßte Ariel (Arik) Sharon, damals ein ehrgeiziger junger Offizier, zu dem beißenden Kommentar, an der Spitze der israelischen Streitkräfte werde ein General und kein Soldat gebraucht. Mir stand Laskov ebenfalls nahe. Jeden Freitagnachmittag besuchte er uns zu Hause und spielte mit den Kindern; er selbst war kinderlos, liebte aber Kinder. Immer wenn er kam, brachte er mir einen Armvoll Bücher mit als Vorbereitung für das Amt des Verteidigungsministers, das ich seiner Meinung nach bald bekleiden würde.

Ich glaubte, nur Dayan könne das Kunststück fertigbringen, der Armee neuen Kampfgeist einzuflößen. Ben Gurion hatte natürlich all die unvorteilhaften Geschichten und Gerüchte gehört, die über Dayan im Umlauf waren. Es hieß, Dayan sei unordentlich, undiszipliniert, könne keine Verantwortung übernehmen und so fort. Ich vertrat die Ansicht, daß die Gerüchte größtenteils falsch oder tendenziös seien und Moshe Dayan keineswegs der Chaot sei, für den er gehalten werde. Im Gegenteil, er sei ein gründlicher, ja rigoroser und detailbesessener Ressortleiter. Doch er sei auch ein Stratege, der einen klaren Blick für große Zusammenhänge habe. Ich versicherte Ben Gurion, er werde mit Moshe Dayan als Generalstabschef die Unterstützung bekommen, die er für seine politischen Pläne brauche.

Meine Argumente fielen auf fruchtbaren Boden, weil Ben Gurion Dayan sehr schätzte, und so wurde dieser mit seinen achtunddreißig Jahren zwar nicht der jüngste Stabschef in der Geschichte Israels, aber gewiß der eigenwilligste.

Diese Eigenschaft sollte mich schon bald einem Herzinfarkt nahe bringen. Ich saß in meinem Büro im Verteidigungsministerium, als mich plötzlich Ben Gurion aus dem Stockwerk über mir anrief. Das war an sich schon ungewöhnlich. Ben Gurion griff selten zum Telefon. Wenn er es doch tat, war er lakonisch bis zum Telegrammstil. Er begann und beendete das Gespräch üblicherweise mit »Shalom« und beschränkte sich auf das absolute Minimum an Information. Diesmal reichten ihm vier Worte: »Shimon, komm sofort herauf.«

Ich rannte die Treppe hinauf und stürzte in sein Zimmer. »Dein Freund Moshe«, fauchte Ben Gurion, »steht mit einem Gewehr auf dem Balkon des Armeehauptquartiers und schießt wild in der Gegend herum.«

Ich entgegnete, das sei doch nicht möglich, da müsse ein Irrtum vorliegen. Dann rannte ich sofort zum zweistöckigen Gebäude des Generalstabs hinüber. Dayan stand tatsächlich auf dem Balkon und hielt ein Jagdgewehr in den Händen. Ich flog fast die Treppe hinauf und stürzte auf den Balkon.

»Bist du verrückt geworden?« schrie ich ihn an.

Er drehte sich seelenruhig zu mir um. »Hast du meine Einladung bekommen?«

Ich nickte.

»Weißt du, was gefeiert wird?«

»Keine Ahnung.«

»Mein neununddreißigster Geburtstag«, sagte er freundlich. »Ich habe vierzig Gäste eingeladen. Als Hauptgericht gibt es gebratene Tauben. Und jetzt gehe ich die Tauben einsammeln.«

Dayans Ernennung zum Generalstabschef bewirkte einen sofortigen und nachhaltigen Stimmungswandel in der Armee. Er prägte die Parole: »Mir nach!« Für eine neue Generation von Offizieren hieß das, daß sie sich beim Angriff an die Spitze ihrer Männer zu stellen hatten. »Waffen statt Socken«, lautete ein anderes Dayansches Motto, mit dem er seinem Stab verdeutlichte, daß er neue Prioritäten setzte. Er schuf neue Eliteeinheiten wie das Fallschirmspringerbataillon, die vor dem Sinaifeldzug 1956 die meisten Vergeltungsaktionen durchführten. Bei seinen öffentlichen Auftritten und in den Medien erklärte er dem israelischen Volk in klarer, direkter Sprache (und wundervollem Hebräisch) seine Sicht der Lage. Die Armee lag ihm buchstäblich zu Füßen und viele zivile Israelis ebenfalls.

Die Zusammenarbeit zwischen Dayan und mir war hervorragend. Bei unserer ersten Arbeitssitzung nach seiner Ernennung schlug Dayan vor, nach der folgenden einfachen, aber bewährten Faustregel zu verfahren: »In Angelegenheiten, die in erster Linie das Oberkommando der Armee betreffen, unterstützt du das Oberkommando, und in Angelegenheiten, die hauptsächlich das Ministerium betreffen, bin ich dir behilflich.« Ein gemeinsamer Finanzberater sollte zur Überwachung unserer Budgets eingestellt werden. Er machte sich für Transparenz stark: Jeder von uns beiden sollte über die Pläne und Vorgänge in der Dienststelle des anderen informiert sein. Er bestand darauf, daß ich neben den Generalstabssitzungen auch an den kleineren, informellen Treffen und Beratungen mit Offizieren unterschiedlichster Dienstgrade teilnähme und gewährte mir bereitwillig den direkten Kontakt zu allen Abteilungen der Streitkräfte. Ben Gurion war hocherfreut über Umfang und Intensität unserer Zusammenarbeit. Damit legten wir den Grundstein für die wichtigsten Elemente unserer Verteidigungspolitik: enge Beziehungen zu

Frankreich, Entwicklung der israelischen Luftfahrtindustrie, Gründung der Behörde für Forschung und Entwicklung von Waffensystemen, Aufbau unserer Elektronikindustrie und, vor allen Dingen, Bau des Atomreaktors in Dimona.

Allerdings blieben die Neider nicht aus. Daß wir so eng zusammenarbeiteten und Ben Gurion hierüber erfreut war, wurde in politischen Kreisen Anlaß zu mißgünstigem Gerede. Man nannte uns, nicht immer wohlmeinend, »die jungen Männer des Alten Herrn«, und langsam aber sicher wuchs in der Mapai-Führung der Verdacht, Ben Gurion könnte seine langjährigen Weggefährten übergehen und statt der Anwärter aus ihren Reihen uns an die Schalthebel der Macht katapultieren.

Mit der Zeit verkehrten Dayan und ich auch privat miteinander. Wir interessierten uns beide für Literatur und zählten den Dichter Nathan Altermann und den Romancier S. Jizhar zu unseren Freunden. Altermanns Freundschaft war voller Herzlichkeit, er liebte weitschweifende Unterhaltungen mit seinem Gesprächspartner, dagegen war Jizhar zurückhaltender und verschlossener, und jeder seiner Sätze war ein ausgefeiltes Stück Literatur.

Altermanns feste, unerschütterliche Freundschaft war eine tragende Säule in meinem Leben. Wie Albert Camus setzte er sich immer wieder mit der Frage des Selbstmords auseinander, seiner Ansicht nach das größte existentielle Problem überhaupt. Ich erinnere mich, daß Altermann uns 1970 besuchte, ehe er zwei Tage später mit Magengeschwüren, die ihm den Tod brachten, ins Krankenhaus eingeliefert wurde. Sonia und ich spürten, daß er seinen Lebenswillen verloren hatte. Aber obwohl er an sich selbst so sehr zweifelte, war seine Begeisterung für sein Land und sein Volk ungebrochen. Für ihn besaß die nationale Sicherheit stets oberste Priorität. Er war ein überzeugter, kein fanatischer Verfechter von »Groß-Israel«, in Privatgesprächen betonte er aber, daß die nationale Sicherheit Vorrang vor territorialen Ansprüchen habe, falls Israel von der Sowjetunion oder Amerika bedroht und sein Überleben als souveräner Staat gefährdet würde. Dichtung begeisterte ihn, über die Wirklichkeit konnte er lächeln.

Jizhar hatte ein ganz anderes künstlerisches Temperament. Mit seiner kraftvollen hebräischen Prosa und seiner unübertroffenen Fähigkeit, die Dinge auf den Punkt zu bringen, feuerte er uns in Reden und Artikeln an. Ob gesprochen oder geschrieben, wir dürsteten geradezu nach seinen Worten.

Moshe Dayan hatte eine ausgeprägte künstlerische Ader. Er rekonstruierte mit großer Sorgfalt antike Keramikgegenstände aus Scherben, die er an archäologischen Fundorten ausgrub. Manchmal fand er auch die Zeit, zu malen oder Gedichte zu schreiben. Seine Autobiographie »Die Geschichte meines Lebens«[2] ist eine der besten politischen Biographien, die je in Israel erschienen sind. Wenn er schrieb, versuchte er stets mit ungeheurer Gewissenhaftigkeit für seine nuancierten Gedanken die richtigen Worte zu finden. Er liebte das Wort, eben weil er die Langatmigkeit haßte. Aus dem Werk des Dichters Abraham Schlonsky konnte er ganze Passagen aus dem Kopf zitieren.

In der Presse wurden wir verächtlich als »Macher« bezeichnet. Wir galten als Pragmatiker, die gut bei der Lösung konkreter Aufgaben waren, denen es aber an Tiefgang fehlte, wenn es darauf ankam, Zusammenhänge genau zu durchdenken. Ich war mir jedoch immer bewußt, daß das Leben noch eine andere Seite hatte, die nicht »pragmatisch« war oder mit »machen« zu tun hatte, sondern unserem Pragmatismus Sinn und unserer politischen Alltagsarbeit Perspektive verlieh. Ich hatte das Gefühl, daß Männer, die wie Ben Gurion, Dayan und ich verächtlich als »Macher« bezeichnet wurden, über einen gemeinsamen Geheimcode verfügten. Er wurde nie thematisiert, war aber von zentraler Bedeutung. Irgendwo im Kern unseres Wesens spürten wir die magische Anziehungskraft, die von den Gedichten und Geschichten, dem ausgeprägten Geschichtsbewußtsein, dem exotischen Land und dem ungewöhnlichen Leben des jüdischen Volkes ausgeht. Diese Anziehungskraft war für uns nicht weniger real als die Flugzeuge, Panzer und Kanonen, für deren Beschaffung wir Tag und Nacht arbeiteten.

Im Unterschied zu mir interessierte sich Moshe Dayan sehr stark für die ferne Vergangenheit, während ich ungemein neugierig auf die Zukunft war. Moshe identifizierte sich ebenso mit unseren Ahnen, die noch Sandalen und wehende Gewänder getragen hatten, wie mit unseren Zeitgenossen, die in den Cockpits der Düsenjäger saßen. Jede historische Entdeckung hatte für ihn eine große aktuelle Bedeutung. Ich selbst war auf die Zukunft fixiert, auf das, was geschehen würde oder, wichtiger noch, auf das, was jetzt schon getan werden konnte, um künftige Entwicklungen zu beeinflussen. Dayan neigte zum Pessimismus. Ich hingegen lief Gefahr, in unangemessenen Optimismus zu verfallen.

Im Jahre 1958 waren wir nach Birma eingeladen, als Gäste von Armeechef General Ne Win, dem eigentlich starken Mann des Landes. Wir wurden großzügig und liebenswürdig empfangen und wohnten in Rangun in einem regierungseigenen Gästehaus, umgeben von einer Seen- und Waldlandschaft. Wir besichtigten die Tempel und Pagoden der Umgebung und unternahmen eine beeindruckende Bootsfahrt durch Mandalay. Die Männer, die die Ruder bewegten, hatten diese an den Füßen festgebunden. Alles schien so anders, als wir es aus den Beschreibungen Kiplings kannten. Die Bevölkerung begrüßte uns stets herzlich, und die Funktionäre scheuten keinen Aufwand. Jeden Abend wurden farbenfrohe Schauspiele und Tänze zu unseren Ehren aufgeführt, und zum Ausklang erschienen Geschichtenerzähler und jagten uns und dem Rest der Gesellschaft mit ihren Märchen von Tigern und Giftschlangen einen gehörigen Schrecken ein.

Ne Win, ein Soldat vom Scheitel bis zur Sohle, begleitete uns die gesamten zwei Wochen hindurch. Er war ein extremer Nationalist, der nicht nur die hart erkämpfte Unabhängigkeit seines Landes mit Zähnen und Klauen verteidigte, sondern faktisch die Abwendung Birmas vom Rest der Welt betrieb, und das mit den Jahren zunehmend brutaler. Er sagte, daß das einzige Land, dem er traue, Israel sei. Damals erschien er uns als der einzige Unbestechliche in einem von Korruption durchsetzten Land. Trotz seiner einseitigen, um nicht zu sagen fanatischen Einstellung entwickelten wir eine enge persönliche Beziehung zueinander. Später half Israel Birma beim Aufbau seiner Landwirtschaft. Die Birmanen schickten Hunderte von Jugendlichen zur Ausbildung nach Israel. Einige von ihnen hatten bis zu ihren Erfahrungen in unseren Kibbuzim und Agrarschulen noch nie landwirtschaftliche Maschinen gesehen. Manche kannten vor ihrem Flug nach Israel noch nicht einmal Armbanduhren.

Dayan genoß sichtlich unseren Aufenthalt in exotischem Ambiente, aber dennoch merkte ich, daß er sich etwas unbehaglich fühlte. »Was ist los?« fragte ich. »Archäologie und Geschichte«, antwortete er, »das fehlt hier.« In der Tat kennen die Birmanen so gut wie keine Geschichtsschreibung, und der Buddhismus wurde eher durch mündliche als durch schriftliche Überlieferung verbreitet.

Trotzdem verfehlte der Osten nicht seine magische Wirkung auf Dayan. Später kam er wieder, um den Vietnamkrieg aus nächster Nähe zu beobachten. Wir flogen über Indien zurück, und hier zeigte Dayan sich von seiner schroffen Seite. Nach der Landung in Neu-Delhi wurden wir vom israelischen Honorarkonsul, einem ortsansässigen jüdischen Arzt empfangen, der seine Hausbesuche stets mit einem alten Fahrrad machte. Mit offenkundigem Stolz verkündete er, daß er uns zu Ehren ein Mittagessen im Rotary Club arrangiert habe. »Haben Sie auch eine Begegnung mit dem Verteidigungsminister arrangiert?« fragte Dayan. »Nein, nur mit seinem Stellvertreter«, lautete die Antwort. »Dann gibt es kein Treffen«, entschied Dayan knapp. Der Honorarkonsul fiel fast in Ohnmacht. »Was wird jetzt aus dem Essen im Rotary Club?« murmelte er schwach. »Sie haben doch ein Fahrrad«, gab Dayan zurück. »Radeln Sie bei den Gästen vorbei und sagen Sie ab.«

Ich wollte vermitteln, aber das war zwecklos. Der Honorarkonsul entfernte sich gequält und fassungslos. »Was hast du jetzt vor?« fragte ich Dayan. Er schlug vor, sich nach Antiquitäten umzusehen. Daraufhin eilte ich dem Konsul nach, und mit einiger Mühe konnte er wieder besänftigt werden. Zu dritt brachen wir zu einem Antiquitätenmarkt auf. Dort stießen wir zu Dayans großer Freude auf getrocknete Palmblätter, auf denen in zierlichem Hindi Gedichte zu Ehren Buddhas standen. Aber seine Freude verwandelte sich in Enttäuschung, als er erfuhr, daß die »altertümlichen« Blätter nur ein paar hundert Jahre alt waren. Für jemanden wie ihn, der so in die Geschichte des eigenen Landes vertieft und von Funden aus jahrtausendealter Vergangenheit umgeben war, konnte das kaum als alt gelten.

In den Augen der anderen hatte Dayan alles, was man sich wünschen konnte: Ansehen, Ruhm und Reichtum (er nahm Geldangelegenheiten immer sehr ernst). Männer gehorchten ihm; Frauen lagen ihm zu Füßen. »Was haben die Leute bloß?« fragte er mich eines Tages im persönlichen Gespräch. »Habe ich je eine Frau in einem Fluß ertränkt?« Auch war er keineswegs immun gegen grenzenlose Bewunderung, ja er badete förmlich darin. Trotzdem meine ich, daß ich ihn in all den Jahren unserer Freundschaft nie wirklich glücklich gesehen habe. Vielleicht fiel ihm der Erfolg zu leicht in den Schoß. Oder vielleicht war seinen Erfolgen – zumindest manchen – nicht genügend Dauer beschieden. Sie wurden schal, bevor er sie wirklich auskosten konnte. Vielleicht verdarben ihm auch die fürchterlichen Kopfschmerzen, die Folge seiner Verwundung waren, die Freude am Leben. Möglicherweise war ein Gefühl der Unzufriedenheit auch schlicht ein integraler Bestandteil seiner Persönlichkeit. Oder eine gewisse Widersprüchlichkeit seines Charakters trieb ihn immer wieder auf die stürmische See hinaus, auch wenn er in einem sicheren Hafen hätte ankern können.

Es gab kaum ein Ereignis von nationaler Bedeutung, auf das er nicht sofort reagiert hätte, und kaum eine unmittelbare Reaktion, die er nicht später bereut hätte. Trotzdem waren es häufig gerade seine spontanen und intuitiven Reaktionen, in denen sein Genie zum Ausdruck kam und weniger in den späteren, sorgsam durchdachten Stellungnahmen. Seine politischen Positionen zeichneten sich immer durch eine gewisse Veränderlichkeit aus. Nicht daß er seine Ansichten ohne Rückgrat vertreten hätte; sie waren eher zu unbeständig. Den besten Einblick in sein politisches Denken vermittelt eine Sammlung von Aufsätzen, in denen er die Ansicht vertrat, daß die Beziehungen zwischen Völkern letztlich wichtiger seien als die Grenzen, die sie voneinander trennen. Vielleicht hatte er damit recht, zumindest theoretisch. Auf jeden Fall sagt diese Theorie viel über seine Persönlichkeit und seine Qualitäten als Staatsmann aus. In der einen wie der anderen Hinsicht war er ein kluger und origineller Mensch.

Auch wenn Dayan nie ganz und gar glücklich war, konnte er sich doch in jugendlicher Ausgelassenheit amüsieren. Seinem Vergnügen ging er genauso zielbewußt und geistreich nach wie den Staatsangelegenheiten. So wie man bei Kindern Schlüsse aus ihren Spielen ziehen kann, gewähren einige dieser Episoden flüchtige Einblicke in die Tiefen von Dayans vielschichtiger Persönlichkeit.

So befanden wir uns einmal auf der Rückfahrt von Tiberias, wo Ben Gurion seine Ferien verbrachte. Jadin, Dayan und ich saßen zu dritt im Fond des Dienstwagens. »Auf dem Weg nach Tel Aviv kommen wir durch Nahalal«, sagte Dayan. »Wie ihr ja wißt, wohne ich dort, und bei mir zu Hause gibt es den besten Sauerrahm des ganzen Landes. Den solltet ihr euch nicht entgehen lassen, denn so einen guten Sauerrahm macht heutzutage keiner mehr. Und dazu gibt es frischgebackenes Brot, wie man es gegenwärtig auch kaum bekommt.« Jadin und ich waren hungrig und neugierig und stimmten sofort dem Plan zu, eine Pause in Dayans Haus einzulegen.

Schon beim Eintreten schlug uns ein penetranter Geruch entgegen, der nicht im entferntesten an den Duft von frischgebackenem Brot erinnerte. Dayan legte sein gewinnendes Lächeln auf, mit dem er auch die härtesten Herzen erweichen konnte. »Ich merke schon, der Geruch hat euch verstimmt, aber wenn ich euch erzähle, woher er kommt, werdet ihr eure Meinung ändern.« Wir waren großzügig und ließen ihn erzählen.

Er hatte in einer amerikanischen Zeitschrift von einem Millionär gelesen, der seine Frau so abgöttisch liebte, daß er ihr schwor, ihr eine ganz und gar einmalige Halskettenkollektion zu schenken. Er ging in Afrika auf Safari, erlegte eine Menge Löwen und Leoparden und ließ aus ihren Krallen eine Halskette anfertigen. Er jagte Adler und Milane, und aus ihren Schnäbeln wurde eine weitere Halskette gestaltet. »Ich bin mir nicht sicher«, bemerkte Dayan »ob ich den Ruf des besten Ehemanns der Welt genieße, aber diese Idee gefiel mir. Was konnte ich also machen? In Israel gibt es weder Löwen noch Leoparden und nur wenige Adler und Milane. Aber dann fiel mir ein, daß wir Haie haben.«

Um es kurz zu machen, einige Zeit später hatte Dayan beschlossen, nach Eilat zu fahren. Er schlenderte zu den Fischern in dem damals noch winzigen Hafen und begann mit ihnen zu plaudern. »Wie geht der Fischfang?« »Nicht schlecht, Herr General«, gaben die Fischer zurück, »aber ziemlich gefährlich.« »Wieso gefährlich?« stellte sich Dayan ahnungslos. »Haie.« »Wie, echte Haie?« »Und was für welche«, antworteten die Fischer. »Ich habe noch nie einen gesehen. Könntet ihr mir nicht mal einen zeigen? Allerdings bleibe ich nur bis zum Abend.«

Dann verließ er die Fischer und inspizierte den Armeestützpunkt. Bei Sonnenuntergang kam er auf dem Weg zum nahe gelegenen Flugfeld nochmals bei den Fischern vorbei, aber kein Hai war zu sehen. Enttäuscht befahl er der Crew, alles zum Rückflug nach Tel Aviv bereitzumachen. Das Flugzeug rollte schon auf die Startbahn, da kam ein Fischer winkend hinter ihnen hergelaufen. »Anhalten«, befahl Dayan und sprang aus dem Flugzeug. »Wir haben ihn, Herr General«, rief der Fischer triumphierend. In seinem Lieferwagen lag ein kapitaler Hai von rund drei Metern Länge. »Das glaubt mir kein Mensch in ganz Tel Aviv«, behauptete Dayan, was sofort – wie beabsichtigt – dazu führte, daß der Fischer eilig den Kopf des Hais abtrennte und ihn Dayan überreichte. Dayan befahl seinem Adjutanten, Akten und anderes Gepäck aus dem Seesack herauszunehmen und statt dessen die gerade erworbene Trophäe einzupacken.

Über Tel Aviv gelangte der Haifischkopf nach Nahalal, und hier begannen die Probleme. Dayan bemühte sich nach Kräften, dem Hai mit Hammer und Zangen die Zähne zu ziehen, aber es wollte nicht gelingen. Seine Frau Ruth schlug vor, den Kopf zu kochen, damit das Zahnfleisch weich werde, und sie kochten ihn einen ganzen Tag, ohne Erfolg. Sie kochten ihn einen zweiten Tag, wieder vergeblich. Erst gegen Ende des dritten Tages hatten ihre Bemühungen Erfolg. »Daher der Gestank im Haus.« Mit Appetit verzehrten wir nach dieser Geschichte Brot und Sauerrahm. Ehe wir wieder aufbrachen, steckte Dayan die Haifischzähne ein. Später erfuhr ich, daß er die zahnärztliche Abteilung beim Heer angewiesen hatte, Löcher durch die Zähne zu bohren, damit er sie auf die Silberkette aufreihen konnte, die das Geschenk vervollständigen sollte.

Nach dem verhängnisvollen Jom-Kippur-Krieg verwandelten sich unterwürfige Bewunderer Dayans plötzlich in seine schärfsten Kritiker. Auf einem Militärfriedhof wurde er angespuckt, bei öffentlichen Versammlungen angepöbelt und in der Presse verteufelt. Ihm schien, als habe sich die Welt gegen ihn verschworen. Unsere Freundschaft hielt allen Widerwärtigkeiten stand. Als dann Golda Meïr zurücktrat, fürchtete Dayan, daß Pinchas Sapir neuer Ministerpräsident werden könne, eine in seinen Augen unheilvolle Aussicht für das Land. Deshalb wollte er seine Kameraden aus der ehemaligen Rafi überreden, sich gegebenenfalls wieder von der Arbeiterpartei loszusagen. An diesem Punkt schritt ich ein; ich war gegen jede neue Spaltung und versprach, gegen Sapir oder jeden anderen aus Goldas Anhang zu kandidieren. Aber ich stellte eine Bedingung: Alle, auch Dayan, müßten sich verpflichten, das Ergebnis der parteiinternen Wahl zu akzeptieren, ganz gleich wie sie ausfallen würde.

Dayan und die anderen waren einverstanden. Die Parteiführung stellte schließlich Jizchak Rabin als Kandidaten auf. Der ganze Apparat der Arbeiterpartei legte sich für Rabin ins Zeug, und sein Sieg bei der Wahl des Zentralkomitees schien ausgemacht. Mir stand ein Team aus freiwilligen Helfern unter Micha Harish zur Seite, und Dayan gab mir seine ganze Unterstützung.

Rabin gewann in der Tat, aber das Ergebnis war für einige überraschend und für andere schockierend, denn es trennten uns nur knapp zwei Prozent.

Nach der Katastrophe des Jom-Kippur-Kriegs war Moshe Dayan nie mehr der alte. Als ich 1977 noch vor den Parlamentswahlen einstimmig zum Vorsitzenden der Arbeiterpartei gewählt worden war, hatte ich große Schwierigkeiten, ihm einen guten Listenplatz zu verschaffen. Ich setzte mich jedoch durch, und er kam auf Platz sieben. Ich wußte damals schon, daß Moshe große Bitterkeit gegen seine Partei hegte, besonders gegen eine Reihe spezieller Parteigenossen. Als ihn dann Begin unmittelbar nach den Wahlen aufforderte, als Außenminister in sein Kabinett einzutreten, sagte Dayan sofort zu. Er rief mich noch am selben Abend an, teilte mir seine Entscheidung mit und fügte den folgenden typisch Dayanschen Kommentar hinzu: »Wahrscheinlich hast du jetzt eine Riesenwut auf mich, weil ich mich nicht vorher mit dir beraten habe, Shimon. Ich hatte schon daran gedacht, das zu tun. Aber ich habe nicht mit dir gesprochen, weil du mir entschieden abgeraten hättest, und ich hätte nicht auf dich gehört. Das Gespräch hätte also keinen Sinn gehabt. So war es besser.«

Ich hatte keinen Zweifel, daß Dayan bei den geplanten Friedensverhandlungen mit Ägypten eine Schlüsselrolle spielen würde. Sie würden seine Buße für Jom Kippur sein, obwohl er sich nie als der Haupt- oder gar Alleinschuldige der damaligen Katastrophe gefühlt hatte. Damals, im Jahr 1973, hatte er bereits zu einem frühen Zeitpunkt die eindringliche Warnung an das IDF-Oberkommando gerichtet, sich auf einen Krieg vorzubereiten, und in der Woche vor Jom Kippur hatte er, als Reaktion auf beunruhigende Anzeichen auf den Golanhöhen, eine Verstärkung der dortigen israelischen Schutztruppen angeordnet.

An jenem schicksalhaften Morgen des Jom Kippur, am 6. Oktober 1973, hatte Dayan mich angerufen und in sein Dienstzimmer gebeten. Bei Einbruch der Dunkelheit werde es Krieg geben, sagte er. Aber er war gegen eine sofortige Generalmobilmachung der Armee[3] aus Besorgnis, daß Israel der Aggression beschuldigt werde. Auf alle Fälle war es unmöglich, an einem einzigen Tag alle Reservisten einzuberufen und wirksam zu formieren. Dayan glaubte, daß wir den erwarteten Angriff durch eine geschickte Aufstellung der uns zur Verfügung stehenden Truppenverbände aufhalten könnten. Ich war einverstanden. Wir hatten

Moshe Dayan (links) und Anwar as Sadat im Gespräch während eines Dinners im King David Hotel in Jerusalem, November 1977.

so viele Jahre zusammengearbeitet, und mir erschien sein Argument logisch.

Fünfzehn Jahre hatte ich im Verteidigungsministerium gearbeitet, zuerst als Ministerialdirektor und später als stellvertretender Minister. Zwei weitere Jahre, von 1969 bis 1971, war ich als Minister ohne Geschäftsbereich im Kabinett von Golda Meïr für die ökonomische Entwicklung der verwalteteten Gebiete zuständig. Von Dayan erhielt ich tatkräftige Unterstützung aus dem Verteidigungsministerium. Wir riefen das erste Programm zum Bau von eigenen Häusern für palästinensische Flüchtlinge ins Leben und legten den Grundstein für gemeinsame israelisch-palästinensische Industriebetriebe in Erez an der Grenze zum Gazastreifen. Ich fuhr mit den Fischern aus Gaza hinaus aufs Meer und besuchte die heruntergekommenen Flüchtlingslager, wo junge Mädchen mit schönen, angstvollen Augen jeden meiner Schritte verfolgten. An jenem Morgen des Jom Kippur hätte ich mir kaum träumen lassen, daß Dayan mich nur wenige Monate später wieder in sein Büro rufen würde. Diesmal, um mir sein Ministerium anzuvertrauen und meine Fähigkeit, dieser schweren Verantwortung gerecht zu werden, in den höchsten Tönen zu preisen.

Wir blieben auch während seiner Amtszeit als Außenminister (1977 bis 1979) freundschaftlich verbunden und trafen uns weiterhin regelmäßig. Aber unsere gegensätzlichen politischen Standpunkte beeinträchtigten doch unseren vertrauten Umgang miteinander.

Immer wenn ich den ägyptischen Präsidenten Sadat traf, rief ich vorher Dayan an. Einmal bat er mich, zu meiner großen Verlegenheit, herauszufinden, was Sadat gegen ihn habe. Ich fragte Sadat ganz offen und erhielt die überraschende Antwort: »Shimon, haben Sie jemals erlebt, daß ein Problem, das Moshe lösen wollte, hinterher nicht verwickelter war als vorher?« Ich brachte es nicht übers Herz, Moshe diese Antwort mitzuteilen. Aber letzten Endes war es Dayan zu verdanken, daß die israelisch-ägyptischen Verhandlungen zu einem erfolgreichen Abschluß gebracht werden konnten, denn von allen Beteiligten hatte zweifellos er die kreativsten Ideen entwickelt und die nötigen Kompromisse geschlossen. Das galt für das Abkommen von Camp David im September 1978 und für die nachfolgenden Verhandlungen, die schließlich im März 1979 zum Abschluß des israelisch-ägyptischen Friedensvertrags führten (siehe Seite 361ff.)

Ich erlebte, wie es mit Dayan unaufhaltsam bergab ging. Alter, Arbeit, Kriege, Krankheiten und der freie Fall aus großer Höhe in schwärzeste Tiefen forderten einen hohen Tribut von ihm. Vergeblich versuchte er, die Folgen der verschiedenen Widrigkeiten abzuschütteln. Vor vielen Jahren gerieten Dayan und ich einmal in ein Kreuzfeuer, als wir mit dem Jeep nördlich von Jerusalem unterwegs waren. Wie durch ein Wunder entkamen wir unverletzt. »Hast du niemals Angst?« fragte ich ihn anschließend. »Im Kugelhagel oder in Todesgefahr fühle ich mich wie von Nebel umgeben«, antwortete Dayan, »und vor Nebel fürchte ich mich nicht.«

Aber bald legte sich der Nebel immer dichter um ihn, und schließlich starb er. In Trauer und Ergriffenheit folgte ich 1981 seiner Bahre. Er wurde in der Nähe von Nahalal auf einem Hügel im Schatten von Zypressen beerdigt. Weiter unten dehnte sich das Jesreeltal in seiner ganzen Schönheit. Moshe Dayan hatte seinen Frieden gefunden.

Er hinterließ ein großes und edles Erbe: der Mann, der mehr als jeder andere die israelischen Streitkräfte mit Kampfgeist und Tradition erfüllt hatte; der siegreiche General, dessen Schlachten auch heute noch Inbegriff militärischer Taktik sind; der geschickte Unterhändler, der im Jahr 1948 am Verhandlungstisch mit Jordanien mehr erzielt hatte, als er ihm auf dem Schlachtfeld jemals hätte abringen können. Dayan war auch die Schlüsselfigur beim Friedensschluß mit Ägypten. Er beflügelte die Phantasie zahlloser junger Menschen in Israel und auf der ganzen Welt. Er folgte seinem Weg, der ihm von Kindheit an vorgezeichnet war, und blieb sich stets treu. Ja, manchmal versündigte er sich an Gott und den Menschen, aber nie nahm er Zuflucht zu routinemäßigen oder trivialen Lösungen. Vielmehr zeigte er sich erfinderisch und suchte nach neuen Ideen und originellen Schritten. So lebte er, bis seine Energien aufgezehrt waren. Seine Legende wirft weiterhin Glanz auf unser Leben, wie wir auch weiter nach Helden verlangen, die schon zu Lebzeiten zur Legende werden.

13

LANDESVERTEIDIGUNG

Im Juni 1974 berief mich Jizchak Rabin als Verteidigungsminister in sein erstes Kabinett. In Israel gilt dieses Amt als das zweitwichtigste gleich nach dem des Premierministers und Regierungschefs. Bei der Wahl zum Zentralkomitee der Arbeiterpartei hätte ich Rabin um ein Haar geschlagen, obwohl Rabin die Unterstützung des gesamten Parteiapparats hatte, deshalb wurde ich in dieses wichtige Amt berufen. Außerdem entsprach meine Ernennung dem ausdrücklichen Wunsch des scheidenden Verteidigungsministers Moshe Dayan, was die Nachfolgefrage sehr vereinfachte. Schließlich konnten selbst meine politischen Gegner meine Verdienste um die Landesverteidigung und meine langjährige Erfahrung als Leiter des Ministeriums nicht leugnen.

Ich begann unverzüglich mit der Neustrukturierung und Stärkung der Armee. Nach dem ägyptischen Überraschungsangriff im Jom-Kippur-Krieg durften sich die politisch Verantwortlichen, in meinem Fall der Verteidigungsminister, nicht länger nur auf die Erkenntnisse der Geheimdienste verlassen, sondern mußten sich aus den wichtigsten Daten des »Nachrichtenmaterials« ein eigenes Urteil bilden. Täglich mußte ich eine Anzahl von Akten durcharbeiten. Nur so konnte ich im Bewußtsein, nichts versäumt zu haben, guten Gewissens nachts schlafen.

Ich machte sogar regelmäßig und unangekündigt Stippvisiten in Zivilschutzeinrichtungen, damit sich Nachlässigkeiten, die bei Ausbruch des Jom-Kippur-Krieges aufgedeckt wurden, künftig nicht wiederholten.

Leider mußte ich auch viel Zeit darauf verwenden, den »Krieg der Generäle« zu unterbinden oder doch wenigstens einzudämmen. Darunter verstand man in Israel den unter hohen Offizieren ausgetragenen Streit um die Frage, wer im Jom-Kippur-Krieg für die Katastrophen und wer für die Erfolge verantwortlich gewesen sei. Jeder General veröffentlichte seine Darstellung der Schlachten, so daß des Streitens kein Ende war und die Arbeit des Generalstabs darunter zu ersticken drohte. Als der mit der Untersuchung der Versäumnisse bei Kriegsausbruch beauftragte Agranat-Ausschuß seine Ergebnisse und Empfehlungen veröffentlichte, mußten wir die Rücktrittsgesuche einer großen Zahl hochrangiger Offiziere, darunter unsere besten, entgegennehmen. Selbst in ruhigen Zeiten ist das keine angenehme Aufgabe. Nachdem der Ausschuß im April 1974 seine Zwischenergebnisse vorgelegt hatte, mußte Generalleutnant David Elazar, der während des Krieges Stabschef war, zurücktreten. Nach Rücksprache mit mir nominierte Dayan als Nachfolger Generalmajor Mordechai Gur, der sich als Offizier im Kampf ausgezeichnet hatte. Er war Kommandeur der Fallschirmspringerbrigade gewesen, die im Jahr 1967 die Altstadt Jerusalems befreite; während des Jom-Kippur-Krieges war er israelischer Militärattaché in Washington. Gur und ich verbrachten viele Stunden in vertraulichen Gesprächen mit einzelnen Generälen und besuchten die Sitzungen des Generalstabs, auf dem noch das Trauma des jüngsten Krieges lastete.

An Gur, den ich seit den fünfziger Jahren kannte, habe ich immer sein offenes Wort und sein strategisches Denken geschätzt. Er war der geborene Lehrer. Als junger Bataillonskommandeur hatte er einmal Ben Gurion und anderen ranghohen Offizieren bei einer Truppenübung im Norden Israels die taktische Bedeutung des Manövers erklärt. Auf Ben Gurions Frage: »Wer ist der junge Mann?« antwortete ich damals: »Der zukünftige Stabschef.«

Wir arbeiteten ausgezeichnet zusammen, oft achtzehn oder zwanzig Stunden am Tag. Die bedrückende Atmosphäre, die nach dem Schock des Jom-Kippur-Krieges über der Nation lag, schärfte unser Verantwortungsgefühl, denn wir standen nun an der Spitze der Landesverteidigung. Gur genoß mein uneingeschränktes Vertrauen und erhielt meine ganze politische Unterstützung.

An Arbeit fehlte es uns nicht. Unsere Waffenvorräte waren völlig erschöpft. Wir brauchten aber nicht nur Nachschub an bewährtem Gerät, sondern auch modernere Waffen, wenn wir die Araber abschrecken wollten, uns erneut anzugreifen. Daher verwendeten wir viel Zeit und Energie auf die Planung von Waffenkäufen im Ausland, auf den Ausbau unserer eigenen Rüstungsindustrie und auf die Förderung militärischer Forschungsprojekte. Wir schafften moderne Panzerabwehrgeschütze und Kampfhubschrauber an und erwarben hochentwickelte Radarsysteme. Daneben vernachlässigten wir nicht die Ausbildung einer neuen Offiziersgeneration, zu der bereits vielversprechende Namen wie Dan Shomron und Ehud Barak zählten. Sie legten den Grundstein für die Fähigkeit der IAF, aus der Ferne gezielt Schläge auszuführen. Diese neue Strategie fand 1976 in der erfolgreichen Geiselbefreiung in Entebbe ihre Krönung (siehe Kapitel 14, Seite 217ff.).

Vor diesem Hintergrund führten wir 1975 die Verhandlungen mit Ägypten, für die Henry Kissinger seine guten Dienste anbot. Rabin leitete die israelische Delegation, der neben Außenminister Jigal Allon und mir ein Gefolge aus hohen Regierungsbeamten der beteiligten Ministerien und Offizieren der Armee angehörte.

Jedesmal wenn Kissinger seinen Besuch ankündigte, machten wir uns auf eine schlaflose Nacht gefaßt. Mit der Zeit kamen wir ihm allerdings auf die Schliche. Obwohl sein Flugzeug immer planmäßig landete, kam er stets zu spät zu unseren vorgesehenen Treffen. Er ließ uns absichtlich ein oder zwei Stunden warten. In der Zwischenzeit verbreitete der »Chef der US-Diplomatie« seine Meinungen und Ansichten über den Ticker der Nachrichtenagenturen. Bei diesen Pressekonferenzen im Flugzeug ließ er es sich nicht nehmen, Lob und Tadel für seine jeweiligen Verhandlungspartner auszuteilen. Bei der Begrüßung setzte der smarte Außenminister dann sein gewinnendes Lächeln auf und lobte vor den Mikrophonen die Anwesenden in den höchsten Tönen. Wir, die Gastgeber bei seiner *Shuttle*-Diplomatie, lächelten stets zurück und ließen uns seine Umarmungen gefallen.

Unsere Konferenzen fanden im großen Raum neben dem Büro des Premierministers statt. Zum terminierten Sitzungsbeginn standen auf dem langen Konferenztisch Früchte, Nüsse und Gebäck bereit. Wenn Kissinger endlich eintraf, war meist nicht mehr viel davon übrig, weil wir beim langen Warten aus Nervosität das meiste schon weggeknabbert hatten.

Gleichwohl lernten wir Kissingers Verhandlungsstil kennen und schätzen. Er begann die Diskussion jedesmal mit einem Rückblick auf das weltpolitische Geschehen seit seinem letzten Besuch. Mit unheilverkündenden Worten beschrieb er, wie sich die Lage verschlechtert und die Gefahren vervielfacht hätten. Er warnte vor dem weltweit zunehmenden Antisemitismus. Die arabische Welt sei nervös und ressentimentgeladen,

Der Verteidigungsminister: Shimon Peres auf einem Raketenboot der israelischen Kriegsmarine, 1976.

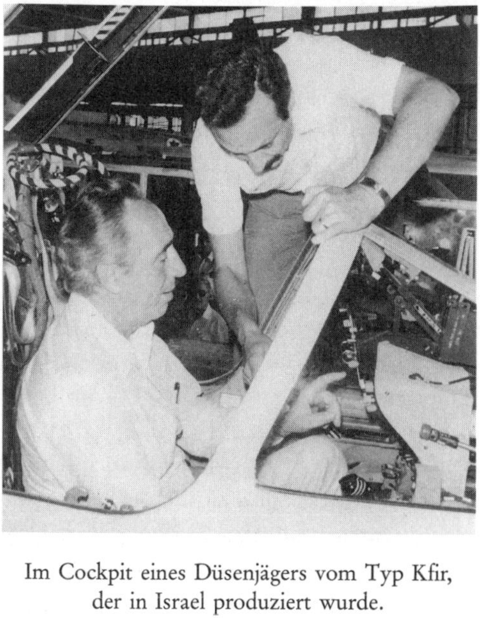

Im Cockpit eines Düsenjägers vom Typ Kfir, der in Israel produziert wurde.

es habe ihn große Mühe gekostet, sie zu überzeugen, daß sie sich weiterhin am Friedensprozeß beteiligen müsse. Wenn wir jetzt scheitern würden, drohte eine Katastrophe.

Kissinger zeigte echte Meisterschaft im Ausmalen solcher düsteren Szenarien, mischte aber, gleichsam zur Aufhellung, auch humorvolle Anekdoten in seine Darstellung. Nie werde ich die Schilderung seines ersten Staatsbesuchs in Saudi-Arabien vergessen. Er berichtete, daß viele der damals mitreisenden Journalisten Juden waren. Bis zum letzten Moment habe er nicht gewußt, ob die Saudis ihnen die Einreise erlauben würden. Im Hotel erhielt jeder aus dem Gefolge des Ministers als persönliches Geschenk eine verzierte Ledermappe. Sie enthielt »Die Protokolle der Weisen von Zion«[1]. Bei Sonnenuntergang wurde Kissinger eine Audienz bei König Feisal gewährt. Zwei Wächter mit blankem Säbel geleiteten ihn in den Thronsaal. »Ich empfange Sie nicht als Juden, sondern als Menschen und Außenminister der Vereinigten Staaten«, erklärte der König zur Begrüßung, was Kissinger laut eigenem Bekunden zu folgender Antwort veranlaßte: »Einige meiner besten Freunde sind Menschen.« Daraufhin setzte der König ihm lang und breit auseinander, wie die Juden überall auf der Welt die Fäden der Macht zogen, indem sie Banken, Zeitungen und selbst Regierungen kauften. Er zitierte eine Liste mit Ministernamen westlicher Regierungen, die alle jüdischer Abstammung waren. Die Juden, so versicherte König Feisal seinem Gast, kämen der Verwirklichung ihres langgehegten Plans der Weltherrschaft immer näher. Sie hätten Lenin und Trotzki den Auftrag zur Revolution in Rußland gegeben, das Land dem christlichen Einfluß entzogen und unter ihre Kontrolle gebracht. Die gleiche Gefahr drohe heute den Vereinigten Staaten, wo der Einfluß der Juden immer größer werde.

Kissinger wollte sich damals nicht in eine historisch-weltanschauliche Diskussion einlassen und versuchte daher, das Gespräch auf ein neutrales Thema zu bringen. Dazu schien sich ein großes Gemälde hinter dem Königsthron anzubieten. Kissinger vermochte beim besten Willen nicht herauszufinden, was das Bild darstellen sollte. Er nahm daher an, daß es sich um das Werk eines modernen Künstlers handeln müsse, und begann, den avantgardistischen Geschmack des Königs zu rühmen. Daraufhin wurde er von Feisal in kühlem Ton belehrt, daß das Gemälde die Kaaba zeige, das muslimische Heiligtum in Mekka mit dem schwarzen Meteoriten, auf den Mohammed sein Haupt gelegt haben soll.

Wir lachten Tränen über Kissingers Anekdoten. So vergingen die Stunden, und während der Minister noch drohende regionale oder globale Katastrophen ausmalte und uns mit Kabinettstücken seiner diplomatischen Kunst unterhielt, näherte er sich langsam, aber unmißverständlich seinem eigentlichen Anliegen, nämlich dem Zugeständnis, das er uns diesmal abringen wollte.

Daß die Verhandlungen im März 1975 an einen toten Punkt gerieten, lag am Streit über den Verlauf der Pufferzone im Sinai. Wir waren entschlossen, die Kontrolle über die strategisch wichtigen Pässe von Mitla und Gidi, von wo aus der Weg vom Suezkanal in den Sinai und weiter nach Israel beherrscht werden konnte, nicht den Ägyptern zu überlassen, da die angestrebte Übergangslösung in unseren Augen von einem wirklichen Frieden noch weit entfernt war. Die Gespräche konnten jedoch, nicht ohne zahlreiche amerikanisch-israelische Differenzen, noch im gleichen Jahr wieder aufgenommen werden.

Solche Krisenmomente stimulieren mich oft zu politischem Erfindungsreichtum. Mir kam die Idee, einen kleinen Teil des Mitla-Gidi-Gebiets unter die Aufsicht einer multinationalen Truppe zu stellen, aber Rabin zweifelte an der Zustimmung der Vereinigten Staaten. Ich empfahl, unseren Washingtoner Botschafter Simcha Dinitz zu einem Geheimtreffen auf die Jungferninseln zu entsenden, wo Kissinger gerade Urlaub machte. Kissinger äußerte zwar die Befürchtung, daß die öffentliche Meinung in Amerika meinen Plan für den Versuch halten könnte, amerikanische Bodentruppen in den Nahostkonflikt zu verwickeln. Dennoch wollte er meinen Vorschlag einigen meinungsführenden Senatoren und Kongreßabgeordneten unterbreiten. Tatsächlich stieß er bei der Mehrzahl der Angesprochenen auf ein positives Echo für eine genau umrissene und begrenzte Operation. So konnte schließlich die Sinaitruppe an den Pässen stationiert werden, wo sie die Einhaltung des Truppenentflechtungsabkommens überwachen sollte. Um innenpolitische Bedenken in Amerika zu zerstreuen, wurden hauptsächlich amerikanische Zivilisten rekrutiert (siehe Seite 208f.).

Was das Palästinenserproblem und den Frieden mit Jordanien betraf, vertrat ich während der Regierung Rabin von 1974 bis 1977 die Auffassung, daß Israel und Jordanien gemeinsam für das Westjordanland und den Gazastreifen eine Übergangslösung finden sollten, die eine endgültige Regelung noch offenließ. König Hussein von Jordanien wies diesen

Ansatz zwar nicht kategorisch zurück, aber seine Billigung oder stillschweigende Unterstützung fand sie auch nicht.

Dem König wurde damals von Historikern und verschiedenen Autoren eine starre Haltung zugeschrieben, weil er ein ähnliches Entflechtungsabkommen zwischen Israel und Jordanien verlangte, wie wir es mit Ägypten und Syrien ausgehandelt hatten. In Wirklichkeit war Hussein jedoch gar nicht so unbeweglich, sondern eher zurückhaltend, weil er sich seiner heiklen Stellung in der arabischen Welt bewußt war. Jordanien hatte fast zwanzig Jahre lang (1948–1967) die Hoheit über das Westjordanland und Ostjerusalem ausgeübt. König Hussein fühlte sich immer noch verantwortlich für die dortigen Verhältnisse und ihre palästinensischen Bewohner, gerade auch im Hinblick auf eine künftige Teilung. Dafür erhielt er politische und finanzielle Unterstützung durch andere arabische Staaten. Aber gleichzeitig war sein Ansehen in der arabischen Welt umstritten und gefährdet. Einige seiner arabischen Nachbarn, so argwöhnte er, hegten konspirative Pläne gegen sein Königtum, keinem konnte er völlig vertrauen. Mit Israel befand er sich offiziell noch im Kriegszustand. Das Verhältnis zur PLO war nach den Ereignissen des »Schwarzen Septembers« von gegenseitigem Mißtrauen geprägt. Im September 1970 hatte die PLO durch einen Aufstand versucht, das Königreich zu destabilisieren, und Hussein hatte ihn mit Härte niedergeschlagen. Nach diesem Schlagabtausch verlegte die palästinensische Führung ihren Sitz nach Beirut. Seitdem konnte sich Hussein der Loyalität aller seiner palästinensischen Bürger, die einen großen Teil der jordanischen Bevölkerung ausmachten, nicht mehr ganz sicher sein.

Jordanien hat keine Ölreserven und keine natürlichen Bodenschätze außer Phosphat- und Zementvorkommen in der Nähe des Toten Meeres. Die wirtschaftliche Situation des Landes bereitet dem König bis heute zusätzliches Kopfzerbrechen, und Shakespeares Vers: »Schwer ruht das Haupt, das eine Krone drückt« scheint Hussein auf den Leib geschrieben.

Damals wurde ich in der Presse als der »Hardliner« unter den Spitzenpolitikern dargestellt. Dieses Image beruhte auf gezielter Fehlinformation. Ich habe stets an der grundsätzlichen Bereitschaft der zionistischen Arbeiterbewegung zu einer Teilung des Landes festgehalten und mir Ben Gurions Ansicht, daß die Lösung der Palästinafrage in einer Teilung liege, zu eigen gemacht.

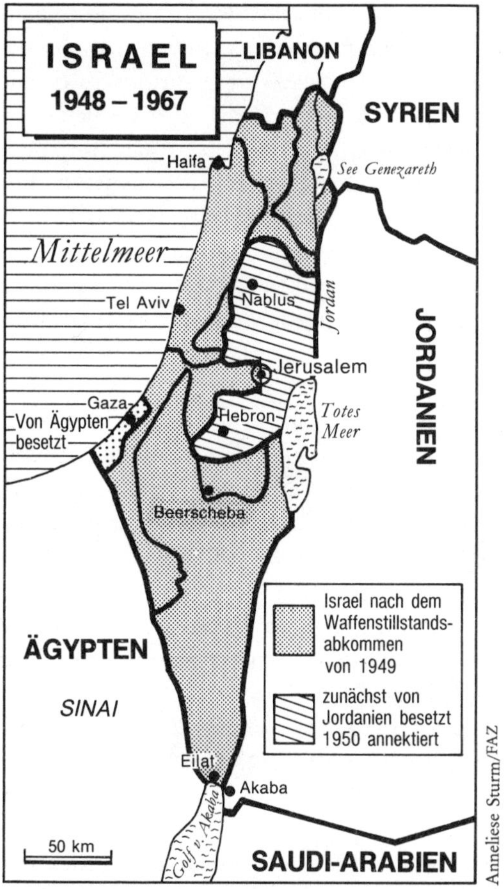

Unmittelbar nach der Unabhängigkeit des Staates Israel begannen heftige Auseinandersetzungen mit den arabischen Nachbarn.

Entsprechend habe ich auch seit 1967 nie für die Annexion des Westjordanlands und des Gazastreifens gestimmt. In den siebziger Jahren setzte ich mich für den Gedanken des »funktionalen Kompromisses« ein, der eine Teilung der Macht anstelle einer Gebietsaufteilung vorsah. Damals stellten die Befürworter der Territorialteilung in Regierung und Arbeiterbewegung den Allon-Plan auf. Nach diesem Plan sollten das relativ dünn besiedelte Jordantal und das Gebiet um Jerusalem unter israelischer Hoheit bleiben. Dayan und ich hielten es aber für wichtiger, die durch Judäa und Samaria verlaufende Bergkette zu behalten (dazu gehört auch das Gebiet um Jerusalem).

Mein Vorschlag lief darauf hinaus, das Westjordanland zu entmilitarisieren und den Palästinensern das Recht zur Selbstverwaltung einzuräumen. Israel und Jordanien sollten, wenigstens für eine Übergangszeit, gemeinsam die staatliche Oberhoheit ausüben und zusammen mit dem palästinensischen Gebiet auch eine wirtschaftlich einheitliche Region bilden. Mit der israelischen Oberhoheit wäre die Freizügigkeit für Israelis in allen Territorien und die Freiheit des religiösen Kults an den heiligen Stätten garantiert. Mir ging es damals nicht um eine territoriale oder wirtschaftliche Trennung zwischen Israel auf der einen und Westjordanland und Gazastreifen auf der anderen Seite. Diesen Standpunkt vertrete ich auch heute noch.

Leider litt die Regierungsarbeit in den Jahren von 1974 bis 1977 lange Zeit unter der geheimen Spannung zwischen Jizchak Rabin und mir. Rabin führt in seiner bekanntermaßen tendenziösen Autobiographie *Service Notebook,* die 1979 erschien, unsere Abneigung auf die frühen sechziger Jahre zurück. Er berichtet von einem gemeinsamen Treffen im März 1963 in Paris, bei dem ich angeblich »erblaßte«, als er mir mitteilte, daß Ben Gurion ihn zum nächsten Stabschef ernennen wolle.

In Wirklichkeit hatte mich Ben Gurion schon lange vorher von seiner Absicht in Kenntnis gesetzt, Rabin zu berufen. Die Nachricht kam für mich weder überraschend, noch schockierte sie mich. Davon erzählte ich Rabin jedoch nichts. Wenn ich Vertrauliches erfahre, gebe ich grundsätzlich meine Quelle nicht preis. Ich bin nie gegen Rabins Ernennung gewesen, und was er sechzehn Jahre später über meine angebliche Reaktion schrieb, ist reine Spekulation.

Rabin ist ein vernünftiger Mann, aber bisweilen neigt er zu übertriebenem Mißtrauen. Er war zweifellos ein guter Soldat, sonst wäre er in der Armee nicht so schnell so hoch aufgestiegen. Dayan gab das jedoch nur widerstrebend zu. Als er Rabin vor dem Sinaifeldzug zum Befehlshaber des Oberkommandos Nord ernannte, tat er das, »damit er uns nicht in die Quere kommt«. Wir wollten im Süden kämpfen und hielten auch im Osten Gefechte für möglich, nahmen aber an, daß die Nordfront zu Syrien und zum Libanon ruhig bleiben würde.

Als Leiter des Verteidigungsministeriums und später als Politiker hatte ich zu Rabin, der erst General und dann Diplomat war, ein Verhältnis, das ich als normal und unbelastet bezeichnen würde. Das änderte sich erst, als wir 1974 beide für das Amt des Premierministers und Parteivorsitzenden kandidierten.

Unsere Wege haben sich im Lauf der Zeit oft gekreuzt. Ich hatte mich weder über Feindseligkeit von seiner Seite zu beklagen, noch hegte ich meinerseits solche Gefühle. Nach dem Ende seiner Botschafterzeit in Washington noch vor dem Jom-Kippur-Krieg wußte er eine Zeitlang nicht, wie es beruflich bei ihm weitergehen würde. Damals ließ ich ihn an meiner politischen Arbeit als Verkehrsminister teilnehmen, und auch sonst verbrachte ich eine gute Zeit mit ihm. Gewiß, ich kam aus den Reihen der Mapai und Rafi, während er in der Palmach großgeworden war und stets als Anhänger der Achdut Haavoda galt. Daher gab es keine besondere Kameradschaft zwischen uns. Aber meine privaten Aufzeichnungen aus den fünfziger und sechziger Jahren enthalten viel Herzliches und Beifälliges zu Rabin. Nach einer militärischen Operation gegen Syrien äußerte ich mich anerkennend über die »Ruhe und Kompetenz, mit der Rabin die Einsätze von seinem Kommandostand aus leitete«. Und als er als Stabschef im Gespräch war, lobte ich »seinen Scharfsinn in politischen und militärischen Analysen«, auch wenn ich hinzufügte, daß er »zögernd und übertrieben vorsichtig« wirke und »in seinen persönlichen Beziehungen zu sehr von Erinnerungen an die Vergangenheit bestimmt« sei.

Wie entsetzt war ich daher, als ich bei ihm las, ich hätte in der angespannten Situation vor dem Sechstagekrieg Defätismus verbreitet. Über mein Engagement in dieser dramatischen Zeit kann ich im Interesse der Staatssicherheit nichts sagen. Nach Dayans Ernennung zum Verteidigungsminister unterbreitete ich ihm einen Vorschlag, der in meinen Augen damals – und auch heute, fast drei Jahrzehnte später, immer noch – die Araber abgeschreckt und den Krieg verhindert hätte. Mein

Vorschlag, den übrigens auch Jigael Jadin kannte und guthieß, wurde erwogen und verworfen.

Rabin und ich haben einen großen Teil unseres Lebens der Landesverteidigung gewidmet. Rabin war IDF-Offizier, und auch ich wurde im Jahr 1948 einberufen und zog die Uniform an, lehnte es aber ab, einen hohen militärischen Rang zu bekleiden. Ich glaube in aller Bescheidenheit, daß mein Beitrag zur Verteidigung Israels selbst von denen, die mich sonst verleumden, anerkannt wird. Ben Gurion hatte mich zum Leiter des Verteidigungsministeriums und später zum stellvertretenden Minister ernannt; sein Urteil in Fragen des Verdienstes und der moralischen Integrität war gewiß nicht schlechter als das eines anderen Vorgesetzten.

Rabin behauptet an anderer Stelle, ich hätte 1976, als wir mit Ägypten über ein vorläufiges Abkommen verhandelten und Kissinger zwischen unseren beiden Ländern hin und her pendelte, die Stationierung einer amerikanisch-sowjetischen Truppe an den Bergpässen Mitla und Gidi im Sinai vorgeschlagen. Er schreibt weiter:

> »Ich war verblüfft. Der Verteidigungsminister hatte diesmal hochfliegende ›strategische Pläne‹ entwickelt. Wenn ich nicht mit eigenen Ohren gehört hätte, daß ein führender israelischer Minister den Einsatz sowjetischer Truppen zwischen Israel und Ägypten erwog, hätte ich angenommen, die Geschichte sei von Peres' Gegnern erfunden worden.«

In Wirklichkeit war es gerade mein unorthodoxer Vorschlag, der die festgefahrenen Verhandlungen wieder in Gang brachte, ehe die verärgerte US-Administration den Ruf nach einer Überprüfung ihrer Nahostpolitik in die Tat umgesetzt hätte. Ich hatte wirklich eine amerikanische oder amerikanisch-sowjetische Präsenz auf dem Sinai vorgeschlagen, damit aber keine militärische Präsenz gemeint. Eine Gruppe von Amerikanern, eventuell auch eine gemischte amerikanisch-russische Gruppe, sollte dort nachrichtendienstliche Überwachungsposten einrichten und ihre Beobachtungen beiden Seiten zur Verfügung stellen. Auf diese Weise wäre dafür gesorgt gewesen, daß die im Interimsabkommen vereinbarten militärischen Auflagen eingehalten wurden.

Ich wollte auf die Jungferninseln fliegen, wo Kissinger gerade Urlaub machte, und ihn in den Plan diskret einweihen. Rabin lehnte jedoch ab.

Wie bereits erwähnt (Seite 203), schlug ich daraufhin vor, daß Simcha Dinitz diesen Auftrag übernehmen solle, und diesmal stimmte Rabin zu.

Damit kamen die Gespräche mit Ägypten wieder in Gang. Kissinger wollte die Sowjets nicht mit einbeziehen, daher wurden nur amerikanische Zivilisten im Sinai eingesetzt. Aber weder ich noch irgend jemand sonst hatte die Stationierung von sowjetischen oder amerikanischen Bodentruppen vorgeschlagen. Die ganze Mission war von Anfang an als Einsatz eines kleinen technischen Teams geplant. Sowjetische Militärs waren ohnehin als Teil der UN-Friedenstruppen zur Überwachung der Einhaltung des Waffenstillstands (UNTSO = United Nations Truce Supervisory Organization) auf dem Sinai und an allen israelischen Grenzen postiert. Diese Truppen, die 1948 aufgestellt wurden, gibt es bis zum heutigen Tag, ungeachtet der Veränderungen, die in der Region stattgefunden haben. Die Sowjetunion und all ihre Satelliten, mit Ausnahme Rumäniens, hatten 1967 die diplomatischen Beziehungen zu Israel abgebrochen, wovon ihr UNTSO-Einsatz aber nicht berührt wurde. Wir hätten also sowieso weder die Sowjets noch UNTSO-Offiziere aus ihren Satellitenstaaten an den Rundreisen und Beobachtungen hindern können. Angeblich berichteten sie hierüber nur dem UN-Hauptquartier, doch wir waren überzeugt, daß sie auch ihre Regierungen informierten.

Rabins Beschuldigung, ich sei für das Bekanntwerden von stenografischen Protokollen der Gespräche mit Kissinger mitverantwortlich gewesen, ist eine weitere unbegründete Behauptung, die ich ihm übelgenommen habe. Solche Dinge sind sehr bedauerlich.

Schließlich enthält Rabins Buch die Schilderung einer anderen entscheidenden Episode seiner ersten Amtszeit als Premierminister, mit der er meine Loyalität in Frage stellt. In der Zeit nach dem Trauma des Jom-Kippur-Kriegs entstand eine religiöse Siedlungsbewegung namens Gusch Emunim (Block der Treue). Ihre Anhänger waren junge Männer und Frauen aus zionistisch-orthodoxen Schulen, Jeschiwot (Talmudseminaren) und der Bnei Akiva, der Jugendbewegung der Nationalreligiösen Partei. Die NRP war bereits vor der Staatsgründung traditionell mit der Arbeiterpartei verbündet, ihre Führer haben seit 1948 in fast allen Regierungen Ministerämter bekleidet. Die Arbeiterpartei und die NRP sprachen immer von einer »historischen Allianz«, die sie verbinde. Die prägenden Persönlichkeiten der NRP, Rabbi Jehuda Leib Maimon (1875–1962) und Moshe Chaim Shapira (1902–1970), waren gemäßigte Politiker, bestrebt, ihre Bewegung, ohne Preisgabe ihres besonderen religiösen Charakters, als eine staatstragende Kraft in Israel zu etablieren.

Anders die jüngere Generation, vor allem die intellektuelle und geistliche Elite, die während der sechziger Jahre in Jerusalem die kleine, aber einflußreiche Jeschiwa Merkaz Harav Kook besuchte. Die Jungen verstanden die zionistisch-orthodoxe Lehre nicht mehr so gemäßigt und pragmatisch wie die alten Parteiführer. Als Schüler ihres Dekans Rabbi Zvi Jehuda Kook verfochten sie die radikale theologische Position, wonach der wiedergeborene Staat Israel nicht nur den »Beginn der Epoche unserer Erlösung«[2] markiere, sondern geradezu als die unmittelbare Inkarnation des Göttlichen Willens begriffen werden müsse.

Der Sechstagekrieg mit seinen wie durch ein Wunder errungenen Siegen und vor allem die Befreiung des arabisch besetzten Jerusalem stachelte diese jungen Menschen zu einer religiösen Inbrunst an, die von nun an ihr politisches Handeln bestimmte. Die Siedlungsbewegung griff auch auf die »befreiten« Gebiete der biblischen Provinzen Judäa und Samaria über. Gleichzeitig unterwanderten ihre Anhänger die NRP, mit deren Hilfe das politische Klima der Nation beeinflußt werden sollte.

Dies führte 1974 zu einem tiefen Riß in der NRP, aber sie blieb mit uns verbündet. Ihre zwölf Abgeordnetensitze in der Knesset waren von unschätzbarem Wert für die von der Arbeiterpartei geführte Koalition. Zur gleichen Zeit planten die Anhänger von Gusch Emunim generalstabsmäßig Siedlungsgründungen. Dabei gerieten sie häufig mit der Armee aneinander, die von der Regierung beauftragt war, jüdische Siedlungen im dichtbesiedelten Westjordanland zu verhindern.

Eine denkwürdige Machtprobe fand im Dezember 1974 in der Nähe von Sebastia statt, einer in den Bergen von Samaria gelegenen Ortschaft. Die Verständigung zwischen dem Verteidigungsministerium und dem Stab des Premierministers war zu diesem Zeitpunkt bereits gestört, weil Rabin den Likud-Politiker Ariel Sharon, den späteren IDF-General, zu seinem persönlichen Sicherheitsberater ernannt hatte. Auf die Kritik an diesem Schritt erwiderte Rabin, er habe Sharon nicht zum Sicherheitsberater, sondern nur zu seinem allgemeinen Berater ernannt. Wie dem auch sei, diese Ernennung galt als Bedrohung sowohl meiner Stellung wie auch der des Stabschefs. In seinem Buch tadelt Rabin mich, weil ich Professor Juval Neeman, der später Parteichef der rechtsradikalen

Techija-Partei wurde, zu meinem wissenschaftlichen Berater im Verteidigungsministerium berufen hatte. Die Einstellung Sharons hält er dagegen für gerechtfertigt. Die Wirklichkeit sah aber so aus, daß Neeman, ein international angesehener Physiker, in erster Linie seiner wissenschaftlichen Qualifikation wegen in sein Amt berufen wurde, während Sharon, der sich bekanntermaßen oft nicht an die Regeln des gesellschaftlichen Miteinanders hielt, die Stabilität einer ohnehin schwachen Regierung bedrohte.

Bei den Auseinandersetzungen in Sebastia standen sich Siedlungswillige und Armee gegenüber. Die Soldaten hatten den Befehl, ohne offene Gewaltanwendung die Siedlungsgründung zu verhindern. In dieser angespannten Lage bildeten die Siedler ein pseudomilitärisches Hauptquartier in Tel Aviv, von dem aus Hinweise gegeben wurden, wie Armeepatrouillen zu umgehen und die geplanten Siedlungsorte zu erreichen seien. Der führende Kopf in diesem Hauptquartier mußte über aktuelle Informationen aus erster Hand verfügen.

Schließlich ging ich selbst vor Ort und versuchte, den Regierungsbeschluß, der die geplante Ansiedlung untersagte, möglichst ohne Gewalt durchzusetzen. Es war nicht das erste Mal, daß die Siedler ihr Lager in Sebastia aufgeschlagen hatten. Bei mehreren vorangegangenen Versuchen waren sie ohne größere Mühe vertrieben worden. Diesmal aber - und gewiß war es kein Zufall - versammelten sich am selben Tag in Jerusalem führende Vertreter des Weltjudentums. Sie waren gekommen, um ihre Solidarität mit Israel zu bekunden, nachdem eine Resolution der UN-Vollversammlung Zionismus mit Rassismus gleichgesetzt hatte. Natürlich wollten auch wir diese Solidarität stärken und nicht die Spaltung in unseren Reihen vertiefen. Rabin und ich waren vorher mit Stabschef Mordechai Gur im Hubschrauber nach Sebastia geflogen, um uns aus der Luft ein Bild von der Lage zu machen. Wir sahen Tausende von Jugendlichen, viele fast noch Kinder, die das Gelände besetzten.

Nun begrüßten uns die Siedler mit Tänzen und Gesängen, aber als ich den Regierungsbeschluß vorlas, schlug die Stimmung um. Einer ihrer Anführer, Rabbi Moshe Levinger aus Hebron, zerriß seine Jacke, die traditionelle jüdische Geste der Trauer. Wir verlegten die Verhandlungen in ein Zelt und wollten eigentlich die Evakuierungsmaßnahmen besprechen, aber dann gesellte sich der Dichter Chaim Guri zu den Vertretern von Gusch Emunim. Er war fest entschlossen, einen akzeptablen Kompromiß für die Siedler zu finden. Am Ende durften diese ihr Lager für die Dauer eines Monats in der Nähe aufschlagen. Später, unter der Regierung Begin, gründeten sie, nur einen Steinwurf entfernt, die Siedlung Elon Moreh.

Der Kompromiß wurde in weiten Kreisen als Kapitulation der Regierung kritisiert. Heute gilt er als Startschuß der Siedlungsoffensive von Gusch Emunim ins Kernland von Judäa und Samaria, dichtbevölkerten palästinensischen Gebieten, die unsere Regierung frei von jüdischen Siedlungen halten wollte. Der in diesem Umfang geschlossene Kompromiß geht zum großen Teil auf die Bemühungen von Jisrael Galili zurück, damals Minister ohne Geschäftsbereich. Er war ehemaliger Chef der Achdut Haavoda und mit Sicherheit das Kabinettsmitglied mit dem größten Einfluß auf Rabin. Guri hatte von Sebastia aus ständigen Kontakt zu Galili in Jerusalem, und dieser ging während der Verhandlungen in Rabins Amtssitz ein und aus. Der Zweig von Achdut Haavoda, der immer für die Doktrin eines »Groß-Israels« eingetreten war, unter ihnen auch Galili, empfand eine gewisse Sympathie für die Siedler von Gusch Emunim, obwohl sie ganz unterschiedlicher ideologischer Herkunft waren. Auch ich stellte mich nicht gegen den Kompromiß.

Ich hegte sogar eine gewisse Sympathie für die Jugendlichen von der Gusch Emunim, besonders für die Studentensoldaten der Hesder-Jeschiwot[3], die das Rückgrat der Bewegung bildeten. Ich werde nie vergessen, was ich einmal in der Hesder-Jeschiwa von Ramat Magshimim auf den Golanhöhen erlebt habe, nachdem in der Nacht des 20. November 1975 drei Studenten von Fedajin aus Syrien getötet worden waren.

Ich war nach Mitternacht mit dem Stabschef hingeflogen. Es war bitterkalt. Die gesamte Siedlung Ramat Magshimim stand unter Schock. Männer und Frauen waren bestürzt über den plötzlichen und unerwarteten Terroranschlag (dem ersten und, wie sich heraustellte, letzten seit Unterzeichnung des Entflechtungsabkommens mit Syrien im Jahr zuvor). Die Studierstube der Jeschiwa war noch nicht fertiggestellt und unbeheizt, aber sie war vollbesetzt mit Schülern, die mit eifrigem Ernst den Talmud studierten. Ein Besucher konnte den Eindruck bekommen, als sei nichts geschehen. Das war ihre Art zu trauern und die Treue zu ihren Idealen zu bekunden. Draußen, keine dreißig Meter entfernt, standen Reihen einsatzbereiter Panzer.

»Diese Jungen gehören alle zu den Panzerbesatzungen«, sagte mir ihr Kommandant. »Sie sind bereit, jederzeit ihre Bücher zu schließen und in die Türme ihrer Panzer zu klettern.«

Im Hebräischen gibt es den Ausdruck *safra vesayfa.* Er bedeutet Schriftgelehrter und Krieger, und ich glaube, keiner hat ihn stärker verkörpert als diese jungen Männer. Damals lernte ich die Kraft der Emunimbewegung schätzen, und seitdem stehen für mich ihre tiefe religiöse Bindung und der Elan ihres Pioniergeistes außer Zweifel. Aber ich hatte die Befürchtung, daß sie das Heilige Land über die Heiligkeit des Menschen stellen. Damit aber wäre meiner Ansicht nach die Rangfolge der Werte des authentischen Judentums auf den Kopf gestellt.

Rabin schreibt, ich hätte das knappe Ergebnis bei den Zentralkomiteewahlen von 1974 nie akzeptiert. Folglich hätte ich seine Stellung in der Regierung von 1974 bis 1977 zu untergraben versucht, um ihm die Führung streitig zu machen. Ich könnte seine Beschuldigungen widerlegen und selbst etliche gegen ihn vorbringen, aber mich verlangt nicht danach, die alten Streitereien wieder auszugraben. Nur ein einziges Beispiel möchte ich anführen. Er bezeichnet meinen Kampf um höhere Verteidigungsausgaben in den Jahren von 1974 bis 1977 als den »Höhepunkt von Peres' Umsturzversuchen« gegen seine Regierung. Er beschuldigt mich, den Kampf nicht in der vertraulichen Diskussion im Kabinett, sondern, und das sei einmalig in der Geschichte Israels, vor aller Öffentlichkeit ausgetragen zu haben. Das ist eine böswillige Unterstellung. Fest steht, daß bisher noch jeder Verteidigungsminister für ein höheres Budget gekämpft hat. Im Jahr 1952 trat sogar der zweite Stabschef Jigael Jadin zurück, als eine öffentliche Kontroverse wegen seiner Forderung nach höheren Verteidigungsausgaben ausbrach. Weder ich noch Stabschef Mordechai Gur beabsichtigten, Rabins Stellung als Premierminister zu «unterminieren« oder gar, ihn zu »stürzen«, als wir das Kabinett vor den Gefahren warnten, die ein zu knapp bemessener Verteidigungshaushalt nach sich zöge.

Ich diente der Regierung Rabin der Jahre 1974 bis 1977 loyal und handelte im Bewußtsein der Verantwortung eines Kabinettsmitglieds. Ich schonte mich nicht und arbeitete Tag und Nacht für die technische Modernisierung und den moralischen Wiederaufbau der Armee. Bei alledem mag es wahr sein, daß sich grundsätzliche Differenzen innerhalb der Arbeiterpartei zum Teil in der persönlichen Spannung zwischen Rabin und mir widerspiegelten. Die Arbeiterpartei war aus einem Zusammenschluß von Mapai, Achdut Haavoda und Rafi entstanden, und diese verschiedenen Gruppierungen rivalisierten in vieler Hinsicht auch nach der Vereinigung.

Schließlich stürzte die Regierung Rabin, und mit ihr endete auch die Vorherrschaft der Arbeiterbewegung in der israelischen Politik. Schuld daran waren aber weder die angespannten Beziehungen zwischen dem Premierminister und mir noch der stockende Friedensprozeß, sondern eine Reihe von Skandalen, die das Vertrauen der Öffentlichkeit erschütterten.

Nichts untergräbt den Rückhalt einer Regierung beim Volk so sehr wie der Verdacht der Korruption. Ein hebräisches Sprichwort faßt die gesunde Einstellung der Wählerschaft gegenüber der Regierung in einer demokratischen Gesellschaft zusammen: »Achte sie, aber mißtraue ihr.« Hat die Korruption erst einmal Fuß gefaßt und wird sie allmählich ruchbar, schwindet mit wachsendem Mißtrauen auch das Ansehen der Regierung.

Unserer Regierung und unserer Partei entstand großer Schaden, als 1976 Asher Jadlin, den wir für den hehren Posten des Gouverneurs der Bank von Israel vorgeschlagen hatten, wegen des Verdachts der Bestechlichkeit und Veruntreuung verhaftet wurde. Jadlin, ein ehemaliger Kibbuznik, war im Management von Hevrat Ovdim, der Holdinggesellschaft des jüdischen Gewerkschaftsbundes Histadrut, zum Generaldirektor des riesigen Kupat-Holim-Krankenfonds aufgestiegen. Er wurde nach einer Flut von Anklagen und Verdächtigungen zu fünf Jahren Gefängnis verurteilt. Viele Aussagen, darunter auch solche von Jadlin selbst, konnten nicht bewiesen werden, wie die Behauptung, er habe das Bestechungsgeld nur im Interesse der Partei angenommen.

Ein anderer Stern an Israels Finanzhimmel war Michael Tsur, Leiter der Israel Corporation, eines großen Finanz- und Investmentkonzerns. Auch er wurde, im selben Jahr wie Jadlin, verhaftet. Obwohl nie aktives Parteimitglied, kam Tsur zu Macht und Einfluß als Protegé von Pinchas Sapir, dem Finanzminister unter Eshkol und Golda Meïr. Während der Regierung Rabin war Tsur zeitweilig Leiter des Ministeriums für Handel und Industrie.

Im Januar 1977 wurde die Regierung zusätzlich durch eine persönliche Tragödie erschüttert: Wohnungsbauminister Avraham Ofer, gegen den polizeiliche Ermittlungen liefen, beging Selbstmord. Ofer, auch er ein früherer Kibbuznik, war ein begabter Ökonom, den Sapir unter seine Fittiche genommen und auf ein hohes Amt vorbereitet hatte. Die Anschuldigungen, die gegen ihn vorgebracht, aber nie bewiesen wurden, betrafen die Zeit, in der er Chef einer weitverzweigten gewerkschaftseigenen Vertragsgesellschaft gewesen war.

Drei Monate später trat der Premierminister selbst zurück. Obwohl die Affäre, die am Ende seinen Rücktritt auslöste, tagelang in der Presse erörtert worden war, überraschte mich seine Entscheidung. Ich war am späten Abend des 7. April 1977 von einer Sitzung bei Abba Eban heimgekehrt und erfuhr von Rabins Schritt, wie die übrige Bevölkerung, durch seine Erklärung im Fernsehen. Nicht weniger überraschte mich, daß Rabin mich bei der Gelegenheit als Nachfolger vorgeschlagen hatte.

Bei der Affäre ging es um ein Dollarkonto bei einer Washingtoner Bank, das noch aus Rabins Botschafterzeit stammte. Sie wurde durch den Washingtoner Korrespondenten der *Haaretz,* Dan Margalit, aufgedeckt. Es ging um einen Verstoß gegen Israels Devisenbestimmungen. Die Ermittlungen richteten sich gegen Rabins Frau Leah, auf deren Namen das Konto lautete (am Ende wurde sie zu einer Geldstrafe verurteilt). Rabin erkannte, daß er abtreten mußte. Drei Tage später bestätigte mich das Zentralkomitee der Arbeiterpartei einstimmig als Parteivorsitzenden und als Kandidaten für das Amt des Premierministers.

Aus meiner Sicht nicht weniger sträflich wie die Gesetzesübertretung selbst war der Versuch, eine Verbindung zwischen der Enthüllung in der *Haaretz* und Kreisen mir nahestehender Personen herzustellen. Auch Margalit wies diese Beschuldigung als aus der Luft gegriffen zurück.

Nach den verschiedenen Affären und den gegenseitigen Beschuldigungen war die Glaubwürdigkeit der Arbeiterpartei so untergraben, daß die Partei bei den Wahlen fünf Wochen später, am 17. Mai 1977, eine vernichtende Niederlage erlitt.

Der eigentliche Grund für die Wahlniederlage war jedoch der Jom-Kippur-Krieg und der dadurch ausgelöste »Krieg der Generäle«. Das Vertrauen in die Fähigkeit der Führung der Arbeiterpartei, die Geschicke Israels zu leiten – ein Vertrauen, das sie in der öffentlichen Meinung stets mehr oder weniger besessen hatte –, war mit einem Mal zerbrochen. Mir war von Anfang an klar gewesen, daß wir eines Tages einen hohen politischen Preis für Jom Kippur zahlen müßten.

Trotzdem war der Umfang der Niederlage ein Schock für uns alle. Die Arbeiterbewegung (die sich aus der Mai und der Mapam zusammensetzte) mit ihren ursprünglich 51 (von 120) Knesset-Sitzen ging mit nur 33 aus den Wahlen hervor. Die meisten Stimmen verlor sie an die neugegründete »Demokratische Bewegung für Veränderung« von Jigael Jadin, die sich selbst als Bannerträger einer »sauberen Politik« verstand und 15 Sitze gewann (ihr war aber nur ein kurzes Leben beschieden). Sie trat in die Regierungskoalition aus Likud (45 Sitze) und zwei orthodoxen Parteien (16 Sitze) unter Premierminister Menachem Begin ein.

Unsere dreijährige Regierungszeit hatte ein unrühmliches Ende genommen. Die Arbeiterpartei war am Boden. In den leeren Gängen der Parteizentrale hallte das Echo meiner Schritte, als ich das Büro des Vorsitzenden bezog und mich an die Arbeit machte, Moral und Vertrauen wieder aufzubauen. Aber wenn man die Erfolgsbilanz der scheidenden Regierung aus nüchterner historischer Perspektive betrachtet, war sie keineswegs negativ. Wir hatten große Fortschritte auf dem Weg zum Frieden mit Ägypten, dem mächtigsten arabischen Staat, erzielt. Wir hatten Israels durch den Krieg angeschlagene Militärmacht wiederhergestellt und beträchtlich verstärkt. Die Wirtschaft war nach dem Nachkriegsschock allmählich wieder auf dem Weg der Erholung. Aber die bedeutendste Leistung, die uns auch spätere Zeiten als Ruhmesblatt anrechnen werden, war zweifellos die »Operation Joni«, die von IDF-Soldaten ausgeführte kühne Geiselbefreiung von Entebbe.

14

ENTEBBE

Das Geiseldrama von Entebbe im Sommer 1976 dauerte nur eine Woche, aber diese eine Woche wird wie der Sechstagekrieg eine fortwährende Quelle des Stolzes und des Ansporns in der Geschichte Israels bleiben. Die Befreiung war damals ein Lichtblick in einer trüben und schwierigen Zeit. Die Kühnheit und der Erfolg der IDF waren ein leuchtendes Signal für die freie Welt, die damals in einem verzweifelten Kampf gegen den internationalen Terrorismus in allen seinen Formen stand. Ich habe über die Tage und Nächte jener denkwürdigen Woche Tagebuch geführt; Auszüge daraus bilden die Grundlage dieses Kapitels.

Sonntag, 27. Juni 1976

Die erste Meldung von der Flugzeugentführung erreichte uns während der wöchentlichen Kabinettsitzung in Jerusalem. Wir waren gerade in einer Diskussion über Kürzungen im Verteidigungshaushalt, als mir mein militärischer Berater Oberst Ilan Tehilla eine hastig geschriebene Notiz zuschob: »Air-France-Flug 139 vom Ben-Gurion-Flughafen nach Paris-Orly nach Zwischenlandung in Athen entführt. Die Maschine befindet sich mit unbekanntem Ziel in der Luft.« Ich gab die Nachricht ruhig an Rabin weiter. Er entschied, gleich nach Ende der Beratung des Kabinetts die zuständigen Minister für Auswärtige Angelegenheiten, Verteidigung und Verkehr zu einer Krisensitzung zusammenzurufen.

Zu Beginn der Sitzung schien eines ganz klar: Da das Flugzeug der staatlichen französischen Luftfahrtgesellschaft gehörte und unter französischer Flagge flog, mußte die Hauptverantwortlichkeit für das Krisenmanagement auch bei Frankreich liegen. Auf unserer Seite sollte Außenminister Jigal Allon mit Paris Kontakt aufnehmen und für den Verlauf der Affäre einen intensiven und kontinuierlichen Dialog mit der französischen Seite führen.

Wir beschlossen, eine amtliche Erklärung herauszugeben, die die Fakten, soweit wir sie bisher kannten, darlegte, ohne allerdings die Namen der entführten Passagiere jetzt schon bekanntzugeben. (Eine genaue Liste hatten wir zu diesem Zeitpunkt noch nicht.) Außerdem stellten wir klar, daß sich Israel von den Entführern nicht erpressen lassen werde.

Nach der Ministerrunde eilte ich nach Tel Aviv, wo ich Stabschef Mordechai Gur und seine engsten Berater traf. Für den Fall, daß die Luftpiraten auf dem Ben-Gurion-Flughafen landen wollten, kamen wir überein, ihnen Landeerlaubnis zu geben. Dann aber sollte das Flugzeug von einer Sondereinheit der Fallschirmspringer gestürmt werden, wie im Mai 1972, als eine belgische Sabena-Maschine gekapert und zum Ben-Gurion-Flughafen umgeleitet worden war. Damals konnten sich unsere Soldaten, als Wartungspersonal verkleidet, dem Flugzeug nähern, während die Entführer mit dem Tower verhandelten. Dann kletterten sie plötzlich an Bord, töteten die beiden männlichen Entführer und überwältigten die beiden weiblichen. Nur zwei von den rund 100 Passagieren wurden verletzt. In jener langen Nacht, in der gleichzeitig Verhandlungen und die Vorbereitungen zum Stürmen des Flugzeugs liefen, arbeitete ich als Verkehrsminister eng mit Verteidigungsminister Moshe Dayan zusammen.

Um 21.00 Uhr kam die Meldung, die Air-France-Maschine habe in Bengasi, Libyen, aufgetankt und sei wieder gestartet. Kurs weiterhin unbekannt. Um 23.00 Uhr teilte Gur mir mit, es sähe so aus, als wollten die Luftpiraten in Israel landen. Ich gab die Meldung schnell telefonisch an Rabin weiter und fuhr zum Ben-Gurion-Flughafen. Um 1.00 Uhr befand sich die Maschine über Khartum, Sudan, wo man ihr die Landung verweigerte. Ich rechnete, daß sie zwei bis drei Stunden brauchen würde, wenn sie sich jetzt auf dem Weg nach Israel befände, Zeit genug, um die Spezialeinheit zu besuchen, die sich auf die Erstürmung des Flugzeugs vorbereitete. Generalmajor Jekutiel (Kuti) Adam, der Leiter der Operationen beim Generalstab, und ich machten uns im Jeep auf den Weg und erreichten bald den Stützpunkt der Einheit.

Die Sondereinheit der Fallschirmspringer ist die Elitetruppe der IDF. Sie besteht nur aus Freiwilligen, die darauf »spezialisiert« sind, auch schwierigste Einsätze erfolgreich durchzuführen. Wir wurden in eine verdunkelte Baracke geführt, in der sich mehrere Soldaten der Einheit befanden. Sie sahen ernst aus, zeigten aber keinerlei Anspannung. Joni Netanyahu, ihr erst kürzlich ernannter Kommandeur, eine blendende Erscheinung, machte eine ernste, konzentrierte Miene. Ich hatte lange vor seiner Berufung zum Kommandeur von ihm gehört, und in der ganzen Armee sagte man ihm eine große Zukunft voraus. Er galt gleichermaßen als mutiger Offizier im Gefecht und als nachdenklicher junger Intellektueller. Er war für Tapferkeit im Krieg ausgezeichnet worden und hatte in Harvard studiert.

Kuti Adam und ich hörten zu, wie Netanyahu seine Männer instruierte, dann sprachen wir mit ihm und den Offizieren. Auf meine Frage versicherte man uns, daß alles bereit zum Einsatz sei.

Um 4.00 Uhr waren wir zurück am Flughafen und erfuhren, daß die entführte Maschine von Khartum nach Süden geflogen und gerade in Entebbe, Uganda, am Ufer des Viktoria-Sees gelandet sei. Damit war klar, daß sie nicht nach Israel kommen würde, jedenfalls nicht in dieser Nacht. Ich machte mich müde auf den Weg nach Hause und kam im Morgengrauen dort an.

Montag, 28. Juni

Ich rief Rabin früh am Morgen an und berichtete ihm von den Ereignissen der vergangenen Nacht. Ich hätte keinen Grund gesehen, ihn zu wecken, worauf er sagte, er habe wirklich gut und ohne Unterbrechung geschlafen. Ich duschte, machte mir Kaffee und fuhr zurück zum Verteidigungsministerium. Dort war man mit den unaufhörlich einströmenden neuen Meldungen beschäftigt. Manche klangen abenteuerlich, andere schienen sich zu widersprechen. Es war schwierig, Wahres und Erfundenes auseinanderzuhalten. Einer Meldung zufolge sollte eine Gruppe hochrangiger IDF-Offiziere unter den entführten Passagieren sein. Wir wußten aber, daß zumindest diese Meldung falsch war, denn inzwischen hatten wir die genaue und vollständige Namensliste von Air France erhalten.

Am Nachmittag fuhr ich zu einer Sitzung aller Knessetabgeordneten der Koalition mit Finanzminister Jehoshua Rabinowitz, der seine Vorschläge für die Kürzung des Verteidigungshaushalts erläutern sollte. Ich war entschlossen, ihm eine harte Debatte zu liefern. Nachdem Rabinowitz mit seinen Ausführungen zu Ende war, erwiderte ich nicht ohne Bitterkeit, daß in Washington US-Senatoren unter dem Eindruck des

Jom-Kippur-Krieges eine Erhöhung der Militärhilfe für Israel forderten, während gleichzeitig hier in Jerusalem Kabinettsminister und Koalitionsabgeordnete bereit seien, für geringere Verteidigungsausgaben zu stimmen.

So hart die Debatte auch geführt wurde, sie bedeutete doch eine Unterbrechung in der erbarmungslosen Anspannung, in der wir uns seit dem vorigen Tag befanden. Zurück im Büro in Tel Aviv, stellte ich fest, daß sich der Nebel aus Ungewißheit und Spekulationen, der die Flugzeugentführung umgab, noch nicht gelichtet hatte. Das Flugzeug stand auf dem Rollfeld in Entebbe, und niemand schien zu wissen, was die Luftpiraten vorhatten. Am Ende des Tages stand für mich fest, daß wir die Geiseln selbst befreien müßten. Noch war es aber zu früh und auch unrealistisch, diese prinzipielle Einsicht in einen praktikablen Plan umzusetzen.

Dienstag, 29. Juni

Ich wurde sehr früh in Jerusalem erwartet. Vorher aber machte ich kurz beim Ministerium halt, um nachzusehen, ob die Meldungen der letzten Nacht irgendwelche neuen Informationen erbracht hatten. Es gab nichts wesentlich Neues. Nur viele atmosphärische Berichte: die Stimmung am Flugplatz Entebbe, Besuche von hochgestellten Persönlichkeiten und ein ganzer Schwall von hochtrabenden, tatsächlich aber substanzlosen Verlautbarungen des ugandischen Präsidenten Idi Amin.

In der Knesset fand eine Sitzung des Außen- und Sicherheitsausschusses mit dem Premierminister, dem Generalstabschef und mir statt. Obwohl der Jom-Kippur-Krieg fast drei Jahre zurücklag, beeinflußte er noch stark unsere Überlegungen. Die Runde widmete einen großen Teil ihrer Sitzung dem in der IDF noch immer andauernden Prozeß, wie die Lektionen aus dem Krieg genutzt werden könnten. Rabin berichtete kurz über den Stand der Geiselaffäre, konnte aber keine neuen Informationen geben. Mittags vertagte sich die Runde, und am frühen Nachmittag rief Rabin den ad hoc gebildeten Ministerausschuß wieder zusammen, um die Situation zu analysieren und unser weiteres Vorgehen zu bestimmen.

Als unser gravierendstes Problem sah ich das Fehlen zuverlässiger geheimdienstlicher Erkenntnisse an. Rabin eröffnete die Diskussion mit den Worten, daß wir keine andere Wahl hätten, als zu verhandeln, anders ausgedrückt, auf die Forderungen der Geiselnehmer, inhaftierte Terroristen freizulassen, einzugehen. Nach außen allerdings würden wir unsere Haltung beibehalten, daß Frankreich die Verantwortung trage; Israel werde nicht kapitulieren.

Ich sah die Sache anders. Da es uns an verläßlichen Informationen über die Bedingungen der Entführer und die Lage der Geiseln fehlte, hielt ich es nicht für ratsam, uns in diesem Stadium bereits für eine bestimmte Lösung zu entscheiden. Die Chance, die Geiseln auf dem Verhandlungsweg freizubekommen, schien auch nicht größer als bei einer gewaltsamen Befreiung. Warum sollte man sich jetzt schon festlegen? Ich sagte noch nichts.

Gur meldete sich damit zu Wort, daß die IDF die Durchführbarkeit einer militärischen Lösung prüfe. Er war mit dem Hubschrauber direkt von einer Militärübung aus dem Sinai nach Jerusalem geflogen, wir hatten daher vor der Sitzung nicht miteinander sprechen können. Ich schrieb ihm eine Notiz mit der Frage, an was er dabei denke. Er schrieb zurück, er habe den Generalstab telefonisch vom Sinai aus angewiesen, einen Plan für den Einsatz der Fallschirmspringertruppe auszuarbeiten. Danach sollten die Männer in der Nähe des Flugplatzes Entebbe entweder über dem Land oder auf dem Viktoria-See abspringen, den Flugplatz stürmen, die Entführer neutralisieren, die Geiseln befreien und bei ihnen bleiben, bis Entsatz käme. »Ich kenne doch diese Knaben«, setzte er hinzu, womit er die Minister meinte, »deshalb habe ich einen Plan ausarbeiten lassen, der alle Möglichkeiten offenhält.« Ich verstand ihn gut: Später sollte niemand sagen können, die IDF habe keinen Plan zur Geiselbefreiung angeboten.

Aber als Verteidigungsminister mußte ich vorsichtig und zurückhaltend bleiben. Ich sagte, es gebe noch keinen konkreten Einsatzplan. Erst wenn ein solcher Plan gründlich geprüft worden sei, könnten wir eine militärische Lösung unterbreiten. Nach der Sitzung des Ministerausschusses wies Gur Kuti Adam offiziell an, mehrere alternative Einsatzpläne auszuarbeiten.

Die Minister hatten den Beschluß gefaßt, das Verkehrsministerium anzuweisen, ein Büro im Ben-Gurion-Flughafen als Anlaufstelle für die Familien der Geiseln einzurichten. Diese Menschen machten Furchtbares durch. Wir konnten ihnen nichts anbieten, was ihre große Sorge um ihre Angehörigen gelindert hätte.

Am Nachmittag traf die Liste der Gefangenen ein, die die Entführer freipressen wollten. Sie war wirr und voller Rechtschreibfehler. Wieder in Tel Aviv, rief ich den Generalstab zu einer weiteren Beratung mit Gur und mir zusammen. Die Generäle schienen mehrheitlich der Meinung zu sein, daß eine militärische Befreiungsaktion nicht möglich sei. Trotzdem machten sie Vorschläge, wie die zahlreichen Schwierigkeiten überwunden werden könnten. Kein Land und keine Armee hatten jemals vor einer solchen Herausforderung gestanden. Ich bat den Generalstab, neue Ideen vorzubringen und durchzuspielen, egal wie unorthodox oder gar abenteuerlich sie auch schienen.

Am Abend schälten sich drei praktikable Vorschläge heraus, die allerdings noch nicht geprüft waren. Der erste stammte vom Stabschef selbst und setzte vor allem auf das Überraschungsmoment. Unsere Truppen sollten vom Wasser aus angreifen. Entweder überqueren sie dazu von Kenia aus mit Booten den Viktoria-See, oder Männer und Boote werden über dem See abgesetzt. Die völlig überraschten Entführer werden neutralisiert, dann bleiben die Geiseln im Schutz ihrer Befreier, bis alle aus der Luft geborgen sind.

Ein anderer Plan, für den Kuti Adam eintrat, sah vor, mit den Entführern in Israel einen Tausch Gefangene gegen Geiseln vorzunehmen. Ehe sie wieder abfliegen können, werden sie überfallen. Dazu wäre allerdings die Kooperation Frankreichs nötig, die französische Seite müßte die Erlaubnis geben, daß die Air-France-Maschine von Entebbe zum Ben-Gurion-Flughafen fliegt.

Der dritte Plan, der vom Kommandeur der Luftwaffe Benny Peled kam, war von atemberaubender Kühnheit. Nach seiner Vorstellung sollte Israel für kurze Zeit die Macht in Uganda ergreifen oder wenigstens Entebbe erobern. Die Luftwaffe kann genügend Truppen mit Fallschirmen abspringen lassen, um die Stadt, den Hafen und den Flugplatz zu besetzen. Sobald diese Objekte gesichert sind, werden die Entführer neutralisiert, die Geiseln gerettet und an Bord der riesigen Hercules-Militärmaschinen, die wir erst kürzlich von den Vereinigten Staaten erworben hatten, nach Hause geflogen.

Auf den ersten Blick schien Peleds Plan verstiegen, vielleicht hatte er selbst auch diesen Eindruck. Aber je mehr ich darüber nachdachte, desto realistischer wurde er in meinen Augen. Die anderen konnten dem nicht zustimmen. Der Stabschef wies den Vorschlag als phantastisch zurück und legte uns nahe, ihn am besten zu vergessen. Binnen weniger Tage sollten er und die anderen ihre Meinung ändern.

Der Ministerausschuß kam spät in der Nacht wieder zusammen, um über die Forderungen der Geiselnehmer zu beraten. Es handelte sich um die Freilassung von in verschiedenen Ländern inhaftierten Terroristen: vierzig in Israel, sechs in Kenia, fünf in der Bundesrepublik Deutschland (darunter Mitglieder der Baader-Meinhof-Gruppe) und je einer in der Schweiz und in Frankreich. Die Kenianer bestritten, daß die sechs je bei ihnen gewesen seien, obwohl sie doch bei dem Versuch, auf dem Flugplatz Nairobi ein israelisches Linienflugzeug abzuschießen, gefangengenommen worden waren. Die Deutschen gaben keine klare Stellungnahme ab; ich bezweifelte, daß sie bereit sein würden, verurteilte Terroristen freizulassen. Trotzdem drängte Rabin darauf, Israel möge öffentlich seine Bereitschaft bekunden, die vierzig Inhaftierten freizulassen.

Die Spannung im Ministerausschuß wuchs. Rabin wurde ungeduldig, wofür es ja Gründe gab. Er fiel den anderen ins Wort, um selbst lang und breit zu wiederholen, warum er Verhandlungen mit den Geiselnehmern vorziehe. Wir hätten keine andere Wahl, sagte er immer wieder, stets mit kurzem Blick auf mich. Zudem gebe es Präzedenzfälle für einen derartigen Austausch. Ich erwiderte darauf ganz ruhig, wir hätten uns noch nie dazu bereit gefunden, Gefangene, die unschuldige Zivilisten getötet hätten, freizulassen; auf der Liste der Entführer stünden aber ebensolche Terroristen, die Menschenleben auf dem Gewissen hatten. Rabin konterte, die Verwandten der Geiseln würden daran erinnern, daß Israel nach dem Krieg von 1973 Terroristen im Tausch gegen gefallene Soldaten freigelassen habe. Wie könne es Israel da ablehnen, Terroristen für lebende Menschen, die sich in furchtbarer Gefahr befänden, auszutauschen?

Mittwoch, 30. Juni

Einer meiner Leibwächter, O., machte oft sehr verständige Bemerkungen. Er war früher einmal Berater von Idi Amin gewesen und kannte den »Feldmarschall« recht gut. Seiner Ansicht nach würde Amin nach der Landung der Geiselnehmer in Uganda nicht losstürmen und Weiße töten, sondern versuchen, die ganze Affäre so lange wie möglich hinzuziehen. Dieser Hinweis veranlaßte mich, einige IDF-Offiziere, die in

Uganda Dienst getan hatten und Idi Amin kannten, zusammenzurufen. Wir trafen uns um 8.30 Uhr in meinem Büro in Tel Aviv. Einer von ihnen, Oberst Baruch (Borka) Bar-Lev, hatte die israelische Militärmission in Uganda geleitet, bevor Amin 1977 die Beziehungen zu Israel abbrach. Er war ihm dabei nähergekommen und hatte ein freundschaftliches, vertrauensvolles Verhältnis zu ihm entwickelt. Ein anderer, Oberstleutnant Josef Salan, hatte ein IAF-Team in Uganda befehligt, das beim Aufbau der dortigen Luftwaffe helfen sollte. Salan war bestens vertraut mit den Luftwaffenstützpunkten und Flugplätzen des Landes, also auch mit Entebbe. Ein dritter, Major B., war auch IAF-Offizier. Er hatte eine Zeitlang als Pilot des Präsidenten gedient und Amin aus der Nähe beobachtet.

Ich bat sie, die ugandische Armee zu beschreiben, und fragte sie, wie sie Amin selbst, seine Motive und seine Taktik einschätzten. Schließlich forderte ich sie auf, Vorschläge für die anstehenden Operationen zu machen. Bar-Lev antwortete als erster. Er redete wie ein Maschinengewehr. Idi Amin beziehe sein Wissen hauptsächlich aus Gesprächen mit anderen Menschen. Er stehe unter dem Einfluß seiner Vertrauten und neige dazu, sich völlig auf deren Urteil und Loyalität zu verlassen. Bar-Lev glaubte nicht, daß Amin sich an den Geiseln vergreifen würde, aber genausowenig würde er ein Feuergefecht mit den Entführern riskieren. Diese beiden Annahmen hätten allerdings nur Geltung, solange Amin »nachts nicht schlecht träume«, denn das könne alles ändern. Salan sah das ähnlich und warnte davor, bei Amin könnten »die Sicherungen durchbrennen«, wenn wir Gewalt anwendeten. In diesem Fall könnte Amin in Rage geraten, und niemand wisse, wie die Sache dann ausgehe. Major B. setzte hinzu, er glaube nicht, daß die Ugander eingreifen würden, falls es zu einem Kampf der IDF-Truppe mit den Entführern käme. Sie gingen im allgemeinen den Kriegen anderer lieber aus dem Weg.

Auf meine Frage, ob Amin ein mutiger Mann sei, antworteten alle, ohne zu zögern, er sei ein Feigling. O. fügte noch hinzu, er sei außerdem noch grausam. Er berichtete, Amin habe einmal ein Gewehr als Geschenk erhalten. Damit sei er sofort auf den Hof seiner Villa gegangen und habe auf unschuldige, unbewaffnete Menschen geschossen.

Das Gespräch war aufschlußreich. Ich faßte das Ergebnis für mich folgendermaßen zusammen: Allem Anschein nach war Idi Amin daran interessiert, die Geiselaffäre möglichst in die Länge zu ziehen, denn sie bot ihm die einmalige Gelegenheit, im Rampenlicht der Weltöffentlichkeit zu stehen. Er würde nicht aus eigenem Antrieb die Geiseln töten. Zwar spielte er mit dem Leben seiner Ugander, hütete sich aber, Weißen Schaden zuzufügen. Für ihn waren alle Geiseln zuallererst Weiße, ob Juden, Araber oder Europäer war zweitrangig. Deshalb würde er seine ugandischen Soldaten nicht eingreifen lassen, wenn wir mit Gewalt vorgingen, selbst dann nicht, wenn einige Ugander im Verlauf der Operation verletzt oder getötet würden. Falls aber die Geiseln nach Beendigung der Operation in den Händen der Ugander blieben, dann könnte es zu Racheakten kommen. Daraus schloß ich, daß die ugandische Armee kein ernsthaftes Hindernis bei einer militärischen Operation darstellen würde. Der richtige Weg, Idi Amin anzusprechen, führte nicht über das diplomatische Protokoll, auch nicht über reine Vernunftgründe. Man mußte seiner Person schmeicheln, an seinen Stolz und seine Ehre appellieren, andeuten, er könne ein würdiger Friedensnobelpreisträger werden, schließlich auf das internationale Ansehen und die Aura des Ruhms verweisen, die ihn als einen großen nationalen Führer umhülle.

Ich hielt es für sehr ratsam, eine telefonische Verbindung zu Amin herzustellen. Von ihm könnten wir die uns noch fehlenden detaillierten Informationen über die Entführer und ihre Geiseln bekommen, dann wäre eine genauere Einschätzung der Lage in Entebbe möglich. Ich bat Bar-Lev, die Verbindung herzustellen. Er sollte sich bei Amin als jemand vorstellen, der einen direkten Draht zur politischen Führungsspitze Israels habe.

Nach dem Treffen mit unseren »Ugandern« kam ich wieder mit den wichtigsten Offizieren des Generalstabs zusammen: dem Stabschef, dem Leiter der Operationen, dem Kommandeur der Luftwaffe, dem Chef des Geheimdienstes und anderen hochrangigen Offizieren. Stabschef Gur stellte nun seinen genauen Plan vor: Die Truppen sollten Entebbe über den Viktoria-See erreichen, die Entführer angreifen und töten und dann sogleich wieder abziehen. Das Problem bei diesem Plan war, daß die Soldaten, wenn sie einmal abgezogen waren, die Geiseln nicht mehr beschützen konnten. Dann aber könnten die Ugander ihre Wut und Frustration an den wehrlosen Geiseln auslassen. Außerdem hatten die Entführer das Ultimatum auf 11.00 Uhr am nächsten Tag festgesetzt, Gurs Plan aber konnte frühestens in sechsunddreißig Stunden ausgeführt werden. Er schien zu langwierig und zu umständlich.

Wir analysierten noch andere Einsatzpläne und ihre Hindernisse. Lediglich in einem Bericht aus Entebbe hieß es, daß die Ugander ein ganzes Bataillon am Flugplatz in Stellung gebracht hatten, um die Geiseln zu bewachen. Aber wir wußten nicht, ob die Geiseln noch in der Maschine waren oder zum Abfertigungsgebäude gebracht worden waren. An Bord des Flugzeugs konnte hochexplosiver Sprengstoff versteckt sein. Uns fehlten ganz einfach zu viele Details, um eine Operation minuziös zu planen, erst recht keine, deren Erfolg vor allem vom Überraschungsmoment abhing.

Mein Standpunkt zu dieser Zeit ließ sich folgendermaßen zusammenfassen: Jeder würde es verstehen, wenn wir den Forderungen der Geiselnehmer nachkämen und Terroristen freiließen, aber niemand hätte noch Achtung vor uns. Wenn wir aber eine militärische Aktion durchführten, um die Geiseln zu befreien, würde uns zwar niemand verstehen, aber man hätte Respekt vor uns – den Erfolg der Operation vorausgesetzt. Bar-Lev gelang es, eine telefonische Verbindung zu Idi Amin herzustellen. Der »Feldmarschall« schien erfreut, von seinem alten und treuen Freund zu hören. Er bestätigte, daß im Flugzeug und überall im Flughafen Bomben versteckt seien. Es gäbe mindestens sieben Entführer, vielleicht aber auch zwanzig. Er sei persönlich hingefahren und habe mit den Geiseln gesprochen. Sie seien bei guter Gesundheit. Die Geiseln hätten ihn gebeten, der israelischen Regierung ihre dringende Bitte zu übermitteln, den Forderungen der Entführer nachzukommen. Bar-Lev erklärte Amin, daß es von größter Wichtigkeit sei, das Wohlergehen der Geiseln weiterhin sicherzustellen. Amin würde in die Annalen der Geschichte als großer Friedensfürst eingehen, und er könne sogar den Friedensnobelpreis erhalten, wenn er persönlich den Schutz der Geiseln übernähme.

Später am Abend telefonierten Bar-Lev und Idi Amin noch einmal miteinander. Amin sagte, er habe »die Nummer eins der Freiheitskämpfer« empfangen. Wir nahmen an, daß er Wadi Haddad meinte, den Kopf der palästinensischen Terroristengruppe Schwarzer September, die hinter der Entführung stand. Amin sagte, der Mann habe von ihm verlangt, er solle »Oberst Baruch« sagen, daß Israel die vierzig Gefangenen unverzüglich freilassen soll. Daraus schlossen wir, daß Wadi Haddad neben Amin stand und ihm bei dem Telefongespräch half.

Donnerstag, 1. Juli

Die Zeit wurde allmählich knapp. Um 11.00 Uhr mitteleuropäischer Zeit sollte das Ultimatum ablaufen. An diesem Morgen brachte ich den Leiter der Operationen im Generalstab, Generalmajor Adam, und den Leiter des militärischen Nachrichtendienstes, Generalmajor Shlomo Gazit, zur Sitzung des Ministerausschusses mit. Die Entführer hatten alle achtundvierzig nichtjüdischen Passagiere freigelassen. Einige von ihnen waren schon in Paris eingetroffen und konnten genaue Informationen über die Situation in Entebbe liefern. Ich schlug vor, die Möglichkeit einer gemeinsamen militärischen Operation mit Frankreich zu prüfen. Rabin wies das aber kategorisch zurück. Falls irgend jemand einen derartigen Vorschlag machen wolle, möge er ihn dem vollständigen Kabinett zur Abstimmung vorlegen. Weder Rabin noch Außenminister Allon glaubten, daß für eine militärische Befreiungsaktion unsererseits genügend Zeit war. Allon sagte, wir sollten uns auf das Machbare konzentrieren, und Rabin setzte hinzu: »... und nicht ins Blaue hinein träumen.« Im weiteren Verlauf der Sitzung kam es zu scharfem Wortwechsel zwischen dem Premierminister und mir. Ich warnte davor, daß eine Kapitulation Israels vor den Entführern einen fatalen Präzedenzfall schaffen würde. »Es stimmt nicht, daß ich mich nicht um das Leben und die Sicherheit der Geiseln sorge. Im Gegenteil, ich sorge mich um Leben und Sicherheit aller zukünftigen Passagiere.«

Ich bat Bar-Lev, Amin noch einmal anzurufen und ihm zu sagen, daß er (Bar-Lev) sofort nach Uganda abfliegen wolle, um eine wichtige Botschaft der israelischen Regierung zu möglichen Verhandlungen zu überbringen. Aber diesmal war Amin kühl und distanziert. Er war verärgert darüber, daß die bisherigen Gespräche mit ihm ohne seine Zustimmung von der amerikanischen Rundfunkanstalt *Voice of America* gesendet worden waren. »Plötzlich hörte ich mich selbst in *Voice of America* sprechen«, donnerte er. »Dazu habe ich nie mein Einverständnis gegeben.« Er trug Bar-Lev auf, der israelischen Regierung auszurichten, sie würde gut daran tun, auf eine Verlautbarung der Volksfront für die Befreiung Palästinas (PFLP) zu achten, die um 11.00 Uhr gesendet werde.

Eine solche Verlautbarung wurde tatsächlich übertragen: Sie verkündete die Verlängerung des Ultimatums auf Sonntagmorgen 11.00 Uhr. So wurden uns plötzlich drei bis vier Tage Aufschub geschenkt – genau die Zeit, die wir brauchten, um unseren Einsatzplan zu vervollständigen.

Am wichtigsten waren jetzt zwei Dinge: erstens, mehr und genauere geheimdienstliche Informationen zu bekommen als bisher, und zweitens, eine sichere Zwischenlandung einzuplanen, falls die Befreiungsaktion auf Schwierigkeiten stieß.

Um 15.00 Uhr berief ich die wichtigsten Generalstabsoffiziere zur Sitzung ein. Gur nannte es den »Rat der Phantasten«, eine Anspielung auf die skeptischen Äußerungen im Kabinett. Gewiß dachte er aber auch an seine eigenen Zweifel, ob irgendein realistischer Plan dabei herauskäme. Es ehrte Gur sehr, daß er zu diesem »Rat der Phantasten« genau die Offiziere einlud, die motiviert und vor allem fähig waren, Phantasien in die Tat umzusetzen. Es waren Kuti Adam, der Luftwaffenkommandeur Benny Peled, sein Operationschef Rafi Har-Lev, der Brigadier Dan Shomron, der Chef der Infanterie und Fallschirmspringer, Brigadier Avigdor (Janosh) Ben-Gal und der brillante junge Ehud Barak, der im Jahr 1972 die Befreiung der Sabena-Maschine geleitet hatte und diesmal so fest wie damals an den Erfolg unserer Operation glaubte. Gur, Adam und Peled waren genauso bestürzt wie ich, als die Rede darauf kam, daß wir mit den Entführern über die Freilassung der verurteilten und in Israel inhaftierten Terroristen verhandeln müßten.

Bei diesem Treffen am Donnerstag nachmittag zeichnete sich ein wirklich durchführbarer Plan zur Geiselbefreiung in seinen Grundzügen ab. Obwohl alle Anwesenden den Plan jetzt vorantreiben wollten, gab es noch unterschiedliche Meinungen über die Erfolgsaussichten. Gur war am zurückhaltendsten; er wollte seine endgültige Zustimmung erst geben, wenn mehr geheimdienstliche Informationen vorlägen.

Aus Gründen der Geheimhaltung mußte das Übungsgelände für die Vorbereitungen sofort hermetisch von der Außenwelt abgeschirmt werden. Wir ernannten Shomron zum Leiter der Operation und Oberst A. zum Kommandeur der Fallschirmspringereinheit, die sie ausführen sollte.

Erst am späten Abend konnte ich die Beratungen verlassen, um Moshe Dayan anzurufen. Ich wollte ihn in den Plan einweihen. Er war mit australischen Gästen zum Abendessen in einem Tel Aviver Restaurant mit Meerblick. Ich konnte nicht warten, bis er seinen gesellschaftlichen Verpflichtungen Genüge getan hatte, deshalb fuhr ich mit meinem militärischen Berater Arye Braun, der schon zu Dayans Zeiten als Verteidigungsminister diese Funktion innehatte, ins Restaurant am Meer. Zuerst hatte Dayan kein Verständnis dafür, daß ich gerade, als die Suppe aufgetragen wurde, in sein Diner hineinplatze. Seine Gäste müssen mich für sehr unhöflich gehalten haben. Ich entschuldigte mich bei ihnen und Dayans Frau Rachel und zog Dayan an einen etwas abseits stehenden Tisch. Die Kellner brachten uns Gläser mit Rotwein – für mich das erste, was ich seit Stunden zu mir nahm. Braun zog eine kleine Weltkarte aus seiner Tasche, und ich begann mit der Erläuterung des Plans. Während ich sprach, begann Dayans unbedecktes Auge zu funkeln. Ich wiederholte gewissenhaft alle bereits erhobenen Einwände und die voraussichtlichen Hindernisse, aber er tat sie einfach ab. »Diesen Plan unterstütze ich nicht hundertprozentig, sondern hundertfünfzigprozentig«, versicherte er mir. Seine Unterstützung war für mich ungeheuer wichtig. Er war ein Mann, vor dessen Urteil ich gerade in militärischen Fragen den größten Respekt hatte.

Nun war der Moment gekommen, das Kabinett für die militärische Lösung zu gewinnen, allen voran die Teilnehmer an dem ad hoc gebildeten Ministerausschuß. Ich rief Verkehrsminister Gad Jaacobi an und bat ihn herüberzukommen. Ich schilderte ihm kurz die Hauptelemente des Plans und bat ihn um Unterstützung. Bald darauf kam aus dem Büro des Premierministers die Mitteilung, daß für 23.00 Uhr eine Sitzung der Ministerausschusses anberaumt sei.

Diese Nachtsitzung fand in angespannter Atmosphäre statt. Der Premierminister war – zur Bestürzung einiger Teilnehmer – schon zu Beginn äußerst ungeduldig. Außenminister Allon zeigte sich betont kühl. Er wiederholte, daß letztlich Frankreich für das Flugzeug und die Passagiere verantwortlich sei. Rabin wies diese Ansicht zurück, was zu einem heftigen Wortwechsel zwischen den beiden führte. Dann forderte Rabin den Generalmajor d. R. Rehavam Zeevi auf, den Ministern seinen Vorschlag für die Verhandlungsführung mit den Geiselnehmern vorzustellen. Er hatte Zeevi (der intern Gandhi genannt wurde) dazu bestimmt, die Verhandlungen zu organisieren. Während ich es weiterhin prinzipiell ablehnte, in die Forderungen der Entführer einzuwilligen, hatte ich gegen diese Berufung nichts einzuwenden. Zeevi hatte sich durch seine Sorgfalt in seiner langen Dienstzeit einen guten Ruf erworben.[1] Er hielt einen sachlich-knappen Vortrag. Israel solle von Anfang an klarstellen, daß es nur in eigenem Namen verhandele und nicht im Namen der anderen Staaten, von denen ebenfalls die Freilassung von

Gefangenen verlangt werde. Ferner solle Israel bekanntgeben, daß es vierzig Gefangene, und keinen einzigen mehr, freizulassen bereit sei und von dieser Zahl nicht mehr abweiche. Die Liste der Freizulassenden würde Israel zusammenstellen. Zeevi schlug vor, die Verhandlungen in Frankreich zu führen, mit Frankreich oder einer dritten Partei als Vermittler zwischen den beiden Parteien. Der Austausch der Geiseln und Gefangenen solle auf einem Militärflughafen in Frankreich erfolgen. Als Alternative sei auch vorstellbar, daß unter der Aufsicht dieser dritten, beidseitig akzeptierten Partei gleichzeitig zwei Flugzeuge starteten, das eine mit den Geiseln von Entebbe nach Tel Aviv und das andere mit den Gefangenen von Tel Aviv nach Entebbe.

Der Plan, den Geiselnehmern nachzugeben, war bis ins kleinste ausgearbeitet. Doch die Stimmung unter den Ministern blieb gespannt. Rabin meinte, in diesem Stadium sei es nicht nötig, alle Einzelheiten zu besprechen. Er nahm an, Frankreichs logistische Hilfe werde sich auf das Überbringen von Botschaften beschränken. »Sie werden sich nicht mit Uganda anlegen«, bemerkte Allon sarkastisch, aber diese Bemerkung löste nur eine weitere schroffe Antwort Rabins aus. Die beiden stritten sich heftig darüber, ob und mit welchem Auftrag Zeevi nach Paris geschickt werden sollte. Gegen Ende der Sitzung schleuderte Allon Rabin die Worte entgegen: »Wenn ich Ihnen im Weg stehe, müssen Sie sich einen anderen Außenminister suchen.«

Auf jeden Fall sollten Verhandlungen in Gang kommen. Das konnte mir nur recht sein. Diplomatische Schritte würden die zweieinhalb Tage bis zum Ablauf des Ultimatums überbrücken, während wir unbemerkt unsere Vorbereitungen für den militärischen Befreiungsschlag treffen konnten. Vor Anbruch der Nacht besprach ich mich noch einmal mit Gur, der immer noch reserviert blieb, unter vier Augen. Ich sagte ihm, daß es erhebliche Konsequenzen für den jüdischen Staat und das jüdische Volk haben würde, je nachdem, ob wir uns zum Handeln oder zum Nachgeben entschließen würden.

Freitag, 2. Juli

Nach sehr kurzem Schlaf erwachte ich und sah mich neuem und unerwartetem Verdruß ausgesetzt. Ich hatte fürchterliche Zahnschmerzen. Sie hatten sich schon seit einer Woche angekündigt, aber ich hatte sie verdrängt, einfach weil ich keine Zeit hatte, zum Zahnarzt zu gehen. Jetzt blieb mir keine andere Wahl mehr. Ich vereinbarte noch für den Vormittag einen Termin bei Dr. Langer und eilte dann in mein Büro. Dort gab es eine gute Nachricht: Kenia war damit einverstanden, daß unsere Flugzeuge auf seinem Boden landeten, falls es während des Flugs zu Schwierigkeiten käme. Ich teilte Gur diese Neuigkeit persönlich mit. Seine Miene hellte sich auf. Wir waren uns darin einig, daß Kenias Haltung es uns erlaubte, den Zeitpunkt der Operation von Sonntag nacht auf Samstag nacht vorzuverlegen. Das war sehr viel günstiger, denn dann wäre das Ultimatum noch nicht abgelaufen und die Verhandlungen noch im Gange. Wir befürchteten nicht, daß die Kenianer unsere Pläne durchsickern lassen könnten. Sie hatten sich eindeutig aufs Leugnen verlegt, auch nur einen der geforderten Gefangenen in Gewahrsam zu halten. Ihr Interesse, daß Israel die Befreiungsaktion erfolgreich durchführte, war groß.

Bis zu diesem Augenblick hatte ich Rabin noch nichts von dem militärischen Befreiungsplan gesagt. Solange es keine volle Einigung zwischen mir und dem Stabschef gab, hielt ich einen solchen Schritt für nicht opportun. Ich fürchtete, daß der Plan, falls ich ihn zu früh vorlegte, so rasch vom Tisch gewischt würde, wie es Gurs erstem Vorschlag eines Angriffs vom Wasser aus ergangen war. Rabin hatte diesen Vorschlag mit der Operation in der Schweinebucht verglichen, die bekanntlich mit einem Fiasko geendet hatte. Jetzt aber, da unser Entwurf zusehends realistischer wurde, hielt ich den Zeitpunkt für gekommen, den Premierminister einzuweihen und ihm innerhalb des Generalstabs noch bestehende Zweifel und Meinungsverschiedenheiten mitzuteilen. Ich sagte ihm also, daß uns nach meiner Überzeugung mittlerweile eine echte militärische Lösung zu Gebote stehe.

Ich wiederholte meine Auffassung, daß es die Öffentlichkeit in unserem Land erheblich demoralisieren und dem Ansehen Israels in der Welt – bei Freund und Feind – schaden würde, wenn wir den Forderungen der Entführer nachgäben. Dann beschrieb ich den Plan ausführlich. Rabin reagierte kühl. Mißlänge der Plan, warf er sofort ein, dann wäre das ein harter Schlag für die IDF und für Israel. Mehr noch, der Plan berge von Anfang an so viele Schwachstellen: Das Flugzeug, das als erstes in Entebbe landen sollte, könne bemerkt und angegriffen werden, noch bevor die übrigen Truppen landen und in Stellung gehen könnten. »Wie auch immer«, fügte er hinzu, »ich bin an Kabinettsbeschlüsse gebunden.«

Ich erwiderte darauf, Peled sei zuversichtlich, daß das erste Flugzeug landen könne, ohne Verdacht zu erregen. Aber ich merkte, daß Rabin sich noch nicht entschieden hatte. Also mußte ich vorerst unter den anderen wichtigen Ministern für den Plan werben. Aber zunächst eilte ich zum Zahnarzt. Wie Dr. Langer mir später erzählte, war sein Sohn unter den an der Befreiungsaktion in Entebbe beteiligten Soldaten. Als ich jetzt auf seinem Behandlungsstuhl saß, fragte er mich nur, warum der Wochenendurlaub seines Sohnes gestrichen worden sei.

Von Dr. Langer ging ich zum Justizminister Chaim Zadok, den ich als ersten für meinen Plan gewinnen wollte. Zadok war sowohl aufgrund seiner Position als auch seiner Persönlichkeit ein einflußreicher Mann im Kabinett. Er ließ mich ruhig ausreden, und ich spürte, daß seine Zustimmung immer größer wurde. Ich verließ ihn mit der Gewißheit, einen sicheren Verbündeten gefunden zu haben.

Eine weitere Sitzung mit den wichtigsten Generalstabsoffizieren war vorgesehen, und diesmal sollte der Chef des Mossad teilnehmen. Gur fragte, was die Truppen tun sollten, falls ugandische Streitkräfte auf dem Flugplatz von Entebbe Widerstand leisteten. Ich antwortete ohne Zögern, daß dann gezielte Todesschüsse abgegeben werden dürften. Das, so Gur, würde die genaue Planung der Operation sehr erleichtern. Dann diskutierten wir die Neuigkeit, daß Idi Amin zum Treffen der Organisation für Afrikanische Einheit auf Mauritius geflogen war und daß er nicht vor Samstag nacht oder Sonntag wieder in Uganda zurück sein würde. Jemand schlug vor, ein »Double« für den abwesenden Präsidenten einzusetzen: Ein israelischer Soldat von ähnlicher körperlicher Statur wie Amin, mit geschwärztem Gesicht und in Feldmarschalluniform, sollte mit der Präsidentenlimousine am Flugplatz seinen Auftritt haben (die Limousine würde aus dem Bauch einer Hercules-Maschine auf das Rollfeld fahren).

Der Befreiungsplan hatte bis jetzt folgende Gestalt: Die Hercules-Maschinen fliegen am späten Samstag nachmittag von Sharm el-Sheik an der Südspitze des Sinai ab. Sie überfliegen Äthiopien in großer Höhe, um nicht vom äthiopischen Radar geortet zu werden. Anflug auf Entebbe über den Viktoria-See, also auf der Route, die auch von Linienflugzeugen nach Uganda benutzt wird. Gur zählte die Phasen der Operation am Boden auf: zwei Minuten vom Einschalten der Positionslichter des ersten Flugzeugs bis zum Ausrollen; zwei Minuten, in denen die

Truppen von Bord gehen; die anderen Flugzeuge kommen in rascher Folge nach; fünf Minuten, um das Abfertigungsgebäude zu erreichen; weitere fünf Minuten, um die Befreiungsaktion abzuschließen.

Ich rief Rabin an und bat ihn um eine sofortige Unterredung. Außer uns beiden und unseren militärischen Beratern nahmen an dieser Besprechung der Stabschef und der Chef des Mossad teil. Zuerst sprach der Premierminister von den anhaltenden Bemühungen in Paris, mit Hilfe Frankreichs mit den Entführern zu verhandeln. Dann stellte Gur seinen Plan vor, ab und zu unterbrochen von Rabins Fragen nach der Situation vor Ort in Entebbe. Am Nachmittag wurde die Sitzung um die beiden anderen Mitglieder des Ministerausschusses erweitert, und Gur erläuterte seinen Plan aufs neue. Die endgültige Entscheidung mußte das vollzählige Kabinett treffen. Gur hob immer wieder hervor, wie außerordentlich wichtig es sei, strenge Geheimhaltung zu wahren. Ich regte an, die Minister frühzeitig von einer möglicherweise am nächsten Tag stattfindenden Kabinettsitzung zu unterrichten, die als geheimer Verteidigungsausschuß tagen sollte. Dann könnten die Minister der orthodoxen Partei, die am Sabbat nicht Auto fahren, in der Nähe der Regierungsstellen in Tel Aviv bleiben und zu Fuß zur Sitzung kommen.

Rabin machte zum Schluß die vorsichtige, immer noch Unentschlossenheit verratende Bemerkung: »98 Israelis werden im Abfertigungsgebäude festgehalten. Die geheimdienstlichen Informationen, die uns zur Verfügung stehen, sind bei weitem nicht ausreichend. Ich halte die gegenwärtigen Vorbereitungen für gut, aber ich möchte, daß wir diese Pläne immer nur als Zusatz zu den laufenden Verhandlungen betrachten. Wenn ich sie nur dazu bringen könnte, die Frauen und Kinder freizulassen, das würde ein ganz anderes Bild ergeben.«

Am Abend hatten Sonia und ich Professor Zbigniew Brzezinski zu Gast bei uns zu Hause. Von Brzezinski hieß es, er werde der kommende Sicherheitsberater des amerikanischen Präsidenten, falls der Kandidat der Demokratischen Partei, Jimmy Carter, die Wahlen im November gewinnen sollte. Das Außenministerium hatte mich einige Wochen zuvor gebeten, ihn während seines Israel-Besuchs einzuladen. Wir konnten die Einladung schlecht verschieben, ohne solche Spekulationen auszulösen, die wir gerade vermeiden wollten.

Wir hatten auch Gur und seine Frau Rita eingeladen. Aber Ritas Vater war an jenem Tag gestorben, und Gur wollte an einem Übungsflug der

Hercules-Maschinen teilnehmen, um die Piloten persönlich kennenzulernen und ihr fliegerisches Können als Teil der Vorbereitungen der Operation zu testen. Kuti Adam sprang für ihn ein und bot eine brillante Vorstellung: Kein Nerv seines Gesichts zeigte die innere Anspannung. Weitere Gäste waren der Leiter des militärischen Nachrichtendienstes im Generalstab, Shlomo Gazit – auch er verriet mit keiner Miene die innere Unruhe und war um keine Antwort verlegen – und Gershom Schocken, Herausgeber und Verleger der führenden liberalen Zeitung *Haaretz,* der nichts von der Operation wußte und deshalb erst im nachhinein die großen Leistungen bei diesem Tarnmanöver seiner Tischgenossen würdigen konnte.

Brzezinski wollte von mir wissen, warum Israel keine militärische Befreiungsaktion plane, und ich, der ich weder lügen noch die Wahrheit sagen wollte, zählte sachlich die vielen Hindernisse auf: die Entfernung, den Mangel an zuverlässiger Geheimdienstinformation und die Präsenz ugandischer Truppen, die eine solche Operation vereiteln könnten. Ich blickte kurz zu Schocken hinüber, der als »Taube« galt, um zu sehen, ob er diese Einschätzung teilte, aber er schwieg. Nachdem unser berühmter Gast gegangen war, fragte ich Schocken, wie er über die Sache denke. Zu meiner großen Überraschung sagte er, daß er die Haltung der Regierung, mit den Entführern zu verhandeln, entschieden ablehne und sehr für eine militärische Lösung sei.

Später schickte mir Brzezinski einen herzlichen Brief, in dem er nicht nur die Befreiungsaktion rühmte, sondern auch Israels erfolgreiche Geheimhaltung.

Samstag, 3. Juli

Nach Mitternacht rief mich der Generalstabschef an und meldete, die Luftlandeübung sei erfolgreich verlaufen. Er wolle jetzt den genauen Zeitpunkt für die Operation am Samstag abend festsetzen. Vor allem brauche er meine Erlaubnis für die Entsendung der Flugzeuge und Besatzungen nach Sharm el-Sheik, der Ausgangsbasis für ihr Unternehmen, damit sie von dort am Samstag nachmittag rechtzeitig starten könnten. Ich war einverstanden.

Am Morgen traf ich mich noch einmal mit den Generälen und Stabsoffizieren, die mit der Planung und Durchführung der Operation befaßt waren. Ich bat Gur, den Plan langsam, Phase für Phase durchzugehen.

Der General sprach von vier Hercules-Maschinen, die zweieinhalb Stunden vor Anbruch der Dunkelheit starten und um 23.00 Uhr Entebbe erreichen. Die erste Maschine landet und hält am Ende der Rollpiste. Dort entläßt sie mehrere Jeeps und die falsche Mercedes-Limousine des Präsidenten. In allen Fahrzeugen sitzen Soldaten mit schußbereiter Waffe. Der Konvoi fährt sofort in Richtung auf das alte Abfertigungsgebäude, wo die israelischen Geiseln festgehalten werden, wie wir von den bereits freigelassenen Geiseln wissen. Die Soldaten neutralisieren die Flugzeugentführer und übernehmen die Kontrolle über das Gebäude. Fünf bis sieben Minuten später landen in kurzem Abstand die anderen drei Transportmaschinen, wobei ihnen ein Teil der zuerst eingeflogenen Kampftruppe vom Boden aus Schutz gibt. Mit diesen Maschinen kommen gepanzerte Fahrzeuge, die nötigenfalls gegen ugandische Streitkräfte eingesetzt werden. Weiterhin sind ein ärztliches Team und eine zusätzliche Einheit dabei, deren Aufgabe es ist, sich um die Geiseln zu kümmern und ihnen beim An-Bord-Gehen zu helfen. Dann rollt auch schon die erste Maschine bis an das Abfertigungsgebäude heran, nimmt die Geiseln an Bord und startet erneut. Die anderen drei Maschinen rollen bis zum neuen Terminal, nehmen die Truppen und Fahrzeuge auf und fliegen ebenfalls ab. Sofern medizinische Behandlung notwendig sein sollte, wird sie an Bord der Flugzeuge durchgeführt.

Gur berichtete weiter, daß bei einer Generalprobe tags zuvor die gesamte Operation am Boden fünfundfünfzig Minuten gedauert habe. Bei planmäßigem Verlauf würde der heikle Teil des Unternehmens knapp eine Stunde beanspruchen. Wenn es jedoch zu einem Feuergefecht mit den ugandischen Truppen käme oder wenn es viele Verletzte gäbe, könnte es auch erheblich länger dauern. Auf jeden Fall dürfte die Operation am Boden vor 2.00 Uhr zu Ende sein. Die jüngste geheimdienstliche Information aus Entebbe sei ermutigend: Die gekaperte Air-France-Maschine schien leer zu sein, außerdem gebe es keine Hinweise darauf, daß die Entführer die Zufahrtswege zum alten Abfertigungsgebäude vermint hätten.

Die schwierigste Etappe war nun, im Kabinett eine Mehrheit für den Plan zu bekommen. Viel hing von Premierminister Rabin ab. Ich rief ihn an und schlug vor, die Vorbesprechung der Kabinettsitzung zwischen uns beiden, die auf 12.00 Uhr angesetzt war, auf 11.00 Uhr vorzuverlegen. Die Terminplanung wurde allmählich eng. Die Flugzeuge sollten um 11.30 Uhr vom Ben-Gurion-Flughafen in Tel Aviv nach Sharm el-Sheik starten. Es lag in meiner Befugnis, diesen Flug zu genehmigen, da die Maschinen den israelischen Luftraum nicht verlassen würden. Aber um 16.00 Uhr sollten sie schon wieder in der Luft sein und ein Ziel fern von Israel ansteuern. Das war dann die letzte Frist für einen Kabinettsbeschluß.

Bei der Sitzung erläuterte ich, daß die Aussichten für eine erfolgreiche Geiselbefreiung besser denn je seien. Der Generalstabschef befürwortete nun die Operation vorbehaltlos. Außenminister Allon hatte mir schon früher versichert, daß er hinter dem Plan stehe, und ich hatte keinen Anlaß anzunehmen, daß er sich anders entschieden hatte. Mein eigener Standpunkt war allen Anwesenden bekannt. Nun war es an Rabin, sich zu entscheiden.

Rabin sprach von dem Risiko eines Fehlschlags, und was ein solcher Fehlschlag für das Ansehen und die Abschreckungsmacht der israelischen Streitkräfte bedeuten würde. Er wies darauf hin, daß die geheimdienstlichen Informationen, über die wir verfügten, vom Freitag seien. Die Lage vor Ort könne sich innerhalb von vierundzwanzig Stunden geändert haben. Er erwähnte mögliche Alternativen. Ganz offensichtlich war er immer noch unschlüssig.

Ich ergriff wieder das Wort. Wir hätten die Weltöffentlichkeit darüber belehrt, dem Terrorismus nicht nachzugeben. Wenn wir jetzt nachgäben, würde das unserem Ansehen sehr schaden. Ich erinnerte daran, daß die Entführer eine Selektion vorgenommen – ein Wort, das schaudern läßt, da es mit Assoziationen an den Holocaust befrachtet ist – und die Juden von den übrigen Passagieren getrennt hatten. Wenn die Befreiung gelänge, würde das die Stimmung im ganzen Land schlagartig und dramatisch heben.

Gewiß, bei der Operation würden wir unsere besten Soldaten einem hohen Risiko aussetzen. Aber wir seien stets bereit gewesen, ein solches Risiko einzugehen, damit durch den Einsatz unserer eigenen Kräfte und ohne Hilfe von außen das Leben einer größeren Zahl gerettet werde.

An dieser Stelle schaltete sich Rabin in meine kurze, aber leidenschaftliche Rede ein. »Wann muß der Startbefehl gegeben werden?« fragte er. Das war der erste Hinweis, daß er einlenkte.

Das Kabinett, das als geheimer Verteidigungsausschuß tagte, kam um 14.00 Uhr zusammen. Die Sitzung nahm einen geschäftsmäßigen Gang, ohne Anklänge an frühere Meinungsverschiedenheiten. Zu Beginn legte Rabin den Plan in knappen Worten dar. Dann brachte ich einige wohlerwogene Argumente für die Annahme des Plans vor. General Gur erläuterte den Ablauf im Detail. Als daraufhin die Diskussion einsetzte, verließ ich mit Gur die Sitzung, und gemeinsam fuhren wir zum Militärflughafen, wo die Truppen sich zum Start bereit machten.

Die Soldaten waren in voller Montur und allem Anschein nach in bester Laune. Die Offiziere fragten uns, ob das Kabinett grünes Licht geben werde. »Sei unbesorgt, Shimon«, sagte Dan Shomron. »Das wird alles wie am Schnürchen laufen.« Joni Netanyahu kam, um mir die Hand zu schütteln, und auch er versicherte mir, daß der Plan »hundertprozentig« klappen werde. Wir verabschiedeten uns herzlich von ihnen und sahen noch, wie sie im Bauch der gewaltigen Transportmaschinen verschwanden, mit strahlenden Gesichtern, als würden sie in den Urlaub fliegen.

Wieder am Kabinettstisch, wurde der Beschluß formuliert und um 14.30 Uhr verabschiedet: »Das Kabinett stimmt einer Geiselbefreiung durch die IDF zu, gemäß dem Operationsplan, den der Verteidigungsminister und der Chef des Generalstabs vorgelegt haben.« Daraufhin verließ Rabin den Raum, um die Oppositionsführer Menachem Begin und Elimelech Rimalt sowie den Vorsitzenden des Außen- und Verteidigungsausschusses der Knesset Jizchak Navon von dem Beschluß in Kenntnis zu setzen.

Mit dem Start der Flugzeuge nach Entebbe begann für uns eine Zeit angespannten Wartens. Der Befehl lautete, völlige Funkstille zu wahren, sofern nicht irgendwelche Probleme auftauchten. Benny Peled und Kuti Adam befanden sich an Bord einer umgerüsteten Boeing 707, die als Kommandozentrale dienen sollte. Sie flogen in einem Abstand von 100 Kilometern hinter den Hercules-Maschinen her und würden für den Verlauf der Bodenoperation über Entebbe kreisen. Das Empfangsgerät in meinem Büro war auf die Wellenlänge des Befreiungskommandos eingestellt, doch während Stunde um Stunde vergingen, konnten wir zu unserer Befriedigung feststellen, daß alles still blieb. Ich entschloß mich, zur Bar-Mizwa-Feier des Enkelsohns von Dr. Herzl Rosenblum zu gehen, dem Herausgeber des Massenblatts *Yediot Aharonot* (Neueste Nachrichten). Das würde, so glaubte ich, der Geheimhaltung der ganzen Operation dienen, die bis jetzt so tadellos funktioniert hatte.

Alle großen Namen des israelischen Journalismus waren bei der Feier, und keiner hatte auch nur die leiseste Ahnung, welches Ereignis sich im stillen anbahnte. Manche sagten, ich würde gut aussehen, andere meinten, ich würde einen erschöpften Eindruck machen. Beide Bemerkungen zielten wohl darauf ab, mir einen Hinweis auf das abzunötigen, was ich, wenn überhaupt, im Zusammenhang mit der Geiselaffäre zu unternehmen gedenke. All jenen, die mich nach den Geiseln fragten, erwiderte ich, diese würden schon bald, vielleicht binnen vierundzwanzig Stunden, wieder daheim sein. Der beabsichtigte Effekt – der auch prompt eintrat – war dabei, die Spekulationen über den Stand der Geheimverhandlungen zwischen Israel und den Luftpiraten noch anzuheizen.

Als der festgesetzte Zeitpunkt der Landung näherrückte, kehrte ich mit meinen Beratern und Verkehrsminister Gad Jaacobi in mein Büro zurück. Rabin kam mit seinen Beratern und dem Chef des Mossad ebenfalls zu uns herüber. Um 23.03 Uhr kamen die ersten Funksignale aus dem Empfänger: Das erste Transportflugzeug war sicher gelandet.

23.10 Uhr. Dan Shomrons kühle, schneidende Stimme: »Alles in Ordnung. Machen später Meldung.« Darauf ein stakkatoartiges Geräusch. Gewehrfeuer? Oder die Triebwerke des Transporters?

23.18 Uhr. Das Kode-Wort *Shafel*, was bedeutete, daß auch die anderen Maschinen gelandet waren.

23.20 Uhr. Wieder Shomron: »Alles verläuft nach Plan. Wir melden gleich ausführlich.« Dann das Kode-Wort *Falastin*, das hieß, daß der Angriff auf das Abfertigungsgebäude begonnen hatte.

23.32 Uhr. *Jefferson*. Das bedeutete, daß die Geiseln evakuiert wurden.

23.33 Uhr. »Alles nach *Galila* schaffen.« Daraus entnahmen wir, daß unsere Männer die Geiseln zum Flugzeug schafften.

Alles schien wie am Schnürchen zu laufen. Aber dann, um 23.50 Uhr, hörten wir plötzlich einen Ruf nach Erster Hilfe für *Mateh Shkedim*, das war Netanyahus Einheit. Es hatte »zwei *Ekaterina*«, das heißt zwei Ausfälle gegeben. Wer waren sie? Fragen konnten wir selbstverständlich nicht.

Eine Minute später, um 23.51 Uhr, kam das Wort *Carmel* über den Äther, das bedeutete »Fahrwerk eingezogen« für alle Maschinen. Uns allen hüpfte das Herz vor Erleichterung. Wir entschieden, daß die Maschinen zum Auftanken einen Zwischenstopp in Kenia machen sollten. Eine offizielle Verlautbarung wollten wir erst gegen Morgen herausgeben. Rabin ging in sein Büro zurück. Ich fuhr zu Gur ins Hauptquartier.

Alle Mitglieder des Generalstabs waren zusammengerufen worden. Nicht alle wußten im voraus über die Operation Bescheid; ihre begeisterten Schreie mischten sich mit dem Jubel und der Freude all jener, die die ganze Zeit über die Ereignisse auf dem laufenden gewesen waren und die Anspannung und Sorge geteilt hatten.

Ich ließ Oberst Bar-Lev rufen, der in Uganda gedient hatte. Er sollte Idi Amin anrufen. Ich wollte herausbekommen, ob der Präsident von dem nächtlichen Besuch in seinem Land schon erfahren hatte. Das war nicht der Fall.

Amin: »Präsident Amin am Apparat.«

Bar-Lev: »Vielen Dank, Herr Präsident. Ich möchte Ihnen für die Zusammenarbeit danken. Nochmals vielen Dank.«

Amin: »Sie wissen aber doch, sie hatten keinen Erfolg mit ...«

Bar-Lev: »Danke für die Zusammenarbeit, Herr Präsident, warum sollte die Zusammenarbeit keinen Erfolg gehabt haben?«

Amin fragte, ob wir irgend etwas unternommen hätten, und Bar-Lev antwortete, wir hätten genau das getan, was er, Amin, wollte. Jetzt ging dem Präsidenten auf, daß etwas geschehen war, wovon er noch nichts wußte.

Amin: »Was ist eigentlich passiert? Können Sie mir das sagen?«

Bar-Lev: »Nein, das weiß ich nicht. Ich bin nur beauftragt worden, Ihnen für die Zusammenarbeit zu danken. Meine Freunde, die in enger Beziehung zur Regierung stehen, haben mich gebeten, Ihnen das auszurichten.«

In Gurs Büro knallten die Champagnerkorken ... Gur hielt eine kleine Ansprache. Es habe bis auf Netanyahu, der, wie wir mittlerweile erfahren hatten, von einer Kugel getroffen worden war, und einen Fallschirmspringer bei den Soldaten keine Ausfälle gegeben. Alle Geiseln waren unversehrt gerettet worden, außer einer Frau, Dora Bloch, die man in ein Krankenhaus in Entebbe gebracht hatte. (Später erfuhren wir, daß sie tödlich verletzt worden war.) Alle Entführer, Araber und Deutsche, waren erschossen worden. Es war sicher eine der erfolgreichsten Operationen der IDF. Gur fügte hinzu, daß er dieses vorläufige Fazit nicht ziehen wolle, ohne den Mann besonders hervorzuheben, dessen Entschlossenheit diese Befreiungsaktion überhaupt erst ermöglicht habe: den Verteidigungsminister. »Ich weiß nicht, ob man Dank und Anerkennung auf alle, die sich für die Durchführung der Operation eingesetzt

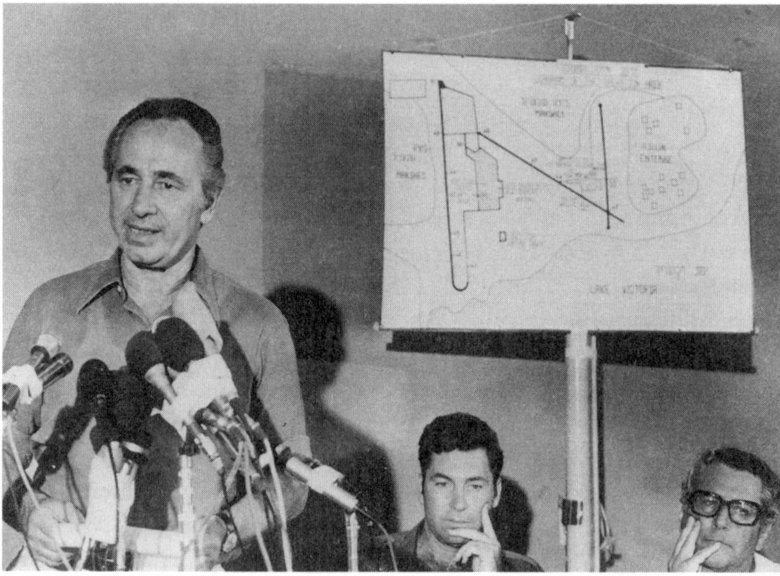

Nach der Geiselbefreiung von Entebbe im Juli 1976:
Shimon Peres auf einer Pressekonferenz.
Sitzend links Brigadegeneral Dan Shomron, der Leiter des Kommandos.

haben, gerecht verteilen kann. Wenn man sich aber dazu entschließt, dann gebührt der größte Dank dem Herrn Verteidigungsminister.«

Um 1.15 Uhr rief ich Rabin an und berichtete ihm von Bar-Levs Gespräch mit Idi Amin. Er brach in schallendes Gelächter aus und bat mich in sein Büro, wo sich bereits Begin, Rimalt und Navon eingefunden hatten. Rabin telefonierte mit dem Präsidenten der Vereinigten Staaten, mit dem Sprecher der Knesset und mit Golda Meïr. Ich rief Sonia an, die wie vom Donner gerührt war.

Dann entwarfen wir eine kurze Verlautbarung, die vom Sprecher der Armee herausgegeben werden sollte: »Streitkräfte der IDF haben heute nacht die Geiseln und die Flugzeugbesatzung auf dem Flughafen von Entebbe befreit.« Als Agence France Press die erste Meldung über eine »israelische Kommando-Aktion in Entebbe« brachte, wies ich den Sprecher an, unsere Verlautbarung bekanntzugeben.

Um 3.00 Uhr legte ich mich schließlich auf die Couch in meinem Büro und versuchte zu schlafen, aber ohne Erfolg. Ich mußte immer an die Geiseln denken, wie sie sich jetzt wohl im Bauch der Hercules-Maschine fühlten. Dann spürte ich Gurs Anwesenheit, noch bevor ich ihn sah. »Shimon«, sagte er, »Joni ist tot. Die Kugel traf ihn in den Rücken, Herzdurchschuß. Er wurde vom Tower aus erschossen.«

Ich drehte mich zur Wand. Zum erstenmal in dieser Woche ließ ich meinen Gefühlen freien Lauf. Ungehindert flossen die Tränen. Ich erinnerte mich an Joni Netanyahu Sonntag nacht auf dem Ben-Gurion-Flughafen, als wir glaubten, die Air-France-Maschine würde hier landen. Er hatte ernst ausgesehen.

Als der Morgen kam und die Nachricht von der Geiselbefreiung sich verbreitete, schien sich die ganze Welt für einen Augenblick staunend und jubelnd mit Israel zu verbinden. In Israel aber war die Freude durch die Trauer um Jonis Tod getrübt. Nach der Landung der Flugzeuge auf einem Militärflugplatz fühlte ich mich hin und her gerissen zwischen den Umarmungen glücklicher Menschen und der Bahre, auf der Joni Netanyahus Leiche lag. Bei der Beerdigung am nächsten Tag sprach ich die unvergänglichen Worte König Davids, der um Jonathan trauert (2. Samuel 1, 19 und 26): »Israel, dein Stolz liegt erschlagen auf deinen Höhen. Ach, die Helden sind gefallen [...] Weh ist mir um dich, mein Bruder Jonathan. Du warst mir sehr lieb.« Wir nannten die Befreiungsaktion »Operation Joni«. Ihr Ruhm ist im Lauf der Jahre nicht verblaßt.

15

GENOSSEN UND FREUNDE

Die Sozialistische Internationale ist wahrscheinlich die wichtigste nichtstaatliche politische Organisation in Europa, wenn nicht in der ganzen Welt. Sie kann auf eine lange, stolze Tradition zurückblicken und hat in Friedenszeiten stets eine einflußreiche Rolle in der internationalen Politik gespielt. In Kriegszeiten freilich pflegt die lange, stolze Tradition sozialistischer Solidarität hinter die Interessen der militärischen Allianzen zurückzutreten.

Die Sozialistische Internationale hat im Laufe ihrer Geschichte viele Wandlungen durchgemacht. Zuerst spaltete sich von der ursprünglichen Sozialistischen Internationale, die sozialdemokratische Ideen vertrat, die kommunistische Komintern ab, die sich für die Diktatur starkmachte – wenn auch angeblich mit dem hehren Ziel sozialer Gerechtigkeit. Nach dem Zweiten Weltkrieg wandelte sie sich dann von einer internationalen zu einer globalen Organisation, das heißt, sie strebt die Lösung sozialer Probleme nunmehr mit Blick auf die ganze Welt an, vor allem aber im Bewußtsein der Spannungen zwischen den vergleichsweise reichen Regionen und den weiten Gebieten der Erde, in denen nach wie vor Armut herrscht. Der Schwerpunkt ihrer Arbeit liegt inzwischen eher auf dem Nord-Süd-Gefälle als auf dem Ost-West-Konflikt. François Mitterrand hat dies in einem der vielen Gespräche, die wir im Lauf der Jahre geführt haben, einmal folgendermaßen ausgedrückt: »Im Ost-West-Konflikt stehe ich auf der Seite des Westens, im Nord-Süd-Konflikt auf der des Südens.«

Obwohl ich viele Jahre zu den stellvertretenden Vorsitzenden der Sozialistischen Internationale zählte, war mein Verhältnis zu ihr nie unkompliziert. Einerseits empfanden die Mitglieder der Internationale, die ja eine überwiegend europäische Organisation war, Schuldgefühle gegenüber dem jüdischen Volk und eine große Bewunderung für die eigenständige und dynamische sozialistische Bewegung, die sich in Israel herausgebildet hat. Andererseits hegten sie starke Sympathien für die Dritte Welt und nahmen lebhaft Anteil am Schicksal der Palästinenser.

Die israelische Arbeiterbewegung suchte stets den intensiven Dialog mit der Internationale. Die alte Garde erinnerte sich noch gut daran, daß die britische Labour Party in den Tagen des Mandats fest hinter uns stand – bis sie 1945 an die Macht kam und ihr Außenminister Ernest Bevin uns gegenüber eine offen feindselige Politik betrieb. Wir maßen unseren engen Beziehungen zur britischen Arbeiterbewegung größte politische und ideologische Bedeutung zu. Die zionistisch-sozialistische Bewegung in Großbritannien, die Poalei Zion, bildete unter der Leitung von Dr. S. S. Levenberg einen wichtigen Teil der dortigen Arbeiterbewegung. Sie hatte die Unterstützung des prominenten, linken Unterhausabgeordneten Ian Mikardo.

Ben Gurion war von der Sozialistischen Internationale und unseren guten Kontakten zu ihr nicht so begeistert wie manche seiner langjährigen Genossen. Statt mit dieser Organisation zusammenzuarbeiten, die ihren Sitz in Europa hatte und Afrika und Asien gegenüber eine leicht gönnerhafte Haltung einnahm, hätte er sich lieber einer sozialistisch gefärbten, afro-asiatischen Organisation angeschlossen.

Außerdem hatte Ben Gurion eine starke Abneigung gegen gewisse Fremdwörter. In einer Rede in meinem Kibbuz Alumot verurteilte er aufs schärfste den damals häufig für den Aufbau neuer Kibbuzim und Moschavim verwendeten Begriff »Kolonisation«. Er verfocht die Ansicht, daß der hebräische Ausdruck *Hitjaschwut*, der soviel wie Siedlung bedeutet, wesentlich passender sei. Auch das Wort »Sozialismus« wollte er aus dem Sprachschatz streichen und durch das biblisch-hebräische Substantiv *Tzedek* und das neuhebräische Adjektiv *hewrati* ersetzen. Die beiden Wörter bedeuten zusammen »soziale Gerechtigkeit«, was sicherlich eine schöne Umschreibung für Sozialismus ist.

Ich wußte, was er dabei im Sinn hatte. Das sozialistische Ideal war seiner Meinung nach nicht erst von den Begründern des modernen Sozialismus – Marx und Engels, Lenin und Trotzki, Ferdinand Lassalle, Rosa Luxemburg, Jean Jaurès und Léon Blum – aufgestellt worden. Für ihn begann der historische Kampf des Menschen um soziale Gerechtigkeit bereits mit den biblischen Propheten.

Auch die Vorstellung von einem friedlichen, brüderlichen Zusammenleben aller Menschen war seiner Meinung nach zum erstenmal in der Bibel formuliert worden, und zwar in der berühmten Vision des Propheten Jesaja (2, 4): »Dann schmieden sie Pflugscharen aus ihren Schwertern …«. Prägnanter und bewegender war dieses Ziel nie zum Ausdruck gebracht worden. Warum also, so fragte Ben Gurion, sollten wir diese erhabenen Ideen mit fremdsprachlichen Begriffen bezeichnen, die doch nur blasse Kopien des Originals waren?

Gleichzeitig erkannte Ben Gurion natürlich die große Bedeutung unserer internationalen Verbindungen und befürwortete unsere Zusammenarbeit mit der Sozialistischen Internationale.

Mir wurde die Bedeutung der Internationale auf einer Konferenz im Jahr 1977 deutlich, an der viele ihrer führenden Köpfe, darunter auch François Mitterrand und der spanische Sozialistenführer Felipe González, teilnahmen. Wie bereits berichtet, befand sich unsere Partei damals in einer Krise. Meine Kollegen aus der Internationale kamen auf mich zu, um mir die Hand zu schütteln und mir Mut zuzusprechen.

Damals wurde die Internationale von einer inoffiziellen Troika geleitet. Sie bestand aus dem deutschen Staatsmann Willy Brandt, der den Vorsitz führte, dem österreichischen Kanzler Bruno Kreisky, der ihr ungekrönter Cheftheoretiker war, und Olof Palme aus Schweden, der als der kommende Mann des europäischen Sozialismus galt.

Willy Brandt war Bürgermeister von Berlin und Bundesaußenminister gewesen, bevor er Bundeskanzler wurde. Sein Charme war legendär. Der hochgewachsene und bis ins hohe Alter stattliche Mann sprühte vor Vitalität und Frische. Er vermochte seine Mitmenschen zu begeistern, und jeder war geneigt, ihm fast alles zu verzeihen. Brandt hatte wenig von den strengen Asketen der alten sozialistischen Bewegung an sich. Er wußte einen erlesenen Tropfen und eine gute Zigarre zu schätzen, er liebte geistreiche Gespräche und gewagte Witze, und er genoß die Gesellschaft attraktiver Frauen. Kein Wunder, daß auch die Frauen von ihm hingerissen waren. Er glaubte keine Sekunde, man müsse als Sozialist verbissen und verhärmt durchs Leben gehen. Bei allem unverhohlenen Hedonismus war er jedoch keineswegs korrupt oder leichtfertig; er war im Gegenteil ein äußerst prinzipientreuer Mensch, der für seine Überzeugungen eintrat. Als junger Mann war er den Verlockungen des Nationalsozialismus nicht erlegen, sondern hatte Widerstand geleistet, bis er schließlich gezwungen war, seine Heimat zu verlassen und lange Jahre im norwegischen Exil zu verbringen.

Während Adenauer als Bundeskanzler der Nachkriegszeit die Beziehungen zwischen Deutschland und dem Westen neu aufbaute, war Willy Brandt der erste, der das Tor zum Osten öffnete. Er entwickelte als erster europäischer Staatsmann eine spezielle Ostpolitik, deren Ziel eine schrittweise Entspannung der Ost-West-Beziehungen war. Diese Politik, die ihm den Friedensnobelpreis eintrug und schließlich zur Wiedervereinigung Deutschlands führen sollte, erforderte sehr viel persönlichen und politischen Mut. Mit ihr verpflichtete sich Deutschland, keine Ansprüche auf die Gebiete östlich der Oder-Neiße-Linie zu stellen. Darüber hinaus wurde der ganzen Welt deutlich, daß Deutschland nicht mehr die undurchschaubare, bedrohliche Macht in Europa sein wollte, die es während des vergangenen Jahrhunderts lange Zeit gewesen war.

Brandt hatte eine tiefe Beziehung zum jüdischen Volk und zum Staat Israel, eine Beziehung, die ich fast religiös nennen möchte. Sein Kniefall im Warschauer Ghetto war die bedeutsamste symbolische Geste in seinem langen Politikerleben. Auf diplomatischer Ebene setzte er sich beharrlich für die Aufnahme der PLO in die Sozialistische Internationale ein und versuchte, zwischen der PLO und Israel zu vermitteln. Er vermied jedoch, Schritte zu unternehmen, die zu unserem Austritt aus der Internationale hätten führen können. Ich hatte immer deutlich gesagt, daß wir austreten würden, falls die PLO aufgenommen würde. Und tatsächlich blieb die Sozialistische Internationale die einzige wichtige internationale Organisation, in der die PLO nicht Mitglied wurde.

Unsere persönlichen Beziehungen wurden über die Jahre sehr eng. Brandt konsultierte mich oft in Angelegenheiten der Internationale. Ja, er ernannte mich sogar zum Vorsitzenden eines Ausschusses, der den Konflikt zwischen Marokko und der Polisario schlichten sollte, was ich als eine gewisse Ironie der Geschichte empfand. Er sprach mir gegenüber völlig offen über die Konflikte innerhalb der SPD, und ich erzählte ihm von unseren Problemen in der Arbeiterpartei.

Es war sehr schwierig für mich, Brandt und anderen führenden Persönlichkeiten zu erklären, warum wir 1984 und noch einmal 1988 mit dem Likud-Block eine Regierung der Nationalen Einheit bildeten. Jedesmal war der Entschluß nach Wahlen gefallen, in denen keine der beiden großen Parteien eine ausreichende Mehrheit errang, um eine andere, homogenere Koalition bilden zu können. Brandt unterstützte mich. Es amüsierte ihn ungemein, als ich in der Internationale von einem Gespräch berichtete, das ich mit Rabbi Ovadia Josef, dem berühmten Talmud-Gelehrten und geistlichen Führer der ultra-orthodoxen, sephardischen Schass-Partei, geführt hatte.

»Lassen Sie den Kopf nicht hängen«, hatte mich der Rabbi getröstet. »Es gibt einen historischen Präzedenzfall.«

»Und wo bitte?« fragte ich.

»Im Garten Eden«, antwortete er lächelnd.

»Wie das?«

»Ganz einfach«, sagte er. »Als Adam erkannte, daß ihm keine andere Frau zur Verfügung stand als Eva, und Eva ebenfalls einsehen mußte, daß auch sie keine andere Wahl hatte, beschlossen die beiden, einen gemeinsamen Hausstand zu gründen.«

Für meine sozialistischen Kollegen fügte ich hinzu, daß wir hofften, unser Zusammenschluß mit der Rechten werde uns dem langersehnten Frieden mit den Arabern näher bringen. Das sei der Hauptgrund gewesen, warum wir in eine Regierung der Nationalen Einheit eingetreten seien.

Willy Brandt besuchte uns in Israel, und wir pflanzten ihm zu Ehren einen kleinen Hain. Ich flog zweimal nach Deutschland, um an Feierlichkeiten zu seinen Ehren teilzunehmen. Das erstemal kam ich zur Feier seines fünfundsiebzigsten Geburtstags, zu dem Bundespräsident Richard von Weizsäcker geladen hatte. In meiner kurzen Rede zitierte ich den Segen aus dem 92. Psalm: »Der Gerechte gedeiht wie die Palme ... Sie tragen Frucht noch im Alter und bleiben voll Saft und Frische« (Psalm 92, 13–15). Der zweite, nun allerdings traurige Anlaß war das feierliche Staatsbegräbnis im Oktober 1992, mit dem das deutsche Volk Willy Brandt ehrte. Unter den Tausenden, die gekommen waren, um diesem großen Staatsmann des 20. Jahrhunderts die letzte Ehre zu erweisen, war kaum jemand ohne Tränen in den Augen.

Wenige Monate zuvor hatten Brandt und ich in einem der großen Paläste Istanbuls einen glanzvollen Abend miteinander verbracht. Es handelte sich um ein Fest zu Ehren der Sozialistischen Internationale mit einem Kostümspektakel zur Geschichte der Türkei und einer Modegala. Brandt wirkte den ganzen Abend völlig unbeschwert und tanzte Walzer wie ein junger Mann. Daß er so behend das Tanzbein schwang,

Besuch des israelischen Ministerpräsidenten Peres in Bonn, 1986: im Gespräch mit den SPD-Politikern Hans-Jochen Vogel, Willy Brandt und Johannes Rau.

Bundespräsident Richard von Weizsäcker wird bei seinem Besuch in Jerusalem 1985 von Israels Regierungschef Peres empfangen.

täuschte jedoch über seinen wahren Zustand hinweg. Denn er hatte mich früher am Abend unter vier Augen gefragt, wen ich für einen guten Nachfolger als Vorsitzenden der Sozialistischen Internationale halten würde. Mit einem verschmitzten Lächeln hatte er hinzugefügt: »Es gibt eine Vereinbarung zwischen mir und der Natur, daß es für mich an der Zeit ist abzutreten.« Ich wußte damals nicht, daß dies Willy Brandts letzter Walzer sein würde.

Die zweite wichtige Persönlichkeit in der Sozialistischen Internationale war damals Bruno Kreisky. Er war nicht nur ein hervorragender Kanzler, sondern auch ein brillanter Intellektueller. Ihm verdankte Österreich gleichermaßen gute Beziehungen zum Osten, Westen, Norden und Süden sowie eine minimale Inflations- und Arbeitslosenrate. Unter Kreiskys unangefochtenem Regiment funktionierte die österreichische Regierung so reibungslos, daß andere Staatsmänner und Politiker vor Neid erblaßten. »Kaiser Bruno I.«, wie er hinter seinem Rücken von seinen loyalen Untertanen mit einem Anflug von Zärtlichkeit genannt wurde, lag viel am persönlichen Kontakt zur Bevölkerung. Jeden Morgen zwischen acht und neun Uhr war der Kanzler über seine private Telefonleitung für jedermann zu sprechen. Viele dieser persönlichen Telefongespräche seien eigentlich Zeitverschwendung, erzählte er mir einmal, wie zum Beispiel der Anruf zweier Jungen, die um einen Schilling gewettet hatten, ob der Kanzler tatsächlich persönlich den Hörer abheben würde. In einem anderen vielzitierten Telefongespräch ging es um einen Hund, der grundsätzlich auf dem Rasen des Nachbarn das Bein hob. Es kostete den Kanzler große Mühe, eine gütliche Einigung zwischen den beiden verkrachten Nachbarn herbeizuführen.

Kreisky schrieb auch eine wöchentliche Kolumne für die Zeitung der Sozialistischen Partei, in der er Leserfragen zu politischen Themen beantwortete. Ich glaube, er empfand Wien als eine zu kleine Bühne für einen Schauspieler mit seinen Fähigkeiten und Ambitionen. Es waren ständig Gerüchte in Umlauf, daß er sich als geeigneten Kandidaten für das Amt des Generalsekretärs der Vereinten Nationen betrachte.

Das war die eine Seite seiner öffentlichen Existenz. Die andere war sein kompliziertes Verhältnis zu seiner jüdischen Identität. Kreisky rang unablässig mit sich selbst, weil er als Jude zur Welt gekommen war. Zwar verleugnete er seine jüdische Herkunft nicht, doch er konnte sich auch nie mit ihr aussöhnen. Wenn er aus seinem Leben erzählte, ver-

Der österreichische Bundeskanzler Bruno Kreisky empfängt zusammen mit Willy Brandt, dem Vorsitzenden der »Sozialistischen Internationale« (links), Jassir Arafat, den Chef der Palästinensischen Befreiungsorganisation, zu Gesprächen in Wien am 7. Juli 1979.

weilte er stets bei Erinnerungen, die mit Österreich zu tun hatten, und spielte die jüdische Abstammung herunter.

Bruno Kreiskys Bruder lebte in Tel Aviv und hatte mehrere Jahre lang für meinen Vater gearbeitet. Ich erzählte dem Kanzler nie davon, doch einmal kam er selbst kurz auf seinen Bruder zu sprechen und berichtete gekränkt, ihm sei die Behauptung zu Ohren gekommen, daß er seinem Bruder nicht helfe. »Eine glatte Lüge«, erklärte er und versicherte mir, daß er ihm immer geholfen habe, und zwar »zuverlässig und regelmäßig«.

Er tischte mir österreichische Geschichten auf und räumte zum Schluß in einem kurzen persönlichen Kommentar ein, daß es in Österreich Antisemitismus gebe. Einmal habe es ihm auf einer Parteiversammlung buchstäblich die Sprache verschlagen. Er habe gerade in einer langen und vehementen Rede zu den Vorwürfen seiner Kritiker Stellung genommen, als plötzlich jemand aus dem Publikum rief: »Was glauben Sie, was das hier ist – ein Kibbuz?«

Brandt sagte einmal zu mir: »Er ist ein außerordentlich begabter Mann. Aber er hat etwas sehr Jüdisches an sich: einen selbstquälerischen Zug.«

Kreiskys »jüdischer Komplex« wirkte sich auch auf sein Verhältnis zum jüdischen Staat aus. Er war voller Bewunderung für Israel – und gleichzeitig voller Kritik. Er identifizierte sich mit dem Standpunkt der PLO und betrachtete deren Vorsitzenden Jassir Arafat als einen engen persönlichen Freund. Seine Gefühle wurden von Arafat offenbar mit gleicher Intensität erwidert. Kreisky rühmte Arafat in den höchsten Tönen. Einmal versicherte er mir, aus dem PLO-Vorsitzenden hätte ein ausgezeichneter Ingenieur werden können, doch er habe sich statt dessen entschieden, sein Leben seinem Volk zu opfern. Er sei auch nur deswegen Junggeselle geblieben, weil er sich voll und ganz der Sache der Palästinenser verschrieben habe. (Später heiratete Arafat dann doch, allerdings erst nach Kreiskys Tod.) Er sei im Grunde mit dem palästinensischen Volk verheiratet und strebe aufrichtig nach Frieden.

Kreisky ließ nichts unversucht, um uns zur Anerkennung der PLO und zu Verhandlungen mit ihr zu bewegen. Doch je mehr er Arafat pries, desto deutlicher meldete ich meine großen Vorbehalte gegen den PLO-Chef an. Ich betonte seine Verstrickung in den Terrorismus, seine notorische Unentschlossenheit und seinen Hang zu endlosem Lavieren, mit dem er seiner Sache letztendlich eher schadete. Ich versicherte Kreisky immer wieder aufs neue, daß Arafat nicht bereit sei, den Preis des Friedens zu zahlen.

In diesem Zusammenhang erzählte ich Kreisky einmal von meiner ersten persönlichen Begegnung mit Ben Gurion. Ben Gurion, der schon damals eine lebende Legende war, hatte mich, einen völlig unbekannten jungen Mann, in seinem Wagen von Tel Aviv nach Haifa mitgenommen. Auf diese Gelegenheit hatte ich schon lange mit größter Spannung gewartet. Doch Ben Gurion hüllte sich nur in seinen großen schweren Mantel und schwieg fast die ganze Fahrt über. Als wir bereits drei Viertel der Strecke nach Haifa zurückgelegt hatten und gerade durch Zikhron Jaakov fuhren, schaute er mich plötzlich an und sagte: »Wissen Sie, Trotzki war einfach kein Staatsmann.« Ich weiß bis heute nicht, warum ihm in diesem Augenblick ausgerechnet Trotzki in den Sinn kam, doch da ich darauf brannte, mich mit ihm zu unterhalten, fragte ich sofort: »Und warum nicht?«

»Weil sein Konzept ›Kein Frieden, kein Krieg‹ lautete. Das ist keine staatsmännische Haltung. Das ist so eine jüdische Erfindung. Ein Staatsmann muß sich für den einen oder den anderen Weg entscheiden: Entweder er strebt den Frieden an und zahlt dessen Preis, oder er wählt den Krieg und nimmt dessen Risiken und Gefahren bewußt in Kauf. Obwohl Lenin Trotzki intellektuell unterlegen war, wurde er der Führer der Sowjetunion, weil er Entschlossenheit bewies. Er entschied sich für den Frieden und zahlte den hohen Preis, den er kostete.«

Kreisky verurteilte vehement, daß Israel Gebiete besetzt hielt und dort jüdische Siedlungen errichtete. Er drängte uns wiederholt, wir sollten uns wieder hinter die Grenzen vor dem Sechstagekrieg von 1967 zurückziehen. Am heftigsten kritisierte er die israelische Rechte. Doch auch von der Arbeiterpartei und von mir persönlich zeigte er sich bitter enttäuscht, weil wir nicht die von ihm so eindringlich empfohlene Haltung einnahmen. Er unterhielt enge Kontakte zu verschiedenen israelischen Politikern des linken Flügels, die ihn über die politische Lage in unserem Land auf dem laufenden hielten. Zweifellos war das Bild, das er sich von Israel machte, sowohl durch die Ansichten seiner Informanten als auch durch seine eigene Denkweise gefärbt.

Bei der israelischen Bevölkerung war Kreisky, gelinde gesagt, nicht sehr beliebt. Jeder Israeli erinnerte sich noch, was Golda Meïr nach einem Besuch in seinem Haus Anfang Oktober 1973 berichtet hatte, nämlich daß er ihr »nicht einmal ein Glas Wasser« angeboten habe. Kreisky war über diese Darstellung tief gekränkt. Er bestand darauf, der israelischen Premierministerin bei ihrem Besuch sogar ein komplettes Frühstück angeboten zu haben, doch sie habe jegliche Erfrischung abgelehnt. Von da an erhielt ich jahrelang bei jedem Besuch in seinem Haus zuallererst ein Glas Wasser.

Mir blieb Kreisky immer ein Rätsel. Hielt man sich an seine politischen Meinungsäußerungen, war er unter allen führenden Politikern Europas der unversöhnlichste Gegner Israels. Sah man jedoch auf seine Taten, war er einer unserer zuverlässigsten Freunde. Ich denke dabei besonders an den Exodus jüdischer Bürger der Sowjetunion während der siebziger Jahre. Wir benötigten damals dringend ein Transitland, das die Juden, die durch den Eisernen Vorhang kamen, vorübergehend aufnahm, damit wir ihre Weiterreise nach Israel organisieren konnten. Damals bestanden zwischen Israel und den Ostblockstaaten – mit Ausnahme Rumäniens – weder diplomatische Beziehungen noch direkte Flugverbindungen.

Kein europäisches Land war bereit, als Transitland zu fungieren. Natürlich hatten alle ihre Gründe, doch Tatsache war, daß sie uns allesamt ihre Hilfe verweigerten. Nur Österreich sagte uns seine Unterstützung zu. Der Kanzler selbst hatte diese Entscheidung getroffen und die Verantwortung übernommen. Immer, wenn etwas Druck oder Überredungskunst erforderlich war, um einem »Gefangenen Zions« – einem jüdischen Bürgerrechtler in einem sowjetischen Gulag – zu helfen, wandten wir uns an Kreisky, der stets prompt reagierte. Und jedesmal, wenn wir diplomatischen Beistand benötigten, um Kriegsgefangene freizubekommen oder vermißte Soldaten aufzuspüren, konnten wir stets mit Kreiskys aktiver Unterstützung rechnen.

Um diese Beschreibung einer sehr komplexen Beziehung zu vervollständigen, möchte ich noch Kreiskys wichtigen politischen und persönlichen Beitrag zum beginnenden ägyptisch-israelischen Friedensprozeß erwähnen. Hassan Tohamey, der Mann, den Präsident Sadat im Sommer 1977 zu einem ersten, geheimen Treffen mit Moshe Dayan nach Marokko schickte, war früher ägyptischer Botschafter in Österreich gewesen. Kreisky gab sich allergrößte Mühe, den tief religiösen und fast schon mystischen Tohamey, der einer von Sadats ältesten Freunden und eng-

Mit König Hassan II. von Marokko, 1986.

sten Vertrauten war, davon zu überzeugen, daß es nun an der Zeit sei, einen entschlossenen Vorstoß in Richtung Frieden zu wagen. Dieses vorbereitende Treffen zwischen Dayan und Tohamey, das unter der Schirmherrschaft des marokkanischen Königs Hassan II. stattfand, erwies sich als erster wichtiger Schritt in den Friedensbemühungen, die im Jahr 1978 zum Camp-David-Abkommen und ein Jahr darauf zum israelisch-ägyptischen Friedensvertrag führten.

Eigentlich hatte Kreisky schon einige Zeit vor dem Wahlsieg des Likud-Blocks im Mai 1977, als noch die Arbeiterpartei an der Regierung war, eine Unterredung zwischen mir und Tohamey arrangieren wollen. Vielleicht wäre in der Geschichte Israels einiges anders verlaufen, wenn dieses geplante Treffen tatsächlich stattgefunden hätte, wenn also die Friedensverhandlungen mit Ägypten nicht vom Likud-Block, sondern von der Arbeiterpartei eingeleitet worden wären, aber offenbar war Premierminister Rabin von der Ernsthaftigkeit des Vorschlags nicht überzeugt.

Mitte des Jahres 1978, als die israelisch-ägyptischen Verhandlungen in einer Krise steckten, wollten Willy Brandt und Bruno Kreisky die Gespräche über den Weg der Sozialistischen Internationale wieder flottmachen und luden Sadat und mich zu einem Treffen nach Wien ein.

Als Oppositionsführer bat ich Außenminister Dayan um seine Zustimmung. Er konnte schwerlich Einwände erheben. Ich unterrichtete auch Premierminister Begin von der Einladung und schickte Sadat eine unmißverständliche Darlegung meines Standpunkts. Er möge nicht von mir erwarten, daß ich mich auf eine öffentliche Auseinandersetzung mit den Positionen der Regierung einlassen würde. Ich sei bereit und willens, meinen eigenen Standpunkt zu vertreten und ihm aufmerksam zuzuhören, doch ich würde unser Gespräch nicht zum Anlaß nehmen, Begin zu kritisieren. Dayan bat mich, mit Sadat vor allem über die jüdischen Siedlungen auf dem nördlichen Sinai zu sprechen, da die Regierung hoffte, diese im Friedensvertrag doch noch zugesprochen zu bekommen, obwohl sie wußte, daß Sadat sie zusammen mit dem Rest der Halbinsel zurückforderte.

Kreisky wollte Sadat und mir dieselben protokollarischen Ehren zukommen lassen. Als die Maschine des ägyptischen Staatspräsidenten in Wien eintraf, wurde er von einer Ehrengarde begrüßt. Sicherheitskräfte auf Motorrädern eskortierten seine Limousine, auf die der Wagenkonvoi der übrigen staatlichen Vertreter folgte. Darüber kreiste ein Hubschrauber als weitere Sicherheitsmaßnahme. Als ich mehrere Stunden später landete, wurde ich mit denselben protokollarischen Ehren empfangen, und dasselbe Aufgebot an Sicherheitskräften wurde für mich bereitgestellt. Was allerdings fehlte, war die Limousine. Die israelische Botschaft in Wien hatte offenbar verfügt oder Anweisung erhalten, mir keinen Wagen zu schicken. Der diensthabende Offizier der Ehrengarde erblaßte, als er erfuhr, daß kein passendes Fahrzeug auf mich wartete. Sichtlich schockiert, fragte er mich, was er nun tun solle. Ruhig schlug ich ihm vor, ein Taxi zu nehmen. Doch die Vorstellung, daß die Motorräder und der Hubschrauber ein Taxi eskortieren sollten, übertraf seine schlimmsten Alpträume. Er entschuldigte sich und eilte zum Telefon, um das Büro des Kanzlers anzurufen. Erleichtert kam er zurück: Der Kanzler stelle mir seine Dienstlimousine zur Verfügung.

Als wir an verdutzten Wiener Bürgern vorbei zum Hotel fuhren, wartete Kreisky dort schon auf mich. Er schloß mich herzlich in die Arme und blieb fast während des ganzen Besuchs in meiner Nähe.

Das Treffen mit Sadat fand in der Hofburg statt, dem Schauplatz von Metternichs Triumph auf dem Wiener Kongreß. Es dauerte mehr als fünf Stunden. Brandt und Kreisky saßen die meiste Zeit über dabei und schauten und hörten zu. Gleich zu Beginn erklärte ich Sadat, daß das jüdische Volk nie andere Nationen unterworfen habe, während all jene Nationen, die im Laufe ihrer Geschichte eine Zeitlang über die Juden geherrscht hätten, allesamt längst nicht mehr existierten. Wir hätten kein Bedürfnis, ihrem Beispiel zu folgen. Ich betonte, daß in der Arbeiterpartei der aufrichtige und entschiedene Wille zum Frieden vorhanden sei. Wir befänden uns zwar in Opposition zur Regierung, doch nicht in Opposition zum Frieden. Alle Bemühungen Menachem Begins um einen Frieden mit Ägypten würden von uns vorbehaltlos unterstützt.

Später erzählte mir Kreisky, es hätte ihn sehr erbost, daß ich gegenüber Sadat gleich zu Beginn unseres Gesprächs klargestellt hätte, ich würde Begin nach meiner Rückkehr alles berichten, was zwischen uns besprochen worden sei.

»Anwar«, hatte ich gesagt – der ägyptische Präsident bestand darauf, daß wir uns beim Vornamen anredeten – »ich muß Sie warnen. Jedes Wort, das Sie zu mir sagen, und jedes Wort, das ich zu Ihnen sage, werde ich an Begin weitergeben. Ich bin nicht hier, um aus unserer Unterredung politisches Kapital zu schlagen, sondern um der Sache des Friedens zu dienen, soweit mir das möglich ist.« Kreisky war schockiert, doch Sadat erzählte ihm später, daß er vor allem aufgrund dieser offenen Worte zu Beginn Vertrauen zu mir gefaßt habe.

Zum Palästinenserproblem erklärte ich, daß wir von der Arbeiterpartei die Lösung in einem territorialen Kompromiß sähen. Ich kam ausführlich auf Ben Gurion zu sprechen und betonte seine historische Entscheidung, den Vorschlag einer Teilung des Landes zu akzeptieren. »Ben Gurion hielt es für besser, einen jüdischen Staat in einem Teil Palästinas aufzubauen, als auf ganz Palästina zu bestehen und dadurch die Chance zu vergeben, die Souveränität über ein Teilgebiet zu erhalten.«

Sadat bekräftigte erneut seine Entschlossenheit, sich für den Frieden einzusetzen. Um des Friedens willen sei er bereit, Ägyptens Vorrangstellung in der arabischen Welt zu opfern. Das sei kein Opfer von langer Dauer, da die Araber sich Ägypten früher oder später wieder zuwenden würden. Er sei allerdings nicht bereit, auch nur auf einen Fußbreit ägyptischen Bodens zu verzichten. Land sei eine Frage der Ehre, daher müsse Israel das gesamte Gebiet zurückgeben – bis zum letzten Sandkorn.

»Shimon, seien Sie in Ihren öffentlichen Erklärungen etwas großzügiger«, ermunterte er mich. »Entschließen Sie sich zu einer Geste des guten Willens, dann werden Sie sehen, daß ich sie mit einer viel großzügigeren Geste vergelten werde.« Dayans Vorschlag, daß die Siedlungen im nördlichen Sinai bis zum Jahre 2010 in israelischen Händen bleiben sollten, sei unannehmbar. »Das ist unser Land. Wir sind eine Nation von Bauern. Auch ich selbst bin ein Junge aus einem Dorf ...«

Ich merkte schnell, daß in der Frage der Siedlungen kaum ein Weiterkommen möglich war, und wechselte daher das Thema. Ich erwähnte die von uns auf dem Sinai errichteten Militärflugplätze und schlug vor, sie fünfzig Jahre lang unter israelischer Kontrolle zu belassen. Sadat fragte, warum wir die Flugplätze so dringend brauchten. Ich erläuterte ihm, daß die Bedrohung durch Syrien nach der Unterzeichnung eines Friedensvertrages mit Ägypten wachsen werde. Falls die Syrer versuchen sollten, unsere Luftwaffenstützpunkte im Norden anzugreifen, wollten wir unsere Flugzeuge vom Norden ins Zentrum verlegen. Sadat leuchtete dieses Argument ein. Er sei bereit, auf unsere Forderung einzugehen. Gleich nach meiner Rückkehr übermittelte ich diese gute Nachricht Begin und Dayan, doch ihre Freude hielt sich in Grenzen. Das Hauptthema war für beide die bevorstehende Auseinandersetzung um die Siedlungen.

Im Verlauf unseres langen Gesprächs diskutierten Sadat und ich auch ausführlich über die Möglichkeit eines gemeinsamen Marktes im Nahen Osten, sobald dort der Frieden gesichert war. Er schlug vor, Israel für seine landwirtschaftlichen Projekte Wasser aus dem Nil zur Verfügung zu stellen, und pries begeistert die israelische Landwirtschaft. »Schicken Sie mir ein paar Ihrer Kibbuzniks, um die Region Assuan retten zu helfen. Sie könnten unseren Fischern und Bauern neue und bessere Methoden beibringen, die Erträge zu erhöhen.« Er stellte mir viele interessierte Fragen über die Kibbuzbewegung und die Rolle Ben Gurions beim Aufbau der sozialistischen Bewegung und des jüdischen Staates. Brandt und Kreisky hörten aufmerksam zu. Später sagte mir Brandt, er sei noch nie Zeuge eines so spannenden und faszinierenden Gesprächs gewesen. Das war zweifellos übertrieben, aber sicher ehrlich gemeint.

Eine kleine, aber doch wichtige Begebenheit möchte ich meinem Bericht über das Treffen in Wien noch hinzufügen. Am Abend gab Kreisky dem stellvertretenden ägyptischen Premierminister Fuad Mohi ed-Din und mir zu Ehren ein Diner in seinem Haus. Einer meiner Leibwächter verbrachte den Abend in Gesellschaft von Frau Kreisky in der Küche. Nach dem Essen ging der Kanzler in die Küche und bat den Angestellten des Partyservice um die Rechnung. Er nahm sie an sich und überprüfte sorgfältig alle aufgeführten Posten, dann zog er seine Brieftasche und bezahlte in bar. Der Angestellte fragte ihn, ob er eine Quittung wünsche. »Nein danke«, erwiderte Kreisky, »das Abendessen geht ganz auf meine Rechnung.« Ich war beeindruckt von der Haltung dieses Mannes.

Kreisky war damals auch sehr bemüht, Begegnungen zwischen mir und staatlichen Vertretern Jordaniens zu arrangieren. Zwar griff er Israel weiterhin auf jeder Sitzung der Sozialistischen Internationale vehement an, doch hinter den Kulissen versuchte er eifrig, Kontakte zwischen uns und den Arabern herzustellen. Auf einer Sitzung in Stockholm wies ich seine Kritik in einer scharfen Rede zurück: Er sei nicht nur selbst blind und taub, sondern verlange auch von uns, daß wir uns blind und taub stellen sollten. Wie könne er vorschlagen, die PLO in eine sozialdemokratische Organisation wie die Sozialistische Internationale aufzunehmen, wo doch die PLO weder sozialistisch noch demokratisch sei und sich terroristischer Methoden bediene? Dann hielt ich Rückschau auf die verfehlte Politik der PLO, die im Lauf der Jahre für uns wie für die Palästinenser selbst katastrophale Folgen gehabt und alle enttäuscht hat, die die PLO unterstützten.

Die Versammlung reagierte auf meine Ausführungen mit stürmischem Applaus. Kreisky wirkte wütend und hilflos. Ich ging zu ihm hinüber und fragte ihn offen, warum er uns einerseits so tatkräftig unterstütze und andererseits so unerbittlich angreife. Zum erstenmal glaubte ich ein verschmitztes Funkeln in seinen Augen zu sehen. Er erwiderte bloß: »Würde ich euch nicht angreifen, wie könnte ich euch dann helfen?«

Während Willy Brandt zu jener Zeit der charismatische, erfahrene Staatsmann der Sozialistischen Internationale und Bruno Kreisky ihr Cheftheoretiker war, galt Olof Palme, der junge schwedische Sozialistenführer, als ihr aufsteigender Stern. Er wirkte ausgesprochen kühl, besaß aber unzweifelhaft einen brillanten analytischen Verstand. Sein Intellekt war schneidend kalt wie die Luft an einem frostigen Wintertag, bisweilen aber auch bedrohlich wie ein Eisberg.

Die schwedische Regierung unter Palme hegte starke Sympathien für die PLO. Ihre angeblich neutrale Haltung im Nahostkonflikt hatte eher pro-arabische als pro-israelische Züge.

Es war nicht leicht, an Palme heranzukommen, doch mit den Jahren und dank Brandts Vermittlung taute er mir gegenüber schließlich doch etwas auf. Nur wenige Wochen vor Palmes Ermordung im Jahre 1986 führten wir während eines ausgedehnten Frühstücks sogar ein recht herzliches Gespräch. Ich hatte das Gefühl, daß er auf seine zurückhaltende Art ein gewisses Maß an Sympathie für die Sache der Israelis zum Ausdruck bringen wollte.

Der Mord an ihm wurde nie aufgeklärt. Damals dachte ich, daß auch Palme selbst mir immer ein Rätsel geblieben war. Bei seinem Begräbnis, das an einem Samstag stattfand, ging ich dennoch viele Kilometer, um eine rote Rose neben die der anderen Sozialistenführer auf sein Grab legen zu können. Vor mir lag ein harter, aber hochbegabter junger Mann begraben, der brutal daran gehindert worden war, seine Talente voll zu entfalten.

Brandt und Kreisky hatten die Kriegsjahre in Skandinavien verbracht und sprachen in Gegenwart Palmes immer schwedisch. Sie repräsentierten eine besondere Art von Sozialismus: einen Sozialismus skandinavischer Prägung. Ihre historische Aufgabe sahen sie darin, auf ein Ende des Kalten Krieges hinzuwirken und nach Wegen zu suchen, den beschämenden Zustand dieser Welt zu verändern, auf der unzählige Menschen Hunger leiden müssen, vor allem all jene, denen der Himmel keine weiße Hautfarbe geschenkt hatte.

Brandt konnte bei seiner Arbeit für die Sozialistische Internationale stets mit der vollen Unterstützung der deutschen SPD rechnen. In Deutschland erhalten alle Parteien staatliche Zuschüsse für ihre politische Bildungsarbeit im In- und Ausland, und die SPD nutzte ihre Mittel, um den sozialistischen Schwesterparteien in Europa, Lateinamerika und Afrika großzügig unter die Arme zu greifen. Besonders wichtig war diese Unterstützung für die sozialistischen Parteien Spaniens und Portugals, die ihre Länder nach langen Jahren der Diktatur in die Demokratie führten. Der spanische Sozialistenführer Felipe González und sein portugiesischer Kollege Mario Suárez waren bald prominente Mitglieder der Sozialistischen Internationale, in der sie zusammen mit dem Italiener Bettino Craxi eine kleine »Latino-Fraktion« bildeten. Sie verständigten sich auf Französisch und nahmen später auch noch den altgedienten senegalesischen Sozialistenführer Léopold Senghor in ihren Kreis auf.

González' Verhältnis zu Israel wurde im Lauf seiner Amtszeit immer herzlicher. Bei den Mitgliedern seines Kabinetts handelte es sich überwiegend um enge Freunde aus seiner Studienzeit, die mit ihm gemeinsam die von Franco dezimierte sozialistische Bewegung Spaniens leiteten. Viele aus der alten Garde waren im Bürgerkrieg umgekommen oder hinterher ins Exil getrieben worden, andere hatten den langen und aussichtslos erscheinenden Kampf irgendwann aufgegeben.

González war mit allen Attributen einer charismatischen Führungspersönlichkeit ausgestattet: Jugend, eine anziehende Erscheinung, Überzeugungskraft, leidenschaftliche Offenheit und Intelligenz. Daß er selbst ausgesprochen schwierigen politischen Herausforderungen gewachsen war, bewies sein geschickter Umgang mit den Institutionen Kirche, Monarchie, Armee und der Falange. Ohne es zu einer direkten Konfrontation mit der Kirche kommen zu lassen, beschnitt er ihren Einfluß auf den Staat. Er bewies dem Offizierskorps seine Wertschätzung, indem er allen Armeeangehörigen mehr Sold und bessere Bedingungen zugestand, setzte aber gleichzeitig die Unterordnung der Armee unter die gewählte Zivilregierung durch. Er baute ein solides Arbeitsverhältnis zum spanischen König auf und schaffte es, die Falange von den Straßen fernzuhalten.

González spielte eine zentrale Rolle in der langsamen spanisch-israelischen Annäherung nach dem Tod Francos. Dieser Prozeß fand im Januar 1986 seinen krönenden Abschluß in der Aufnahme voller diplomatischer Beziehungen zwischen unseren Ländern.

Es war ein historisches Ereignis für beide Nationen. Seit der grausamen Vertreibung der spanischen Juden im Jahr 1492 hatte das jüdische Volk Spanien geächtet. Der Staat Israel zeigte Franco die kalte Schulter, denn er galt als Faschist im klassischen Sinne und Kollaborateur Hitlers, obgleich Spanien während des Krieges jüdischen Verfolgten aus Nazideutschland Zuflucht geboten hatte.

González und ich traten über die Kanäle unserer jeweiligen Parteien in Kontakt. Wir intensivierten die Gespräche noch, als wir beide Premierminister wurden. Wir verständigten uns darauf, uns unter der Ägide des niederländischen Premierministers Rud Lubbers in den Niederlanden zu treffen und die Normalisierung der zwischenstaatlichen Beziehungen zu besiegeln. Die Wahl des Ortes hätte besser nicht sein können: Die Niederlande, die schon immer ein Bollwerk der religiösen Toleranz waren, hatten den aus Spanien vertriebenen Juden ein sicheres Asyl geboten.

In diesem historisch bedeutsamen, symbolkräftigen Augenblick nahm nach fünfhundert Jahren ein von Entfremdung und Scham gezeichnetes Verhältnis zwischen unseren Nationen ein Ende. In unseren Ansprachen wiesen wir beide auf das Goldene Zeitalter des Judentums im Mittelalter hin, als jüdische Kultur und Gelehrsamkeit auf dem Boden Spaniens blühten und die iberische Kultur wesentlich prägten. »Mit der Wiederaufnahme diplomatischer Beziehungen zwischen unseren Ländern«, so führte ich aus, »kann der Mittelmeerraum wieder das werden, was er am Anfang der Geschichte war: eine Wiege der Kultur, eine Bahn für die Entwicklung des Lebens und ein Horizont für die Hoffnung.«

16

MITTERRAND

Meine Beziehungen zur Sozialistischen Internationale gehen auf die fünfziger Jahre zurück, als Israel in Guy Mollet, dem französischen sozialistischen Premierminister, einen großen Verbündeten gefunden hatte. Mollet wiederum hatte einen Verbündeten in François Mitterrand, dem Vorsitzenden der Widerstandsunion (Union Démocratique et Socialiste de la Résistance). Mitterrand galt nicht als Sozialist im klassischen Sinne, und er ließ sich auch nie auf ideologische Positionen festlegen oder in ein vorgegebenes Schema pressen. Er ist letztlich Individualist und damit vor allem er selbst. Einem breiteren Konsens fügt er sich immer nur dann ein, wenn er keine andere Wahl hat. Ich begegnete Mitterrand zum erstenmal im Hause von Pierre Mendès-France, den ich ebenfalls sehr bewunderte. Wir aßen zu dritt zu Abend. Mendès-France charakterisierte Mitterrand als den »besten Pianisten des französischen Parlaments. Er kennt jede Note der Partitur auswendig und ist mit jeder Taste vertraut. Er ist ein Mann, auf den man sich verlassen kann.« Mitterrands feinziselierte Züge verrieten einen Charakter, so schien es mir, der seinen Standpunkt erst langsam findet, dann aber unbeirrbar an ihm festhält. Er machte den Eindruck, und sollte dies auch später beweisen, als könne er mit stoischem Gleichmut harte Schläge einstecken, aber auch berauschende Erfolge genießen, ohne seine eiserne Selbstdisziplin zu vergessen. Besonders gefiel mir sein literarischer Stil. Seit Léon Blum hat es keinen französischen Sozialisten gegeben, der sich so sicher und elegant auszudrücken pflegt wie Mitterrand.

Die tiefe Freundschaft, die sich zwischen uns entwickelte, ist in den Jahren niemals ins Wanken geraten. Selten hat er eine Bitte abgelehnt, und auch ich habe ihm niemals einen Wunsch ausgeschlagen, wenn es in meiner Macht stand, ihn zu erfüllen.

Im Jahr 1971, am Vorabend seiner Wahl zum Vorsitzenden der sozialistischen Partei, beschloß das Sekretariat seiner Partei, die PLO aufzufordern, zu ihrem Parteikongreß einen Vertreter zu entsenden. Mitterrand war weder gefragt noch informiert worden. Er vermied eine Auseinandersetzung, die zu Tumulten geführt hätte, und schickte stattdessen seinen engen Freund Georges Dayan nach Israel, um die dortigen Verstimmungen auszuräumen. Ich glaubte Dayans Erklärung, derzufolge die Einladung an die PLO ohne Mitterrands Zustimmung erfolgt sei, und bat Asher Ben-Natan, unseren Botschafter in Frankreich, Mitterrand wegen der Entscheidung seiner Partei nicht anzugreifen. So marschierten Mitterrand und ich am dreißigsten Jahrestag des Staates Israel Seite an Seite unter dem Jubel Tausender französischer Juden durch die Straßen von Paris.

Was seine politischen Strategien und seine Beziehungen zu verschiedenen politischen Persönlichkeiten anging, war Mitterrand mir gegenüber stets ganz offen, und auch ich konsultierte ihn in solchen Fragen immer ohne Vorbehalt. Jahre vor seiner Wahl zum Präsidenten erklärte er mir, die französische sozialistische Partei habe erst dann eine Chance, an die Macht zurückzukehren, wenn sie aufhöre, »eine Partei der Lehrer und Angestellten zu sein und wieder zu einer Partei der Arbeiter« werde. Mit »Arbeiter« meinte er sowohl Handarbeiter als auch Kopfarbeiter, also auch die Intelligenzija. Seiner Überzeugung nach lag die einzige Möglichkeit, die Arbeiterschaft zurückzugewinnen, in einer engen politischen Allianz mit der kommunistischen Partei, die in der Arbeiterschaft starken Rückhalt hatte. Er handelte nach dieser Überzeugung und hatte damit Erfolg. Mitterrand ist ein brillanter politischer Stratege, gewiß der größte unter den Sozialisten der zweiten Hälfte des 20. Jahrhunderts.

Im Jahr 1980, vor seiner Wahl zum Staatspräsidenten und kurz vor unseren Parlamentswahlen in Israel, trafen wir uns zu einem langen Gespräch während eines Kongresses der Sozialistischen Internationale in Madrid. Ich erläuterte ihm, welche Ängste in der israelischen Bevölkerung wegen des irakischen Atomprogramms bestünden. Frankreich hatte im Irak einen Kernreaktor gebaut und sich zur Lieferung von vierundzwanzig Kilogramm angereicherten Urans verpflichtet, eine ausreichende Menge für den Bau einer Atombombe. Die Lieferung sollte in zwei Etappen erfolgen, von denen die erste bereits abgewickelt war. Mitterrand unterbrach mich. »Wenn ich Präsident werde«, entschied er, »wird keine zweite Lieferung durch Frankreich erfolgen.« Ich setzte Premierminister Begin von Mitterrands Zusage in Kenntnis.

Nicht lange danach rief Begin mich zu sich und teilte mir seinen Entschluß mit, den irakischen Reaktor, den sogenannten »Tammuz«, bombardieren zu lassen. Das genaue Datum verriet er mir nicht, aber aus eigenen Quellen erfuhr ich, daß es der Tag von Mitterrands Vereidigung zum Staatspräsidenten sein sollte. Ich war als ausländischer Gast zum Festakt eingeladen.

Die Bombardierung des irakischen Reaktors war als wahltaktischer Schachzug gedacht und sollte Begin Pluspunkte in der israelischen Öffentlichkeit einbringen. Allerdings regte sich zu diesem Zeitpunkt und noch danach heftiger Widerstand im Kreise jener, die in den Plan eingeweiht waren. Viele Militärs, Vertreter des Geheimdiensts und Mitglieder der israelischen Atomenergiekommission, sogar eingefleischte Likud-Anhänger, appellierten an mich, den Angriff noch zu verhindern.

Folgende Gründe sprachen gegen das Bombardement:

1. Mit dem Reaktor konnte zum damaligen Zeitpunkt kein Plutonium oder atomwaffenfähiges Material hergestellt werden.
2. Die eigentliche Gefahr lag in dem angereicherten Uran, das der Irak gerade in die Hand zu bekommen versuchte. Mit der Verhinderung einer zweiten Lieferung durch Frankreich würden dem Irak für die nahe Zukunft die Voraussetzungen zur Herstellung von Atomwaffen fehlen.
3. Es wäre sinnvoller, den Reaktor erst zu zerstören, wenn er »heiß« geworden wäre, das heißt, wenn klar wäre, wozu er überhaupt benutzt werden konnte.
4. Der Reaktor konnte auf andere Weise funktionsunfähig gemacht werden, ohne eindeutige Hinweise auf die Verantwortlichen zu hinterlassen. Ein Luftangriff hingegen lieferte dem Irak die Rechtfertigung für einen Vergeltungsschlag auf israelische Ziele.
5. Mit einem Luftangriff würde sich Israel in der internationalen Staatengemeinschaft isolieren.

Mich persönlich überzeugte vor allem der erste Grund. Ich wußte, daß der Reaktor nicht in der Lage war, atomwaffenfähiges Material zu produzieren. Dazu war ein ganzer Komplex zusätzlicher Anlagen notwendig, deren Bau schwieriger war als der des eigentlichen Reaktors. Ich hielt es für besser, Saddam Hussein den einmal eingeschlagenen falschen Weg unbehelligt fortsetzen zu lassen, als ihn zu zwingen, sich für eine praktikablere und einfachere Möglichkeit zur Verwirklichung seiner atomaren Ambitionen zu entscheiden.

Doch genau dies geschah. Im Anschluß an den israelischen Bombenangriff schlug Saddam Hussein den alternativen Weg ein. Und inzwischen gibt es Hinweise darauf, daß er sein Ziel – trotz des israelischen Luftangriffs – hätte erreichen können, wenn er nicht 1990 mit seinem Einmarsch in Kuweit, der zur Niederlage gegen die Allianz der Vereinten Nationen führte, sich selbst in den Arm gefallen wäre.

Aber es gab noch einen weiteren Grund, warum der Luftangriff zumindest nicht nach dem ursprünglichen Terminplan durchgeführt werden durfte: Die Bombardierung eines Reaktors, der mit französischer Hilfe gebaut worden war, noch dazu am Tag der Amtseinführung des französischen Staatspräsidenten, wäre von Frankreich mit Recht als gewaltige Provokation angesehen worden. Ich appellierte schriftlich und mündlich an Begin, die Operation wenigstens aufzuschieben. Das versprach er mir immerhin.

Aber die Zeit drängte. Begin wollte den Reaktor vor den israelischen Parlamentswahlen bombardieren, und diese lagen nur noch einige Wochen vor uns. Er spekulierte zu Recht darauf, daß ein erfolgreicher Luftangriff für eine günstige Stimmung in der israelischen Öffentlichkeit sorgen würde. Ich verzichtete auf meine Teilnahme an der feierlichen Amtseinführung Mitterrands und wollte lieber zu Hause dafür sorgen, daß Israel die Operation nicht am Tag von Mitterrands Einzug in den Elysée-Palast durchführte. Die Bombardierung wurde schließlich um eine Woche verschoben.

Ich hatte Begin eine streng vertrauliche handgeschriebene Mitteilung geschickt, in der ich die Gründe für meine ablehnende Haltung in der Frage des Luftangriffs darlegte und die Notwendigkeit hervorhob, ihn auf keinen Fall am Tag von Mitterrands Amtseinführung durchzuführen. Entgegen jeder Gepflogenheit und Sitte – und in flagranter Verletzung des *Hadar*, des politischen Ehrenkodexes, auf den er sich berief – ließ Begin den Inhalt meines Schreibens unmittelbar nach der Operation durchsickern. Damit versuchte er bei der Wählerschaft noch einen zweiten Stich zu machen: Er hatte sich nicht nur als ein Mann in Szene gesetzt, der zu einem mutigen Schritt gegen den Irak in der Lage gewesen war, er hatte zudem gezeigt, daß sein Herausforderer bei der Wahl für das Amt des Premierministers sich ihm in den Weg gestellt und ihn davon abzubringen versucht hatte. Ich blieb unbeirrt bei meiner Meinung und dachte nicht daran, in den Chor der Lobredner einzustimmen. Ich bin bis auf den heutigen Tag davon überzeugt, daß Mitterrand sein Versprechen gehalten und Saddam Hussein seine Kräfte an die Fortsetzung eines aussichtslosen Unternehmens verschwendet hätte.

Immer wenn ich in Paris bin, lädt mich Mitterrand in den Elysée-Palast ein, wo ich allein mit ihm oder seltener mit anderen führenden Vertretern der Sozialistischen Internationale schon mehrfach vorzüglich gegessen habe. Ich muß zugeben, daß der Palastsozialismus in Mitterrands Elysée eindrucksvoller ist als der weniger glanzvolle Dekor, mit dem unsere Partei die Früchte der Macht genießt. Doch meine beiden eindringlichsten und angenehmsten Erlebnisse mit Mitterrand haben sich nicht in seinem Pariser Amtssitz abgespielt, sondern auf seinem privaten Anwesen »Latche« in den Pyrenäen.

Als ich das erste Mal dort Gast war, kam ich mit dem Flugzeug aus der Schweiz. Auf dem Flughafen von Biarritz erwartete mich ein Hubschrauber, der mich dann zum Haus des Präsidenten mitten in einem dichtbewaldeten Gebiet an der Atlantikküste brachte. Mitterrands Landsitz besteht aus einem für die Bedürfnisse des modernen Lebens umgebauten Bauernhaus aus dem 19. Jahrhundert. Die Mitterrands haben auf dem Anwesen ein zweites Haus für ihren Sohn und zudem ein weiteres kleines Landhaus für den Präsidenten errichtet. Sie teilen sich das Anwesen zudem mit mehreren Ziegen, einem Esel und einem Hund. Der einzige Nachbar ist ein Bauer aus der Gegend, dessen Haus sich seit einem Jahrhundert oder mehr kaum verändert hat.

Wir nahmen auf der Veranda ein Mittagessen ein, an dem Mitterrand, seine Frau Danielle, ihre Schwester und deren Ehemann Roger, ein bekannter Schauspieler, der schon in Israel in einem Kibbuz gearbeitet hatte, teilnahmen. Mitterrands Sohn Jean-Christophe hat im Norden Israels einen Monat lang ebenfalls in einem Kibbuz gearbeitet und dort mit anderen Freiwilligen bei der Obsternte geholfen.

Das Landhäuschen, in dem Mitterrand arbeitete und schlief, erinnerte mich an David Ben Gurions Holzhaus in Sde Boker: die gleiche spartanische Schlichtheit, dieselbe Abgeschiedenheit. Doch während Ben

Gurion sein Domizil mitten in der von Menschenhand unberührten Wüste aufgeschlagen hatte, hatte Mitterrand einen Platz zwischen seinen geliebten Bäumen gewählt. Sein Haus bestand im wesentlichen aus einem großen Raum von vielleicht hundert Quadratmetern. An den Wänden reihten sich Bücher, und selbst sein Bett in einem Winkel des Raums war von Büchern umgeben. Daneben stand ein großer, einfacher Schreibtisch, auf dem kein Durcheinander herrschte. Auch er war mit Büchern bedeckt, einige waren aufgeschlagen. Ich riskierte einen Blick: Es handelte sich um wissenschaftliche Monographien zur Forstwirtschaft, um geschichtliche Darstellungen und Biographien. Ein historischer Bildband fiel mir auf, dem die Arbeiten Fernand Braudels zugrunde lagen, des auch von mir sehr bewunderten großen Historikers.

In den Regalen standen auch zahlreiche naturkundliche Werke, Abhandlungen zu Vögeln, Blumen und Bäumen. Ein anderer Bereich war französischen und russischen Klassikern gewidmet. Das war nicht die Bibliothek eines Sammlers, sondern die eines Lesers. Auf dem Nachttisch lag aufgeschlagen eine Bibel, eine Taschenbuchausgabe wie die meisten übrigen Bände. Sie war kein Talisman, sondern die Lektüre eines Bibellesers. An der gegenüberliegenden Wand reihten sich sechs oder sieben Paar fester Wanderschuhe aneinander. In der Art, sich zu kleiden, erinnerte Mitterrand an Moshe Dayan. Auch er trug Hemden, Hosen und Jacken, wie sie in eleganten Pariser Modehäusern wohl schwerlich zu finden waren. Wie Moshe Dayan war offenbar auch er davon überzeugt, daß die Kleidung zu ihm und nicht er zur Kleidung passen müsse.

Wir unternahmen einen Spaziergang, auf dem uns der große Hund begleitete. Mitterrand blieb an diesem und jenem Baum stehen und erläuterte ausführlich seine Besonderheiten. Einige, verriet er mir stolz, habe er eigenhändig gepflanzt. Er schien sie zu lieben wie seine Kinder.

Er erklärte mir, er sei mit der Bibel aufgewachsen und habe niemals aufgehört, sich mit ihr auseinanderzusetzen. Das jüdische Volk habe ihn von jeher fasziniert. Nie habe ich ihn ein kritisches Wort über die Juden äußern hören. Als ich ihn einmal fragte, warum er soviel reise, antwortete er lächelnd: »In meinen Adern muß auch jüdisches Blut fließen.«

Wir kehrten zum Tee zurück. Die ganze Familie befragte mich über die Integration der sowjetischen Juden in die israelische Gesellschaft. Ich bemerkte, die wichtigste Lehre, die man aus dieser Einwanderungswelle ziehen könne, sei der unglaubliche Gegensatz zwischen der Intel-

François Mitterrands Ferienhaus »Latche« bei Souston in der Gascogne nahe der französischen Atlantikküste diente oft vertraulichen politischen Begegnungen.

Der französische Staatspräsident Mitterrand bei einer Wanderung mit seinen engen Beratern; direkt hinter ihm Jacques Attali.

ligenz des sowjetischen Volkes und der Dummheit des Systems, unter dem es habe leben müssen. Ich ergriff die Gelegenheit, um Danielle Mitterrand für ihren mutigen Schritt beim Besuch Michail Gorbatschows und seiner Frau in Paris zu danken, als sie den sowjetischen Staatschef öffentlich ersucht hatte, den Juden die Tore seines Landes für die Ausreise nach Israel zu öffnen.

Mitterrand fragte mich plötzlich, warum ich 1981 nicht an seiner feierlichen Amtseinführung teilgenommen hatte. Ich erläuterte ihm die Hintergründe meines Fernbleibens. Er antwortete, wir hätten »nichts zu befürchten gehabt, denn die zweite Uranlieferung an den Irak hätte niemals stattgefunden«. Später erfuhr ich von gemeinsamen Freunden, denen Mitterrand von unserem Gespräch berichtet hatte, er habe es mit den Worten kommentiert: »Wie viele Menschen gibt es auf der Welt, die wie Shimon zu Hause bleiben, nur um einem Freund eine peinliche Situation zu ersparen?«

Mitterrand ist auf der Weltbühne eine einzigartige Persönlichkeit. Freiheitsliebend und rastlos kreativ, läßt er sich in seinen Ansichten und Haltungen nur selten von anderen beeinflussen. Als erster Staatslenker der Welt warnte er vor drohenden ökologischen Katastrophen und machte sich für die Rechte der Frauen stark. Als erster sozialistischer Staatschef betonte er, daß der Sozialismus nicht nur eine politische und nationalökonomische Theorie darstelle, sondern auch eine kulturelle Dimension habe. Für Mitterrand heißt Sozialismus, dem Volk die Schätze der bildenden Kunst und Literatur nahezubringen. Unter seiner Präsidentschaft sind in Frankreich Kultur, Kunst und Architektur erblüht wie selten zuvor. Er hat die jüngste städtebauliche Entwicklung von Paris maßgeblich mitgeprägt. Sein ehrgeizigstes Projekt, von dessen Modell er mir während eines Besuchs Fotos zeigte, ist eine gewaltige Bibliothek mit vier Türmen, die von ferne einem aufgeschlagenen Buch ähneln. Die Bibliothek soll die größte und modernste der Welt werden. Wie Mitterrand mir erläuterte, soll in ihr jedes jemals veröffentlichte Buch in digitaler Form verfügbar sein. Seine Liebe zu Büchern kennt keine Grenzen, und er möchte das gesamte Land an ihr teilhaben lassen.

Als wir einmal im Elysée zusammen beim Mittagessen saßen, behaupteten Journalisten, um mich zu empfangen, habe er einen festen Termin für eine Prostataoperation aufgeschoben. Später nahm er mich beim Arm, führte mich in den geschmackvoll angelegten Park hinaus und erläuterte mir, wie er ihn in seinen Jahren im Elysée umgestaltet hatte. Bei unserer Rückkehr sagte er so laut, daß es die Reporter hören konnten: »Was Shimon wünscht, das soll er haben.« Es verletzte ihn zutiefst, als Eliahu Ben-Elissar, ein Likud-Abgeordneter, Frankreich vorwarf, es habe Saddam Hussein beim Ausbau seines Arsenals an Boden-Boden-Raketen vom Typ Scud geholfen, die der Irak während des Golfkriegs 1991 auf Israel abgefeuert hatte. Wie jemand glauben könne, fragte er betroffen, daß Frankreich oder er selbst fähig sei, Israel in Gefahr zu bringen.

Wenn ich mit Mitterrand zusammentreffe, fragt er mich oft nach meinem Alter. Ich schließe daraus, daß ihm sein eigenes Alter Sorgen macht. Und tatsächlich sind die Jahre an diesem großen Mann nicht spurlos vorübergegangen, auch wenn sein Geist so klar, so wißbegierig und so jung geblieben ist wie eh und je.

Ein zweites Mal lud er mich während der turbulenten Tage im Spätsommer 1993 nach Latche ein, kurz nachdem die Nachricht vom Abschluß unseres historischen Abkommens mit der PLO in Oslo durch die Presse gegangen war (siehe Kapitel 25). Nach Gesprächen in Brüssel über die zukünftige Rolle der Europäischen Union im nahöstlichen Friedensprozeß legte ich einen Zwischenstopp in Paris ein und informierte die französische Regierung persönlich über den Stand der Dinge. Jetzt, da eine friedliche Beilegung des arabisch-israelischen Konflikts zum Greifen nahe lag, würde Frankreich bei der Neugestaltung der Beziehungen zwischen Europa und dem Nahen Osten eine noch größere Rolle spielen als in der Vergangenheit. Paris und die Achse Paris-Bonn ist das Kernstück der europäischen Politik, auch wenn dieser noch die Kohärenz und Entschlossenheit fehlt, die sich die Architekten und die optimistischen Verfechter eines geeinten Europas zum Ziel gesetzt haben.

Das Paris des Jahres 1993, das heißt, das politische Paris, hatte sich seit meinem letzten Besuch dramatisch verändert. Bei den Wahlen zur Nationalversammlung hatten die Sozialisten gewaltige Verluste erlitten und ungefähr zwei Drittel ihrer Sitze abgeben müssen. Die Regierung wurde jetzt von Politikern der Rechten und des Zentrums gestellt. Die sozialistische Partei war nur noch der Schatten ihrer selbst. Ihr Selbstbewußtsein und ihr Stolz waren tief erschüttert, auch wenn Mitterrand noch zwei Jahre im Elysée vor sich hatte.

Am Morgen traf ich mit Außenminister Alain Juppé zusammen, dann flog ich an Bord einer Maschine des Präsidenten nach Biarritz, wo eine gepanzerte Limousine auf mich wartete. Die französischen Politiker mögen wechseln, so dachte ich, aber der Zauber der französischen Landschaft bleibt sich stets gleich. Als ich das letzte Mal von Biarritz aus im Hubschrauber nach Latche geflogen war, hatte ich auf Baumwipfel hinabgeblickt, zwischen denen die roten Tupfer der Dächer von Ferienhäusern und Bauernhöfen zu erkennen waren. Dazwischen wanden sich Bäche wie silberne Schlangen durch die Landschaft. Diesmal sah ich sie aus einem anderen Blickwinkel und bewunderte den Wechsel von Wald und Lichtungen, den Formenreichtum der französischen Architektur, den eleganten Schwung der Brücken über Bäche und Flüsse. Frankreich besitzt herrliche Naturschönheiten, und zum Glück verfügen seine Bewohner über ein feines ästhetisches Empfinden. Die Franzosen sind bereit, Geld und Mühen darauf zu verwenden, die Produkte ihres schöpferischen Genies harmonisch in die Natur einzubetten.

Ich sah der Begegnung mit Mitterrand, offen gestanden, mit Sorge entgegen und fürchtete, ihn völlig deprimiert anzutreffen: Seine Partei hatte bei den Wahlen eine böse Niederlage erlitten, und ihm selbst war kürzlich von seinen Ärzten eröffnet worden, daß er an Krebs erkrankt war. Aber mich erwartete eine angenehme Überraschung. Mitterrand war in heiterer Stimmung, er las ohne Brille und machte trotz seiner pergamentenen Haut, die blasser als sonst war, einen recht gesunden Eindruck. Ich traf ihn im Kreis seiner Familie. Außerdem hatte er einen weiteren Gast, den ehemaligen Premierminister Laurent Fabius. Fabius war von Mitterrand jahrelang gefördert worden, wohl in der Absicht, ihn als seinen Nachfolger aufzubauen. 1984 wurde er im Alter von nur siebenunddreißig Jahren Premierminister. 1993 gehörte er zu den glücklichen Sozialisten, die ihren Parlamentssitz behielten. Die angeschlagene Partei hatte allerdings Michel Rocard zu ihrem Vorsitzenden gewählt, und Fabius mußte ums politische Überleben kämpfen, weil er als Minister die Verantwortung für den Skandal um aids-kontaminierte Blutpräparate zu tragen hatte, bei dem mehrere Dutzend Menschen infiziert worden waren.

Mitterrands Begrüßung fiel mehr als warmherzig und gastfreundlich aus, sie war geradezu überschwenglich. Er wollte alles über die Osloer Gespräche wissen: Wie sie geführt worden und wann die wichtigsten

Entscheidungen gefallen seien. Mit gespannter Aufmerksamkeit lauschte er meinem Bericht. Als ich erzählte, ich sei eines Morgens durch den Anruf meines guten Freundes Amos Oz geweckt worden, der die Befürchtung äußerte, die PLO könne auseinanderbrechen und untergehen, und sagte, ich müsse alles daransetzen, sie, die wir so lange als unseren größten Feind betrachtet hatten, zu retten, trat ein schelmischer Glanz in Mitterrands Augen.

Mitterrand bat um mein Einverständnis, Fabius an unserer Unterredung teilhaben zu lassen. So saßen wir drei in bequemen Lehnstühlen, nippten an Mitterrands exzellentem Portwein und dachten in aller Ruhe und Behaglichkeit über die Bedeutung des Abkommens zwischen Israel und der PLO nach. Mitterrand brachte mich in Verlegenheit: »Ein Abkommen, das von tiefer Einsicht durchdrungen ist«, meinte er, »und von großem politischem Mut zeugt!« Für ihn rangierte das Abkommen unter den drei oder vier bedeutendsten unseres Jahrhunderts. »Zugegeben, der Konflikt dreht sich um ein kleines Land, aber mit seiner gesamten Komplexität und seinen potentiellen Folgen hat er gewaltige Bedeutung. Er hat die Weltordnung in der Vergangenheit in den Grundfesten erschüttert.«

Obwohl Mitterrand mich damit sehr beschämte, wiederholte er seine Einschätzung zu dem Abkommen und zu meiner Person später in einem Fernsehinterview. Er war so begeistert, daß er sogar seine sonst so strikt abgeschirmte Privatsphäre für eine Gruppe von wartenden Journalisten öffnete und sie in den Sperrbezirk seines Feriendomizils bat. Vor den Reportern, die er alle namentlich kannte, hielten wir beide auf einer bäuerlichen Sitzbank eine improvisierte Pressekonferenz ab. Als sich einer mit der Frage vorwagte, ob Frankreich über die Osloer Gespräche im Bilde gewesen sei, schoß Mitterrand sofort zurück: »Auch die Amerikaner waren es nicht.«

Wir redeten über viele Themen an jenem langen goldenen Nachmittag. Ich überreichte Mitterrand mehrere hebräische Bücher, die kürzlich ins Französische übertragen worden waren: eine Gedichtsammlung von Jehuda Amichai, eine Biographie der israelischen Schauspielerin Gila Almagor und Meir Shalevs Roman »Esau«. Wir sprachen über Jacques Attali, einen brillanten ehemaligen Mitarbeiter Mitterrands, der kürzlich zum Rücktritt von seinem Posten als Chef der Europäischen Bank für Wiederaufbau und Entwicklung gezwungen worden war. Sein jüngstes

Buch »Verbatim« hatte einen Sturm der Entrüstung entfacht. Unter seinen erbitterten Kritikern war auch Friedensnobelpreisträger Eli Wiesel. Wiesel warf ihm vor, er habe aus einem Buch mit Gesprächen zwischen Mitterrand und ihm widerrechtlich Material verwendet, das er selbst zur Veröffentlichung vorbereitet hatte.

Ich lobte Attali und sein Buch, das ich streckenweise sehr spannend, aber insgesamt ein wenig zu lang fand. Ich gab zu bedenken, daß einige der im Buch wiedergegebenen Gespräche bereits an Interesse eingebüßt hätten, wie zum Beispiel ein langatmiger Dialog zwischen Mitterrand und dem deutschen Bundeskanzler Helmut Kohl. Andere waren dagegen noch immer so spannend und wichtig wie zur Zeit ihres Entstehens, so auch Mitterrands Unterredung mit dem syrischen Staatspräsidenten Hafez al Assad. In diesem Gespräch bezeichnete Assad Israel einmal als »amerikanischen Flugzeugträger«. Mitterrand weist bei der Gelegenheit auf Ausgrabungen im syrischen Ebla hin. Dort seien Steintafeln mit Inschriften zutage gefördert worden, die 1500 Jahre vor Moses entstanden waren. Aus den Inschriften spreche die gleiche monotheistische Glaubensvorstellung wie aus den Zehn Geboten der Bibel. Für Assad stellen die Tafeln von Ebla die Einzigartigkeit des Alten und Neuen Testaments und sogar des Korans in Frage. Er hebt zudem hervor, der Name Israel werde für das jüdische Volk im Alten Testament erstmals von Jakob gebraucht, und will damit offenbar andeuten, daß Jakob erst sehr spät auf dem Schauplatz Palästina aufgetaucht sei. »Und Sie«, schließt er triumphierend, »reden von der Rolle, die die Bibel bei der Suche nach einer Lösung des Nahostkonfliktes spielen kann.« Die Wiedergabe dieser offenen und ungezwungenen Unterhaltung sagt aus meiner Sicht mehr über den syrischen Staatschef aus, als dies ein Stapel geheimdienstlicher Berichte könnte.

Ich fügte hinzu, daß ich in Attalis Buch den Hinweis auf Mitterrands Bibelverständnis nicht weniger interessant gefunden hatte. Auf seine Frage nach Beispielen zitierte ich seine Charakterisierung des Propheten Jeremia, der ein unfreundlicher Mensch mit einem »apokalyptischen Tonfall« sei, den er, Mitterrand, in der Propheten- wie der Politikerrolle gleichermaßen unerträglich empfinde. Im Buch bemerkt er zudem: »Josua eroberte das Land und ließ sich dort nieder, doch er starb als einsamer Mensch, und niemand suchte sein Grab auf.« Ich äußerte Mitterrand gegenüber meine Überraschung über seine heftige Kritik an

Jeremias Bitterkeit und seine scharfsinnige Beobachtung im Hinblick auf Josuas Einsamkeit. Bei meiner Lektüre der einschlägigen Bibelpassagen war mir beides nicht aufgefallen. Mitterrand erklärte mir, an seiner durchweg negativen Sichtweise des Jeremia habe sich nichts geändert. Dieser Prophet wende seine gesamte innere Unzufriedenheit nach außen. Zu Josua bemerkte er nichts, zeigte sich aber als großer Bewunderer Moses: Für ihn ist der Verkünder der ethischen Normen einer Nation ihr eigentlicher Held, nicht der politische Führer, der ihr den Sieg und den Frieden bringt.

»Die Bibel ist ein unvergleichliches Buch«, schloß Mitterrand diesen Teil unserer langen Unterhaltung. »Sie spricht von großen Männern und enthält große Widersprüche, ganz wie das Leben.«

Als wir unseren großen diplomatischen Erfolg bei den Verhandlungen mit der PLO diskutierten, sicherte mir Mitterrand die dauernde Unterstützung seines Landes und seiner europäischen Partner beim Bemühen zu, die gemeinsam von Israelis und Palästinensern bewohnte Region in einen florierenden Gemeinsamen Markt nach dem Vorbild der Europäischen Gemeinschaft zu verwandeln.

Wie viele andere war auch ich über die Erkenntnisse überrascht, die der Journalist Pierre Pean in seinem 1994 erschienenen Buch »Une jeunesse française – François Mitterrand 1934–1947« zutage förderte.[1] Er schildert darin Mitterands Beziehungen zum Vichy-Regime während des Zweiten Weltkriegs und seine lange Freundschaft mit René Bousquet, dem französischen Polizeichef in jener dunklen Epoche. Wenngleich es keine Hinweise dafür gibt, daß Mitterand jemals Antisemit gewesen wäre, hängt dieses Kapitel doch wie eine dunkle Wolke über seiner Biographie.

Das Thema der israelischen Beziehungen zur PLO stand auf den Kongressen der Sozialistischen Internationale ab Mitte der siebziger Jahre häufig im Mittelpunkt des Interesses. Ich erinnere mich besonders an eine Tagung in Dakar, der Hauptstadt von Senegal, im Jahre 1979. Obwohl Israel zu dem Land damals keine diplomatischen Beziehungen unterhielt – die meisten schwarzafrikanischen Staaten hatten die offiziellen Kontakte während des Jom-Kippur-Krieges von 1973 abgebrochen –, drängte mich Präsident Léopold Senghor zum Kommen. Er bestand darauf, ich solle mit meinem israelischen Paß einreisen.

Ich willigte ein und flog nach meiner Gewohnheit als Führer einer Oppositionspartei, die mit Geldmitteln nicht reich gesegnet war, in der Touristenklasse nach Dakar und sorgte damit für einige Verwirrung. Bei meiner Ankunft stand das gesamte senegalesische Kabinett Spalier zum Empfang an der Gangway der ersten Klasse, während ich die andere Gangway hinabging und zum Terminal eilte, um meine Reisetasche abzuholen. Als das Durcheinander beseitigt war, bat mich Senghor, in seiner Limousine mit ihm in die Stadt zu fahren.

Während der Fahrt machte mich Senghor halb scherzhaft, halb ernst darauf aufmerksam, daß Jassir Arafat in einer nahe gelegenen Villa logiere. »Vielleicht legen Sie Wert darauf, auf dem Weg in die Stadt haltzumachen und ihn kennenzulernen? Sie beide könnten womöglich alle Ihre Probleme aus der Welt schaffen.«

»Herr Präsident«, antwortete ich, »ich habe den Weg hierher nur mit Schwierigkeiten gefunden. Wollen Sie mir die Rückkehr noch schwerer machen?«

Später war ich froh, daß ich mich von Senghors Angebot nicht in Versuchung hatte führen lassen. Wenige Tage später ermordeten Terroristen der PLO bei einem besonders brutalen Anschlag in Naharija in Nordisrael einen Vater und seine beiden Töchter. Dem einen Kind zertrümmerten sie mit einem Stein den Schädel.

Bei einer anderen Gelegenheit, es war 1983, führte der – wie man aus heutiger Sicht weiß – verfrühte Wunsch der Sozialistischen Internationale, einen Durchbruch bei den Verhandlungen zwischen der israelischen Arbeiterpartei und der PLO zu erreichen, direkt in die Katastrophe. Wir hatten uns in Albufeira, einem malerischen Badeort an der portugiesischen Küste, getroffen. Am 9. April, dem Vorabend der ersten Sitzung, teilte mir Willy Brandt mit, die Mitglieder hätten beschlossen, Dr. Issam Sartawi, den PLO-Vertreter in Europa, inoffiziell und als Privatperson einzuladen. Brandt sagte, Sartawi sei ein bekannter Vertreter des gemäßigten Flügels, obendrein ein angesehener Intellektueller, und er, Sartawi, wolle mich gerne kennenlernen. Ich antwortete, daß ich ihn zwar nicht persönlich kennen würde, daß aber alles, was ich über diesen Mann gehört hätte, seine Einschätzung bestätigte. Trotzdem hielt ich die Einladung für einen Fehler. Sie würde lediglich seine besonders gemäßigte Haltung deutlich machen und ihn innerhalb der PLO noch stärker isolieren. Sie konnte ihn sogar physisch in Gefahr bringen. Ich fügte hinzu, daß ich mir von einer Begegnung nichts erhoffte. Sie würde uns beiden nur schaden.

Am nächsten Morgen gellten während der Sitzung plötzlich Schüsse durch das Hotel. Im anschließenden Tumult erfuhren wir, daß in der Empfangshalle wenige Meter von unserem Konferenzraum entfernt ein Mann erschossen worden war. Polizisten und Sicherheitskräfte stürzten auf mich zu. Das Gerücht ging um, ich sei das Opfer. Dann aber stellte sich heraus, daß Dr. Sartawi seine gemäßigte Haltung mit dem Leben bezahlt hatte.

Brandt brach die Sitzung ab und beschloß, die nächste Sitzung dem Andenken Sartawis zu widmen. Er schlug zwei Redner vor: mich und Walid Dschumblat, den Führer der libanesischen sozialistischen Partei (und der Drusen im Libanon). »Sie können zu seinem Andenken all das sagen, was Sie ihm nicht mehr persönlich haben sagen können«, schlug Brandt vor. Ich redete als erster und pries Sartawi als einen achtbaren politischen Gegner, der den israelisch-palästinensischen Konflikt durch Verständigung statt durch Blutvergießen hatte beenden wollen. Sein Blut, das hier vergossen wurde, bezeuge seinen überragenden Mut. Zugleich sei es aber auch ein weiterer Beweis für die Gefahr, in die sich jeder gemäßigte Vertreter der palästinensischen Sache begebe.

Dschumblat hielt eine ebenso leidenschaftliche wie zusammenhanglose Rede, in der er indirekt Israel für Sartawis Tod verantwortlich machte und zur Fortsetzung des palästinensischen Kampfes aufrief. Ich war durchaus nicht überrascht. Dschumblats Entgleisung offenbarte nichts Neues. Ich kannte ihn bereits als durchtriebenen Taktiker. Dennoch half ich ihm immer bereitwillig, wenn sich die Gelegenheit ergab. So auch kurz nach Ausbruch des Libanonkriegs 1982, als sich Brandt und Mitterrand bei mir für ihn einsetzten. Dschumblat war in seiner Festung in Mukhtara im Südosten des Libanon, den die vorrückenden israelischen Streitkräfte überrannt hatten, praktisch zum Gefangenen geworden. Brandt und Mitterrand hatten von ihm nichts mehr gehört und wollten sichergehen, daß er gesund und außer Gefahr war.

Am nächsten Tag brachte die Armee die Mitglieder des Außen- und Sicherheitsausschusses der Knesset zu einer Beobachtungstour ins Kriegsgebiet. In Sidon an der Küste führte man uns zum Sitz der libanesischen Sozialisten – eher eine Festung als das Hauptquartier einer politischen Partei. Am Eingang waren zwei drusische Soldaten postiert, und in den Räumen stapelten sich die Waffen. Ich habe es noch nie erlebt, daß eine so gut gerüstete sozialistische Bewegung für edle Ziele gekämpft hätte. Als ich dem Stabschef, Generalleutnant Raful Eitan, Brandts und Mitterrands Anliegen mitteilte, stellte er mir einen Hubschrauber der Luftwaffe zur Verfügung, mit dem ich nach Mukhtara fliegen und mich persönlich von der Lage überzeugen konnte.

Wir flogen über Berge, deren Hänge mit Zedern bewaldet waren, bis Dschumblats Festung in Sicht kam. Bedrohlich ragten Kanonen und schwere Maschinengewehre hervor. Ein Konvoi aus Fahrzeugen mit Diplomatenkennzeichen fuhr gerade aus dem Tor. Später erfuhr ich, daß der amerikanische Botschafter den Drusenführer in einer ähnlichen Mission aufgesucht hatte. Der Hubschrauber landete vor den schweren Eisentoren. Ich ging in den Hof, wo Dschumblat mich bereits erwartete. Der hochgewachsene Mann, der seine großen Augen rollte, schien über mein Auftauchen geradezu verblüfft. Trotzdem bat er mich in die Empfangshalle im Erdgeschoß, in der aufgereiht Stühle und niedrige Tische standen. An der Wand hinter Dschumblat hing ein Porträt seines Vaters Kemal, den 1977 die Syrer ermordet hatten. Das Gemälde verdeutlichte zweierlei: zum einen den Familienstolz, zum anderen die ständige Mahnung an die Bluttat.

Ein Diener brachte Bier und Pistazien. Ich teilte Dschumblat den Grund meines Besuchs mit. Er berichtete daraufhin, man lasse ihm völlige Bewegungsfreiheit, allerdings bestehe die israelische Armee auf der Herausgabe seiner Waffen. Ich sicherte ihm zu, daß Israel ihm die zur Selbstverteidigung nötigen Waffen lasse, daß er die übrigen aber herausgeben müsse. Er schien auf meine Forderung einzugehen. Als wir die augenblickliche Lage durchsprachen, deutete er an, seine öffentlich vertretenen Positionen spiegelten nicht unbedingt seine tatsächlichen Anschauungen wider. Offenbar schien ihm an einer friedlichen Lösung des Libanonkonflikts ebensosehr gelegen wie allen anderen. Auch seine Unterstützung der PLO war nicht so kompromißlos, wie er es in der Öffentlichkeit gerne darstellte. Er glaubte an die Möglichkeit einer Übereinkunft mit Arafat und hoffte darauf, daß sie tatsächlich zustande kommen würde.

Wir gingen als Freunde auseinander. Als sich unsere Wege aber auf einer Tagung der Sozialistischen Internationale wieder kreuzten, wich er meinem Blick aus. Er erwiderte auch meinen Gruß nicht mehr.

Manch einer wird einwenden, die Aufnahme der drusischen Sozialisten des Libanon in die Sozialistische Internationale sei lediglich zur Komplettierung des internationalen Mitgliederreigens gedacht gewesen. Ich konnte diese Mitgliedschaft aber nie mit den Prinzipien, von denen sich unsere Bewegung erklärtermaßen leiten läßt, in Einklang bringen. Die Idee stammte wohl ursprünglich von Mitterrand, der darin für Frankreich eine Möglichkeit sah, seiner historischen Verantwortung für den Libanon gerecht zu werden.

17

FLUCH DES NORDENS

Im Jahr 1976, auf dem Höhepunkt des libanesischen Bürgerkrieges, fuhr ich mit Generalmajor Raful Eitan die israelische Nordgrenze ab. Unsere Aufmerksamkeit wurde plötzlich von einer großen Schar Dorfbewohner geweckt, die uns von der anderen Seite des elektrischen Zaunes zuwinkten. »Herr Peres«, riefen sie, »helfen Sie uns. Wir haben keine Krankenhäuser, keine Arbeit und keine Regierung, an die wir uns um Hilfe wenden können. Israel ist unser Freund, Sie müssen uns helfen.« Ich schaute Eitan an. Warum richteten wir eigentlich keine Übergänge entlang der Grenze ein? Damit gäben wir den Arbeitswilligen die Möglichkeit, aus dem Südlibanon jeden Tag auf unsere Seite zu kommen. Daneben könnten wir Krankenhäuser aufbauen und die medizinische Versorgung der Bevölkerung jenseits der Grenze übernehmen. Eitan erkannte den humanitären Wert und den politischen Charme dieser Idee und begann sogleich mit der Planung. Als verhinderter Poet suchte ich nach einem klingenden Namen für die Aktion. Ich hatte immer schon die Chinesen für ihre Begabung bewundert, politische Fakten mit markanten und poetischen Namen wie »Das Tor des Himmlischen Friedens«, oder »Die Verbotene Stadt« zu belegen. Ich suchte nach einem Begriff, der die komplexe und oft unmenschliche politische Situation wiedergab, auf die unser ungewöhnliches Projekt antworten sollte. Schließlich kam ich auf »Der Gute Zaun«. Gewöhnlich sollen Zäune trennen, doch dieser würde Menschen zusammenbringen. Für mich spiegelte der Begriff unsere gegensätzliche Beziehung zu den Menschen im kriegsgeschüttelten Libanon wider.

Eitan wurde 1982 während des Libanonkrieges zum Generalstabschef der Armee berufen.[1] Er war in Israel immer der Kritik ausgesetzt, doch ganz gleich, was man über ihn sagen mag, alle geben zu, daß ihn sein

Mut und seine Urwüchsigkeit zu einem Ausnahmemenschen machen. Er geht seinen Weg unbeirrt von den vielen Normen, die wir anderen fraglos hinnehmen. Eitan ist der einzige Mensch, den ich kenne, der gemäß der festen Überzeugung lebt, daß er die Geschichte prägt und nicht die Geschichte ihn. Diese Sicht verleiht ihm eine besondere Anziehungskraft, die auch all jene anerkennen müssen, die seinen politischen Konservativismus schwer verdaulich finden.

Während meiner Zeit als Verteidigungsminister unternahmen wir mit dem Kabinett eine Fahrt zu den Golanhöhen, und Eitan, damals Befehlshaber des Oberkommandos Nord, war unser Führer. Wie so oft stellte Moshe Kol, Tourismusminister und altgedienter Anführer der kleinen Unabhängigen Liberalen Partei, die Frage: »Welche Auswirkungen hatte der Jom-Kippur-Krieg für das Oberkommando Nord?« Ohne zu zögern antwortete Eitan knapp: »Von Beit Shean bis Metulla (der gesamte Norden des Landes) überhaupt keine!«

In Wirklichkeit hatte der Krieg sehr reale und tiefgreifende Auswirkungen. Eitan selbst kam häufig nach Tel Aviv ins Verteidigungsministerium und warnte vor angeblich unmittelbar bevorstehenden Angriffen der Syrer. »Sie mähen das Gras auf ihrer Seite«, sagte er düster. »Das bedeutet, daß sie das Terrain für den Angriff vorbereiten.« Ich versuchte ihn dann immer zu überzeugen, daß die Hinweise insgesamt noch nicht auf einen Angriff deuteten – trotz des gemähten Grases. Doch der Jom-Kippur-Krieg hatte bei ihm tiefe Narben hinterlassen, und so wehrte er sich, mit Beschwichtigungen abgespeist zu werden, und kam immer wieder mit neuen Warnungen zurück.

Eitans Originalität zeigte sich auch darin, daß er das Vertrauen der Bevölkerung des Südlibanons gewann. Er spielte eine entscheidende Rolle bei unserem Entschluß von 1975, die Südlibanesische Armee (SLA) unter der Führung von Major Saad Hadad ins Leben zu rufen, deren Offiziere und Soldaten in Israel ausgebildet wurden.

Eigentlich stellte der Libanon für Israel nie ein militärisches oder strategisches Problem dar; zum Problem wurde er für uns erst durch seine innenpolitische Situation. Die Souveränität des Libanon ruhte nie auf einer fest verankerten Staatsmacht, sondern auf einem heiklen Gleichgewicht zwischen verschiedenen, sich befehdenden Gruppen, aus denen der libanesische Staat sich zusammensetzt: maronitische Christen, Drusen, schiitische und sunnitische Muslime. Wenn es diesen vier Kräften nicht gelänge, ein verläßliches Gleichgewicht zu schaffen, würde der Libanon in syrische Hand fallen, das war uns in den siebziger Jahren klargeworden. Auch der syrische Präsident Assad wußte das besser als irgend jemand sonst. In einem Briefwechsel mit dem kubanischen Präsidenten Fidel Castro, der in unseren Besitz kam, erläuterte Assad, warum er es so wichtig fand, in die Politik des Libanon einzugreifen: Die arabische Welt habe einen historischen Fehler begangen, als sie es versäumte, die Ansiedlung der Juden in Palästina zu einem frühen Zeitpunkt zu stoppen. Damit habe sie die Entstehung des jüdischen Staates begünstigt. Falls die Araber nun auch versäumten, den Einfluß der Christen im Libanon zu begrenzen, würde aus dem Libanon ein christliches Land werden.

Ein Naher Osten, der neben einem jüdischen auch noch einen christlichen Staat umfaßte, war für Assad eine unerträgliche Vorstellung. In den siebziger Jahren mischten sich die Syrer mit Energie in die Angelegenheiten des Libanon ein: Sie stifteten Unfrieden zwischen den rivalisierenden Glaubensgemeinschaften und kauften Tageszeitungen auf, um über die Presse Einfluß auf die libanesische Innenpolitik zu nehmen. Es ist der Traum Syriens, den sogenannten »Fruchtbaren Halbmond« zu beherrschen. Dieser Halbmond beginnt im Libanon.

Die Christen waren zu Recht stolz auf ihre Begabung für den Handel, auf ihre blühende Landwirtschaft und auf ihre militärischen Traditionen. Aber sie wurden durch inneren Streit gefährlich geschwächt. Das Urübel, an dem sie späterhin immer mehr zu leiden hatten, verdankten sie ihren französischen Wohltätern, die allerdings ganz im Interesse der Christen zu handeln glaubten. In dem Bestreben, einen möglichst großen Libanon zu schaffen, betrieben die Franzosen mit dem Sykes-Picot-Abkommen von 1916 die Angliederung relativ großer, von Muslimen bewohnter Gebiete Syriens an das christliche Kernland. Mit dieser Annexion untergruben sie jedoch langfristig die christliche Mehrheit, die ursprünglich den Libanon beherrscht hatte.

Der demographische Druck sowie die Streitigkeiten zwischen den einzelnen christlichen Clans hatten bis zu den sechziger Jahren zur völligen Instabilität der libanesischen Politik geführt. Außerdem ließen sich verschiedene Palästinenserorganisationen, die König Hussein aus Jordanien vertrieben hatte, 1970 im Libanon nieder. Sie wurden zu einem weiteren Machtfaktor im politischen Kräftefeld des Libanon, verbündeten sich mit den muslimischen und drusischen Kräften gegen die Christen und versuchten, aus dem Südlibanon eine Basis für ihre Einfälle nach Israel zu machen. Für uns hieß das, daß die neue Lage in einem bislang friedlichen Grenzabschnitt künftig große Gefahren für unsere Sicherheit heraufbeschwor. Die Mehrheit der Bevölkerung im Südlibanon bestand aus Schiiten und Christen, doch seit sich die PLO dort festgesetzt hatte, entwickelte sich das Gebiet mehr und mehr zu einem »Staat im Staate«.

Im Lauf der siebziger Jahre vertieften wir unsere Beziehungen zu den führenden libanesischen Christen, mit denen wir schon seit Jahren Kontakt pflegten. Sie äußerten uns gegenüber die Befürchtung, die neue politische und militärische Situation in ihrem Land bedrohe die christliche Gemeinschaft in ihrer Existenz. Auch von einem drohenden Holocaust war die Rede, was kein israelischer Politiker leichthin abtun konnte.

Wir versuchten, zu allen wichtigen christlichen Clans Kontakte zu knüpfen. Zwei junge Männer beeindruckten mich besonders: Bashir Gemayel und Danny Chamoun. Ihre Väter, Pierre Gemayel und Camille Chamoun, damals beide schon ältere Herren, waren Clanoberhäupter und seit Jahrzehnten zentrale Figuren der libanesischen Politik. Chamoun war von 1952 bis 1958 libanesischer Präsident gewesen. Die gutaussehenden Söhne, weltgewandte und dynamische Männer, schienen für die Zukunft eine starke Führungsrolle in den Reihen der Christen spielen zu wollen. Sie besuchten mich heimlich bei mir zu Hause in Tel Aviv. Bashir machte kein Hehl daraus, daß er Präsident werden wollte, und wir trauten es ihm zu.[2] Bashir und Chamoun beteuerten mir gegenüber, sie hätten aus den unablässigen Fehden ihrer Väter gelernt und seien entschlossen, mit den anderen christlichen Clanführern der jüngeren Generation friedlich zusammenzuarbeiten. Sie hätten verstanden, daß nur durch die Einigkeit unter den Christen überhaupt Hoffnung bestehe, den Status und die Rechte der christlichen Gemeinschaft im Libanon zu bewahren.

Die alten Rivalitäten erwiesen sich jedoch als stärker, und so wurden die Fehden fortgesetzt. Dies schwächte die Position der Christen gravierend, denn damit erhielten die Syrer die Gelegenheit, die Clans gegeneinander auszuspielen, wie sie ja auch schon zwischen den religiösen Gemeinschaften Haß schürten.

Mitte der siebziger Jahre befand sich Israel in einem schwerwiegenden Dilemma. Der Terrorismus, der über die südlibanesische Grenze kam, hatte sich zu einer Plage entwickelt, gegen die etwas unternommen werden mußte. Aus weiter nördlich gelegenen Gebieten erreichten uns Hilferufe von Christen, die dort gegen die Palästinenser und deren libanesische Verbündete kämpften; ihnen wollten wir helfen und eine enge, freundschaftliche Beziehung zu ihnen aufbauen. Dabei wollten wir aber nicht in die innenpolitischen Wirren des Libanon hineingezogen werden.

Unsere Zwangslage wurde noch größer, als im Juni 1976 syrische Truppen in den Libanon eindrangen, um die bedrängten Christen zu unterstützen. Präsident Assad wollte zwar nicht, daß der Libanon ein ausschließlich christlich dominierter Staat wurde, andererseits wollte er aber auch verhindern, daß das Land durch die Palästinenser völlig aus dem Gleichgewicht gebracht werden konnte. Dieser Gefahr begegnete er mit einem bewaffneten Eingreifen. Die arabische Welt billigte die Präsenz syrischer Truppen im Libanon auch formell mit dem Abkommen von Riad im Oktober 1976. In einer Art Potsdamer Abkommen im kleinen Maßstab zwischen Syrien und Ägypten verpflichtete sich Ägypten, im Libanon nicht einzugreifen, während Syrien versprach, sich aus den Gebieten herauszuhalten, die in der Interessensphäre der Ägypter lagen, das war vor allem der Jemen. Unsere Antwort auf die Präsenz der Syrer im Libanon bestand darin, sogenannte »rote Linien« im Südlibanon festzulegen, hinter denen wir keinerlei syrisches Militär dulden würden. Diese »roten Linien« wurden auch von den Vereinigten Staaten anerkannt, was ihre Geltung den Syrern unmißverständlich klarmachte.

Selbst diejenigen unter uns, die im Einmarsch der Syrer in den Libanon, was ja quasi einer Annexion gleichkam, eine potentielle Bedrohung Israels erblickten – denn es gab auch einige Politiker, die in der Verwicklung Syriens in libanesische Angelegenheiten Vorteile sahen –, vertraten die Ansicht, daß wir darauf nicht militärisch reagieren sollten. Wir konnten nicht wegen jeder regionalen Entwicklung, die nicht unseren Vorstellungen entsprach, einen Krieg anfangen. Gewiß, auf massives Drängen der Regierung Nixon demonstrierte Israel 1970 seine militärische Stärke, um einem Einmarsch der Syrer nach Jordanien vorzubeugen. Doch damals im »Schwarzen September«, in der heißen Phase der Kämpfe zwischen der Regierung in Amman und der PLO, kannten wir die Haltung der Jordanier genau (siehe Seite 204). Die Christen im Libanon dagegen waren untereinander zerstritten und vertraten unterschiedliche Positionen. Ein Einmarsch der Syrer nach Jordanien hätte 1970 mit Sicherheit als Akt der Aggression gegolten; dagegen hatte der libanesische Präsident die Syrer jetzt in den Libanon »eingeladen«.

Israels Reaktionen auf die veränderten Machtverhältnisse im Land seines nördlichen Nachbarn enthüllen auch, wie unterschiedlich die Situation in den beiden Lagern der israelischen Politik eingeschätzt wurde. Für mich hatte der Libanon damals nur zwei realistische Optionen: Entweder mußte das Land geteilt werden, so daß die Christen einen eigenen kleinen Staat bildeten; oder aber die politische Macht wurde so aufgeteilt, daß wieder ein stabiles Regierungssystem zustande kam. Tatsächlich wurde weder der eine noch der andere Schritt unternommen. Die Geographie des Libanon machte eine Aufteilung des Landes schwierig, und da sich die Bevölkerungsstruktur – durch die Auswanderung vieler Christen – ständig änderte, war auch eine konstitutionell geregelte Teilhabe an der Macht für jede Bevölkerungsgruppe praktisch unmöglich. Ich warnte die Anführer der Christen wiederholt, keinen Krieg zu beginnen, ohne über ausreichende Mittel zu verfügen, ihn auch zu Ende zu führen. Zudem sollten sie ihre Ziele realistisch einschätzen und präzise definieren, falls sie sich für eine militärische Lösung entschließen würden.

Führende Vertreter der Likud-Regierung glaubten nach 1977, Israel könne ein militärisches Bündnis mit den libanesischen Christen gegen alle Kräfte eingehen, die die Vorherrschaft der Christen in Frage stellten. Die Likud-Politiker, allen voran Menachem Begin, ließen sich von den selbstbewußt auftretenden Christen hinters Licht führen. Gleichzeitig täuschten sie aber auch die Christen, indem sie ihnen etwas versprachen, was sie dann nicht hielten oder gar nicht halten konnten.

Diese falsche Einschätzung lag dem im Juni 1982 gefaßten Regierungsbeschluß zugrunde, mit einem massiven Truppenaufgebot tief in den Libanon einzudringen. Die gleiche falsche Einschätzung war auch dafür verantwortlich, daß sich Begin von den libanesischen Christen so täuschen lassen konnte. Hatten sie schon vor Verrat und Betrug nicht zurückgeschreckt, so gipfelte ihr selbstherrliches Verhalten in den Massakern von Sabra und Shatilla im September desselben Jahres. Der blutige und unnötige israelische Libanonkrieg zog sich über drei Jahre hin und schwächte die Disziplin und den moralischen Konsens der israelischen Gesellschaft stark. Die Soldaten wußten nicht mehr, warum sie kämpften und wofür sie ihr Leben hingeben sollten. Letztlich wurden auch die Christen durch die fehlgeschlagene Allianz mit Israel nur geschwächt.

Der Anlaß für den israelischen Einmarsch in den Libanon war der Mordanschlag palästinensischer Terroristen auf den israelischen Botschafter Shlomo Argov in London. Am 3. Juni 1982 wurde er angeschossen und schwer verletzt; am 6. Juni walzten israelische Panzerkolonnen über die Grenze. Israel betrachtete das Attentat als eine klare Verletzung eines Abkommens mit der PLO, das im Jahr zuvor durch die Vermittlung des amerikanischen Unterhändlers Philip Habib zustande gekommen war. Dem Abkommen waren schwere Feuergefechte entlang der israelisch-libanesischen Grenze vorangegangen.

Tatsächlich jedoch hatte die Regierung ein militärisches Eingreifen im Libanon bereits seit Monaten erwogen. Es gab damals innerhalb des Kabinetts zwei Denkschulen. Die eine vertrat die Strategie, etwa vierzig Kilometer tief in den Südlibanon einzudringen und die PLO aus dem gesamten Gebiet zu vertreiben. Nach Berichten unseres militärischen Geheimdienstes gab es Hinweise, daß die Palästinenser große Mengen schwerer Waffen anhäuften, darunter besonders viele Katjuscha-Raketenwerfer. Solche Fernwaffen stellten eine ständige Bedrohung unserer Siedlungen entlang der Grenze dar. Selbst wenn sie nicht abgeschossen wurden, so sorgte die Tatsache, daß sie in Reichweite der Grenze in Stellung standen, doch für Unsicherheit bei den Bewohnern der grenznahen Dörfer und Kibbuzim. Die Menschen lebten dort auch tagsüber in Angst und verbrachten ihre Nächte in Luftschutzkellern.

Die zweite Denkschule im Kabinett hatte weit größere militärische Ambitionen im Libanon. Ihr Plan sah folgendermaßen aus: Nach einer Landungsaktion bei Junieh, nördlich von Beirut, stoßen israelische Truppen nach Süden vor. Weitere Verbände bewegen sich von Süden nach Norden, bis sich beide Truppenteile in der Gegend von Beirut mit Einheiten der Christen verbinden. Dieser Plan ähnelte, oberflächlich betrachtet, der Strategie des Sinaifeldzugs. Damals hatte der Krieg mit dem Absprung von Fallschirmspringern am Mitla-Paß, tief im Innern der Halbinsel Sinai, begonnen. Der »Große Plan« war vom Verteidigungsminister der Likud-Regierung, Ariel Sharon (der an dem Einsatz 1956 beteiligt war), entwickelt worden, zugleich war Sharon auch sein entschiedenster Verfechter. Premierminister Begin gab jedoch der begrenzten militärischen Aktion den Vorzug und wurde dabei von Dr. Josef Burg, dem Vorsitzenden der Nationalreligiösen Partei, unterstützt.

Wir befanden uns damals zwar in der Opposition, aber zur Leitung der Arbeiterpartei zählten herausragende und erfahrene Militärs, darunter die beiden ehemaligen Generalstabschefs Jizchak Rabin und Chaim Bar-Lev. An einem Samstag abend berief ich unser Politkomitee ein und legte die Informationen vor, über die ich verfügte. Alle Anwesenden lehnten einmütig den »Großen Plan« ab. Uns war klar, daß Sharons »strategisches Denken« über den Libanon selbst hinausging. Er vertrat die Ansicht, wenn die PLO im Libanon erst einmal geschlagen wäre, würde das die palästinensischen Kämpfer nach Jordanien zurücktreiben, wo es ihnen dieses Mal vielleicht gelänge, das haschemitische Königshaus zu stürzen. Sharon hat immer wieder behauptet, den israelischen Interessen – und der Aussicht auf einen Friedensvertrag – wäre am besten durch eine palästinensische Machtübernahme in Amman gedient.

Begin war von der Ausstrahlung kampferprobter Generäle wie Sharon so geblendet, daß er sich die Verantwortung für die politischen Entscheidungen von ihnen aus der Hand nehmen ließ. Obwohl das Kabinett für einen begrenzten Militäreinsatz gestimmt hatte, liefen die begonnenen Operationen in Wirklichkeit auf den ehrgeizigen Invasionsplan hinaus. Damit will ich den Militärs gar keinen Vorwurf machen; ihre Pflicht besteht darin, ihren Auftrag so energisch wie möglich durchzuführen. Hingegen ist es die Pflicht der verantwortlichen Politiker, Bedingungen und Ziele des militärischen Einsatzes festzulegen, und in dieser Beziehung hat Begin kläglich versagt. Am zweiten Tag des Krieges zeigte man ihm Beaufort, die in Grenznähe gelegene Kreuzfahrerburg. Die PLO hatte den Ort zu einem wichtigen Stützpunkt ausgebaut, und die IDF hatte ihn überrannt. Begin gab sich der irrigen Meinung hin, bei der Erstürmung habe es keine Verluste gegeben. Seine Begeisterung über diese Waffentat kannte keine Grenzen.

Je länger sich der Krieg hinzog, desto öfter sah man einen Premierminister, der »nicht im Bilde« war. Während eines schweren Luftangriffs auf Beirut rief ich Begin an und bat dringend um Mäßigung. Der aber wußte gar nicht, daß ein Befehl gegeben worden war, geschweige denn, daß die Bombardierung bereits lief. Begin hatte die militärischen Operationen des Libanonkriegs nicht im Griff. Er besaß keinen Überblick mehr über die mündlichen und schriftlichen Meldungen, die ohne Unterlaß auf ihn einströmten. Gesundheitliche Probleme oder sein fortgeschrittenes Alter möchte ich allerdings nicht dafür verantwortlich machen; meiner Meinung nach wäre er auch zehn Jahre früher nicht anders mit seinem Amt umgegangen. Begin neigte zu oft dazu, dramatisch statt realistisch zu denken und zu handeln. Er stand mehr unter der äußeren Wirkung der Ereignisse und sah weniger auf ihre Substanz.

Das Kabinett glaubte, es habe dem Plan zur Schaffung einer vierzig Kilometer breiten Sicherheitszone zugestimmt, mußte aber nun erkennen, daß es laufend – oft erst im nachhinein – eine Ausdehnung der Operationen billigte. Jedesmal erklärte Sharon seinen verwirrten Kabinettskollegen, warum diese ursprünglich nicht vorgesehene Ausweitung des Krieges notwendig sei.

Sharon ist ein ausgezeichneter militärischer Taktiker, wie er in Israels Kriegen immer wieder bewiesen hat. Strategie ist bei ihm jedoch nur die Magd der Taktik, statt umgekehrt. Am Vorabend des Libanonkriegs reichte seine »strategische Vision« im Norden bis nach Pakistan und im Süden bis nach Uganda. Zu Besprechungen erschien er gewöhnlich mit kolorierten Landkarten der gesamten Region und hielt Vorträge über Israels strategische Rolle als Bollwerk gegen sowjetische Pläne zur kommunistischen Weltherrschaft. Seine Strategie für die Libanonexpedition konnte ihre Schwächen nicht verhehlen. Sharon wollte auf seine Erfahrungen von 1956 zurückgreifen und sah ein Landungsunternehmen im Norden Beiruts vor. Doch die Verhältnisse waren nicht vergleichbar. Genausogut hätte man eine Analogie zwischen einer Schlange und einer Wurst auf der Grundlage ziehen können, daß beide gleich lang und rund sind. Beim Sinaifeldzug 1956 befanden sich zwischen unseren Fallschirmspringern am Mitla-Paß und dem Großteil unserer Truppen die ägyptische Armee und große, leere Wüstengebiete. Nun aber mußten Sharons Truppen nach der Landung an der Küste die weit ausgreifende Metropole Beirut umgehen oder durchqueren, ehe sie sich mit den von Süden vordringenden IDF-Einheiten verbinden konnten.

Doch nicht genug, daß im Libanon Hunderttausende von Zivilisten in Mitleidenschaft gezogen wurden. Im Jahr 1956 übertrug Moshe Dayan Ben Gurions politische Ziele in die militärische Sprache eines Feldzugs gegen die Ägypter. Anders 1982, denn da verlangte Sharon von Begin, er solle seine, Sharons militärische Strategie in Politik umsetzen.

Zum Zeitpunkt der syrischen Intervention im Libanon, also 1976, glaubten manche Israelis, die Aktion der Syrer könnte für Israel strategische Vorteile bringen. Die syrischen Truppen, die gegen Israel gerichtet waren, verteilten sich nun auf zwei Fronten: die Golanhöhen und den Libanon. Infolgedessen wurden ihre Kommunikationswege länger, möglicherweise zu lang. Die neue Lage machte die Syrer verwundbar und verminderte ihre Offensivkraft oder zumindest ihre Fähigkeit zum Überraschungsschlag. Manche sprachen davon, Syrien werde »im libanesischen Sumpf versinken«.

Ich selbst war von dieser Ansicht nie ganz überzeugt. Heute, fast zwei Jahrzehnte später, nach dem Ende des Kalten Krieges und nach dem Zusammenbruch der Sowjetmacht, scheint es mir an der Zeit, einmal unser strategisches Denken einer grundlegenden Überprüfung zu unterziehen. Wir haben sicherlich in der Vergangenheit die Stärke Syriens überschätzt; es wäre unklug, es auch in der Gegenwart zu tun. Henry Kissinger warnte uns immer: »Ohne Ägypten kann es im Nahen Osten keinen Krieg geben und ohne Syrien keinen Frieden.« Ich bin mir nicht sicher, ob eines oder beide Axiome jemals zutrafen. Es kann einen Frieden ohne Syrien geben – zumindest den Beginn eines Friedensprozesses –, wie das Abkommen zeigt, das wir mit den Palästinensern getroffen haben. Und es kann ohne die Beteiligung Ägyptens zum Krieg kommen.

Ganz gleich wie man den Wahrheitsgehalt von Kissingers Aphorismus zur Zeit seiner Prägung einschätzt, die Situation hat sich seither grundlegend geändert. Heute stellen die Syrer bei weitem keine so große Bedrohung Israels und des Friedens mehr dar. Die Syrer mußten eine Reihe von Niederlagen einstecken. Ihre Armee hat sich in Verteidigungslinien eingegraben, die sich von den Golanhöhen über sechzig Kilometer bis nach Damaskus erstrecken. Doch heute bemißt sich die Stärke eines Landes nicht so sehr an der Zahl seiner Truppen als an der Zahl der Touristen, die es besuchen. Selbst in Damaskus fängt man an, sich mit solchen Fragen zu beschäftigen. In der syrischen Gesellschaft lassen sich miteinander in Konflikt stehende Strömungen erkennen, ähnlich wie in vielen anderen Ländern, die mit den weltweiten Veränderungen Schritt zu halten versuchen.

Die Syrer hegen als Ausfluß des unseligen Sykes-Picot-Abkommens einen verständlichen Groll gegenüber dem Libanon. Sie träumen immer noch vom »Fruchtbaren Halbmond« und von regionaler Vorherrschaft. Doch in der Geschichte der Menschheit ist die »Jagdsaison« vorüber. Die Menschen interessieren sich heute mehr für ihre Kalorien und haben nicht mehr viel übrig für kapitale Hirschgeweihe, Tigerfelle und andere Trophäen.

Nicht alle haben die Bedeutung des gegenwärtigen Umbruchs wirklich verstanden. Die Geschichte verändert sich schneller, als wir gedanklich nachvollziehen können. Es wird noch eine Weile dauern, bevor alle überschauen, was geschehen ist. Doch überall gibt es Menschen, die den Wandel wahrnehmen. Sie erkennen, daß der springende Punkt der neuen Staatskunst darin besteht, wie man mit seinen Nachbarn zusammenlebt, und nicht, wie man mit ihnen Krieg führt. Letztlich bin ich zuversichtlich, daß die mächtige Woge der Geschichte auch die drei unruhigen Nachbarn Syrien, Libanon und Israel erfassen und in eine hoffnungsvolle Zukunft tragen wird.

18

MINISTERPRÄSIDENT

Die Verstrickung Israels in den schmutzigen Krieg im Libanon und eine sich verschärfende Wirtschaftskrise bildeten 1984 den Hintergrund, vor dem die Parlamentswahlen stattfanden. Ein Jahr zuvor war Menachem Begin überraschend zurückgetreten und hatte sich ganz aus dem öffentlichen Leben zurückgezogen. An der Spitze der Likud-Regierung stand jetzt Jizchak Shamir, dem es ein wenig an Ausstrahlung fehlte. Shamir war einer der drei Kommandeure der Untergrundbewegung des Lechi (auch Sternbande genannt) gewesen. Bis zu seiner Ernennung zum Regierungschef hatte er unter anderem für den Mossad gearbeitet. Aus dieser Zeit beim israelischen Geheimdienst hatte er sich wohl seinen Hang zur Verschwiegenheit bewahrt, den er auch als führender Likud-Politiker nicht verlor.

Ich hoffte, eine ausreichende Zahl von Wählern würde angesichts der kritischen Lage, in der sich das Staatswesen objektiv befand, für einen Machtwechsel zugunsten der Arbeiterpartei stimmen. Meine Hoffnung wurde jedoch enttäuscht. Der Likud-Block verlor zwar Anhänger, und die Anzahl seiner Parlamentssitze fiel von 48 auf 41, doch auch die Arbeiterpartei verlor Stimmen: Nach den Wahlen von 1981 hatten wir über 47 Sitze verfügt, jetzt waren es nur noch 44. Die Arbeiterpartei ging zwar als stärkste Partei aus diesen Wahlen hervor (so daß man mit Recht sagen konnte, sie hatte die Wahl »gewonnen«); doch ihre Aussichten, eine mehrheitsfähige Koalition zu bilden, waren gering, da die orthodox-religiösen Parteien eher dem Likud-Block zuneigten.

Andererseits waren die Chancen des Likud auch nicht besser. Shamir und ich standen vor der Wahl, entweder Neuwahlen auszuschreiben – auf die Gefahr hin, nach monatelanger Wahlvorbereitung wieder in derselben Sackgasse zu landen wie vorher – oder die Bildung einer großen

Koalition zu versuchen. Wir entschieden uns für die zweite Möglichkeit und bildeten eine »Regierung der Nationalen Einheit«. Unsere Ausgangsposition ließ wenig erhoffen. Beide Parteien trennte ein breiter ideologischer Graben: Der Likud-Block focht für die Vorstellung eines »Groß-Israel«, während die Arbeiterpartei in der Frage der besetzten Gebiete nach einem territorialen Kompromiß suchte. Außerdem hatte ich während des Wahlkampfes das Versprechen abgegeben, die unter der Likud-Regierung begonnene Besetzung großer Teile des Libanon zu beenden und unsere Soldaten innerhalb der nächsten neun Monate wieder nach Hause zu holen.

Shamir und ich trafen uns zu Koalitionsverhandlungen in einer Suite des King-David-Hotels in Jerusalem. Wir hatten der Presse erklärt, so lange zu verhandeln, bis ein Übereinkommen erreicht sei. Damals ahnte ich noch nicht, worauf ich mich eingelassen hatte. Jizchak Shamir verfügt über unerschöpfliche Geduld und kaum weniger Sitzfleisch. Er kann stundenlang auf seinem Platz sitzen und wenig reden, ohne sich auf irgend etwas festlegen zu lassen. Am ersten und zweiten Tag, an denen es um die Territorialfrage und den Libanonkrieg ging, schleppten sich die Gespräche mühsam dahin. Ich sprach lange und ausführlich; Shamir begnügte sich mit ausgiebigem Schweigen.

Am Ende jedes Verhandlungstages berichtete ich der Führungsspitze der Arbeiterpartei über den Verlauf der Gespräche. Shamir dagegen hatte dieses Bedürfnis nicht. So kam es zu dem erstaunlichen Phänomen, daß führende Likud-Politiker bei ihren Kollegen von der Arbeiterpartei um Informationen über die Gespräche der beiden Parteichefs baten. Alle hofften auf erfolgreiche Verhandlungen, aber tatsächlich hatte sich bei diesen Gesprächen kaum etwas bewegt. Am dritten Tag entschloß ich mich schließlich zu einem Vorstoß. Zwar hätte ich kein Mandat meiner Partei, einen konkreten Vorschlag zu machen, dennoch hielte ich es für einen guten Gedanken, sich einmal zu überlegen, welche Lösung der verstorbene Levi Eshkol, dieser Meister des politischen Kompromisses, wohl angeboten hätte. Würde Eshkol vom Himmel zu uns herabkommen, schlüge er vielleicht eine Regierung der Nationalen Einheit vor, bei der Arbeiterpartei und Likud jeweils ihre Bündnispartner in die große Koalition einbrächten. Weiterhin könnte Eshkol einen zwischen den beiden Hauptparteien verabredeten Wechsel im Amt des Premierministers vorschlagen.

In der Wahlnacht im Juni 1981 verkündet Shimon Peres als Vorsitzender der Arbeiterpartei seine Absicht, auch ohne klare Mehrheit eine Regierung zu bilden.

Jizchak Shamir, der Führer des Likud-Blocks (links), und Shimon Peres schütteln sich die Hände nach einem Treffen, bei dem die »Möglichkeit der Bildung einer Regierung der Nationalen Einheit« diskutiert wurde.

»Ich glaube nicht, daß Levi Eshkol einen solchen Vorschlag gemacht hätte«, lautete Shamirs Entgegnung. Daraufhin vertagten wir die Verhandlungen. Den Verlauf unserer Gespräche empfand ich als frustrierender denn je.

Der Durchbruch gelang schließlich durch die Vermittlung eines Geschäftsmannes aus Tel Aviv, Azriel Einav, mit dem ich und viele andere israelische Politiker befreundet sind. Er rief mich zu Hause an und signalisierte mir, daß Ariel Sharon an einem vertraulichen Treffen mit mir interessiert sei. Ich war damit einverstanden. Sharon und ich trafen uns am nächsten Tag in Einavs Haus und arbeiteten ein Konzept für eine Regierung der Nationalen Einheit aus. Als Rahmen dienten uns die »Vorschläge Levi Eshkols«. Dabei brachte ich auch das Konzept eines »inneren Kabinetts« ein. Dieses sollte sich paritätisch nur aus Ministern der Arbeiterpartei und des Likud zusammensetzen ohne Beteiligung der kleineren Bündnispartner. In diesem Gremium sollten alle bedeutenden Entscheidungen getroffen werden, was der anvisierten Einheitsregierung etwas von ihrer Schwerfälligkeit nehmen würde. Der erste nach dem Rotationsprinzip amtierende Premierminister sollte aus den Reihen der Arbeiterpartei stammen, da wir die größte Partei seien.

Die gemeinsame Regierungsperiode wurde auf 50 Monate veranschlagt. Wer von uns, Shamir oder ich, sollte nun die ersten 25 Monate Premierminister sein. Diese Frage war in den Versammlungen der Arbeiterpartei heftig umstritten. Ich war dafür, den Premier zuerst zu stellen, denn ich traute Shamir nicht zu, daß er auch nur eines der heißen Eisen unseres Wahlprogramms anpacken würde: den Rückzug aus dem Libanon; die Bekämpfung der Inflation; ein Abkommen mit Ägypten über die Enklave Taba (siehe Seite 374); schließlich Verhandlungen mit Jordanien und den Palästinensern. Vieles sprach dafür, daß wir das Land nach 25 Monaten in einer noch tieferen Krise vorgefunden hätten. Dann hätte die Arbeiterpartei, zumindest in den Augen der Öffentlichkeit, einen Teil der Verantwortung dafür tragen müssen. Auch war ich mir nicht sicher, ob eine Regierung der Nationalen Einheit die gesamte Legislaturperiode durchstehen würde.

Dem pragmatischen Sharon gefiel der Gedanke einer Einheitsregierung, wie ich sie skizzierte. Von Neuwahlen versprach er sich dagegen gar nichts. »Überlassen Sie das mir«, sagte er. »Ich gehe zu Shamir und mache die Sache mit ihm ab.« Er fuhr nach Jerusalem und rief mich zwei Stunden später von dort an: »Alles klar; Shamir ist einverstanden.« Zuerst traute ich meinen Ohren nicht. Dann aber begriff ich, daß Shamir wohl stundenlang mit mir über die Unteilbarkeit von Erez Israel streiten konnte, während es Sharon vor allem um die Unteilbarkeit des Likud-Blocks ging.

Sharon, der auf Veranlassung der Untersuchungskommission zu den Massakern von Sabra und Shatilla sein Amt als Verteidigungsminister hatte abgeben müssen, gehörte der neuen Regierung als Handelsminister an.

Vier Monate nach der Regierungsübernahme waren wir soweit, mit dem Rückzug der israelischen Streitkräfte aus dem Libanon zu beginnen. Verteidigungsminister Jizchak Rabin legte dem inneren Kabinett einen detaillierten Plan vor, der zwei Rückzugsphasen vorsah. Danach blieb die IDF in einer schmalen Sicherheitszone entlang der Grenze, die von der SLA gehalten wurde. Die Likud-Minister unter Führung Shamirs waren gegen den Plan, doch ihre Front begann abzubröckeln, als der Wohnungsbauminister David Levy sich auf unsere Seite stellte und den Rückzugsplan unterstützte.[1] Im April begann die erste Phase, und bis zum Sommer war der Rückzug der IDF aus dem Libanon abgeschlossen. Der Großteil der Truppenverbände befand sich wieder an seinem Standort in Israel. Kleinere Verbände blieben im Grenzbereich in Stellung, und an dieser Lage hat sich bis zum Zeitpunkt des Entstehens dieses Buches nichts geändert. Aus der Sicherheitszone heraus verteidigen die IDF und die SLA die Siedlungen im nördlichen Israel gegen Anschläge, die heute größtenteils auf das Konto islamischer Fundamentalisten der Hisbollah (Partei Gottes) gehen. Diese terroristische Organisation, die sich dank iranischer Unterstützung im Südlibanon weiter ausbreitet, verübt Anschläge auf israelische und jüdische Institutionen in aller Welt.

Gleich nach der Libanonfrage hatte ich mir als Premierminister die Lösung unserer Wirtschaftskrise oben in meine Agenda geschrieben. Beim Antritt der neuen Regierung im September 1984 betrug die Inflation – oder besser gesagt die Superinflation – 400 Prozent jährlich und drohte, eines Tages auf eine vierstellige Zahl anzuschwellen. Unsere Zahlungsbilanz war negativ, und die gesamte Wirtschaft befand sich in einem Zustand chronischer Instabilität, eine Nachwirkung des Tel Aviver Börsensturzes im Jahr zuvor. Manche Freunde hatten mir eben wegen der Höhe der Inflation dringend davon abgeraten, das Amt des Premierministers zu übernehmen. Ihrer Meinung nach hätte ich das Problem nicht beherzt anpacken können, ohne mir dabei alle Sympathien bei den Wählern zu verscherzen. Ich schlug ihren Rat in den Wind – vielleicht, weil ich die heimtückischen und zerstörerischen Begleiterscheinungen der Inflation nicht überblickte. Die Inflation wirkt wie eine Droge: Dem Süchtigen verschafft sie euphorische Gefühle, zerstört aber dabei seine Organe. Durch Inflation entstehen zwei neue Klassen in der Gesellschaft: eine solche, die mit Spekulieren zu Reichtum kommt, und eine andere, die der kleinen Leute, die plötzlich unter die Armutsgrenze rutscht, weil die Inflation einen wachsenden Teil ihres Einkommens auffrißt. Eine Inflation bedeutet das Paradies für Spekulanten und die Hölle für alle ehrlich Arbeitenden. Wenn ich sah, wie die Angestellten in den Läden jeden Tag auch Grundnahrungsmittel mit höheren Preisen auszeichneten, überkam mich ein beklemmendes Gefühl.

Meine wirtschaftspolitischen Ratgeber empfahlen sofortige und drastische Maßnahmen: dreißigprozentige Geldabwertung um den Preis einer starken Zunahme der Arbeitslosigkeit; Halbierung der Rüstungsausgaben, was Israel gefährlich geschwächt und ein sicherheitspolitisches Risiko heraufbeschworen hätte; empfindliche Etatkürzungen in allen Ressorts; Preisstopp; lineare Lohnsenkungen und so weiter. Die genannten Maßnahmen mochten wirtschaftlich gesehen durchaus Sinn haben, doch bestand keine Chance, sie politisch und gesellschaftlich durchzusetzen.

In einer solchen Krise muß jede Regierung nach Verbündeten jenseits der traditionellen Allianzen suchen, um Unterstützung und Vertrauen zu gewinnen. Inflation bedeutet vor allem, daß die ganze Nation das Vertrauen in die Wirtschaft, die Währung und die Wachstumskräfte verloren hat. Folglich mußten wir analog zu unserer breiten politischen Koalition ein Bündnis all jener schmieden, die ein herausragendes Interesse an nationalökonomischen Fragen haben, nämlich Regierung, Gewerkschaften, Unternehmer und Wirtschaftsexperten. Dazu rief ich einen »Wirtschaftsrat« ins Leben. Er bestand aus Jisrael Kessar, dem Generalsekretär des Gewerkschaftsbundes Histadrut, dessen Stellvertreter Chaim Haberfeld, den Vorsitzenden des Arbeitgeberverbandes Eli Hurwitz, Dov Lautman und Dan Gillerman, dem Likud-Finanzminister Jizchak Modai, mir selbst als Repräsentanten der Regierung sowie Experten der Wirtschaftswissenschaften. Die Gewerkschafter kämpften zunächst darum, die Reallöhne zu schützen. Sie glaubten nicht daran, daß die Regierung die Staatsausgaben tatsächlich kürzen und die Unternehmer ihre Gewinnmargen reduzieren könnten. Sie wollten auf jeden Fall verhindern, daß die Sparmaßnahmen auf dem Rücken der Arbeitnehmer ausgetragen werden sollten. Die Haltung der drei führenden Unternehmer war anfangs ebenso typisch: Sie bestanden darauf, weder die Gesamtausfuhr zu verringern noch die Inlandspreise zu senken. Sie warnten, dabei würden die Hersteller scharenweise in Konkurs gehen. Meine Ministerkollegen hatten sich ihrerseits daran gewöhnt, zwar die Inflation zu bejammern, sich aber gleichzeitig allen Kürzungen in ihren jeweiligen Ressorts zu widersetzen.

Meine erste Maßnahme zur Inflationsbekämpfung war ein Sozialpakt zwischen der Regierung, der Histadrut und dem Arbeitgeberverband. Danach sollten Preise und Löhne zunächst für drei Monate eingefroren werden. Der Pakt wurde dann um weitere drei Monate verlängert. Doch Mitte Mai 1985 wurde ebenso klar, daß diese Maßnahme nur über begrenzte Wirksamkeit verfügte. Die Inflationsrate betrug allein im April wieder mehr als 15 Prozent; wir befanden uns erneut auf wirtschaftlicher Talfahrt.

Eines Abends im Juni fand in meinem Haus in Jerusalem ein Treffen statt zwischen den führenden Wirtschaftswissenschaftlern des Landes, dem Finanzminister Jizchak Modai, seinen wichtigsten Beratern und meinem Wirtschaftsberater Amnon Neubach. Zu den eingeladenen Experten, die nicht der Regierung angehörten, zählten die Professoren Michael Bruno, Eitan Berglass und Joram Ben-Porat.

Das Treffen begann um zehn Uhr abends; ich bat Modai, mit einer Darstellung der Wirtschaftsprobleme zu beginnen. Modai, ein schlauer Kopf, doch völlig unberechenbar, blickte mich nur schief an und meinte: »Sie sind der Gastgeber. Ich habe nichts zu sagen.«

Das war kein besonders ermutigender Anfang, aber ich ließ mir von Modais Launen nicht die Chancen dieser Begegnung nehmen. »Meine Herren«, begann ich, »die Inflation hat wieder angezogen und droht, unsere Wirtschaft zu ersticken. Wir sind heute abend hier zusammengekommen, um darüber nachzudenken, wie sie bekämpft und am Ende besiegt werden kann.« Damit war eine intensive Diskussion entfacht, die bis weit nach Mitternacht dauerte. Einige Teilnehmer sprachen von der Notwendigkeit eines umfassenden Stabilisierungsprogramms und legten auch gleich einen Maßnahmenkatalog vor. Ich schloß das Treffen mit dem Vorschlag, in kleinerer Besetzung eine Arbeitsgruppe zu bilden, die konkrete Maßnahmen zu verschiedenen Programmbereichen ausarbeiten sollte.

Die Arbeitsgruppe umfaßte Neubach, Berglass und Bruno sowie Emanuel Sharon, den Leiter des Finanzministeriums. Sie saßen drei Wochen lang jeden Tag beisammen, ohne daß auch nur ein Wort ihrer Überlegungen an die Öffentlichkeit gedrungen wäre, was an sich schon eine bemerkenswerte Leistung war. An jedem zweiten Abend kam Neubach bei mir zu Hause vorbei und gab mir eine kurze Zusammenfassung ihrer Arbeit; einmal wöchentlich traf ich mich mit der gesamten Gruppe. Währenddessen verhielt sich Finanzminister Modai passiv. Er war zwar über den Fortgang der Diskussion auf dem laufenden, jedoch schien er sich davon zu distanzieren. Damals war er in interne Querelen seiner Liberalen Partei verstrickt, was den Großteil seiner Energie zu beanspruchen schien.[2] Bei unseren spätabendlichen Treffen hatte er manchmal Mühe, seine Müdigkeit zu überwinden. Zu seiner Entlastung sei aber festgestellt, daß er nichts tat, was die laufenden Arbeiten beeinträchtigt hätte.

Der »Notstandsplan zur Stabilisierung der Wirtschaft«, abgekürzt ESP, machte Fortschritte und gewann bald seine definitive Gestalt. Seine Hauptelemente waren:

1. Eine beträchtliche Abwertung des Schekel, verbunden mit der Verpflichtung der Regierung, den neuen Kurs bis auf weiteres nicht zu ändern. Damit endete die bisherige Praxis, die Währung fast täglich abzuwerten.

2. Kräftige Preiserhöhungen, verbunden mit der staatlichen Verfügung, die Preise bis auf weiteres einzufrieren. Verstärkung bestehender Preiskontrollmechanismen, um die strikte Einhaltung des Preisstopps zu garantieren.

3. Kürzung der staatlichen Zuschüsse für Artikel des täglichen Bedarfs um insgesamt 750 Millionen Dollar. Das Staatsdefizit wurde durch Ausgabenreduzierung in den jeweiligen Ministerien abgebaut.

4. Aussetzen der Teuerungszulage, die den Arbeitnehmern zum Ausgleich des monatlichen Anstiegs der Lebenshaltungskosten gewährt wurde und die dafür verantwortlich war, daß die Löhne an die steigenden Preise gekoppelt wurden. Ein Absinken der Reallöhne wurde in Kauf genommen.

5. Verordnung einer restriktiven Geldpolitik.

Am Freitag, dem 28. Juni, traf sich die vollzählige Arbeitsgruppe in meinem Büro in Tel Aviv zur Vorlage des Plans. Ich hatte zu dieser Sitzung noch den Gouverneur der Notenbank Moshe Mandelbaum, Justizminister Jizchak Zamir, Wirtschaftsminister Gad Jaacobi und den stellvertretenden Finanzminister Adi Amorai, beide Mitglieder der Arbeiterpartei, hinzugebeten. Emanuel Sharon legte den Plan ausführlich dar, ehe die Diskussion begann und an Details gefeilt wurde.

Zu diesem Zeitpunkt war bereits die Nachricht durchgesickert, daß neue Wirtschaftsmaßnahmen geplant seien. Zahlreiche Journalisten hatten sich draußen versammelt. Bevor das Treffen um vier Uhr nachmittags endete, war als letzter Punkt der Tagesordnung besprochen worden, wie unser Plan in der Übergangsphase den Medien und der Öffentlichkeit präsentiert werden sollte. Das Kabinett trat wie üblich erst am Sonntag zusammen, und solange es dem Plan nicht zugestimmt hatte, konnten keine konkreten Maßnahmen bekanntgegeben werden.[3] Ich entschied daher, offiziell solle von drei verschiedenen Plänen die Rede sein, die dem Kabinett am Sonntag zur Beratung vorgelegt würden. Ich bat Modai, die Presse in diesem Sinne zu unterrichten.

Meine Berater meinten später, das sei ein schwerwiegender Fehler gewesen, denn Modai hatte nichts Eiligeres zu tun, als mir »den Lorbeer zu stehlen«. Noch am Abend trat er im Fernsehen auf und berichtete den Zuschauern, sein Ministerium habe einen neuen Wirtschaftsplan ausgearbeitet, mit dem die gegenwärtige Krise bewältigt werden könne. Der Plan werde am Sonntag dem Kabinett zum Beschluß vorgelegt.

In der Kabinettsitzung am folgenden Sonntag wurde jedoch schnell deutlich, daß Modai zwar die Urheberschaft für den ESP beanspruchte, aber versäumt hatte, seine Kollegen vom Likud auf den Plan einzuschwören. Außer Jizchak Shamir und Modai selbst unterstützten ihn allenfalls zwei weitere Likud-Minister. Alle übrigen waren schon vor der Sitzung entschlossen, die geplanten Maßnahmen im Keim zu ersticken.

Zu ihnen gehörte auch Moshe Nissim, der nach dem Rotationsprinzip als Finanzminister vorgesehen war und in dieser Eigenschaft für die Durchführung des ESP verantwortlich sein würde.

Ich war jedoch auf einen harten Kampf gefaßt, daher brachte mich die Widerspenstigkeit des Likud nicht aus dem Konzept. In diesem Stadium der Wirtschaftskrise mußte meiner Meinung nach die Regierung mit gutem Beispiel vorangehen und drastische Etatkürzungen beschließen. Nur so konnte sie das Vertrauen der Gewerkschaften und Unternehmer gewinnen, die ihre beiden Partner bei der Krisenbewältigung sein sollten. Ich selbst setzte den Rotstift an. Jede Ausgabe über mehr als 100 000 Dollar wurde bei unserer denkwürdigen Kabinettsitzung zur Disposition gestellt. Jeder erhielt von mir Rederecht, ganz gleich wie langatmig sein Beitrag ausfiel. Die Sitzung wollte kein Ende nehmen, aber zur Vertagung war ich nicht bereit. Ich drohte sogar, zum Staatspräsidenten zu gehen und meinen Rücktritt einzureichen, falls der Notstandsplan nicht genehmigt werden sollte. Es wurde Nachmittag, es wurde Abend, aber ich harrte am Kabinettstisch aus und hörte mir eine Rede nach der anderen an. Im Aussitzen war ich allemal so gut wie meine Gegner, ja sogar noch hartnäckiger. Der Montagmorgen kam herauf und immer noch mauerten die Likud-Minister mit ihren kritischen Bedenken. Doch die Mehrheitsverhältnisse hatten sich mittlerweile zugunsten des ESP verändert, und ich war entschlossen, die Sitzung erst nach der Abstimmung zu beenden. Schließlich gaben auch die Verschleppungstaktiker des Likud-Blocks auf, so daß auch diese Kabinettsitzung nach vierundzwanzig Stunden an ihr Ende kam. Das Abstimmungsergebnis lautete schließlich fünfzehn zu sieben, bei drei Enthaltungen. Zu diesen zählte auch Verteidigungsminister Jizchak Rabin. Nach einem langen und harten Disput akzeptierte Rabin – und das werde ich ihm stets hoch anrechnen – meine Forderung, die Verteidigungsausgaben um eine halbe Milliarde Dollar zu kürzen.

Der nächste Schritt bestand darin, die Histadrut für den Notstandsplan zu gewinnen. Nachdem ich mich selbst den Argumenten der Wirtschaftsexperten geöffnet hatte, versuchte ich nun die Gewerkschaften davon zu überzeugen, daß jede Stabilisierung der Wirtschaft mit einer massiven Preiserhöhung und einer beträchtlichen Abwertung beginnen müsse. Tatsächlich wurde der Schekel um 33 Prozent abgewertet, die Preise stiegen um bis zu 28 Prozent, während die Gehälter um bis zu

15 Prozent angehoben wurden. Dann wurden Preise und Gehälter eingefroren. Für den durchschnittlichen Israeli brachten diese Maßnahmen einen beträchtlichen Kaufkraftverlust. Ohne solche vorübergehende Einbußen hätte der ESP indes keine Wirkung gezeigt. Den Arbeitnehmern einen vollen Ausgleich für die Preissteigerungen zu gewähren, hätte die Inflation nur weiter in die Höhe getrieben. Die Kürzung der staatlichen Subventionen bei Gütern des täglichen Bedarfs traf gerade die schwächsten Glieder der Gesellschaft. Bisher waren Grundnahrungsmittel wie Brot, Milch, Eier und Zucker sowie Ausgaben für öffentliche Verkehrsmittel, was im Haushaltsbudget vieler Durchschnittsfamilien einen der größten Posten ausmacht, vom Staat subventioniert worden. Ich schloß vor diesen sozialen Härten nicht die Augen und machte mich auf massive Proteste gefaßt.

Nach zweiwöchigen intensiven Verhandlungen hatte ich die Gewerkschaftsleitung der Histadrut davon überzeugt, daß der ESP der einzige Weg aus der Wirtschaftskrise war. Wir einigten uns darauf, die Löhne am Jahresende wieder steigen zu lassen, damit der Lebensstandard im Lauf des darauffolgenden Jahres wieder den Stand erreichte, den er vor den Notstandsmaßnahmen hatte. Viele konnten kaum fassen, daß ich zu solch drastischen Maßnahmen griff. Bisher hatte ich nicht im Ruf der Hartherzigkeit gestanden. Doch ich war überzeugt, daß nur durch einschneidende Maßnahmen das Vertrauen der Nation in die Wirtschaft wiederhergestellt werden konnte. Häufige Besuche in Geschäften und Fabriken bestärkten mich nach dem Anlaufen des Notstandsplans noch in meiner Überzeugung und gaben mir Mut, den eingeschlagenen Weg fortzusetzen.

Bereits im August, einen Monat nach Beginn des ESP, fiel die Inflationsrate auf 2,5 Prozent, während sie im Juli 28 und im Juni 20 Prozent betragen hatte. Bis zum Jahresende betrug die durchschnittliche Monatsrate nur noch 1,5 Prozent. Gespannt verfolgten die Wirtschaftsexperten, die an der Konzeption des Plans maßgeblich beteiligt waren, nun seine Durchführung. Für Professor Chaim Ben-Shahar von der Universität Tel Aviv erfüllte die Entwicklung alle Erwartungen. Heute wird der Plan in wirtschaftspolitischen Seminaren an führenden Universitäten behandelt. Der israelische ESP war jedoch nicht revolutionär; er baute auf klassischen wirtschaftlichen Grundüberlegungen auf. Sein Erfolg lag darin begründet, daß er alle wirtschaftspolitischen Probleme gleichzeitig anpackte: Wechselkurspolitik, Lohnpolitik, Staatsausgaben und Geldpolitik. Doch letztlich hat der ESP deshalb funktioniert, weil es uns gelang, das Vertrauen der israelischen Öffentlichkeit zu gewinnen. Die Bürger betrachteten die wirtschaftliche Entwicklung wieder mit Zuversicht, weil sie die Kompetenz der Regierung in Wirtschaftsfragen anerkannten. Sie waren bereit, Opfer zu bringen, nicht weil die Regierung sie von ihnen forderte, sondern weil die Regierung in Gesprächen mit den Gewerkschaften und den Unternehmern neue Entschlossenheit und die Fähigkeit zu kühnem, rationalem Denken bewiesen hatte.

Die Krise unserer Wirtschaft war nicht meine Schuld. Mir war aber auch bewußt, daß die Öffentlichkeit mich - und zwar zu Recht - dafür verantwortlich machen würde, wenn unser Notstandsplan fehlschlagen sollte. Monatelang hatte ich versucht, die Inflation durch diverse Abschlüsse mit Gewerkschaften und Unternehmern in den Griff zu bekommen, doch diese »Paketlösungen« blieben ohne große Wirkung, und die Inflationsspirale drehte sich weiter. Ich wurde von Beratern regelrecht umzingelt; einige arbeiteten in unserem Auftrag, andere waren willkommene Ratgeber, wieder andere waren nicht um ihren Rat gebeten worden und mischten sich dennoch ein. In diesem Gewirr von widerstreitenden Stimmen versuchte ich klaren Kopf zu behalten.

Schließlich schritt ich zur Tat, und zwar mit aller Konsequenz. Ich überwachte die Durchführung des ESP und führte persönlich die Verhandlungen mit der Histadrut. Die amerikanische Regierung, die unsere Anstrengungen genauestens beobachtet hatte, zeigte sich zufrieden. Außenminister George Shultz hatte als Bedingung für die zusätzliche Wirtschaftshilfe, um die wir die Amerikaner gebeten hatten, auf weitreichenden wirtschaftlichen Reformen bestanden. Der ESP erfüllte diese Bedingung, und Washington gewährte zusätzliche Unterstützung in Höhe von 1,5 Milliarden Dollar über zwei Jahre verteilt - neben den jährlich 3 Milliarden Dollar für Hilfen im Militär- und Zivilbereich sowie Krediten, die wir auch weiterhin erhielten.

Das Verhalten von Finanzminister Modai wurde immer provokanter. Er beleidigte mich öffentlich; bei einer Gelegenheit nannte er mich »den fliegenden Premierminister«, so als handele es sich bei meinen zahlreichen Auslandsbesuchen um die Vergnügungsreisen eines Mitglieds des Jet-set. Als sein Betragen sogar den Zusammenhalt der Koalition gefährdete, entließ ich ihn. Doch auch ohne sein Amt machte Modai mir weiterhin die Urheberschaft am ESP streitig. Tatsächlich glaubten damals viele Israelis, der Finanzminister habe den ESP auf die Beine gestellt, während ich als Regierungschef dem Minister nur politisch den Rücken gestärkt hätte. Doch mein beherztes Vorgehen bei der Durchführung des Plans, während der Likud weiterhin gegen ihn opponierte und Modai seltsam schwankend blieb, sorgte schließlich dafür, dieses falsche Bild zurechtzurücken. Bei Meinungsumfragen erreichte mein Beliebtheitsgrad schließlich über 80 Prozent. Zwar halte ich im allgemeinen den Aussagewert von Meinungsumfragen für begrenzt, doch dieses bemerkenswert hohe Ergebnis schien mir doch eine breite Zustimmung zu meinen Bemühungen anzuzeigen.

Unsere Regierung der Nationalen Einheit, die nur mit großen Mühen zustande gekommen war, wurde zu einem Studienobjekt für Politiker und Politikwissenschaftler in der ganzen Welt. In demokratischen Staaten war sie ohne Beispiel: Zum erstenmal in Friedenszeiten waren die beiden großen politischen Lager eine Koalition eingegangen. Rückblikkend würde ich sagen, daß eine solche Koalitionsregierung funktionieren kann, jedoch nur dann, wenn es wirklich keine andere Alternative dazu gibt. Empfehlen kann ich eine solche Einheitsregierung nur als letzten Ausweg. Der Entscheidungsprozeß in einem Kabinett, dessen Minister wissen, daß sie bei den nächsten Wahlen gegeneinander antreten werden, ist denkbar schwierig. Andererseits ist ein einmal gefaßter Beschluß leichter praktisch umzusetzen, da ihm die Unterstützung eines großen Teils der öffentlichen Meinung sicher ist.

Zu meiner großen Befriedigung hat die Regierung der Nationalen Einheit – zumindest in der ersten Hälfte der Legislaturperiode – wichtige Beschlüsse gefaßt und durchgesetzt. Die zweite Hälfte erwies sich als weniger produktiv; Shamir meinte wohl, die Beschlüsse der ersten Hälfte reichten auch noch für die zweite aus. Wir haben hart gearbeitet, aber es hat sich gelohnt. Unsere Leistungsbilanz der ersten 25 Monate hält den Vergleich mit dem aus, was die meisten Regierungen in einer ganzen Amtsperiode zustande bringen.

19

DIE HINTERGRÜNDE DER »IRAN-CONTRA-AFFÄRE«

Der Iran ist ein rätselhaftes Land. Für Außenstehende, aber auch für Kenner bleibt das dortige politische Geschehen undurchsichtig. Als Verteidigungsminister war ich in den siebziger Jahren als Gast des Schahinschah Mohammed Resa Pahlawi in Teheran. Zuvor hatte ich eifrig alles über seine »Weiße Revolution« gelesen. Darunter verstand man die landwirtschaftlichen und industriellen Reformen, die der Schah eingeleitet hatte, damit der Iran Anschluß ans 20. Jahrhundert fände. Allerdings vertrug sich die weiße Revolution nur schlecht mit der schmutzigen Korruption, die das ganze Land überzog. Das gesamte Staatswesen schien davon infiziert, in allen Bereichen des zivilen und militärischen Lebens war Bestechung gang und gäbe.

Eines Tages lud mich der Schah zur Besichtigung eines großen Flugplatzes außerhalb von Teheran ein. Zu meiner Verblüffung standen dort rund tausend moderne amerikanische Armeehubschrauber in Reih und Glied auf der Rollbahn. Ich kannte den Preis solcher Hubschrauber und konnte mir ausrechnen, wieviel diese Armada vor meinen Augen gekostet hatte. Ihre jugendlichen Piloten machten auf mich den Eindruck von Dorfjungen, die gerade ihre Schulzeit hinter sich hatten. Diese sichtlich stolzen Jungen sollten einen Rückstand in der technischen Entwicklung von mehreren Jahrhunderten gleichsam über Nacht aufholen.

Wieder in Teheran, fragte ich den Schah, wozu er so viele Hubschrauber angeschafft habe. Zwar bewundere ich seine Idee, solch junge Burschen zu Hubschrauberpiloten auszubilden, doch hätte ich Zweifel, ob sie dieser Aufgabe gewachsen seien. Der Schah führte »strategische« Gründe ins Feld. Falls die Sowjets versuchen sollten, den Iran von den Bergen aus mit Panzern anzugreifen, so sagte er, »halten wir sie mit unseren Hubschraubern auf, denn die können auch über die höchsten Berge fliegen«.

Die Antwort schien mir bezeichnend für sein ganzes Denken. Sie bewies, wie eindimensional er die durchaus reale kommunistische Bedrohung für sein Land sah. Meiner Meinung nach konnte dieser Gefahr nur dadurch wirkungsvoll begegnet werden, daß für bessere Schulen und soziale Einrichtungen gesorgt, die Entwicklung der Landwirtschaft vorangetrieben und der Lebensstandard in den Städten gehoben wurde. Weitaus bedrohlicher als russische Panzer war die Unwissenheit und mangelhafte Schulbildung der Bürger des Landes. Der Schah sah das anders. »In unserer gemeinsamen Region gibt es nur zwei Länder, die dem Vordringen des Kommunismus einen Riegel vorschieben können«, behauptete er, »und das sind der Iran und Israel; aus geographischen Gründen ist die Lage für den Iran allerdings bedrohlicher.« Dann zog er über die amerikanischen Medien her, die seiner Ansicht nach die politische Lage im Iran verzerrt darstellten.

Schah Mohammed Resa Pahlawi war für mich die Verkörperung des Widerspruchs, an dem die gesamte iranische Gesellschaft litt. Einerseits versuchte er, die industrielle Revolution zum Wohl seiner Untertanen durchzusetzen, andererseits verteidigte er die absolute Monarchie, als lebe er noch im 17. Jahrhundert. Ich wußte damals natürlich nicht, wie lange die Monarchie noch bestehen würde, aber ich fragte mich, wie lange sie noch dem Druck der sozialen Probleme standhalten könnte.

Als Ruhollah Khomeini 1979 die Macht in Teheran übernahm, wurde der Iran für den Westen zu einem vollkommenen Rätsel. Mit dem Zusammenbruch der Monarchie blätterte auch der falsche Anstrich der Moderne ab. Die Revolution der Mullahs bedeutete für Israel das Ende einer langen und engen, wenngleich inoffiziellen Beziehung. Auf zahlreichen Feldern hatten wir eng mit dem Iran des Schahs zusammengearbeitet. Khomeini sprach wie ein religiöser Fanatiker, für den die Gesetze der Logik und die Prinzipien des politischen Pragmatismus nicht galten. Eine Debatte oder auch nur eine normale Unterhaltung schien mit ihm nicht möglich. Sein Fanatismus verbreitete Furcht, nicht nur in seinem eigenen Volk, sondern auch bei den Amerikanern. Und tatsächlich war es Khomeini, der den Sturz von Präsident Jimmy Carter herbeiführte.

Ich werde nie vergessen, was ich am 24. April 1980 im Weißen Haus erlebte, dem Tag, an dem Präsident Carter den Befehl für das Kommandounternehmen zur Befreiung der amerikanischen Geiseln in Teheran gab. Damals ahnte ich nicht, was geplant war. Ich besuchte Washington als israelischer Oppositionsführer und hatte um ein Treffen mit dem Präsidenten, hohen Regierungsbeamten und führenden Kongreßabgeordneten gebeten. Das Büro des Präsidenten hatte unsere Begegnung für den frühen Morgen angesetzt. Üblicherweise spricht ein Besucher vor einer Unterredung mit dem Präsidenten zuerst mit dem Außenminister. In meinem Fall war es anders. Außenminister Cyrus Vance und Vizepräsident Walter Mondale begleiteten mich zum Oval Office, wo Carter sie bat, draußen zu warten. Dann führte er mich allein in sein Büro. Der Präsident stellte mir zwei Fragen: Was würde ich an seiner Stelle für die amerikanischen Botschaftsgeiseln unternehmen? Welche Gründe waren für uns ausschlaggebend gewesen, damals in Entebbe einzugreifen? Ich antwortete, daß ich mich, bei Aussicht auf Erfolg, für eine militärische Befreiungsaktion entscheiden würde. Damals bei der Geiselaffäre in Entebbe sei unser größtes Problem der Mangel an Information gewesen. Vielleicht wäre unsere Entscheidung anders ausgefallen, wenn wir mehr gewußt hätten. Bis zu einem gewissen Grad hatten wir in Unkenntnis der Lage gehandelt. Da aber jede militärische Operation ein Wagnis sei, hatten wir uns doch dazu entschieden, es zu riskieren. Carter meinte, daß ihm meine Worte sehr geholfen hätten. Damals wußte ich nicht, daß die Hubschrauber, die das Kommando nach Teheran bringen sollten, sich bereits auf ihrem Unglücksflug befanden. Am späten Nachmittag wollte ich von Washington nach New York fliegen. Inzwischen hatte die Welt erfahren, in welch einem Fiasko das Kommandounternehmen geendet hatte. Als ich den Washingtoner Flughafen betrat, ertönte eine Lautsprecherdurchsage: »Mister Peres, ein Anruf für Sie.« Ich ging zum nächsten Telefon und wurde mit der berühmten Fernsehmoderatorin Barbara Walters verbunden. Ob ich ein Live-Interview geben wolle? Ich willigte sofort ein und sagte, daß der Präsident sich, meiner Meinung nach, für das Richtige entschieden habe. Eine solche Entscheidung berge immer Risiken wie menschliches Versagen oder Unfälle, aber der Mißerfolg mindere nicht den Mut, den der Präsident bewiesen habe. Nur wenige Augenblicke später meldete sich das Weiße Haus bei mir und sprach mir den Dank des Präsidenten aus. Ich war die einzige bekannte Persönlichkeit, die öffentlich den Entschluß des Präsidenten guthieß. Ich wußte, daß Carter einen hohen Preis für sein Scheitern zahlen mußte, auch wenn ich damals nicht ahnte, daß es ihn schließlich sein Amt kosten würde.

Ich erwähne dies hier, um eine Vorstellung davon zu geben, wie blind der Westen damals in seinem Umgang mit dem Iran Khomeinis war. Unwissenheit, Furcht und Enttäuschung lähmten die Verantwortlichen in ihrem Bemühen, der neuen, menschenverachtenden Praxis der Geiselnahme Herr zu werden, die sich im Gefolge der islamischen Revolution im Nahen Osten ausbreitete. In den folgenden Jahren hatte das iranische Regime bei fast jeder Entführung in der Region seine Finger im Spiel. Dabei täuschten die Mullahs Unkenntnis vor und leugneten unverfroren jegliche Beteiligung an den zahlreichen Geiselnahmen. Doch weder uns noch die Amerikaner konnten sie damit hinters Licht führen.

Der Iran blieb für uns weiterhin von großem Interesse, und wir verfolgten die dortigen politischen und militärischen Entwicklungen so genau wie möglich. Die geostrategische Bedeutung, die dem Iran besonders in den Augen der Amerikaner zukam, war nach dem Machtwechsel in Teheran nicht geringer geworden. Nun kam als neue Erscheinung ein sich aggressiv gebärdender islamischer Fundamentalismus hinzu, den die regierenden Mullahs offenbar zum Export bestimmt hatten. Unterdessen beobachteten die arabischen Staaten aufmerksam, wie die beiden größten Mächte der Region – der fundamentalistische Iran und die laizistische Türkei – sich für eine mögliche historische Konfrontation rüsteten.

Wir hatten viele Iran-Experten, und ich wußte ihre Arbeit zu schätzen. Dennoch spürte ich, daß der Iran ein Thema ist, bei dem Sachkenntnis nicht unbedingt zu Einsichten in radikal veränderte Verhältnisse führt. Das alles zusammengenommen bildete den Hintergrund für den Vorfall, der als »Iran-Contra-Affäre« bekannt wurde.

Unser wichtigster Mann im Zusammenhang mit dieser Affäre war Amiram Nir. Ich wurde zum erstenmal Anfang 1981 durch die Freitagabendnachrichten im Fernsehen auf ihn aufmerksam. Es wurde eine Reportage über die Armee gesendet, die mich sehr beeindruckte, denn sie war spürbar kritisch, aber sorgfältig recherchiert und bot eine überzeugende Darstellung des Themas. Der Verantwortliche für diesen Beitrag war, wie ich erfuhr, Amiram Nir, Militärkorrespondent des israelischen Fernsehens.

Für den Juni standen Knessetwahlen an, und ich mußte nun fast jeden Abend bei öffentlichen Versammlungen und Empfängen sprechen. Eines

Abends wurde mir ein junger Mann namens Amiram Nir vorgestellt, der ein Glasauge hatte – bei einer Militärübung hatte er ein Auge eingebüßt, wie ich später erfuhr –, das gesunde Auge aber leuchtete vor Vitalität und Neugier. Er bat mich um eine private Unterredung nach der Versammlung. Er bewundere mich schon seit langem und würde gern an meiner Seite arbeiten. Da er genug vom Fernsehen habe, würde er gern in die Politik gehen. Auf mich machte er einen sehr dynamischen Eindruck, daher bot ich ihm wenig später an, die Leitung meiner Wahlkampagne zu übernehmen. Nir nahm mein Angebot freudig an und leistete gute Arbeit. Er besaß Organisationstalent und wußte sich mündlich und schriftlich gewandt auszudrücken. Im zwischenmenschlichen Bereich hatte er jedoch nicht immer dieses Format, und das war sein Hauptfehler.

Die Arbeiterpartei kam nach den Wahlen zwar nicht an die Macht,[1] aber Nir arbeitete weiterhin mit mir. Er lieferte kenntnisreiche Berichte und fundierte Analysen zum politischen Tagesgeschehen. Von ihm erfuhr ich von der Diskussion in Regierung und Armee über eine Militärintervention im Libanon (siehe Seite 284). Nir hatte als Major in der Panzertruppe gedient und galt bei seinen Vorgesetzten als kompetenter und vielversprechender Offizier.

Nachdem die Arbeiterpartei und der Likud im September 1984 eine Regierung der Nationalen Einheit gebildet hatten, bat mich Nir um eine seinen Interessen und Fähigkeiten entsprechende Aufgabe. Ich sprach in dieser Angelegenheit mit Verteidigungsminister Rabin und schlug Nir dann vor, unseren Kampf gegen den Terrorismus zu koordinieren. Bei dieser Aufgabe hätte er seinen Standort im Verteidigungsministerium, würde aber eng mit der Behörde des Premierministers zusammenarbeiten. Nir war sofort einverstanden.

Im Mai 1985 wurde ich gebeten, Michael Ledeen, einen ehemaligen amerikanischen Regierungsbeamten, zu empfangen. Ich hatte ihn einige Jahre zuvor in seiner Eigenschaft als Kontaktmann der amerikanischen Regierung zu den sozialdemokratischen Parteien Europas kennengelernt. Wie ich wußte, unterhielt er auch Verbindungen zum CIA. Diesmal bat er mich um ein Gespräch unter vier Augen, und da ich ihn als aufgeschlossenen Geprächspartner in Erinnerung hatte, dem es nie an interessanten Ideen mangelte, willigte ich ein.

Ledeen berichtete, daß er im Auftrag von Robert McFarlane, dem nationalen Sicherheitsberater von Präsident Reagan, in einer streng geheimen Mission reise. Alles, was er mir mitteile, und alle sich möglicherweise anschließenden Aktionen seien aus den üblichen amtlichen und geheimdienstlichen Kanälen herauszuhalten. Das hieß mit anderen Worten, daß der CIA nicht beteiligt war und daß sich auch der Mossad nicht einmischen solle. Es gehe darum, festzustellen, ob und inwieweit Israel den Vereinigten Staaten bei ihren Bemühungen helfen könne, die amerikanischen Geiseln freizubekommen, die im Libanon von proiranischen Gruppen festgehalten wurden. Von Israel wisse man, daß es mehr als jedes andere westliche Land über vielfältige Kontakte zum Iran verfüge.

Auch wir kannten die Sorge um Geiseln, die nach Einsätzen im Libanon als verschollen galten und vermutlich in die Hände proiranischer Gruppen gefallen waren, konnten aber unsererseits schiitische Gefangene aus dem Libanon gegen unsere Männer austauschen. Außerdem hatte ich in den vergangenen Monaten erfahren, daß Khomeini zwar nach außen hin sein Land in eisernem Griff hielt, daß es aber drei verschiedene Strömungen innerhalb der revolutionären Führungsclique im Iran gab. Dem ersten Lager gehörten die Hardliner um Premierminister Hussein Mussavi und Ayatollah Ali Akbar Meshkini an. Diese Gruppe war entschlossen, die islamische Revolution in andere Länder zu tragen, und trat für weitreichende Verstaatlichungen im Iran ein. Die zweite, gemäßigtere Fraktion hatte sich dem Parlamentspräsidenten Haschemi Rafsandschani und den mit ihm verbündeten Ayatollahs angeschlossen. Die dritte Gruppierung war grundsätzlich prowestlich und antisowjetisch, obwohl auch sie schiitischen Geistlichen und revolutionären Persönlichkeiten Zugeständnisse machte. Sie unterstützte eine freie Wirtschaft im Iran und dachte nicht daran, die islamische Revolution in andere Länder zu tragen.

Selbstverständlich verschloß ich mich nicht dem amerikanischen Ersuchen um Zusammenarbeit. Die Amerikaner hatten uns in der Vergangenheit oft geholfen, Kriegsgefangene zurückzubekommen. Auch hatten sie sich für die Auswanderung von Juden aus totalitären Staaten nach Israel eingesetzt. Ledeens Mission bot die Gelegenheit, uns ihnen gegenüber erkenntlich zu zeigen. Außenminister Jizchak Shamir und Verteidigungsminister Rabin, die ich beide einweihte, stimmten gleichfalls zu. Außerdem hatten wir aus zuverlässiger Quelle erfahren, daß Jassir

Arafat angeboten hatte, sich für die Freilassung der amerikanischen Geiseln einzusetzen. Sogar Syrien war bestrebt, sich hilfsbereit zu zeigen, um in Washington politischen Gewinn daraus zu ziehen. Folglich konnten wir nicht zurückstehen, wenn unsere arabischen Feinde Entgegenkommen zeigten.

Außerdem waren wir wie die Amerikaner daran interessiert, ein verläßliches Bild der Machtverhältnisse im Iran zu erhalten, um eine Prognose über die zukünftige Entwicklung geben zu können. War Khomeinis Rückhalt im Volk wirklich so umfangreich und gefestigt, wie die regierenden Mullahs behaupteten, oder würden wieder gemäßigtere oder sogar laizistische Kräfte ans Ruder kommen?

Shamir kündigte an, daß sein Amtsleiter David Kimche, ein ehemaliger hoher Beamter des Mossad, bald nach Washington fliegen werde, um sich ein Bild von Ledeens Mission zu machen. Im Juli berichtete Kimche, daß das Gesuch tatsächlich von McFarlane stamme, anders ausgedrückt, auf Präsident Reagan zurückgegangen war. Im August fuhr Kimche wieder nach Washington, und diesmal erwähnte er weisungsgemäß gegenüber McFarlane, daß wir unsere Kooperation nur anböten, wenn Außenminister Shultz über alles auf dem laufenden sei. Zuerst sträubte sich McFarlane, weil er das Durchsickern von Informationen vermeiden wollte. Aber Kimche blieb fest, und so versprach McFarlane schließlich, er werde den Rat des Präsidenten einholen. Als Kimche am nächsten Tag nochmals anfragte, teilte ihm McFarlane mit, der Präsident sei einverstanden, Shultz einzubeziehen. Er, McFarlane, habe bereits mit Shultz gesprochen.

Da ich Ledeen zugesichert hatte, daß alle Aktionen ohne Mitwirkung des Geheimdienstes ablaufen sollten, suchte ich überall nach geeignetem Ersatz. Meinen alten Freund Al Schwimmer, der für ein symbolisches Gehalt von einem Dollar pro Jahr die Regierung beriet, bat ich um seine Mitarbeit in dieser besonderen Angelegenheit. Seine amerikanische Herkunft, seine Sachkenntnis in allen Fragen der Luftfahrt und seine heftige Abneigung gegen jede Art von Publicity machten ihn in meinen Augen zum geeigneten Mann für diese heikle Aufgabe. Schwimmer brachte noch Jaacov Nimrodi mit, einen Geschäftsmann, der früher lange Zeit als israelischer Militärattaché in Teheran gedient hatte. Nimrodi sprach Persisch und war mit den iranischen Gepflogenheiten bestens vertraut. Er verfügte immer noch über viele Freunde und Kontakte im Iran und hatte wertvolle Erfahrungen bei geschäftlichen Verhandlungen mit den Iranern gesammelt.

Nimrodis Erkenntnisse entsprachen denen, die wir bereits aus anderen Quellen gewonnen hatten. Innerhalb der Teheraner Führung gab es drei verschiedene Gruppierungen. Wir unterschieden sie je nach Grad ihrer extremistischen Einstellung gegenüber der Außenwelt und nannten sie »Fraktion A«, »Fraktion B« und »Fraktion C«. Recht bald trat ein Gesandter von Fraktion A, der gemäßigtsten von allen, mit uns in Kontakt und signalisierte, daß die führenden Mitglieder seiner Fraktion die Freilassung der amerikanischen Geiseln einleiten könnten. Allerdings wäre hierzu der Beweis (für Fraktion B und C?) nötig, daß es sich um ein »Geschäft auf Gegenseitigkeit« handele. Er forderte den Abschluß eines Liefervertrags über moderne amerikanische Waffen und unterstrich die Bereitschaft seiner Fraktion, für die Rüstungsgüter den vollen Marktpreis zu bezahlen. Besonders interessierten sich die Iraner für Flugabwehrraketen vom Typ Hawk und Panzerabwehrraketen vom Typ TOW.

Ihre Bestelliste wurde nach Washington gesandt und dort umgehend akzeptiert. Um die Geiselbefreiung zu beschleunigen, waren die Iraner zu sofortiger Barzahlung bereit. Die Amerikaner baten uns, Raketen aus unseren Beständen zu liefern, und versicherten, sie unverzüglich zu ersetzen. Rabin, von dem ich wußte, daß er den Amerikanern gerne helfen wollte, stellte auch prompt soviel von dem gewünschten Gerät zur Verfügung, wie er verantworten konnte. In der Zwischenzeit hatte Schwimmer auf ungewöhnlichem Weg Flugzeuge und Besatzungen gechartert, die die Rüstungsgüter nach Teheran fliegen sollten. Kurz darauf wurde die erste Geisel, Reverend Benjamin Weir, freigelassen; wir freuten uns mit ihm und seiner Familie.[2]

Zu diesem Zeitpunkt hatten sich die Amerikaner entschlossen, zu den Wurzeln des Problems vorzudringen und mehr über die unterschiedlichen Gruppen von Geiselnehmern und deren Verbindungen zu schiitischen Organisationen im Libanon und zum Iran in Erfahrung zu bringen. Wir waren gleichermaßen daran interessiert, unsere Kenntnisse über diesen relativ neuen und unbekannten Feind zu erweitern. Aus diesem Grund entschied ich, Amiram Nir in die Angelegenheit einzubeziehen.

Nir arbeitete sich sehr bald in eine Schlüsselrolle hinein. Ihn, McFarlane und dessen wichtigsten Berater, Oberstleutnant Oliver North, verband rasch eine enge und vertrauensvolle Beziehung. Nir begann an Geheimtreffen mit iranischen Emissären teilzunehmen. Einige Zusammenkünfte, die meist in europäischen Hauptstädten stattfanden, arrangierten wir, andere die Amerikaner. Bei einer Gelegenheit, die inzwischen zu zweifelhafter Berühmtheit gelangt ist, begleitete Nir den damals schon pensionierten, aber für diese Mission nochmals aktiven McFarlane und einen hohen CIA-Beamten namens George Cave auf eine Geheimvisite in den Iran. Sie wollten dort direkt mit führenden Politikern verhandeln. Der Besuch verlief erfolglos. Da wir aber gleichzeitig Wissen und Erfahrungen gesammelt hatten, die uns im zukünftigen Kampf gegen Terroristen und Geiselnehmer nützen konnten, glaubten wir doch, der amerikanischen Regierung geholfen zu haben. Mit der angeblichen geheimen und illegalen Weiterleitung von Geld aus dem Iran an die Contra-Rebellen in Nicaragua hatte Israel aber absolut nichts zu tun.

Die Freilassung von Reverend Weir hatte mir Mut gemacht, denn sie schien zu beweisen, daß wir mit unserem Plan auf dem richtigen Weg waren. Um zu einer Bewertung zu kommen, brauchte ich Ergebnisse, und dies hier war ein erkennbarer Erfolg. Weirs Freilassung wurde in Amerika bei Regierung und Bevölkerung gleichermaßen begeistert aufgenommen.

Bei einem Besuch in Washington im September 1986 spürte ich noch deutlicher, daß wir im amerikanischen und im eigenen Interesse richtig handelten. Nach einem offiziellen Arbeitstreffen bat Reagan mich um ein Gespräch unter vier Augen, bei dem er mir für die Unterstützung, die wir den Amerikanern bei der Freilassung ihrer Geiseln geleistet hatten, überschwenglich dankte.

Das war ein denkwürdiger Augenblick in meiner Beziehung zu Reagan. Doch die überbordende Herzlichkeit des Präsidenten war weder für ihn noch für unser sonstiges Verhältnis ungewöhnlich. Ich bewunderte Ronald Reagan; was ich besonders an ihm schätzte, waren seine ungezwungene Bescheidenheit und seine erfrischende Arglosigkeit, sobald die Vorgänge kompliziert wurden. Zum erstenmal begegnete ich ihm im April 1980 in Los Angeles in Gesellschaft seiner Frau Nancy und seines damaligen Wahlkampfleiters Ed Meese. Ich wurde von Benny Navon, unserem dortigen Generalkonsul, begleitet. Reagan begrüßte mich herzlich und erzählte, daß er eine Woche zuvor Gastgeber für einen unserer Nachbarn gewesen sei, einen libanesischen Besucher, der sich aufrichtig für einen Frieden mit Israel ausgesprochen habe. Ich fragte Reagan, ob es sich bei dem Gast um einen libanesischen Christen oder einen Muslim gehandelt habe. Ein wunderbarer Ausdruck naiver Unschuld huschte über Reagens offenes Gesicht, wie bei einem Schuljungen, der seine Hausaufgaben nicht gemacht hat. Er versuchte nicht, sich zu verstellen, sondern wandte sich an Meese um Hilfe. Seither hat er sich, wenigstens bei unseren Treffen, nie angemaßt, »alles zu wissen und sonst nichts«, um es mit den Worten von Marschall Pétain zu sagen. Ich bewunderte ihn aufrichtig, denn er war der »Große Kommunikator«, ein Staatsmann, der nicht jedes außenpolitische Problem bis in alle Details zu kennen brauchte, der aber sehr wohl wußte, wo und wofür er stand und wie er seine Botschaft vermitteln konnte. An seiner Bescheidenheit konnten selbst zwei Amtsperioden im Weißen Haus nichts ändern. Wenn ein offizieller Besucher eintraf und das Ehrenspalier abschritt, stand der Präsident stets in der Reihe neben seinen hochrangigen Staatsdienern. Standesdünkel kannte er nicht.

Nach dem offiziellen Teil einer Begegnung amüsierte er die Gäste oft mit seinen heißgeliebten Kommunistenwitzen. So erzählte er mir nach unserem denkwürdigen Treffen im September 1986 einmal den folgenden: Während der Konferenz von Jalta ging Roosevelt eines Abends schon früh zu Bett und ließ Stalin und Churchill allein zurück. Die beiden aßen, tranken und unterhielten sich ausgiebig bis spät in die Nacht. Am anderen Morgen sagte Churchill zu Stalin: »Josef, gestern abend haben wir zuviel getrunken und zuviel geredet.« »Dasselbe habe ich auch gedacht«, antwortete Stalin, »aber seien Sie unbesorgt, mein lieber Winston. Wir waren ja nur zu dritt, Sie, ich und der Dolmetscher, und der wurde bereits erschossen.«

Als mich Reagan damals mit Lob und Dank überhäufte, war mir nicht bewußt, daß von der geheimen Mission im Iran schon zuviel durchgesickert war. Es gab schon zuviel Gerede und zu viele Dolmetscher.

Was ich ebenfalls nicht ahnte und was ich mir nicht einmal im Traum vorgestellt hätte, war das Ausmaß an Unstimmigkeiten auf höchster Ebene in der Reagan-Administration. Vielleicht war ich zu naiv, aber ich glaubte, daß der amerikanische Regierungsapparat einem Uhrwerk gleich arbeitete, so daß ein Rädchen ins andere faßte und alles einem einzigen Zweck diente. Mir kam es nie in den Sinn, daß North auf eigene

Faust handeln könnte, ohne Shultz einzubeziehen, während Verteidigungsminister Caspar Weinberger seine eigene konträre Position vertrat. Vor allen Dingen aber ahnte ich nicht, daß McFarlane keineswegs eine solch weitreichende Vollmacht besaß, wie er glauben machte.

Als Shultz herausfand, was gespielt wurde, war er wütend, und das nicht zuletzt auf mich. Er verhehlte nicht sein tiefes Mißfallen darüber, daß ich ihm die ganze Sache verheimlicht hätte. Ich beteuerte, daß ich nie daran gedacht hätte, er sei womöglich nicht voll informiert. Ich sei sicher gewesen, daß der Sicherheitsberater ihn und andere hohe Staatsbeamte auf dem laufenden gehalten habe. Das sei auch der Eindruck gewesen, den McFarlanes Äußerungen bei David Kimche hinterlassen hätten. Mir war unbegreiflich, daß ich einen Dankesbrief des amerikanischen Präsidenten erhalten haben sollte, in dem dieser voll des Lobes für Amiram Nir war, ohne daß der amerikanische Außenminister davon gewußt hätte. (Der Brief ist der einzige seiner Art, in dem ein Präsident der Vereinigten Staaten ein Mitglied der israelischen Regierung mit solchem Lob hervorhob.)

Aus der Rückschau betrachtet und im Licht der Memoiren von Außenminister Shultz[3] sowie der Ergebnisse des Untersuchungsausschusses des Senats muß ich gestehen, daß ich sogar noch verwirrter bin über die Beziehungen zwischen den Schlüsselfiguren in der amerikanischen Regierung: McFarlane, Shultz, Admiral Poindexter und Weinberger. Derartige Zustände hätte ich mir selbst in meinen schlimmsten Alpträumen nicht ausgemalt. Ich bewunderte die Vereinigten Staaten so sehr, daß ich wie selbstverständlich annahm, daß die politischen Entscheidungen in vertrauensvollem Miteinander aller Verantwortlichen getroffen würden.

Aber auch wir lagen nicht nur auf Rosen gebettet. Ich hatte volles Vertrauen zu Schwimmer und Nir, aber nach und nach merkte ich, daß Nir versuchte, Schwimmer auszubooten. Seine Berichte über Schwimmer fielen immer tendenziöser aus. Ich stellte ihn über diesen Punkt zur Rede, und er versprach, künftig mit Schwimmer vorbehaltlos zusammenzuarbeiten.

Eines Tages wußte Nir zu berichten, daß die Amerikaner nicht länger in den Kulissen bleiben wollten, vielmehr sähen sie ihre Rolle künftig mehr im Vordergrund. Ich freute mich natürlich, das zu hören, und gab sofort meine Zustimmung. Schwimmer reagierte weniger enthusiastisch.

Er schien am Wahrheitsgehalt von Nirs Information zu zweifeln. Auf alle Fälle stand Nir in ständigem Kontakt mit den Amerikanern und vertrat erfolgreich den israelischen Standpunkt in dieser Angelegenheit.

Anders als bei den Amerikanern wurde bei uns auf der politischen Führungsebene alles unter den wichtigsten Ministern abgestimmt. Unsere Entscheidungen wurden nach ausgiebiger Diskussion im Konsens getroffen. Das war um so bemerkenswerter, wenn man berücksichtigt, daß unsere »Troika« – Rabin, Shamir und ich – zwei gegnerischen politischen Lagern entstammte, die nur deshalb gemeinsam regierten, weil keiner allein über eine Regierungsmehrheit verfügt hätte. Die Rivalität zwischen Arbeiterpartei und Likud lag nur für die Dauer unseres Regierungsbündnisses auf Eis. Es hatte nie eine wirkliche Aussöhnung gegeben, aber trotzdem wäre es mir niemals eingefallen, Entscheidungen von solcher Tragweite zu fällen, ohne den Verteidigungsminister und den Außenminister zu beteiligen.

Zudem hatten wir alle Erfahrungen im Amt des Premierministers, entweder in der Vergangenheit oder in der Gegenwart. Wir wußten, wie mit dem Mossad oder dem Shin Bet[4] zusammenzuarbeiten war oder wie eine Operation über geheime Kanäle ohne Anbindung an Nachrichtendienste geführt werden mußte. Selbstverständlich unterrichtete ich den Mossad von der Operation und erklärte, warum es das beste sei, wenn er nicht hineingezogen würde, da die Amerikaner jede Beteiligung ihrer Behörden zu vermeiden suchten. Diese Entscheidung, wiewohl ungewöhnlich, konnten Rabin und Shamir als ehemalige Premierminister leicht verstehen. Während der gesamten Episode wurde jede Information, die einen von uns erreichte, sofort den beiden anderen mitgeteilt. Keiner versuchte, jemanden aus der Sache herauszuhalten, vielmehr standen wir alles gemeinsam durch. Und auch als die Affäre an die Öffentlichkeit kam, hielten wir zusammen. Unsere Entscheidungen waren einstimmig gefällt worden, und daran hielten wir uns. Trotz unserer Gegnerschaft in den meisten politischen Zielen versuchte keiner von uns nach den Ereignissen, aus der »Iran-Contra-Affäre« politisches Kapital auf Kosten der anderen zu schlagen.

Das gleiche gilt für ein anderes Ereignis, das in meine Amtszeit als Premierminister fiel und heftige Kontroversen auslöste: die sogenannte Shin-Bet-Affäre. Es begann damit, daß im April 1984, bevor ich

Premierminister wurde, zwei junge Palästinenser einen Bus, der auf der Strecke Tel Aviv – Ashkelon verkehrte, in ihre Gewalt brachten und in den Gazastreifen zu entführen versuchten. Unterwegs gerieten sie in eine militärische Straßensperre. Bei dem anschließenden Schußwechsel fand ein Fahrgast den Tod. Am Ende gaben die Entführer auf. Später ließen die Armeebehörden verlauten, daß die Entführer bei der Schießerei getötet worden seien, aber Reporter hatten ihre Festnahme fotografiert. Versuche der Militärzensur, die Veröffentlichung der Fotos zu verhindern, scheiterten. Israelische und internationale Zeitungen berichteten über das Ereignis und brachten auch die Fotos.

Zwei Untersuchungsausschüsse wurden eingesetzt, um den Tod der Entführer aufzuklären. Der eine Ausschuß wurde von einem ehemaligen Generalmajor der Armee, Meir Zorea, geleitet, bei dem anderen führte Staatsanwalt Jonah Blatman den Vorsitz. Die Ergebnisse deuteten auf die Verwicklung eines hochrangigen Armeeoffiziers, des Brigadegenerals Jizchak Mordechai, hin. Der General wurde vor Gericht gestellt, am Ende aber freigesprochen.

Bei meinem Amtsantritt im September wurde die Affäre in der Öffentlichkeit wie auch im privaten Gespräch heftig diskutiert. Aber da zwei juristisch einwandfrei besetzte Untersuchungsausschüsse ihre Ergebnisse publiziert hatten, sah ich keine Notwendigkeit, den Fall wieder aufzurollen. Der Chef des Shin Bet, Avraham Shalom, umriß in einer kurzen Darstellung zu Beginn meiner Amtszeit die Umstände der Busentführung und gab an, »nach den Anweisungen« des damaligen Premierministers Jizchak Shamir gehandelt zu haben. Er ging nicht ins Detail, und ich forderte ihn auch nicht dazu auf. Die Episode gehörte der Vergangenheit an, so ungefähr dachte ich. Auf meiner Agenda drängten sich bereits viele aktuelle Probleme. Shalom sagte nicht genau, was für Anweisungen er meinte, und ich drang nicht weiter in ihn.

Kurze Zeit später berichtete Shalom im Verlauf einer unserer wöchentlichen Besprechungen,[5] daß einige hochrangige Vertreter, unter ihnen auch sein Stellvertreter Reuven Hazak, seine Autorität zu untergraben versuchten. Er behielt die Oberhand über seine Herausforderer, machte aber nie den Vorschlag oder auch nur die Andeutung, sie aus der Behörde zu entfernen.

Damals wußte ich nicht, daß der Grund für diesen internen Aufstand die Busentführung war. Aber ein paar Wochen später, als sich Shalom im Ausland aufhielt und Hazak ihn bei der wöchentlichen Besprechung vertrat, kam die Verbindung ans Licht.

Hazak behauptete bei dieser Besprechung, es habe massive Vertuschungsversuche gegeben. Die beiden Untersuchungsausschüsse seien vorsätzlich durch falsche Zeugenaussagen von Shin-Bet-Mitarbeitern irregeführt worden. Mordechai sei Opfer einer Verleumdung geworden, während Shalom persönlich in die Affäre verstrickt sei. Hazak sprach für zwei weitere hohe Geheimdienstmitarbeiter, Peleg Radai und Rafi Malka.

Das kam mir sonderbar vor. Warum hatte Hazak mit der Enthüllung der angeblichen Vertuschung ein ganzes Jahr gewartet, und wieso hatte er nicht darum gebeten, vor Zorea oder Blatman auszusagen? Weshalb rückte er erst mit seinen Anschuldigungen heraus, als Shalom einmal außer Landes war?

Ich sprach als Premierminister, als Mitglied der Exekutive, und konnte und wollte nicht als Vertreter der Jurisdiktion fungieren. Die gerichtlichen Untersuchungen hatten ihren ordentlichen Gang genommen, und der Exekutive stand es nicht zu, ihre Ergebnisse aufzuheben. Ich glaubte die mahnende Stimme Ben Gurions zu hören. Er hatte sich immer für die Gewaltenteilung starkgemacht und stets für das grundlegende demokratische Prinzip gefochten, daß Mitglieder der Exekutive nicht gleichzeitig als Richter auftreten dürfen (siehe Seite 118).

Hazaks Aussage erinnerte mich daran, daß Shalom mir von der Verschwörung seiner Untergebenen berichtet hatte. Mir schien es erste Pflicht zu sein, dem bedrängten Leiter einer für die nationale Sicherheit wichtigen Behörde beizustehen und jede Revolte in ihren Reihen zu ersticken. Ich sagte Hazak, er solle entweder seine Anschuldigungen in Gegenwart Shaloms wiederholen oder aber gerichtlich gegen ihn vorgehen. Ich persönlich würde nichts gegen den Chef des Shin Bet unternehmen, der auch weiterhin mein uneingeschränktes Vertrauen habe.

Hazak entschied sich für den zweiten Weg. Er und seine beiden Kollegen legten offiziell Klage beim Generalstaatsanwalt Jizchak Zamir ein. Zamir, Professor für Rechtswissenschaft an der Hebräischen Universität, versah bereits seit mehr als sieben Jahren das Amt des Generalstaatsanwalts. Er schenkte Hazak und dessen Kollegen mehr Glauben, als ich es getan hatte. Um belastende Tatbestände aufzudecken, war er bereit, Ermittlungen gegen Shalom einzuleiten. Shalom, der von Jossi Ginossar, einem hohen Shin-Bet-Vertreter, unterstützt wurde, gab zu verstehen, daß er im Falle eines Gerichtsverfahrens nicht klaglos die Schuld auf sich nehmen würde. Er würde sich einen fähigen Rechtsanwalt nehmen und den Schleier der Geheimhaltung zerreißen, der sonst die Vorgänge beim Shin Bet verhülle.

Die Vorstellung, daß es zu einem solchen Prozeß kommen könnte, mußte ich als Bedrohung der Staatssicherheit ansehen. Bei einer gerichtlichen Überprüfung der Operationen des Shin Bet würde es nicht bei einem pauschalen und bloß historischen Überblick bleiben, sondern aktuelle Geheimdienstusancen kämen an den Tag, womit die Effizienz des Shin Bet, der wichtigsten Instanz bei der Bekämpfung des palästinensischen Terrorismus, gefährlich eingeschränkt würde. Shalom behauptete, er habe mit Shamirs Einverständnis gehandelt. Bei einer Untersuchung hätte ich darauf bestehen müssen, auch Shamir zu befragen. Das wiederum hätte zwangsläufig eher wie eine politische Abrechnung und nicht wie eine juristische Überprüfung ausgesehen. Ich wäre in den Verdacht gekommen, meine Stellung als Premierminister für politische Ziele zu mißbrauchen.

Das war freilich nie meine Absicht. Ich betrachtete die Angelegenheit als juristisches Problem und war entschlossen, die Politik herauszuhalten. Während der Shin-Bet-Affäre vermied ich es, auf Shamir oder andere Likud-Minister anzuspielen oder gar Anschuldigungen zu formulieren. Die »Premierministerrunde«, also Shamir, Rabin und ich, überstand unbeschadet diese schwierige Zeit. Wir kamen regelmäßig zusammen und sprachen miteinander ohne falsche Untertöne. Entscheidungen trafen wir wie immer einstimmig und verteidigten sie gemeinsam.

In zahlreichen Gesprächen mit Zamir vertrat ich die Auffassung, daß wir als Minister in erster Linie für Sicherheitsfragen zuständig seien, während er als höchster Vertreter der Jurisdiktion für die rechtlichen und gesetzgeberischen Aspekte der Entscheidungen der Exekutive einzustehen habe. Ich räumte ein, daß in einem Rechtsstaat selbstverständlich das Gesetz immer an erster Stelle stehen müsse. Damit gab ich Zamir zu verstehen, daß er das letzte Wort haben werde, aber ich versuchte ihm auch meine Sichtweise begreiflich zu machen. Die Männer des Shin Bet seien in jeder Hinsicht Frontsoldaten und sollten deshalb nach militärischen Kriterien verurteilt werden. Die Militärgerichtsbarkeit berücksichtige erschwerte Bedingungen und außerordentliche Maßnahmen im Krieg. Die Busentführung komme einer Militäroperation gleich. Daß Shalom und seine Männer keine militärische Uniform getragen hatten, stelle keinen hinreichenden Grund dar, ihr Recht, wie Soldaten behandelt zu werden, einzuschränken.

Zamir war nicht zu überzeugen, und Shalom bekam die Voreingenommenheit zu spüren. Die beiden Männer versahen sehr unterschiedliche Ämter und hatten in der Vergangenheit oftmals die Klingen gekreuzt. Bei den Rollen, die sie besetzen, ist der Konflikt beinahe unausweichlich: Der eine tritt für das Gesetz, für ein ordnungsgemäßes Gerichtsverfahren und für das Recht der Öffentlichkeit auf Information ein, der andere ist mit Fragen der Staatssicherheit, mit der Arbeit der Geheimdienste und ihrer Einsatzfähigkeit befaßt. Beide Posten sind wichtig, aber sie reiben sich, daher sind Auseinandersetzungen unvermeidlich.

Zamir teilte mir mit, er weigere sich, Shalom vor dem Obersten Gerichtshof bei einem Verfahren zu vertreten, das Rafi Malka, einer der drei entlassenen Shin-Bet-Agenten, angestrengt habe. Außerdem hatte Zamir beim Generalinspektor der Polizei eine Beschwerde gegen Shalom eingelegt, was die Polizei zwang, von Amts wegen Ermittlungen gegen Shalom einzuleiten. Ich bat daraufhin Ram Caspi, einen langjährigen Freund und bekannten Rechtsanwalt in Tel Aviv, sich für Shalom und seine Kollegen einzusetzen. Caspi willigte ein, Shalom als Wahlverteidiger vor Gericht zu vertreten.

Damals und auch später wurde ich von mehreren Seiten beschuldigt, auf autoritäre Art Zamir aus seinem Amt vertrieben und einen neuen Generalstaatsanwalt ernannt zu haben, damit die Shin-Bet-Affäre in meinem Sinn geregelt würde. Tatsache ist aber, daß Zamir schon lange vorher seine Rücktrittsabsicht bekundet hatte. Ich drängte ihn sogar, im Amt zu bleiben, obwohl wir verschiedener Meinung waren oder vielmehr gerade deswegen. Denn an seiner Integrität habe ich nie gezweifelt. Weil er gerichtliche Schritte gegen Shalom unternommen hatte, war ich sogar dafür, daß er den Prozeß in seinem Amt bis zum Schluß durchfechten sollte. Es wäre ungeschickt, den Generalstaatsanwalt mitten in einem Gerichtsverfahren auszuwechseln, vor allem, wenn der neue Generalstaatsanwalt eine andere Auffassung in diesem Fall vertritt als der bisherige.

Zamir trat jedenfalls zurück, und das Kabinett ernannte Josef Harish, Bezirksrichter von Tel Aviv, zu seinem Nachfolger. Unterdessen hatten sich auch Shalom und seine Kollegen zum Rücktritt bereit erklärt, um die Affäre zu beenden. Den emotionalen Höhepunkt erreichte der Streitfall während einer Sitzung mit Rabin und zwei anderen Ministern in meinem Haus, als Shalom unter der Anspannung zusammenbrach und weinte. Ich wußte – besser gesagt, wir alle wußten – daß dieser Mann den Shin Bet zu einer Behörde aufgebaut hatte, in der Pflichteifer und Redlichkeit herrschten. Ebenso kannten wir Shaloms ungewöhnlichen Mut, den er in vielen selbstlosen Einsätzen für sein Land bewiesen hatte. Es war ein schmerzlicher Augenblick, der uns allen nachhaltig im Gedächtnis blieb.

Aber bei den Rücktritten sollte es nicht bleiben: Die polizeiliche Ermittlung war in Gang gekommen und konnte Harish zufolge jetzt nicht mehr gestoppt werden. Shalom und seine Männer mußten mit einer Klage vor Gericht rechnen. An diesem Punkt verfiel Ram Caspi auf den Ausweg einer Amnestie durch den Staatspräsidenten. Obwohl ich mir denken konnte, daß hierdurch weitere Kritik und Kontroversen heraufbeschworen würden, unterstützte ich die Idee uneingeschränkt und mit mir fast das gesamte Kabinett. Dieser beispiellose Schritt – insgesamt elf Shin-Bet-Männer wurden von Präsident Chaim Herzog begnadigt – löste heftige Kritik an der Regierung und am Präsidenten aus.

Im Rückblick bereue ich jedoch mein Vorgehen in dieser Affäre nicht. Möglicherweise hatte ich nicht alle Einzelheiten gekannt, aber als Premierminister konnte ich das auch nicht. Ich war weder Richter noch gehörte ich zu den Geschworenen, sondern war Chef der Exekutive. Vielleicht lag ich mit meiner Einschätzung der beteiligten Personen falsch, aber ich hatte sicher richtig gehandelt mit meiner Weigerung, als Richter aufzutreten. Damals wie heute bin ich der Ansicht, daß die juristischen Maßstäbe, die bei Soldaten im Kampf angelegt werden, auch für Shin-Bet-Männer gelten sollten. Sie haben Anspruch auf ein Verfahren nach den Vorschriften der Militärgerichtsbarkeit.

Während meiner Amtszeit als Premierminister fand eine humanitäre Aktion statt, die uns alle mit Freude und Genugtuung erfüllte. Ich meine die »Operation Moses«, eine Luftbrücke, in deren Verlauf Tausende von äthiopischen Juden nach Israel geflogen wurden. Mit dieser *Alija* wurde

Bei einem Treffen mit dem amerikanischen Präsidenten Ronald Reagan erörterte Shimon Peres 1985 die beginnenden Friedensverhandlungen mit Jordanien.

Mit der »Operation Moses« treffen 1985 Tausende von geflohenen äthiopischen Juden in Eilat ein.

in aller Stille noch vor dem Regierungswechsel begonnen. Zur Jahreswende 1984/1985 antworteten die Amerikaner auf meinen Appell, uns bei der Rettungsaktion zu helfen. Mit dem Einsatz amerikanischer Flugzeuge nahm die Alija dramatische Ausmaße an.

Seit Jahrtausenden hatten Juden in Äthiopien gelebt. Ihre Legenden gingen auf die Zeit König Salomons und der Königin von Saba zurück. Der letzte Negus oder Kaiser, Haile Selassie, bewegte sich ganz in dieser Tradition. Er nannte sich selbst »Löwe von Juda« und war stets ein Freund Israels. Das änderte sich, als Mitte der siebziger Jahren das revolutionäre Regime unter Oberst Mengistu Haile Mariam an die Macht kam. Oberst Mengistu vertrat einen uns feindlich gesinnten, marxistischen Standpunkt. Viele äthiopische Juden fühlten sich bedroht, Tausende flohen, meist zu Fuß, in den benachbarten Sudan. Dort lebten sie, nur unterstützt vom *Joint Distribution Committee*, der 1914 gegründeten Zentralorganisation aller jüdischen Wohlfahrtsverbände, in primitiven Flüchtlingslagern und hofften auf Rettung.

So unauffällig wie möglich begannen wir die Flüchtlinge in kleinen Gruppen an Bord unserer Flugzeuge und Schiffe nach Israel zu bringen, aber Ende 1984 waren unsere Transportkapazitäten dem Umfang und der Dringlichkeit der Aufgabe nicht mehr gewachsen. Ich wandte mich persönlich um Hilfe an George Bush, den damaligen amerikanischen Vizepräsidenten. Die Amerikaner reagierten prompt und schickten Transportflugzeuge der US-Luftwaffe, die auf einer behelfsmäßigen Piste in der Nähe der Flüchtlingslager landeten. Eine israelische Organisation brachte die Flüchtlinge aus den Lagern zu den Flugzeugen, dann wurden sie direkt zu einem Luftwaffenstützpunkt im Süden Israels geflogen.

Die Nacht, in der sie nach Israel kamen, werde ich nie vergessen. Gemeinsam mit anderen Regierungsvertretern warteten wir auf die Ankunft der Flugzeuge. Überwältigt von unseren Gefühlen, fehlten uns die Worte, als sich die Türen der riesigen Transportmaschinen öffneten und die Ältesten der Gemeinde, hager, aber würdig in ihren langen Gewändern, die Stufen hinunterstiegen, niederknieten und den Boden des Heiligen Landes küßten. Ihnen folgten Frauen mit hübschen, erstaunt blickenden Kindern an der Hand und schließlich die restlichen Familienmitglieder. Nacheinander landeten sechs Flugzeuge, und bald herrschte im Terminal drangvolle Enge unter den Neuankömmlingen.

Nicht die leisesten Klagen, kein unduldsames Wort störten die feierliche Stille. Alle, Alte wie Junge, waren bewegt von der tiefen Würde dieser ergreifenden Stunde. Selbst die Kinder nahmen die Bonbons, die israelische Stewardessen an sie verteilten, mit stiller Andacht entgegen.

Die Piloten der amerikanischen Luftwaffe schienen ebenso gerührt wie wir, als sie zum Abschied die Hände der Ältesten schüttelten. Mir schien es, als habe mir die Geschichte einen Ehrenplatz bei diesem bewegenden Schauspiel zugedacht. Ich konnte nur George Bush und der amerikanischen Regierung meine tiefe Dankbarkeit aussprechen.

Im Laufe der Zeit habe ich zehn amerikanische Präsidenten kommen und gehen sehen. Zu einigen hatte ich eine enge und vertrauensvolle Beziehung, die sich durch Offenheit und echte Freundschaft auszeichnete.

Präsident Truman habe ich freilich nur aus der Ferne wahrgenommen. Als junger Diplomat war ich damals tief beeindruckt, wie konsequent und entschieden er das sein wollte, was er war, nämlich Harry S. Truman, nicht mehr und nicht weniger. Wenn einer das berühmte Prinzip der »Regierung des Volkes durch das Volk und für das Volk« im vollen Sinne des Wortes erfüllte, dann er.

Ich hatte die Gelegenheit, Eisenhower persönlich kennenzulernen. Als er mich bei unserer ersten Begegnung mit lächelnden, blauen Augen anschaute, erlebte auch ich, was so viele empfunden hatten: daß es in diesem Augenblick für ihn nichts Wichtigeres gab, als mit mir zu sprechen. Ben Gurion bewahrte zeit seines Lebens Hochachtung vor Eisenhower, auch dann noch, als sich die Beziehung zwischen ihnen während der Suezkrise der Jahre 1956 bis 1957 verschlechterte. Ben Gurion hatte »Ike« als Kommandierenden der Alliierten schätzengelernt. Nach dem Zweiten Weltkrieg begleitete er Eisenhower bei Besuchen in Internierungslagern und hat nie dessen echt empfundenes Mitgefühl für die Überlebenden des Holocaust vergessen.

John F. Kennedy lernte ich ganz unerwartet kennen. Während meines Aufenthaltes in Washington 1963 als stellvertretender Verteidigungsminister bat mich der Präsident ins Oval Office. Er saß in seinem berühmten Schaukelstuhl, und als erstes fiel mir auf, wie grau sein Haar schon war. Während unserer halbstündigen Unterhaltung bombardierte er mich mit Fragen. Gesprächsunterlagen brauchte er nicht, er war über alles bestens informiert. Er wußte, daß und weshalb der Mossad-Chef zurückgetreten war, ebenso, daß und von wem wir Torpedoboote gekauft hatten. Völlig unvermittelt fragte er dann ganz sachlich: »Ist Israel auf dem Weg zur Atommacht?«

Ich dachte blitzschnell nach und formulierte: »Wir werden gewiß nicht die ersten sein, die Atomwaffen im Nahen Osten einführen.« Diese Formulierung wurde später zum offiziellen israelischen Standpunkt in dieser heiklen Frage.

Ich bemühte mich, unser Gespräch auf Flugabwehrraketen vom Typ Hawk zu lenken. Wir wollten diese eindeutigen Defensivwaffen unbedingt von Amerika kaufen, denn vergleichbare gab es nirgendwo sonst. Der Präsident schickte mich zu seinem Bruder Robert (Bobby), dem Justizminister. »Legen Sie doch ab, krempeln Sie die Ärmel hoch, und schießen Sie los«, sagte Bobby zur Begrüßung. Er selbst war auch in Hemdsärmeln. Ich schnitt das Thema Hawk-Raketen an, und er fragte, warum ich mich nicht direkt ans Pentagon wende. Ich antwortete, daß zwischen Weißem Haus und Pentagon der Potomac fließe, worauf er erwiderte: »Sie sind doch ein junger Mann. Schwimmen Sie rüber.«

Bei meiner ersten Begegnung mit Präsident Kennedy hatte ich vor dem Oval Office einen alten Freund getroffen. Es war Harold Wilson, der Chef der britischen Labour-Partei, die damals unter der Regierung Macmillan in der Opposition war. »Shimon«, sagte Wilson »habe ich es dir nicht gesagt, über die Affäre werden sie noch stolpern!« Der Präsident, der ihn zur Tür begleitet hatte, hakte sofort nach: »Was für eine Affäre?« Genau das hatte Wilson beabsichtigt, denn umgehend konnte er nun in süffisantem Ton über den Skandal um Lord Profumo berichten. Diese Affäre zog so weite Kreise, bis schließlich die ganze Tory-Regierung stürzte. Der Präsident lauschte aufmerksam, ein sarkastisches Lächeln auf den Lippen, als Wilson damit begann, die Äffäre des englischen Kriegsministers mit Christine Keeler kenntnisreich zu schildern. Kennedy sah dabei so jugendlich und schelmisch aus, daß ich unwillkürlich dachte, wenn es Amerikas Strategie sei, alle Frauenherzen der Welt zu erobern, hätte kein Geeigneterer gefunden werden können.

Ben Gurion erzählte mir einmal von einer Begegnung mit Kennedy im November 1960. Sie trafen sich kurz nach der Wahl, noch vor Kennedys Amtseinführung, im Waldorf Astoria in New York. Kennedy führte Ben Gurion zum Aufzug und sagte leise zu ihm: »Ich bin mit der

Unterstützung Ihres Volkes zum Präsidenten der Vereinigten Staaten gewählt worden. Was kann ich als Gegenleistung bieten?« Ben Gurion mochte solche Fragen überhaupt nicht und antwortete knapp: »Seien Sie den Vereinigten Staaten von Amerika ein guter Präsident.«

Im Mai 1964 wurden wir von Kennedys Nachfolger Lyndon Johnson im Weißen Haus empfangen. Wir, das waren der israelische Premier- und Verteidigungsminister Levi Eshkol, Botschafter Avraham Harman und ich, der stellvertretende Verteidigungsminister. Johnsons Statur war imposant; er war ein Ungetüm von Mann. Neben ihm schienen die Möbel im Oval Office zu schrumpfen. Er saß an einem kleinen Tisch, auf dem zwei wichtige Hilfsmittel standen: ein Glas Milch und das Rote Telefon. Eshkol, Botschafter Harman und ich setzten uns auf eine Couch dem Präsidenten gegenüber, und Johnson verlas eine sehr herzliche Beistandserklärung. Die Vereinigten Staaten, so versicherte er uns, stünden »hundertfünfzigprozentig hinter Israel«. Eshkol zwinkerte mir zu und flüsterte: »Haben Sie das gehört, junger Mann? Hundertfünfzigprozentig, nicht bloß hundertprozentig.« Sobald der Präsident zu Ende gelesen hatte, legte er das Papier weg und schlug einen lockeren Ton an. Er fragte Eshkol nach dessen Vergangenheit als Kibbuzfarmer in Galiläa, und sehr bald verlief unsere Unterhaltung in entspannter Geselligkeit.

Am Abend gaben der Präsident und seine Frau ein offizielles Diner für ihre israelischen Gäste. Ich saß neben Lady Bird, die ich in Senegal kennengelernt hatte. Später spielte das Orchester zum Walzer auf, und Johnson nahm Miriam Eshkol bei der Hand und wirbelte mit ihr über die Tanzfläche. Botschafter Harman machte eine besorgte Miene, stieß Eshkol leicht an und flüsterte ihm zu, daß es nun an ihm sei, Lady Bird zum Tanz zu bitten. Aber das ließ den Premierminister ungerührt. »Ich tanz nischt«, sagte er auf jiddisch und deutete auf mich: »Junger Mann, tanzen Sie mit der Dame!« Im Interesse der amerikanisch-israelischen Beziehungen gab ich mein Bestes. Johnson tanzte den ganzen Abend und amüsierte sich, als habe er all seine Sorgen vergessen. Er war eben ein Texaner, ein hünenhafter Cowboy voller Lebensfreude. In den kommenden Jahren verband ihn eine echte Freundschaft mit Eshkol. Als Schüler Trumans, wie er sich selbst bezeichnete, ließ er gegenüber Israel stets eine wohlmeinende Haltung erkennen.

Es ist kaum möglich, die Außenpolitik eines heutigen Präsidenten zu beschreiben, ohne auf dessen Außenminister einzugehen. Eisenhower und Dulles, Carter und Vance, Bush und Shultz stehen für Präsidenten und Außenminister, die eine enge Zusammenarbeit pflegten. Auf niemanden in der jüngeren Geschichte Amerikas traf das aber mehr zu als auf Richard Nixon und Henry Kissinger, und es hatte auch nie ein so unterschiedliches Gespann gegeben. Der eine war der typische Vertreter des kleinstädtischen amerikanischen Establishments, der andere ein aus Europa geflüchteter Jude. Nixon besaß einen untrüglichen politischen Instinkt und war stets auf der Hut vor zahllosen wirklichen oder eingebildeten Widersachern. Kissinger verstand es, sich mit seinem brillanten Intellekt über alle amerikanischen Vorurteile hinwegzusetzen. Beide waren höchst egozentrische Persönlichkeiten, aber sie fanden eine gemeinsame Grundlage für eine fruchtbare Zusammenarbeit. Im Gespann leiteten sie eine ungemein schöpferische und dynamische Epoche der amerikanischen Außenpolitik ein, die auch heute noch durch konzeptionelle Weitsicht und diplomatische Dramaturgie beeindruckt.

Ich habe Nixon viele Male getroffen. Bei seinem Besuch im Juni 1974 in Israel konnte ich ihn aus der Nähe studieren. Es ging bereits politisch bergab mit ihm, und seine Amtszeit als Präsident neigte sich ihrem Ende zu. Schon seine äußere Erscheinung und sein Benehmen hatten nichts Gewinnendes, aber seine Art zu reden konnte geradezu grob und abstoßend sein. Während einer Arbeitssitzung (es war am Anfang der von der Arbeiterpartei geführten Koalitionsregierung der Jahre 1974 bis 1977) hielt er uns einen Vortrag. Es war aufschlußreich, die Körpersprache seines Außenministers während dieses Vortrags zu beobachten: Kissinger verriet nichts, was auf Bewunderung oder wenigstens Respekt für seinen Chef schließen ließ. Er kaute demonstrativ auf einem Stift herum und war sichtlich bemüht, ein Gähnen zu unterdrücken. Aber am Abend, als der Präsident anläßlich eines zu seinen Ehren gegebenen Staatsbanketts eine Rede hielt, kam ein anderer, geistreicher und beeindruckender Nixon zum Vorschein. Das Bankett fand im »Chagall-Saal« des Knesset-Gebäudes in Jerusalem statt. Der bedrängte Lenker der westlichen Supermacht stand führenden israelischen Politikern, Intellektuellen, Rechtsvertretern und Geschäftsleuten gegenüber. Hinter ihm hing der großartige Wandteppich, auf dem Marc Chagall die Höhepunkte der jüdischen Geschichte dargestellt hatte. Nixon hielt seine Rede frei, und was er sagte, zeugte von Klugheit und Einsicht. Viele Anwesende mußten wohl wie ich empfunden haben, daß jeder, der es zum

Präsidenten der Vereinigten Staaten gebracht hat, über gewaltige Kraftreserven und ein Geschick verfügen muß, das sich angesichts großer Herausforderungen und Nöte erst voll entfaltet. Es grenzte an ein Wunder, daß Richard Nixon nach seinem Rücktritt noch einmal ein politisches Comeback erlebte und sich als *elder statesman* weltweit Achtung verschaffen konnte.

Solange Nixon im Amt war, wurde er politisch ganz deutlich vom glänzenden Kissinger in den Schatten gestellt. Aber auch das beweist Nixons Format: Es hat wohl nur wenige Präsidenten gegeben, die einen Mann wie Kissinger zum nationalen Sicherheitsberater und Außenminister ernannt hätten, wohlwissend, daß der Berufene mit seinem Chef um den politischen und diplomatischen Ruhm wetteifern würde. In dieser Hinsicht gebührt seinem Nachfolger Gerald Ford die gleiche Anerkennung, denn als dieser 1974 das Amt des Präsidenten übernahm, beließ er Kissinger auf seinem Posten.

An Präsident Jimmy Carter hat mich immer seine umfassende und genaue Kenntnis des politischen Geschehens beeindruckt. Ein Minister seines Kabinetts vertraute mir einmal an, daß Carter »eher ein Prediger als ein Stratege« sei, aber ich fand sein strategisches Bewußtsein nicht weniger ausgeprägt als sein moralisches. Wenn ich seine Mitwirkung bei internationalen Angelegenheiten aus dem zeitlichen Abstand heraus betrachte, bin ich sogar geneigt, »Predigen« als legitime und wirkungsvolle Strategie zu empfehlen. Zweifellos hat Carters Entschluß, die Menschenrechte zum wichtigsten Maßstab der amerikanischen Außenpolitik zu machen, der ganzen Welt die größte Schwäche des Kommunismus vor Augen geführt. Angesichts von Carters Forderung, die Menschenrechte zu respektieren – eine Forderung, die durch die Konferenz von Helsinki noch an Nachdruck gewann –, war die Sowjetunion nicht imstande, sich zu rechtfertigen.

Ich machte Carters Bekanntschaft, als er noch Gouverneur von Georgia war. Moshe Gilboa, unser Generalkonsul in Atlanta, bestand darauf, daß ich diesen fähigen, jungen Politiker, den er für den nächsten Präsidenten der Vereinigten Staaten hielt, kennenlernte. Ich hatte nur an einem Sonntag Zeit, um nach Atlanta zu fahren, aber der Gouverneur und seine Frau Rosalyn opferten ihren freien Tag für mich und empfingen mich herzlich in ihrer Residenz. Carter lud mich zu einer Besichtigung der Flugzeugwerke ein, in denen die Militärtransporter vom Typ

Hercules C-130, die Israel von den USA kaufen wollte, hergestellt wurden. Als ich ihm ein Exemplar meines Buches *David's Sling* (Die Schleuder Davids) überreichte, in dem ich die Entwicklung der IDF und der israelischen Rüstungsindustrie nachzeichne, bemerkte Carter, Israel brauche heutzutage keine Schleuder, sondern ein Flugzeug wie die Hercules: »Gegen den arabischen Goliath brauchen Sie die amerikanische Hercules.«

Jimmy Carters Präsidentschaft stand unter keinem glücklichen Stern, aber aus der Sicht Israels war es ein Glücksfall, daß er Präsident wurde (siehe Seite 303f.). Ohne ihn hätte es weder das Camp-David-Abkommen noch die anschließenden Friedensverhandlungen mit Ägypten gegeben. Er stürzte sich in die Vorbereitung für die Verhandlungen, lockte die Parteien nach Camp David, wo er sie einschloß und von der Außenwelt isolierte, bis sie eine Übereinkunft erzielt hatten. Er widmete jeder Verhandlungspartei unbegrenzt viel Zeit und Aufmerksamkeit und zeigte sich unermüdlich bei der Suche nach Lösungen auch für die umstrittensten Klauseln.

Ich habe bereits anklingen lassen, welche Beziehung ich zu Präsident Ronald Reagan hatte, als ich Premierminister war. Dieses gute Verhältnis basierte vor allem auf Reagans sehr positiver Haltung gegenüber Israel. Als er noch nicht Politiker, sondern noch Filmschauspieler war, hatten ihn zahlreiche dauerhafte Freundschaften mit jüdischen Schauspielern verbunden. Er fand, daß dem jüdischen Staat ein Ehrenplatz unter den »anständigen Kerlen« zustehe, denn er sei demokratisch, habe für seine Verteidigung gekämpft und gesiegt und nicht von amerikanischen Müttern verlangt, daß sie ihre Söhne im Krieg für Israel hingeben.

Von Außenminister Shultz auf dem laufenden gehalten, kannte und unterstützte Reagan meine Anstrengungen zur Inflationsbekämpfung, meine Versuche, den Taba-Konflikt mit Ägypten zu lösen, und meine ständigen Bemühungen, Fortschritte bei den Friedensverhandlungen mit Jordanien zu erzielen (siehe auch Seite 374f.).[6]

Ein weiteres Mitglied der Reagan-Administration, mit dem mich eine persönliche Freundschaft verband, war Vizepräsident George Bush. Bei einem dreitägigen Besuch in Israel im Juli 1986 besuchten wir gemeinsam Sde Boker, den Kibbuz, in dem sich Ben Gurion niedergelassen hatte. Ich zeigte ihm das schlichte Holzhaus, in dem Ben Gurion mit seiner Frau Paula gelebt hatte. Heute ist das Haus eine nationale Gedenkstätte.

Bush und seine Frau Barbara plauderten erst mit Kindern aus dem Kibbuz, dann traten sie ins Innere des Holzhauses und betrachteten Ben Gurions Habseligkeiten, die hier ausgestellt waren: seine Bibel, die aufgeschlagen auf dem Schreibtisch lag, Porträtbüsten von Sokrates und Gandhi, ein Bild von Berl Katznelson. An den Wänden schlichte Holzregale mit Werken zur Weltgeschichte und zur jüdischen Geschichte. Bush bat mich, den wirklichen Ben Gurion zu beschreiben, so wie ich ihn gekannt hatte. Ich sprach fast zwei Stunden lang. Mein Gast lauschte aufmerksam und unterbrach mich nur hin und wieder, um nachdenkliche Fragen zu stellen. Später beschrieb er diese Unterhaltung als einen Höhepunkt seines Besuchs, als Begegnung mit der geistigen Gestalt Ben Gurions, wie sie ihm durch die Schilderung eines nahestehenden Augenzeugen vermittelt worden war.

Als Vizepräsident und später als Präsident war Bush ein großer Internationalist. In zahlreichen und vielfältigen früheren Regierungsämtern hatte er sich eine umfassende Kenntnis der Weltpolitik erworben.

George Bush war gewiß ein wirklicher Freund Israels. Jizchak Shamirs Verschleppungstaktik ertrug er mit großer Geduld. Obwohl Washington bei jedem Besuch des Außenministers James Baker in Israel damit rechnen mußte, von der Regierung Shamir mit einer neuen jüdischen Siedlung im Westjordanland konfrontiert zu werden, ließen sich weder Bush noch Baker jemals ihren Ärger oder ihre Enttäuschung darüber anmerken.

Ihre Nachsicht zahlte sich schließlich aus. Im November 1991 fand auf amerikanische Initiative hin die berühmte Konferenz von Madrid statt, bei der Shamir Israel vertrat und die Palästinenser durch ein Gründungsmitglied der PLO, Dr. Haider Abdel Shafi aus Gaza, repräsentiert wurden. Um nach Madrid zu kommen, mußte Shamir alle Grundsätze aufgeben, für die er stets gekämpft hatte. Er nahm an einer internationalen Konferenz teil, obgleich er stets gerade den internationalen Rahmen für Verhandlungen abgelehnt hatte. Er saß einer palästinensischen Delegation gegenüber, die entschieden die Interessen und Forderungen der PLO vertrat, obwohl er eine Anerkennung der PLO immer abgelehnt hatte. Er unterwarf sich einem von den Amerikanern betriebenen Friedensprozeß, den er beharrlich zu verhindern versucht hatte. Was mich betrifft, wurde ich damals – als Finanzminister von 1988 bis 1990 in der Regierung der Nationalen Einheit und als Oppositionsführer von 1990 bis 1992 – bei jedem Aufenthalt in Washington von Präsident Bush ins Weiße Haus eingeladen. Mit General Brent Scowcroft, Bushs klugem und diskretem Berater, traf ich mich zu umfassenden informellen Einzelgesprächen. Mit beiden Männern sprach ich stets in freundlicher Atmosphäre und erlaubte mir, offen meine Meinung zu äußern, enthielt mich aber direkter Kritik an Shamir.

Präsident Bushs größte Leistung in der internationalen Arena war die »Operation Desert Storm« im Jahr 1991. Diese beeindruckende Demonstration militärischer Stärke gegen den irakischen Aggressor Saddam Hussein schuf in mehrerer Hinsicht einen wichtigen Präzedenzfall: Es war das erste muslimisch-christliche (oder arabisch-westliche) Bündnis gegen einen muslimisch-arabischen Feind überhaupt; es war der erste Krieg dieser Größenordnung und Komplexität, bei dem klar festgelegte Ziele und Zeitpläne tatsächlich erfüllt wurden; und zum erstenmal forderte Amerika seine Verbündeten auf, sich an den immensen Kosten einer solchen Operation zu beteiligen. Saddam Hussein wurde nach seinem Überfall auf Kuweit vernichtend geschlagen. Damit war der gesamte Nahe Osten von den Gelüsten dieses verblendeten Machthabers gerettet, dem es um ein Haar gelungen wäre, eine Atomwaffenindustrie aufzubauen.

In seinem Wahn ließ Saddam Hussein seine Raketen auf das nicht am Krieg beteiligte Israel und gegen Saudi-Arabien richten. Israel versagte es sich, der Bitte Präsident Bushs folgend, einen Gegenschlag zu führen, um das empfindliche Gleichgewicht der Anti-Irak-Koalition nicht zu gefährden. Zwar wurde Saddam Hussein nicht gestürzt, aber seinem Regime wurde die Kraft zur Aggression genommen, ja tatsächlich lag es geschlagen am Boden.

20

NEUE GESELLSCHAFT

Der Wahlsieg des Likud im Jahr 1977 markierte das Ende einer fünfundvierzig Jahre dauernden Vorherrschaft der Arbeiterpartei, die schon in der Zeit des Mandats begann und nach der Unabhängigkeitserklärung Israels lange fortbestand. Daß eine Vormachtstellung so lange besteht, ist an sich schon bemerkenswert, aber noch eindrucksvoller sind die Leistungen, die unter der Regierung der Arbeiterpartei im Lauf der Jahre vollbracht wurden. Ein Volk zu vereinen, das lange Zeit über die ganze Welt verstreut war, ein Land wieder urbar zu machen, das lange brachgelegen hatte, schließlich einer Sprache neues Leben einzuhauchen, die seit Jahrhunderten nur noch im Zeremoniell fortbestand: Das waren drei geschichtliche Herausforderungen, die kein anderer Staat jemals bewältigen mußte. Darüber hinaus wurden in Israel unter der Führung der Arbeiterpartei neue Formen des kollektiven Zusammenlebens und Wirtschaftens – Kibbuzim und Moschavim – erfolgreich erprobt und die Histadrut gegründet. Diese war mehr als nur eine Einheitsgewerkschaft; man darf in ihr zu Recht den Entwurf zu einem Staatswesen erblicken. Und dabei sollte nicht vergessen werden, daß die genannten Aufgaben unter dem ständigen Druck drohender oder bereits begonnener Kriege bewältigt wurden.

Der Zionismus war so sehr mit der Frage beschäftigt, wie das jüdische Volk zu staatlicher und nationaler Normalität gelangen könnte, daß die Bewegung darüber ganz die Auseinandersetzung mit der nationalen und politischen Existenz der Araber in Palästina aus dem Blick verlor. Auch die Araber strebten einen eigenen Staat im Nahen Osten an. Wir wollten eine »normale« Nation sein, schufen aber einen Staat, der unter ganz unnormalen Bedingungen existieren mußte.

Die Geschichte lehrt, daß Individuen und Bewegungen immer wieder zu neuen Ufern aufbrechen, dann Hindernissen begegnen und ganz andere Entwicklungen nehmen, als ursprünglich beabsichtigt. Der Zionismus verfolgte das Ziel, dem jüdischen Volk wieder zu einer Heimstatt zu verhelfen, aber der Konflikt mit den Arabern, der im zionistischen Staatsentwurf nicht vorgesehen war, rückte Verteidigungs- und Sicherheitsfragen in den Mittelpunkt der nationalen Aufmerksamkeit. Vor der drohenden Existenzvernichtung gab es kein Zurückweichen. Israel mußte sich der Gefahr stellen. Kaum war die staatliche Unabhängigkeit erklärt, da brach der Krieg schon aus. Eine Niederlage hätte den Verlust des Landes bedeutet. Wir konnten den Krieg gewinnen und den Staat retten, dann jedoch mußten wir feststellen, daß der Krieg auch weiterhin unsere nationale Existenz überschatten würde.

Die Tatsache, daß die israelischen Verteidigungsstreitkräfte, die IDF, auch danach noch den Mittelpunkt unseres staatlichen Lebens bildeten, führte zu weitreichenden Konsequenzen – erfreulichen, aber auch bedenklichen. Das Volk verehrte die Armee, denn diese gab ihm ein Gefühl der Zusammengehörigkeit und der Sicherheit, und obendrein war sie ein Grund zum Stolz. Die Armee verlieh dem Volk eine biblische Aura: die Schwachen im Kampf gegen die Starken, David gegen Goliath. Die Siege verhalfen dem jungen Staat zu Ehre und Ansehen in der Welt. Der siegreiche Unabhängigkeitskrieg von 1948 kam einem Wunder gleich, wenn man das damalige militärische Kräfteverhältnis bedenkt. Der Sinaifeldzug von 1956 übertraf fast alle bisherigen militärischen Leistungen in der Geschichte. In nur hundert Stunden fegten die IDF über den gesamten Sinai und vernichteten die ägyptische Armee. Und der Sechstagekrieg von 1967 stellte mit seinem atemberaubenden Sieg die vorangegangenen noch in den Schatten.

Um so schwerer fällt es auch heute noch, zu verstehen, wie Ägypten und Syrien uns am Jom Kippur des Jahres 1973 so überraschen konnten. Warum haben wir die warnenden Zeichen, die so klar und eindeutig waren, nicht rechtzeitig gesehen?

Viele politischen Beobachter glauben, daß der Jom-Kippur-Krieg das Ende der Vorherrschaft der Arbeiterpartei einleitete und daß unsere Wahlniederlage vom Mai 1977 auf dieses militärische Fiasko zurückging. Ich selbst bin mir nicht sicher, ob das der Grund war, jedenfalls war es nicht der einzige. Wie in der Wissenschaft muß auch bei politischer Ursachenforschung das »Chaosprinzip« berücksichtigt werden. Danach kann der Flügelschlag eines Schmetterlings in China einen Wirbelsturm in Kalifornien auslösen. Ich glaube eher, daß eine Kette von Ereignissen und Probleme, die sich im Lauf der Zeit angehäuft hatten, am Ende die Arbeiterpartei in die Opposition zwangen. Im allgemeinen überschreiten soziale Reformbewegungen irgendwann ihren Höhepunkt und sinken dann in einen Zustand aus Trägheit und Erschöpfung. Macht verschafft Sicherheit, verleitet aber auch zur Bequemlichkeit. Menschen, die Macht ausüben, genießen den Prunk und die Vorteile, die ihnen durch die Macht zufallen, und neigen oft zu Selbstmitleid und Selbstgerechtigkeit. Sie betonen, wie hart sie arbeiten müssen und was für eine schwere Verantwortung sie tragen, und vergessen darüber eine der zutreffendsten politischen Grundregeln der Demokratie: Je mehr man sich in der Macht sonnt, desto eher geht man ihrer verlustig.

Schließlich wird die Öffentlichkeit, und das heißt der Wähler, auch irgendwann der immer gleichen Gesichter und Stimmen in der politischen Arena überdrüssig. Parteien und ihre Apparate, ursprünglich geschaffen, um durchaus honorigen Zielen zu dienen, blähen sich auf und neigen zum Schmarotzen, zumindest sieht es das Volk so. Das war das Schicksal der Histadrut, der Jewish Agency und schließlich auch der Regierung der Arbeiterpartei.

Auch Kibbuzim und Moschavim, die Säulen der Arbeiterbewegung, erlitten dieses Schicksal. Das Feuer, das in den Herzen der Gründerväter gebrannt hatte, erlosch nach und nach. Sogar das Ansehen der großen sozialen Experimente verblaßte, ihre Vertreter bewiesen Überheblichkeit, Selbstsucht und mangelnde Solidarität anstelle von Interesse an gesellschaftlichen Fragen.

Korruptionsskandale in höchsten Ämtern, die während der Regierung der Arbeiterpartei von 1974 bis 1977 ans Licht kamen (siehe Seite 214), unterhöhlten ganz erheblich das Vertrauen der Wähler in unsere Bewegung. Während der Wahlkampagne von 1977 wurde das Murren im Volk – unverkennbares Zeichen für einen heraufziehenden Sturm – immer bedrohlicher. Bei Massenveranstaltungen der Partei wurden wir niedergeschrien: »Diebe, raus mit dem Geld, das ihr gestohlen habt!«

Neben der wachsenden Unzufriedenheit der Wähler und der komplizierten politischen Entwicklung kündigte sich ein großer sozialer Umbruch an, den wir nicht deutlich genug erkannt hatten. Im Verlauf der verschiedenen Einwanderungswellen war es zu ethnischen Verwerfungen gekommen, an denen nun immer größere Risse entstanden. Sie führten zum Bruch zwischen den Nachkommen der ersten *Alijot* (den Einwanderungswellen der Pioniergeneration), die zum größten Teil Aschkenasim[1] gewesen, und den Abkömmlingen all jener, die im Zuge der nordafrikanischen *Alija* in den fünfziger und frühen sechziger Jahren ins Land gekommen waren. Die Sephardim aus Marokko, Algerien und Tunesien immigrierten nach Israel auf der Suche nach dem Messias, aber sie trafen auf Bürokraten, denen jedes Verständnis für solche religiösen Erlösungshoffnungen fehlte. Die Mißverständnisse wuchsen, bis sich schließlich eine große Protestwelle formte, denen sich Hunderttausende erzürnter Menschen anschlossen.

Selten ist eine Liebesgeschichte unglücklicher verlaufen als die zwischen dem israelischen Staat und den nordafrikanischen Juden, die in den fünfziger und frühen sechziger Jahren nach Israel einwanderten. Die Beziehung war von Anfang an durch Mißverständnisse gestört. Und die Schwierigkeiten nahmen mit der Zeit nicht ab, sondern zu.

Für mich und viele andere war mit der nordafrikanischen Alija ein großer Traum in Erfüllung gegangen. Wir wußten, daß die nordafrikanischen Einwanderer aus jüdischen Gemeinschaften kamen, die sich stark von den osteuropäischen unterschieden, denen wir selbst entstammten. Die Sephardim waren einerseits viel stärker in der religiösen Tradition verwurzelt als wir Aschkenasim; andererseits neigten sie viel weniger zu inneren Streitigkeiten ideologischer oder politischer Natur. Sie lebten in friedlicher Koexistenz zwischen religiöser Orthodoxie und säkularer Weltsicht. Bei ihnen machte es den weltlichen Juden nichts aus, sich die *Jarmulke* (das Käppchen) aufzusetzen, wenn es die Umstände erforderten, während die orthodoxen am geschäftlichen und kommunalen Leben teilnahmen und sich nicht von der Gemeinschaft isolierten. Diese tolerante Atmosphäre hatte wahrscheinlich viel mit dem französischen Einfluß zu tun, von dem ihre Gesellschaften stark geprägt waren. Viele sprachen Französisch als zweite Sprache.

Das stärkste Fundament dieser Gemeinschaften war die Familie, deren starker Zusammenhalt auf gegenseitiger Loyalität und Solidarität von Kindern und Eltern beruhte.

Die Alija der Sephardim erschien vielen von uns jungen Israelis wie ein Wunder. Kamen sie doch aus Gemeinschaften, in denen das Leben seit Generationen relativ stabil und problemlos gewesen war. Sie hatten ihren spezifischen kulturellen und religiösen Charakter bewahren können und ihre eigenen großen Rabbis, Gelehrten, Dichter und Sprachgelehrten hervorgebracht. Und doch brachen sie plötzlich auf, als hätte sie ein unsichtbarer Messias gerufen, kehrten dem vergleichsweise bequemen Leben in der nordafrikanischen Diaspora den Rücken und suchten die Härte des Pionierdaseins im Heiligen Land. Jedenfalls war dies das Bild, das wir von ihnen hatten. Wir verstanden sie eigentlich überhaupt nicht, sondern gingen einfach davon aus, daß sie von denselben Einflüssen und Werten geprägt seien, die auch uns geprägt hatten: Zionismus, Sozialismus und Pioniergeist.

Sie aber betraten ein Land, das überhaupt nicht ihren Erwartungen entsprach. Sie hatten geglaubt, ins Heilige Land zu kommen, und diesen Begriff ganz wörtlich genommen. Statt dessen trafen sie auf eine weitgehend säkulare (in mancher Hinsicht sogar aggressiv säkulare) Gesellschaft. Während die Alija der europäischen Juden hauptsächlich durch wirtschaftlichen, politischen und sozialen Druck verursacht worden war, wurde die Einwanderungsbewegung der nordafrikanischen Juden durch messianische Erwartungen ausgelöst.

Ich erinnere mich, wie ich Ben Gurion bei seinem Besuch in eines der ersten Dörfer der neuen Einwanderer begleitete. Mitten in sandigem Gelände standen ein paar kleine Hütten in der sengenden Sonne. Die Bewohner konnten sich mit den wenigen Brocken Hebräisch, die ihnen zu Gebote standen, kaum verständlich machen. Das Dorf hieß Ashdod und ist heute eine blühende Hafenstadt, damals aber war es nur eine Ansammlung elender Hütten. Die Einwanderer vergossen Tränen und wußten nicht mehr genau, warum sie gekommen waren. Auch wir weinten innerlich und wurden von Zweifeln geplagt, ob es richtig gewesen war, sie ins Land zu holen. Ihre Verehrung für Ben Gurion war zwar ungebrochen, aber wir alle waren uns inzwischen nicht mehr sicher, ob sie jemals in die israelische Gesellschaft integriert werden könnten.

Nicht alle nordafrikanischen Juden gingen nach Israel. »Sie alle haben den *Schofar*[2] gehört«, wie Eshkol mit dem für ihn typischen sarkastischen Humor bemerkte, »aber einige beschlossen, einen Zwischenaufenthalt in Paris einzulegen und dort auf den Messias zu warten.« Unter denen, die in Paris, New York oder Montreal blieben, waren überdurchschnittlich viele wohlhabende und gebildete Mitglieder der alten nordafrikanischen Gemeinschaften.

Wer sich für Israel entschied, siedelte an Orten wie Ashdod, Migdal, Haemek, Kiryat Shmona, Dimona oder in dem landwirtschaftlich genutzten Lachischgebiet um Ashkelon. Viele trafen dort ein, ohne für ihr neues Leben – in der Stadt oder auf dem Land – vorbereitet gewesen zu sein, ja sie wußten oft nicht einmal genau, wo sie waren und was sie erwartete. Dagegen hatten die »alteingesessenen« Israelis – sofern es sie überhaupt interessierte – keine Vorstellung davon, welche Anstrengungen die Assimilation erforderte und mit welchen Leiden sie verbunden war. Ja, sie entwickelten sogar ziemlich schnell eine spöttische, verächtliche und herablassende Haltung gegenüber den Neuankömmlingen, ein Phänomen, das sich leider bei jeder neuen Einwanderungswelle beobachten läßt. Tatsächlich haben die Immigranten, obwohl wir mit der Assimilationsfähigkeit unseres Staates gerne prahlten, schon immer selbst für ihre Integration sorgen müssen, besonders was den kulturellen und sozialen Bereich betraf.

Ich muß gestehen, daß ich als junger Mann, der selbst noch nicht allzu lange im Land lebte, die gleiche arrogante Haltung gegenüber den Flüchtlingen einnahm, die damals aus Deutschland kamen und die wir »Jeckes« nannten. Viele waren Akademiker oder gut ausgebildete Fachleute, und doch mußten sie jede Arbeit annehmen, die sie bekommen konnten. Diese streng und vornehm aussehenden »Jeckes« trugen seltsame weiße Hüte und verkauften Würstchen auf dem Mograbi-Platz im alten Stadtkern von Tel Aviv.

In Ben-Shemen haben wir den »Jecke«, der mit uns das Zimmer teilte, regelrecht verfolgt. Wir machten uns über seine Knickerbockerhosen und seine seltsam abgehackte Aussprache lustig. Wir lachten über sein pedantisches Wesen und seine übertriebene Pünktlichkeit. Wir brachten ihn dazu, die Straße mit Seife zu schrubben und den Kühen mit Zahnpasta die Zähne zu putzen.

Und doch wissen wir heute genau, daß ohne den heilsamen Einfluß der »Jeckes«-Immigration kein Israeli irgendwo pünktlich ankommen würde. Ohne ihre Alija wäre vielleicht nicht einmal die israelische Philharmonie gegründet worden, und die Hebräische Universität von Jerusalem würde bestimmt einen weit weniger guten Ruf genießen.

Trotzdem wurden die gleichen alten Fehler wieder gemacht, als Anfang der fünfziger Jahre die Immigration der nordafrikanischen Juden einsetzte. Wieder herrschte dieselbe herablassende Arroganz, und wieder wurden verächtliche Spitznamen verteilt: *Marokkai-sakinai* – »marokkanische Messerstecher« – schrien die Kinder den Einwanderern auf der Straße nach. Rückblickend würde ich sagen, daß die Arroganz, das mangelnde Feingefühl und die Inkompetenz, mit der die marokkanischen Einwanderer empfangen wurden, bleibende Narben in ihrem kollektiven Gedächtnis hinterließen. Ihre Ressentiments und ihr Bedürfnis, lautstark zu protestieren, haben wahrscheinlich in diesen ersten Jahren ihre Wurzeln.

Die Ressentiments waren nicht in jeder Hinsicht berechtigt. Die Juden nordafrikanischen Ursprungs grollen beipielsweise bis heute über das traumatisierende Erlebnis, als sie oder ihre Eltern und Großeltern bei ihrer Ankunft mit DDT besprüht wurden. Dieser Prozedur, die noch aus der Zeit des britischen Mandats stammte, wurden jedoch ausnahmslos alle Immigranten unterzogen. Auch ihr Zorn, daß sie zunächst in Zelten untergebracht wurden, ist nicht berechtigt, denn jeder Israeli hat irgendwann in seinem Leben im Zelt leben, und fast jeder hatte zumindest vorübergehend körperlich arbeiten müssen, ganz unabhängig von seinen Fähigkeiten und Qualifikationen. Solche Erfahrungen gehörten bei jedem von uns zur persönlichen Biographie; sie stellen also keine Diskriminierung dar. Trotzdem faßten viele afrikanische Neuankömmlinge die Tatsache, daß sie auf dem Feld oder in der Fabrik arbeiten mußten, als bewußt zugefügte persönliche Demütigung auf.

Außerdem waren, als afrikanische Einwanderer in großer Zahl eintrafen, die meisten leitenden Positionen in Institutionen wie dem öffentlichen Dienst, der Armee oder den Kommunalbehörden bereits besetzt, und niemand war bereit, auf seine Stelle zu verzichten. Auch zeigten viele Bürokraten keine Neigung, sich für die Immigranten ein Bein auszureißen. Die Einwanderer bekamen nicht ganz zu Unrecht den Eindruck, daß man bei den meisten staatlichen Stellen rascher und höflicher bedient wurde, wenn man Rabinowitz hieß, als wenn der Name Bozaglo lautete. Wer Hebräisch mit aschkenasischem Akzent sprach, fand in der Bürokratie in der Regel eher ein geneigtes Ohr als derjenige, der seinen sephardischen Akzent nicht verbergen konnte.

Unter den Marokkanern gab es viele Großfamilien, die auf die Hilfe der Wohlfahrtsverbände angewiesen waren. Viele waren krank und gebrechlich aus ihren Heimatländern gekommen. Politiker wie ich waren bei öffentlichen Auftritten damals oft mit Immigrantenfamilien konfrontiert, die ihre Alten und Kranken mitgebracht hatten und eine sofortige Lösung ihrer familiären Probleme verlangten.

Damals gehörte ich zu den ersten, die das Ausmaß der sich entfaltenden Krise verstanden. Ein großer Teil meines politischen Wirkens galt der nordafrikanischen Bevölkerungsgruppe. So gründete ich Vereine und Freizeitclubs, um die Immigranten in das gesellschaftliche Leben einzubinden, und ich fand für viele qualifizierte und begabte Neuankömmlinge Arbeit im Verteidigungsministerium. Außerdem entwickelte ich besonders enge Beziehungen zu einigen Bürgermeistern der neu gegründeten Städte, und diese haben mich im Gegenzug immer als ihren politischen Verbündeten betrachtet. Als ich 1959 zum stellvertretenden Verteidigungsminister ernannt wurde, veranstalteten die Arbeiter von Ashdod ein Fest für mich, auf dem ihr Anführer Jehoshua Peretz erklärte: »Wenn Sie nicht Peretz hießen (ein in Marokko häufiger Name), wären Sie sicherlich schon Verteidigungsminister!« Peretz war eine interessante Persönlichkeit und wurde später im ganzen Land sehr bekannt, weil er als Gewerkschaftsführer kein Blatt vor den Mund nahm.

Wie oben erwähnt, war ich jedoch nicht der einzige Politiker, der die Anzeichen tiefer sozialer Unzufriedenheit und Rebellion erkannte. Auch Menachem Begin waren sie nicht entgangen. Es war Begin, der den Argwohn der Nordafrikaner nährte, daß ihre teils objektiven, teils subjektiven Probleme nicht Folge unglücklicher oder selbstverschuldeter sozialer Notlagen waren, sondern auf Diskriminierung beruhten. Alle rationalen Erklärungen fruchteten nichts mehr, nachdem sich dieses Vorurteil einmal verfestigt hatte. Begin war zynisch genug, diese Bewußtseinslage auszunutzen und sogar noch zu verschärfen.

In Wahrheit hatte Ben Gurion nicht nur das »Sammeln der Verstreuten«, sondern auch ihr Einschmelzen in das neue jüdische Staatswesen als seine Lebensaufgabe betrachtet. Er reagierte fassungslos, als er in diesem Zusammenhang angegriffen wurde. Manchmal fällt es einem Politiker schwerer, sich gegen völlig grundlose Anschuldigungen zu wehren, als wenn diese einen wahren Kern enthalten.

Begin war ein effektbewußter politischer Redner (manche würden ihn auch als Demagogen bezeichnen) und ritt auf der Protestwelle zum eigenen politischen Vorteil. Allerdings ist es viel einfacher, Angst und Unwillen zu schüren, als mit verständigen Worten zur Mäßigung aufzurufen. Begin wurde zur Stimme der Unzufriedenen in der (neujüdischen) Gesellschaft Israels, und er spielte diese Rolle glänzend.

Vor allem während des Wahlkampfs zog Begin durch das Land und trumpfte mit kruden politischen Gemeinplätzen auf. So behauptete er, um nur ein Beispiel zu nennen, daß die Vereinigten Staaten Israel jährlich drei Milliarden Dollar zur Verfügung stellen würden, also tausend Dollar für jeden Einwohner. »Und habt ihr euer Geld schon bekommen?« pflegte er dann rhetorisch zu fragen. Im Wahlkampfjahr 1981 griff er einen Satz auf, den ein Fernsehkomiker bei einer Versammlung der Arbeiterpartei[3] zu einem zweifelhaften Witz benutzt hatte, und verwandte ihn als Auslöser für das Thema ethnische Spannungen. Mit diesem Thema heizte er dann den Wahlkampf an. Erst peitschte er die Massen mit übertriebenen Darstellungen von Israels militärischen Heldentaten auf, dann schürte er Zorn, indem er Probleme ethnischer Diskriminierung aufbauschte. Viele glaubten tatsächlich, Begin sei in Marokko geboren. Der Wahlkampf von 1981 war der schmutzigste, der jemals in Israel geführt wurde. Die Politiker bekübelten sich mit Verleumdungen und Beleidigungen. Bisweilen wurden sie dann auf Kundgebungen auch zur Zielscheibe von faulen Eiern.

Begins Stärke als Redner lag nicht in seiner Begabung, sondern in der erklärten Absicht, die Regierung der Arbeiterpartei und alles, was sie verkörperte, in Verruf zu bringen. So beschrieb er Kibbuzniks als Millionäre, die ihre Zeit faul am Swimmingpool verbrächten. Geschickt zog er aus den Spannungen innerhalb der Führung der Arbeiterpartei eigenen Vorteil. Im Wahlkampf des Jahres 1981 zitierte er immer wieder Stellen aus Rabins Buch, die auf meine Person anspielten. Im Jahr 1977 nutzte er die Blößen, die sich die Arbeiterpartei gegeben hatte, vor allem aber die Bestechungsskandale, die aus der Regierungszeit von 1974 bis 1977 enthüllt wurden, um sein Spiel mit der in der Bevölkerung weitverbreiteten Enttäuschung zu treiben.

Viele nordafrikanische Einwanderer gelangten trotzdem in den sechziger Jahren zu Einfluß und Ansehen, aber ihre Schwierigkeiten, in die israelische Gesellschaft integriert zu werden, vertrugen sich nicht immer mit ihrer hohen Stellung. Einer von ihnen war Professor André Chouraqui, ein herausragender Intellektueller, der sich mit zahlreichen Büchern und wissenschaftlichen Artikeln Respekt und Bewunderung in Europa und seinem Geburtsland Marokko verschafft hatte. Er übersetzte

Teile der Bibel in ein prachtvolles Französisch. Man bemühte sich aufrichtig, für Chouraqui ein angemessenes Amt im öffentlichen Leben Israels zu finden. Er wurde zum stellvertretenden Bürgermeister Jerusalems gewählt, und es schien, als habe für ihn eine glanzvolle öffentliche Laufbahn begonnen, aber diese Hoffnung hat sich nie erfüllt.

Chouraquis Unvermögen, seine großen intellektuellen Fähigkeiten auch in der politischen Arena zu beweisen, beruhte vermutlich auf dem grundsätzlichen Widerspruch zwischen dem Intellektuellen, der er war, und dem Politiker, der er sein sollte. Am Ende zog es ihn doch zu seinen geliebten Studien, denen er in dem schönen Zuhause, das er sich an der Grenze zwischen Ost- und Westjerusalem gebaut hatte, nachgehen konnte, während die Hektik der Jerusalemer Stadtpolitik draußen blieb. Ich hatte sogar, ohne mir dessen bewußt zu sein, seine Entscheidung zum Kauf des Grundstücks beeinflußt, auf dem er sich sein Haus bauen ließ. »Halten Sie es nicht für gefährlich?« hatte er mich zu Beginn der sechziger Jahre gefragt. Damals hatte ich fast instinktiv geantwortet, ich sei sicher, daß Jerusalem wiedervereinigt und sein Haus dann genau in der Stadtmitte stehen würde – wie es tatsächlich einige Jahre später geschehen sollte.

Ein weiterer einflußreicher Sephardim im öffentlichen Leben Israels war der tunesische Einwanderer Aharon Uzan, ein Mann mit gesundem Menschenverstand, der in der Moschavbewegung Karriere machte. Nach den Wahlen von 1974 wurde er Landwirtschaftsminister in der Regierung der Arbeiterpartei.

Ebenfalls aus Tunesien stammte die beherzte Matilda Ghez, die nicht nur innerhalb der Partei geliebt und verehrt wurde; sie verkörperte die heute rar gewordene Tugend des »Seelenadels«. In Tunesien war sie die Leiterin von WIZO, der Internationalen Zionistischen Frauenorganisation gewesen. Auch sie fand in Israel rasch ihren Platz, sie war eine treue Anhängerin Ben Gurions und übertrug nach dessen Tod ihre Loyalität auf mich. Jahrelang sorgte sie für die Kranken in ihrer Familie, und später hatte auch sie Krankheit und Schmerz zu ertragen. Aber sie strahlte einen solchen inneren Frieden aus, daß alle, die sie kannten, sie für eine glückliche, unbeschwerte Frau hielten. Nie ließ sie erkennen, was für drückende Sorgen auf ihr lasteten, ja sie verbreitete Liebe und Hoffnung um sich und gehörte zu den beliebtesten Frauen in Israel.

Aber nur eine Minderheit der ersten nordafrikanischen Einwanderer brachte es zu landesweiter Anerkennung. Mit der Zeit jedoch machten junge Sephardim in der israelischen Kommunalpolitik, vor allem in der städtebaulichen Entwicklung, von sich reden. Sie waren weniger religiös als ihre Vorfahren, aber dennoch fest in der Tradition verwurzelt und stolz auf ihr gemeinsames Erbe. Im eigentlichen Sinne repräsentierten sie die zweite Generation. Am Samstagvormittag besuchten sie zusammen mit ihren Familien die Synagoge, und am Nachmittag gingen viele zum Fußball, was nach den religiösen Vorschriften strenggenommen nicht erlaubt ist. Einerseits hielten sie also an der Tradition fest, andererseits paßten sie sich den Gewohnheiten des modernen Lebens an.

Man hört oft, daß nordafrikanische Juden, die nach Frankreich ausgewandert sind, dort in der Wirtschaft, in Wissenschaft und Kunst erstaunlichen Erfolg haben, und vergleicht ihre Karrieren mit denen von Bürgermeistern in neugegründeten israelischen Städten. Ich meine, daß unsere Bürgermeister nicht weniger Achtung verdienen als jene erfolgreichen Sephardim in Frankreich, denn das Leben eines Bürgermeisters in einer israelischen Kleinstadt oder in einem Dorf ist mit Sicherheit härter als das eines Universitätsprofessors in Paris. Das jüdische Volk hat im Lauf der Geschichte einen stattlichen Anteil an Professoren hervorgebracht, aber es gibt nach wie vor zu wenige Bürgermeister und Städtebauer. Gegenwärtig reift in Israel eine Generation von Architekten heran, von denen viele nordafrikanischer Herkunft sind. Auch ihre Städte wachsen: Von Kiryat Shmona im Norden bis Dimona im Süden bilden sie das Rückgrat des Landes.

Meine Freundschaft mit nordafrikanischen Einwanderern und mein Einsatz für ihre Sache hat meine politische Laufbahn nachhaltig geprägt. Allerdings war ihre Tendenz, den Likud zu unterstützen, nicht weniger prägend. Wie schon erwähnt, hat diese Tendenz das Wahlergebnis von 1977 beeinflußt.

Ich übernahm die Parteiführung 1977 in einer schwierigen, fast verzweifelten Situation. Wir steuerten auf unsere erste Wahlniederlage überhaupt zu. Ich hatte natürlich weder angestrebt noch erwartet, unter solchen Bedingungen die Parteiführung zu übernehmen, aber getreu dem rabbinischen Motto: »Wenn es keine Männer gibt, versuche selbst einer zu sein« stürzte ich mich in den Kampf, nahm als erstes die Wahlen in

Angriff und danach die schmerzliche Aufgabe des Wiederaufbaus. Nachdem ich die Geschichte von Nazismus, Bolschewismus und Faschismus studiert hatte, wußte ich, daß solche Bewegungen nie durch eigene Kraft an die Macht gelangt sind, sondern ihren Erfolg der Schwäche und dem Verschleiß der liberalen und sozialistischen Kräfte verdankten. Mussolinis Herrschaft in Italien war für mich eher die Folge des Scheiterns des Sozialismus in seinem Land als der Ausdruck eigener Stärke des italienischen Faschismus. Übertrug ich diese Sicht mutatis mutandis auf Israel, stellte ich fest, daß unsere Partei ums Überleben kämpfte. Die Gefahren waren gewaltig und unsere Mittel – finanzielle und politische – im wahrsten Sinne erschöpft. Bedrückende Stille lag über der Zentrale der Arbeiterpartei in Tel Aviv. Wer mag schließlich mit einer Leiche tanzen? Nach der Meinung vieler politischer Beobachter waren wir nur noch der Schatten einer einst großen Bewegung.

Nur wenige treue Parteimitglieder widmeten sich der glanzlosen Aufgabe, die Partei wieder aufzubauen. Zu diesem Häuflein der Aufrechten gehörte Chaim Bar-Lev, ehemaliger IDF-Stabschef (1968–1972), der unter Golda Meïr und Rabin Minister gewesen war. Er wurde Generalsekretär der Arbeiterpartei. Jossi Beilin, ein junger politischer Korrespondent von *Davar*, der Zeitung von Histadrut, willigte nach längerem Überlegen ein, Parteisprecher zu werden.

Selbstverständlich waren auch die führenden Vertreter der alten Garde noch mit von der Partie: Golda sowie Jisrael Galili, ihre graue Eminenz, Jizchak Ben-Aharon, der ehemalige zupackende Chef der Histadrut, Chaim Zadok, der frühere Justizminister, ebenso Moshe Baram, Chaim Gvati und Jehoshua Rabinowitz, drei weitere altgediente Parteisoldaten, die als Minister in der Regierung der Arbeiterregierung gedient hatten. Nicht alle zählten zu meinen glühendsten Verehrern, manche hegten sogar eine herzliche Abneigung gegen mich. Aber ich war derjenige, der die Bürde des Wiederaufbaus der Arbeiterpartei geschultert hatte, und das mußten alle anerkennen und sich entsprechend verhalten. Vielleicht war es, wie manche sagten, meine »beste Zeit«. Ich war mir ständig der Gefahr bewußt, im Meer der Schwierigkeiten, das uns zu verschlingen drohte, unterzugehen. Aber ich schwamm weiter – oft im Freistil – und hielt mich über Wasser. Auch bekam ich loyale Unterstützung von der altgedienten Führung unserer Schwesterpartei Mapam, die damals mit uns verbündet war. Meir Jaari, Jaakov Hazan, Meir Talmi, Victor Shemtov und Haika Grossman waren nicht so ausgelaugt wie die Vertreter der Arbeiterpartei, vielleicht weil sie in der Vergangenheit gelernt hatten, mit dem zermürbenden Dasein in der Opposition fertig zu werden. Sie verhielten sich mir gegenüber wesentlich großherziger als einige führende Köpfe meiner eigenen Partei.

Wir verfügten über zweiunddreißig Sitze in der Knesset. Bei den Wahlen hatten wir zwar dreiunddreißig errungen, aber Moshe Dayan verließ die Partei, als er Außenminister unter Begin wurde. Damit versuchten wir, wirkungsvolle Oppositionsarbeit zu leisten. Offen gestanden bereitete uns der frühe Erfolg der neuen Regierung unter Begin geradezu körperliche Qualen des Neids. Warum, so fragten wir immer wieder, mußte Sadat gerade jetzt nach Jerusalem kommen? Ich hatte Respekt vor Begins großem Erneuerungsprojekt, mit dem die Regierung, unterstützt durch Gelder jüdischer Hilfsfonds in Übersee, die dringend notwendige Sanierung innerstädtischer Elendsviertel und die Fortführung der Stadtentwicklung im ländlichen Raum in Angriff nahm.

Vor allem sahen wir traurig und verbittert, wie sich die neugegründete Partei »Demokratische Bewegung für Veränderung« mit ihren fünfzehn Knessetsitzen mit Begin und den religiösen Parteien zu einer neuen Koalition zusammenschloß. Diese Partei, angeführt von Jigael Jadin, hätte sich eigentlich mit uns verbünden müssen, denn sie hatte unsere Wähler für sich gewonnen und vertrat in den meisten Kernfragen eine ähnliche Politik wie wir. Warum machten Männer wie Jadin, Meir Amit und Aharon Jariv (beide ehemalige Leiter des militärischen Geheimdienstes) und Amnon Rubinstein (ehemaliger Verfassungsrichter und später Führer des linksliberalen Meretz-Blocks) gemeinsame Sache mit dem Likud? Es war so unverständlich wie unverzeihlich. Aber so sahen nun einmal die Tatsachen aus, dagegen half kein Jammern.

Die Vertreter der Demokratischen Bewegung für Veränderung sagten selbst, sie seien in die Politik gegangen, um einen Regierungswechsel herbeizuführen, der wiederum nur das Vorspiel zu grundlegenden Reformen in Politik und Verwaltung sein sollte. Sie wollten plebiszitäre Wahlen statt des landesweiten Verhältniswahlsystems. Jadin wurde stellvertretender Premierminister mit einem bewußt breit angelegten innenpolitischen Ressort, das mehrere wichtige Ministerien umfaßte. Am Ende wurde das Wahlprogramm der Demokratischen Bewegung für Veränderung in großen Teilen nicht verwirklicht, und die zahlreichen Gruppen, die sich unter dem Dach der neuen Partei zusammengefunden hatten, gingen bald ihre eigenen Wege.

Das tiefverwurzelte Unverständnis, das die Beziehungen zwischen der alten Pioniergeneration und den neuen Einwanderern aus Nordafrika prägte, hängt bis heute wie ein dunkler Schatten über der israelischen Gesellschaft. Wer die israelische Politik wirklich verstehen will, darf dieses Kernproblem nicht außer acht lassen. In kultureller Hinsicht gab es unüberbrückbare Gegensätze. Versuche, dennoch ein harmonisches Zusammenleben zu gestalten, blieben unzulänglich. Wirtschaftlich gesehen, bestanden Ungleichheiten. Die meist aschkenasischen Einwanderer der ersten Alijot besaßen hinsichtlich ihrer Integration in Israel einen zeitlichen Vorsprung gegenüber den nordafrikanischen Neuankömmlingen.

In der Tat glaube ich manchmal, daß die entscheidenden Trennungslinien, die die israelische Gesellschaft durchziehen, nicht durch politische Haltungen wie Rechts und Links bedingt sind, sondern eher durch die verschiedenen Einwanderungswellen. Nichts hat die israelische Gesellschaft und die Gestaltung ihrer demokratischen Institutionen so stark beeinflußt wie die Einwanderung. Heute, wo Unmut und Protest über die neue massive Einwanderung von Juden aus der ehemaligen Sowjetunion zunehmen, verraucht vielleicht endlich der Zorn der Nordafrikaner. Der Regierungswechsel nach den Wahlen von 1992, der die Arbeiterpartei nach jahrelanger Likud-Herrschaft wieder an die Macht brachte, ist zu einem nicht geringen Teil auf die neue Einwanderungswelle zurückzuführen.

21

DER ZORN DES RABBI

Das unter den nordafrikanischen Einwanderern verbreitete Gefühl, diskriminiert zu werden, und die daraus erwachsene Protesthaltung führten zur Gründung eigener »ethnischer« Parteien. In Anbetracht der Größe der nordafrikanischen Gemeinschaft – bis zur Einwanderungswelle aus der Sowjetunion in den achtziger Jahren stellte sie die meisten Migranten – schien ein politischer Erfolg durchaus realistisch.

Tami, eine Abspaltung der Nationalreligiösen Partei, wurde 1981 von Aharon Abuhatseira gegründet. Seine Familie, aus der viele namhafte Rabbiner hervorgingen, wurde von den marokkanischen Juden seit Generationen verehrt. Die Grabstätte Rabbi Jaacov Abuhatseiras (gest. 1880) in Ägypten ist auch heute noch ein vielbesuchter Wallfahrtsort. Rabbi Jisrael Abuhatseira oder »Baba Sali«, wie er gemeinhin genannt wird, ließ sich in den sechziger Jahren in der kleinen Stadt Netivot im Negev nieder, wo sein Haus und seine Synagoge bald zu einem bedeutenden religiösen Zentrum wurden. Heute strömen Pilger zu seinem Grab; alljährlich zu seinem Todestag versammeln sich dort Hunderttausende marokkanischer Israelis. Unweit seines Grabes befindet sich ein Komplex mit einer Jeschiwa und einer Synagoge, die von seinem Sohn »Baba Baruch« geleitet wird. Aharon Abuhatseira, ein Neffe Baba Salis, schlug eine Laufbahn als Kommunalpolitiker in der Stadt Ramle ein und brachte es innerhalb der NRP bis zum Rang eines Ministers. Die Tami erzielte bei der ersten Testwahl einen Achtungserfolg und gewann drei Sitze. Später verlor sie an Bedeutung und schloß sich schließlich dem Likud-Block an.

Ich war stets ein Freund und Bewunderer Aharon Abuhatseiras. Er wird als Autor historischer Bücher über die Napoleonischen Kriege viel gelesen, ist grenzenlos wißbegierig und verfügt über einen scharfen, analytischen Verstand. Ich pflegte mit ihm jahrelang einen informellen Dialog in der Hoffnung, ihn zum Eintritt in die Arbeiterpartei bewegen zu können. In unseren Gesprächen vertrat er in Fragen der Verteidigung, der Außenpolitik sowie der Sozial- und Wirtschaftspolitik ganz ähnliche Positionen wie wir.

Abuhatseira wurde 1980 in einem spektakulären Prozeß der Bestechung beschuldigt, wegen mangelnder Beweise aber freigesprochen. Unmittelbar nach dem Freispruch wurden gegen ihn erneut Vorwürfe wegen finanzieller Unregelmäßigkeiten erhoben. Diesmal wurde er zu drei Monaten gemeinnütziger Arbeit verurteilt. Die Affäre überschattete seine gesamte spätere Laufbahn. Obwohl er von den gravierendsten Vorwürfen freigesprochen wurde, verziehen ihm viele niemals ganz. Dagegen wurden andere Stimmen laut, die fragten, warum überhaupt Anklage gegen ihn erhoben worden war. Wäre dieser vielversprechende marokkanische Politiker ein Aschkenasi gewesen, so war zu hören, hätte man ihn nie vor Gericht gestellt. Sie beriefen sich unter anderem darauf, daß in den nordafrikanischen Gemeinden Spendenkassen, die von anerkannten Persönlichkeiten wie Abuhatseira verwaltet werden, gang und gäbe sind. Aus ihnen werden auch diskret bedürftige Familien unterstützt, und dabei ist eine saubere Buchführung mit sämtlichen Rechnungen und Quittungen nicht immer üblich. Persönlichen Feinden und politischen Gegnern fällt es dann leicht, die Verwalter solcher Fonds der Untreue zu bezichtigen.

Ich habe mir von der Gründung einer sogenannten »ethnischen« Partei nie viel versprochen, weder für die jeweilige Volksgruppe noch für das Land als Ganzes. Statt die Gräben zwischen den ethnischen Gemeinschaften zu überwinden, werden sie durch eine solche Partei nur noch tiefer.

Meine Hoffnung, Abuhatseira werde sich der Arbeiterpartei anschließen, hat sich jedenfalls nicht erfüllt. Wegen seiner persönlichen und politischen Vorgeschichte wurden in unserer Partei gegen ihn vielfach Vorbehalte laut, und er selbst hegte stets Zweifel daran, ob er bei uns eine politische Heimat finden würde.

Durch die Freundschaft zu Abuhatseira machte ich die persönliche Erfahrung, daß die Annahme, nordafrikanische Politiker seien Falken oder müßten bei ihren Anhängern zwangsläufig als Falken gelten, irrig ist. Die politische Wirklichkeit Israels ist weitaus komplexer.

Die Arbeiterpartei war immer mehr darauf angewiesen, daß sie zumindest bei einem Teil der nordafrikanischen Gemeinschaft Unterstützung fand. Dies war schon deshalb so wichtig, weil sich im religiösen Lager der Aschkenasim in politischer wie ethnischer Hinsicht rasch ein radikaler Wandel vollzog. In den Anfangsjahren des Staates bestanden die religiösen Parteien, die eine Minderheit bildeten, hauptsächlich aus Aschkenasim, zumindest insofern, als die Führer der orthodoxen Parteien (die NRP, Agudat Jisrael und Poale Agudat Jisrael[1]) politisch alle gemäßigt und fast nur aschkenasischer Herkunft waren. Die religiös motivierten Wähler verteilten ihre Stimmen recht gleichmäßig auf die standhaft zionistische NRP, die von Anfang an eine aktive Mitstreiterin in der zionistischen Bewegung war, und die nicht-zionistische Aguda-Bewegung. Die NRP war mit der Arbeiterpartei über die sogenannte »historische Allianz« verbündet, die auf die Jahre vor der Staatsgründung zurückging. In der Gründungsperiode der vierziger und fünfziger Jahre entwickelte sich eine enge persönliche Freundschaft zwischen Ben Gurion und dem Führer der NRP, Rabbi Jehuda Leib Maimon. Auf politischer Ebene bildete die Achse Arbeiterpartei – NRP eine solide Grundlage für Regierungskoalitionen mit der Arbeiterpartei.

Das Verhältnis der Arbeiterpartei zur Aguda war komplizierter. Die engsten Beziehungen unterhielt sie zur Poale Agudat Jisrael, einer quasisozialistischen Splittergruppe, die dem Zionismus immerhin nahestand und eigene Kibbuzim gegründet hatte. Die Hauptbewegung, Agudat Jisrael, hatte keine feste politische Linie. Ihr Führer Rabbi Jizchak Meir Levin war unter der ersten Regierung Ben Gurions Minister gewesen. Später verließ sie die Koalition, unterstützte sie von außen aber nach wie vor.

Die Aguda bezieht ihre Stärke aus zwei Quellen: aus den »Höfen« der chassidischen *Rebbes* und den Jeschiwot litauischer Prägung. Diese beiden Hauptrichtungen der osteuropäischen jüdischen Frömmigkeit vor dem Holocaust hatten sich nach Israel (und in die USA) retten können, wo sich ihre dezimierten Gemeinden dann erholten. In jüngerer Zeit hat Rabbi Eliezer Menachem Shach, der Dekan von Ponewesch, der größten Jeschiwa innerhalb der nicht-chassidischen Strömung, den sogenannten *Mitnaggdim* (»Protestlern«), eine herausragende Stellung erlangt. Ponewesch bringt viele der Rabbiner und *Dajanim* (rabbinischen Richter) des Landes hervor. So reicht der Einfluß des Rabbi Shach bis weit über seine Jeschiwa in der ganz von den Orthodoxen beherrschten Stadt Bnei Brak hinaus. Obwohl schon weit über Neunzig, beeindruckt dieser Mann durch seine Führungsqualitäten und seinen politischen Scharfsinn ebensosehr wie durch seine Gelehrtheit im Talmud.

Auf Rabbi Shachs Wunsch habe ich mich einmal mit ihm zu einem ausführlichen Gespräch getroffen, und zwar im Haus des Rabbi Moshe David Tannenbaum (gest. 1993), dem langjährigen Sekretär des Rats der Jeschiwot. Rabbi Tannenbaum hat sich stets sehr freundlich um mich und um Ben Gurions andere Mitarbeiter Jizchak Navon, Teddy Kollek und Chaim Jisraeli bemüht. Dieses vertrauliche Verhältnis geht auf das erste Jahr des Staates zurück, als ich in Ben Gurions Auftrag an den Verhandlungen beteiligt war, die eine Regelung in der Frage der Befreiung von Jeschiwa-Studenten vom Militärdienst erzielen sollten. Die Übereinkunft, an der sich auch heute noch die Geister scheiden, war das Ergebnis langer Verhandlungen mit mehreren älteren Dekanen, die mich an meinen Großvater erinnerten. Sie beriefen sich auf die jahrhundertealte Tradition ihrer Lehranstalten, die die Zarenzeit und die bolschewistische Revolution überdauert hatten und von den Nazis stark dezimiert worden waren. Den wenigen noch bestehenden Einrichtungen drohe jetzt im gesamten Judenstaat der Untergang, wenn die Studenten, die Tag und Nacht den Talmud studieren müßten, zum Wehrdienst herangezogen würden. Ihre Beschäftigung sei über die reine akademische Disziplin hinaus auch eine Lebensart. Schon eine relativ kurze Unterbrechung wie die Dauer des Militärdienstes würde die jungen Männer ihrem religiösen und intellektuellen Umfeld entfremden.

Damals waren von der Forderung der Dekane nur einige hundert junge Männer im Jahr betroffen. Wir stimmten der Ausnahmeregelung unter dem Vorbehalt zu, daß sie nur für Vollzeitstudenten gelten und beim Ausscheiden aus der Jeschiwa sofort erlöschen sollte. Trotzdem war uns die Entscheidung nicht leichtgefallen. Der Unabhängigkeitskrieg tobte noch immer, und unsere Devise: »Das ganze Land ist unter Waffen, das ganze Land ein Schlachtfeld« war keine Übertreibung. Die Ausnahmeregelung war politisch und gesellschaftlich problematisch. Andererseits drohten die Rabbinen, ihre Jeschiwot bei Nichterfüllung ihrer Forderungen ins Ausland zu verlegen, und diese Drohung nahm ich sehr ernst. Als rührend und besonders eindrucksvoll empfand ich damals die Erklärung des Rabbi Kalman Kahane, der in der Führung der Poale Agudad

Jisrael saß und an der Gründung eines ihrer Kibbuzim beteiligt gewesen war. »Ich habe zwölf Kinder«, meinte er. »Zehn sind Jungen. Neun dienen in der Armee. Der zehnte soll in der Jeschiwa bleiben und für die Sicherheit der anderen beten.«

Damals sagte ich mir: Da wir von den Orthodoxen Toleranz verlangten, sollten wir unsererseits in einer Angelegenheit, die für sie von größter Wichtigkeit war, ebenfalls Toleranz beweisen. Ich riet Ben Gurion, die Ausnahmeregelung für eine begrenzte Anzahl an Jeschiwa-Studenten zuzulassen, und er folgte meinem Rat.

Nach dreißig Jahren – in denen aus der »beschränkten Anzahl« mehrere Tausend geworden waren – suchte mich Rabbi Shach auf, um mir zu danken. Er bezeichnete mich als »Werkzeug des göttlichen Willens«. Der kleine, schmächtige Mann ähnelte mit den kurzsichtigen Augen hinter dicken Brillengläsern und dem ausgefransten weißen Bart eher einem chinesischen Mandarin. Sobald er aber zu sprechen begann, verrieten seine Worte den eisernen Willen des Politikers. In seiner unverwechselbaren Sprache (modernes Hebräisch, stark durchsetzt mit jiddischen Wendungen und im aschkenasischen Akzent der Alten Welt) legte er seine Position dar. »Auch andere Nationen«, so erklärte er mir, »haben ihre staatliche Unabhängigkeit. Auch andere Nationen haben Industrie und Landwirtschaft, Armeen und Parlamente. Diese Dinge machen nicht die Besonderheit unserer Nation aus. Was wir haben und niemand sonst, ist die Thora. Die Thora und nicht der Staat hält uns am Leben, und deshalb ist es unsere Pflicht, die Thora am Leben zu erhalten. Deshalb dürfen wir kein fremdes Kulturgut übernehmen, den heiligen Sabbat nicht schänden und keine unkoscheren Lebensmittel essen, deren Genuß die Thora uns verbietet. Wir dürfen keine Nation von Ignoranten heranziehen, keine Generation, die unsere große Thora-Literatur nicht kennt.«

Es war in vielerlei Hinsicht bemerkenswert, daß Rabbi Shach trotz seines seltsamen aschkenasischen Akzents und seiner strengen Verbundenheit mit dem litauisch-aschkenasischen Erbe zum spirituellen und politischen Berater einer bedeutenden Gruppe der Rabbinen und Jeschiwa-Studenten der nordafrikanischen Einwanderer werden sollte. Ebendies geschah aber in den siebziger Jahren, als sich immer mehr junge Sephardim, die in Ponewesch und anderen Jeschiwot studierten, um Rabbi Shach scharten. Zur gleichen Zeit erhielt die Basis der orthodoxen politischen Parteien eine immer stärkere sephardische Prägung, weil sich ihnen zahlreiche nordafrikanische Einwanderer anschlossen, während sich die aschkenasischen Israelis in der zweiten und dritten Generation zusehends von der Orthodoxie abwandten.

Diese ethnische Verschiebung spiegelte sich allerdings nicht in der Leitung der verschiedenen orthodoxen Parteien wider. Mit wenigen Ausnahmen (wie Aharon Abuhatseira) waren sie fest in aschkenasischer Hand, was bei den sephardischen Mitgliedern natürlich zu Unmut führte, zum Beispiel bei der heranwachsenden Generation an Gelehrten, die der Agudat Jisrael nahestanden und eingeschworene Anhänger des Rabbi Shach waren. Im Jahr 1984 kam es dann auf Betreiben von Rabbi Shach zu einer Abspaltung von der Agudat Jisrael: Eine ausschließlich sephardische orthodoxe Partei wurde unter dem Namen Schass gegründet. Bei den Parlamentswahlen im gleichen Jahr hatte sie mit vier Sitzen sofort Erfolg. Aber auch sie wurde schließlich in das vom Likud angeführte Lager gezogen.

Damals kam es zu einer weiteren Veränderung bei den orthodoxen Kräften in der Gesellschaft. Die NRP, die traditionell in der politischen Mitte gestanden und lange Zeit als mäßigendes und pragmatisches Bindeglied zwischen den orthodoxen und den weltlichen Kräften der israelischen Gesellschaft gegolten hatte, rückte jetzt nach rechts und schloß sich schließlich dem Likud-Block an. Sie gründete und unterhielt die Gusch Emunim (siehe Seite 209), eine Organisation fanatischer Pioniere, die zur Vorhut der jüdischen Siedlerbewegung in den dichtbevölkerten besetzten Gebieten wurde.

Sämtliche Mitbegründer der Emunim waren Anhänger des Rabbi Zvi Jehuda Kook, eines Sohnes des ersten Oberrabbiners von Palästina, Abraham Isaac Kook († 1935). Ich bin Rabbi Zvi Jehuda mehrfach begegnet, und diese lebhafte Persönlichkeit ist mir noch gut in Erinnerung. Wenn das Gespräch auf religiöse und ideologische Fragen kam, zeigte er sich unbeugsam und unversöhnlich. Die »Unteilbarkeit des Landes« kam bei ihm an erster Stelle, alle anderen Normen rangierten unter »ferner liefen«. Die beiden kommenden Führer der jungen Garde der NRP, Sevulun Hammer und Jehuda Ben Meir, zogen ihre Gefolgschaft und mit ihr einen Großteil der Partei in den siebziger Jahren stetig zur kompromißlosen Rechten hinüber. Unmerklich gerieten sie spirituell, psychologisch und politisch in den Sog der fanatischen Gusch Emunim.

Einige oppositionelle Gruppierungen in der NRP versuchten, sich dem Rechtsruck entgegenzustemmen. Ich beschwor ihre Führer, zwischen dem wachsenden Fanatismus der Vertreter der »Unteilbarkeit des Landes« einerseits und kompromißbereiten Politikern andererseits zu vermitteln, damit die Einheit ihrer Partei gewahrt bliebe. Aber die Hardliner konnten einen eindeutigen Sieg für sich verbuchen.

In den achtziger Jahren konkurrierten zwei Trends miteinander, die für die Arbeiterpartei beide bedenklich waren. Die Siedlerbewegung und ihr vorwiegend aschkenasisches Umfeld, die ihr politisches Sprachrohr in der NRP und verschiedenen rechten Splittergruppen hatten, wurden zu natürlichen Verbündeten des Likud-Blocks. Gleichzeitig entwickelte sich der Likud auch zum politischen Forum für den Protest der nordafrikanischen Einwanderer.

Die Wahlergebnisse von 1981 spiegelten diese Trends wider. Unter meiner Führung erholte sich die Arbeiterpartei von ihrer Niederlage von 1977 zwar zusehends und verbesserte ihre Position von dreiunddreißig auf siebenundvierzig Sitze. Die Demokratische Bewegung für Veränderung unter Jigael Jadin hatte sich 1981 faktisch aufgelöst, und ihre meisten Wähler waren zur Arbeiterpartei zurückgekehrt. Der Likud-Block verbesserte sein Ergebnis von fünfundvierzig auf achtundvierzig Sitze, so daß gute Aussichten auf eine Koalition der beiden großen Parteien bestanden. Tatsächlich aber schlossen sich alle orthodoxen Parteien und die ethnische sephardische Partei Tami dem Likud an. Bei den nächsten Wahlen 1984 führte die Arbeiterpartei gegenüber dem Likud mit 44 zu 41 Sitzen, aber wieder unterstützten die orthodoxen Parteien den Likud, was die Arbeiterpartei zwang, mit dem Likud die Regierung der Nationalen Einheit zu bilden (siehe Seite 289f.). Das gleiche Szenario wiederholte sich 1988. Bei diesen Wahlen gewann die Arbeiterpartei mehr aschkenasische als sephardische und der Likud-Block mehr sephardische als aschkenasische Stimmen.

Einige Soziologen und Politikwissenschaftler zogen daraus voreilige Schlüsse. Wegen der überdurchschnittlich hohen Geburtenrate der orthodox-religiösen und der nordafrikanischen Familien sagten sie der Arbeiterpartei den Untergang voraus, weil sie zur Bildung einer stabilen Koalition angeblich keine Partner mehr finden würde. Die demographische Entwicklung im Land stehe dem entgegen.

Fachleute können zwar die Vergangenheit erklären, aber wenn es um die Zukunft geht, leiden sie unter der gleichen Kurzsichtigkeit wie die übrige Menschheit. Die selbsternannten Propheten hatten bei ihrer düsteren Prognose nämlich nicht vorhergesehen, daß eine gewaltige Einwanderungswelle aus der Sowjetunion und ihren Nachfolgestaaten in den späten achtziger und frühen neunziger Jahren ins Land kommen würde, ein Zustrom, der die demographischen Verhältnisse und Entwicklungen zumindest kurz- und mittelfristig grundlegend geändert hat. Geirrt haben sich die Fachleute auch in ihrer Einschätzung der politischen Überzeugungen der Neuankömmlinge, die sich für die Demagogie der Rechten oder die Predigten der nationalreligiösen Ideologen wenig empfänglich zeigten. Unter den Zuwanderern aus der ehemaligen Sowjetunion sind bemerkenswert viele Akademiker besonders aus dem naturwissenschaftlichen Bereich. Zwischen ihnen und dem Staat, in dem sie aufgewachsen sind, gibt es einen krassen Gegensatz: Niemals hat ein so dumpfes Regime eine so eindrucksvolle Intelligenzija hervorgebracht. Für Israel stellt ihre Ankunft den Triumph des zionistischen Traums über sieben Jahrzehnte kommunistischer Indoktrinierung dar. Für die Arbeiterpartei bedeutete der Zustrom dieser gemäßigten Kräfte ein bedeutendes neues Potential an Wählern und aktiven Anhängern.

Genausowenig Gespür zeigten die Fachleute bei der Einschätzung der Schass. Diese Splitterpartei, die wachsenden Zulauf hat, setzte nämlich Rabbi Ovadia Josef an ihre Spitze, einen gebürtigen Iraker und eine herausragende Figur unter den sephardischen Gelehrten. Im Jahr 1983 endete seine Amtszeit als sephardischer Oberrabiner von Israel. Unter den sephardischen Juden in Israel und im Ausland gilt er als *die* Autorität in Sachen Talmud und *Halacha.*[2] In unserem Jahrhundert gibt es wohl keinen anderen sephardischen Gelehrten mit diesem akademischen Format. Bei einer Begegnung mit Josef ist man als erstes von seinem sprühenden Geist und seinem phänomenalen Gedächtnis beeindruckt: Er behält alles, was er gelesen hat. Er kennt die Bibel, den Talmud und die gesamte rabbinische Literatur auswendig und würzt seine Rede mit ausführlichen Zitaten, die er völlig korrekt wiedergibt. Für mich unvergeßlich war vor allem ein Gespräch, in dessen Verlauf er mir die komplizierten Filiationen verschiedener chassidischer Dynastien in Polen und Rußland vor dem Krieg auseinandersetzte und dabei Geschichten und Anekdoten über die Stärken und Schwächen der verschiedenen *Rebbes* einflocht. Dabei geht Josef mit seinem gewaltigen Wissen bescheiden und elegant um. Er ist ein angenehmer und freundlicher Mann und - anders als der Rabbi Shach - kein scharfzüngiger kleinlicher Kritiker.

Als politischer Führer, oder besser als geistiger Mentor einer politischen Partei, zeigte sich Rabbi Josef als engagierter Gemäßigter. Ich bin oft mit ihm zusammengetroffen und habe lange Gespräche teils über Religion (seine Domäne), teils über Außenpolitik (meine Domäne) geführt. Nach seiner Überzeugung hat die Rettung von Menschenleben durch die Vermeidung von Krieg nach jüdischem Gesetz höhere Priorität als der Erhalt Groß-Israels. Im Jahre 1990 wurde Josef aktiv: Er trat in brokatgeschmücktem schwarzen Talar mit purpurnem turbanartigen Zeremonienhut im israelischen Fernsehen auf und gab seine Unterstützung für einen territorialen Kompromiß bekannt, der Israel vielleicht den Frieden bringen würde. Das grenzte geradezu an Ketzerei für die religiösen Rechten, die Anhänger des Rabbi Kook und die meisten aschkenasischen organisierten Orthodoxen.

Hinter Josefs Auftritt im Fernsehen hatte die Absicht gestanden, die parlamentarische »Scheidung« der Schass vom Likud-Block und deren Eintritt in eine neue Koalition mit der Arbeiterpartei vorzubereiten. Der Führer der Partei, Innenminister Arye Deri, ein ungewöhnlich fähiger junger Politiker, redete mir seit Monaten zu, ich, »als Israels wichtigster Staatsmann«, solle versuchen, den Friedensprozeß wieder in Gang zu bringen. Dazu aber müsse zuerst einmal die politisch lähmende »Einheitsregierung« Jizchak Shamirs beendet werden. Im März 1990 stimmte die Schass dann tatsächlich mit der Arbeiterpartei in der Knesset und stürzte die Likud-Regierung. Einige Tage später trat Rabbi Josef erneut im Fernsehen auf und rief zu neuen Schritten für einen Frieden Israels mit seinen arabischen Nachbarn auf. Alle meine Hoffnungen verflogen allerdings, als die Fraktion der Schass dem Staatspräsidenten empfahl, Shamir mit der Bildung einer neuen Regierung zu betrauen.[3] Deri erklärte kraftlos, er habe den Anweisungen des Rabbi Shach gehorchen müssen, der eine Koalition mit den »Schweinefleisch essenden Linken« gescheut habe. Josef versuchte den Schlag zu dämpfen, indem er Staatspräsident Herzog anrief und ihm erklärte, auch wenn die Schass offiziell Shamir unterstütze, empfehle er ihm persönlich, das Amt des Ministerpräsidenten mir zu übertragen.

Ich hatte die Hoffnung, mit Hilfe von Abgeordneten der Agudat Jisrael wenigstens eine dünne Mehrheit zusammenzubringen. Das Ergebnis meiner Bemühungen war eine der unangenehmsten und peinlichsten Situationen meiner gesamten politischen Laufbahn. Zwei Abgeordnete der Aguda, mit deren Unterstützung ich fest gerechnet hatte, sprangen im letzten Augenblick ab, woraufhin ich einer eigens anberaumten Sitzung der Knesset ohne die erwartete Mehrheit für mich entgegensah. Ich mußte alle meine Kräfte aufbieten, um diese Zwangslage mit einem Rest an Selbstachtung zu überstehen.

Später stellte sich dann aber heraus, daß der Fehlstart von 1990 doch der Vorbote einer Veränderung gewesen war: Nach den Wahlen von 1992 schwenkte die Schass über zu Rabins Koalition um die Arbeiterpartei, die sich um einen Frieden auf der Grundlage eines territorialen Kompromisses bemühte. Und diese Wende war mehr als ein Wechsel des parlamentarischen Bündnispartners.

Wie die Schass errang auch die NRP sechs Sitze, doch damit war kein Staat zu machen. Drei der sechs Abgeordneten waren relativ gemäßigt, aber die anderen drei hingen begeistert der Gusch Emunim an, so daß die Partei als Ganzes faktisch gelähmt war.

Rabbi Shachs Einfluß auf die Schass war gebrochen, aber innerhalb der Agudat Jisrael, die bei den Wahlen von 1992 vier Sitze errang, hatte er noch immer ein gewichtiges Wort mitzureden. Die Aguda lehnte eine Teilnahme an der Koalition ab. In der Knesset stimmte sie in der entscheidenden Frage zum Abkommen mit der PLO im September 1993 mit der Opposition.

Obwohl die Schass der Koalition zu diesem Zeitpunkt nicht offiziell angehörte, enthielt sie sich der Stimme und sicherte der Regierung dadurch eine solide Mehrheit. Rabbi Josef gab den Abgeordneten der Schass strikte Anweisung, nicht gegen den Frieden zu stimmen, und seine Anweisung wurde diesmal befolgt.

Abgesehen von der Schass stellten sich die orthodoxen Bewegungen geschlossen gegen das Friedensabkommen. Unklar ist, ob ihr Votum ihre Position zu diesem aktuellen Abkommen widerspiegelte oder ob es sich zumindest teilweise um einen Protest gegen eine, wie sie meinen, schleichende Säkularisierung der Gesellschaft durch die Linke handelte. Auch parteipolitische Überlegungen waren mit im Spiel. Die NRP, die bei der Bildung der Koalitionsregierung außen vor geblieben war, blickte reuig auf das vorige Jahr zurück, denn ihre traditionellen Ressorts – das Bildungsministerium und das Ministerium für religiöse Angelegenheiten – waren von der Schass übernommen worden. Sie war zudem verbittert, weil es mit der seit langem bestehenden Praxis der »Sonderdotierung« religiöser Einrichtungen nun ein Ende hatte.

Die führenden Vertreter der Aguda sprachen bei ihren öffentlichen Auftritten von der Heiligkeit des Landes Israel. Der Fraktionsvorsitzende der Partei, Rabbi Avraham Shapira, beschwor das Parlament, daß »das Land von jeher Jahwe, gepriesen sei Sein Name, gehört [habe] und Ihm auch stets gehören« werde. Kein Sterblicher habe das Recht, diesen Besitztitel auf andere zu übertragen. Immerhin fügte er hinzu, zur Vermeidung von Blutvergießen seien »gewisse Zugeständnisse« erlaubt. Meiner Meinung nach war es bei der Regierungsbildung im vorigen Sommer ein Fehler, die Aguda aus der Koalition auszuschließen. Sie hätte sehr gut an der Regierung beteiligt oder wenigstens in ein Bündnis einbezogen werden können. Dann hätte sie, sofern ihre religiösen Belange berücksichtigt worden wären, bei wichtigen Fragen im Parlament mit der Regierung gestimmt. Aber mein Anteil an der Bildung dieser Regierung war gering, ja eigentlich inexistent.

Zur gleichen Zeit fanden gegen den Parteivorsitzenden der Schass, Arye Deri, polizeiliche Ermittlungen statt, über die in den Medien breit berichtet wurde. Im Jahr 1993, drei Jahre nach Beginn der Ermittlungen, wurde gegen Deri schließlich Anklage wegen Bestechung und Veruntreuung öffentlicher Gelder erhoben. Ein weiterer Abgeordneter der Schass, Rafael Pinhasi, wurde im Zusammenhang mit Wahlkampffonds angeklagt, aber die Knesset weigerte sich, seine parlamentarische Immunität aufzuheben. Als noch weitere Politiker der Partei in rechtliche Schwierigkeiten gerieten, machte sich unter ihren Anhängern der Eindruck breit, es handele sich bei den Ermittlungen in Wahrheit um eine Hexenjagd gegen die Sephardim.

Rabbi Josef fühlte sich einsam und isoliert: einsam, denn er war der einzige bedeutende Rabbiner im Regierungslager, und isoliert, denn er mußte mit ansehen, wie sein engster politischer Mitstreiter aus dem Amt gejagt wurde. (Deri wurde vom Obersten Gerichtshof aufgefordert, sein Ministeramt nach Erhebung der Anklage niederzulegen.) Ich führte damals mit Rabbi Josef lange Gespräche und erfuhr aus erster Hand, wie sehr er unter seiner Einsamkeit litt. Er fürchtete, die Schass ohne Deris

Unterstützung nicht vergrößern und weiterentwickeln zu können. Die Energien und Fähigkeiten dieses Mannes waren jetzt auf absehbare Zukunft durch seinen Prozeß gebunden.

Mein Konflikt mit den orthodoxen Bewegungen war mit der Abstimmung in der Knesset über das Abkommen mit der PLO nicht zu Ende. Einige Tage danach geriet ich öffentlich mit Rabbi Shach aneinander. Ich hatte in einer Rede in New York vor der Konferenz von Vorsitzenden der größeren amerikanischen jüdischen Organisationen darauf hingewiesen, daß es im Judentum, anders als in der katholischen Kirche, kein vergleichbares Konzept eines »Stellvertreters Gottes« in Gestalt des Papstes gebe. Da im Judentum nicht nur *eine* Autorität existiere, habe jeder Rabbi das Recht, seine Deutung der Schrift zu vertreten. Die Gelehrten des Talmud hatten diese Überzeugung in einem Aphorismus zum Ausdruck gebracht: »Die Thora hat siebzig Gesichter.« Deshalb habe kein Rabbiner das Recht, anderen Rabbinern seine Ansicht aufzuzwingen.

Mit diesen Bemerkungen beschwor ich den Zorn des Rabbi Shach herauf, der sich ganz offenbar getroffen fühlte. Er veröffentlichte im Blatt seiner Partei folgende Erwiderung:

> »[...]Wie groß ist unser Schmerz und wie tief unsere Trauer, wenn wir erleben müssen, daß sich ein Mitglied der gegenwärtigen Regierung erkühnt – einer Regierung, die offensichtlich beabsichtigt, die Nation Israel in eine andere Nation zu verwandeln, und ein Mann, der die Schriften unserer Väter nicht studiert, der allenfalls die Bibel gelesen, aber keinen Begriff vom Talmud hat ... dem Talmud, dessen Verfasser die Macht hatten, Tote zum Leben zu erwecken, deren Jünger zu den größten Männern der Nation gehörten und die uns alles ausgelegt haben, was Moses auf dem Berg Sinai von Jahwe selbst empfangen hatte – daß ein solcher Mann, der weder selbst Gelehrter ist noch unter Gelehrten gelebt hat, sich also erkühnt, das Wissen und die Ansichten so vieler Generationen von Talmudgelehrten mit einem Wink seiner Hand vom Tisch zu wischen. Kann es eine größere *Chuzpe* geben? Seine Worte beleidigen jeden Juden, weil sie unseren Glauben an die Thora beleidigen. Die Thora aber ist das Gesetz Gottes, wie es uns von Generation zu Generation überliefert wurde und wie es unser Lehrer Moses von Jahwe selbst auf dem Sinai vor den Augen des gesamten

Volkes Israel erhalten hatte. Ich schreibe dies mit Kummer im Herzen ... Eliezer Menachem Shach.«

Diese Polemik erforderte eine Reaktion. Ich veröffentlichte folgende höfliche, aber bestimmte Antwort:

> »Der Außenminister bringt sein Erstaunen darüber zum Ausdruck, daß ihn ein Rabbiner ohne Nennung der wahren Fakten öffentlich bezichtigt hat, er habe die Rabbiner von Israel und die Thora Israels beleidigt. Der Außenminister hat die Rabbiner, die Thora und die orthodoxe Gemeinschaft stets respektiert. Er hat stets sein bestes gegeben, um die jüdische Identität und das jüdische Erbe zu wahren. Er hat stets danach getrachtet, die Einzigartigkeit unserer Kultur hervorzuheben.
> In seiner Rede hat der Außenminister darauf hingewiesen, daß es keinem Rabbiner zustehe, anderen Rabbinern in irgendeiner Frage seine Meinung aufzuzwingen. Er sagte, die wirklich großen Rabbiner seien von alters her in gewissen Fragen geteilter Meinung gewesen, und er zitierte dazu den Sinnspruch des Talmud, wonach ›die Thora siebzig Gesichter hat‹ ... Es liegt dem Minister fern, die Thora Israels zu beleidigen.
> Der Außenminister hofft, daß ein Rabbiner, der seine Ansichten öffentlich äußert, dies würdig tut und dabei bei der Wahrheit bleibt, sowohl in dieser besonderen als auch in allen Fragen, die das gewichtige Thema des Friedens betreffen.«

Meiner Meinung nach hat Rabbi Shach die ultra-orthodoxe Gemeinde politisch in eine Sackgasse geführt. Er hat bei den gewöhnlichen Israelis wortgewaltig und in boshafter Absicht vielfach Zorn und Unmut geschürt. In einer Reihe von Reden hat er über die Jahre wiederholt die Kibbuzim und die Arbeiterbewegung angegriffen und ihnen vorgeworfen, sie betrieben die Demontage der jüdischen Tradition. Zudem hat er sich in der Frage des Friedens von einer schüchternen Taube in einen grimmigen Falken verwandelt, und das zu einem Zeitpunkt, da Tauben und Falken nach einem Vierteljahrhundert hitziger Debatten endlich über einen konkreten Friedensvorschlag abzustimmen hatten.

22

DIE LANGE SUCHE

Als 1952 in Ägypten eine Gruppe junger Offiziere einen Putsch wagte und das korrupte Regime König Faruks hinwegfegte, sah Ben Gurion darin eine einzigartige Gelegenheit für Friedensgespräche. Mit der Revolution und der Machtübernahme durch die relativ jungen und idealistischen Offiziere schien eine frische Brise durch das Land am Nil zu wehen.

Ben Gurion äußerte öffentlich seine Hoffnungen und strebte insgeheim Verhandlungen mit Ali Mohammed Nagib an, dem Führer der Offiziere, und auch mit seinem charismatischen Nachfolger, Gamal Abd-el Nasser. Ich habe einen solchen Vorstoß persönlich angeregt und dabei eine Vermittlung des jugoslawischen Regierungschefs Josip Broz Tito vorgeschlagen. Tito sollte eine Begegnung zwischen Ben Gurion und Nasser auf der Insel Brioni arrangieren. Ben Gurion schrieb einen Brief an Tito, den ich über Shaike Dan, einen altgedienten Mitarbeiter des Nachrichtendienstes mit hervorragenden Kontakten nach Belgrad, überbringen ließ. Aber Nasser lehnte unser Ansinnen ab. Er wies darauf hin, Friedensgespräche mit Israel würden ihn die Präsidentschaft und wahrscheinlich das Leben kosten.

Nach Nassers Tod 1970 wurde Anwar as Sadat sein Nachfolger. In Israel war man darüber sehr besorgt. Sadat galt hiesigen Fachleuten als farblose Gestalt, als schwacher und zaghafter Politiker, der die Präsidentschaft als ein Kandidat des Kompromisses erlangt hatte. Im Licht der späteren Ereignisse war dies eine der größten Fehleinschätzungen, die sich die politische Intelligenz in Israel je geleistet hat. Rückblickend gilt Sadat allgemein zu Recht als einer der bedeutendsten arabischen Staatsmänner des Jahrhunderts. Über Sadats wahre Qualitäten hätte für uns und andere eigentlich kein Zweifel mehr bestehen dürfen, als er etwas tat, was bisher kein anderer arabischer Politiker gewagt hatte: Er warf die Sowjets aus seinem Land. Langsam, zu langsam vielleicht, dämmerte uns, daß Sadat trotz der Gerüchte und des Spotts ein entschlossener und tatkräftiger Mann war, und daß wir es mit einem arabischen Staatsmann von ganz anderem Schlag zu tun hatten als bisher. Als er 1973 den Krieg wählte, war dieser Entschluß für sein Land ebenso schicksalhaft wie vier Jahre später seine historische Entscheidung für den Frieden.

Einer von Sadats ältesten Freunden und engsten Mitarbeitern war Hassan Tohamey, ein tief frommer, religiöser Eiferer und zugleich ein leidenschaftlicher Kämpfer für den Frieden. Selten findet man diese widersprüchlichen Leidenschaften in einer Person vereinigt. Als ägyptischer Botschafter in Österreich war er in den Bann Bruno Kreiskys geraten, der ihm unablässig die Notwendigkeit eines Friedens zwischen Israel und den Arabern predigte. Als Sadats erster geheimer Unterhändler in Israel traf sich Tohamey im Herbst 1977 in Marokko zweimal mit Moshe Dayan.

Dayan wußte sein Gegenüber so zu bezaubern, daß dieser auf Einzelheiten im Gespräch nicht achtete. Dayan ließ sich freilich auf keine ausdrücklichen Zugeständnisse festlegen und schuf dagegen ein Klima des allgemeinen Entgegenkommens. So konnte er bei seiner Rückkehr darauf verweisen, daß er sich zu nichts verpflichtet hatte, während Tohamey glauben und berichten konnte, er habe auf die ägyptischen Forderungen israelische Zusagen erhalten. Mit ihrem engagierten Einsatz schufen Tohamey und Dayan so auf subtile Art die Grundlagen für einen israelisch-ägyptischen Frieden. Deutlich wurde mir dies bei einer späteren Begegnung mit Tohamey, bei der ich mich ausführlich mit ihm unterhalten konnte.

Sadat sah sich zugleich als Prophet des Friedens und als siegreicher Krieger, als Gandhi und Napoleon zugleich. Mehr als einmal erklärte er mir, er bewundere diese beiden großen Gestalten der modernen Geschichte mehr als alle anderen. In seine lange *Dschellaba* gewandet, erfüllte er in seinem Heimatdorf die Rolle Gandhis; in der glänzenden Uniform des Feldmarschalls gab er sich den Habitus eines ägyptischen Napoleon.

Der gleiche Dualismus kennzeichnete auch Sadats Politik: Als Militärstratege entschied er sich für den Angriff im Jom-Kippur-Krieg, und als Apostel des Friedens machte er im November 1977 den ersten Schritt zur Versöhnung: mit seiner dramatischen Reise nach Israel und mit seinem Auftritt in der Knesset. Hinter charmanter Naivität verbarg sich bei ihm ein ausgeprägter Instinkt für die richtige Entscheidung im richtigen Augenblick. Rückblickend glaube ich heute, daß es ohne Sadat keinen Frieden mit Ägypten gegeben hätte. Der syrische Staatschef Hafez al Assad gilt immer noch als starker und entschlossener Führer, obwohl er sich auch heute, mehr als sechzehn Jahre nach Sadats Friedensinitiative, noch nicht zu jenem mutigen und vorausschauenden Schritt durchringen kann, den Sadat so lange vor ihm getan hat. Sechzehn Jahre sind in der Geschichte der beiden Nationen ungenutzt verstrichen, weil der syrische Präsident nicht die Klugheit und Flexibilität aufbrachte, die im Fall Israels und Ägyptens für die Schaffung eines stabilen Friedens gesorgt haben.

Sadat wollte den Frieden, aber zu seinen Bedingungen. Zunächst glaubte er, Amerika für sich gewinnen zu müssen, damit es Israel von der Ernsthaftigkeit seiner Absichten überzeugen würde. An zweiter Stelle folgte dann die, so Sadat, »psychologische Dimension« des Friedens. Neunzig Prozent der Streitigkeiten, so sagte er oft, seien psychologischer Natur. Hauptsächlich um diese Barriere zu durchbrechen, wagte er den bedeutenden historischen Schritt eines Besuchs in Jerusalem. Der dritte Faktor, der einen Frieden erleichterte, war seine Bereitschaft, diesen in einzelnen Etappen abzuschließen, wodurch Israel die Chance erhielt, die Ernsthaftigkeit seiner Absichten und seine Aufrichtigkeit zu prüfen.

Sadat war zudem zu einem Separatfrieden ohne die anderen arabischen Länder bereit. Beim Abschluß des Truppenentflechtungsabkommens nach dem Jom-Kippur-Krieg von 1973 hatte er noch eine enge Abstimmung seiner Politik mit Syrien angekündigt. Als ihm aber klar wurde, daß Syrien ihm in seiner Friedensinitiative nicht folgen würde, entschied er sich für den nationalen Alleingang. Ebenso informierte er König Hussein von Jordanien im September 1978 zwar über das bevorstehende Abkommen von Camp David, forderte ihn pikanterweise aber nicht auf, ihn auf dem Weg zum Frieden zu begleiten. Er sagte Hussein weitere Berichterstattung zu, hielt sich aber nicht daran. Die Unterredung war das letzte Gespräch der beiden Staatschefs. Später äußerte sich Sadat über König Hussein und seine Familie abfällig. In Camp David bestand er zwar darauf, daß es zwischen Israel und Ägypten keinen

Separatfrieden ohne eine grundsätzliche Übereinkunft zum israelisch-palästinensischen Konflikt geben könne, gab sich aber mit einem Abschluß ohne eine Vertretung der Palästinenser zufrieden.

Ohne die genannten vier Punkte wäre der Frieden nicht geschlossen worden. Wer Frieden schließen will, muß ihn mit konkreten Schritten in Angriff nehmen. Der abstrakte Wille allein reicht nicht aus. Sadats Vorgehen erleichterte den Abschluß und die Umsetzung des Friedens zwischen unseren beiden Ländern zum dauerhaften Nutzen für uns alle. Zu seinem großen Verdienst zählt, daß es ihm gelang, obwohl die vier Punkte, die seine Politik zusammenfaßten, allesamt ein Wagnis darstellten, ihnen mit Entschlossenheit und Beharrlichkeit Stärke und Solidität zu geben.

Hätte der Frieden schon vor dem Jom-Kippur-Krieg geschlossen werden können? 1971 und 1972 wurde in Jerusalem über ein mögliches vorläufiges Abkommen mit Ägypten diskutiert, das mit einem teilweisen israelischen Truppenabzug vom Sinai und der Wiedereröffnung des seit dem Sechstagekrieg geschlossenen Suezkanals verbunden gewesen wäre. Aber der damaligen Premierministerin Golda Meïr schienen Sadats Bedingungen für einen Frieden völlig unannehmbar. Er verlangte tatsächlich sehr viel. Das Hauptproblem lag aber nicht in der Stationierung mehrerer hundert ägyptischer Soldaten oder Polizisten auf der Sinai-Seite des Kanals – auch wenn sich der damalige Generalstabschef Generalleutnant Chaim Bar-Lev[1] heftig dagegen stemmte. Das Problem für Israel bestand vielmehr in Sadats Forderung nach einem Zeitplan. Demzufolge hätten die israelischen Streitkräfte innerhalb von sechs Monaten von der gesamten Sinai-Halbinsel abgezogen und innerhalb weiterer sechs Monate dann auch das Westjordanland und der Gazastreifen vollständig geräumt werden müssen. Golda und ihr enger Berater, der Minister ohne Geschäftsbereich Jisrael Galili, lehnten diese Bedingungen rundweg ab. Moshe Dayans Bemühungen, einen annehmbaren Kompromiß zu finden, blieben ergebnislos. Sie fanden am Kabinettstisch auch wenig Unterstützung.

Heute läßt sich schlecht sagen, ob ein Frieden mit Sadat zu den Bedingungen, unter denen er fünf Jahre später zustande kam, schon zu diesem Zeitpunkt möglich gewesen wäre. Es hat wenig Sinn, die damalige Situation aus der bequemen Sicht von heute zu beurteilen. Dennoch glaube ich noch immer, wie schon damals[2], daß die ersten Vorschläge für ein vorläufiges Abkommen ein Anfang waren. Ich wäre glücklicher gewesen, wenn damals intensiver nach einer Lösung gesucht worden wäre, muß aber einräumen, daß Sadat die Regierung mit seinen damaligen Bedingungen praktisch gezwungen hat, seine Vorschläge abzulehnen.

Der Jom-Kippur-Krieg veränderte die Situation in zwei zentralen Punkten. Sadat war immerhin so erfolgreich, daß er sich in der Lage sah, mit Israel ein Abkommen auf der Grundlage eines Kompromisses auszuhandeln. Andererseits hatte der Krieg für ihn auch soviel von einer Niederlage, daß er einsehen mußte, daß Ägypten keine realistischen Aussichten hatte, Israel mit militärischen Mitteln seinen Willen aufzuzwingen. Ägypten errang einen Achtungserfolg, aber den Krieg gewann keiner: Das Land am Nil verfehlte den militärischen, Israel einen politischen Sieg.

In Israel herrschte nach dem Krieg Bestürzung, dann aber begann die Suche nach den Schuldigen. In der Öffentlichkeit wurde gefragt, wie erfahrene Politiker das Menetekel an der Wand hatten übersehen können. Die Agranat-Untersuchungskommission[3] sprach Golda und Dayan zwar von der Verantwortung frei, doch hatte ihr Ansehen in der Öffentlichkeit so schweren Schaden genommen, daß sie sich schließlich zum Rücktritt gezwungen sahen. Dayan versuchte später mit seinen Bemühungen um einen Friedensvertrag mit Sadat, die Scharte des Jom-Kippur-Debakels vor den Familien der Gefallenen, vor der ganzen Nation und auch vor sich selbst wieder auszuwetzen.

Der »Friedensprozeß«, wie man ihn inzwischen nannte, kam in Gang, noch ehe die Waffen schwiegen. Henry Kissinger bemühte sich vornehmlich um zwei Dinge: Er wollte vermeiden, daß sich die Sowjets in den Konflikt einschalteten, und er wollte für ein rasches Ende des Krieges sorgen, damit der begrenzte Konflikt nicht zur globalen Katastrophe eskalierte. Aus seiner Sicht erreichte er beide Ziele, auch wenn die Amerikaner in einer Phase des Konflikts – eine außergewöhnliche und dramatische Maßnahme – die nukleare Alarmbereitschaft erklärten, um den Sowjets ihre Entschlossenheit deutlich zu machen. Gegen Ende des Krieges bemühte sich Kissinger als Vermittler aktiv um eine Entlastung der Dritten Ägyptischen Armee, die von den israelischen Streitkräften auf der westlichen (ägyptischen) Seite des Suezkanals eingeschlossen worden war. Zudem versuchte er, ein Abkommen zur Truppenentflechtung zwischen Israel und Ägypten zustande zu bringen.[4]

Die Kontroverse, die in Washington nach dem Krieg um die jeweilige Rolle Henry Kissingers und James Schlesingers während der Kämpfe entbrannte,[5] trübte mein persönliches Verhältnis zu dem brillanten Verteidigungsminister nicht. Ich erinnere mich gut an meine erste Begegnung mit Schlesinger im Pentagon. Es war im Sommer 1974, als ich Verteidigungsminister war. Schlesinger kam über eine Stunde zu spät und ließ mich, meine Berater und seinen eigenen Stab von Generälen und Admirälen warten. Er entschuldigte sich für seine Verspätung und schlug sofort ein Gespräch unter vier Augen vor. Als ich ihm gegenübersaß, fielen mir sogleich seine beiden nicht zueinander passenden Socken auf. Mein stilles Amüsement wich rasch der Verblüffung, als er seine erste Frage an mich richtete. Ich hatte präzise Fragen nach unserem Potential an Raketen oder nach unserem Atomprogramm erwartet, und er fragte statt dessen: »Glauben Sie rückblickend, daß Herzl[6] recht hatte oder nicht?« Ich setzte zu einer ausführlichen Darlegung an, warum der Vater des Zionismus meiner Meinung nach recht hatte, und mein Gastgeber unterbrach mich oft mit scharfsinnigen Bemerkungen und bohrenden Fragen.

Zur Zeit von Camp David im Herbst 1978 war der sehr tüchtige US-Außenminister in der Rolle des Friedensstifters vom amerikanischen Präsidenten abgelöst worden, der noch mehr Einsatz zeigte. Ich bin sicher, daß das Camp-David-Abkommen ohne den engagierten Beitrag Jimmy Carters nicht geschlossen worden wäre. Carter befaßte sich bis in kleinste Details mit dem Verhandlungsgegenstand, legte das Verfahren fest und drängte die Parteien zu Zugeständnissen. Dabei war er ein ebenso einsatzfreudiger Vermittler wie umsichtiger Gastgeber. Er sorgte dafür, daß die Parteien in Camp David ihre Verhandlungen fast ohne jede Störung von außen vorantreiben konnten, was für ihren Erfolg von entscheidender Bedeutung war. Der Durchbruch zum Vertragsschluß war Carters größte Leistung als Präsident.

Das Abkommen von Camp David bedeutete allerdings nur die Lösung einer der zahlreichen Verhandlungsfragen: einen Frieden zwischen Israel und Ägypten. Bewußt oder unbewußt strebten die Unterhändler nur dieses im Augenblick erreichbare Ziel an und klammerten andere Probleme – das Problem der Palästinenser, Jerusalem und den Frieden zwischen Israel und den anderen arabischen Staaten – vorerst aus.

Die anderen Fragen wurden in verschiedenen unverbindlichen Absichtserklärungen und Randbemerkungen abgehandelt. Sadat legte Wert darauf, daß das Camp-David-Abkommen auch Aussagen zur Zukunft der Palästinenser enthielt. Das Modell einer palästinensischen Autonomie, die in diesem Abkommen detailliert vorgesehen war, erfüllte seine Forderung. Meiner Meinung nach ging es ihm dabei eigentlich weniger um eine Autonomie für die Palästinenser als vielmehr um eine Rechtfertigung des ägyptischen Friedensabkommens mit Israel. Ebenso war die Präambel, die das Abkommen als Modell für einen Frieden mit den anderen arabischen Ländern vorsieht,[7] wohl eher als eine notwendige Beschwichtigung Syriens denn als eine bindende Verpflichtung gedacht.

Sadat hatte mit seiner Absicht, keinen Friedensschluß über das Abkommen zwischen Israel und Ägypten hinaus anzustreben, letztlich recht. Nach einer alten rabbinischen Weisheit geht derjenige, der zuviel will, am Ende leer aus. Hätte Sadat die israelisch-ägyptischen Verhandlungen durch Abkommen mit Syrien, Jordanien und den Palästinensern verknüpft, wäre der Frieden mit Ägypten nicht zustande gekommen. Ich glaube, ich habe in meinen zahlreichen Begegnungen mit Sadat seine Absicht schließlich verstanden. Er wußte, daß ein Frieden weder für Ägypten noch die übrigen betroffenen Staaten erreichbar gewesen wäre, wenn er versucht hätte, die übrige arabische Welt in seine Bemühungen einzubeziehen. Statt dessen entschloß er sich für einen Alleingang, bei dem ihm die anderen bald nachfolgen würden.

Wenn wir das Camp-David-Abkommen unter diesem Blickwinkel betrachten, so enthält es drei verschiedene Teilbereiche: erstens, ein explizites Rahmenabkommen für einen Frieden zwischen Israel und Ägypten; zweitens, kosmetische Formulierungen im Hinblick auf die anderen Parteien; drittens, einen Aufschub für Fragen, für die es nach Meinung der vertragschließenden Parteien keine Lösung gab.

Was den ersten Teil des Abkommens angeht, so mußte Begin die gesamte Sinai-Halbinsel bis zum letzten Sandkorn abtreten. Er hatte den israelischen Siedlern im Norden des Sinai öffentlich versprochen, sich nach seinem Rückzug aus der Politik bei ihnen niederzulassen. Das Versprechen, das als Beruhigung der Siedler gedacht war, war gleichsam das Gegenstück zu Ben Gurions Entscheidung, sich den Pionieren des Kibbuz Sde Boker anzuschließen. Aber es stellte sich einmal mehr als hohles wahltaktisches Versprechen heraus. Nach Abschluß des Abkommens vertrieb Begins Regierung die letzten hartnäckig ausharrenden

Ägyptens Präsident Anwar as Sadat (links) und Israels Ministerpräsident Menachem Begin bekräftigen im Beisein von US-Präsident Jimmy Carter den Abschluß des israelisch-ägyptischen Friedensvertrags am 26. März 1979 in Washington.

Siedler mit Gewalt von dem durch sie beanspruchten Boden. Wahrscheinlich ist nur eine rechte Regierung zu solch einer Aktion fähig. Und ich bin bis heute nicht davon überzeugt, daß sie wirklich notwendig war. Ich habe mich mit Moshe Dayan lange über diesen wunden Punkt des Abkommens mit Ägypten unterhalten. Dayan glaubte, Sadat hätte überredet werden können, die Siedlungen wenigstens fünfundzwanzig oder dreißig Jahre stehenzulassen, wenn Israel bei den Verhandlungen darauf abgehoben hätte, daß es um die landwirtschaftliche Erschließung der Region gegangen wäre. Sadat, der selbst aus einem Dorf stammte, wäre zu Zugeständnissen vielleicht bereit gewesen. Ich glaube, die Regierung Begin hat in diesem Punkt bei den Verhandlungen einen kapitalen Fehler begangen.

Was den zweiten Teil angeht, so brachte das Camp-David-Abkommen keine wirkliche Lösung des Palästinenserproblems. Als ich bei Sadat später Interesse an Gaza als Modellfall für die Einführung einer palästinensischen Autonomie – unter ägyptischer Schirmherrschaft oder gar nicht – zu wecken versuchte, wollte er nichts davon hören. Gaza interessierte ihn nicht. Außerdem wandelte Begin die kosmetischen Zusätze des Abkommens von Camp David in der hebräischen Übersetzung des Vertragstextes ab. Aus den »legitimen Rechten des palästinensischen Volkes« wurden die »legitimen Rechte der Araber von Erez Israel«, ein durchsichtiger Trick, den der des Hebräischen kundige Carter gebilligt hat.

Die wichtigste Frage, die in Camp David vorerst ausgeklammert wurde, war natürlich Jerusalem. Dem Abkommen wurden drei Erklärungen beigefügt, in denen alle am Vertrag beteiligten Parteien die Position ihres Landes zum Status von Jerusalem darlegten. Sie stimmten praktisch nur darin überein, daß sie in der heiklen Frage geteilter Meinung waren.

Ich habe das Camp-David-Abkommen stets nüchtern und realistisch bewertet. Ich war mir bewußt, daß es im wesentlichen eine Übereinkunft zwischen Israel und Ägypten war. Zugleich war mir klar, daß Begin mit seiner Zustimmung, Sinai den Ägyptern bis zum letzten Sandkorn zurückzugeben, für künftige Verhandlungspartner ermunternde Signale gesetzt hatte. Ebenso klar war aber auch, daß ein Präzedenzfall für einen bedingungslosen Truppenabzug und die Aufgabe von Siedlungen geschaffen worden war. Hier durften wir uns nichts vormachen. Jeder von uns mußte eine klare Entscheidung treffen. Obwohl die Arbeiterpartei in der Opposition war, schlug ich vor, für das gesamte Paket einschließlich des Abrisses der Siedlungen zu stimmen. Ich hätte den Parteiinteressen mit der populäreren Entscheidung, die positiven Aspekte des Abkommens zu unterstützen und die anderen abzulehnen, wohl besser dienen können. Aber, wie ich damals sagte: Wir waren in der Opposition gegen die Regierung, aber nicht gegen den Frieden.

Diese Linie vertrat ich auf einer turbulenten und dramatischen Sitzung unseres Zentralkomitees. Das gegnerische Lager wurde von Jigal Allon angeführt. Allon verlangte, die Arbeiterpartei solle gegen das Abkommen stimmen. Die Mehrheit unterstützte meine Position. Die Gruppe um Allon bat um das Recht, daß jeder Abgeordnete in dieser Frage nach seinem Gewissen abstimmen dürfe. Als deutlich wurde, daß das Abkommen mit den Stimmen des Likud und der Arbeiterpartei eine sichere Mehrheit hatte, unterstützte ich sie. Ohne unsere Stimmen hätte das Parlament das Abkommen nicht ratifiziert. Im Rückblick bereue ich nichts. Nach meiner Überzeugung haben wir als eine verantwortungsvolle Opposition gehandelt. Wir haben uns nicht für die bequeme Lösung entschieden, wir haben für den Frieden, aber gegen den Truppenabzug gestimmt. Wir haben im eigentlichen Sinn des abgenutzten Wortes patriotisch gehandelt. Und unsere Politik erhielt in Israel und der Welt viel Beifall.

Die gleichen Probleme, die es zur Zeit des Camp-David-Abkommens gab, erschweren immer noch den Friedensprozeß im Nahen Osten. Wie damals würden gleichzeitige Verhandlungen mit allen arabischen Parteien auch heute noch in eine Sackgasse führen. Die Bremser und reaktionären Kräfte verfügen noch immer über genügend Einfluß, das globale Friedensangebot zu Fall zu bringen. Auch ließe ein Friedensvorschlag mit einer Globallösung die unterschiedliche Situation an den einzelnen Fronten außer acht. Judäa und Samaria (das Westjordanland) unterscheiden sich in zentralen Punkten vom Sinai, während die Frage der Golanhöhen wieder von ganz anderen Erwägungen beherrscht wird. In einem Krankenhaus hat jeder Patient seine eigene Krankheit. Da hat es wenig Sinn, nach einem Allheilmittel für alle zu suchen.

Ich war damals davon überzeugt und bin es auch heute noch, daß die tragfähigen Lösungen von der Findigkeit und Kreativität der jeweiligen Staatsmänner in der Region abhängen. Hier gibt es keine Patentlösungen. Das Abkommen mit Ägypten bedeutete insofern einen Durchbruch, als es unser erster Vertrag mit einem arabischen Land war. Aber der Frieden mit Ägypten war auch am leichtesten zu erreichen. Der Sinai ist nicht das Heilige Land, die angestammte Heimat des jüdischen Volkes. Und es ist zudem praktisch Ödland. Nach einer vereinbarten Entmilitarisierung ist die Frage, wer die Souveränität darüber besitzt, von geringerer Bedeutung. Mir war stets bewußt, daß Lösungen an den anderen Fronten schwieriger zu erzielen sein würden.

23

DIE JORDANISCHE OPTION

Ich habe immer in den Kategorien eines israelisch-jordanisch-palästinensischen Dreiecks und einer syrisch-libanesischen Achse gedacht. Obwohl es sich bei dem Dreieck um ein relativ kleines Territorium handelt, herrschen dort komplexe ethnische Verhältnisse vor. Das jordanische Territorium östlich des Jordans ist viermal so groß wie das Mandatsgebiet Palästina, also das Gebiet westlich des Flusses mit Israel, dem Westjordanland und Gaza zusammen. Zur jordanischen Bevölkerung gehört eine starke palästinensische Komponente. König Hussein hatte stets versucht, auch den Palästinensern eine jordanische Identität zu geben, aber inwieweit das gelungen ist, läßt sich schwer sagen. Bewußt oder unbewußt haben die Palästinenser jedenfalls Schwierigkeiten mit ihrer nationalen Identität. Das Palästinenserproblem in Jordanien ist letztlich eine Frage der Machtverhältnisse. Wird Jordanien über die Palästinenser oder werden die Palästinenser über Jordanien herrschen? Beide äußern den Wunsch nach einer Konföderation, von der jeder indes eine andere Vorstellung hat. Viele Palästinenser erwarten zum Beispiel, daß das Westjordanland eines Tages schließlich den Osten dominieren wird.

Ich habe viele Jahre intensiv über die Zukunft unseres Landes nachgedacht und dabei einen zweistufigen Ansatz zur Lösung des Problems entwickelt. Die Menschen in der Region, davon bin ich fest überzeugt, müssen am Aufbau eines neuen Nahen Ostens arbeiten, wenn sie vor den Herausforderungen des 21. Jahrhunderts bestehen wollen. Dazu müssen sie alle alten Konflikte beilegen und Frieden schaffen.

Der neue Nahe Osten, wie ich ihn mir vorstelle, ist weder ein Hirngespinst noch ein überflüssiger Luxus. Er ist eine Notwendigkeit, ohne die wir den Lebensstandard der Menschen in unserer Region nicht anheben können. Aber nur wenn sich die materiellen Bedingungen der

Bevölkerung verbessern, lassen auch Gewaltbereitschaft und Spannungen nach. Allein mit Almosen aus dem Ausland kann der Lebensstandard einer Bevölkerung freilich nicht angehoben werden. Die Region muß ihre Zukunft selbst in die Hand nehmen. Sie muß aufhören, ihre kostbaren Ressourcen zu vergeuden, und statt dessen damit beginnen, ihre natürlichen Vorteile zu nutzen. Die größte Verschwendung ist natürlich der endlose Rüstungswettlauf, der sich immer mehr beschleunigt. Schon jetzt übersteigen die Verteidigungsausgaben in der Region 50 Milliarden Dollar im Jahr. Sie könnten erheblich verringert werden, wenn alle Beteiligten gemeinsam und gleichzeitig dazu bereit wären. Ein deutlicher Schritt wäre beispielsweise eine Reduzierung der Stärke der stehenden Heere.

Auch fehlt gewissen Ländern in unserer Region noch die Einsicht, daß überkommene totalitäre Herrschaftsformen, von anderen Mängeln abgesehen, nur mit gewaltigen finanziellen Opfern aufrechterhalten werden können. Die Instrumente der Unterdrückung – eine Geheimpolizei, die Dissidenten verfolgt und Angst und Schrecken verbreitet, ein Militär, das seine Stärke kostspielig zur Schau stellt, sowie aufwendige Formen des Personenkults – verschlingen gewaltige Summen. Die Organe des staatlichen Absolutismus enthalten dem Volk nicht nur Freiheit und Menschenrechte vor, sie bringen sie auch um das tägliche Brot. Diktaturen sind in unseren Tagen so teuer geworden, daß nur noch reiche Länder sie bezahlen können, und selbst sie werden unter der Kostenlast, die ihre Unterdrückungsapparate verursachen, am Ende zusammenbrechen.

Ein Frieden in unserer Region würde nicht nur das endlose Blutvergießen und die Verschwendung von Ressourcen beenden, er würde auch aktiv den Wohlstand unserer Generation fördern. Wenn Öl-, Gas- und Wasserpipelines ohne Rücksicht auf strategische Belange und politische Erwägungen über alle Ländergrenzen hinweg verlegt werden können, werden alle den wirtschaftlichen Nutzen davon tragen. Das gleiche gilt für andere wichtige Bereiche der Infrastruktur wie Straßen, Schienen und Telekommunikation. Ein ungehinderter Waren- und Personenverkehr würde Wirtschaft und Tourismus fördern und allen in der Region nutzen. Mit einer regionalen »Wasserbank« könnten die vorhandenen Ressourcen an Wasser gerecht und wirtschaftlich sinnvoll verteilt werden. Eine solche Bank wäre auch das geeignete Instrument, um die Entwicklung moderner Technologien der Entsalzung und Filterung voranzutreiben und dadurch weitere Wasserquellen zu erschließen. Denn nur so werden wir mit einer der größten Herausforderungen unserer Region fertig: dem Vormarsch der Wüste, der unser knapp bemessenes bebaubares Land bedroht, das eine konstant wachsende Bevölkerung ernähren muß.

Bevor die Fundamente zu diesem neuen Nahen Osten gelegt werden können, muß zunächst der Grund vorbereitet werden. In unserem Fall ist er übersät von Minen, die erst einmal entschärft werden müssen.

Für mich haben nie Zweifel daran bestanden, daß das Palästinenserproblem besondere Sprengkraft besitzt und daß die Entschärfung des israelisch-palästinensischen Konflikts den Schlüssel zur Befriedung der Region birgt. Seit Camp David und dem israelisch-ägyptischen Friedensvertrag trifft dies mehr denn je zu. Daher bin ich ständig auf der Suche nach neuen Lösungsansätzen gewesen, um dieses Problem in den Griff zu bekommen. Das habe ich nicht aus politischem Eigennutz getan, sondern weil ich es als eine moralische Pflicht empfinde. Das jüdische Volk ist nicht von Gott oder der Geschichte dazu bestimmt, über andere Völker zu herrschen. »Wer ist der Starke?« fragt der Talmud. Und er antwortet: »Derjenige, der seine schlechten Neigungen besiegt.« In der Geschichte hat das moralische Schicksal des jüdischen Volkes stets darin bestanden, die Neigung zum Bösen zu überwinden.

Bei der Suche nach einer friedvollen Lösung für die Region traf ich im Sommer 1974 mit König Hussein von Jordanien zu einer ersten von zahlreichen folgenden Begegnungen zusammen. Die israelische Seite war durch drei Politiker vertreten: Premierminister Jizchak Rabin, Außenminister Jigal Allon und durch mich, den damaligen Verteidigungsminister. König Hussein wurde von seinem Premierminister und langjährigen Vertrauten Said Rifai begleitet. Die Jordanier kamen im Hubschrauber an einen in der Wüste gelegenen Ort im Arava-Tal, wo wir für das Treffen einen unauffälligen, aber bequemen Wohnwagen bereitgestellt hatten.

Der König machte großen Eindruck auf mich. Klein von Statur, hält er sich kerzengerade und strahlt mit seinen federnden Bewegungen große Dynamik aus. Er hat ein warmherziges, gewinnendes Lächeln, tadellose Manieren und scheint jeden Muskel seines Körpers vollkommen zu beherrschen. Schon bald erkannte ich, daß er über alle zur Debatte stehenden Themen sehr gut informiert war.

Hussein ist ein arabischer Staatsmann, der oft denkbar widersprüchliche Interessen und Belange vereinen muß. Er ist die Verkörperung des Haschemitenstolzes und sieht sich selbst als Personifikation des arabischen Schicksals. Dessenungeachtet gilt seine Sorge der militärischen Bedrohung, der sein kleines Wüstenkönigreich durch die verschiedenen arabischen Nachbarn ausgesetzt ist. Auch wirtschaftliche Nöte plagen sein Land, denn Jordanien muß in einem feindlichen Klima um das wirtschaftliche Überleben und das Auskommen seiner Bewohner kämpfen. Als Junge hatte Hussein eine enge Beziehung zu seinem Großvater Abdullah, König von Jordanien. Die Ermordung des alten Königs auf dem Jerusalemer Tempelberg im Juli 1951 hat bei ihm ein lebenslanges Trauma hinterlassen.

König Hussein hat Israel immer bewundert. Er behandelte unser Land stets mit Respekt, außer an jenem verhängnisvollen Tag des 5. Juni 1967, als er sich vom ägyptischen Staatspräsidenten Nasser weismachen ließ, daß das ägyptische Heer die israelischen Streitkräfte aus dem Feld schlagen würde.[1] Hussein sieht diesen schicksalhaften Tag allerdings ganz anders. Nach seiner damaligen und heutigen Auffassung hat Israel den ersten Schuß auf Ägypten abgegeben,[2] daher habe sich Jordanien als Mitglied der Arabischen Liga und Mitunterzeichner des Vertrags über Gemeinsame Verteidigung und Wirtschaftliche Zusammenarbeit gegen den Angriff zur Wehr setzen müssen.

Jordanien ist trotz der relativen Armut und anderer objektiver Schwierigkeiten unter Husseins Herrschaft aufgeblüht. Es besitzt ein ziemlich fortschrittliches Bildungssystem und eine schlagkräftige und disziplinierte Armee. Gegenüber den Palästinensern betrieb es in den vergangenen Jahren eine umsichtige und doch entschlossene Politik. Als der Mufti von Jerusalem die Palästinenser 1948 aufforderte, die Gebiete, in denen der jüdische Staat entstehen sollte – vorübergehend, wie er versprach –, zu verlassen, öffnete Jordanien den Flüchtlingen seine Tore. Als das Land nach dem Krieg von 1948 einseitig und ohne Absprache das Westjordanland annektierte, erkannte es den dort und am Ostufer des Jordans lebenden Palästinensern seine Staatsbürgerschaft zu. Kein anderes arabisches Land, weder Syrien noch der Libanon und nicht einmal Ägypten, behandelte die palästinensischen Flüchtlinge, die ohne klaren Status in seinen Grenzen lebten, auf so zivilisierte und humane Weise. In der Zeit vor 1967 trieb der König gezielt die wirtschaftliche Entwicklung

In Gegenwart des amerikanischen Präsidenten Bill Clinton besiegeln am 25. Juli 1994 der israelische Regierungschef Jizchak Rabin und König Hussein von Jordanien die »Washingtoner Erklärung«, die den Kriegszustand zwischen Israel und Jordanien beendete, mit einem Handschlag.

des Ostjordanlandes voran, um die Palästinenser der Westbank zu ermuntern, sich auf der anderen Seite des Flusses niederzulassen. Er vertraute darauf, daß diese Übersiedler rasch zu einem echten jordanischen Nationalbewußtsein finden würden.

König Hussein hat stets Anteilnahme an der individuellen und kollektiven Misere der Palästinenser gezeigt. Doch als seine Herrschaft 1970 von der PLO in Frage gestellt wurde (im schon erwähnten »Schwarzen September«, siehe Seite 204), gab er seiner Armee den Befehl, mit aller Härte zuzuschlagen. Zwei Jahre lang hatte er eine Kraftprobe mit den verschiedenen, sich oft bekämpfenden paramilitärischen Gruppen, die in seinem Land unter der Ägide der PLO agierten, zu vermeiden versucht, dann hatte er schließlich die Geduld verloren.

Die Beziehungen des Königs zu Israel waren ebenfalls vielschichtig und delikat. Nach außen hin war Jordanien stets ein loyales und linientreues Mitglied der Arabischen Liga gewesen und hatte den Kriegszustand mit dem »zionistischen Gebilde« in der Theorie aufrechterhalten. In der Praxis herrschte dagegen an der langen Grenze zwischen Israel und Jordanien vor allem nach dem Sinaifeldzug von 1956 zumeist Frieden. Man denke nur an die Hafenstädte Eilat und Akaba. Beide schmiegen sich eng nebeneinander ans malerische Nordufer des Roten Meeres, ohne daß je ein Schuß von der einen Stadt auf die andere abgefeuert worden wäre. Hussein und seine wichtigsten Berater trafen sich von Zeit zu Zeit mit führenden israelischen Politikern oder hochrangigen Offizieren, um gemeinsame Probleme, wie die Verteilung des Wassers, zu lösen und potentielle Gefahren für das friedvolle Nebeneinander zu bannen. Bei vielen Treffen diskutierten die Beteiligten am Rande auch darüber, ob die Zeit gekommen sei, einen formellen Friedensvertrag auszuhandeln.

Vor meiner ersten Begegnung mit König Hussein hatte ich von Rabin und Allon die Zustimmung erhalten, bei den Gesprächen eigene Gedanken zum Palästinenserproblem einzubringen. Eine mögliche Lösung konnte nach der von mir vertretenen Auffassung in der Schaffung von drei politischen Gebilden liegen: Israel, Jordanien und einem palästinensischen Gebiet, das unter der gemeinsamen Verwaltung der beiden anderen Seiten steht. Und so stellte ich mir die Zukunft vor: Das palästinensische Gebiet mit dem Westjordanland und Gaza ist völlig entmilitarisiert und untersteht nicht nur *einer* Hoheit, vielmehr nehmen die Einwohner mit jordanischem Paß an den jordanischen Parlamentswahlen teil und solche mit israelischer Staatsbürgerschaft an den Wahlen zur Knesset in Jerusalem. Die Einwohner des Gaza-Streifens, von denen viele staatenlose Flüchtlinge sind, erhalten jordanische Pässe. Alle drei Gebiete bilden gemeinsam einen einheitlichen Wirtschaftsraum mit freiem Personenverkehr und freiem Austausch von Waren und Ideen. Die Anhänger aller Glaubensrichtungen haben freien Zugang zu ihren heiligen Stätten. Der König reagierte nicht ablehnend. In einer Gesprächspause teilte er mir mit, er interessiere sich für meinen Plan und wolle ihn eingehend prüfen.

Aus prinzipiellen Erwägungen widersetzten wir uns der Schaffung eines eigenständigen palästinensischen Staates. Wie wir die Sache damals sahen, hätte ein solcher Staat das westliche Palästina in der Mitte gespalten und den schmalen mittleren Teil Israels in eine strategisch ungünstige Lage gebracht, in der eine Verteidigung unmöglich gewesen wäre. Wir hatten einer Teilung in der Vergangenheit zwar bereits zugestimmt, aber möglicherweise hatten wir den Sechstagekrieg eben dieser Teilung zu verdanken. Zudem machten die jüdischen Siedlungen, die in den Jahren nach dem Sechstagekrieg im Jordantal und um Jerusalem entstanden waren, eine Aufteilung des Landes besonders schwierig.

Unserer Ansicht nach hätte ein – anfangs auch entmilitarisierter – palästinensischer Staat über die Jahre hinweg unweigerlich den Aufbau einer eigenen Streitmacht angestrebt, und die internationale Gemeinschaft, die in den Vereinten Nationen massiv auf die Unterstützung Amerikas und der Dritten Welt angewiesen ist, hätte nichts dagegen unternommen. Seine Armee wäre schließlich vor den Toren Jerusalems und der gesamten Schmalseite Israels entlang stationiert worden. Das aber wäre eine dauernde Bedrohung für unsere Sicherheit sowie für den Frieden und die Stabilität in der Region gewesen.

Zudem hätte ein palästinensischer Staat unter der Führung der damaligen PLO auf dem Dogma beharrt, daß der Kampf gegen Israel weitergeführt werden müsse. Anders als Jordanien unter der Haschemitenherrschaft, das mit dem Nachbarn Israel praktisch im Frieden lebte, predigte die PLO noch immer die Zerschlagung des souveränen Judenstaates. Was die PLO-Führung in der Theorie formulierte, wurde von ihren Terrorbanden und Fedajin mit den ihnen eigenen Mitteln in die Praxis umgesetzt. Die »Palästinensische Nationalcharta« der PLO forderte die Vernichtung Israels implizit oder ausdrücklich in siebenundzwanzig ihrer dreiunddreißig Artikel. Die PLO erhob die kompromißlose Haltung Israel gegenüber zum politischen Dogma. Sie verfolgte Israelis und Juden im In- und Ausland und machte sich so bei der gesamten israelischen Nation verhaßt.

Ein weiterer Grund für unsere Ablehnung eines unabhängigen Palästinenserstaates war unsere seit langer Zeit bestehende, wenn auch heimliche Unterstützung Jordaniens. Jordanien war ein Staat mit einer stabilen Herrschaft, einer soliden Verfassung und Armee. Das Land hatte die Verantwortung für die große Mehrheit der Palästinenser übernommen und ihnen die Staatsbürgerschaft zuerkannt, die sie gierig und dankbar angenommen hatten. Viele jordanische Premierminister stammten aus dem Westjordanland, vor allem aus Nablus. Im Westjordanland (selbst in den Gebieten unter israelischer Verwaltung) galten an den Schulen ausschließlich jordanische Lehrpläne. Husseins Porträt prangte noch immer auf jedem Lehrbuch. Der Status und sogar die Existenz Jordaniens wären durch die Entstehung eines unabhängigen palästinensischen Staates möglicherweise spürbar bedroht worden.

Als ich 1984 mein Amt als Premierminister der Regierung der Nationalen Einheit übernahm, hatte ich alle Hände voll damit zu tun, für den Abzug der Streitkräfte aus dem Libanon zu sorgen und das Land aus der Wirtschaftskrise zu bringen. Der Friedensprozeß war nach dem Abbruch der israelisch-ägyptischen Gespräche über ein Autonomiestatut, die sich an Camp David angeschlossen hatten, faktisch zum Erliegen gekommen. Der israelisch-ägyptische Friedensvertrag hatte die Zerreißprobe des Libanonkriegs überstanden, aber die Beziehungen wurden überschattet durch den andauernden Streit um Taba, einen schmalen Küstenstreifen am Roten Meer unmittelbar südlich von Eilat, den Israel beim Abzug von der Sinai-Halbinsel 1982 nicht geräumt hatte.

Präsident Mubarak bestand darauf, daß der Streit um Taba einer Schiedsstelle vorgelegt werde. Obwohl Israel seine Ansprüche auf Taba betonte, zweifelte es insgeheim doch an deren Rechtmäßigkeit. An den Grenzsteinen war seit der Aufstellung im Jahre 1906 offenbar manipuliert worden. Das Kabinett aus fünf Mitgliedern der Arbeiterpartei und fünf Mitgliedern des Likud war in zwei gleich starke Lager gespalten, und die Minister des Likud beharrten monatelang unbeirrt auf ihrer Position. Ihr Führer, Außenminister Jizchak Shamir, wollte an diesem relativ unbedeutenden, aber brisanten Streit um Taba seine gesamte politische

Standhaftigkeit demonstrieren. Mubarak dagegen pochte darauf: Wir hätten das gesamte Terrain der Sinai-Halbinsel an Sadat zurückgegeben und sollten den Frieden jetzt nicht wegen einem halben Quadratkilometer Wüste aufs Spiel setzen.

Die Debatte im Kabinett zog sich endlos hin. Schließlich schwenkte David Levy, der Wohnungsbauminister des Likud-Blocks, auf unsere Position ein, wie er es zuvor in der Frage des Truppenabzugs aus dem Libanon getan hatte (siehe Seite 293). Sein Gesinnungswandel ermöglichte es, den Streit um Taba vor Ende meiner fünfundzwanzig Monate dauernden Amtszeit als Ministerpräsident im Oktober 1986 einer internationalen Schiedsstelle zu unterbreiten. Die Schiedsrichter gaben den Ägyptern recht und unterstellten den Strandabschnitt wieder ihrer Hoheit. Heute steht das große Strandhotel, zu dem der Großteil von Taba gehört, unter ägyptischer Leitung, aber es beherbergt noch immer vornehmlich israelische Gäste und ist oft der Tagungsort von Friedensverhandlungen, sowohl auf israelisch-palästinensischer als auch auf multilateraler Ebene.

Mir lag viel daran, daß unsere innenpolitischen Probleme und der Streit um Taba aus dem Weg geräumt wurden, damit den Verhandlungen mit Jordanien keine unnötigen Hindernisse im Weg stünden. Wir blieben in engem Kontakt zu Amman, sowohl über die Amerikaner als auch über unsere eigenen privaten Kanäle. Der amerikanische Außenminister George Shultz und sein kompetenter und erfahrener Nahost-Berater Dick Morphy waren stark daran interessiert, an einer Verbesserung der israelisch-jordanischen Beziehungen mitzuarbeiten und dabei möglicherweise das Palästinenserproblem zu lösen. Ein weiterer Amerikaner war wichtig: Tom Pickering, der seit Januar 1986 Botschafter in Israel war, ein umsichtiger und gewissenhafter Berufsdiplomat, zu dem wir großes Vertrauen hatten. Pickering hatte vorher in Amman gedient und war mit den Absichten des Haschemitenhauses und den Sachzwängen, auf die es Rücksicht nehmen mußte, bestens vertraut.

Morphy bereiste rastlos die Region und versuchte ein Gerüst für Verhandlungen mit palästinensischen Persönlichkeiten zusammenzubringen, die für uns annehmbar waren und innerhalb einer breiten jordanisch-palästinensischen Vertretung agieren würden. Unabhängig davon knüpfte ich Kontakte zur PLO, schickte israelische Unterhändler zu ihren Vertretern, um gegebenenfalls an Informationen über das Schicksal vermißter Israelis im Libanon zu kommen. Shamir wußte von diesen Missionen: Sie wurden in unserer »Premierminister-Troika« diskutiert. Die Monate verstrichen, und meine Amtszeit als Premier ging ihrem Ende entgegen.[3] Ich hatte die meisten Ziele, die ich mir gesteckt hatte, erreicht. Die israelischen Streitkräfte hatten den Libanon verlassen, mit Ausnahme einer schmalen Sicherheitszone an der Grenze, die von der mit uns verbündeten Südlibanesischen Armee gehalten wurde. Die Inflation war gesunken und blieb auf niedrigem Niveau. Der Streit um Taba wurde einer Schiedsstelle vorgelegt, nachdem der Likud endlich eingesehen hatte, daß wir durch den Vertrag mit Ägypten zu diesem Schritt verpflichtet waren. Auch die Beziehungen zu Jordanien hatten sich spürbar verbessert, selbst wenn es im Friedensprozeß noch keinen echten Durchbruch gegeben hatte.

Einige Kollegen und Freunde versuchten mich zu überreden, mein Amt trotz der Rotationsvereinbarung nicht an Shamir abzugeben. Meine Popularitätsraten überstiegen achtzig Prozent, und meine Erfolge in der kurzen Frist, die mir zur Verfügung gestanden hatte, wurden von der breiten Öffentlichkeit vollauf gewürdigt. Man schlug mir vor, die Koalition der nationalen Einheit aufzukündigen und Neuwahlen auszuschreiben. Ich lehnte diesen gutgemeinten Ratschlag ab. Daß ich mich an unsere Abmachung hielt, hatte für mich oberste Priorität. Ich hatte mein Wort gegeben und mußte es halten. So tauschten Shamir und ich wie vereinbart am vorgesehenen Tag die Plätze, wobei mein Wechsel ins Außenministerium nichts an meiner festen Überzeugung änderte, daß die Öffnung gegenüber Jordanien mit Kraft und Entschlossenheit vorangetrieben werden mußte.

König Hussein war zu Verhandlungen über einen Friedensvertrag bereit, allerdings nur im Rahmen einer internationalen Nahost-Friedenskonferenz, an der die Großmächte und alle Betroffenen der Region teilnehmen sollten. Unterstützt wurde er von der Sowjetunion, Frankreich, Großbritannien und etwas zögernd auch von den Vereinigten Staaten. Shamir lehnte die Vorstellung einer internationalen Konferenz kategorisch ab. Er vertrat den Standpunkt, eine solche Zusammenkunft würde den Parteien eine Lösung aufzwingen, die angesichts ihrer wahrscheinlichen Zusammensetzung und der bekannten Positionen für Israel wohl unannehmbar sein würde. Shamir kleidete seine ablehnende Haltung freilich in möglichst gemäßigte Äußerungen gegenüber Shultz oder

Morphy, wenn sie im Rahmen ihrer Pendeldiplomatie wieder einmal in die Region geflogen kamen.

Auch ich war gegen eine internationale Konferenz, wenn sie den Teilnehmern als Gesamtheit ihren Willen aufzwingen würde. Aber ich hatte nichts gegen eine internationale Konferenz, die – um den Arabern das notwendige Feigenblatt zu ihrer Rechtfertigung zu verschaffen – mit einer gemeinsamen Eröffnungssitzung beginnen und dann in bilateralen Arbeitsgruppen fortgesetzt würde. Nach diesem Muster war letztlich auch die Genfer Konferenz verlaufen, die im Anschluß an den Jom-Kippur-Krieg zusammengetreten war. In diesem Rahmen hatte Israel zwei Truppenentflechtungsabkommen mit Ägypten und eines mit Syrien ausgehandelt. Man kann durchaus der Meinung sein, daß diese erfolgreiche Vorgehensweise schließlich auch zu Sadats Initiative und zum Friedensabkommen mit Ägypten geführt hat.

Als die langen Monate der fruchtlosen Diplomatie zu Jahren wurden, beschloß ich, die komplizierte und zwangsläufig träge Maschinerie der Pendeldiplomatie zu stoppen und statt dessen auf einem Geheimgipfel den Durchbruch zu suchen. Ich bat einen gemeinsamen Freund von König Hussein und mir, den prominenten Londoner Anwalt (und nunmehrigen Lord) Victor Mishcon, ein Muster an Klugheit, Takt und Diskretion, eine Zusammenkunft zu arrangieren. Zeit und Ort wurden festgelegt: Samstag, den 1. April 1987, zu Hause bei den Mishcons im Herzen Londons. Ich informierte Shamir über die Verabredung und bekam seine Zustimmung. Ich besorgte mir eine modische braune Perücke, wählte meinen elegantesten Anzug, wie es sich für eine Audienz bei Majestäten gehört, und flog als Geschäftsmann nach London. Begleitet wurde ich von meinem treuen Mitarbeiter Dr. Jossi Beilin, dem damaligen politischen Leiter des Außenministeriums, und von einem hochrangigen Vertreter des Premierministers.

Wir waren bei den Mishcons zum Lunch eingeladen. Das Personal hatte an diesem Tag Ausgang, und Joan Mishcon, unsere charmante Gastgeberin, kochte und servierte das köstliche Mahl persönlich. Anschließend schlug König Hussein vor, wir beide könnten in der Küche beim Spülen helfen.

Um 14.00 Uhr setzten wir uns und begannen mit unserem politischen Gespräch, das sieben Stunden dauern sollte. Ich begann mit einer *Tour d'horizon,* indem ich die Ereignisse des vergangenen Jahres rekapitulierte.

Wir sprachen eingehender über die Sowjetunion, den Iran und Syrien und über die Situation der Palästinenser. Der König war in Hochform, er versprühte Witz und garnierte scharfsinnige politische Urteile mit amüsanten Anekdoten. Er berichtete von Präsident Reagan, der sich bei einem Gespräch nach Möglichkeiten erkundigt habe, im Toten Meer zu fischen. Er sprach von seiner Frau, Königin Noor, die in Amerika augenblicklich den hundertjährigen Geburtstag ihrer Großmutter feiere, und von seinem Sohn, der in der Royal Jordanian Air Force einen Cobra-Hubschrauber steuere. Das machte auf mich besonderen Eindruck, denn auch mein Sohn war Cobra-Pilot in der israelischen Luftwaffe.

Auch Said Rifai steuerte eine amüsante Geschichte bei. Kürzlich hielt er sich in Kairo auf und wurde in einem offiziellen Gästehaus der Regierung einquartiert. Als er spät nachts nach Hause kam, war ihm der Weg durch sture Wächter versperrt, die ihn nicht erkannten und keine Anstalten machten, ihn zu dieser späten Stunde einzulassen. Da er keine Lust hatte, auf der Straße zu übernachten, kam er auf den Gedanken, sich als Shimon Peres auszugeben: Er wußte, daß ich in Kairo gewesen und im gleichen Gästehaus untergebracht worden war. Die List hatte Erfolg. Dem israelischen Premier wurde bereitwillig Einlaß gewährt.

Die Unterhaltung verlief erfreulich, und Schritt für Schritt näherten wir uns den eigentlichen Themen. Hussein meinte, er habe nicht die Absicht, in naher Zukunft nach Washington zu reisen. Die amerikanische Regierung verfolge im Nahen Osten keine klare Linie und habe keine festumrissenen Ziele. Rifai setzte nach, ein kürzlich von den Amerikanern unterbreitetes Angebot über Wirtschaftshilfe für Jordanien sei geradezu demütigend niedrig ausgefallen.

Hussein kam dann auf die PLO-Führung zu sprechen und bedachte sie mit harscher Kritik. Ihre politischen Grundpositionen seien vage und alles andere als konstruktiv. In ihnen drücke sich ein unklares und unsicheres politisches Denken aus. Die PLO setze auf Terror und sperre sich gegen jeden konstruktiven Dialog. Diese brisante Mischung biete keine Hoffnung für die Zukunft. Der König stimmte mit unserer Position überein, daß die PLO an einer internationalen Nahost-Konferenz nicht beteiligt werden dürfe, solange sie sich mit ihrer Ablehnung der Resolutionen 242 und 338 (siehe Anhang, Seite 451f.) des UN-Sicherheitsrates selbst ins Abseits stelle. Hussein sprach zudem die Erwartung aus, daß die PLO das im Vorjahr mit Jordanien geschlossene Abkommen über eine Abstimmung der jeweiligen Politik wieder aufkündigen werde. (Die Prognose sollte sich bald als richtig erweisen.) Auf lange Sicht werde sie die Unterstützung der wichtigsten Kräfte in der arabischen Welt verlieren.

Wir waren einer Meinung, und ich legte ausführlich meine Position dar, warum die PLO, die nach wie vor die Vernichtung des Staates Israel anstrebte, als Verhandlungspartner für Friedensgespräche nicht in Frage kam. Israel konnte gewiß kein Interesse daran haben, Jassir Arafat eine prominente Rolle in der jordanischen Politik spielen zu sehen.

Auf taktischer Ebene schlug ich eine gemeinsame jordanisch-palästinensische Delegation vor, aus der erklärte Mitglieder der PLO ausgeschlossen bleiben sollten. Arafat werde nichts anderes übrigbleiben, als zuzustimmen. (Meine Erwartung sollte sich als richtig erweisen, als im November 1991 in Madrid schließlich eine Friedenskonferenz zusammentrat.) Auch hier lagen wir auf einer Linie. Hussein war ebenfalls der Meinung, daß die PLO wegen ihrer radikalen Positionen als Teilnehmer an der vorgeschlagenen Konferenz nicht in Frage komme. Die Palästinenser würden, um an den Gesprächen überhaupt teilnehmen zu können, einer gemeinsamen Delegation mit Jordanien zustimmen und eine für Israel akzeptable Vertretung stellen.

Ich berichtete dem König von meiner kürzlichen Begegnung mit einem sowjetischen Gesandten, der eigens meinetwegen zu einem internationalen Sozialistenkongreß in Rom gekommen war. Seine Botschaft lautete, Moskau akzeptiere das Konzept einer internationalen Konferenz, auf der seitens der Großmächte kein Druck auf die Verhandlungspartner ausgeübt werden dürfe. An ihr sollten die fünf ständigen Mitglieder des Sicherheitsrates teilnehmen. Sie würden keine Lösungen diktieren, sondern lediglich allgemeine Vorgaben für eine Lösung festlegen. Ich sagte Hussein, daß für mich auch dieses Konzept nicht annehmbar sei. Ich war zu einer Konferenz bereit, wollte aber keinerlei Festlegungen, von wem auch immer, akzeptieren. Die Lösungen sollten sich aus freien, bilateralen Verhandlungen zwischen den nahöstlichen Parteien entwickeln, während die internationale Gemeinschaft lediglich den äußeren Rahmen der Konferenz abgeben sollte.

Hussein bemerkte, daß sich der Stil der sowjetischen Politik eindeutig zum Positiven gewandelt habe, und dies, obwohl viele Politiker und Funktionäre ihre Ämter behalten hatten.

Als wir unsere Positionen zusammenfaßten, stellten wir in vielen, wenn auch nicht allen wichtigen, die Konferenz betreffenden Fragen Übereinstimmung fest. Wir waren einer Meinung, daß die Zeit reif war, den Konflikt beizulegen. Ebenso waren wir uns einig, daß eine internationale Konferenz den Friedensprozeß in Gang bringen, aber keine Lösungen durchsetzen solle. In der Praxis sahen wir es so, daß diese Konferenz einmalig zusammentreten und jede folgende Sitzung vom erzielten Konsens aller Parteien abhängen solle. Ferner sollte eine gemeinsame jordanisch-palästinensische Delegation ohne Teilnahme der PLO gebildet werden. Schließlich stimmten wir darin überein, daß die eigentlichen Verhandlungen nach der Eröffnungssitzung in bilateralen Gesprächen zwischen den Israelis und den einzelnen arabischen Gegnern geführt werden sollten. (Diese Vorgehensweise wurde mehrere Jahre später bei der Madrider Friedenskonferenz und den folgenden Verhandlungen in Washington übernommen.)

Der König äußerte sich über dieses Programm begeistert. Er hob die Notwendigkeit hervor, zu einer umfassenden Friedensvereinbarung zu kommen. Er stehe voll und ganz hinter den Friedensbemühungen und sagte ausdrücklich, dies sei für ihn »eine heilige Herausforderung und eine religiöse Pflicht«. Er äußerte Verständnis für die israelischen Vorbehalte gegen eine internationale Nahost-Konferenz, aber das Ziel sei ja auch »der Frieden und nicht eine Konferenz«. Jordanien habe kein Interesse an Verhandlungen, bei denen sich Israel isoliert und in einer Opferrolle fühlen müsse. Während die Positionen der Sowjets und der Chinesen denen der Araber ähnelten, stünden die Vereinigten Staaten, Großbritannien und Frankreich eher hinter Israel. Eine palästinensische Vertretung auf der Konferenz im Rahmen einer jordanischen Delegation sei daher ausreichend. Die Palästinenser müßten sich darüber hinaus ausdrücklich zu den Resolutionen 242 und 338 bekennen und sich vom Terrorismus distanzieren.

Rifai erklärte sich mit den von mir genannten zentralen Punkten ebenfalls einverstanden. Ich schlug vor zu versuchen, unsere Vereinbarung schriftlich zu fixieren.

Der König entschuldigte sich mit dem Hinweis, er habe eine weitere Verabredung, die ihn eine Stunde in Anspruch nehmen werde. Er schlug vor, wir sollten in der Zwischenzeit zwei Schriftstücke entwerfen: eines mit den Details zu den Prinzipien und dem Verfahren der vorgesehenen internationalen Konferenz und ein zweites mit den einzelnen Punkten, über die zwischen Israel und Jordanien Einvernehmen herrsche.

Als König Hussein und Rifai gegangen waren, machten wir uns sofort an die Arbeit. Bei ihrer Rückkehr waren beide Papiere fertig. Nach sorgfältiger Lektüre begann Rifai, Änderungsvorschläge zu machen. Hussein unterbrach ihn mit dem Hinweis, beide Entwürfe entsprächen exakt der von uns erzielten Vereinbarung (siehe Anhang, Seite 453).

Wir beschlossen, die Schriftstücke den Amerikanern zukommen zu lassen. Beide Seiten sollten sie gesondert darüber informieren, daß der Text eine Zusammenfassung unserer gemeinsamen Positionen darstellt. Wir wollten die Vereinigten Staaten dann beide bitten, sich den Text zu eigen zu machen und ihn über den Außenminister als einen *amerikanischen Vorschlag* zu präsentieren. Dieses Vorgehen stand im Einklang mit einer früheren Übereinkunft mit Dick Morphy und Tom Pickering, die allerdings in einer Phase stattgefunden hatte, als noch nicht an ein ausformuliertes Positionspapier gedacht war. Wir hatten damals vereinbart, daß wir versuchen würden, auf inoffiziellem Weg wesentliche Gemeinsamkeiten mit Jordanien zu erzielen, die dann von den Amerikanern aufgegriffen und als amerikanische Ideen präsentiert werden sollten.

Am Ende der Begegnung hatten wir das sichere Gefühl, einen Durchbruch erzielt zu haben. Wir hatten uns mit Jordanien auf eine internationale Konferenz, auf eine gemeinsame jordanisch-palästinensische Delegation und auf den faktischen Ausschluß der PLO von den Friedensverhandlungen geeinigt. Beide Seiten hatten ihre Entschlossenheit bekundet, mit der anderen den Friedensprozeß voranzutreiben. Der König schien glücklich und mit sich selbst im reinen. Er hatte die strategische Grundsatzentscheidung gefällt, das jordanisch-palästinensische Lager in einen Friedensprozeß mit Israel zu führen, und schien diese Entscheidung nicht zu bereuen. Selbst Rifai, dessen Funktion als Premierminister nur allzuoft darin bestanden hatte, sich mit ernüchternden Worten jedem kühnen Schritt in Richtung Frieden in den Weg zu stellen, schien die tapfere und weitsichtige Entscheidung seines Monarchen zu billigen. Wir flogen in der gleichen Nacht sehr zufrieden und mit viel Optimismus und Hoffnung nach Israel zurück.

Ich hatte Jossi Beilin gebeten, von London aus nach Helsinki weiterzufliegen. Wie ich wußte, legte Außenminister Shultz dort auf seinem Weg nach Moskau einen Zwischenstopp ein. Beilin traf sich mit Shultz' politischem Berater Charlie Hill und berichtete ihm detailliert von unserem Geheimtreffen mit König Hussein. Er überreichte dem verblüfften amerikanischen Diplomaten Kopien der beiden Papiere mit dem Abkommen. Hill war begeistert.

Gleich nach meiner Ankunft am Sonntag früh rief ich Premierminister Shamir an. Wir vereinbarten ein Gespräch unter vier Augen nach der wöchentlichen Kabinettsitzung. Ich gab Shamir einen vollständigen Bericht über meine Gespräche mit König Hussein und las ihm den Wortlaut der beiden Papiere vor. Als er mich bat, sie ein zweites Mal vorzulesen, tat ich dies, lehnte seine Bitte, sie ihm zu überlassen, allerdings ab. Ich sagte ihm offen, daß ich undichte Stellen befürchtete. Damit meinte ich nicht ihn, der stets diskret war, sondern seine Mitarbeiter. Im besonderen gehe es darum, so erläuterte ich, daß die Amerikaner meine Vereinbarung mit Hussein als ihren Vorschlag präsentierten. Daher sei es besser, wenn er den Wortlaut von ihnen erhalte. Shamir äußerte dazu nichts.

Damals hatten wir in Israel unsere Einstellung gegenüber Außenminister Shultz grundlegend geändert. Anfangs herrschten Mißtrauen und Sorge, dann aber Vertrauen und Zuversicht. Bei seiner Ernennung im Juli 1982 waren wir besorgt gewesen, denn zu diesem Zeitpunkt war er Vorsitzender von Bechtel gewesen, einem großen Baukonzern, der in Saudi-Arabien und anderen arabischen Staaten Großprojekte ausführte. Ich hatte ihn bereits früher, als Nixons Arbeitsminister, bei seinem Besuch in Israel kennengelernt. Damals begleitete ihn Irving Shapiro, der erste jüdische Präsident von Du Pont. Nach Shultz' Berufung ins Außenministerium bat ich Shapiro, bei Shultz diskret vorzufühlen, ob er bereit sei, Henry Kissinger als Sonderbeauftragten für eine Friedensmission in den Nahen Osten zu entsenden. Shultz ließ mir über Shapiro eine persönliche Antwort zukommen, in der er zweierlei klarstellte: Erstens glaube er nicht, daß zwei ernstzunehmende Menschen ein und dieselbe Mission leiten könnten. Zweitens fragte er uns, ob wir wirklich meinten, ein Nicht-Jude könne kein echter Freund Israels sein. Ich war beeindruckt, und es dauerte tatsächlich nicht lange, bis wir alle in Jerusalem einsehen mußten, daß Shultz Israel mit allem Respekt behandelte und den aufrichtigen und dringenden Wunsch hatte, den Friedensprozeß im Nahen Osten voranzutreiben.

Während der Regierung der Nationalen Einheit herrschte die seltsame

Situation – an der Shultz, Morphy und der amerikanische Botschafter in Tel Aviv beteiligt waren –, daß praktisch alle offiziellen Begegnungen zweimal stattfanden, einmal mit Shamir und einmal mit mir. Shultz flog regelmäßig, gewöhnlich mit seiner Frau O'Bie, nach Israel. Ich war jedesmal gerührt, wenn ich sah, wie liebevoll er sich um seine Frau kümmerte und sie die Gangway hinabgeleitete. Nachdem wir Vertrauen zueinander gefaßt hatten, sprachen wir ganz offen und unbefangen unsere Meinungen aus. Ich nahm an, daß Shultz zu Shamir ebenso enge Beziehungen unterhalte, auch wenn seine Ansichten in zentralen Fragen zum Frieden in Nahost näher bei meinen lagen.

Beilin kehrte voller Optimismus aus Helsinki zurück. Und Botschafter Pickering in Tel Aviv war ebenso begeistert wie Dick Morphy, der meinte, er habe beim Durchlesen der Papiere kaum seinen Augen getraut. Wir alle hatten das Gefühl, daß der Durchbruch gelungen war und sich Shamirs Befürchtungen als unbegründet herausstellen würden: Die internationale Konferenz würde keine bestimmte Lösung präjudizieren, und die PLO bliebe von den Friedensverhandlungen ausgeschlossen.

Mein Irrtum hätte größer nicht sein können. Shamir hinterging seinen Außenminister (mich) und schickte den Minister ohne Geschäftsbereich Moshe Arens[4] nach Washington, wo er sich mit Shultz gleich nach dessen Rückkehr aus Moskau treffen sollte. Es hieß, Arens fliege in die Vereinigten Staaten, um dort für die Zeichnung von israelischen Staatsanleihen zu werben. Von seiner Mission bei Shultz erfuhr ich nichts.

In Shamirs Namen teilte Arens dem amerikanischen Außenminister folgendes mit: Sollten die Vereinigten Staaten die gemeinsamen israelisch-jordanischen Vorschläge als eigene präsentieren, würde dies als krasse Einmischung in die inneren Angelegenheiten Israels betrachtet. Shultz leuchtete diese Warnung überraschenderweise ein, so daß er es zu unserer Enttäuschung ablehnte, die Vereinbarung mit Hussein als amerikanischen Friedensvorschlag zu präsentieren.

Die Initiative, die so hoffungsvoll und vielversprechend begonnen hatte, war kurz vor dem Ziel gescheitert. König Husseins Enttäuschung und Ernüchterung waren ebenso grenzenlos wie meine. Ich versuchte verzweifelt, die Situation zu retten, indem ich vorschlug, einen bevorstehenden Gipfel in Washington mit Präsident Reagan und Generalsekretär Gorbatschow in eine quasi-internationale Konferenz münden zu lassen, bei der die politischen Führer der beiden Supermächte Hussein und Shamir zu einer Teilnahme einladen sollten. Shamir sei bereit gewesen, diesen Vorschlag zu prüfen, teilte mir Shultz später mit, aber König Hussein hatte das Vertrauen in die amerikanische Friedensdiplomatie verloren.

Im Licht all dieser Ereignisse war ich überrascht, in Shultz' Memoiren[5] folgendes zu lesen: »... der Außenminister von Israels Regierung der Nationalen Einheit hatte mich gebeten, dem israelischen Premierminister, der zugleich der Vorsitzende der gegnerischen Partei war, die Kernpunkte einer Vereinbarung mit einem ausländischen Staatsoberhaupt schmackhaft zu machen ... Peres informierte mich und versuchte mich für eine Zusammenarbeit zu gewinnen, noch ehe er den Premierminister in Kenntnis gesetzt hatte.« Shultz war offenbar einem Irrtum erlegen. Ich hatte ihn nicht gebeten, an meiner Stelle mit Shamir über den Vorschlag zu sprechen, das hatte ich schon längst vorher getan. Ich hatte von Shultz nicht erwartet, Shamir an meiner Stelle von dem Vorschlag zu überzeugen. Ich selbst hatte ihm das gesamte Szenario unterbreitet, nachdem wir mit den Vereinigten Staaten ausgemacht hatten, daß ein Abkommen zwischen Jordanien und Israel als amerikanischer Friedensvorschlag präsentiert werden sollte. Dieser Kunstgriff war nur angewandt worden, um es beiden Seiten leichter zu machen, zu einem Abkommen zu gelangen.

Shultz schreibt ferner in seinen Memoiren: »Arens betonte die Ungehörigkeit von Peres' Handlungsweise. Ich erfuhr mit Erstaunen, daß Peres eine Vereinbarung ausgehandelt hatte, auch wenn dies *ad referendum* geschlossen worden war. Das hat es in der israelischen Geschichte noch nie gegeben.«[6] Auch dies entbehrt jeder Grundlage. Ich hatte Shamir im voraus in Kenntnis gesetzt. Und verhandelt nicht jeder Außenminister *ad referendum?*

Um meine Londoner Gespräche schossen auch in Israel die Gerüchte ins Kraut. Shamir sollte über sie angeblich nicht auf dem laufenden gewesen sein oder von ihrem Ausgang keine genaue Kenntnis gehabt haben. Beide Behauptungen sind falsch. Shamir wußte von meiner Londoner Mission und billigte sie, und er war der erste, der sofort nach meiner Rückkehr von den Ergebnissen erfuhr. Daß König Hussein und ich eine schriftliche Vereinbarung erzielen würden, wußte er natürlich nicht von vornherein, aber das wußte ich auch noch nicht. Der Gedanke, die gemeinsamen Positionen und Vereinbarungen in einem förmlichen Dokument festzuhalten, tauchte erst während des Londoner Treffens auf.

Nach dem Scheitern der Londoner Vereinbarung dachte ich ernsthaft an Rücktritt. Problematisch war allerdings, daß ich meinen Hut nicht nehmen konnte, ohne der Öffentlichkeit die genauen Gründe dafür darzulegen. Und König Hussein und ich hatten uns gegenseitig Geheimhaltung zugesichert, sowohl im Hinblick auf die Vereinbarung als auch auf unsere Begegnung überhaupt. Unser Treffen wurde von keinem von uns offiziell bestätigt. So hätte ich Hussein im Falle meines Rücktritts in Verlegenheit gebracht und wäre ihm eine Erklärung schuldig gewesen. Die jordanischen staatlichen Stellen hätten sich gezwungen gesehen, meine Aussagen zu dementieren, was in der israelischen Öffentlichkeit wiederum Zweifel an meiner Aufrichtigkeit hätte aufkommen lassen.

Die Menschen in der Region zahlten einen hohen Preis für das Scheitern meiner Vereinbarung mit Hussein. Es hätte zu einem Meilenstein auf dem Weg in den Frieden werden können, so aber mußten Hunderte Palästinenser und Israelis ihr Leben lassen: Wenige Monate später brach im Westjordanland und in Gaza die Intifada aus, der gewaltsame blutige Aufstand der Palästinenser. Alle Londoner Friedenshoffnungen waren zerstoben, und unsere Region wurde einmal mehr für lange Zeit in Mutlosigkeit und Verzweiflung gestürzt. Das Scheitern der Friedensinitiative von 1987 führte 1990 indirekt zum Bruch der Regierung der Nationalen Einheit. Zu diesem Zeitpunkt kam die Arbeiterpartei unter meiner Führung zu der Erkenntnis, daß es mit Shamir als Premierminister keine Hoffnung auf Fortschritte im Friedensprozeß geben könne. Ohne diese Hoffnung gab es aber auch keinen Grund mehr, länger in der Regierungskoalition zu bleiben.

24

EINE WELT IM WANDEL

Für das Scheitern der Londoner Vereinbarung mit König Hussein habe auch ich einen hohen Preis bezahlt. Nach unserem Austritt aus der Regierung der Nationalen Einheit blieben der Likud und seine Verbündeten bis zu den Wahlen 1992 an der Macht. Ich stand als Parteiführer und Kandidat für das Amt des Ministerpräsidenten zur Wahl, unterlag aber in einem Kopf-an-Kopf-Rennen gegen Jizchak Rabin. Die Niederlage war für mich um so schmerzlicher, als sie meiner Einschätzung nach sehr stark mit der Kandidatur zweier weiterer Männer zusammenhing: Jisrael Kessar, Generalsekretär der Histadrut, und Ora Namir, ein renommierter Knesset-Abgeordneter der Arbeiterpartei.[1] Kessar mobilisierte im Wahlkampf den ganzen Gewerkschaftsapparat für sich. Damit hatte er vor allem bei der arabischen Wählerschaft Erfolg. In manchen arabischen Dörfern erhielt er hundert Prozent der Stimmen. Jedenfalls errang Kessar schließlich insgesamt 17 Prozent, Namir 4 Prozent und ich 35 Prozent der Stimmen. Rabin kam auf 40,5 Prozent, gerade genug für den Sieg.

In der zweiten Runde der Vorwahlen für die Parlamentskandidaten unserer Partei erhielt ich massive Unterstützung: Über 100000 Parteimitglieder – 84 Prozent der Wähler – stimmten für mich, so daß ich gleich nach Rabin an die Spitze der Knesset-Liste kam. Mit unserem klaren und deutlichen »Programm für den Frieden« errangen wir vierundvierzig Sitze bei den Knesset-Wahlen. Das war kein Erdrutschsieg, aber immerhin genug, um unter der Führung der Arbeiterpartei eine Koalition mit unseren Bündnispartnern zu bilden und den Likud in die Opposition zu verweisen. Ich hatte den Wahlkampf mit einem kleinen Team persönlicher Mitarbeiter bestritten und war überall gut angekommen. Manche drückten ihr Bedauern aus, weil man mir ihrer Meinung nach übel mitgespielt hatte. Im Wahlkampf war das Verhältnis zwischen Rabin und mir gespannt. Als ich dann noch in der Wahlnacht in einem Tel Aviver Hotel von Mitstreitern begeistert gefeiert wurde, eilten einige Parteigenossen gleich zu Rabin und berichteten, das Peres-Lager formiere sich neu. Rabin hielt daraufhin eine Rede, in der er klarstellte, daß *er* die Regierung führen und die Minister ernennen werde. Die Medien ergingen sich in den folgenden Tagen in Spekulationen darüber, daß unsere Rivalität jetzt in voller Schärfe wieder aufflammen werde. Rabins Angebot an mich, das Außenministerium zu übernehmen, wurde sogleich so kommentiert, als ob ich mich nicht damit begnügen werde, »die Nummer zwei zu sein«.

Aber das lag mir fern. Zwar war ich durch die ganze Sache etwas verbittert, hatte ich doch geglaubt, das Vertrauen meiner Partei verdient zu haben, und nun sah ich mich gerade jetzt, da globale und regionale Ereignisse Aussicht auf einen Frieden verhießen, um den Parteivorsitz gebracht. Aber Bitterkeit ist keine staatsmännische Tugend. Jetzt mußte ich zeigen, daß ich die Kraft hatte, Enttäuschung und Ressentiments zu überwinden, um mich ganz der Sache des Friedens zu widmen. Ich machte gegenüber Rabin und allen anderen deutlich, daß die alte Rivalität zwischen uns nach meinem Eintritt in die Regierung nicht wiederaufleben dürfe. Eine gespaltene Regierung würde das Vertrauen der Öffentlichkeit bald verlieren und im Ausland keine Wirkung erzielen. Ich versprach meinen Freunden, mich in der Regierungsarbeit nur von einem Kriterium leiten zu lassen: vom Fortschritt im Friedensprozeß. Komme dieser Prozeß voran, sei ich in Rabins Kabinett der loyalste und disziplinierteste Minister, gerate er aber ins Stocken, würde ich ohne zu zögern das Banner der Rebellion aufpflanzen. Ich war entschlossen – und habe das wiederholt auch bewiesen –, Angriffe und Beleidigungen im Interesse des Friedensprozesses und der Regierung, die sich dem Frieden verschrieben hat, zu ignorieren. Mein ganzer Sinn war allein auf den diplomatischen Bereich gerichtet, wo neue Möglichkeiten ausgelotet werden mußten.

Mit der Zeit konnte ich Rabin von meinen ehrlichen Absichten überzeugen. Auf dieser Grundlage entwickelte sich zwischen uns eine enge und fruchtbare Zusammenarbeit. So trafen wir uns – vor allem in den Monaten der Geheimverhandlungen mit der PLO – oft unter vier Augen und redeten offen und vertrauensvoll miteinander, ohne daß sich persönliche Animositäten eingeschlichen hätten. So mußte auch keiner von uns beiden befürchten, daß der Inhalt unserer Gespräche am nächsten Tag von der Presse aufgegriffen würde.

Nach meinem Eintritt ins Außenministerium setzte ich das Personalkarussell nicht sofort in Gang. Ich wollte mit dem bestehenden Team erst einmal zusammenarbeiten und dann nach und nach sehen, welche Veränderungen vorgenommen werden müßten. Mir zur Seite – als mein Stellvertreter – stand Jossi Beilin, der über die Liste der Arbeiterpartei wieder in die Knesset gewählt worden war. Wir hatten schon fünfzehn Jahre gut zusammengearbeitet und verstanden uns ausgezeichnet. Der junge Beilin ist vor allem ein kluger Kopf. Er hat dezidierte politische Überzeugungen und große organisatorische Talente, die er diskret, aber sehr effektiv entfaltet. Mit seinen Ansichten stößt er in der Partei immer wieder auf Widerspruch, was seine Chancen bei den Vorwahlen 1992 zu mindern drohte. Gemeinsam mit meinen Freunden unterstützte ich ihn im Wahlkampf im ganzen Land. Er selbst arbeitete ebenfalls unermüdlich für seine Wahl. Schließlich wurde er zu unserer Genugtuung gewählt, und noch dazu mit einem relativ guten Ergebnis.

Die Zusammenarbeit zwischen Beilin und mir hatte kurz nach unserem Debakel bei den Knesset-Wahlen von 1977 begonnen. Um das Amt des Parteisprechers zu übernehmen, gab er seine Stelle als politischer Korrespondent für die parteinahe Tageszeitung *Davar* auf. Zu diesem Zeitpunkt in der wechselvollen Geschichte der Arbeiterpartei waren nur wenige bereit, sich aus einer vielversprechenden Stellung zu verabschieden, um die angeschlagene und verunsicherte Partei zu vertreten. Zwischen Beilin, der damals Anfang dreißig war, und mir begann damit eine enge, auch persönlich wohltuende Zusammenarbeit. Vor den Wahlen von 1984 leitete er eine informelle Strategiekommission aus Wissenschaftlern, Politikern und Praktikern aus der Wirtschaft, die wir zu unserer »100-Tage-Mannschaft« erkoren. Ihre Aufgabe bestand darin, für den Fall eines Wahlsieges und einer anschließenden Regierungsbildung Positionspapiere zu den wichtigsten anstehenden Fragen zu entwerfen.

Seither hat mich Beilin auf meiner Wanderung durch die verschiedenen Ressorts begleitet. Als ich 1984 Premierminister wurde, wurde er Sekretär des Kabinetts, eine vielfältige Aufgabe, die er mit Bravour bewältigte. Zwei Jahre später, bei meinem Wechsel ins Außenministerium, wurde er mit dessen Leitung betraut. 1988 wurde ich Finanzminister

In der Knesset im Mai 1994: Außenminister Shimon Peres und Ministerpräsident Jizchak Rabin freuen sich über die Zustimmung der Abgeordneten zum Gaza-Jericho-Abkommen.

und Beilin, inzwischen Knesset-Abgeordneter, stellvertretender Minister. In diesem Ministerium arbeiteten wir bis März 1990 zusammen, dann hatte ich mich für eine Beendigung der Regierung der Nationalen Einheit entschieden. Nun hatten wir erneut eine Zusammenarbeit vor uns. Beilin war inzwischen reifer und erfahrener, und natürlich war er auch entschlossen, sich bei unserem großen Gemeinschaftsunternehmen zu profilieren: bei der Suche nach Frieden.

Ich hatte über die Jahre hinweg mit zahlreichen jüngeren Mitarbeitern zu tun gehabt, darunter mit Dr. Nimrod Novik, einem hervorragenden Politikwissenschaftler, der in der außenpolitischen Diskussion durch bestechende Argumentation und eine geschliffene Rhetorik glänzte. Er diente mir in den achtziger Jahren als politischer Berater, kehrte der Regierung aber 1990 den Rücken, um in die Wirtschaft zu gehen. Ein weiterer Mitarbeiter war Uri Savir, ein Diplomat der zweiten Generation, den ich vorübergehend aus dem Außenministerium holte, um ihn zum Sprecher des Premierministers zu ernennen. Er kehrte mit mir ins Außenministerium zurück und wechselte später als Generalkonsul nach New York. Savir, ein brillanter Diplomat, der unter anderem ein halbes Dutzend Sprachen beherrscht, verfügt obendrein über eine wertvolle und sehr seltene Gabe: Sinn für Humor. Ich merkte mir Savir für eine Verwendung als künftigen Leiter des Außenministeriums. Unterdessen arbeitete ich allerdings bestens mit dem Amtsinhaber Jossi Hadass zusammen, an dem ich besonders seine große Erfahrung und seinen Scharfsinn schätzte. Avi Gil, ebenfalls ein hervorragender junger Diplomat, der 1987/1988 als Sprecher des Außenministeriums gedient hatte, wechselte mit mir später ins Finanzministerium über. Er ist jetzt mein Amtsleiter. Gil ist wegen seiner Offenheit und fröhlichen Art bei allen sehr beliebt. Außerdem besitzt er eine feine Nase und spürt Konflikte schon, ehe sie offen ausbrechen.

Alle drei, Beilin, Savir und Gil, wurden rasch zu einem eng zusammenarbeitenden Dreiergespann, das mir mit Rat und Tat zur Seite stand und an der Verwirklichung des Traums vom Frieden in Nahost arbeitete.

Die scheidende Likud-Regierung hinterließ uns im Sommer 1992 als Erbe einen »Friedensprozeß«, der an keiner Stelle vorangekommen war. Ihm lagen die Strukturen zugrunde, die während der Madrider Friedenskonferenz vom November und Dezember 1991 geschaffen worden waren. Der Prozeß verlief zweigleisig: Es gab bilaterale Verhandlungen zwischen Israel und den einzelnen arabischen Parteien – Syrien, Libanon und der gemeinsamen jordanisch-palästinensischen Delegation –, und es gab einen internationalen Rahmen, in dem die arabischen und nicht-arabischen Staaten außerhalb der Region an der Diskussion um die dortige Entwicklung teilnahmen.

Madrid war ein wichtiger und vielversprechender Schritt in Richtung Frieden gewesen und hatte für die amerikanische Administration und die Likud-Regierung einen großen Erfolg bedeutet. Der amerikanische Außenminister James Baker erwies sich hier als besonders geschickt und fähig. Er übte auf alle Parteien das richtige Maß an Druck aus, um sie an den Verhandlungstisch zu bringen und für einen positiven Ausgang zu sorgen. Selbst Jizchak Shamir, der sich bisher hartnäckig einem internationalen Rahmen widersetzt hatte, bewog er zur Teilnahme an einer internationalen Konferenz. (Es handelte sich also genau um das Szenario, auf das König Hussein und ich uns 1987 geeinigt hatten.) Shamir reiste nach Madrid mit dem Wissen, daß er mit einem Mitbegründer der PLO, mit Dr. Haider Abdel Shafi aus Gaza, dem Führer der palästinensischen Delegation, an einem Tisch sitzen würde.[2]

Ich betrachtete die Madrider Konferenz vor allem deshalb als begrüßenswerten Schritt nach vorn, weil sie eine große Anzahl arabischer Staaten, die vom Konflikt mit Israel nicht direkt betroffen waren, mit an den Verhandlungstisch brachte. Ein multilateraler Rahmen schien für die Verhandlungspartner besonders ermutigend. Er bedeutete die Anerkennung der Tatsache, daß der Friedensschluß zwischen den Konfliktparteien gemeinsam mit den übergreifenden wirtschaftlichen Problemen sämtlicher Völker des Nahen Ostens in Angriff genommen werden mußte.

In den Monaten nach der Madrider Konferenz wurden allerdings kaum noch Fortschritte erzielt. Als wir mit der Regierungsbildung begannen, stellte sich der vorgezeichnete Weg zum Frieden als ungeebnet und steinig heraus. Rabin und ich einigten uns darauf, daß er die bilateralen Verhandlungen führen und ich die Gespräche auf multilateraler Ebene[3] leiten würde, wobei die Entscheidungen miteinander abgesprochen werden sollten.

Schon am Anfang war klar, daß für die bilateralen Verhandlungen eher das amerikanische Engagement notwendig war, während die multilateralen Gespräche stärker auf internationale Bemühungen seitens der Europäer und Japaner angewiesen waren. Ebenso deutlich war, daß die bilateralen Verhandlungen intensiver und die multilateralen in zeitlich größerem Rahmen geführt werden mußten. Schließlich war auch klar, daß es bei den multilateralen Gesprächen erst dann echte Fortschritte geben konnte, wenn auch die bilateralen vorankamen.

Meine Vorgehensweise besprach ich mit Rabin: Ich würde den Gesprächsteilnehmern deutlich machen, daß sie sich im Gegensatz zu den Parteien der bilateralen Gespräche, die hauptsächlich den Konflikt der Vergangenheit zu bewältigen versuchten, auf die zukünftigen Probleme der Nahost-Region konzentrieren sollten. Meiner Ansicht nach hatte der Friedensprozeß bisher auf einer Fehlkonzeption beruht: Statt über den Inhalt des Friedens und seine Vorteile für alle Parteien zu konferieren, hatten wir uns lediglich mit seinen Kosten und den jahrzehntealten Ursachen des Konfliktes befaßt. Nun war es für unsere Völker und damit auch für deren Führer schwierig, sich aus dem starren Vergangenheitsdenken zu lösen, solange man ihnen keine Zukunftsperspektiven eröffnete.

So wie ich die politische Welt sah, waren wir Zeugen gewaltiger Umbrüche. Den größten Teil unseres Jahrhunderts hindurch hatten wir die Spielregeln zweier weltweiter Konflikte befolgt, die sich jetzt rasch auflösten. Der erste globale Konflikt war die Konfrontation zwischen Ost und West, zwischen Kommunismus und Demokratie. Diese ideologische, politische und militärische Konfrontation wirkte sich unmittelbar auf unsere Region aus. Dabei stand der Osten auf der Seite der Araber. Die Sowjets und ihre Verbündeten unterstützten sie auf militärischer, politischer und diplomatischer Ebene. Zugleich waren sie stets ein zuverlässiger Lieferant von Rüstungsmaterial, mit dem die Araber den Kampf gegen Israel führten. Darüber hinaus – und dies war kaum weniger bedeutend – diente der kommunistische Block den radikalen arabischen Regimen als Modell für den eigenen Staatsaufbau. Viele übernahmen bewußt oder zwangsläufig den Zentralismus sowjetischer Prägung.

Der Zusammenbruch der UdSSR brachte für unsere Region weitreichende Veränderungen mit sich. Die Araber verloren ihre Waffenlieferanten, die hinsichtlich ihrer Preise und Zahlungsmodalitäten großzügig handelten und von denen sie aus ideologischen und politischen Gründen unterstützt worden waren.

Der andere globale Konflikt war der zwischen Nord und Süd. Der industrialisierte und technologisch hochentwickelte Norden mit seinen zumeist weißen Bewohnern blickte selbstbewußt und mit Zuversicht in die Zukunft. Dagegen litt der arme und rückständige Süden mit seiner mehrheitlich nicht-weißen Bevölkerung unter Diskriminierung und hatte mit Ressentiments und Frustrationen zu kämpfen. Auf diplomatischer Ebene führte diese Teilung ebenfalls zu einer Blockbildung, die sich in den Abstimmungen der Vereinten Nationen niederschlug. Die Dritte Welt oder die Blockfreien unterstützten die arabischen Staaten moralisch, psychologisch und politisch, und sie sorgten bei den Abstimmungen in der UN-Vollversammlung stets für überwältigende Mehrheiten gegen Israel. Die einstigen führenden Politiker dieses Blocks – Nehru, Tito und Nasser – vertraten die drei Kontinente.

Auch dieser Block ist in den letzten Jahren auseinandergebrochen. Die Schlüsselmacht China macht wirtschaftlich gewaltige Sprünge nach vorn, und die »Tiger« Südostasiens durchbrechen die geographische Linie, die Armut und Reichtum scheinbar unverrückbar voneinander trennte. Auf Nasser folgte Sadat, der den Friedensschluß mit Israel wagte. Titos Tod brachte Jugoslawien den Zerfall. Und Indien sah, trotz aller Solidaritätsbekundungen mit den Arabern, schließlich ein, daß sich die Araber gegen Indien mit dem rivalisierenden muslimischen Pakistan solidarisierten und es unterstützten. Und auch Indien hat jetzt begonnen, auf Fortschritt und wirtschaftliche Entwicklung zu setzen. Die Verallgemeinerung vom reichen Norden und vom armen Süden stimmt nun nicht mehr. Lateinamerika, ein Kontinent des Südens, der Teil der Blockfreien war, bewegt sich politisch und wirtschaftlich deutlich in Richtung Demokratie. Nur Afrika verharrt als einziger südlicher Kontinent noch weitgehend in der Unterentwicklung. Von allen Kontinenten wird Afrika am stärksten von Aids heimgesucht. Auch die Wüsten breiten sich dort immer mehr aus und verschlingen fruchtbares Land.

In der anbrechenden neuen Welt treten innere Konflikte an die Stelle der alten zwischenstaatlichen Zwiste. Überall dort, wo ein zentralistisches – gewöhnlich kommunistisches – Regime versucht hatte, ein heterogenes Gemisch verschiedener Volksgruppen zu einer einzigen Nation zusammenzuschmelzen, sind die unterdrückten ethnischen Rivalitäten wieder ausgebrochen. In Jugoslawien versuchte Tito, ethnische Unterschiede auszulöschen und statt dessen politische Trennlinien zu schaffen. Aber in der Politik ist es wie beim Kochen: Man kann Eier aufschlagen und daraus Omeletts backen, aber aus Omeletts keine Eier machen. Alle Länder, in denen einst »ethnische Omeletts« gebacken wurden, kämpfen jetzt mit großen politischen Schwierigkeiten.

Das Beispiel Jugoslawien ist ein Beleg für die Notwendigkeit einer politischen Trennung zwischen Israelis und Palästinensern. Aus diesem und anderen ethnischen Konflikten kann man die Lehre ziehen, daß Nationen am besten als getrennte politische Gebilde, aber als wirtschaftliche Einheiten zusammenleben.

Aus israelischer Perspektive bedeutet der globale Wandel vor allem, daß die Araber ihre fast unerschöpfliche Nachschubquelle verloren haben und damit einhergehend auch ihre politische Unterstützung im Schwinden begriffen ist. Die alten Trennungslinien haben sich aufgelöst. In der sich nun konstituierenden Welt gibt es nur noch eine Trennungslinie zwischen den Ewiggestrigen und den anderen, die im Wind des Neuen voller Hoffnung ihre Segel setzen.

Mit dem Golfkrieg von 1991 fiel im Nahen Osten noch eine weitere fundamentale Teilung der alten Welt, die jahrzehntelang ein unveränderliches Faktum des politischen Lebens gewesen war: die zwischen dem geschlossenen Block der Araber einerseits und Israel andererseits. In einem Akt nackter Aggression hatte sich ein arabischer Staat einen Bruderstaat einverleibt. Um diese Aggression zurückzuschlagen, kam eine internationale Allianz einschließlich der arabischen Staaten zustande. Plötzlich wurde vielen in der Region klar, daß die tatsächliche Bedrohung nicht von Israel ausging, sondern von den skrupellosen und fanatischen Machthabern gewisser Staaten in der Region. Ein Jahrzehnt zuvor hatte Khomeinis Machtübernahme im Iran die muslimische Welt in fundamentalistische und gemäßigte Kräfte gespalten und so zu einem regelrechten Schisma geführt. Die gefährlichste Bedrohung für viele arabische Regime kam also nicht von Israel und dem Zionismus, sondern vom Ajatollah in Teheran und den anderen Fundamentalisten. Den Arabern wurde dies immer mehr bewußt, und sie waren mehr und mehr bereit, dies sich und anderen einzugestehen. Mit anderen Worten: Der israelisch-arabische Gegensatz, der das stärkste Bindemittel in der arabischen Einheit gewesen war, begann zu schwinden, und an seine Stelle traten neue gefährliche Konflikte.

Auf diese gewaltigen Veränderungen reagierten zahlreiche führende Politiker in Israel leider überhaupt nicht. Unsere alten Feindbilder von den Arabern schienen stärker als der gegenwärtige Wandel. Offenbar waren wir nicht in der Lage, die Tragweite der Veränderungen, die sich global und regional um uns vollzogen, richtig einzuschätzen. Die Welt hatte einen ideologischen Konflikt überwunden, womit eines der wichtigsten Motive für eine militärische Konfrontation verschwand. Die Verantwortlichen in Politik und Gesellschaft besinnen sich darauf, daß die ökonomische Zweckmäßigkeit für alle Menschen gilt, für Schwarze wie Weiße, für Menschen im Norden wie im Süden. Der wirtschaftliche Wettbewerb tritt an die Stelle der kriegerischen Auseinandersetzung. Während zum Kriegführen ausgebildete Soldaten, befestigte Grenzen, ständige Alarmbereitschaft und Mißtrauen nötig sind, fordert der wirtschaftliche Fortschritt ganz andere Voraussetzungen: offene Grenzen und Märkte, Aufgeschlossenheit, konkurrenzfähige Produkte und ständigen Wettbewerb.

Im Nahen Osten prallten zwei politische Kräfte aufeinander: die der jüdischen staatlichen Wiedergeburt und die des arabischen nationalen Erwachens. Jetzt aber brechen andere Zeiten an. Unsere Situation in den neunziger Jahren ist ganz anders als die in den Fünfzigern. Die Welt, in der die beiden Kräfte entstanden und groß geworden sind, existiert nicht mehr. Jetzt müssen beide Seiten für ihre Probleme ganz neue und noch nie dagewesene Lösungen entwickeln.

Als wir im Sommer 1992 unser ehrgeiziges Unternehmen begannen, war meine Grundposition dem engen Kreis meiner Berater bekannt. Da wir die Chance eines Friedens mit Jordanien, zumindest für den Augenblick, verloren hatten, blieb uns nichts anderes übrig, als nach einer palästinensischen Option Ausschau zu halten. Nach meiner Meinung hatte der von den Likud-Regierungen ursprünglich vorgeschlagene Plan für eine palästinensische Autonomie keine realen Aussichten auf eine Verwirklichung. Er ging auf deren Interpretation des Camp-David-Abkommens von 1978 zurück. Verhandlungen auf der Grundlage des Camp-David-Abkommens hatten aber in der Vergangenheit zu keinem Resultat geführt. Meiner Ansicht nach hätte die Umsetzung dieses Plans bedeutet, das gesamte Westjordanland und den Gazastreifen unter palästinensische Herrschaft zu stellen, und dazu waren wir nicht bereit. Statt dessen unterstützte ich den Gedanken einer Übergangsregelung. Wenn wir uns in der augenblicklichen Phase noch nicht über eine Karte einigen konnten, so konnten wir uns in der Hoffnung, daß sich die Verhältnisse mit der Zeit ändern würden, wenigstens über einen Zeitplan für eine spätere Übereinkunft verständigen.

Das Hauptproblem dabei war nach meiner Einschätzung das Westjordanland (Judäa und Samaria) und nicht etwa der Gazastreifen. Jeder Vorschlag für eine Autonomie des Westjordanlandes mußte unweigerlich am unlösbar scheinenden Problem Jerusalem scheitern. Im Westjordanland lebten zudem 120000 jüdische Siedler (während es in Gaza nur um die 5000 waren). Jeder Plan einer Zwangsumsiedlung konnte die Nation unüberbrückbar spalten. Das strategische Konzept der Arbeiterpartei im Hinblick auf die Westbank ist im Laufe der Jahre mehrfach revidiert worden. Die von der Arbeiterpartei geführte Regierung von 1967 bis 1977 errichtete im Zuge des Allon-Planes eine Reihe von Siedlungen im Jordantal (siehe Seite 206). Moshe Dayan selbst vertrat das Konzept, daß Israel seine empfindliche »Schmalseite« in Anlehnung an die alte Grenze durch einen Vorstoß in den westlichen Teil von Judäa und Samaria erweitern solle, und regte damit die Schaffung neuer Siedlungen entlang der Grenze von 1967 an. Der Likud und besonders Ariel Sharon hofften schließlich, das gesamte Westjordanland oder zumindest seinen größten Teil zu annektieren. So investierten die vom Likud geführten Regierungen viel Geld und Energie, um überall in Judäa und Samaria jüdische Siedlungen zu errichten. Diese drei verschiedenen Siedlungskonzepte, die ohne Rücksicht auf geographische Verhältnisse durchgeführt wurden, machten eine Grenzziehung, die für eine solide Mehrheit der israelischen Öffentlichkeit oder gar für die Palästinenser akzeptabel war, schließlich unmöglich.

Bei so verwirrenden Verhältnissen rückte eine mögliche Verhandlungslösung über die Frage der Siedlungen in weite Ferne. Als wir die Regierung übernahmen, liefen in Washington allerdings – im Anschluß an die Madrider Konferenz – zwischen Israel und der jordanisch-palästinensischen Delegation Verhandlungen. Wir durften sie nicht ignorieren und wollten auf ihnen aufbauen. Offiziell befanden sich unter den Mitgliedern der jordanisch-palästinensischen Delegation keine Vertreter der PLO, aber in der Praxis gehörten ihr mehrere ehemalige Mitglieder der PLO an, und die gesamte Delegation erhielt ihre Befehle aus deren

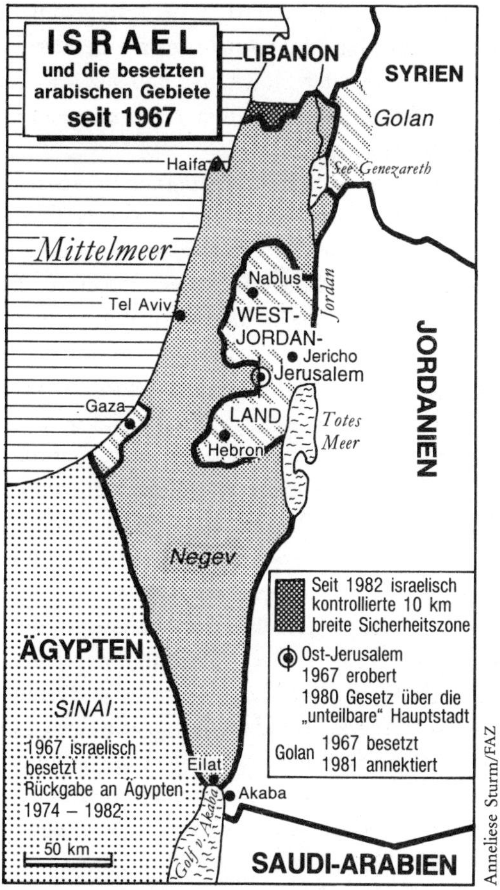

Am 4. Mai 1994 billigte die israelische Regierung
das Autonomie-Abkommen
für den Gaza-Streifen und Jericho.

Hauptquartier in Tunis. Nach jeder Sitzung in Washington flogen mehrere Teilnehmer in die tunesische Hauptstadt, um über den Fortgang der Verhandlungen zu berichten und neue Instruktionen einzuholen. Bei den Verhandlungen selbst hielten sie sich freilich sehr zurück.

Im Jahre 1980, als die israelisch-ägyptischen Verhandlungen über eine Autonomie der Palästinenser im Sande verlaufen waren, hatte ich das Konzept »Gaza zunächst« vorgeschlagen, und darauf kam ich jetzt zurück. Im Gazastreifen stellte sich keines der gewaltigen Probleme, mit denen wir im Westjordanland konfrontiert waren. Israels Wohl hing nicht vom Gazastreifen ab, so wie wir andererseits auch nicht die Mittel besaßen, Abhilfe für die dortige Misere aus Übervölkerung, Armut und Flüchtlingselend zu schaffen. Auf diesem schmalen Streifen Land leben ungefähr 800000 Menschen, deren Zahl sich allein in den letzten zwanzig Jahren verdoppelt hat und die nach wie vor weiter wächst. Unsere Präsenz bedeutete für diesen leidgeprüften Flecken Erde zusätzliche Konflikte, und uns selbst brachte sie nichts als wachsende Scham darüber, daß wir nicht in der Lage waren, auch nur eines seiner Probleme zu lösen. Wir hatten weder ein Interesse daran noch die Pflicht, das Leben im Gazastreifen zu reglementieren oder seine schmutzigen, von Menschen wimmelnden Straßen zu kontrollieren. Unsere Herrschaft über Gaza war ein verhängnisvoller politischer Irrtum. Ich bereute es aufrichtig, daß wir dort je jüdische Siedlungen errichtet hatten. Es war wie ein Diebstahl an Armen, denn den Menschen dort stand ohnehin nur sehr wenig Land zur Verfügung. Die Siedlungen erhöhten keineswegs die Sicherheit Israels, vielmehr mußte ihretwegen eine große Anzahl israelischer Soldaten in der Region stationiert werden.

Eines der wenigen israelischen Projekte in Gaza, auf die wir ein wenig stolz sein können, ist die Industriezone am Kontrollpunkt Erez, dem wichtigsten Grenzübergang zwischen dem Gazastreifen und dem eigentlichen Israel. Das Projekt war vom damaligen Verteidigungsminister Moshe Dayan und von mir in meiner Zeit als Minister für die verwalteten Gebiete kurz nach dem Sechstagekrieg von 1967 initiiert worden. Es war gedacht als ein Mikrokosmos des gemeinsamen Marktes, in dem Israelis und Araber unabhängig voneinander oder gemeinsam Werkstätten und kleine Geschäfte aufbauen sollten.

Der Ehrlichkeit halber muß gesagt werden, daß kein Anrainerstaat den Gazastreifen haben wollte: Die Ägypter dürften geradezu erleichtert gewesen sein, als sie ihn loswaren. Die Bewohner des Westjordanlandes lehnten den Gedanken an eine Eingliederung der Menschen aus dem Gazastreifen als Übersiedler oder auch nur als Arbeitspendler ab. In den Schlangen auf den Flughäfen oder an den Bahnhöfen wurden Bewohner aus Gaza immer zuletzt abgefertigt, weil sie statt Pässen nur Passierscheine hatten. Viele pendelten lieber täglich nach Israel, als ständig unter Todesgefahr in Gaza zu arbeiten, wo die andauernden Kämpfe zwischen verfeindeten Gruppen von Palästinensern einen hohen Blutzoll forderten.

Ich habe Gaza über die Jahre hinweg dutzendemale besucht und war jedesmal aufs neue beschämt über die Slums, über die Armut und Verzweiflung in den wuchernden, staubigen Flüchtlingslagern. Zwar gab es ein kostenloses und funktionierendes Schulsystem, und die medizinische Versorgung hatte sich in den Jahren unter israelischer Verwaltung wesentlich verbessert. Auch hatten wir ein modernes Wohnungsbauprogramm mit kostenlosem Grund und Boden und günstigen Darlehen gestartet, aber dies alles war nur ein Tropfen auf den heißen Stein. Der Neubau und die Sanierung von altem Wohnraum hielten mit dem sprunghaft steigenden Bedarf infolge der hohen Geburtenrate und des wachsenden Verfalls niemals Schritt.

Die Bewohner von Gaza haben trotz ihrer erbärmlichen Lebensbedingungen viele liebenswerte Eigenschaften. Sie besitzen viel Intelligenz, und namentlich die Frauen sind lebhaft und resolut. Eine Bootsfahrt mit Fischern aus Gaza, zu der ich zweimal die Gelegenheit hatte, ist ein ebenso genußreiches wie eindrucksvolles Erlebnis.

In dieser Situation gab es meiner Meinung nach nur eine vernünftige Lösung: Wir mußten die Verantwortung für die Zukunft Gazas in die Hände der Bewohner legen und ihnen dabei helfen, ihren Lebensstandard auf ein respektables Maß anzuheben. Mir wurde bewußt, daß in dem von mir in der Vergangenheit vertretenen Konzept »Gaza zunächst« zwei Fehler steckten: Erstens stieß jeder Vorschlag von israelischer Seite bei den Palästinensern von vornherein auf Ablehnung, und zweitens argwöhnten die Palästinenser, die Abtretung von Gaza durch Israel sei eher als Ende denn als Beginn des Prozesses der Aussöhnung gedacht.

Ich wandte mich an die Ägypter – zunächst an Mubaraks politischen Berater Osama El Baz und später an Außenminister Amru Mussa und den Präsidenten persönlich – mit der Botschaft, die Palästinenser zu ersuchen, ihre ablehnende Haltung gegenüber dem Konzept »Gaza zunächst« noch einmal zu überdenken. Ich verwies darauf, daß das Eis, das sich nach den planlosen Verhandlungen in Washington gebildet hatte, brechen könne. Die Ägypter hielten meine Überlegungen für richtig und wurden aktiv. Ich stellte in Aussicht, das Konzept »Gaza zunächst« könne auf andere Bereiche ausgedehnt werden, solange Jerusalem und die Siedlungen unangetastet blieben.

Meine Kabinettskollegen einschließlich des Premierministers waren überzeugt, bei den Washingtoner Gesprächen würde die palästinensische Führung aus Gaza schrittweise an Format und Unabhängigkeit gewinnen und sich bei den Verhandlungen schließlich der strengen und beeinträchtigenden Kontrolle der PLO entziehen können. Ich hielt dies für einen Irrtum, während sie abweichend von meiner Position nach wie vor daran festhielten, daß Verhandlungen mit Arafat grundsätzlich unmöglich seien. Im August 1992 schlug ich Rabin in einem vertraulichen Gespräch vor, Israel solle seine Position im Hinblick auf Verhandlungen mit dem Palästinenserführer überdenken. Aber es gab keine Übereinstimmung.

Im Januar 1993 teilte ich dem Premier in einem weiteren vertraulichen Gespräch mit, daß ich der Auffassung sei, wir sollten mutige Schritte in Richtung Verhandlungen mit der PLO unternehmen. Solange Arafat in Tunis war, vertrat er die Außenseiter, die palästinensische Diaspora, und versuchte, die Friedensgespräche möglichst zu behindern. Ich schlug vor, Arafat und seinen Mitarbeitern ein Angebot zur Übersiedlung nach Gaza zu unterbreiten. Dort sollten sie wählen und kandidieren können und im Falle eines Wahlsiegs die Palästinenser in direkten Verhandlungen mit Israel vertreten. An den Washingtoner Gesprächen kritisierte ich vor allem, daß wir eine Grundsatzerklärung ohne jeden Bezug zu den speziellen territorialen Fragen anstrebten. Aber der Weg zum Erfolg lag nach meiner Überzeugung darin, die Grundsatzerklärung mit einem greifbaren Konzept zu »Gaza zunächst« zu verbinden.

Ich bekannte mich ganz offen zu meinen Positionen. Sie waren meinen engen Mitarbeitern im Außenministerium durchaus bekannt, und zudem einigen wichtigen Personen in der PLO. Ebenso war bekannt, daß ich sehr stark an die ökonomische Dimension des Friedensprozesses glaubte. Eine politische Treppe ohne das Geländer wirtschaftlicher Perspektiven zu errichten, hätte bedeutet, die Menschen der Gefahr auszusetzen, daß sie beim Aufstieg noch vor dem Ziel in die Tiefe stürzten.

Vor diesem Hintergrund erfuhr ich von Jossi Beilin, daß zwei Wissenschaftler, die, wie ich wußte, mit ihm zusammenarbeiteten, bei Gesprächen mit einem PLO-Vertreter in Oslo Anfang 1993 die Zusage erhalten hatten, seine Organisation sei bereit, den Ansatz »Gaza zunächst« zusammen mit einem »Mini-Marshall-Plan« für die wirtschaftliche Entwicklung des Gebietes mitzutragen. Ihr Gesprächspartner und Überbringer dieser Botschaft war Abu Alaa (dessen voller Name Ahmed Suleiman Khoury lautet), ein altgedientes Mitglied der PLO-Führung und Vertrauter des Vorsitzenden Arafat.

25

GEHEIMER DRAHT ZUR PLO

Endlich war ein Wendepunkt erreicht. Für uns kam nun die Zeit, unsere Wahlversprechen einzulösen. Rabin hatte zugesagt, den Plan für eine palästinensische Autonomie innerhalb von neun Monaten nach Regierungsantritt durchzuführen, und diese Frist würde bald verstreichen. Auch ich wurde langsam ungeduldig. Es gab bereits eine dünne Stelle, aber wir brauchten noch Ausdauer, Glück und Unterstützung von unerwarteter Seite, bevor uns schließlich der Durchbruch gelang.

Die Fafo oder »Fosskningsstiftelsen for Studier av Arbeidsliv, Fagbevegelse og Offentlig Politikk« ist eine norwegische Forschungseinrichtung, die im Sommer 1992 sozialwissenschaftliche Untersuchungen in den unter israelischer Verwaltung stehenden Gebieten betrieb. Ihr Leiter Terje Röd Larsen lernte zu diesem Zeitpunkt Jossi Beilin kennen, der kurz darauf stellvertretender Außenminister wurde. Nachdem das Forschungsprojekt der Fafo die Aufmerksamkeit der norwegischen Regierung erregt hatte, bot der norwegische Staatsminister Beilin bei einem Besuch in Israel im September an, sein Land könnte bei der Einrichtung eines geheimen Drahtes zwischen Israel und der PLO behilflich sein.

Beilin reagierte vorsichtig und brachte Larsen in Kontakt mit zwei Wissenschaftlern, die zur Regierung keine offiziellen Beziehungen unterhielten: Dr. Jair Hirschfeld, ein Politologe an der Universität Haifa, der in der Vergangenheit mit der Fafo zusammengearbeitet hatte, und Dr. Ron Pundak. Im Dezember 1992 nahm Abu Alaa, der »Finanzminister« der PLO, über einen seiner Verwandten in London mit Hirschfeld Kontakt auf. Die Männer vereinbarten eine gemeinsame Teilnahme an einem Seminar zum Thema Humankapital, das die Fafo in einer abgelegenen Villa in Sarpsborg bei Oslo veranstaltete.

Das »Seminar« fand vom 20. bis zum 22. Januar 1993 mit nur fünf Teilnehmern statt: Hirschfeld und Pundak für die israelische Seite und Abu Alaa, Maher El Kurd und Hassan Asfour als Vertreter der Palästinenser. An die Adresse der Regierung in Jerusalem gerichtet, unterbreitete Abu Alaa bei dieser Begegnung einen drei Punkte umfassenden Vorschlag:

1. Eine »Gaza-zunächst«-Option, bei der sich Israel zum Rückzug aus dem Gaza-Streifen »innerhalb von zwei oder drei Jahren« verpflichtet. Das Territorium bleibt dann für beschränkte Zeit Treuhandgebiet unter ägyptischem oder multinationalem Mandat. Derweil wird weiter an einem Modell einer palästinensischen Selbstverwaltung im Westjordanland verhandelt und dieses dann in die Praxis umgesetzt.
2. Ein »Mini-Marshall-Plan« für das Westjordanland und Gaza, mit dem die internationale Gemeinschaft durch finanzielle Unterstützung und Investitionen versucht, die Wirtschaftsentwicklung in den betreffenden Gebieten anzukurbeln und massiv auszuweiten.
3. Eine intensive wirtschaftliche Zusammenarbeit zwischen Israel und der palästinensischen Übergangsverwaltung.

Mit diesem Konzept wurde mein Ansatz bestätigt: »Gaza zunächst« mit Akzent auf dem wirtschaftlichen Aspekt bei einem Friedensschluß. Vorgesehen war zudem eine Grundsatzerklärung recht vagen Inhalts und von Anfang an die Übergabe von Autonomierechten – eine »frühzeitige Machtübergabe«, wie sie im Jargon der Unterhändler hieß –, die mit der Unterzeichnung des Dokumentes beginnen sollte.[1]

Ob es sinnvoll war, Gaza zum Treuhandgebiet zu machen – ein zentrales Element im Vorschlag der Palästinenser –, schien von Anfang an zweifelhaft. Dennoch traf ich mich am 9. Februar ein weiteres Mal mit Rabin zu einem offenen und grundlegenden Meinungsaustausch über unsere Palästinenserpolitik. Ich gab erneut meiner Überzeugung Ausdruck, daß wir Arafat zu einer Rückkehr aus Tunesien in die Gebiete unter israelischer Verwaltung bewegen sollten. Dann wies ich auf die meines Erachtens positiven Punkte in Abu Alaas Vorschlag hin:

1. Israel gibt seine Absicht bekannt, sich innerhalb eines bestimmten Zeitraumes von zwei oder drei Jahren aus Gaza zurückzuziehen.
2. Der »Mini-Marshall-Plan« für Gaza wird dann anlaufen.

3. Diese Ereignisse beeinträchtigen nicht die laufenden bilateralen Verhandlungen in Washington über ein vollständiges Autonomie-Abkommen mit den Palästinensern.
4. Parallel dazu können wir Pläne für eine langfristige wirtschaftliche Zusammenarbeit zwischen Israel und dem Gazastreifen erstellen.
5. Zur Wirtschaftsankurbelung im Gazastreifen können Meerwasserentsalzungsanlagen, touristische Einrichtungen, ein Hafen und eine Ölpumpstation gebaut werden.
6. Gespräche zu diesen Vorschlägen sollen im geheimen und ohne Kenntnis der offiziellen palästinensischen Unterhändler geführt werden.

Rabin bat mich, die Gespräche bis nach einem Nahostbesuch des amerikanischen Außenministers Warren Christopher im Februar in der Schwebe zu halten. Ich wies unsere beiden inoffiziellen Unterhändler an, die Diskussion nur in dem von mir gebilligten allgemeinen Rahmen fortzuführen. Nach Christophers Visite wollten wir die Situation dann neu bewerten.

Die fünf »Seminarteilnehmer« trafen sich vom 11. bis 12. Februar erneut in Sarpsborg und machten sich rasch an die Arbeit für Entwürfe zu einer Grundsatzerklärung. Zugleich arbeiteten sie an »Leitlinien für einen regionalen Marshall-Plan« und einem israelisch-palästinensischen »Kooperationsprogramm«. Nach dem Treffen schickte mir Hirschfeld einen langen detaillierten Bericht über die Sitzungen mit einer persönlichen Bewertung des erreichten Verhandlungsstands. Die Gespräche zur Grundsatzerklärung, so sein Bericht, waren in vier strittigen Punkten (mit denen sich die Unterhändler noch die kommenden Monate herumschlagen mußten) ins Stocken geraten:

1. Rechtsprechung: Wie sollen der geographische und gesetzgeberische Umfang der palästinensischen Autonomie festgelegt werden?
2. Jerusalem: Sollen die palästinensischen Bewohner Ostjerusalems den Rat der palästinensischen Selbstverwaltung auch wählen und für ihn kandidieren dürfen?
3. Schlichtung: Wie könnte eine für beide Seiten akzeptable Einrichtung zur Schlichtung von Streitigkeiten aussehen?
4. Sicherheit: Inwieweit behält Israel für die Übergangsperiode die militärische Kontrolle in den Gebieten?

Wichtig im Hinblick auf das tatsächliche Ergebnis der Verhandlungen war folgendes: Das anfänglich in Oslo diskutierte Konzept von »Gaza zunächst« sah einen israelischen Rückzug erst in zwei Jahren vor, allerdings eine Räumung des gesamten Gazastreifens einschließlich der jüdischen Siedlungen. Abu Alaa schlug eine Umwandlung der Siedlungen in israelisch-palästinensische Gemeinschaftsprojekte vor, ein Angebot, das er und seine Kollegen erklärtermaßen für den Vorsitzenden Arafat, Abu Mazen und Farouk Kaddumi unterbreiteten. Die PLO, so hieß es, bestehe zu diesem Zeitpunkt auf keiner offiziellen Rolle im Friedensprozeß. Wenn die Osloer Gespräche schließlich zu einem Abkommen führen sollten, könne die PLO-Führung in Tunis die palästinensischen Unterhändler in Washington anweisen, es zu billigen.

Während der dritten Begegnung, vom 20. bis 22. März, versuchten beide Seiten Lösungen für einige besonders heikle Fragen zu finden. So wurde zum Problem des Wahlmodus für die Bewohner Ostjerusalems vorgeschlagen, sie könnten ihre Stimmen in den heiligen Stätten der Stadt, die Muslime in der Al-Aksa-Moschee und die Christen in der Grabeskirche, abgeben. Hirschfeld und Pundak hielten dies aus israelischer Sicht für akzeptabel, denn man konnte sich auf die religiösen Ansprüche der Palästinenser auf ihre heiligen Stätten berufen, ohne daß dabei eine direkte Beziehung zwischen Jerusalem und der Autonomie abgeleitet werden konnte.

Während dieser Begegnung tauchte erstmals der Gedanke auf, die Vereinigten Staaten könnten das Abkommen zwischen Israel und der PLO »aufgreifen«, falls ein solches über den Osloer Draht tatsächlich zustande käme. Die Amerikaner sollten den Inhalt des Abkommens den Parteien bei den Washingtoner Gesprächen als ihren eigenen Vorschlag unterbreiten. Dieses Szenario war während der Verhandlungen für beide Seiten die erklärte Vorgehensweise, doch dann wurde sie von den Amerikanern abgelehnt.

Unterdessen schleppten sich die offiziellen Friedensgespräche in Washington, die auf der Madrider Konferenz in Gang gebracht worden waren, seit Monaten dahin. Die Haltung der palästinensischen Delegation ermutigte uns nicht, noch an konkrete Verhandlungsfortschritte zu glauben. Die Delegation wurde von Haider Abdel Shafi, einem renommierten Arzt aus Gaza, angeführt und setzte sich auf israelisches Verlangen ausschließlich aus Bewohnern vom Westjordanland und aus

Gaza zusammen. Unsere Ungeduld wuchs, als die israelischen Unterhändler berichteten, die palästinensische Seite sei völlig desorganisiert und müsse für die kleinste Entscheidung erst bei Arafat in Tunis Instruktionen einholen. Die Gespräche erreichten im April 1993 ihren Tiefpunkt. Die palästinensische Seite drohte mit einem Boykott als Reaktion auf die Ausweisung von ungefähr 400 Aktivisten der fundamentalistischen Organisation Hamas aus dem Westjordanland und Gaza. Die Verhandlungen wären für unabsehbare Zeit zum Erliegen gekommen, wären sie nicht auf Arafats heftiges Drängen wieder in Gang gebracht worden.

In Oslo gingen währenddessen Abu Alaas Diskussionen mit Hirschfeld und Pundak ohne Wissen der Washingtoner Unterhändler und trotz der Ausweisung der Hamas-Mitglieder ununterbrochen weiter. Die Krise trübte zwar die Atmosphäre, doch änderte sie nichts an der Entschlossenheit beider Seiten, ein Abkommen zu erzielen.

Die beiden israelischen Emissäre hoben in ihren Berichten an mich hervor, daß der Osloer Draht ausschlaggebend für Arafats Entschluß gewesen sei, die palästinensische Delegation wieder an den Verhandlungstisch in Washington zurückzuschicken. Ferner berichteten sie, daß Abu Alaa, der die palästinensischen Verhandlungsdelegationen für die verschiedenen multilateralen Gespräche koordinierte, einen Delegierten, den Israel als Teilnehmer abgelehnt hatte,[2] stillschweigend abberufen habe. Ich gewann den sicheren Eindruck, daß Abu Alaa für uns ein vollkommen vertrauenswürdiger Verhandlungspartner war.

Nach den Berichten aus Oslo war die PLO finanziell wie politisch in ernsthaften Schwierigkeiten, mithin war für Israel der Zeitpunkt günstig, einen Tauschhandel anzubieten. Hirschfeld fügte hinzu, Dan Kurtzer, einer der bedeutendsten Nahostexperten des amerikanischen Außenministeriums, sei über die Osloer Gespräche informiert worden und habe sehr positiv reagiert. »Kurtzer betrachtet die Ergebnisse unseres Treffens als einen großen Schritt nach vorn«, berichtete Hirschfeld. »Er sieht unsere Gespräche als eine Ergänzung zu den Washingtoner Verhandlungen.« Kurtzer hatte die israelischen Emissäre ermutigt, ihre Bemühungen fortzusetzen, und versprochen, im Falle ernsthafter Probleme mit amerikanischen Vorschlägen aufzuwarten.

Von den Norwegern erfuhr Hirschfeld, Außenminister Warren Christopher habe ihren Außenminister Johan Jörgen Holst nach Washington eingeladen, um über diesen ungewöhnlichen und offenbar wichtigen israelisch-palästinensischen Dialog persönlich zu berichten.

Ich hielt es an der Zeit für ein weiteres Gespräch mit Rabin. Bei einem Gespräch unter vier Augen am 14. Mai berichtete ich vom augenblicklichen Stand der Verhandlungen und unterstrich, daß Kurtzer auf dem laufenden war und die Angelegenheit tatkräftig unterstützte. In mehreren ausgedehnten Diskussionen hob ich hervor, daß die PLO-Vertreter in Oslo flexibler und einfallsreicher seien als die Washingtoner Verhandlungsdelegation aus dem Westjordanland und Gaza, außerdem hätten sie auf den Friedensprozeß mehr Einfluß. In Oslo waren interessante Vorschläge zur Frage der Rechtsprechung in den autonomen Gebieten und über die Hoheits- und sonstigen Befugnisse Israels während der Übergangszeit gemacht worden. Dagegen befanden sich die Washingtoner Verhandlungen hinsichtlich dieser beiden Fragen in einer Sackgasse. Ich versuchte Rabin davon zu überzeugen, daß das Konzept »Gaza zunächst« ganz im israelischen Interesse liege: Eine überwältigende Mehrheit der Israelis sei für den Rückzug aus dem übervölkerten und vom Terror heimgesuchten Gazastreifen. Außerdem würde die fünfjährige Übergangszeit nach dem Abschluß des Abkommens von Oslo mit sofortiger Wirkung beginnen. Dagegen sah das Abkommen von Camp David 1978 vor, daß die Fünfjahresfrist erst dann beginnen sollte, wenn alle Details der Autonomieregelung geklärt und umgesetzt waren. Mit Camp David wurde das Ende eines Friedensprozesses anvisiert, ohne daß sein Beginn genau festgelegt worden wäre. Man hatte gleichsam eine Zielscheibe aufgestellt und vergessen, Pfeil und Bogen bereitzustellen.

In den darauffolgenden entscheidenden Wochen bewegte sich Rabin, der immer schon ein vorsichtiger Charakter gewesen ist, nur langsam und behutsam voran. Er verfolgte die Osloer Gespräche mit Skepsis und zweifelte manchmal völlig an ihnen. Als er später gefragt wurde, warum er keinen seiner Mitarbeiter in die Geheimverhandlungen eingeweiht habe, sagte er ganz offen, er habe an einem positiven Ausgang gezweifelt. Aber er hatte mir und den Gesprächen dennoch eine Chance gegeben. Und als das Ziel am Ende in greifbare Nähe rückte, zog er mit.

Ich schlug Rabin vor, eventuell nach Oslo zu fliegen und persönlich mit Abu Alaa zu verhandeln. Er lehnte das ab, weil er eine Kompromittierung des Kabinetts befürchtete, das von den Geheimgesprächen mit der PLO nichts wußte. Und doch war nun der Zeitpunkt gekommen, den Gesprächen amtlicherseits mehr Gewicht und Verbindlichkeit zu verleihen. Ich schickte deshalb Uri Savir, den Leiter des Außenministeriums, in die fünfte Runde der Osloer Gespräche. Seine hohe Stellung und seine persönliche Ausstrahlung wirkten sich sogleich positiv auf die Verhandlungen aus. Savir war erst vierzig Jahre alt, also recht jung für ein solch hohes Amt, aber ich hatte ihn trotz Bedenken und Kritik zum Leiter des Ministeriums berufen. Mir selbst ist mit neunundzwanzig Jahren die Leitung des Verteidigungsministeriums anvertraut worden. Natürliche Fähigkeiten, Eifer und Engagement können einen Mangel an Erfahrung wettmachen. (Und Savir hatte in seinem Alter bereits einige Erfahrung gesammelt.)

Abu Alaa machte aus seiner Freude über Savirs Teilnahme an den Gesprächen keinen Hehl. Er sah sie völlig zu Recht als greifbaren Beweis für die israelische Bereitschaft, den Osloer Draht als ernsthafte Gesprächsmöglichkeit zu nutzen. Als Bedingung für Savirs Teilnahme verlangten wir allerdings völlige Geheimhaltung. Und Minister Holst und seine Mitarbeiter informierten uns, sie hätten sowohl von Christopher als auch von Kurtzer grünes Licht erhalten, die Osloer Gespräche voranzutreiben.

Auch in Jerusalem wurde über die Gespräche strenges Stillschweigen bewahrt. Außer den Unterhändlern waren nur Rabin, Jossi Beilin, mein politischer Berater Avi Gil, Beilins Mitarbeiter Shlomo Gur und ich selbst über die Vorgänge auf dem laufenden. Rabin und ich verzichteten in diesen Monaten bei wichtigen Besprechungen sogar auf unseren engsten Beraterstab und diskutierten über das weitere Vorgehen allein und unter Wahrung absoluter Diskretion.

Savir hatte die Palästinenser offenbar mit dem Hinweis überrascht, das Konzept »Gaza zunächst« müsse aus israelischer Sicht nicht unbedingt ein Abkommen sein, das jetzt geschlossen und erst Monate oder Jahre später umgesetzt würde. Er stellte zur Diskussion, Gaza innerhalb von drei oder vier Monaten nach Unterzeichnung einer Grundsatzerklärung und noch vor Abschluß eines detaillierten Abkommens zur Übergangsregelung der staatlichen Autonomie des Westjordanlands an die Palästinenser zu übergeben. Die Treuhandschaft über den Gazastreifen sollte nach dem von Savir vorgeschlagenen Modus gemeinsam von den Palästinensern, den Ägyptern und den Jordaniern in voller Kooperation mit Israel ausgeübt werden.

Unterdessen war aus dem Konzept »Gaza zunächst« das Konzept »Gaza und Jericho zunächst« geworden. Ich hatte gegenüber den Ägyptern vor einiger Zeit angedeutet, daß wir auch bereit seien, einen Vorschlag »Gaza-Plus« zu erwägen, wobei dieses Plus Jericho sein könne. Im April reiste Rabin nach Ismailia zu Gesprächen mit Mubarak. Der ägyptische Präsident präsentierte ihm einen Vorschlag zu einer vorgezogenen Autonomie in Gaza und Jericho. Demnach sollte zu dem von den Palästinensern selbstverwalteten Bezirk Jericho die Allenby-Brücke gehören, eine der beiden Brücken über den Jordan, die das Königreich Jordanien mit dem Westjordanland verbinden.[3] Rabin war unangenehm überrascht. Ich hatte mit ihm den Gedanken erörtert, Jericho den Palästinensern zurückzugeben, aber von den Brücken war nicht die Rede gewesen. Er lehnte daher Mubaraks Vorschlag kategorisch ab. Bei seiner Rückkehr versicherte ich ihm, daß wir die Brücken aus dem Autonomieplan ausnehmen könnten. Außerdem drang ich darauf, daß Jericho – und nicht Jerusalem – das administrative Zentrum des entstehenden selbstverwalteten Gebildes aus Westjordanland und Gaza sein sollte.

Abu Alaa unterbreitete im Mai in Oslo den Vorschlag, an der Allenby-Brücke eine gemeinsame israelisch-palästinensische Polizeitruppe patrouillieren zu lassen. Die »tatsächliche Kontrolle« über die Brücke solle in israelischer Hand bleiben. Meine ursprüngliche Anweisung an Uri Savir lautete, das gesamte Konzept um Jericho abzulehnen: Meiner Meinung nach mußten wir uns erst einmal umfassend und klar mit Rabin abstimmen. Savir hob in seinem Bericht allerdings hervor, daß dieses Konzept für die Palästinenser besonders wichtig sei: Gegner einer Verhandlungslösung setzten Arafat unter Druck, weil sie befürchteten, aus dem Konzept »Gaza zunächst« werde ein »Gaza als erstes und als letztes«.

Bei einem Treffen mit Johan Holst im Juli in Tunis äußerte Arafat selbst die gleiche Befürchtung. In dieser kritischen und delikaten Phase der Verhandlungen verwies er darauf, daß Gaza für die Israelis keine religiöse Bedeutung habe. Ein Truppenabzug nur aus Gaza könnte daher so ausgelegt werden, als hätten die Israelis nicht die Absicht, sich auch aus Gebieten mit religiöser Bedeutung für das Judentum, also aus dem gesamten Westjordanland, zurückzuziehen. Holst vertrat dazu folgende

Auffassung: Selbst wenn »Gaza zunächst« nicht auf »Gaza als erstes und letztes« hinausliefe, hätte der PLO-Vorsitzende Schwierigkeiten, die Palästinenser vom Gegenteil zu überzeugen. »Das zu vermitteln würde ihn vor ein unlösbares Problem stellen«, warnte mich Holst.

In meinen Gesprächen mit Rabin einigten wir uns schließlich auf »Gaza und Jericho zunächst«, aber ohne die Brücken und mit dem besonderen Vorbehalt, daß Jericho das Verwaltungszentrum für das palästinensische Autonomiegebiet würde. Mitte Juni kam Abu Alaa auf das Thema in Oslo zurück und schlug einen »symbolischen Abzug aus Jericho oder einem anderen Ort im Westjordanland [vor]«. Die palästinensische Position lief unmißverständlich darauf hinaus, mit der ersten Phase des Abkommens müsse auf greifbare Weise signalisiert werden, daß die Selbstverwaltung auch im Westjordanland und nicht nur in Gaza verwirklicht werde. Wenn das Modell einer Übergangs-Selbstverwaltung voll umgesetzt sei, so Abu Alaa, werde es im Status zwischen Jericho und dem übrigen Westjordanland keinen Unterschied mehr geben.

Aus israelischer Sicht ist ganz Jerusalem israelisches Hoheitsgebiet und Hauptstadt unseres Staates. Ostjerusalem war durch ein Gesetz der Knesset kurz nach dem Krieg von 1967 formell annektiert worden. In Oslo war uns – wie Menachem Begin bei den Verhandlungen von Camp David – durchaus bewußt, daß die andere Seite unsere Ansprüche auf Jerusalem nicht akzeptierte. Wir schlugen daher vor, die gesamte Frage um die Stadt ausdrücklich bis zu den Verhandlungen um den dauerhaften Status der verwalteten Gebiete, die im dritten Jahr der fünfjährigen Übergangsperiode beginnen sollten, aufzuschieben.

So sah die schließlich unterzeichnete Grundsatzerklärung vor, daß die Jurisdiktion des palästinensischen Selbstverwaltungsrates »sich auf das Gebiet des Westjordanlandes und des Gazastreifens« erstreckt, »mit Ausnahme derjenigen Fragen, die bei den Verhandlungen über den dauerhaften Status erörtert werden« (Artikel IV) und der verbleibenden Fragen »wie Jerusalem, Flüchtlinge [und] Siedlungen [...]« (Artikel V, 3).

Während der gesamten Verhandlungen in Oslo waren wir entschlossen, zu Jerusalem keinerlei politische Zugeständnisse zu machen. Savir erklärte das schon bei der allerersten Begegnung mit Abu Alaa: Wenn die palästinensische Seite in der Grundsatzerklärung auf Verhandlungen über Jerusalem bestehen würde, so bedeute dies möglicherweise das Ende der gesamten Verhandlungen. Die gleiche Warnung äußerte ich im

Juli in einem Hotel in Jerusalem bei einer Begegnung mit Holsts Mitarbeitern, dem Ehepaar Mona Juul und Terje Larsen.

Die Palästinenser gaben allerdings nicht kampflos nach. In ihrer Ausgangsposition verlangten sie, Sitz der Selbstverwaltung solle Jerusalem sein. Und sie blieben hartnäckig bei ihrer Forderung, den Einwohnern Ostjerusalems das passive und aktive Wahlrecht zum Selbstverwaltungsrat zu geben. So sah der endgültige Wortlaut von Anhang I der Grundsatzerklärung vor, daß die »Palästinenser aus Jerusalem, die dort leben, [...] gemäß dem Abkommen zwischen den beiden Seiten das Recht [haben], am Wahlverfahren teilzunehmen«. Nach der Position der Arbeiterpartei in der Vergangenheit, das wußten Abu Alaa und seine Kollegen, durften die Einwohner Ostjerusalems nicht für den Rat kandidieren, da die Stadt nicht unter die Zuständigkeit der Selbstverwaltung fiel. Zugesprochen wurde ihnen dagegen ein aktives Wahlrecht, das sie allerdings außerhalb der Stadtgrenzen wahrnehmen müßten. Wir schlugen Wahllokale in Ramallah oder Bethlehem vor, während dic Palästinenser für die heiligen Stätten der Muslime und der Christen in der Jerusalemer Altstadt plädierten. Die palästinensischen Unterhändler kannten freilich die Möglichkeit für Bewohner Ostjerusalems, den Ausschluß vom passiven Wahlrecht durch Eröffnung eines Scheinwohnsitzes außerhalb von Jerusalem zu umgehen.

Als das Konzept »Gaza und Jericho zunächst« als gemeinsames Ziel der Osloer Geheimverhandlungen Schritt um Schritt Gestalt annahm und an den praktischen Bestimmungen der Grundsatzerklärung gearbeitet wurde, begannen wir unsere Positionen zu anderen grundlegenden Fragen, vor allem zur Treuhandschaft, zu überdenken. Meine engen Berater, die sich eingehend mit Präzedenzfällen befaßten, wiesen darauf hin, daß Treuhandschaften in der neueren Geschichte fast stets in einer Phase der Entkolonialisierung eingeführt worden waren, um die Zeit bis zur vollständigen Unabhängigkeit zu überbrücken. Es war Israels erklärte Position, sich der Schaffung eines unabhängigen palästinensischen Staates nach der Übergangsperiode der Selbstverwaltung zu widersetzen. So waren wir nicht bereit, uns schon am Anfang der Übergangsperiode auf eine palästinensische Forderung einzulassen, die auf eine volle Unabhängigkeit zu einem späteren Zeitpunkt hinauslief.

Prägnant dargelegt wurde unsere Position im Juni durch Joel Singer, dem neuesten Mitglied unserer Friedensdelegation. Dieser fähige Anwalt hatte jahrelang in der Rechtsabteilung der israelischen Streitkräfte gewirkt und war in dieser Eigenschaft an den Friedensgesprächen mit Ägypten im Anschluß an Camp David beteiligt gewesen. Rabin und ich kannten ihn gut und hatten volles Vertrauen in sein Urteilsvermögen. Singer betrieb in Washington eine private Kanzlei, als er aus Jerusalem unsere »Aufforderung« zur Teilnahme an den Gesprächen von Oslo erhielt. Mehrere Wochen lang pendelte er zwischen drei Städten hin und her, brachte in Washington seine Geschäfte zu Ende, bereitete sich in Jerusalem auf seine neue Position als Rechtsberater des Außenministeriums vor und nahm in Oslo neben Savir an den Verhandlungen teil.

In einem an Rabin und mich adressierten Memorandum legte Singer für die Übergangszeit der geplanten Selbstverwaltung drei Varianten dar:

1. Eine Art Treuhänderschaft für Gaza und Jericho.
2. Gaza und Jericho als Teile einer jordanisch-palästinensischen Konföderation.
3. Gaza und Jericho als erste Bestandteile einer palästinensischen Übergangs-Selbstverwaltung, wobei die israelischen Streitkräfte in einigen Teilen des Gaza-Streifens zum Schutz der – nicht anzutastenden – jüdischen Siedlungen stationiert bleiben.

Singer empfahl die dritte Variante, die sich dann tatsächlich auch als israelische Grundposition herauskristallisierte. Rabin, der sich mit Beilin, Singer und mir am 10. Juni traf, legte größten Nachdruck darauf, daß die Verlegung der israelischen Streitkräfte zuerst im Gebiet von Gaza und Jericho und dann im gesamten Westjordanland in der Grundsatzerklärung klar als ausschließliche Angelegenheit Israels ausgewiesen werden müsse. Die Erklärung könne eine »Konsultation« der Palästinenser einschließen, aber kein »Abkommen« mit ihnen. Wo genau israelische Truppen zur strategischen Verteidigung oder zum Schutz israelischer Siedlungen und Zivilisten zu stationieren seien, dürfe nicht von der Zustimmung der Gegenseite abhängen.

Savir und Singer hielten sich beim nächsten Treffen in Oslo am 14. Juni genau an diese Anweisungen. Sie waren angenehm überrascht, daß sich Abu Alaa diesen Bedingungen gegenüber offen zeigte. Im Entwurf, den die Palästinenser in der Sitzung vorlegten, blieb die Rolle der israelischen Streitkräfte bei der äußeren Verteidigung und der Sicherheit der Israelis unerwähnt, aber Abu Alaa signalisierte Gesprächsbereitschaft über eine entsprechende Bestimmung. Der PLO-Vertreter erklärte dazu folgendes: »Meine Anweisungen in Sicherheitsfragen lauten, Ihren Vorschlägen gegenüber offen zu sein.« Israel sollte die Standorte seiner Sicherheitskräfte selbst festlegen. »Aber bitte«, fügte er lächelnd hinzu, »weisen Sie nicht das gesamte Westjordanland als Sicherheitszone aus!«

Auf dieser Sitzung wurde der Vorschlag zum Treuhandgebiet von unserer Delegation schließlich fallengelassen. »Können Sie von Ihrem Standpunkt aus darauf verzichten?« fragte Savir Abu Alaa. »Das ist Ihre Entscheidung«, antwortete der freundliche und scharfsinnige Palästinenser. Savir stellte den Palästinensern in Aussicht, sie könnten Gaza und Jericho innerhalb von drei bis vier Monaten nach Unterzeichnung der Grundsatzerklärung übernehmen.

Savir und Singer kamen bei dieser Begegnung auf ein weiteres immer wiederkehrendes zentrales Anliegen der Israelis zu sprechen: die Frage, ob der Selbstverwaltungsrat aus einem oder zwei Körperschaften bestehen solle, ein Punkt von grundlegender Bedeutung. Aus palästinensischer Sicht sollte die Selbstverwaltung der Übergangszeit aus den drei klassischen Bestandteilen der Demokratie bestehen: der Exekutive, der Legislative und der Jurisdiktion. Abu Alaa und seine Delegation forderten folglich, der Rat solle aus einem Quasi-Parlament mit gesetzgeberischen Kompetenzen und einem Quasi-Kabinett mit Ressortleitern bestehen, die sich mit den laufenden Geschäften der Selbstverwaltung zu befassen hätten. Die israelische Seite hatte vom Selbstverwaltungsmodell eine engere Sicht und versuchte bei den Verhandlungen durchzusetzen, daß der Rat aus einer einzigen – als Exekutive konzipierten – Körperschaft bestehen sollte, deren gesetzgeberische Kompetenzen sich auf Vorschriften und Verordnungen beschränkten. Eine genuin legislative Kompetenz war nicht vorgesehen, denn diese war nach der Argumentation der israelischen Verhandlungspartner ja das Kennzeichen eines souveränen Staates.

Das Problem stand im Zusammenhang mit mehreren anderen umstrittenen Punkten, die aus den grundverschiedenen Interessen von Palästinensern und Israelis resultierten. Die Palästinenser wollten die Selbstverwaltung so weit ausdehnen, daß sie schließlich in eine volle Souveränität mündete, während die Israelis bemüht waren, sie so weit einzuschränken, daß der dauerhafte Status der Gebiete später ohne Vorgaben durch die Bestimmungen der Übergangsregelung ausgehandelt werden konnte. So drangen die palästinensischen Unterhändler im Hinblick auf die Präambel der Grundsatzerklärung wiederholt auf die Formulierung von den »gegenseitigen legitimen und nationalen Rechten«. Widerstrebend einigten wir uns schließlich auf den Ausdruck »politisch« statt »national«, das auf unsere Forderung hin gestrichen wurde. Nach Absprache mit Rabin stimmte ich der Erklärung (in Artikel I) zu, daß das »Ziel der israelisch-palästinensischen Verhandlungen innerhalb des laufenden Nahost-Friedensprozesses« unter anderem darin bestehe, »für das palästinensische Volk [...] als palästinensische Übergangs-Selbstverwaltungskörperschaft einen gewählten Rat einzurichten«, der »zu einer dauerhaften Regelung auf der Grundlage der Resolutionen 242 und 338 des Weltsicherheitsrates führen« solle.

Ebenso verlangten die Palästinenser für die Grundsatzerklärung (Artikel VII) eine Bestimmung, wonach »die israelische Zivilverwaltung und die Militärverwaltung« nach Errichtung des Rates »aufgelöst« werden. Wir setzten eine Formulierung dagegen, bei der nach Einführung der Selbstverwaltung zwar die Zivilverwaltung, nicht aber die Militärverwaltung »aufgelöst« werde. Letztere werde vielmehr nur »abgezogen«. Formaljuristisch sollte die Militärverwaltung ja die Hoheit über die Gebiete behalten. Die Palästinenser stimmten dieser Unterscheidung schließlich zu.

Was die Zusammensetzung des Rates anging, so bestand Singer auf einer einzigen Körperschaft. Abu Alaa, der stets ein findiger Unterhändler war, zeichnete auf ein Blatt Papier ein Schema, um die, wie er sich ausdrückte, im wesentlichen einheitliche Konzeption der Palästinenser zu veranschaulichen: Auch sie hätten eine einzige Körperschaft vorgesehen, allerdings eingeteilt in legislative und exekutive Organe.

Da das Problem auch nach langem Tauziehen nicht ausgeräumt werden konnte, blieb die Lösung nach der unterzeichneten Grundsatzerklärung späteren Verhandlungen überlassen. So sieht Artikel VII, 2, der Erklärung vor, »die Übergangsvereinbarung« werde »die exekutiven Befugnisse des Rates, seine legislativen Befugnisse in Übereinstimmung mit dem untenstehenden Artikel IX sowie die unabhängigen palästinensischen Justizorgane bezeichnen«. Artikel IX sieht dabei vor, »der Rat« werde »befugt sein, in Übereinstimmung mit der Übergangsvereinbarung in allen ihm übertragenen Bereichen Gesetze zu erlassen«.

26

DER FRIEDEN NIMMT GESTALT AN

Die im Frühsommer getroffene Vereinbarung, wonach Gaza und Jericho selbstverwaltete palästinensische Enklaven (und keine Treuhandgebiete) werden sollten, legte nahe, daß Jassir Arafat und die PLO-Führung das Gebiet bald besuchen und sich dort niederlassen würden. Mir war klar, welche gewaltige politische und emotionale Bedeutung diese »Rückkehr« für die PLO hatte, hielt aber diesen Schritt nach wie vor für richtig. Ich wollte faire Verhandlungen, um ein Abkommen zum beiderseitigen Nutzen zu erzielen.

Als strategisches Ziel strebte ich folgendes an: Als Gegenleistung für die Rückkehr sollte die PLO Israel formell anerkennen, dem Terrorismus endgültig abschwören und aus ihrer »Palästinensischen Nationalcharta« alle Formulierungen streichen, die zur Vernichtung des jüdischen Staates aufriefen. Allerdings wollte ich aus taktischen Gründen diese Aspekte wegen der enormen Bedeutung für die Gegenseite möglichst lange ausklammern. Tatsächlich kamen die Gespräche zwischen Israel und der PLO um gegenseitige Anerkennung erst gegen Ende der Verhandlungen um die Grundsatzerklärung in Gang und wurden erst nach deren Unterzeichnung mit höchster Intensität vorangetrieben.

Ein Punkt mußte allerdings schon vor Beginn der Gespräche um die Grundsatzerklärung klargestellt werden. Arafat sollte nicht als »Präsident von Palästina« in Gaza und Jericho einziehen können, also mit jenem Titel, den er sich bei der Ausrufung des »Staates Palästina« durch die PLO 1989 selbst gegeben hatte. Wir machten den Palästinensern unsere Position unmißverständlich deutlich und vertraten sie ebenso klar gegenüber den Norwegern, damit sie sich im Hinblick auf ihre Gespräche mit Arafat darauf einstellen konnten.

Weniger klar war die geographische Festlegung Jerichos. Diese Frage wurde absichtlich offengelassen. Wie vorauszusehen, ging Abu Alaa von Grenzen aus, die auf den Stand des britischen Mandatsgebietes zurückgingen, als der »Bezirk Jericho« fast das gesamte Gebiet vom Jordan bis nach Jerusalem umfaßte. Er berief sich unserer Delegation gegenüber darauf, daß dies auch unter jordanischer Herrschaft (1948–1967) der Fall gewesen sei. Unsere Seite erhob Einwände gegen diese Auffassung, vermied allerdings eine heftige Auseinandersetzung, da deutlich wurde, daß es sich um eine Maximalforderung handelte und die Palästinenser sicherlich gesprächsbereit sein würden. Wir verschoben die Frage auf die späteren Detailverhandlungen, die im Oktober im ägyptischen Seebad Taba am Roten Meer begannen. Erwartungsgemäß vertraten beide Seiten hier Extrempositionen: Die Palästinenser verlangten die Grenzen aus der Mandatszeit, während Israel Jericho auf ein Gebiet festgelegt sehen wollte, das sich kaum über das Zentrum der Stadt hinaus erstreckte.

Eine weitere Frage, die angeschnitten, aber nicht geklärt wurde, war die Stärke der palästinensischen Polizeitruppe, die nach dem Abzug der israelischen Streitkräfte zur Aufrechterhaltung der »inneren Sicherheit und öffentlichen Ordnung« (Anhang II) in Gaza und Jericho stationiert werden sollte. Während einer Sitzung in Oslo Ende Juni baten die Palästinenser unsere Seite um ein offizielles Gutachten darüber, wie viele Polizisten zur Erfüllung dieser Aufgabe im Gazastreifen benötigt würden. Bei einem späteren Treffen teilte Abu Alaa Singer und Savir mit, die PLO wolle eine Polizeitruppe von »mindestens 16000 Mann«. 6000 von ihnen sollten Palästinenser sein, die übrigen 10000 Mitglieder der »vorübergehenden internationalen oder ausländischen Präsenz, wie vereinbart« (Anhang II).

Größe und Zusammensetzung der ausländischen Truppen waren ein weiteres heftig umstrittenes Thema, das in Oslo nie geklärt werden konnte. Abu Alaa äußerte die Zuversicht, die Amerikaner könnten bereit sein, Truppen zu stellen. Singer hielt das für aus der Luft gegriffen. Halb scherzhaft äußerte ich Holsts Mitarbeitern gegenüber, wir könnten Singapur um die Entsendung von Soldaten bitten. Singapur war für mich und andere ja immer mehr das Musterbeispiel für den atemberaubenden Aufstieg einer armen Region, für ein Wirtschaftswunder, wie es im Gazastreifen nach einem Friedensschluß und mit ausländischen Investitionen ebenfalls möglich wäre.

Die Frage der vorübergehenden ausländischen Truppenpräsenz darf nicht verwechselt werden mit dem Problem der ausländischen Beobachter, die zur Überwachung der Wahlen zum Selbstverwaltungsrat entsandt werden sollten. Dieses Thema wurde während der Osloer Gespräche heftig debattiert. Die Palästinenser schlugen für die Grundsatzerklärung (Artikel III) eine Formulierung vor, wonach die Wahlen »internationaler Kontrolle« unterstellt werden sollten. Singer verlangte die Formulierung »unter vereinbarter Aufsicht und internationaler Beobachtung«, worauf Abu Alaa »zu vereinbarende internationale Kontrolle« vorschlug. Schließlich akzeptierten die Palästinenser Singers Vorschlag »vereinbarte Aufsicht und internationale Kontrolle«. Auf ihr Drängen hin wurde allerdings noch der Zusatz »während die palästinensische Polizei die Sicherheit gewährleistet« aufgenommen.

Tatsächlich gab es während der Osloer Gespräche mehrere Hinweise darauf, daß die Wahlen aufgeschoben oder überhaupt nicht stattfinden würden. Ich betrachtete sie nicht als notwendige Bedingung für weitere Verhandlungen. Ich glaube nicht, daß man Demokratie einer anderen Gesellschaft aufzwingen kann, meine aber, daß die Palästinenser zur ersten wirklich demokratischen Gesellschaft in der arabischen Welt werden könnten und daß Demokratie für den Nahen Osten der größte Segen wäre. Was den Übergang zur Selbstverwaltung angeht, so war die Grundsatzerklärung deutlich:

1. Der Plan »Gaza und Jericho zunächst« tritt rasch und ohne Vorbedingungen in Kraft.
2. Im übrigen Westjordanland muß Israel zivile Verwaltungsbereiche schon *vor* den Wahlen und dem Arbeitsbeginn des Rates und unabhängig davon, ob über die vollständige Übergangsregelung bereits Einigkeit erzielt ist, der palästinensischen Kontrolle unterstellen. Diese »vorzeitige Machtübergabe« soll fünf Bereiche umfassen: Bildung und Kultur, Gesundheitswesen, Sozialwesen, Steuererhebung und Fremdenverkehr, ebenso wie »weitere Befugnisse und Verantwortlichkeiten«, über die noch verhandelt werden kann.
3. Die fünfjährige Übergangsperiode beginnt mit dem Abzug aus Gaza und Jericho, und sie läuft weiter ohne Rücksicht darauf, ob die vorgesehenen Wahlen stattfinden und der Rat zusammentritt. Nach Artikel V sollen die »Verhandlungen zwischen der Regierung Israels und den Vertretern des palästinensischen Volkes über den dauerhaften

Status [...] nicht später als mit Beginn des dritten Jahres der Übergangszeit« stattfinden. Die Erklärung schreibt nicht zwingend vor, wer diese »Vertreter« sein sollen. Es müssen also nicht unbedingt Mitglieder des gewählten Rates sein.

Im Camp-David-Abkommen hieß es dagegen: »Die Übergangsperiode von fünf Jahren beginnt, sobald die Selbstverwaltungsbehörde (Verwaltungsrat) gebildet ist und ihre Tätigkeit aufnimmt.« Ferner war vorgesehen, die Verhandlungen über den dauerhaften Status müßten »zwischen Ägypten, Israel, Jordanien und den gewählten Vertretern der Bewohner des Westjordanlands und Gaza geführt« werden. In der Praxis wurde über die Wahlen und den Aufgabenbereich der Selbstverwaltungsbehörde keine Übereinstimmung erzielt. Folglich wurde sie weder gebildet noch nahm sie ihre Tätigkeit auf, so daß die fünfjährige Übergangszeit auch 15 Jahre nach Camp David noch nicht begonnen hat.

Ein weiteres wichtiges Problem, das auf spätere Verhandlungen vertagt wurde, war die Frage der »Übergänge« oder Kontrollpunkte zwischen Gaza und Ägypten und zwischen Jericho und Jordanien. Entgegen Abu Alaas inoffiziellem Hinweis am Anfang der Gespräche, die PLO sei bereit, diese Grenzübergänge unserer Kontrolle zu unterstellen, vertrat die palästinensische Seite in diesem Punkt dann doch eine ziemlich starre Haltung. In einem Entwurf zur Grundsatzerklärung, der dem Osloer Forum am 12. Juli vorgelegt wurde, schlugen die Palästinenser vor, die Übergänge von Gaza und Jericho sollten »unter der Verantwortung der palästinensischen Behörden mit internationaler Überwachung und in Kooperation mit Israel« stehen. Selbst diese für uns völlig inakzeptable Formulierung enthielt gewissermaßen noch immer ein Zugeständnis. Beim vorangegangenen Treffen hatten die Palästinenser die ausschließliche Kontrolle über den Übergang von Jericho über den Jordan, also über die Allenby-Brücke, mit dem Hinweis verlangt, Israel könne ja westlich des Bezirks von Jericho eigene Kontrollpunkte errichten.

Ein substantielleres Zugeständnis machte die PLO Anfang August. Singer berichtete aus Oslo, Abu Alaa wolle nun einer Formulierung zustimmen, in der Israel die Verantwortlichkeit für die Jordan-Übergänge in Absprache mit den palästinensischen Behörden und mit einer vereinbarten internationalen Präsenz klar zugesprochen werde. Allerdings genügte dies noch immer nicht. Wir blieben so eisern bei unserer Position, weil unsere Sicherheitsinteressen und diejenigen Jordaniens offenkundig und direkt betroffen waren. Es war unser aufrichtiger Wunsch, daß die Jordanier, die von unserem entstehenden Abkommen nichts wußten, dieses akzeptieren konnten. Darüber hinaus sollten sie aktiv an der Gestaltung einer neuen politischen und wirtschaftlichen Ordnung beiderseits des Jordans teilnehmen. König Hussein und seine wichtigsten Berater wußten, daß die gemeinsame israelisch-jordanische Kontrolle potentiell feindliche oder subversive Elemente in der Vergangenheit daran gehindert hatte, über die Jordan-Brücken nach Jordanien zu gelangen. Die Jordanier waren gewiß an einer Aufrechterhaltung dieses diskreten, aber effektiven Schutzes interessiert und wollten die Brücken daher nicht den unerfahrenen palästinensischen Behörden unterstellt sehen.[1]

Auch über die Frage des palästinensischen Verkehrs zwischen den beiden selbstverwalteten Gebieten Gaza und Jericho wurde in Oslo bis zur Unterzeichnung der Grundsatzerklärung am 19. August heftig, aber ergebnislos diskutiert. In ihrem Entwurf vom 12. Juli schlugen die Palästinenser einen »Übergang« zwischen den beiden Gebieten vor, der »Freiheit und Mobilität« garantieren solle. Sie dachten dabei an eine eigene Transitstraße und einen Luftkorridor. Wir konnten solche exterritorialen Verkehrswege, die unser Land zerschnitten hätten, schwerlich gutheißen, hatten aber Verständnis für das palästinensische Bedürfnis nach Bewegungsfreiheit zwischen den beiden Teilen des selbstverwalteten Gebietes. So gaben wir der Forderung der Palästinenser nach, daß es in der Grundsatzerklärung heißen solle: »Beide Seiten betrachten das Westjordanland und den Gazastreifen als eine territoriale Einheit, deren Integrität während der Übergangszeit erhalten wird.«

Als der norwegische Außenminister Johan Holst am 20. Juli in Tunis mit PLO-Führer Arafat zusammentraf, versuchte er ihn zu überzeugen, als Verhandlungsziel »eher an einen garantierten Zugang« als an einen eigenen Korridor zu denken. Arafat antwortete, ihm gehe es nicht darum, »Israel in zwei Teile zu zerschneiden«. Er wolle keinen internationalen Korridor, sondern festgelegte Straßen und israelische Garantien für deren freie Benutzung.

Eine Woche zuvor hatte Arafat erstmals öffentlich und direkt in die Verhandlungen in Oslo eingegriffen, und zwar mit einem sorgfältig ausgearbeiteten Brief, der an die »Tagung« adressiert und von Abu Alaa bei Beginn der Verhandlungsrunde an alle Teilnehmer ausgegeben worden war. Vertreter Israels waren Savir und Singer neben Hirschfeld und Pundak; die palästinensische Seite bestand aus Abu Alaa, Hassan Asfour und Mohammed Abu Kash. »Wir verhandeln über diesen besonderen Kontakt mit aller Ernsthaftigkeit«, schrieb Arafat, »und wir glauben, daß wir auf dem direkten Verhandlungsweg eine zufriedenstellende Übergangslösung erreichen ...«

Pointiert fügte er hinzu: »Unser Bedürfnis, diesen Schritt zu tun, ist für Sie offenkundig, und Ihr Bedürfnis nach diesem Schritt ist für uns ebenso deutlich erkennbar.« Zum Status von Jerusalem schrieb er, er sei sich der Brisanz für beide Seiten bewußt, »aber wir können die Frage in der Übergangsperiode nicht völlig umgehen. Zum aktiven und passiven Wahlrecht [der palästinensischen Bewohner Ostjerusalems] liegen Absprachen auf dem Tisch, ... die die Positionen beider Seiten unberührt lassen, solange die Verhandlungen zum endgültigen Status noch ausstehen.« Wir betrachteten Arafats Brief als einen aktuellen und positiven Beitrag für den weiteren Verhandlungsverlauf. In ihm kamen gemäßigte Positionen und verantwortliches staatsmännisches Handeln zum Ausdruck, Haltungen, wie sie der PLO-Vorsitzende bei seinen öffentlichen Auftritten und bei diplomatischen Begegnungen keineswegs immer unter Beweis gestellt hatte.

Diesen »anderen Arafat« hatte auch Johan Holst in vertraulichen Gesprächen am Rande seines Staatsbesuchs in Tunis kennengelernt. Im größeren Kreis zeigte sich der PLO-Führer von seiner schlechtesten Seite und erging sich in unverbindlichen und großsprecherischen Phrasen. Die Gespräche des norwegischen Außenministers waren insofern halb geheim, als seine Visite als ein offizieller Staatsbesuch Tunesiens ausgewiesen worden war, während die Begegnungen mit Arafat protokollarisch nur als »Zusätze« erschienen. In Wahrheit waren sie der eigentliche Anlaß von Holsts Besuch. Er schickte Mona Juul und Terje Larsen mit einem handgeschriebenen Bericht zu mir nach Jerusalem. Er sei Arafat gegenüber freundlich, aber bestimmt aufgetreten, schrieb er. Er habe hervorgehoben, daß die Unterhändler in Oslo bereits fünf Entwürfe zur Grundsatzerklärung ausgetauscht hätten, ohne zu einem Ergebnis gelangt zu sein. Bei einigen umstrittenen Themen komme die PLO zudem »von der Substanz realistischer Vorschläge« ab. Holst machte Arafat

Jassir Arafat und Shimon Peres beim Weltwirtschaftsforum
in Davos (Schweiz) am 30. Januar 1994.

deutlich, daß »die PLO niemals einen besseren Handel abschließen könne als jetzt«. Arafat, so berichtete Holst, habe »präzise und nachdenkliche Antworten« gegeben.

Gemeinsam mit Larsen und Juul traf ich mich nun mit unseren Unterhändlern Savir, Hirschfeld, Pundak, Avi Gil und Shlomo Gur. Ich hatte den Eindruck, die Verhandlungen seien nun in eine kritische Phase getreten, und wollte ihnen unseren Standpunkt aus erster Hand darlegen. Vor allem aber wollte ich die Dringlichkeit der Osloer Verhandlungen deutlich machen. »Packen wir es rasch an«, mahnte ich. »Lassen Sie es nicht zu, daß die Verhandlungen in Oslo den gleichen Verlauf wie die Washingtoner Gespräche nehmen und sich wie ein Kaugummi in die Länge ziehen.«

Die Verhandlungen, so fuhr ich fort, seien aus unserer Sicht wegen des Status von Jerusalem und den Fragen der Sicherheit und Rechtsprechung festgefahren. Wir könnten nicht akzeptieren, daß die Bewohner Ostjerusalems für Wahlen kandidieren. Andererseits glaubte ich aber auch nicht, daß Wahlen bald stattfinden würden. Es sei daher unsinnig, wegen dieses Problems eine Krise heraufzubeschwören und das gesamte Abkommen zu gefährden.

Nach Holst machte sich auch der PLO-Vorsitzende für Fortschritte bei den Verhandlungen stark. »Er schilderte leidenschaftlich die sich verschlechternden Lebensbedingungen in Gaza«, berichtete Holst. »Er sagte, bei einem Aufschub könne die Situation sowohl für Israel als auch für die PLO außer Kontrolle geraten.« Entsprechend hatte Holst Arafat vorgeschlagen, beide Seiten sollten bei ihrer nächsten Sitzung in Oslo versuchen, die Grundsatzerklärung zu Ende zu bringen. Die nächste Verhandlungsrunde stellte sich allerdings als Fehlschlag heraus. Holst erhielt bei ihrem Abschluß am 27. Juli von Abu Alaa einen Bericht und schrieb mir am gleichen Tag:

> »[Die Ergebnisse der Runde scheinen] etwas unklar ... Ich fragte [Abu Alaa], ob die Palästinenser befürchteten, von der angeblich gefährlichen israelischen Gerissenheit getäuscht zu werden. Er bejahte das ... und äußerte seine Vermutung, daß die Israelis offenbar nicht unabhängig handelten und amerikanische Interessen zu vertreten schienen. Damit meinte er, daß die USA der PLO gegenüber nach wie vor feindselig eingestellt seien.«

Nachdem ich mich eingehend mit den Berichten unserer Unterhändler befaßt und mit Rabin konferiert hatte, schrieb ich Holst zurück:

> »Ihre treffende und eingehende Analyse ... ist in der Einschätzung der schwierigen Entwicklung der Verhandlungen über diesen einzigartigen Geheimkontakt für Premierminister Rabin und mich außerordentlich wertvoll ... Der Verhandlungsspielraum ist nun abgesteckt. Jetzt ist die Zeit reif für Entscheidungen ... Das größte aller Risiken ist die Unfähigkeit, ein Risiko einzugehen.«

Ich legte meinem norwegischen Amtskollegen und Freund nahe, den Inhalt meines Briefes auch Arafat zur Kenntnis kommen zu lassen. Dann fuhr ich wie folgt fort:

> »Ich teile mit Ihnen die aufrichtige Sorge, daß sie [die PLO] möglicherweise eine allzu vollkommene Lösung anstrebt ... Das dabei entstehende Vakuum könnte von oppositionellen Kräften genutzt werden. Oder aber andere Initiativen könnten sich entfalten, wie zum Beispiel langerwartete Verhandlungsfortschritte zwischen Israel und Syrien. Außenminister Christopher besucht im Augenblick unsere Region ...«

Einen ähnlich eindringlichen Appell hatte ich zwei Wochen zuvor über die Vermittlung des ägyptischen Präsidenten Mubarak an die PLO-Führung gerichtet. Bei einem Besuch in Kairo versuchte ich, Mubarak – wie später Holst – davon zu überzeugen, daß mit weiteren Verhandlungen jetzt nichts mehr zu gewinnen und es vielmehr an der Zeit sei, sich zu entscheiden. Mubarak schlug eine Begegnung mit Arafat vor. Ich entgegnete, dafür sei jetzt nicht der rechte Augenblick. Wir müßten vielmehr die verbleibenden Hindernisse überwinden und das Abkommen zum Abschluß bringen. Dann erst komme die Zeit für Begegnungen.

Während dieser Monate hatten wir im Hinblick auf die Osloer Geheimverhandlungen keine direkten Kontakte zu den Amerikanern angestrengt und auch sie nicht zu uns. Wie Arafat wußten wir von Holst, daß er Außenminister Christopher persönlich über den Stand der Dinge unterrichtet hatte und daß Hirschfeld, wie erwähnt, von Christophers Nahostberater Dan Kurtzer in einem Gespräch zur Fortführung der Osloer Verhandlungen ermuntert worden war. Mehr kam von amerikanischer Seite nicht. Ich vermutete hinter Christophers Schweigen eine Mischung aus diplomatischer Diskretion und Skepsis.

In Anbetracht unserer vertraulichen Beziehungen zu Washington war diese Situation seltsam. Sie störte mich allerdings nicht besonders. Holsts Beratern Juul und Larsen teilte ich mit: »Wir wollen, daß den Amerikanern das gesamte Verdienst zugesprochen wird: *nach* Abschluß des Abkommens.« Mir war noch schmerzhaft deutlich in Erinnerung, wie die Amerikaner 1987 auf Shamir gehört und meine Londoner Vereinbarung mit König Hussein zu Fall gebracht hatten. Wir mußten versuchen, das Abkommen in Washington als krönenden Abschluß langer Bemühungen der amerikanischen Diplomatie hinzustellen. Die Norweger waren skeptisch. Sie meinten, der wahre Sachverhalt würde sicher durchsickern. Wie sich herausstellte, teilte Christopher ihre Sicht und lehnte den Gedanken ab, das Abkommen als Ergebnis amerikanischer Vermittlungsbemühungen zu feiern.

27

MORGENRÖTE DES FRIEDENS

»Wir müssen uns beeilen«, mahnte ich unsere norwegischen Freunde, »oder wir stehen am Ende mit einem Friedensvertrag da, den keine Regierung unterschreibt.« Am 17. August, fast einen Monat nach Holsts Besuch in Tunis, saßen wir in Stockholm beieinander. Unsere Koalition in Israel schien brüchiger denn je. Der Oberste Gerichtshof hatte ein Urteil gefällt, wonach der Parteiführer der Schass, Arye Deri, der einer Anklage wegen finanzieller Unregelmäßigkeiten entgegensah, seinen Kabinettssitz aufgeben mußte, noch ehe die Knesset die Aufhebung seiner Immunität beschlossen hatte. Inzwischen hatten weitere Verhandlungen in Oslo nach Holsts Vorstoß in Tunis die Meinungsverschiedenheiten mit den Palästinensern auf drei Punkte verringert. »Versuchen wir, es zu einem erfolgreichen Abschluß zu bringen«, drängte ich Holst. »Jetzt, solange ich in Skandinavien bin.«

Durch einen glücklichen Zufall absolvierte ich einen seit langem geplanten Staatsbesuch in Skandinavien, der mit den Osloer Geheimverhandlungen nichts zu tun hatte. So konnte ich ständig engen Kontakt zu unseren Unterhändlern halten.

Ich sollte am Abend des folgenden Tags von Schweden nach Norwegen weiterfliegen. Auf meine Bitte war Holst mit Mona Juul und Terje Larsen heimlich nach Stockholm gekommen. Gemeinsam wollten wir uns überlegen, wie wir die Osloer Verhandlungen zu einem guten Ende bringen konnten. Wir erläuterten unseren überraschten schwedischen Gastgebern, die Norweger wollten vor meiner Ankunft in ihrem Land mit mir eine heikle Frage besprechen. Dabei handele es sich um die Lieferung von schwerem Wasser, die wir von ihnen angeblich vor Jahren auf komplizierten Wegen erhalten hatten. Mit dieser Erklärung gaben sich die Schweden zufrieden.

Larsen meinte, die Palästinenser hätten es gerne »dramatisch«, und schlug ein Telefonat nach Tunis vor. Man solle der PLO-Führung mitteilen, Shimon Peres sei persönlich anwesend, um über letzte Streitpunkte zu verhandeln. Ich entgegnete darauf Larsen, er könne ruhig sagen, daß ich hier sei, wenn das die Sache dramatischer mache. Aber er solle vor allem bestellen, wir beharrten unerschütterlich darauf, daß die Selbstverwaltungskörperschaft – die unter der Bezeichnung »palästinensische Autonomiebehörde« bekannt werden sollte – ihren Sitz in Jericho nehmen müsse. Für uns war dies ein integraler Bestandteil des Konzeptes »Gaza und Jericho zunächst«. Und wir wären nicht bereit, der Einrichtung ihrer Zentrale an einem anderen Ort zuzustimmen.

Auf taktischer Ebene schlug ich vor, Larsen solle den Palästinensern gegenüber andeuten, Israel könne statt des Abkommens mit der PLO auch eine rasche Einigung mit Syrien anstreben. Ich wies darauf hin, daß Damaskus – was tatsächlich der Wahrheit entsprach – unlängst ausgesprochen positive Signale gesendet hatte. Israel werde nicht zwei Vorstöße zugleich unternehmen. Es werde sich für einen entscheiden müssen. Holst bemerkte, daß die Palästinenser die Israelis für besonders durchtrieben hielten und die Entwürfe zu den einzelnen Artikeln deshalb Zeile für Zeile auf mögliche Hintertüren hin abklopften. »Wenn die wüßten ...«, lachte ich. Auch Mona lachte und berichtete, wie ihr unser Botschafter in Schweden noch am Nachmittag hier in Stockholm erklärt habe, der israelische Außenminister werde niemals mit der PLO verhandeln und vom Rahmen der Madrider Nahost-Konferenz nicht abrücken. Was den technischen Ablauf anging, hatte er auch recht.

Inzwischen versuchte Larsen erfolglos, Abu Alaa in Tunis zu erreichen. Er gab schließlich auf und rief Arafat persönlich an. Der PLO-Vorsitzende bestätigte, daß wir »ganz kurz« vor dem Ziel stünden, verwies aber darauf, daß die abschließenden Verhandlungen von Abu Alaa geführt werden müßten.

Um 1.15 Uhr erreichte Larsen schließlich den palästinensischen Verhandlungsführer. »Ich habe hier die beiden ›Väter‹ bei mir«, sagte er. »Mein ›Vater‹ will mit Ihnen reden.« Holst nahm den Hörer an sich und las die noch kontroversen Artikel des Abkommens vor. Aus Sicherheitsgründen versuchte er den Zusammenhang des Gesprächs zu verschleiern, aber immer wieder rutschte ihm das Wort »Israel« heraus. Schließlich setzte er statt »Israel« einen Nonsensbegriff ein, was mich und die anderen zu schallendem Gelächter reizte. Abu Alaa sagte, er sei bei seinem »Vater«, und beide benötigten neunzig Minuten unter vier Augen, bevor sie weiterverhandeln könnten. Das Telefongespräch wurde um 2.25 Uhr, um 2.45, um 3.00, um 4.00 und schließlich um 4.20 Uhr fortgesetzt. Ich war unterdessen bereits zu Bett gegangen, wurde von Avi Gil und Joel Singer aber jedesmal geweckt, wenn sich die Parteien auf eine neue Formulierung geeinigt hatten.

Beim letzten Anruf war durch die Leitung die Aufregung in Arafats Büro zu spüren. Als auch der letzte Streitpunkt erledigt war, hörten wir die Leute klatschen und vor Freude weinen. Offenbar fielen sich alle in die Arme.

»Solche Szenen hätte sich auch Fellini ausdenken können«, sagte Avi Gil. Damit hatte er weiß Gott recht. Zwei Tage später hielten wir uns in Norwegen auf, der zweiten Etappe unseres Staatsbesuchs in Skandinavien. Wir waren im offiziellen Gästehaus der Regierung bei Oslo untergebracht, einem dreistöckigen Gebäude mit einem eleganten Speisesaal und einem Empfangssalon in den Obergeschossen, während die Schlafräume im Erdgeschloß lagen.

Um 22.30 Uhr ging das offizielle Bankett zu Ende. Neben der gesamten israelischen Delegation waren zwanzig norwegische Gäste geladen, darunter Parlamentssprecher Jo Benkow, ein stolzer Jude, der in Norwegen sehr großes Ansehen genoß. Er hatte sich kürzlich für seinen Rückzug aus dem öffentlichen Leben entschieden, und jetzt schlossen sich Parlamentsmitglieder aller Parteien zusammen, um in Israel zu seinen Ehren einen Hain pflanzen zu lassen.

Johan Holst hielt nach dem Abendessen zum gegebenen Anlaß eine Rede, auf die ich mit meiner Rede antwortete. Sobald die Gäste aufgestanden waren und sich zum Gehen anschickten, gab ich vor, müde zu sein, und empfahl mich.

Ich ging tatsächlich zu Bett, tat aber kein Auge zu. Zwei Stunden später sollte das erste Friedensabkommen zwischen Israel und den Palästinensern unterzeichnet werden, und das ging selbst mir, der ich über einen gesunden Schlaf verfüge, immer und immer wieder durch den Kopf.

Ich hatte meinen Tag in Oslo mit einem Lied auf den Lippen begonnen, meine fröhliche Laune wurde allerdings jäh durch die Nachricht aus Israel abgebrochen, daß sieben israelische Soldaten im Südlibanon bei einem Anschlag mit einem ferngezündeten Sprengsatz ums Leben gekommen waren. Es war eine Tragödie – und gerade zu diesem Zeitpunkt! Ich rief Rabin an und drückte mein Bedauern aus. Er unterrichtete mich über die Einzelheiten des Anschlags. In trockenem, geschäftsmäßigem Tonfall teilte ich ihm mit, daß die Palästinenser unserer Formulierung zum Status von Jericho zugestimmt hatten und wir das Abkommen in dieser Nacht unterzeichnen würden. Rabin sagte nichts.

Dann nahte der große Augenblick. Außer Gil hatten sich alle meine offiziellen Begleiter auf dieser Reise nach Skandinavien zur Ruhe begeben. Joel Allon, unser Botschafter in Norwegen, einer unserer besten Berufsdiplomaten, war nach Hause gefahren. Im Erdgeschoß des Hotels erloschen nacheinander die Lichter. Um Mitternacht stand ich auf, kleidete mich an und schlich nach oben. Larsen hatte drei Räume reserviert: einen für die Palästinenser, einen für die Israelis und einen für die Norweger. Die beiden Delegationen unter Leitung von Savir und Abu Alaa hatten in einem Hotel in der Innenstadt von Oslo im geheimen und bis zuletzt noch an der Grundsatzerklärung gefeilt und um abschließende Formulierungen gerungen. Schließlich wurden sie vom norwegischen Geheimdienst getrennt zum Gästehaus gefahren und durch den Hintereingang geschleust.

Es war vorgesehen, daß sich Israelis und Palästinenser jeweils in ihren Räumen versammeln und dann in den der Norweger kommen sollten, wo die Zeremonie stattfand. Bei meinem Eintreffen wollten unsere Gastgeber gerade den Champagner bereitstellen. Mit dem Hinweis auf die sieben ermordeten israelischen Soldaten bat ich sie, auf den Champagner zu verzichten. Die historische Bedeutung der Stunde war auch mir wie allen anderen bewußt, aber mir stand der Sinn nicht nach Champagner. Ich gab unserer Hoffnung Ausdruck, daß das Abkommen, das wir zu unterzeichnen im Begriff waren, den sinnlosen Tod junger Menschen in Zukunft werde verhindern können. Dies aber seien Hoffnungen für die Zukunft, während die Gegenwart für uns schmerzlich sei und sich Trauer in unsere augenblicklichen Hoffnungen mische.

Um das Ereignis für die Nachwelt aufzuzeichnen, hatte der norwegische Geheimdienst Videokameras installiert und auch für einen Fotografen gesorgt. Wir hatten zuvor abgemacht, daß Aufnahmen nur mit ausdrücklicher Genehmigung aller Parteien der Öffentlichkeit zugänglich gemacht werden dürften.

Während der Osloer Geheimverhandlungen: bei einem entspannten Gespräch.
Von links: Terje Larsen, Shimon Peres, Johan Holst und Abu Alaa.

Nach der Unterzeichnung in Oslo, im August 1993: Johan Holst sitzend zwischen Abu Alaa (links) und Uri Savir; hinter ihm Shimon Peres.

Die Norweger schlugen vor, zum Auftakt der Zeremonie sollten Johan Holst und ich im Stehen die Mitglieder der beiden Delegationen empfangen und alle einzeln mit Handschlag begrüßen. Dann sollten sie ihre Plätze an dem Tisch einnehmen, an dem die Unterzeichnung des Dokuments stattfinden würde. Als rührende Geste hatten unsere Gastgeber dafür jenen Tisch herbeigeschafft, an dem 1905 das Abkommen über die Auflösung der Union Norwegens mit Schweden unterschrieben worden war. Nach Unterzeichnung durch beide Seiten hatte Holst das Dokument als Zeuge zu unterschreiben. Den Vorschlag, ich sollte den Akt der Unterzeichnung hinter der israelischen Delegation stehend abwarten und anschließend einige Worte sprechen, lehnte ich mit der Begründung ab, daß ich an der Unterzeichnung (außer für Fotos) nicht formell teilnähme, da das Abkommen ja noch nicht ans israelische Kabinett zur Ratifizierung weitergeleitet worden sei. Ich mußte mir offiziell die Möglichkeit der Ablehnung offenhalten, falls dies, was Gott verhüten mochte, notwendig werden sollte. Aber ich war bereit, der Unterzeichnung neben Holst am Tisch beizuwohnen.

Ich entschied, daß für Israel Uri Savir und Joel Singer unterzeichnen und Jair Hirschfeld und Ron Pundak hinter ihnen stehen sollten. Für die palästinensische Seite unterzeichneten Abu Alaa und sein junger Mitarbeiter Hassan Asfour, der innerhalb der PLO als aufsteigender Stern gilt.

Holst teilte mir mit, Abu Alaa bitte mich anschließend zu einem Gespräch unter vier Augen, und ich wollte seiner Bitte entsprechen. Die Minuten vergingen, und Spannung lag über den Versammelten. Um 2.30 Uhr nahmen wir schließlich Aufstellung für den offiziellen Empfang: Johan Holst, seine Frau und ich. Die drei Mitglieder der palästinensischen Delegation schritten herein, wir schüttelten ihnen die Hand, dann folgten die Israelis. Abu Alaa schüttelte mir die Hand sichtlich erregt.

Als die Delegationen ihre Plätze eingenommen hatten, herrschte erwartungsvolle Stille im Raum. Nur das Surren und Klicken von Kameras und Fotoapparaten war zu hören und dann das langerwartete Kratzen der Füllfederhalter auf dem Papier. Der Text des Abkommens lag in drei Ausfertigungen, in rotes Leder gebunden, bereit: jeweils eine für die beiden Parteien und eine für den Zeugen.

Nach der Unterzeichnung kam der Augenblick der Reden. Holst sprach einige Worte auf den Frieden und war dabei sichtlich stolz auf die Rolle, die sein Land bei der Beendigung eines so tiefverwurzelten

Konfliktes, den so viele andere bereits vergeblich zu lösen versucht hatten, gespielt hatte.

Als nächster sprach Abu Alaa, in der einen Hand das Manuskript der vorbereiteten Rede, in der anderen ein großes Taschentuch. Er kämpfte vergeblich gegen die Tränen an. Kaum hatte er die ersten Worte gesprochen, wurde er von seinen Gefühlen überwältigt. Immer wieder von Tränen unterbrochen, brachte er seine Rede zu Ende. (Larsen verriet mir später, Abu Alaa habe die Norweger um einen englischsprachigen Sekretär gebeten, um diesem seine Rede zu diktieren. Nach eigenen Angaben beherrschte er das Englische nicht ausreichend, um ein Dokument von historischer Bedeutung abzufassen.)

Als Vertreter der Palästinenser bekräftigte Abu Alaa die historische Bedeutung dieser Stunde. Er nannte es den bisherigen Höhepunkt in der Geschichte des palästinensischen Volkes. Er dankte den Norwegern und anschließend der israelischen Delegation. Für mich sei der Abschluß dieses Abkommens sicherlich das schönste Geburtstagsgeschenk (ich wurde an diesem Tag siebzig). Seine Ergriffenheit teilte sich allen im Raum mit.

Als letzter Redner sprach Savir. Er hielt eine geschliffene – für den Anlaß vielleicht zu geschliffene – Ansprache, in der er die Tragödie unserer beiden Völker beschwor, die mit diesem Abkommen vielleicht ein Ende finden würde. Das Gelobte Land, schloß er, werde jetzt vielleicht wieder ein Land der Verheißung werden.

Nach Abschluß der Zeremonie zog ich mich mit Abu Alaa zu einem Gespräch unter vier Augen in einen anderen Raum zurück. Er dankte mir erneut überschwenglich in seinem Namen und dem des Vorsitzenden Arafat für meine Rolle beim Zustandekommen des historischen Abkommens. Er versicherte mir, alle wichtigen Vertreter der PLO-Führung würden das unterzeichnete Abkommen begrüßen. Er wies darauf hin, daß Farouk Kaddumi zu den Osloer Verhandlungen hinzugezogen worden sei, während Feisal Husseini und Hanan Ashrawi bislang noch keine Kenntnis hätten. Die PLO vertraue darauf, daß ich sie auch in Zukunft unterstützen werde. Es hänge praktisch alles von uns ab.

Ich beteuerte einmal mehr unsere ehrliche Absicht, nicht über das palästinensische Volk herrschen zu wollen. Rabin und ich waren ein gewaltiges Risiko eingegangen. Für das Gelingen des gewagten Unternehmens war völlige Geheimhaltung notwendig gewesen, und sie war es noch bis zu dem Zeitpunkt, an dem wir das Abkommen unserem

Kabinett vorlegen und die Amerikaner informieren würden. Ich hob hervor, daß wir wie die Palästinenser ein unmittelbares politisches und wirtschaftliches Interesse am Erfolg des Abkommens hatten. »Gaza kann die gleiche Entwicklung nehmen wie Singapur«, sagte ich. »Von der Armut in den Wohlstand in einem weiten Sprung.«

Abu Alaa versicherte mir, er habe meine Friedensbemühungen eingehend verfolgt. Erst kürzlich habe er Arafat den Text meiner Ansprache an das Europäische Parlament vorgelegt, in der ich um massive wirtschaftliche Unterstützung für die Palästinenser in den selbstverwalteten Gebieten geworben hatte. Arafat habe sich nicht überrascht gezeigt: Er wisse, so habe er erklärt, daß ich mich für die Palästinenser mit Worten und Taten einsetzen würde, zu denen viele arabische Staaten niemals bereit seien.

Als wir von der Notwendigkeit sprachen, einen neuen Nahen Osten aufzubauen, bekundete Abu Alaa viel Begeisterung für meine Hoffnungen und Visionen, und mir wurde dabei warm ums Herz. Dieser kleine Mann mit dem schütteren Haar, der mir nun gegenübersaß, hatte einen scharfen Verstand und ein leicht erregbares Gemüt. Die zurückliegenden Verhandlungen hatte er mit großem Geschick vorangetrieben, und nun genoß er die Früchte seiner Arbeit.

Welch eine Nacht! Ich hatte mein Land zum zweitenmal an die Schwelle eines Friedens geführt. Das erstemal hatte ich dies sechs Jahre zuvor mit König Hussein in London erreicht. Auf der Grundlage unserer damaligen Vereinbarung hätte der Konflikt zwischen Juden und Arabern auf vernünftige Weise beigelegt werden können. Viele Menschenleben wären gerettet und viel Leid verhindert worden. Aber unter Shamirs Einfluß hatte Shultz einen Rückzieher gemacht, und damit waren diese Chancen vertan worden. Diesmal, so beschloß ich, würde ich alles daransetzen, um einen ähnlichen Mißerfolg zu verhindern.

Es war schon seltsam, so dachte ich bei mir, daß wir in eine Situation gekommen waren, in der wir den Palästinensern das zugestehen konnten, was uns die Briten vor über siebzig Jahren zugestanden hatten: eine »Heimstätte in Palästina«, wie es im Wortlaut der Balfour-Deklaration von 1917 hieß.

In dieser Nacht versuchte ich nicht einmal zu schlafen; ich lag hellwach auf meinem Bett und wartete auf den Anbruch des neuen Tages.

Wir hatten uns alle kaum gesetzt, da stand Warren Christopher schon wieder auf und schenkte uns Getränke ein. Ich erhob mich und rief: »Ich komme doch aus einem Kibbuz! Mich brauchen Sie nicht zu bedienen.«

Das Eis war gebrochen. Es dauerte eine ganze Weile, bis wir mit dem ernsthaften Teil des Gesprächs begannen. Seit der historischen Nacht in Oslo waren zehn Tage vergangen, und jetzt saßen Johan Holst und ich erneut bei einem Geheimtreffen, das diesmal in Kalifornien mit dem amerikanischen Außenminister Warren Christopher und seinem Nahost-Berater Dennis Ross stattfand. Nach meiner Rückkehr aus Skandinavien waren Rabin und ich übereingekommen, daß wir nun dringend die Amerikaner über den politischen Wandel informieren mußten. Wir konnten schlecht mit der PLO über eine gegenseitige Anerkennung verhandeln, während Washington immer noch an seinem politischen Boykott der PLO festhielt. Ich schlug Rabin vor, entweder solle er zu Clinton gehen oder ich zu Christopher. Rabin war es lieber, daß ich die Reise unternahm. Ich hatte mit Holst schon vorsorglich über diese Möglichkeit gesprochen, so daß wir nun zusammen nach Amerika flogen. Christopher, der an der Westküste Urlaub machte, arrangierte einen Empfang auf einem Marinestützpunkt bei Santa Barbara, wo wir mit unseren engen Mitarbeitern an Bord eines Dienstjets eingetroffen waren.

Wir hatten uns zuvor über eine gemeinsame Strategie und eine Tagesordnung geeinigt. Demnach würde ich Christopher zunächst vom Osloer Abkommen berichten und ihn dann über die laufenden Verhandlungen zwischen Israel und der PLO informieren. Dann war es an Holst, die amerikanische Rolle im globalen Friedensprozeß hervorzuheben und den amerikanischen Außenminister daran zu erinnern, daß er ihn über die Osloer Verhandlungen bereits in Kenntnis gesetzt hatte. Ich würde dann den Gedanken ins Spiel bringen, Amerika könne die Grundsatzerklärung als eigenen Vorstoß »adoptieren« und sie den Delegationen in Washington als Vorschlag unterbreiten.

Holst und ich schlugen vor, und Christopher stimmte sofort zu, nach einer Sitzung aller drei Parteien getrennte Gespräche zwischen Amerikanern und Israelis und Amerikanern und Norwegern anzusetzen. Anschließend sollten die drei Delegationen wieder zu einer kurzen Berichterstattung zusammentreten, worauf die Minister ohne Mitarbeiter konferieren sollten. Holst veranschlagte für den gesamten Ablauf neunzig Minuten, aber wir brachten dann tatsächlich viereinhalb Stunden mit intensiven – und angenehmen – Gesprächen zu.

Ich beeilte mich hervorzuheben, daß die PLO bedeutende Zugeständnisse gemacht habe, während die palästinensische Delegation dies bei den Washingtoner Gesprächen konsequent abgelehnt hatte. Wir hätten ein sieben Punkte umfassendes Abkommen zur gegenseitigen Anerkennung noch nicht zum Abschluß gebracht, weil uns die Position der amerikanischen Regierung gegenüber dem Kongreß bekannt sei, keinen offiziellen Kontakt zur PLO aufzunehmen. Daher wollten wir uns erst mit dem amerikanischen Außenminister absprechen. Bislang wüßten nur Rabin und ich von dem in Oslo geschlossenen Abkommen und den laufenden Verhandlungen zu einer gegenseitigen Anerkennung zwischen Israel und der PLO. Ich zeigte mich erstaunt, daß von der ganzen Sache bislang noch nichts durchgesickert sei. »Geheimnisse zu wahren gehört nicht zu unseren nationalen Stärken«, bemerkte ich.

Daraufhin sprach Holst von der Begegnung mit Außenminister Christopher im Mai, als er ihn über das sich anbahnende Abkommen von Oslo informiert hatte. »Ihr Besuch im Nahen Osten [Anfang August] hatte sicher einen ausschlaggebenden Einfluß«, versicherte Holst, »sowohl auf diese Verhandlungen als auch auf die multilateralen Gespräche.«

Als ich mit Christopher und Ross allein war, wurde ich offener und nüchterner. »Ich habe aus der Londoner Vereinbarung gelernt«, sagte ich unumwunden. »Shultz bekam im letzten Moment kalte Füße. Shamir hatte Moshe Arens zu ihm geschickt, um ihm von einem Engagement in der Region abzuraten. Damit war alles zerstört.« Ich hatte meinen Standpunkt klargemacht und brauchte nicht deutlicher zu werden.

»König Hussein hat das Interesse am Westjordanland niemals ganz verloren«, fuhr ich fort. »Selbst als er sagte, er halte sich aus Verhandlungen jetzt heraus, meinte er dies nicht wirklich. Er erwartete, von allen gebeten zu werden, sich wieder an ihnen zu beteiligen. Dies geschah nicht, und inzwischen wollen wir in Israel uns der Bürde entledigen, das Gebiet der Palästinenser besetzt zu halten.«

»Es gibt zwei Möglichkeiten, mit der PLO umzugehen«, stellte ich fest, »mit Gewalt oder mit politischer Klugheit. Ich bin keineswegs sicher, ob Gewalt eine praktikable Option ist.« Die Palästinenser hätten immer noch Hoffnung, in Jordanien eines Tages die Macht ergreifen zu können, und die Menschen in Israel fürchteten einen eigenständigen palästinensischen Staat. Auf lange Sicht könnte deshalb nur eine jordanisch-palästinensische Übereinkunft diese Befürchtungen zerstreuen und Stabilität herstellen.

Ich zeigte mich zuversichtlich, daß die breite Mehrheit in Israel das Autonomieabkommen begrüßen werde, auch wenn die Siedlerbewegung darin eine Katastrophe sehen mußte. Der Likud würde sich einem Truppenabzug aus Gaza und Jericho nur schwerlich in den Weg stellen können. Sollte es doch dazu kommen, könnten wir uns darauf berufen, daß das Osloer Abkommen den Status von Jerusalem unangetastet läßt. Jerusalem bleibt aus dem Geltungsbereich der Selbstverwaltung ausdrücklich ausgenommen. Über das Schicksal der Stadt soll erst in den Verhandlungen über einen dauerhaften Status entschieden werden.

Ferner berichtete ich Christopher, daß wir uns mit Präsident Mubarak abgestimmt hatten, der seinen Außenminister Amru Mussa und seinen engen Mitarbeiter Osama El Baz eingeschaltet hatte. Auch die palästinensische Seite hatte sich den Ägyptern anvertraut und zudem die Tunesier auf dem laufenden gehalten. Bei der Gelegenheit fragte Ross, ob König Hussein über die Vorgänge informiert sei. Ich sagte, daß wir ihn nicht eingeweiht hatten.

Wenn die Vereinigten Staaten im Grundsatz einverstanden waren, konnten wir mit den Palästinensern in Washington eine Woche lang intensive Gespräche über die gegenseitige Anerkennung und das sieben Punkte umfassende Abkommen führen[1] und eine Übereinkunft erzielen, die in der ganzen Welt als Erfolg der amerikanischen Diplomatie und als glänzender Neuanfang für den Nahen Osten begrüßt würde. Die Vereinigten Staaten hatten von der PLO schließlich jahrelang eisern all die Zugeständnisse verlangt, die wir ihr jetzt in dem sieben Punkte umfassenden Abkommen abringen wollten.

Christopher fragte mich ganz offen, was die sieben Punkte für die Vereinigten Staaten bedeuteten.

Ich erklärte, daß Außenminister Shultz Ende 1988 mit der PLO einen offiziellen Dialog eingeleitet hatte, nachdem Arafat die seit langem vorgebrachten amerikanischen Forderungen, dem Terrorismus abzuschwören, die Resolutionen 242 und 338 des UN-Sicherheitsrates anzuerkennen und Israels Recht auf eine friedliche Existenz zu akzeptieren, erfüllt hatte. Dann hatte ein PLO-Kommando vom Meer aus einen Terrorüberfall auf Israel ausgeführt, worauf Shultz' Nachfolger, Außenminister Baker, den Dialog wieder abgebrochen hatte. »Die sieben Punkte decken sich mit Ihren Bedingungen«, sagte ich dem Außenminister.

»Sie haben eine gewaltige Arbeit geleistet«, sagte Christopher. »Meine erste Reaktion auf diese Entwicklung ist äußerst positiv.«

Ich beteuerte, Rabin und ich seien bereit, im folgenden auch in ernsthafte Verhandlungen mit Syrien einzutreten. Ich wollte alle unterschwelligen Befürchtungen ausräumen, wonach wir einen »Separatfrieden« mit der PLO anstreben und die Washingtoner Gespräche im Hinblick auf andere Optionen einschlafen lassen würden. »Wir glauben, die Fortschritte mit den Palästinensern werden dazu beitragen, die Syrer ebenfalls zu mehr Beweglichkeit anzuspornen.« Bei den Palästinensern hatten wir vor der Wahl gestanden, entweder einen gewaltigen Sprung nach vorn zu machen oder im Morast steckenzubleiben. Ich berief mich auf Churchills Linie, wonach man einen Abgrund nicht in zwei Schritten überqueren kann. »Der Weg zu einem Abkommen mit Syrien verläuft über die schrittweise Annäherung«, erläuterte ich meinen Standpunkt.

»Sind Sie sicher, daß Arafat sich an die Vereinbarungen halten wird?« fragte Ross.

Ich bejahte dies. »Er hat bei Jerusalem nachgegeben, weil er Gaza will.« Ich räumte ein, daß einige hochrangige Mitglieder der PLO Arafat verachteten. »Aber sie brauchen ihn. Sie wissen, daß sie ohne ihn keinen Erfolg haben.« Ich fügte bitter hinzu, ich hätte für die PLO in Skandinavien »die Rolle der UJA übernehmen müssen«.[2] Zwei bedeutende amerikanische Juden seien von uns über den Inhalt eines Abkommens informiert worden, freilich ohne zu verraten, daß bereits konkrete Verhandlungen liefen. Es handelte sich um Lester Pollack und Malcolm Hoenline, den Vorsitzenden beziehungsweise den Geschäftsführer der *Conference of Presidents of American Jewish Organizations.* Beide hatten ebenso begeistert reagiert wie Arye Deri, der Führer der Schass-Partei, deren Unterstützung wir in Israel so dringend brauchten. Christopher und Ross hörten mir interessiert zu.

Als die drei Delegationen wieder zusammentraten, stand Christopher dem Abkommen zwar nach wie vor positiv gegenüber, machte aber deutlich, daß er nicht dazu bereit sei, es als amerikanische Initiative auszugeben. Ein solches Vorgehen schien ihm nicht glaubwürdig. Sicherlich würde die Presse die wahren Hintergründe des Abkommens sehr rasch

Die Unterzeichnung des Autonomieabkommens zwischen Israel und der PLO in Washington am 13. September 1993. Von links: Jizchak Rabin, Bill Clinton, Shimon Peres und Jassir Arafat.

aufdecken. Ich schlug daraufhin eine Darstellung vor, wonach die Vereinigten Staaten an den Verhandlungen von Anfang an eng beteiligt gewesen seien und Norwegen geholfen habe, »Gräben zu überbrücken«.

Christopher signalisierte im Hinblick auf die sieben Punkte volle Unterstützung. »Wenn Sie eine Einigung erzielen«, stellte er in Aussicht, »erlauben wir es einem PLO-Vertreter, zur Unterzeichnung nach Washington zu kommen.« Ross schlug vor, wir sollten der PLO gegenüber darauf bestehen, daß sie sich nicht nur vom Terrorismus distanzierte, sondern als Dachverband auch Druck auf diejenigen Gruppen ausüben würde, die nach wie vor Terrorakte begingen. Dieser wichtige Punkt wurde im Abkommen zwischen Israel und der PLO schließlich übernommen.

Holst und ich baten Christopher dringend, auf die gemäßigten arabischen Staaten wie Marokko, Tunesien, Kuwait, Oman und Jordanien mit dem Vorschlag zuzugehen, öffentlich einen Frieden mit Israel zu proklamieren. Ich ermunterte den Außenminister, einen größeren feierlichen Rahmen für die Unterzeichnungszeremonie ins Auge zu fassen. Vertreter ausländischer Regierungen und volle Medienpräsenz seien durchaus erwünscht. Wir kamen sofort überein, François Mitterrand, Helmut Kohl und John Major über die jüngsten Entwicklungen zu informieren. Mit ihnen, den Japanern und anderen Interessierten wollten wir einen internationalen Finanzierungsrahmen für Investitionen im palästinensischen Autonomiegebiet erstellen.

EPILOG

Ich bin als Optimist geboren worden und bin es mein Leben lang geblieben. Pessimismus erschien mir stets als nutzlose Geisteshaltung. Außerdem besitze ich eine robuste Gesundheit. Von einer seltenen Blutvergiftung abgesehen, die mich 1989 fast das Leben gekostet hätte, bin ich immer gesund gewesen. Wie mir meine Mutter erzählt hat, blieb ich während meiner gesamten Kindheit von den üblichen Kinderkrankheiten verschont. Wenn ich jetzt in den Siebzigern auf mein Leben zurückblicke, fällt mir wieder eine Formulierung ein, die Gabriel García Márquez in einer seiner Erzählungen geprägt hat: »Ein Träumer ohne Lohn«.

Mein Lebenswerk ist noch nicht vollendet. An den abschließenden und krönenden Kapiteln meiner Biographie wird immer noch geschrieben. Sie handeln von dem, was mir am meisten am Herzen liegt: vom Frieden. Wir beenden eine jahrzehntelange Geschichte, die vom Krieg beherrscht wurde, und steuern jetzt ein Zeitalter an, in dem die Waffen schweigen, während die Träume erblühen. Ich denke, ich habe mir das Recht zum Träumen verdient. So vieles von dem, was ich mir in der Vergangenheit erträumte und was als Phantasterei abgetan wurde, wird jetzt Realität. Der Frieden im Nahen Osten ist nicht mehr nur Teil einer Traumwelt. Er hat sich selbst einen dauerhaften Platz in der Wirklichkeit erobert. Nach Abschluß der vorangegangenen Kapitel habe ich mit König Hussein in Amman den Entwurf zu einem Abkommen unterzeichnet,[1] das die Grundlage für die israelisch-jordanische »Washingtoner Erklärung« bildete.[2] Ich habe Jassir Arafat in seinem Büro in Gaza besucht und gesehen, wie dort die neue Wirklichkeit Gestalt annimmt. Während ich noch an diesem Epilog schreibe, bereite ich mich auf einen Wirtschaftsgipfel im marokkanischen Casablanca vor, auf dem Staatsmänner und Unternehmer aus der Region und der übrigen Welt über den wirtschaftlichen Unterbau des neu entstehenden Nahen Ostens diskutieren wollen.

Die Welt, in die ich hineingeboren wurde, gibt es nicht mehr, und ich habe das Glück, dem Entstehen einer neuen Welt beizuwohnen: teils als Beobachter, teils als kreativer Mitgestalter.

Doch auch jetzt möchte ich das Träumen nicht aufgeben. Vor allem zwei Träume beherrschen meine Gedanken. Der eine betrifft die Zukunft des jüdischen Volkes, der andere die Zukunft des Nahen Ostens.

In dem neuen Zeitalter, in das wir nun eingetreten sind, beruhen Wohlstand und Macht der Nationen mehr auf der Entfaltung intellektueller Fähigkeiten als auf dem Besitz natürlicher Ressourcen. Qualität ist wichtiger als Quantität, und globales Denken macht Nationalismus überflüssig. Diese ganze Entwicklung stellt die Staaten und ihre Lenker vor völlig neue Probleme. In der Vergangenheit setzte sich die nationale Identität aus dem sogenannten Volkscharakter, den geographischen Verhältnissen eines Landes und den Besonderheiten seiner Sprache und Kultur zusammen. Was heute zählt, ist Wissenschaft, die keine nationale Identität kennt, technologisches Know-how, das keine Heimat hat, und freier Informationsfluß, der Grenzen überwindet. Wichtiger als die Größe eines Landes ist der Stand seiner geistigen Entwicklung, und weitaus mehr als die Größe der Anbaufläche zählt ihre Produktivität.

Der moderne Mensch spricht zwei Sprachen: die menschliche und die des Computers. Die Nationalkultur und das nationale Erbe eines Landes müssen sich gegen die atemberaubenden Fortschritte einer universellen Wissenschaft behaupten.

Das jüdische Volk ist in der heutigen Welt gefordert, sein einzigartiges Kulturerbe zu bewahren. Diese Aufgabe ist nicht weniger anspruchsvoll als die Aufgabe der Gründergeneration, die in der Verteidigung der jüdischen Heimstatt in Palästina bestand. Die Bewahrung der hebräischen Sprache in der Welt von heute und morgen ist ein ebenso großangelegtes strategisches Unterfangen, wie es die Sicherung der Grenzen bislang gewesen ist. Wir müssen dafür Sorge tragen, daß unsere Kinder Juden bleiben, nicht nur durch ihre ethnische Abstammung, sondern durch ihre geistige Identität und ihr historisches Bewußtsein.

Das Judentum ist in der Geschichte weitaus erfolgreicher gewesen als die Juden. Sie wurden häufig verfolgt, ins Exil getrieben, ausgeplündert und ermordet. Das jüdische Volk blieb klein und schwach, während der jüdische Geist stets seine Stärke behauptete. Die Bibel wird in vielen hundert Millionen Familien des jüdisch-christlichen Kulturkreises gelesen. Kein Wechselfall der Geschichte hat ihrer moralischen Erhabenheit etwas anhaben können. Im Gegenteil: Die unsterblichen Gedanken des Buchs der Bücher haben alle Widrigkeiten der Zeit und der Geschichte überdauert. Die Botschaft, wonach ein alleiniger und unsichtbarer Gott den Menschen nach seinem Ebenbild geschaffen hat, floß ein in die Erkenntnis, daß die Sittlichkeit die höchste Form der Weisheit und vielleicht auch der Schönheit und Tapferkeit ist. Gerade sie unterscheidet den Menschen von den übrigen Geschöpfen. Schlingen, Pfeile und Gaskammern können Menschen vernichten, nicht aber die menschlichen Werte, die menschliche Würde und die menschliche Freiheit.

Die jüdische Geschichte enthält für die Menschheit eine ermutigende Lehre. Über fast vier Jahrtausende hinweg war eine kleine Nation Trägerin einer großen und erhabenen Botschaft. Eine Zeitlang lebte diese Nation in ihrem eigenen Land, dann wurde sie ins Exil getrieben. Sie schwamm gegen den Strom an, erlitt wiederholt Schiffbruch und war so manches Mal vom Untergang bedroht. Und doch gibt es in der gesamten Geschichte, weder in der Geschichte großer Reiche noch in der ihrer Trabanten und Kolonien, kein zweites Beispiel für ein Volk, das sich nach so vielen Tragödien und Katastrophen wieder aufgerichtet, das Joch abgeschüttelt, seine zerstreuten überlebenden Mitglieder gesammelt hat. Das jüdische Volk hat das nationale Erwachen betrieben, sich über Zweifler im Inneren und Feinde im Äußeren hinweggesetzt, sein Land zurückerobert, seine Sprache wiederbelebt, seine Identität zurückgewonnen und sich in neuen und noch größeren Herausforderungen bewährt. Wenn dieses Volk eine Botschaft an die Menschheit hat, dann diese, daß der Glaube allen Widrigkeiten zum Trotz zum Triumph führen kann.

Die Juden sind traditionell das Volk des Buches, aber in der heutigen Welt muß das Buch in Konkurrenz zu den visuellen Medien ums Überleben kämpfen. Sein Tiefsinn konkurriert mit einer immer rascher auf den Markt geworfenen seichten Bilderflut. Der Mensch als Gottes Ebenbild, wie das Buch ihn beschwört, muß bestehen gegen das geschminkte Gesicht vor der Kamera. In diesem Kampf ist das bewegte Bild freilich im Vorteil: Es ist leicht verfügbar, allgegenwärtig und leicht zu konsumieren, belustigt und unterhält. Aber letztlich verzerrt es unser Antlitz.

Die Konflikte, die am Ende unseres Jahrhunderts auftauchen, werden sich um die Inhalte der Kulturen, nicht um deren Territorien drehen. Die jüdische Kultur hat über viele Jahrhunderte hinweg in der Diaspora überlebt. Jetzt hat sie im eigenen Land wieder Wurzeln geschlagen. Erstmals in der Geschichte sprechen etwa fünf Millionen Menschen Hebräisch als Muttersprache. Das ist viel und wenig zugleich: viel, weil es niemals zuvor gleichzeitig so viele Menschen gab, die Hebräisch konnten, und wenig, weil sich eine Kultur mit nur fünf Millionen Mitgliedern gegen die Lockungen und den zersetzenden Einfluß der weltweiten Fernsehkultur kaum zu behaupten vermag.

In den fünf Jahrzehnten der Existenz des Staates Israel haben wir unsere Bemühungen auf die Wiederherstellung unseres territorialen Zentrums konzentriert. In Zukunft müssen wir uns hauptsächlich um die Wiederherstellung unseres spirituellen Zentrums bemühen. Das jüdische Volk ist weder eine Nation noch eine Religionsgemeinschaft im üblichen Wortsinn. Es ist seinem Wesen nach eher Träger einer Botschaft als eine politische Struktur, eher eine Glaubensgemeinschaft als eine hierarchisch strukturierte Kirche. Das jüdische Volk und die jüdische Religion sind ein und dasselbe. Im Judentum verschmelzen Glaube, Geschichte, Land und Sprache zu einer einzigartigen Einheit. Jude sein heißt dem auserwählten Volk angehören und zugleich Teil einer kosmopolitischen Gemeinschaft sein. Es ist mein größter Traum, daß sich unsere Kinder wie unsere Vorväter nicht mit dem Kurzlebigen und dem schönen Schein abgeben, sondern die Furche, die die Juden in jahrtausendealter Tradition in das Feld des menschlichen Geistes gezogen haben, auch künftig weiterziehen. Meine Hoffnung ist, daß Israel über die Heimstatt unseres Volkes hinaus auch das Zentrum und die Quelle unseres Kulturerbes ist; daß das jüdische Volk nicht von anderen nehmen muß, sondern aus Eigenem schöpfen und den anderen etwas geben kann.

Was unsere Region, den Nahen Osten, angeht, so besteht Israels Rolle darin, am Aufbau einer dauerhaften gemeinsamen Friedens- und Wirtschaftsordnung mitzuarbeiten. Es soll ein Naher Osten ohne Fronten, ohne Feinde, ohne ballistische Raketen und ohne nukleare Sprengköpfe werden; ein Naher Osten, in dem Personen ohne polizeiliche Genehmigungen reisen, Waren ohne Zollerklärungen zirkulieren und Dienstleistungen über alle Grenzen hinweg erbracht werden können; ein Naher Osten, in dem jeder Gläubige frei in seiner Sprache, sei es Hebräisch,

Arabisch, Lateinisch oder ein anderes Idiom, beten und seine Gebete ungehindert und ohne Ärgernis zu erregen seinem Gott darbringen kann; ein Naher Osten, in dem die Nationen nach wirtschaftlicher Ebenbürtigkeit streben, aber den kulturellen Pluralismus fördern; ein Naher Osten, in dem alle jungen Menschen Zugang zu einer Hochschulausbildung haben; ein Naher Osten, in dem der Lebensstandard in keiner Hinsicht unter dem in den hochentwickelten Ländern der Erde liegt; ein Naher Osten, durch den Wasser fließt, um Durst zu löschen, Felder zu bewässern und Wüsten in blühende Gärten zu verwandeln, in dem keine feindlichen Grenzen Tod, Hunger und Verzweiflung über die Völker der Region bringen; ein Naher Osten des Wettbewerbs, nicht der Hegemonie; ein Naher Osten, in dem die Menschen die Verbündeten, nicht die Feinde ihrer Nachbarn sind; ein Naher Osten, der kein Schlachtfeld, sondern ein Feld der Kreativität und des Wachstums ist; ein Naher Osten, der seine Vergangenheit in Ehren hält und seiner Geschichte neue, rühmenswerte Kapitel hinzufügt.

Mit diesem Buch bekenne ich mich zum Recht jedes Menschen zu träumen - nicht gerade jeden Traum, aber Träume von einer besseren Zukunft.

ANMERKUNGEN

EINLEITUNG

1 Flächenmaß. Ein Dunam = 1000 Quadratmeter.
2 Die Moschavim sind landwirtschaftliche Genossenschaftsdörfer, in denen jede Familie ihren eigenen Hof besitzt, während es sich bei den Kibbuzim um echte Kollektive handelt. Märkte werden allerdings auch in den Moschavim kollektiv organisiert.
3 Mapai ist das hebräische Kürzel für »Partei der Arbeiter von *Erez Israel*«, dem Vorläufer der heutigen »Israelischen Partei der Arbeit« (Mai), kurz Arbeiterpartei genannt.

1 EIN JUNGE AUS DEM SHTETL

1 »Tarbut« bedeutet wörtlich übersetzt »Kultur«. Zwischen den Weltkriegen existierte in Polen ein ganzes Netz dieser zionistischen Schulen. In Wischnewa gab es außerdem noch eine traditionelle Talmud-Thora oder Religionsschule sowie eine öffentliche staatliche Schule.
2 Abraham Mapu, hebräischer Schriftsteller (1808–1867).

2 NEUE WELT

1 Eine »nationale Heimstätte in Palästina« war der Kernpunkt der 1917 von der britischen Regierung herausgegebenen Balfour-Deklaration.
2 Jischuw (wörtlich: Siedlung) war vor der Gründung des Staates Israel die gängige Bezeichnung für die jüdische Bevölkerung Palästinas.

4 KIBBUZPOLITIK

1 Die britische Regierung gab im Mai 1939 ein Weißbuch heraus, das die Einwanderung von Juden nach Palästina sowie den Erwerb von Land in Palästina durch Juden drastisch einschränkte.
2 »Der Kusari«, ein bedeutendes theologisches Werk des spanischen Gelehrten und Dichters Rabbi Jehuda Halevi (1075–1145), gibt einen Dialog zwischen dem Chasarenkönig und einem jüdischen Weisen wieder.

3 Mein Bruder und seine Frau wurden beide 1948 während der Kämpfe um Jerusalem verwundet.
4 Später erhielt ich im Sekretariat Verstärkung durch drei verwandte Seelen: Eviatar Berg aus dem Kibbuz Dovrat, Nahman Raz aus dem Kibbuz Geva und Amos Degani vom Kar Vitkin.

5 NEUE PFLICHTEN

1 Der Biochemieprofessor Chaim Weizmann (1874–1952) war damals Präsident der Zionistischen Weltorganisation und wurde 1948 der erste Präsident Israels.

6 MÄNNER DER ERSTEN STUNDE

1 Ezel ist das hebräische Kürzel für »Nationale Militärische Organisation«; das Oberkommando hatte Menachem Begin. Lechi ist das hebräische Kürzel für »Freiheitskämpfer Israels«. Diese auch als Stern-Gang bekannte Untergrundbewegung wurde von einem Triumvirat geleitet, dem auch Jizchak Shamir angehörte.
2 Im November 1948 setzte Ben Gurion seinen Entschluß schließlich in die Tat um. Er löste die Palmach-Einheiten auf und integrierte sie in die israelische Armee.
3 Der spätere Bürgermeister von Jerusalem (von 1965 bis 1993).
4 Das Amt des Oberkommandierenden der Hagana, das Galili innehatte, wurde Anfang Mai 1948 von Ben Gurion abgeschafft. Galili arbeitete mehrere Monate lang ohne formellen Titel im Verteidigungsministerium, wo er viele Pflichten des kranken Stabschefs Dori übernahm. Nach weiteren Spannungen zwischen ihm und Ben Gurion nahm er schließlich im September 1948 seinen Abschied.
5 Tel Hai, eine kleine jüdische Siedlung im Oberen Galiläa, war von den Arabern angegriffen worden. Trumpeldor und sieben seiner Kameraden fielen bei ihrer Verteidigung.
6 Der 15. Mai 1948, an dem das britische Mandat offiziell endete, fiel auf einen Samstag, den Ruhetag der Juden, daher wurde die offizielle Unabhängigkeitserklärung auf Freitag, den 14. Mai, vorverlegt.

7 MARINEMINISTER

1 Chaim Arolosoroff war ein bedeutender Führer der zionistischen Arbeiterbewegung in Palästina.

8 STAATSAFFÄREN

1 Jizchak Olshan, *Din Udevarim*. Memoirs, Tel Aviv 1978.
2 Eitan wurde später Generalstabschef und Landwirtschaftsminister; er gründete die Tsomet-Partei, die bei den Wahlen von 1992 acht Sitze gewann.
3 Jabneh war nach der Zerstörung des Zweiten Tempels im Jahre 70 n. Chr. das Zentrum der Talmudgelehrsamkeit.

10 »FRENCH CONNECTION«

1 Daß sich Präsident Eisenhower dem militärischen Vorgehen der Briten, Franzosen und Israelis so entschieden widersetzte, war zumindest für die Briten ein Schock. Der amerikanische Außenminister John Foster Dulles hatte durch Premierminister Eden von dem britischen Plan erfahren und nicht verabredungsgemäß reagiert.

12 MOSHE DAYAN

1 Sonia und ich haben drei Kinder: Zviya (Zikki), sie lehrt Psycholinguistik und die Anwendung des Computers im Unterricht; Jonatan (Joni), er ist Veterinär, und Nehemiah (Hemi), er war Pilot in der Luftwaffe und arbeitet nun für die Industrie.

2 Moshe Dayan, *Die Geschichte meines Lebens,* Wien u. a. 1976.

3 Dayan empfahl die totale Mobilisierung der Luftstreitkräfte, der Flotte und von zwei der vier Reserveeinheiten. Der Streit mit dem Stabschef beschränkte sich auf die beiden anderen Einheiten.

13 LANDESVERTEIDIGUNG

1 Eine berüchtigte antisemitische Fälschung, um die Jahrhundertwende erschienen, die vorgab, den Plan zur Errichtung einer jüdischen Weltherrschaft zu enthüllen.

2 Diese absichtlich vage Formulierung findet sich im Gebet an den Staat, zusammengestellt vom damaligen Oberrabbi, Isaac Herzog.

3 Hesder-Jeschiwot sind Talmudschulen, in denen die Studenten religiöse Studien mit dem Dienst in der Armee verbinden.

14 ENTEBBE

1 Zeevi ist heute Chef der rechtsextremistischen Partei Moledet.

16 MITTERRAND

1 Pierre Pean, *Une jeunesse française – François Mitterrand 1934–1947,* Paris 1994.

17 FLUCH DES NORDENS

1 Gegenwärtig ist er einer der führenden Politiker der israelischen Rechten.

2 Bashir Gemayel sollte seine politischen Ambitionen tatsächlich verwirklichen. Nach einer blutigen Fehde wurde er am 27. August 1982 zum Präsidenten gewählt, während israelische Truppen Beirut belagerten. Doch schon am 14. September fiel er einem Attentat zum Opfer. Als Vergeltung ermordeten tags darauf christliche Truppen mehrere hundert Palästinenser in den Flüchtlingslagern Sabra und Shatilla in Südbeirut.

18 MINISTERPRÄSIDENT

1 Levy wurde Außenminister in der Likud-Regierung von 1990 bis 1992.

2 Die Liberale Partei war nach Menachem Begins Cherut die zweitstärkste Partei des Likud, der ursprünglich als ein Block aus verschiedenen Parteien gebildet worden war.

3 In Israel finden am Sonntagmorgen wöchentliche Kabinettsitzungen statt.

19 DIE HINTERGRÜNDE DER »IRAN-CONTRA-AFFÄRE«

1 Die Wahl ging eigentlich unentschieden aus. Die Arbeiterpartei gewann 47 und der Likud 48 Sitze, aber die orthodox-religiösen Parteien lehnten unsere Angebote ab und zogen eine Fortsetzung ihrer Koalition mit dem Likud vor.

2 Reverend Benjamin Weir wurde am 14. September 1985 freigelassen. Nach weiteren Waffengeschäften im Austausch gegen Geiseln kamen am 26. Juli 1986 Reverend Lawrence Jenco und am 2. November 1986 David Jacobsen frei.

3 George P. Shultz, *Turmoil and Triumph – My Years as Secretary of State,* New York 1993.

4 Shin Bet oder Shin Bet Kaf ist das hebräische Kürzel für die israelische militärische Inlandsaufklärung.

5 Der Premierminister erhält mindestens einmal wöchentlich einen Rapport durch die Leiter von Mossad und Shin Bet.

6 Daß Shultz beim Londoner Abkommen mit König Hussein im Jahr 1987 (siehe Kapitel 24) nicht mitzog, war jedoch eine verpaßte Gelegenheit, die sich so nicht noch einmal bieten sollte.

20 NEUE GESELLSCHAFT

1 Unter Aschkenasim verstand man zu Beginn der Neuzeit alle Juden in Mittel- und Osteuropa. Sephardim hießen ursprünglich die spanischen Juden; heute ist es eine Bezeichnung für Juden aus orientalischen Ländern, vor allem aus Nordafrika und aus dem Nahen Osten.

2 Das Widderhorn, das nach der Überlieferung das Kommen des Messias ankündigen soll.

3 Der Komiker Dudu Topaz bemerkte über die Parteiversammlung, es seien »keine Chachachim darunter«; der Jargonausdruck bezeichnet nordafrikanische Einwanderer.

21 DER ZORN DES RABBI

1 Poale Agudat Jisrael heißt wörtlich: die Arbeiter von Agudat Jisrael.

2 Der Teil des Talmud, der sich mit den religiösen Vorschriften befaßt.

3 Nach der damals gültigen parlamentarischen Ordnung, die inzwischen geändert wurde, mußte der Staatspräsident nach Konsultation aller politischen Parteien ei-

nen Verantwortlichen einer Partei mit der Regierungsbildung beauftragen. Der Betreffende hatte für diese Aufgabe höchstens vierzig Tage Zeit.

22 DIE LANGE SUCHE

1 Bar-Lev zog sich gleich nach Übernahme eines Ministerpostens in Golda Meïrs Kabinett aus der Armee zurück. Er wurde auf dem Höhepunkt des Jom-Kippur-Krieges wieder in den Generalstab berufen und erhielt das Kommando über die Südfront. Später wurde er Generalsekretär der Arbeiterpartei. In den achtziger Jahren amtierte er als Kabinettsminister und dann als israelischer Botschafter in Rußland.

2 Als neu ins Kabinett eingetretener Minister war ich damals weder mit der Verteidigung noch mit Außenpolitik aktiv befaßt.

3 Diese fünfköpfige Untersuchungskommission wurde von Shimon Agranat, dem damaligen Präsidenten des Obersten Gerichtshofs, geleitet. Sie führte die Untersuchung zu den geheimdienstlichen Pannen, die den ägyptischen und syrischen Überraschungsangriff am Jom-Kippur-Fest auf Israel ermöglicht hatten. Weitere Mitglieder der Kommission waren der Richter am Obersten Gerichtshof Moshe Landau, der »Staatskontrolleur« Jizchak Nebenzahl, der frühere Stabschef der israelischen Streitkräfte Jigael Jadin und Chaim Laskov.

4 Dieses erste Truppenentflechtungsabkommen wurde am 18. Januar 1974 in Genf unterzeichnet. Ein weiteres zwischen Israel und Syrien wurde am 6. Juni 1974 ebenfalls in Genf unterschrieben. Das wichtigere Abkommen zur Truppenentflechtung zwischen Israel und Ägypten vom September 1975 war das Ergebnis der intensiven Pendeldiplomatie Henry Kissingers. Siehe hierzu Seite 200 f.

5 Verteidigungsminister Schlesinger wurde in verschiedenen Berichten der Medien beschuldigt, er habe die amerikanische Luftbrücke zur Lieferung von dringend benötigtem Nachschub mit Waffen und Munition an Israel hinausgezögert. Die Vorwürfe wurden Kissinger zugeschrieben. Einige Kommentatoren behaupteten dagegen, in Wahrheit habe Kissinger für eine Verschleppung der Nachschuboperation gesorgt, damit der Sieg der Israelis nicht zu überwältigend ausfiele.

6 Theodor Herzl (1860–1904), war der Begründer der zionistischen Bewegung.

7 In der Präambel heißt es: »... dieser Rahmen ... soll als Basis für den Frieden nicht nur zwischen Ägypten und Israel, sondern auch zwischen Israel und seinen Nachbarn dienen ...«

23 DIE JORDANISCHE OPERATION

1 Ein abgehörtes Telefongespräch zwischen den beiden arabischen Staatslenkern wenige Stunden nach Ausbruch des Sechstagekriegs – Israel hatte die ägyptische Luftwaffe bereits vernichtend geschlagen – enthüllte, wie Nasser König Hussein zum Kriegseintritt überredete. In der Folge vertrieb Israel die jordanische Armee aus Ostjerusalem und dem Westjordanland.

2 Aus israelischer Sicht war die Blockade des Golfs von Akaba ein kriegerischer Akt, gegen den sich Israel legitimerweise zur Wehr setzte. Außerdem beharrte Nasser auf dem Abzug der UN-Streitkräfte aus dem Sinai, was weitere kriegerische Akte seitens Ägypten befürchten ließ.

3 Nach dem zwischen Shamir und mir vereinbarten Rotationsprinzip sollte jeder von uns fünfundzwanzig Monate, also die halbe Legislaturperiode, als Premierminister der Regierung der nationalen Einheit amtieren. Siehe Seite 292.

4 Arens war von 1981 bis 1982 israelischer Botschafter in den Vereinigten Staaten und von 1983 bis 1984 Verteidigungsminister.

5 George P. Shultz, *Turmoil and Triumph – My Years as Secretary of State,* New York 1993, S. 939.

6 Ebenda, S. 941.

24 EINE WELT IM WANDEL

1 Kessar wurde in der von der Arbeiterpartei geführten Regierung 1992 Verkehrsminister, Namir Minister für Arbeit und Soziales.

2 Die Likud-Regierung vertrat die Position, Verhandlungen mit offiziellen und aktiven Mitgliedern der PLO abzulehnen. Andererseits war sie zu Gesprächen mit solchen Vertretern der Palästinenser in den besetzten Gebieten bereit, die bekanntermaßen Beziehungen zur PLO unterhielten. Sie durften nur nicht als Vertreter der PLO auf der Konferenz erscheinen. Haider Abdel Shafi und andere Palästinenser machten in Madrid und bei späteren Gesprächen kein Geheimnis daraus, daß sie ihre Befehle aus dem PLO-Hauptquartier in Tunis erhielten.

3 Bei einer zweiten Nahost-Friedenskonferenz in Moskau im Januar 1992 waren vier multinationale Ausschüsse zu regionalen Problemen gebildet worden: Wirtschaft, Wasserressourcen, Rüstungskontrolle und Umwelt. Ein fünfter Ausschuß zu Flüchtlingsfragen kam später hinzu.

25 GEHEIMER DRAHT ZUR PLO

1 Die israelischen und palästinensischen Unterhändler in Washington arbeiteten zu dieser Zeit, ohne großen Erfolg allerdings, an einer Grundsatzerklärung zu einer »frühzeitigen Machtübergabe«.

2 Israels damalige Position lautete: mit keinem offiziellen Funktionär der PLO zu verhandeln. Jussef Sayigh war Mitglied des Palästinensischen Nationalrates, des Exilparlamentes der PLO. Ich nahm Kontakt zum ägyptischen Außenminister Amru Mussa auf und bat Jair Hirschfeld, die Sache mit Abu Alaa zu erörtern, was dieser auch prompt tat.

3 Die zweite ist die Adam-Brücke.

26 DER FRIEDEN NIMMT GESTALT AN

1 Der Streit mit der PLO über die Kontrolle der Grenzübergänge nach Ägypten und Jordanien beherrschte die folgenden Verhandlungen zwischen Israel und der PLO in der Gaza-Jericho-Phase. Die Frage der Grenzübergänge war einer der Streitpunkte, derentwegen das Abkommen erst 1994 umgesetzt werden konnte.

27 MORGENRÖTE DES FRIEDENS

1 Die Verhandlungen, die zu einer gegenseitigen Anerkennung Israels und der PLO führten, fanden schließlich in Paris statt.
2 Gemeint ist die *United Jewish Appeal,* die wichtigste Organisation in Amerika für Spenden an Israel.

EPILOG

1 Am 3. November 1993.
2 Vom Juli 1994; siehe hierzu Anhang, Seite 467.

DOKUMENTE

Resolutionen 242 und 338 des UN-Sicherheitsrates

RESOLUTION 242 VOM 22. NOVEMBER 1967:

Da im Plenum kein Beschluß zustande gekommen war, stimmte die UN-Vollversammlung am 21. Juli dafür, daß die Sitzung vertagt und die Debatte über die Nahostkrise im Sicherheitsrat weitergeführt werden sollte. Obwohl der Nahe Osten Thema vieler Reden während der regulären Sitzungsperiode der Vollversammlung im September 1967 war, blieb der Sicherheitsrat Schauplatz weiterer Nahostdebatten, zu der Großbritannien, die UdSSR und die USA Resolutionsentwürfe beisteuerten. Am 22. November nahm der Sicherheitsrat die Resolution 242 einstimmig an, die die Grundlage der Mission des UN-Sonderbeauftragten Gunnar Jarring abgab. Der Text der Resolution wurde vom britischen UN-Botschafter Lord Caradon formuliert; die darin genannten Grundsätze und Bedingungen sollten den Abschluß eines Abkommens ermöglichen.

»Indem der Sicherheitsrat seiner andauernden Beunruhigung über die ernste Lage im Nahen Osten Ausdruck verleiht, indem er unterstreicht, daß es nicht angeht, Territorium durch Krieg zu erobern, und daß es notwenig ist, für einen gerechten und dauernden Frieden zu wirken, der es jedem Staat der Region erlaubt, in Sicherheit zu leben, indem er ferner unterstreicht, daß alle Mitgliedsstaaten durch ihre Annahme der Charta der Vereinten Nationen sich verpflichtet haben, gemäß Artikel zwei der Charta zu handeln.

1. Bekräftigt [der Weltsicherheitsrat], daß die Einhaltung der Prinzipien der Charta die Schaffung eines gerechten und dauerhaften Friedens im Nahen Osten erfordert, welcher die Anwendung der beiden folgenden Prinzipien einschließen sollte: Rückzug israelischer Streitkräfte aus (den) Gebieten, die während des jüngsten Konfliktes besetzt worden sind, Einstellung jeglicher kriegerischer Erklärungen oder jeglichen kriegerischen Zustandes sowie Respektierung und Anerkennung der Souveränität, der territorialen Integrität und der politischen Unabhängigkeit jeglichen Staates der Region und dessen Rechts, in Frieden innerhalb sicherer und anerkannter Grenzen frei von Drohungen oder Gewaltakten zu leben.

2. Der Sicherheitsrat bekräftigt ferner die Notwendigkeit, a) die freie Schiffahrt auf internationalen Wasserstraßen in der Region zu garantieren, b) eine gerechte Regelung des Flüchtlingsproblems zu verwirklichen, c) die territoriale Unverletzlichkeit und politische Unabhängigkeit jedes Staates der Region durch Maßnahmen zu garantieren, welche die Schaffung entmilitarisierter Zonen einschließen.
3. Der Sicherheitsrat ersucht den Generalsekretär, einen Sondervertreter zu bestimmen, der sich in den Nahen Osten begibt, um dort Kontakte mit den interessierten Staaten herzustellen und zu unterhalten, um Übereinstimmung herzustellen und an den Bemühungen mitzuwirken, die auf eine friedliche Lösung in gegenseitigem Einvernehmen hinzielen gemäß den Bestimmungen und Grundsätzen der vorliegenden Resolution.
4. Der Sicherheitsrat ersucht den Generalsekretär, dem Sicherheitsrat so schnell wie möglich über den Fortschritt der Bemühungen des Sondervertreters zu berichten.«

RESOLUTION 338 VOM 22. OKTOBER 1973:

Nachdem Israel die Golanhöhen zurückerobert und weiter auf syrisches Territorium vorgestoßen war, außerdem seine Präsenz auf dem Westufer des Suezkanals verstärkt hatte, bemühte man sich auf internationaler Ebene verstärkt um eine Beendigung des Krieges. Der US-amerikanische Außenminister Dr. Kissinger flog am 20. Oktober zu Gesprächen nach Moskau. Die Regierungen der UdSSR und der USA brachten daraufhin gemeinsam eine Waffenstillstandsresolution ein. Auf das dringende Ersuchen der UdSSR und USA trat der Sicherheitsrat am 21. Oktober zusammen. Mit vierzehn Ja-Stimmen ohne Gegenstimme und ohne Enthaltungen (China beteiligte sich nicht an der Abstimmung) nahm der Sicherheitsrat die folgende Resolution an:

»Der Sicherheitsrat
1. ruft alle Parteien der gegenwärtigen Kämpfe auf, die Kampfhandlungen sofort, spätestens zwölf Stunden nach Annahme dieser Entschließung, auf der Grundlage der gegenwärtigen Kampflinien einzustellen.
2. fordert die betreffenden Parteien auf, die Resolution 242 (1967) in allen ihren Teilen sofort nach der Feuereinstellung zu verwirklichen.
3. beschließt, daß sofort und parallel zu der Feuereinstellung zwischen den betroffenen Parteien unter einer geeigneten Schirmherrschaft Verhandlungen über einen gerechten und dauerhaften Frieden im Nahen Osten beginnen.«

Die Peres-Hussein-Vereinbarung (»Londoner Vereinbarung«) vom 11. April 1987

Dreiteiliges Verständigungspapier zwischen Jordanien und Israel

A Einladung durch den UN-Generalsekretär.
B Beschlüsse der internationalen Konferenz.
C Modalitäten für die jordanisch-israelischen Verhandlungen.

A Der Generalsekretär wird die fünf ständigen Mitglieder des Sicherheitsrates sowie alle vom arabisch-israelischen Konflikt betroffenen Parteien zu einer Konferenz einladen, auf der über eine friedliche Regelung auf der Grundlage der Resolutionen 242 und 338 verhandelt werden soll. Ziel der Verhandlungen ist ein umfassender Frieden für die Region, Sicherheit für ihre Staaten und eine Lösung für die legitimen Rechte des palästinensischen Volkes.

B Die Konferenzteilnehmer sehen das Ziel der Verhandlungen in der friedlichen Regelung des arabisch-israelischen Konflikts auf der Grundlage der Resolutionen 242 und 338 und in der friedlichen Lösung des Palästinenserproblems in allen seinen Aspekten. Die an der Konferenz teilnehmenden Parteien sind eingeladen, in nach geographischen Gesichtspunkten gebildeten bilateralen Kommissionen über beide Seiten betreffende Fragen zu verhandeln.

C Jordanien und Israel sind übereingekommen, daß:

1. die internationale Konferenz keine Lösung vorschreiben oder gegen ein Abkommen, auf das sich die Verhandlungspartner geeinigt haben, Einspruch erheben wird;
2. die Verhandlungen in bilateralen Kommissionen direkt geführt werden;
3. die Palästinenserfrage Gegenstand der Verhandlungen in der Kommission der jordanisch-palästinensischen und der israelischen Delegation sein wird;
4. die Vertreter der Palästinenser Mitglieder der jordanisch-palästinensischen Delegation sind;
5. Grundlage für die Teilnahme an der Konferenz die Verpflichtung aller Parteien ist, die Resolutionen 242 und 338 anzunehmen und auf die Anwendung von Gewalt und Terror zu verzichten;
6. jede Kommission unabhängig verhandelt;
7. über weitere Verhandlungspunkte nach gemeinsamer Übereinkunft zwischen Jordanien und Israel entschieden wird.

Das obengenannte Verständigungspapier muß von den Regierungen Israels und Jordaniens gebilligt werden.

Der Text dieses Verständigungspapiers wird den Vereinigten Staaten von Amerika vorgelegt und empfohlen werden.

Grundsatzerklärung über die Übergangsregelungen für die Autonomie (»Gaza-Jericho-Abkommen«) vom September 1993

Das **Gaza-Jericho-Abkommen** trägt die formelle Bezeichnung *»Grundsatzerklärung über die Übergangsregelungen für die Autonomie«* und hat folgenden **Wortlaut:**

»Die Regierung Israels und die palästinensische Gruppe [in der jordanisch-palästinensischen Delegation bei den Nahost-Friedensgesprächen] als Vertretung des palästinensischen Volkes stimmen darin überein, daß es an der Zeit ist, Jahrzehnten der Konfrontation und des Konflikts ein Ende zu setzen, ihre gegenseitigen legitimen und politischen Rechte anzuerkennen und danach zu streben, in friedlicher Koexistenz und wechselseitiger Achtung und Sicherheit zu leben und in dem vereinbarten politischen Prozeß eine gerechte, dauerhafte und umfassende Friedensregelung zu erreichen. Daher stimmen beide Seiten in den folgenden Grundsätzen überein:

ARTIKEL I – ZIEL DER VERHANDLUNGEN

Das Ziel der israelisch-palästinensischen Verhandlungen innerhalb des laufenden Nahost-Friedensprozesses besteht unter anderem darin, für das palästinensische Volk im Westjordanland und im Gazastreifen als palästinensische Übergangs-Selbstverwaltungskörperschaft einen gewählten Rat (im folgenden ›Rat‹ genannt) einzurichten. Dieser soll für eine Übergangszeit, die fünf Jahre nicht überschreitet, gebildet werden und zu einer dauerhaften Regelung auf der Grundlage der Resolutionen 242 und 338 des Weltsicherheitsrates führen.

ARTIKEL II – RAHMEN FÜR DIE ÜBERGANGSPERIODE

Der vereinbarte Rahmen für die Übergangsperiode wird in dieser Grundsatzerklärung niedergelegt.

ARTIKEL III – WAHLEN

1. Damit das palästinensische Volk im Westjordanland und im Gazastreifen sich selbst nach demokratischen Grundsätzen regieren kann, wird der Rat in direkten, freien und allgemeinen Wahlen bestimmt. Diese werden unter Aufsicht und internationaler Kontrolle stattfinden, während die palästinensische Polizei die öffentliche Sicherheit gewährleistet.
2. Es wird eine Vereinbarung über den Modus und die Bedingungen der Wahl mit dem Ziel getroffen, die Wahlen nicht später als neun Monate nach der Inkraftsetzung dieser Grundsatzerklärung durchzuführen.
3. Diese Wahlen werden einen wichtigen Übergangsschritt auf dem Weg zur Verwirklichung der legitimen Rechte des palästinensischen Volkes und der ihm zustehenden Bedürfnisse darstellen.

ARTIKEL IV – JURISDIKTION

Die rechtliche Zuständigkeit des Rates erstreckt sich auf das Gebiet des Westjordanlandes und des Gazastreifens mit Ausnahme derjenigen Fragen, die bei den Verhandlungen über den dauerhaften Status erörtert werden. Beide Seiten betrachten das Westjordanland und den Gazastreifen als eine territoriale Einheit, deren Integrität während der Übergangszeit erhalten wird.

ARTIKEL V – ÜBERGANGSZEIT UND VERHANDLUNGEN ÜBER EINEN DAUERHAFTEN STATUS

1. Die fünfjährige Übergangszeit beginnt mit dem Rückzug aus dem Gazastreifen und dem Gebiet von Jericho.
2. Verhandlungen zwischen der Regierung Israels und den Vertretern des palästinensischen Volkes über den dauerhaften Status werden so bald wie möglich beginnen, allerdings nicht später als mit Beginn des dritten Jahres der Übergangszeit.
3. Es ist vereinbart, daß sich diese Verhandlungen auf offene Fragen wie Jerusalem, Flüchtlinge, Siedlungen, Sicherheitsregelungen, Grenzen, Beziehungen zu und Zusammenarbeit mit anderen Staaten sowie mit anderen Fragen gemeinsamen Interesses erstrecken werden.
4. Die beiden Parteien stimmen darin überein, daß das Ergebnis der Verhandlungen über den dauerhaften Status nicht von Vereinbarungen beeinflußt wird, die in der Zwischenzeit getroffen werden.

ARTIKEL VI – VORBEREITENDE ÜBERGABE VON MACHT UND VERANTWORTLICHKEITEN

1. Mit Inkrafttreten dieser Grundsatzerklärung und dem Rückzug aus dem Gazastreifen und dem Gebiet um Jericho wird eine Übergabe der Befugnisse von der israelischen Militär- und Zivilverwaltung auf die mit dieser Aufgabe betrauten Palästinenser beginnen. Diese Übertragung wird bis zur Einrichtung des Rates vorübergehender Natur sein.
2. Unmittelbar nach dem Inkrafttreten dieser Grundsatzerklärung und dem Rückzug aus dem Gazastreifen und dem Gebiet um Jericho wird die Zuständigkeit mit dem Ziel der Förderung der wirtschaftlichen Entwicklung des Westjordanlandes und des Gazastreifens in folgenden Bereichen auf die Palästinenser übertragen: Bildung und Kultur, Gesundheitswesen, Sozialwesen, direkte Besteuerung und Fremdenverkehr. Die palästinensische Seite wird damit beginnen, eine palästinensische Polizei aufzubauen. Bis zur Einsetzung des Rates können beide Seiten über die Übertragung weiterer Befugnisse und Verantwortlichkeiten verhandeln.

ARTIKEL VII – ÜBERGANGSVEREINBARUNG

1. Die israelische und die palästinensische Delegation werden eine Vereinbarung über die Übergangszeit schließen.

2. Die Übergangsvereinbarung wird u.a. die Struktur des Rates, die Zahl seiner Mitglieder sowie die Übertragung von Befugnissen und Verantwortlichkeiten von der israelischen Militär- und Zivilverwaltung an den Rat genau bezeichnen. Die Übergangsvereinbarung wird ebenfalls die exekutiven Befugnisse des Rates, seine legislativen Befugnisse in Übereinstimmung mit dem untenstehenden Artikel IX sowie die unabhängigen palästinensischen Justizorgane bezeichnen.
3. Die Übergangsvereinbarung wird Übereinkünfte über die Aneignung aller Befugnisse und Verantwortlichkeiten, die zuvor in Übereinstimmung mit Artikel VI an den Rat übertragen worden sind, beinhalten, die mit der Einrichtung des Rates in Kraft gesetzt werden sollen.
4. Um den Rat in die Lage zu versetzen, mit seiner Einrichtung das wirtschaftliche Wachstum zu fördern, wird er u.a. eine palästinensische Elektrizitätsbehörde, eine Gaza-Hafenbehörde, eine palästinensische Entwicklungsbank, eine palästinensische Behörde zur Exportförderung, eine palästinensische Umweltbehörde, eine palästinensische Landbehörde und eine palästinensische Behörde für Wasserverwaltung einrichten sowie jede andere vereinbarte Behörde in Übereinstimmung mit der Übergangsvereinbarung, in welcher deren Befugnisse und Verantwortlichkeiten genau bezeichnet werden.
5. Nach der Errichtung des Rates wird die Zivilverwaltung aufgelöst. Die israelische Militärverwaltung wird abgezogen.

ARTIKEL VIII – ÖFFENTLICHE ORDNUNG UND SICHERHEIT

Zur Aufrechterhaltung der öffentlichen Ordnung und der Sicherheit der Palästinenser im Westjordanland und im Gazastreifen wird der Rat eine starke Polizei einrichten, während die Verantwortung sowohl für die Verteidigung gegen eine Bedrohung von außen als auch für die allgemeine Sicherheit der Israelis zum Zweck der Sicherung ihrer inneren Sicherheit und der öffentlichen Ordnung weiterhin bei Israel liegt.

ARTIKEL IX – GESETZE UND MILITÄRISCHE ANORDNUNGEN

1. Der Rat wird befugt sein, in Übereinstimmung mit der Übergangsvereinbarung in allen ihm übertragenen Bereichen Gesetze zu erlassen.
2. Beide Parteien werden gemeinsam die Gesetze und militärischen Vereinbarungen überprüfen, die in den übrigen Bereichen derzeit gültig sind.

ARTIKEL X – GEMEINSAMER ISRAELISCH-PALÄSTINENSISCHER VERBINDUNGSAUSSCHUSS

Um eine reibungslose Inkraftsetzung dieser Grundsatzerklärung und aller weiteren auf die Übergangsperiode bezogenen Vereinbarungen sicherzustellen, wird mit dem Inkrafttreten dieser Grundsatzerklärung ein gemeinsamer israelisch-palästinensischer Verbindungsausschuß gebildet, der sich mit Themen, die der Koordinierung bedürfen, anderen Themen gemeinsamen Interesses sowie Meinungsverschiedenheiten befassen wird.

ARTIKEL XI – ISRAELISCH-PALÄSTINENSISCHE ZUSAMMENARBEIT IM WIRTSCHAFTLICHEN BEREICH

In Anerkennung des wechselseitigen Nutzens der Zusammenarbeit bei der Förderung der Entwicklung des Westjordanlandes, des Gazastreifens und Israels wird mit dem Inkrafttreten dieser Grundsatzerklärung ein israelisch-palästinensischer Ausschuß für wirtschaftliche Zusammenarbeit eingerichtet, der in kooperativer Art und Weise Programme entwickeln und verwirklichen wird.

ARTIKEL XII – VERBINDUNG UND ZUSAMMENARBEIT MIT JORDANIEN UND ÄGYPTEN

Die beiden Parteien werden die Regierungen Jordaniens und Ägyptens einladen, im Interesse des Zustandekommens weiterer Verbindungs- und Kooperationsvereinbarungen zwischen der Regierung Israels und den palästinensischen Vertretern mitzuarbeiten, und sie darum bitten, die Zusammenarbeit zwischen diesen zu fördern. Diese Vereinbarungen werden die Einrichtung eines ständigen Ausschusses beinhalten, der einvernehmlich über die Modalitäten der Zulassung von Personen entscheiden wird, die im Jahr 1967 aus dem Gazastreifen und dem Westjordanland vertrieben worden sind, sowie über notwendige Maßnahmen, um Störungen und Unruhe zu verhindern. Andere Angelegenheiten gemeinsamen Interesses werden von diesem Ausschuß behandelt.

ARTIKEL XIII – VERLEGUNG DER ISRAELISCHEN STREITKRÄFTE

1. Nach dem Inkrafttreten dieser Grundsatzvereinbarung und nicht später als am Vorabend der Wahlen für den Rat wird die Verlegung der israelischen Streitkräfte im Westjordanland und im Gazastreifen erfolgen.
2. Bei der Verlegung der Streitkräfte wird sich Israel von dem Grundsatz leiten lassen, daß seine Streitkräfte außerhalb von bevölkerten Gebieten stationiert sein sollen.
3. Weitere Verlegungen an näher bezeichnete Orte werden nach und nach erfolgen; in Entsprechung zur Übernahme der Verantwortlichkeit für die öffentliche Ordnung und die innere Sicherheit durch die palästinensische Polizei gemäß Artikel VIII.

ARTIKEL XIV – ISRAELISCHER RÜCKZUG AUS DEM GAZASTREIFEN UND DEM GEBIET VON JERICHO

Israel wird sich aus dem Gazastreifen und dem Gebiet von Jericho zurückziehen.

ARTIKEL XV – KLÄRUNG VON STREITFÄLLEN

1. Streitfälle, die sich aus der Anwendung oder Interpretation dieser Grundsatzerklärung oder weiterer Abkommen bezüglich der Übergangsperiode ergeben, sollen durch Verhandlungen in dem gemeinsamen Verbindungsausschuß geklärt werden.

2. Streitfälle, die nicht durch Verhandlungen gelöst werden können, können durch einen zwischen beiden Parteien vereinbarten Versöhnungsmechanismus gelöst werden.
3. Die Parteien können übereinkommen, Streitfälle, die sich auf die Übergangsperiode beziehen und nicht einvernehmlich gelöst werden können, zum Gegenstand eines Schiedsverfahrens zu machen. Zu diesem Zweck werden die Parteien – mit dem Einverständnis beider Parteien – einen Schiedsausschuß einrichten.

ARTIKEL XVI – ISRAELISCH-PALÄSTINENSISCHE ZUSAMMENARBEIT BEZÜGLICH REGIONALER PROGRAMME

Beide Parteien betrachten die multilateralen Arbeitsgruppen als geeignete Instrumente zur Förderung eines ›Marshall-Planes‹, der regionale und andere Programme umfaßt. Darin enthalten sind vor allem Programme für das Westjordanland und den Gazastreifen.

ARTIKEL XVII – VERSCHIEDENE BESTIMMUNGEN

1. Diese Grundsatzerklärung wird einen Monat nach ihrer Unterzeichnung in Kraft treten.
2. Alle Protokolle, die dieser Grundsatzerklärung und den dazugehörenden vereinbarten Niederschriften beigefügt sind, werden als integrale Bestandteile derselben betrachtet.«

Anhang I

Protokoll über die Art und Bedingungen der Wahlen

1. Palästinenser aus Jerusalem, die dort leben, haben gemäß dem Abkommen zwischen den beiden Seiten das Recht, am Wahlverfahren teilzunehmen.
2. Darüber hinaus muß die Übereinkunft über die Wahl unter anderem die folgenden Punkte beinhalten:
   a. Das Wahlsystem;
   b. Die Art und Weise der vereinbarten Überwachung und internationalen Beobachtung sowie deren personelle Zusammensetzung; und
   c. Regeln und Vorschriften für die Wahlkampagne, einschließlich vereinbarter Regelungen für den Einsatz von Massenmedien sowie der Möglichkeit der Lizenzerteilung an einen Radio- und Fernsehsender.
3. Der künftige Status von vertriebenen Palästinensern, die bis zum 3. Juni 1967 registriert waren, wird nicht durch die Tatsache beeinträchtigt, daß sie aus praktischen Gründen nicht in der Lage sind, sich an der Wahl zu beteiligen.

Anhang II

Protokoll über den Rückzug der israelischen Streitkräfte aus dem Gazastreifen und Jericho

1. Die beiden Seiten werden innerhalb von zwei Monaten nach Inkrafttreten dieser Grundsatzerklärung ein Abkommen über den Rückzug der israelischen Streitkräfte aus dem Gazastreifen und Jericho abstimmen und unterzeichnen. Dieses Abkommen wird umfassende Regelungen für den Gaza-Streifen und Jericho für die Zeit nach dem israelischen Rückzug einschließen.
2. Israel wird den Rückzug der israelischen Streitkräfte aus dem Gazastreifen und Jericho nach einem zu erstellenden Zeitplan zügig vollziehen; der Rückzug wird unmittelbar nach Unterzeichnung des Abkommens über den Gazastreifen und Jericho beginnen und spätestens innerhalb eines Zeitraums von vier Monaten nach Unterzeichnung des Abkommens abgeschlossen werden.
3. Die obengenannte Übereinkunft wird unter anderem folgendes beinhalten:
   a. Vereinbarungen für eine reibungslose und friedliche Übertragung von Befugnissen von der israelischen militärischen und Zivilverwaltung auf die palästinensischen Vertreter.
   b. Struktur, Befugnisse und Verantwortlichkeiten der palästinensischen Behörde in diesem Bereich, ausgenommen äußere Sicherheit, Siedlungen, Israelis, Außenbeziehungen sowie andere gegenseitig vereinbarte Angelegenheiten.
   c. Regelungen für die Übernahme der inneren Sicherheit und der öffentlichen Ordnung durch die palästinensische Polizei, die aus örtlichen oder aus dem Ausland angeworbenen Polizeibeamten besteht, die im Besitz eines jordanischen Passes und von durch Ägypten ausgestellten palästinensischen Papieren sein müssen. Diejenigen Angehörigen der palästinensischen Polizeitruppe, die aus dem Ausland kommen, sollten als Polizisten und Polizeioffiziere ausgebildet werden.
   d. Vorübergehende internationale oder ausländische Präsenz, wie vereinbart.
   e. Errichtung eines gemeinsamen palästinensisch-israelischen Ausschusses für Koordination und Zusammenarbeit im Bereich beiderseitiger Sicherheitsfragen.
   f. Ein wirtschaftliches Entwicklungs- und Stabilisierungsprogramm, einschließlich der Einrichtung eines Soforthilfe-Fonds zur Förderung ausländischer Investitionen und finanzieller sowie wirtschaftlicher Unterstützung. Beide Seiten werden sich abstimmen sowie gemeinsam und unilateral mit regionalen und internationalen Stellen zusammenarbeiten, um dieses Ziel zu fördern.
   g. Regelungen für den sicheren Durchgang für Personen und Transporte zwischen dem Gazastreifen und Jericho.
4. Das obengenannte Abkommen wird Regelungen für beide Parteien für die Koordination des Durchgangs
   a. Gazastreifen – Ägypten und b. Jericho – Jerusalem beinhalten.

5. Die Büros der palästinensischen Behörde, die für die Ausführung der Befugnisse und Verantwortlichkeiten gemäß diesem Anhang II und Artikel VI der Grundsatzerklärung zuständig sind, werden bis zur Einsetzung des Rates im Gazastreifen und in Jericho angesiedelt sein.
6. Unbeschadet von diesen Regelungen werden der Gazastreifen und Jericho weiterhin integrale Bestandteile des Westjordanlandes und des Gazastreifens bleiben, deren Status durch andere Vereinbarungen nicht beeinträchtigt werden darf und während der Übergangsperiode nicht verändert wird.

Anhang III

Protokoll über israelisch-palästinensische Zusammenarbeit bei Wirtschafts- und Entwicklungsprogrammen

Die beiden Seiten stimmen überein, einen ständigen israelisch-palästinensischen Ausschuß für Wirtschaftliche Zusammenarbeit einzurichten, der sich unter anderem im wesentlichen mit folgendem befaßt:

1. Zusammenarbeit im Bereich Wasser, einschließlich eines von Fachleuten beider Seiten auszuarbeitenden wasserwirtschaftlichen Entwicklungsprogramms, in dem die Art und Weise der Zusammenarbeit in der wasserwirtschaftlichen Planung im Westjordanland und Gazastreifen festgelegt wird und das Vorschläge für Studien über und Pläne für die Wasserrechte jeder Partei enthält sowie Pläne für die gerechte Nutzung gemeinsamer Wasservorräte, die während der und über die Übergangsperiode hinaus Geltung haben.
2. Zusammenarbeit im Bereich Elektrizität, einschließlich eines Elektrizitätsentwicklungsprogramms, in dem Art und Weise der Zusammenarbeit bei der Erzeugung, der Erhaltung, dem Kauf und dem Verkauf von Elektrizität festgelegt wird.
3. Zusammenarbeit im Bereich Energie, einschließlich eines Energieentwicklungsprogramms, das die Förderung von Öl und Gas für industrielle Zwecke insbesondere im Gazastreifen und im Negev ermöglichen wird sowie die gemeinsame Erschließung anderer Energiequellen vorsehen wird. Dieses Programm könnte auch den Bau eines petrochemischen Industriekomplexes im Gazastreifen und den Bau von Öl- und Gas-Pipelines ermöglichen.
4. Zusammenarbeit im Bereich Finanzen, einschließlich eines finanziellen Entwicklungs- und Aktionsprogramms zur Förderung internationaler Investitionen im Westjordanland und im Gazastreifen sowie in Israel als auch die Einrichtung einer palästinensischen Entwicklungsbank.
5. Zusammenarbeit im Bereich Verkehr und Kommunikation, einschließlich eines Programms, in dem die Leitlinien für die Einrichtung eines Seehafenbereichs in Gaza bestimmt werden und das die Einrichtung von Verkehrs- und Kommunikationswegen nach und vom Westjordanland und dem Gazastreifen nach Israel und in andere Länder vorsieht. Darüber hinaus ist innerhalb dieses Programmes der erforderliche Bau von Straßen, Eisenbahnen und Kommunikationslinien etc. vorgesehen.

6. Zusammenarbeit im Bereich Handel, einschließlich von Studien und Handelsförderungsprogrammen zur Förderung des lokalen, regionalen und interregionalen Handels sowie eine Machbarkeitsstudie für die Schaffung von Freihandelszonen im Gazastreifen und in Israel mit allseitigem Zugang zu diesen Zonen sowie Zusammenarbeit in anderen Bereichen, die den Handel und die Wirtschaft betreffen.
7. Zusammenarbeit im Bereich Industrie, einschließlich von Industrie-Entwicklungsprogrammen, die die Einrichtung gemeinsamer industrieller israelisch-palästinensischer Forschungs- und Entwicklungszentren vorsehen, palästinensisch-israelische Gemeinschaftsunternehmen fördern sowie Leitlinien für die Zusammenarbeit in der Textil-, Lebensmittel-, Pharma-, Elektro-, Diamanten-, Computer- und wissenschaftlich-technischen Industrie aufstellen sollen.
8. Ein Programm für die Zusammenarbeit und Regulierung der Arbeitsbeziehungen und für die Zusammenarbeit in Fragen des Sozialwesens.
9. Ein Plan zur Entwicklung und Zusammenarbeit im Bereich menschlicher Ressourcen, der gemeinsame israelisch-palästinensische Workshops und Seminare sowie die Einrichtung gemeinsamer beruflicher Ausbildungszentren, Forschungsinstitute und Datenbanken ermöglicht.
10. Ein Umweltschutzplan, der gemeinsame und/oder koordinierte Maßnahmen in diesem Bereich beinhaltet.
11. Ein Programm zur Entwicklung der Koordination und Zusammenarbeit im Bereich Kommunikation und Medien.
12. Andere Programme von gemeinsamem Interesse.

Anhang IV

Protokoll über israelisch-palästinensische Zusammenarbeit in regionalen Entwicklungsprogrammen

1. Die beiden Seiten werden im Rahmen der multilateralen Friedensbemühungen an der Förderung eines von den G-7-Staaten einzuleitenden Entwicklungsprogramms für die Region, einschließlich Westjordanland und Gazastreifen, zusammenarbeiten. Die Parteien werden die G-7-Staaten ersuchen, sich um die Teilnahme anderer interessierter Staaten an diesem Programm zu bemühen, wie zum Beispiel Mitglieder der Organisation für Wirtschaftliche Zusammenarbeit und Entwicklung, arabische Staaten der Region und Institutionen sowie Teilnehmer aus dem privaten Sektor.

2. Das Entwicklungsprogramm wird aus zwei Teilbereichen bestehen:
   a. einem wirtschaftlichen Entwicklungsprogramm für das Westjordanland und den Gazastreifen;
   b. einem regionalen wirtschaftlichen Entwicklungsprogramm.

A. Das wirtschaftliche Entwicklungsprogramm für das Westjordanland und den Gazastreifen wird aus folgenden Teilbereichen bestehen:
(1) einem sozialen Rehabilitationsprogramm, einschließlich eines Wohnungs- und Bauprogramms;
(2) einem Entwicklungsplan für kleine und mittelständische Unternehmen;
(3) einem Programm für die Entwicklung der Infrastruktur (Wasser, Elektrizität, Verkehr, Kommunikation etc.);
(4) einem Plan für menschliche Ressourcen;
(5) anderen Programmen.

B. Das regionale wirtschaftliche Entwicklungsprogramm kann aus folgenden Teilbereichen bestehen:
(1) Einrichtung eines Nahost-Entwicklungsfonds als erstem Schritt sowie einer Nahost-Entwicklungsbank als zweitem Schritt.
(2) Entwicklung eines gemeinsamen israelisch-palästinensisch-jordanischen Plans zur koordinierten wirtschaftlichen Nutzung der Region des Toten Meeres.
(3) Mittelmeer-Gaza-Totes-Meer-Kanal.
(4) Regionale Entsalzungs- und andere wasserwirtschaftliche Projekte.
(5) Ein regionaler Agrarentwicklungsplan, einschließlich abgestimmter regionaler Maßnahmen zur Verhinderung von Desertifikation.
(6) Verbund der Leitungsnetze für Elektrizität.
(7) Regionale Zusammenarbeit bei der Übertragung, Verteilung und industriellen Nutzung von Gas-, Öl- und anderen Energiequellen.
(8) Einen regionalen Entwicklungsplan für Tourismus, Verkehr und Telekommunikation.
(9) Regionale Zusammenarbeit in anderen Bereichen.

3. Die beiden Seiten werden die multilateralen Arbeitsgruppen fördern und sich hinsichtlich deren Erfolgs abstimmen. Die beiden Parteien werden die Arbeit zwischen den Sitzungsperioden sowie Vorstudien und Studien zur Machbarkeit innerhalb der verschiedenen multilateralen Arbeitsgruppen fördern.

Niederschrift

Vereinbarte Niederschrift zur Grundsatzerklärung
über die Regelungen der vorübergehenden Selbstverwaltung

A. ALLGEMEINE ÜBEREINKÜNFTE UND VEREINBARUNGEN

Alle den Palästinensern gemäß der Grundsatzerklärung vor der Einsetzung des Rates übertragenen Befugnisse und Verantwortlichkeiten werden den gleichen Prinzipien, auf die in Artikel IV Bezug genommen wird, unterliegen, der nachstehend in der vereinbarten Niederschrift niedergelegt ist.

B. BESONDERE ÜBEREINKÜNFTE UND VEREINBARUNGEN

ARTIKEL IV

Es besteht Einverständnis darüber, daß
1. die Jurisdiktion des Rates sich auf die Gebiete Westjordanland und Gazastreifen erstrecken wird, mit Ausnahme solcher Angelegenheiten, die in den Verhandlungen über den dauerhaften Status verhandelt werden: Jerusalem, Siedlungen, militärische Standorte und Israelis.
2. Die Jurisdiktion des Rates bezieht sich auf die vereinbarten Befugnisse, Verantwortlichkeiten, Bereiche und Zuständigkeiten, die ihm übertragen worden sind.

ARTIKEL VI (2)

Es wird vereinbart, daß die Übertragung der Zuständigkeiten folgendermaßen vor sich geht:

(1) Die palästinensische Seite wird der israelischen Seite die Namen der Palästinenser bekanntgeben, die zur Ausübung der Vollmachten, Befugnisse und Verantwortlichkeiten berechtigt sind, die den Palästinensern gemäß der Grundsatzerklärung in den folgenden Bereichen übertragen werden: Bildung und Kultur, Gesundheit, Sozialwesen, direkte Besteuerung, Tourismus und jede andere vereinbarte Zuständigkeit.

(2) Es besteht Einverständnis darüber, daß die Rechte und Pflichten dieser Ämter nicht beeinträchtigt werden sollen.

(3) Jeder der vorstehend beschriebenen Bereiche wird auch weiterhin entsprechend der einvernehmlich zu vereinbarenden Regelungen die Budgetzuweisungen wie bisher erhalten. Diese Regelungen werden auch die notwendigen Anpassungen ermöglichen, die aufgrund der Einnahmen der Steuerämter aus der direkten Besteuerung erforderlich werden.

(4) Mit dem Vollzug der Grundsatzerklärung werden die israelischen und palästinensischen Delegationen unmittelbar mit Verhandlungen über einen genauen Plan für die Übertragung von Zuständigkeiten für die obengenannten Ämter in Übereinstimmung mit den vorstehend genannten Vereinbarungen beginnen.

ARTIKEL VII (2)

Das Interimsabkommen wird auch Regelungen für Koordination und Zusammenarbeit einschließen.

ARTIKEL VII (5)

Der Rückzug der Militärverwaltung wird Israel nicht daran hindern, seine nicht dem Rat übertragenen Befugnisse und Verantwortlichkeiten auszuüben.

ARTIKEL VIII

Es besteht Einverständnis darüber, daß das Interimsabkommen Regelungen über Zusammenarbeit und Koordination zwischen den beiden Parteien in dieser Hinsicht enthält. Außerdem wird vereinbart, daß die Übertragung von Befugnissen und Verantwortlichkeiten an die palästinensische Polizei entsprechend der Vereinbarung im Interimsabkommen in Phasen gegliedert erfolgt.

ARTIKEL IX

Es ist vereinbart, daß die israelischen und palästinensischen Delegationen mit Inkrafttreten der Grundsatzerklärung die Namen der Personen austauschen werden, die von ihnen als Mitglieder des gemeinsamen israelisch-palästinensischen Verbindungsausschusses benannt werden.

Ferner ist vereinbart, daß jede Seite über die gleiche Zahl von Mitgliedern in dem gemeinsamen Ausschuß verfügen wird. Der gemeinsame Ausschuß trifft Entscheidungen wie vereinbart. Der gemeinsame Ausschuß kann weitere Fachleute und Experten berufen, wenn erforderlich. Der gemeinsame Ausschuß wird über die Häufigkeit und den Ort oder die Orte seiner Sitzungen entscheiden.

Anhang II

Es besteht Einverständnis darüber, daß Israel nach dem israelischen Rückzug weiterhin für die äußere Sicherheit sowie für die Sicherheit und die öffentliche Ordnung, für Siedlungen und Israelis verantwortlich sein wird. Die israelischen Streitkräfte und Zivilisten dürfen weiterhin die Verkehrswege innerhalb des Gazastreifens und Jerichos frei benutzen.

Gegeben zu Washington D.C., am 13. September 1993.

Für die Regierung des Staates Israel:

Für die PLO:

Bezeugt durch:

Die Vereinigten Staaten von Amerika

Die Russische Föderation

Jassir Arafat
Vorsitzender der
Palästinensischen Befreiungsorganisation

9. September 1993

Sehr geehrter Herr Premierminister,

Mit der Unterzeichnung der Grundsatzerklärung ist eine neue Epoche in der Geschichte des Nahen Ostens angebrochen. Im Bewußtsein dieser Tatsache möchte ich folgende Punkte hervorheben, zu denen sich die PLO verpflichtet:

Die PLO erkennt das Recht des Staates Israel an, in Frieden und Sicherheit zu existieren.

Die PLO nimmt die Resolutionen 242 und 338 des UN-Sicherheitsrats an.

Die PLO verpflichtet sich, am Nahost-Friedensprozeß teilzunehmen und auf eine friedliche Regelung des Konflikts zwischen den beiden Parteien hinzuwirken. Ferner erklärt sie, daß alle noch offenen Fragen hinsichtlich des dauerhaften Status auf dem Verhandlungsweg zu lösen sind.

Die PLO betrachtet die Unterzeichnung der Grundsatzerklärung als ein historisches Ereignis, mit dem eine neue Epoche der friedlichen Koexistenz ohne Gewalt oder andere, den Frieden und die Stabilität gefährdenden Akte anbricht. Die PLO verpflichtet sich daher, keine terroristischen Mittel anzuwenden. Sie ist bereit, die Verantwortung über alle PLO-Einrichtungen und anhängiges Personal zu übernehmen und deren Kooperation zu verbürgen, ferner Übertretungen zu verhindern und Gewalttäter zur Verantwortung zu ziehen.

Mit Blick auf den Anbruch einer neuen Ära nach der Unterzeichnung der Grundsatzerklärung und eingedenk der Annahme der Resolutionen 242 und 338 des UN-Sicherheitsrates durch die palästinensische Seite erklärt die PLO hiermit, daß all jene Artikel der palästinensischen Nationalcharta, die das Existenzrecht des Staates Israel bestreiten bzw. jene Aussagen, die mit den in diesem Brief ausgesprochenen Verpflichtungen nicht vereinbar sind, künftig keine Gültigkeit besitzen. Die PLO wird dem palästinensischen Nationalrat die nötigen Veränderungen im Wortlaut der palästinensischen Nationalcharta zur formalen Billigung vorlegen.

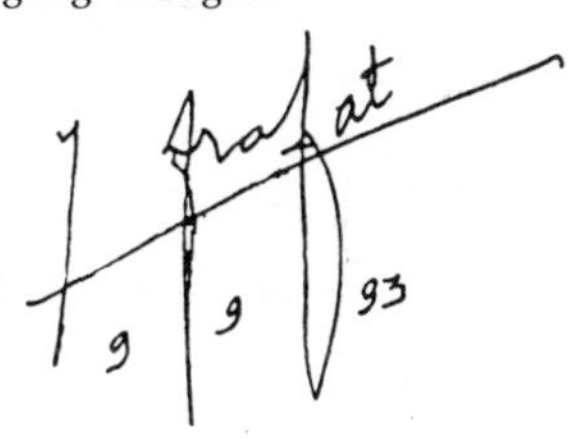

Jizchak Rabin
Premierminister des Staates Israel

9. September 1993

Sehr geehrter Herr Vorsitzender,

als Antwort auf Ihren Brief vom 9. September 1993 möchte ich Ihnen meinerseits bestätigen, daß die Regierung Israels in Anbetracht der Verpflichtungen, zu denen sich die PLO Ihrem Brief zufolge bekennt, nunmehr bereit ist, die PLO als die Vertretung des palästinensischen Volkes anzuerkennen und mit ihr im Rahmen des Nahost-Friedensprozesses zu verhandeln.

Y. Rabin

Jassir Arafat
Vorsitzender der
Palästinensischen Befreiungsorganisation

9. September 1993

Lieber Herr Minister Holst,

nach der Unterzeichnung der Grundsatzerklärung möchte ich Ihnen versichern, daß ich die folgende Stellungnahme in meine öffentlichen Verlautbarungen einfüge:

In Anbetracht der neuen Ära, die mit der Unterzeichnung der Grundsatzerklärung angebrochen ist, ruft die PLO das palästinensische Volk im Westjordanland und im Gazastreifen auf, Maßnahmen zur Normalisierung des Lebens mitzutragen, auf Gewalt und Terror zu verzichten, Frieden und Stabilität zu fördern und aktiv den Wiederaufbau, die wirtschaftliche Entwicklung und Kooperation mitzugestalten.

Y. Arafat

Die Washingtoner Erklärung

ISRAEL-JORDANIEN
DIE VEREINIGTEN STAATEN VON AMERIKA
25. JULI 1994

A. Nach Generationen der Feindschaft, des Blutes und der Tränen und nach Jahren des Schmerzes und der Kriege sind Seine Majestät König Hussein und Ministerpräsident Jizchak Rabin entschlossen, dem Blutvergießen und dem Leid ein Ende zu setzen. In diesem Geist sind Seine Majestät König Hussein und der Ministerpräsident und Verteidigungsminister Israels, Jizchak Rabin, heute in Washington auf Einladung des Präsidenten der Vereinigten Staaten, William J. Clinton, zusammengetroffen. Diese Initiative von Präsident William J. Clinton stellt einen historischen Meilenstein in den unermüdlichen Bemühungen der Vereinigten Staaten zur Förderung von Frieden und Stabilität im Nahen Osten dar. Der persönliche Einsatz des Präsidenten hat es ermöglicht, eine Einigung über den Inhalt dieser historischen Erklärung zu erzielen. Die Unterzeichnung dieser Erklärung legt Zeugnis ab von der Vision des Präsidenten und seiner Aufopferung für die Sache des Friedens.

B. Bei ihrem Zusammentreffen haben Seine Majestät König Hussein und Ministerpräsident Jizchak Rabin gemeinsam die fünf grundlegenden Prinzipien bekräftigt, die ihrer Auffassung über einen Friedensvertrag zugrunde liegen, der auf einen gerechten, dauerhaften und umfassenden Frieden zwischen den arabischen Staaten und den Palästinensern mit Israel abzielt.

1. Es ist das Ziel Jordaniens und Israels, einen gerechten, dauerhaften und umfassenden Frieden zwischen Israel und seinen Nachbarn und den Abschluß eines Friedensvertrags zwischen beiden Länden zu erreichen.
2. Beide Länder werden mit großem Einsatz ihre Verhandlungen fortsetzen, um einen Zustand des Friedens zu erreichen, der auf den Resolutionen 242 und 338 des Sicherheitsrats mit allen Einzelheiten basiert und auf Freiheit, Gleichheit und Gerechtigkeit begründet ist.
3. Israel respektiert die derzeitige Sonderrolle des Haschemitischen Königreichs Jordanien bezüglich der islamischen Heiligtümer in Jerusalem. Wenn Verhandlungen über den ständigen Status stattfinden werden, wird Israel der historischen Rolle Jordaniens bezüglich dieser Heiligtümer eine hohe Priorität einräumen. Zusätzlich stimmen beide Seiten überein, religionsübergreifende Beziehungen zwischen den drei monotheistischen Religionen zu fördern.
4. Beide Länder erkennen ihr Recht und ihre Pflicht an, miteinander und mit allen anderen Staaten in Frieden zu leben, in sicheren und anerkannten Grenzen. Beide Staaten bekräftigen ihren Respekt vor jedem Staat in der Region sowie die Anerkennung der Souveränität, der territorialen Integrität und der politischen Unabhängigkeit jedes Staates in der Region.

5. Beide Länder wünschen, daß sich gutnachbarliche Beziehungen der Zusammenarbeit entwickeln, um auf diese Weise die dauerhafte Sicherheit zu gewährleisten und Drohungen sowie die Anwendung von Gewalt zwischen ihnen zu vermeiden.

C. Der lange Konflikt zwischen beiden Staaten nähert sich nun dem Ende. In diesem Geist ist der Kriegszustand zwischen Jordanien und Israel beendet.

D. Gemäß dieser Erklärung und in Übereinstimmung mit der gemeinsam vereinbarten Tagesordnung werden beide Länder Aktionen und Aktivitäten jedweder Art unterlassen, die die Sicherheit des anderen nachteilig berühren oder das endgültige Ergebnis von Verhandlungen präjudizieren. Keine der beiden Seiten wird die andere durch den Gebrauch von Gewalt, Waffen oder andere Mittel bedrohen. Beide Seiten werden Bedrohungen für die Sicherheit vereiteln, die aus jeglicher Art von Terrorismus resultieren.

E. Seine Majestät König Hussein und Ministerpräsident Jizchak Rabin haben von den Fortschritten Kenntnis genommen, die in der vergangenen Woche in den bilateralen israelisch-jordanischen Verhandlungen erzielt wurden und bei denen man Schritte beschloß, um die Unterpunkte der Tagesordnung für Grenzen, territoriale Angelegenheiten, Sicherheit, Wasser, Energie, Umwelt und das Jordan-Tal zu verwirklichen... Zugleich brachten Seine Majestät König Hussein und Ministerpräsident Jizchak Rabin ihre tiefe Zufriedenheit und ihren Stolz über die Arbeit der Trilateralen Kommission bei dem Treffen zum Ausdruck, das am 20. Juli 1994 in Jordanien stattfand und bei dem der jordanische Ministerpräsident Abdes Salam al-Majali Gastgeber von Außenminister Warren Christopher und Außenminister Shimon Peres war. Sie zeigten sich erfreut über die Beteiligung und das Engagement der USA.

F. Seine Majestät König Hussein und Ministerpräsident Jizchak Rabin sind der Ansicht, daß Maßnahmen zu ergreifen sind, um die psychologischen Barrieren zu überwinden und die Hinterlassenschaft des Krieges zu durchbrechen. Indem sie mit Optimismus für eine Friedensdividende für alle Menschen in der Region arbeiten, sind Israel und Jordanien entschlossen, ihre Verantwortung für die menschliche Dimension des Friedensprozesses zu übernehmen. Sie erkennen, daß Ungleichgewichte und Disparitäten die Wurzeln des Extremismus sind, der sich als Folge von Armut und Arbeitslosigkeit entwickelt. In diesem Geist haben Seine Majestät König Hussein und Ministerpräsident Jizchak Rabin eine Reihe von Maßnahmen gebilligt, die die neue, nun beginnende Ära symbolisieren.

1. Direkte Telefonverbindungen werden zwischen Israel und Jordanien eingerichtet.
2. Die Elektrizitätsnetze Israels und Jordaniens werden als Teil eines regionalen Konzepts miteinander verknüpft.
3. Zwei neue Grenzübergänge werden zwischen Israel und Jordanien eröffnet: der erste an der südlichen Spitze bei Akaba/Eilat, der zweite an einem noch exakt festzulegenden Punkt im Norden.

4. Grundsätzlich wird Touristen aus Drittländern, die zwischen Israel und Jordanien reisen, freier Zugang gewährt.
5. Die Verhandlungen über die Öffnung eines internationalen Luftkorridors zwischen beiden Ländern werden beschleunigt.
6. Die Polizeikräfte Jordaniens und Israels werden bei der Bekämpfung von Verbrechen - mit dem Schwerpunkt der Bekämpfung des Schmuggels und insbesondere des Drogenschmuggels - zusammenarbeiten. Die USA sind eingeladen, sich an diesem gemeinsamen Bemühen zu beteiligen.
7. Verhandlungen über Wirtschaftsfragen werden mit der Absicht fortgesetzt, sich auf eine künftige bilaterale Zusammenarbeit vorzubereiten, die auch die Abschaffung aller ökonomischen Boykottmaßnahmen umfaßt.

G. Seine Majestät König Hussein und Ministerpräsident Jizchak Rabin haben vereinbart, sich in regelmäßigen Abständen zu treffen oder auch dann, wenn sie das Gefühl haben, daß die Notwendigkeit besteht, den Fortschritt der Verhandlungen einer Überprüfung zu unterziehen. Sie bekundeten ihre feste Absicht, den Prozeß in seiner Gesamtheit zu überwachen und zu leiten.

H. Abschließend möchten Seine Majestät König Hussein und Ministerpräsident Jizchak Rabin noch einmal ihren tiefen Dank und ihre Wertschätzung gegenüber Präsident William J. Clinton sowie seiner Administration zum Ausdruck bringen, die mit ihren unermüdlichen Anstrengungen die Sache des Friedens, der Gerechtigkeit und des Wohlstands für alle Völker in dieser Region gefördert haben. Sie möchten dem Präsidenten persönlich für seine herzliche Aufnahme und Gastfreundschaft danken. In Anerkennung ihrer Wertschätzung des Präsidenten haben Seine Majestät König Hussein und Ministerpräsident Jizchak Rabin Präsident William J. Clinton gebeten, dieses Dokument als Zeuge und als Gastgeber ihrer Begegnung zu unterzeichnen.

Seine Majestät König Hussein Premierminister Jizchak Rabin

Präsident William J. Clinton

GLOSSAR

Achdut Haavoda – sozialistisch-zionistische Partei
Aguda – nicht-zionistische Bewegung
Agudat Jisrael – orthodoxe Partei
Alija – Einwanderung nach Erez Israel
Aschkenasim – Juden aus Ost- und Mitteleuropa

Bar Mizwa – Zeremonie, durch die der Dreizehnjährige in die Gemeinde aufgenommen wird
Betar – Jugendbewegung der Zionisten
Bnei Akiva – Jugendbewegung der Nationalreligiösen Partei
Brit Shalom – Friedensbund für jüdisch-arabische Verständigung

Chachachim – Bezeichnung für nordafrikanische Einwanderer nach Israel
Chassidismus – religiöse Bewegung der Juden in Osteuropa
Cheder – Lehrstube der Elementarschule für Knaben
Cherut – konservativ-zionistische Partei
Chuppa – Brautbaldachin bei der Trauungszeremonie

Dajanim – rabbinische Richter

Erez Israel – (Land Israel), Bezeichnung für Gebiete des Jüdischen Königreichs bis 70 n. Chr.; auch für Palästina während des britischen Völkerbundsmandats
ESP – Notstandsplan zur Stabilisierung der israelischen Wirtschaft
Ezel – rechtsextreme Militärorganisation

Gachal – frühere Bezeichnung des Likud-Blocks
Goi – jüdische Bezeichnung für Nichtjuden
Gusch – Fraktion innerhalb der Mapai
Gusch Enim – radikale Siedlungsbewegung

Hagana – Selbstschutzorganisation der Juden in Palästina
Haggada – Buch mit Bibelauslegung, Legenden, Volkstradition und Erzählungen aus der Geschichte
Halacha – religiöse Vorschriften im Talmud
Hamas – radikaler Flügel der PLO
Hanoar Haoved – Arbeiterjugend
Haschara – Vorbereitung auf die Pioniertätigkeit

Haschomer Hazair – zionistisch-sozialistische Jugendbewegung
Hever Hakvutzot – Kibbuzorganisation
Hisbollah – islamisch fundamentalistische Organisation
Histadrut – israelische Einheitsgewerkschaft

IAF – Israelische Luftwaffe
IAI – Israelische Luftfahrtindustrie
IDF – Israelische Armee
Irgun – rechtsextreme Militärorganisation

Jecke – Einwanderer aus Deutschland
Jeschiwa – Hochschule zum Studium des Talmud
Jewish Agency – Jüdisches Büro, gegr. 1922 zur Wahrnehmung jüdischer Interessen, ab 1948 zur Förderung der Einwanderung nach Israel
Jischuw – Bezeichnung für die jüdische Bevölkerung Palästinas
Jom Kippur – Versöhnungstag, höchster jüdischer Feiertag

Kaddisch – Gebet für die Verstorbenen
Kibbuz – Genossenschaftssiedlung
Knesset – das israelische Parlament
Kol Nidre – Gebet am Vorabend zu Jom Kippur

Lechi – rechtsextreme Untergrundbewegung
Likud – konservativ-liberale Partei

Maarach – Bündnis aller Linksparteien
Mahanot Olim – sozialistische Jugendbewegung
Mai – Israelische Partei der Arbeit, kurz: Arbeiterpartei; Nachfolgepartei der Mapai
Mapai – Arbeiterpartei Palästinas
Mapam – Vereinigte Arbeiterpartei
Moledet – rechtsextreme israelische Partei
Moschav – Gemeinschaftssiedlung
Mossad – israelischer Geheimdienst

Nachal – kämpfende Pionierjugend
NRP – Nationalreligiöse Partei
Palmach – militärische Gruppen der Hagana
PLO – Palästinensische Befreiungsorganisation
Poale Agudat Jisrael – orthodoxe Partei
Rafael – Behörde für Forschung und Entwicklung von Rüstungsgütern
Rafi – Israelische Arbeiterliste, Abspaltung von der Mapai
Reb – Anrede für gelehrte jüdische Laien
Schass – orthodoxe sephardische Partei
Seder – religiöse Familienfeier am ersten Abend des Passahfestes, bei der der Familienvater aus der Haggada liest

Sephardim – ursprünglich spanische Juden, jetzt Sammelbezeichnung für orientalische Juden
Shin Bet – Nachrichtendienst der israelischen Armee
Shtetl – Dorf, Stadt, Kulturkreis der Juden in Osteuropa
SI – Sozialistische Internationale
SLA – Südlibanesische Armee

Talmud Thora – Talmudschule
Tami – Abspaltung von der Nationalreligiösen Partei
Techija – rechtsradikale Partei
Tsomet – israelische Partei

UJA – United Jewish Appeal; amerikanische Spendenorganisation für Israel

WIZO – internationale zionistische Frauenorganisation

Zim – staatliche israelische Schiffahrtslinie

PERSONENREGISTER

BILDNACHWEIS

Deutsche Presse Agentur (dpa): 85, 125 (2), 195, 249, 267 (2), 363, 371, 389
Goldmann, P.: 103 oben
Interphoto: 158
Israel Aircraft Industries: 201 unten
Newsphot: 125 oben
Rex Features, London: 240, 253, 291 (2), 319 (2)
Süddeutscher Verlag, Bilderdienst, München: 247 (2), 421, 437
Karten: Anneliese Sturm, Frankfurter Allgemeine Zeitung